Stendhal

Histoire
de la peinture
en Italie

*Édition établie
par V. Del Litto*

*Ouvrage publié avec le concours
du Centre national du livre*

Gallimard

UN LIVRE MÉCONNU

L'Histoire de la peinture en Italie *est sans conteste le livre de Stendhal le moins lu, et, par conséquent, le plus méconnu. Curieusement les exégètes anciens et modernes partagent le même avis : Stendhal semble avoir volontairement donné aux lecteurs des verges pour se faire fouetter. Qu'on en juge : un titre qui ne répond guère au contenu; un livre sans épine dorsale, tellement nombreuses sont les digressions, un livre bourré d'allusions dont la plupart échappent aux lecteurs et qui n'ont pas de rapport avec le sujet annoncé; un livre qu'aucun spécialiste de l'histoire de l'art n'ose insérer dans sa bibliographie, car il le considère comme le fruit d'un esprit fantaisiste qui s'est plu à accumuler les lacunes, les non-sens, les énigmes, le verbiage inconsidéré, les faux-fuyants... Ces griefs ne sont pas sans fondement. Le bel esprit qui voudrait, pour se singulariser, dénoncer dans un pamphlet qui serait intitulé* Contre Stendhal *la manière d'écrire d'un auteur qui a l'air de se moquer de son lecteur, trouverait dans l'*Histoire de la peinture *une ample moisson d'arguments pour étoffer ses dires. S'il ne s'est trouvé personne jusqu'ici pour publier ce pamphlet, les jugements portés sur le livre ne sont pas moins tous négatifs. Les exégètes les plus prudents ont préféré ne pas se prononcer. À preuve, Henri Martineau, qui a fait auto-*

rité dans les études stendhaliennes vers le milieu de notre siècle, s'est réfugié dans le silence : il n'a consenti qu'à s'attarder sur un petit détail : la dédicace qui aurait dû figurer en tête de l'ouvrage[1], sans se soucier de porter un jugement de valeur sur celui-ci. Quant au biographe le plus récent, Michel Crouzet, évitant d'aborder la question de fond, il s'efforce de réhabiliter le livre et rappelle à cet effet les avis favorables formulés par Alexandre Lenoir et Eugène Delacroix — deux contemporains de Stendhal — mais omet de faire état des appréciations peu flatteuses d'autres auteurs plus proches de nous et, surtout, du silence, hautement significatif, observé par les historiens d'art patentés[2].

Qu'est-ce donc que cette Histoire de la peinture en Italie qui a fait couler si peu d'encre ? Que doit en penser le lecteur d'aujourd'hui ?

GENÈSE ET PUBLICATION

L'initiation à l'histoire de l'art

Le Dauphiné n'a jamais été la patrie des arts. Heureuse exception : l'existence à la même époque, le siècle dernier, de deux génies atypiques, l'un né à Grenoble, l'autre à La Côte-Saint-André, à une quarantaine de kilomètres de là, qui, dans deux domaines différents, les lettres et la musique, ont donné un démenti éclatant à la tradition : Henri Beyle et Hector Berlioz.

Enfant précoce, doué, très doué, sans être un vrai surdoué, Henri Beyle a eu la chance d'avoir été élevé par son grand-père maternel, le docteur Henri Gagnon, à la fois humaniste et adepte des Lumières de son siècle. Grâce à

---

1. *Le cœur de Stendhal*, Albin Michel, 1952, p. 368-369.
2. *Stendhal ou Monsieur Moi-Même*, Flammarion, 1990, p. 244.

lui, son petit-fils a appris à connaître de bonne heure la
« belle littérature ». *Toutefois la culture du grand-père,
pour étendue qu'elle fût, présentait une lacune, courante
d'ailleurs à l'époque : l'ignorance à peu près totale de tout
ce qui touchait aux beaux-arts. Ignorance aggravée par le
manque de goût. Ce défaut était connu des siens. En rédigeant, cinquante ans plus tard, son autobiographie, Stendhal se remémore un trait précis : « La chambre de mon
grand-père, écrira-t-il au chapitre de la* Vie de Henry Brulard, *était peinte en gros vert, et mon père me disait dès
ce temps-là : "Le grand papa, qui a tant d'esprit, n'a pas
bon goût pour les arts." » Ajoutons que tout porte à croire
que les autres membres de la famille n'en avaient pas
davantage.*

À la suite de quelles heureuses circonstances l'esprit de
l'adolescent s'éveilla aux beaux-arts et à la peinture en
particulier ? Le miracle — car c'en fut un — se produisit
lors des trois années au cours desquelles il suivit les
cours de l'École centrale, de 1796 à 1799. Depuis que la
Révolution avait balayé les collèges tenus par les congré-
gations religieuses, la jeunesse était abandonnée à elle-
même. Préoccupée par une situation qui risquait de créer
des problèmes au régime républicain, la Convention
nationale créa en 1795-1796 un nouveau type d'établisse-
ments scolaires conçus dans l'esprit républicain, et qu'on
nomma Écoles centrales. Elles étaient destinées à fournir
aux jeunes gens une formation générale et à aiguiller les
meilleurs vers l'École polytechnique. C'est pourquoi les
mathématiques et le dessin étaient des matières privilé-
giées. Le professeur de dessin, Louis-Joseph Jay, fut celui
à qui la destinée confia le rôle d'initiateur.

C'était un Dauphinois, mais du Dauphiné méridional,
proche de la vallée du Rhône. Né en 1755, il avait mani-
festé une passion violente, exclusive, pour les arts en
général et plus spécialement pour la peinture. À l'avène-
ment de la Révolution, cette passion se conjugua avec un
jacobinisme exalté. Ainsi réussit-il à obtenir du gouverne-

*ment une mission pour se rendre en Italie afin de se pro-
curer des tableaux destinés à doter Grenoble d'un musée.
Nommé à l'École centrale, il étonnait et subjuguait les
gamins, ses élèves, par son éloquence et l'ardeur de son
patriotisme. Son cours était celui qui comptait le plus
grand nombre d'élèves, attirés par le dynamisme du professeur. Une particularité entre autres de son enseignement mérite d'être relevée : Jay ne se bornait pas à enseigner les rudiments du dessin, il adorait mêler à ses leçons
des notions d'histoire de l'art, tant et si bien que l'élève
Beyle a emmagasiné des connaissances qu'il n'oubliera
pas. Nul document d'archives ne subsiste prouvant la
particularité de l'enseignement de Jay. Mais curieusement, c'est Stendhal lui-même qui s'est chargé d'attester
la véracité de ce que nous venons d'exposer. En effet, son
journal des années immédiatement postérieures à l'époque de l'École centrale renferme maintes allusions qui ne
peuvent être que des réminiscences des leçons de Jay.*

29 avril 1804 : « J'ai bien admiré Racine ce soir. Il a une
vérité élégante qui charme. Ce n'est pas le *dessin de Michel-
Ange*, c'est la *fraîcheur de Rubens*[3]. »

25 juillet 1804, à propos de l'acteur Talma : « Superbe, il
ressemble parfaitement dans toutes ses positions aux belles
figures de Raphaël[4]. »

5 novembre 1804, un personnage de rencontre, voyageur de
commerce a « des yeux *à la Raphaël* (portrait avec son
maître d'armes)[5] ».

21 novembre 1804, de nouveau à propos de Talma : « (...) il
est tout au long superbe, les plus grands peintres n'ont point
de plus belles attitudes et de plus belles têtes. *Je reconnais
une attitude et une figure de Raphaël*[6] ».

---

3. *Œuvres intimes*, Pléiade, t. I, p. 70. C'est nous qui soulignons.
4. *Ibid.*, p. 105.
5. *Ibid.*, p. 141.
6. *Ibid.*, p. 151.

19 avril 1805 : « Tous les grands peintres sensibles ont (...) commencé par la mélancolie : elle est inspirée par les têtes du *divin Raphaël* et par les paysages du *Poussin*[7]. »

27 août — 5 septembre 1805 : « Je trouvai à côté de la porte un joli enfant de quatre ans qui dormait dans la position des enfants Jésus de *Raphaël*. Il avait une figure de *Greuze*[8]... »

Il s'agit, certes, de notions éparses, incomplètes, approximatives, mais elles ont constitué un fonds que l'avenir se chargera d'enrichir.

Dans les coulisses du Musée Napoléon

Peu de temps après être entré dans les services de l'Administration impériale grâce à la protection de son cousin, le comte Pierre Daru, intendant général de la Grande Armée, Henri Beyle est chargé, dès 1805, dans le cadre de ses fonctions d'intendant à Brunswick, en Allemagne, de questions de tableaux réquisitionnés par la France en liaison avec Dominique Vivant Denon, directeur général du Musée Napoléon (nom donné au Louvre). Nommé le 19 août 1810 auditeur au Conseil d'État, il obtient trois semaines plus tard d'être affecté à l'Inspection du mobilier et des bâtiments de la Couronne. En octobre de la même année, il est chargé de suivre et de vérifier la rédaction de l'inventaire général du Musée Napoléon. La correspondance très nourrie qu'il a entretenue avec les différents services du Musée, et récemment publiée par Mme Elaine Williamson[9], témoigne de

---

7. *Ibid.*, p. 191.
8. *Correspondance*, t. I, p. 223.
9. « Stendhal et la comptabilité du Musée Napoléon (documents inédits) », *Stendhal Club*, n° 111, 15 avril 1985; « Stendhal au Musée Napoléon. Une lettre inédite », *ibid.*, n° 122, 15 janvier 1989; « Stendhal et Dominique Vivant Denon. De l'expédition d'Égypte à l'inventaire du Musée Napoléon. Lettres et documents inédits », *ibid.*, n° 123, 15 avril 1989; « Stendhal inspecteur du mobilier de la Couronne : administrateur ou artiste ? Lettres et documents inédits », *ibid.*, n°ˢ 128, 129, 130, 15 juillet, 15 octobre 1990, 15 janvier 1991.

l'importance et de l'intérêt des rapports étroits qu'il a entretenus avec les fonctionnaires qui gravitaient autour du Musée. Il est indiscutable que ces rapports étaient avant tout administratifs, mais ils impliquaient une fréquentation presque journalière des locaux qui enfermaient tant de chefs-d'œuvre. Sans exagérer on peut avancer que Stendhal a vécu pendant des mois dans un milieu où la peinture était à l'honneur.

Une nouvelle preuve est fournie par le compte rendu du Salon de 1810 rédigé sous forme de lettre à l'intention d'un camarade d'enfance, Félix Faure. Les avis sur les toiles exposées relèvent de connaissances qui vont au-delà d'un simple amateurisme[10].

En résumé, à l'approche de 1811 — et on va voir la raison de ce millésime — Stendhal possède, en matière de peinture, un bagage de connaissances acquises, pour ainsi dire, sur le terrain, en dehors de toute préparation théorique et systématique.

Une « idée folle »

Au milieu de 1811, Henri Beyle décide de réaliser un rêve qui le hantait depuis quelque temps : faire un voyage en Italie. Ce rêve avait une double motivation : d'une part, revoir la femme, Angela Pietragrua, qui, dix ans auparavant, à Milan, lui était apparue comme la Femme, être merveilleux, qui avait cristallisé l'image qu'avait créée son imagination d'adolescent; d'autre part connaître ce pays où avaient fleuri les arts, et dont il parlait tous les jours mais d'une manière abstraite.

Parti de Paris le 29 août, il passe trois semaines à Milan du 7 au 22 septembre où il a la joie ineffable de réaliser le premier but de son voyage. En effet, il consigne

---

10. Voir Edward Lilley, « Stendhal critique d'art. Le Salon de 1810 », *Stendhal Club*, n° 128, 15 janvier 1989.

dans son journal le 21 septembre : « (...) je remporte cette victoire si longtemps désirée. » La passion satisfaite, le deuxième but reste son seul souci. Poursuivant son voyage, le voyageur note, le 24 septembre, à Bologne, dans son carnet de route, une réflexion qui laisse entrevoir combien la question de la peinture l'occupait et le tourmentait : « Un homme qui ne connaît pas la poésie a plus de plaisir après avoir lu le Lycée *de La Harpe. J'aurais besoin d'un pareil livre pour la peinture. Je me dis toujours, quand on me fait de grands éloges d'un tableau d'un grand maître : Si je le trouvais au coin de la rue, y ferais-je attention* [11] ? »

La nécessité d'un manuel *commence à prendre corps. Revenu à Milan, après son « tour » à travers la péninsule au cours duquel il a eu l'occasion de visiter maintes galeries, il se procure, le 29 octobre, l'*Istoria pittorica della Italia *de Luigi Lanzi* [12]. *Les cent cinquante pages qu'il en lit d'emblée ne le satisfont guère par suite de « son bavardage critique, historique et timide », mais elles lui inspirent une « idée folle » : pourquoi, en s'aidant de son ouvrage, n'écrirait-il pas lui-même ce « manuel » dont il regrettait l'absence ? Deux jours plus tard, sa résolution est prise. Il se jette à la mer et dépense 104 francs pour avoir à sa disposition une documentation plus complète : le livre de Giuseppe Bossi, sur Léonard* [13], *un classique de l'histoire de l'art italien, onze volumes de la nouvelle édition de l'ouvrage de Giorgio Vasari* [14], *ainsi qu'un guide de Milan* [15], *et de commenter, en mêlant suivant son habitude le français à l'anglais : « (...) j'acquerrais des*

11. *Œuvres intimes*, Pléiade, t. I, p. 772.

12. *Parue d'abord à Florence*, 1 vol. 1792. Une deuxième édition augmentée a été publiée à Bassano, en 1795-1796, 3 vol., et une troisième en 1809, toujours à Bassano, en 6 vol. C'est cette troisième édition que Stendhal a achetée à Milan et mise à contribution.

13. *Del cenacolo di Leonardo da Vinci*, Milan 1810, in-folio.

14. *Vite dei piú eccelenti pittori, scultori e architetti*. Milano, Società tipografica dei Classici italiani, 16 vol. Les cinq derniers volumes n'avaient pas encore paru en 1811.

15. Carlo Bianconi, *Nuova guida di Milano*, Milan, 1787.

*connaissances véritables en peinture, and probably
money sufficient for a second tour through Italy*[16]. »

Ce n'est pas tout : il jette sur le papier le texte d'une
lettre très curieuse destinée à annoncer l'ouvrage dans la
presse.

Bologne, 25 octobre 1811

Messieurs,

J'ai composé en deux volumes l'*Histoire de la peinture en
Italie* depuis la renaissance de l'art, vers la fin du XIIIᵉ siècle
jusqu'à nos jours. Cet ouvrage est le fruit de trois années de
voyages et de recherches. L'histoire de M. Lanzi m'a été fort
utile.

J'envoie mon ouvrage à Paris pour l'y faire imprimer. On
me conseille de vous prier de l'annoncer. Il paraîtra en deux
volumes in-8 à la fin de 1812. Si l'article suivant ne convenait pas, je vous supplie, Messieurs, de le corriger :

« Il paraîtra à la fin de 1812 une *Histoire de la peinture en
Italie* depuis la renaissance de l'art, à la fin du XIIIᵉ siècle
jusqu'à nos jours. L'auteur de cet ouvrage qui voyage en Italie s'est aidé des histoires publiées par MM. Fiorillo et
Lanzi. Celle qu'on annonce sera composée de deux volumes
in-8. »

Agréez, Messieurs, l'assurance de ma haute considération.

Is. Ich. Charlier[17]

*Lettre très curieuse, avons-nous dit, et cela pour plu-
sieurs raisons. D'abord, le fait qu'elle figure dans le Journal tend à prouver qu'il ne s'agit pas du brouillon d'une
véritable lettre, mais d'une velléité. Ensuite, il peut à juste
titre paraître comique que Stendhal ait voulu annoncer
un livre dont le premier mot n'avait pas encore été écrit.
La tentation est forte de ne pas le prendre au sérieux. Ce
en quoi on aurait tort. En effet, ce texte n'était nullement
destiné à la presse. Avec Stendhal il ne faut jamais se
départir de la bonne habitude d'aller au-delà des apparences. Le texte en question était une sorte d'engagement*

16. *Œuvres intimes*, Pléiade, t. I, p. 813.
17. *Ibid.*, p. 812, et *Correspondance*, t. I, p. 820.

que Stendhal voulait prendre vis-à-vis de lui-même, une caution contre tout soupçon d'être un velléitaire. Enfin, cette prétendue lettre est curieuse parce qu'elle est comme la quintessence des procédés dont notre auteur usera — et abusera — par la suite : une fausse date, un pseudonyme comme signature, une information qui ne reflétait pas la réalité. Henri Beyle est sur la voie de devenir Stendhal.

Effectivement, le programme est tenu. À peine est-il rentré d'Italie qu'il commande au papetier Chaulin, rue Saint-Honoré, une série de douze volumes in-folio cartonnés vert pomme, engage un secrétaire et commence à lui dicter, le 14 décembre 1811, une paraphrase française du livre de Lanzi[18]. Notons ici un détail minime en lui-même, mais qui revêt une importance toute particulière. Les premières pages de la dictée sont de la main d'un copiste qui ne donne pas satisfaction à Stendhal. Il se hâte de le remplacer par un autre secrétaire, nommé Fougeol, qui travaillera pour lui jusqu'à son départ pour Milan en 1814. Ce détail serait superfétatoire, s'il ne concernait le tome 12 des registres vert pomme, celui-là même où Henri Beyle a tracé en grosses lettres sur la couverture l'inscription cryptique : « I am. gre. at. », qui doit être ainsi décryptée : « I am great. » Nulle meilleure preuve de la fierté qu'il éprouvait en voyant sa « folle idée » prendre corps. Et quelle chance pour nous que ce tome 12 nous soit parvenu, comme nous le préciserons tout à l'heure.

La dictée avance très vite. Le 7 janvier 1812, elle en est à Paolo Uccello. Le lendemain est abordée la vie de Léonard. La vie de Michel-Ange est vite expédiée, du 10 au 12. Du 19 au 24, est arrêté le plan général de l'œuvre. Ensuite, le rythme se ralentit progressivement. L'école vénitienne, commencée le 2 février, n'est continuée que le 22 avril. À la fin du mois de juin, le travail est arrêté.

18. Pour les précisions, nous renvoyons à notre *Vie intellectuelle de Stendhal*, PUF, 1959, p. 432 et suiv.

*Lassitude? Sans doute; mais aussi, et surtout, mé-
contentement. Cette paraphrase incolore ne le satisfait
pas. Comme il n'avait guère d'idées personnelles sur les
peintres dont les noms défilaient devant lui, il ne peut
intervenir avec des aperçus originaux. Il a nettement
l'impression que tout ce qu'il a fait jusqu'alors ne dépas-
sait pas le stade d'un aide-mémoire. Il se demande s'il ne
devrait pas se livrer à une refonte générale pour donner
une tournure plus attrayante à un exposé d'une sécheresse désolante. C'est pourquoi lorsqu'il demande, et
obtient, au milieu de 1812, d'être chargé du courrier de
l'Empereur alors en marche vers Moscou, il n'hésite pas à
placer dans ses bagages les volumes cartonnés en vert
pomme, pensant qu'il aurait le loisir de relire et d'amélio-
rer la rédaction. Hélas! il ne pouvait prévoir, à l'instar
des contemporains, que la campagne de Russie tourne-
rait au désastre. Les bagages de l'auditeur au Conseil
d'État Henri Beyle furent pillés par les cosaques au cours
de la retraite et les onze volumes renfermant le brouillon
de l'histoire de la peinture italienne suivirent le sort commun : ils furent lacérés, piétinés, détruits par un ennemi
nullement soucieux de ce qu'ils renfermaient*[19].

*Ce n'est qu'au retour à Paris le 31 janvier 1813, après
une marche harrassante dans le nord de l'Europe pour
échapper au flot des fuyards, qu'il prit conscience de la
lourde perte qu'il avait essuyée, perte en comparaison de
laquelle tous les autres malheurs n'étaient qu'accessoires.
Il ne lui restait en tout et pour tout qu'un seul volume de
la dictée de 1811 : le tome 12, si précieux pour nous,
comme on vient de le voir, pour la simple raison qu'il
l'avait oublié l'année précédente, au moment de partir
pour Moscou. Ce volume acquiert en 1812 un nouvel et
plus grand intérêt parce qu'il est le seul témoin de la*

19. À moins que, saisis comme des documents importants de l'état-
major français, ils ne subsistent encore dans les tréfonds de quelques
archives russes, partageant ainsi le sort d'autres documents que le
hasard a permis à des chercheurs de retrouver au cours de notre siècle.

rédaction de 1811. En effet, surmontant un déplorable état physique et moral où l'avaient jeté les souffrances de la retraite, il s'applique à réparer la perte. Ayant de nouveau fait appel au copiste Fougeol, il lui dicta, entre février et avril 1813, une nouvelle version de la partie perdue. Par conséquent, il est indispensable de bien veiller, quand on parle de premier jet de la future Histoire de la peinture, à ne pas confondre la première version (1811-1812), qui ne nous est connue que de manière fragmentaire, avec la deuxième version (1813) qui est conservée dans le fonds Stendhal de la Bibliothèque de Grenoble.

À peine avait-il achevé cette deuxième dictée qu'il dut participer à la nouvelle campagne d'Allemagne au cours de laquelle il fut chargé des fonctions d'intendant à Sagan. Désormais les événements se précipitent : tombé malade, il fut autorisé à passer quelques semaines à Milan pour rétablir une santé chancelante. À grand-peine réussit-il à s'acquitter honorablement de la dernière mission qui lui fut confiée : participer à l'organisation de la défense du Dauphiné contre l'avance des troupes alliées. Le glas retentissait sur l'Empire qui s'écroulait.

« ... enfiler des perles »

Il arrivera à Stendhal d'écrire en évoquant 1814, l'année de l'écroulement de l'Empire : « Je suis tombé avec Napoléon. » On aurait tort de sourire. Stendhal n'est pas un Chateaubriand, il ne pèche pas par mégalomanie. Il est aux abois. « Ce qui rend ma situation noire, écrit-il, c'est 37 000 francs de dettes. Il faut 6 000 francs par an, dont 2 000 pour payer les gros intérêts. Comment avoir cela ? » Il aurait dû s'agiter, intriguer, supplier pour qu'on lui donnât un emploi. Mais quel genre d'emploi, et à quel prix ? Il n'est pas prêt à faire des concessions et à vendre son âme pour de l'argent. Sa réaction instinctive, lorsque le malheur s'abat sur lui, est de s'abstraire, de demander au travail intellectuel un soulagement, l'oubli. N'essayons pas d'expliquer, de justifier cette thérapie. Contentons-nous d'en constater l'emploi. Or, dans le cas présent, la situation se complique du fait que l'oubli souhaité n'est pas recherché dans le travail qui l'avait si passionné sur l'histoire de la peinture italienne, mais dans un livre sur la musique !

On est en droit d'être surpris. Doit-on imputer ce choix à une instabilité congénitale de son caractère ? Il est indéniable que le besoin de surprendre existe chez Stendhal, et c'est ce qui agace prodigieusement les gens sans imagination. Mais ici il n'est pas question de cela. Henri Beyle venait de vivre des heures dramatiques. Enfermé dans une chambre anodine d'hôtel qui avait succédé au coquet appartement de la rue Jacob où il avait passé des moments heureux, il entreprend d'écrire en cinquante jours, du 10 mai au 30 juin — le même laps de temps que demandera, à peu de jours près, La Chartreuse de Parme —, un livre sur deux musiciens qu'il aimait, mais sur lesquels il ne savait à peu près rien : Haydn et Mozart. Pourquoi ce choix ? Tout simplement parce qu'il s'agissait d'un sujet neutre, tandis que s'il avait voulu écrire sur la peinture, il aurait été obligé d'évoquer, à chaque instant, ce Musée Napoléon où s'était exercée une grande partie de son activité. À chaque pas le couteau se serait retourné dans la plaie. Au contraire, paraphraser le livre de Giuseppe Carpani sur Haydn était un exercice qui le transportait loin des tristes contingences actuelles. Et sa « folie » est telle qu'il écrit un livre, un véritable livre, imprimé à ses frais — 1 500 francs — au moment où la seule perspective qui se présentait à lui était de mourir de faim !

Mais l'infidélité à l'histoire de la peinture n'a duré qu'un court instant : le temps de retrouver le calme nécessaire pour délibérer sur son avenir. La décision de quitter Paris ne fut certes pas un coup de tête dicté par des raisons politiques. Et, en quittant Paris, où pouvait-il *s'expatrier sinon à Milan, ville qui présentait tous les avantages : celui d'y mener une existence anonyme; la ville où résidait la femme qu'il aimait et qui, peut-être, le payerait de retour; enfin, la ville où il pourrait travailler tout à son aise à l'histoire de la peinture. Il ne s'agit pas d'une hypothèse gratuite. En franchissant le Mont-Cenis à la fin du mois de juillet, pour lutter contre les noires pensées qui hantent son esprit, il ne voit le salut que dans le travail : « Sous peine de périr d'ennui, il faut me faire une occupation actuellement que je ne suis rien. » Situation pénible, mais non tragique. En effet, ces paroles sont tracées sur la couverture d'un des cahiers vert pomme renfermant le deuxième jet de l'Histoire de la peinture. Une fois encore Stendhal semble suivre une voie déjà tracée.*

Ce que, sans doute, il ne pouvait prévoir à ce moment-là, c'est qu'il devra de nouveau son salut à ce travail bénéfique. Ici, nous touchons à une époque de la vie de Stendhal où il faut s'élever résolument contre les idées reçues, les poncifs, les clichés. Arrivés à la période milanaise de sa vie d'écrivain, les biographes se sont plu à en brosser à qui mieux mieux un tableau enchanteur, idyllique. Ne lui était-il pas donné d'habiter sa chère Italie, sa ville bien-aimée de Milan, de partager la vie d'une société dont il goûtait si fort le naturel et l'énergie, de passer ses soirées dans ce théâtre merveilleux de la Scala, en se gorgeant de musique ? Bonheur, plaisir, allégresse, félicité. Hélas ! la réalité est tout autre. La première période du séjour à Milan, les années 1814-1816, celles où a été élaborée l'Histoire de la peinture, a été l'une des plus pénibles, les plus sombres de son existence, celle où la détresse l'a amené à envisager froidement la solution de « dire bonsoir à la compagnie ».

Tout se conjuguait pour ne pas lui laisser de répit : tout d'abord, les soucis d'argent, avec ses revenus qui diminuaient et les créanciers de Paris qui tempêtaient; ensuite, et c'était là le plus pénible : l'isolement. Henri

Beyle était un homme éminemment social qui tolérait
mal la solitude. Or, à Milan, il n'avait d'autres entrées
que dans le cercle des commerçants qui gravitaient
autour d'Angela Pietragrua. Mais ces petits-bourgeois se
méfiaient de lui. Et, surtout, c'est Angela elle-même qui,
très vite, se lassa de son assiduité, d'autant que la Lombardie était retombée sous la botte autrichienne. Tout ce
qui était français était suspect et éveillait les soupçons.
Or, Henri Beyle, par sa taille, son accent, la nature de ses
propos, ne passait pas inaperçu. Elle s'efforça donc de
rompre. Il s'accrocha à elle tant qu'il put. Mais le dénouement ne se fit pas attendre. À la fin de 1815, Angela signi-
fia la rupture à son amant, le menaçant de le dénoncer à
la police. Le pauvre abandonné se livra au désespoir :
« Faut-il que mon bonheur dépende des femmes ? Je
serais heureux si je pouvais m'arracher le cœur ! » se
lamentait-il.

Pourquoi raconter les misères du « Milanese » qu'on a
si souvent présenté comme nageant dans le bonheur ?
Parce que, une fois de plus, l'Histoire de la peinture a
joué le rôle de bouée de sauvetage. À preuve, ce témoignage qu'il consignera dans son journal quelques années
plus tard en évoquant cette période : « Je me suis tué à la
lettre *for this work* par la copie et les huit heures de travail pendant les trente et quarante jours d'arrache-pied. »
On a forcément une idée incomplète de ce livre si on ne
connaît pas les antécédents.

UN LIVRE DÉCONCERTANT

Déconcertant parce que le lecteur, presque à chaque
page, est confronté à des sujets, à des réflexions dont la
présence le surprend et qui donnent la désagréable
impression que l'auteur divague, extravague, sans nullement se soucier du sujet annoncé dans le titre.

Structure

L'ouvrage débute par une introduction historique assez étendue destinée à mettre en lumière le lien étroit qui a existé à la Renaissance entre l'état politique et social de la péninsule et l'extraordinaire épanouissement de la peinture. En ce qui concerne les siècles postérieurs, l'analyse est beaucoup plus rapide et superficielle. Cette introduction est suivie de sept livres, tous relatifs à l'école de Florence, la seule qui soit étudiée. Les sept livres comportent 184 chapitres distribués comme suit :

livre I, chapitres de I à XII : les primitifs.

Livre II, chapitres de XIII à XXXVII : de l'après-Giotto à Léonard.

Livre III, chapitres de XXXVIII à LXVI : suite.

Livre IV, chapitres de LXVII à LXXXII : du beau idéal antique.

Livre V, chapitres de LXXXIII à CX : suite.

Livre VI, du chapitre CXI au CXXXIII : du beau idéal moderne.

Livre VII, du chapitre CXXXIV au CLXXXIV : vie de Michel-Ange.

L'ouvrage se termine par un « épilogue » d'une dizaine de pages intitulé « Cours de cinquante heures », qui a de toute évidence un but pédagogique : comment s'initier en peu de temps à la peinture italienne.

Cette table de matière met en lumière le manque d'unité du livre : l'histoire proprement dite étant coupée en deux par la très longue dissertation sur le beau idéal. Les soixante-seize chapitres de cette partie relèvent, en effet, non de l'histoire de la peinture, mais de l'histoire du goût. L'auteur entend démontrer l'incompatibilité du beau *idéal antique avec les moyens d'expression dont dispose l'homme du XIXᵉ siècle et, par conséquent, l'absurdité des maîtres à penser incapables de se libérer du canon de l'imitation de l'antiquité. L'argumentation, étayée d'une foule de citations d'auteurs anciens et modernes, est loin d'être d'une clarté exemplaire, cette clarté, si souvent portée aux nues par Stendhal. Une fois de plus, celui-ci se révèle un piètre théoricien, ou, plus exactement, un théoricien* sui generis.

Prévoyant que le débat sur le beau idéal *suscitterait des réserves et des critiques, il s'efforce de l'intégrer dans le récit historique là où il déclare : « Il fallait ces idées pour juger Michel-Ange* [20]... » *Mais on peut douter qu'il ait emporté la conviction, surtout parce que le débat en question vise moins la peinture que la littérature ; il est comme une préfiguration de la querelle des romantiques contre les classiques qui va éclater en France, et à laquelle Stendhal participera activement. Cela explique la présence de deux digressions secondaires, et placées en note à l'intérieur de la digression principale, l'une au chapitre XCVI* [21] *constituant une attaque en règle contre le critique allemand Wilhelm Schlegel, l'autre, au chapitre CI* [22], *constituant l'éloge de Shakespeare. Si on voulait énumérer les digressions de moindre étendue, on arriverait à un total assez considérable, d'autant plus que l'auteur donne au mot « histoire » une acception assez large.*

Histoire et « miroir »

Le mot « histoire » figurant dans le titre, on devait s'attendre à ce qu'une part importante du livre fût de nature historique. Ainsi l'introduction générale est un bel

20. Chap. CXXXIV, p. 355.
21. P. 276-278.
22. P. 296-299.

*exemple du lien étroit que l'auteur établit entre l'état de la
société et le développement des arts. Certes, l'information
est approximative et incomplète, mais le point de vue
avait le mérite d'être neuf et original. On ne répétera
jamais assez qu'on ne doit pas attendre de Stendhal la
rigueur d'un spécialiste. Bien souvent l'histoire proprement dite cède le pas à l'évocation de l'actualité. L'histoire
devient chronique. À tout bout de champ, et dans les
endroits les plus imprévus, les allusions à des événements
contemporains se multiplient. Il ne s'agit pas de mala-
dresses, de fautes d'inattention. L'intrusion du présent
dans le passé est voulue. L'auteur est conscient que le
procédé est inhabituel, mais il le trouve tout naturel :
« On me dira, déclare-t-il sans ambages, qu'à propos des
arts je parle de choses qui leur sont étrangères ; je réponds
que je donne la copie de mes idées, et que j'ai vécu de
mon temps* [23]. » Or, une remarque s'impose aussitôt :
l'actualité dont il est question est d'ordre politique.*

*L'auteur laisse entendre à mots couverts qu'il est un
opposant au régime qui a succédé à l'Empire ; ne pouvant
s'exprimer librement, il est contraint d'avoir recours aux
masques et aux alibis. Son livre est, en fait, un « miroir »
de la société contemporaine. Ce mot n'est pas prononcé
ici, mais il le sera dans la célèbre définition du roman qui
figurera quinze ans plus tard dans une épigraphe de
Rouge et Noir : « Le roman est un miroir qu'on promène
le long d'un chemin. » Ce n'est pas par hasard que le
roman sera écrit dans la même atmosphère oppressive de
la Restauration. Aussi rencontre-t-on des déclarations du
genre de celle-ci : « La postérité nous reprochera d'avoir
trop haï la tyrannie ; elle n'aura pas senti comme nous la
douceur des dix dernières années. » Et que dire de cette
extrapolation à propos de la* Cène de Léonard : « *Sous ce
gouvernement despotique* [le gouvernement impérial]*,
rien de ce qui était grand ne se trouvait difficile. Le génie*

23. Chap. XX, p. 131.

qui de loin civilisait l'Italie [Napoléon] voulut rendre éternel ce qui restait du tableau de la Cène[24]... » Et l'auteur d'insinuer avec une feinte hypocrisie : « Je supplie que (...) l'on ne me prenne pas pour un coquin de libéral[25]. »

Souvent, il est fait référence à l'usurpateur, « un général célèbre », « un grand général », le « génie hasardeux de notre général », « Napoléon est devenu un personnage historique ». Par endroits, l'allusion cède la place à une menace non déguisée : « Quoi de plus vil en soi-même que ce petit morceau de métal nommé caractère d'imprimerie ? Il précipite les tyrans de leur trône[26]. » Et que dire de la phrase lapidaire : « Nous avons eu la gloire, nous avons la boue » ? L'ami de Stendhal, Louis Crozet, qui s'était chargé de surveiller l'impression du livre, fut épouvanté. Il essaya de mettre en garde son ancien camarade contre sa témérité : « Tes apostrophes sont vives, lui écrivit-il, elles mordent[27]... »

L'égotisme

Ce qui augmente l'impact de ces « apostrophes », c'est que l'auteur du livre ne fait pas le moindre effort pour se dissimuler, pour passer inaperçu. Bien au contraire, un peu partout, et sous diverses formes, l'auteur se confond avec l'acteur. À preuve, tout d'abord, les dates dont le livre est truffé et qui lui donnent le ton d'un récit autobiographique. Ces dates sont de trois ordres : a) des dates isolées, sans aucune justification, et qui sont destinées à jouer un rôle de témoignage qu'on ne saurait contester; b) les dates relatives à des épisodes de la vie de l'auteur, et auxquels celui-ci attache un intérêt tout particulier.

24. Chap. LII, p. 197.
25. Chap. CXXI, p. 326.
26. Chap. XLVI, p. 186.
27. *Correspondance*, t. I, p. 1242.

Ainsi, à propos du télescope d'Herschel, on lit en note :
« *Vu et écrit le 24 décembre 1814* » *(chap. XC); en note
du premier chapitre sur la chapelle Sixtine :* « *Écrit ce
chapitre dans cette galère le 13 janvier 1817* »
*(chap. CLIII); dans un autre chapitre sur la chapelle Six-
tine, figure une note dont la motivation autobiographique est évidente — après décryptage :* « *Écrit et mesuré
à la chapelle Sixtine, le 23 janvier 1817, 34* »
*(chap. CLXIX), ce qui veut dire que l'auteur a visité la
chapelle Sixtine le 23 janvier 1817, soit son jour anniversaire, et qu'il était donc âgé de trente-quatre ans; c) les
dates fantaisistes, choisies n'importe comment parce
qu'elles n'ont que la valeur d'alibi, soit de laisser croire
que l'auteur était tel jour à tel endroit, alors qu'il n'en
était rien. Tel ce passage du chapitre CXXIV :* « *À
Londres, j'ai vu un lord serrer la main d'un riche char-
pentier de la Cité.* » *Et, en note :* « *Le 6 janvier 1816.* » *À
ce moment-là, Beyle était à Milan et n'avait jamais mis
les pieds en Angleterre. À remarquer que ce système de
datation se prête à de multiples combinaisons, telle, par
exemple, l'évocation de souvenirs personnels vraisem-
blables en eux-mêmes, mais à condition de remplacer le
millésime imprimé par un autre plus proche de la réalité.*

*Mais là où l'égotisme se manifeste avec une insistance
inattendue, passionnée, c'est dans l'évocation de la campagne de Russie, que cette évocation s'intègre ou pas
dans l'argumentation générale. Elle s'exprime par le verbe
à la première personne du singulier ou du pluriel. Elle a
la valeur d'un témoignage d'un homme qui, traumatisé
par ce qu'il a vu et souffert, éprouve le besoin irrépressible
de donner quelques détails sur une époque terrible et
héroïque, non pas qu'une vaine gloire l'y pousse, mais
afin de suggérer aux lecteurs que l'auteur n'était pas un
plumitif ordinaire. Les exemples de ce procédé sont fort
nombreux. Mentionnons-en quelques-uns. Dans un des
chapitres sur la chapelle Sixtine, le chapitre CLIII, Beyle
interrompt la description pour se livrer à un rapproche-*

*ment inattendu entre l'impression produite par le chef-
d'œuvre de Michel-Ange et la retraite de Russie :*

> Lorsque dans notre malheureuse retraite de Russie nous
> étions tout à coup réveillés au milieu de la nuit sombre par
> une canonnade opiniâtre, et qui à chaque moment semblait
> se rapprocher, toutes les forces de l'homme se rassem-
> blaient autour du cœur, et, n'ayant plus d'attention pour
> tout ce qui était d'un intérêt vulgaire, il s'apprêtait à dispu-
> ter sa vie à la fatalité.

*Et de conclure pour légitimer le rapprochement : « La vue
des tableaux de Michel-Ange m'a rappelé cette sensation
presque oubliée. »*

*Il arrive aussi que l'évocation n'ait quasiment pas de
lien avec le reste. Tel le développement qui suit l'assertion, au chapitre XCIII, que le tempérament sanguin « est
évidemment plus commun en France » : « C'est la
réflexion que je faisais sur les bords du Niémen, le 6 juin
1812, en voyant passer le fleuve à cette armée innombrable, composée de tant de nations, et qui devait souffrir
la déroute la plus mémorable dont l'histoire ait à parler.
Le sombre avenir que j'apercevais au fond des plaines
sans fin de la Russie, et avec le génie hasardeux de notre
général, me faisait douter. » Tableau suggestif, certes,
mais imaginaire, car le 6 juin 1812 Beyle était à Paris et
non sur les bords du Niémen. À défaut d'être vrai, il était
vraisemblable : le futur romancier cède à la séduction de
la mise en scène.*

*Cette forme d'égotisme est souvent insaisissable tant
elle est présente en filigrane. Un des exemples les plus
typiques est fourni ici par les références au Musée Napoléon ; au-delà de simples renvois, elles impliquent des sensations dont il est redevable à certains tableaux et dont il
entend fixer le souvenir. Sous ce rapport, on devine que,
de tous les peintres italiens, c'est Léonard qui, à cette époque, lui est le plus cher, car il lui prête sa propre sensibilité. En effet, il dit de lui au chapitre LVII : « Cette âme
délicate et tendre fuyait avec une horreur qui choque le*

vulgaire les choses qui peuvent blesser par leur laideur. »
Toutefois, plus loin, à propos du pouvoir respectif d'évo-
cation de la peinture et de la musique (chap. CXXX), il
n'a cure d'ouvrir le débat. Ce qui lui tient à cœur, c'est de
rappeler sa passion pour Angela Pietragrua, ainsi que la
rupture, toute récente, avec la femme aimée. À noter qu'il
s'exprime en anglais pour dépister la curiosité des indis-
crets, tout en offrant lui-même la clé de l'alibi, en impri-
mant à la fin : « (Biography of the A[uthor].) »

Une amorce d'esthétique

L'auteur de l'Histoire de la peinture *n'est pas seule-*
ment attentif à la politique intérieure de la France; il
n'entend pas non plus tirer parti de certains événements
pour faire mousser le rôle qui, à l'entendre, aurait été le
sien dans un passé récent. Dans le premier cas, il se serait
cantonné à un rôle de pamphlétaire; dans le deuxième
cas, il aurait risqué de faire preuve de mauvais goût en
ramenant à sa personne les bouleversements de l'His-
toire. Prenant de la hauteur, il est amené à réfléchir sur la
nature de l'art pictural. Dans ce domaine, ses idées sont
aussi simples que peu nombreuses; aussi ne font-elles
pas l'objet d'un exposé systématique. Fidèle héritier de
Diderot et de Rousseau, il considère la sensibilité comme
la qualité première de l'être humain.

Il y a dans l'Histoire de la peinture *un chapitre qui*
s'impose par sa singularité et dont on n'a pas vu jusqu'ici
la portée. Il s'agit du chapitre XXXIV; il porte un titre
laconique : « Un artiste », *et qui ne se rattache ni à ce qui*
précède ni à ce qui suit. En réalité, il forme un lien étroit
entre l'égotisme de l'auteur — il parle à la première per-
sonne du singulier — et la finalité de la peinture : faire
naître l'émotion. Analysé de près, ce chapitre, perdu dans
la masse — on y reconnaît l'art stendhalien de l'alibi —,
est une sorte de précis du « beylisme » *avant la lettre.*

*Contentons-nous de relever des idées formulées par-ci,
par-là sur la peinture. La première est l'expression : « Un
tableau sans expression n'est qu'une image pour amuser
les yeux un instant » (chap. XX). « Léonard, dont le style
était mélancolique et solennel, eut la grâce de l'expression » (chap. LIX).*

*Or, l'expression, qui se confond avec l'émotion, établit
un état de communion entre le peintre et le spectateur :
« Le bonheur de la peinture est de parler aux gens sensibles qui n'ont pas pénétré dans le labyrinthe du cœur
humain (...) et de leur parler un langage non souillé par
l'usage, et qui donne un plaisir physique » (chap. XXX).
L'aune pour juger un tableau étant l'émotion qu'il inspire, il en découle que seuls les livres qui éclairent les
spectateurs sont utiles; ceux qui édictent des règles qu'il
faut suivre sont à proscrire : « Les bons livres sur les arts
ne sont pas les recueils d'arrêts à la La Harpe; mais ceux
qui, jetant la lumière sur les profondeurs du cœur
humain, mettent à ma portée des beautés que mon âme
est faite pour sentir, mais qui, faute d'instruction, ne
pouvaient traverser mon esprit » (chap. LXVI). On dira
que c'est là une esthétique assez rudimentaire, mais le
fait est que Stendhal ne modifiera guère par la suite sa
manière de penser. À peu de chose près, ce sera là son
romantisme. Sous cet aspect, l'*Histoire de la peinture*
offre la primeur de certaines prises de position typique-
ment stendhaliennes*[28].

À la croisée des chemins

*Nous avons jusqu'ici passé sommairement en revue les
principaux aspects de l'*Histoire de la peinture en Italie.
Il est temps d'en tirer les conclusions et de dresser une

---

28. Au chapitre XXXIV, on trouve le vœu d'avoir un « lecteur
unique », préfiguration de la célèbre dédicace « To the Happy Few ». Cf.
chap. XLV.

sorte de bilan. Le livre doit être jugé sur deux plans : celui que l'auteur s'était proposé de présenter aux lecteurs, et celui qu'il a réellement suivi. Le premier comportait implicitement un exposé chronologique des écoles italiennes de peinture. Mais cet exposé tourne court et il n'en est plus question dans la suite. Deux peintres, les plus célèbres, Léonard de Vinci et Michel-Ange, font l'objet d'une présentation et d'une interprétation. Il est évident que l'auteur n'a traité que très partiellement son sujet. On peut le regretter, car le sujet était neuf. Si la promesse initiale avait été tenue, l'ouvrage aurait non seulement été original, mais encore il aurait comblé une lacune, rien de similaire n'existant en France. On comprend qu'à l'attente si prometteuse ait succédé la déception. Plus grave : l'histoire des écoles italiennes de peinture n'a pas été seule à être escamotée, il en a été de même d'une réflexion générale sur la peinture italienne. Et pourtant celle-ci avait bénéficié d'un regain d'actualité par suite des discussions auxquelles avait donné lieu la restitution après 1814 à leurs propriétaires légitimes des œuvres d'art enlevées en Italie sur ordre de Napoléon.

*On ne peut donc faire grief aux historiens de l'art de refuser de prendre en compte un ouvrage où il était question, à quelques pages près, de tout autre chose que de l'essor de la peinture dans la péninsule aux XVIe et XVIIe siècles. L'analyse qui précède fait ressortir une réalité incontestable : le livre publié en 1817 sous le titre attrayant d'*Histoire de la peinture en Italie *est en fait un ouvrage composite où confluent des thèmes multiples, au nombre desquels la partie réservée aux peintres italiens est réduite à la portion congrue. Le point sur lequel il faut insister, c'est que le plan choisi n'est pas en cause. La dérive s'est opérée lentement et naturellement. Dans les marasmes où il s'est trouvé après 1814, Henri Beyle a été dans l'obligation de liquider un passé qui l'enserrait dans une gangue étouffante. Au départ, écrire l'histoire de la peinture italienne a été une sorte de distraction destinée à*

*oublier les misères du présent. Ensuite la passion exercée
par les événements présents joints à la nostalgie d'un
passé trop glorieux pour être oublié est venue se super-
poser au plan primitif strictement historique, au point
que l'histoire des peintres est devenue un prétexte et un
alibi* [29].

*L'Histoire de la peinture n'est pas un livre raté. Elle le
serait si l'on s'en tient aux canons traditionnels d'après
lesquels l'auteur révèle son impéritie à maîtriser les matériaux à sa disposition et son incapacité à composer un
ouvrage clair, ordonné, instructif. Or, tel n'est pas le cas
de Stendhal qui, visiblement, a fait et voulu faire autre
chose. Son tort, si tort il y a, est de ne pas avoir donné au*

---

29. C'est pourquoi l'*Histoire de la peinture* telle qu'elle a été publiée
en 1817 ne pouvait avoir de suite, bien que celle-ci soit annoncée à trois
reprises au moins. D'abord dans une note du chapitre XCV ainsi
conçue : « Voir le *Traité de la Science des physionomies*, dans l'*École de
Venise*, tome IV de cet ouvrage. » Le même renvoi figure dans une note
du chapitre LXXI. Enfin, dans une note du chapitre CLXVI, le lecteur
est renvoyé à une *Vie du Corrège* qui n'a jamais été écrite : « Voyez
l'article de l'*Incorrection* dans la *Vie du Corrège*, tome IV. » On se
demande comment Beyle pouvait se leurrer au point d'annoncer une
École de Venise et une *Vie du Corrège* sur lesquelles il ne disposait
d'aucune documentation.
  La question de la suite que le livre aurait dû normalement avoir ne
pouvait être esquivée. Pressé sans doute par son ancien camarade et
collaborateur, Louis Crozet, il lui adresse, le 30 septembre 1816, une
lettre qu'on ne peut pas ne pas mentionner ici. En effet, elle porte en
tête cette phrase : « Raisons pour ne pas faire les troisième, quatrième,
cinquième, sixième volumes. » La réponse faite à cette question est
double. La première, « sans réplique », est d'ordre général : la connaissance de l'homme fait de tels progrès que bientôt « on verra aussi net
qu'à travers un cuistre comment la sculpture, la musique et la peinture
touchent le cœur ». La deuxième raison est personnelle : Stendhal ne
croit pas à sa vocation comme historien de la peinture : « Je n'en crois
pas moins sage, à trente-quatre ans moins trois mois, d'en revenir à
Letellier, et de tâcher de faire une vingtaine de comédies de trente-
quatre ans à cinquante-quatre. » Sans doute, Stendhal s'abusait, mais il
ne reste pas moins vrai que la question de l'abandon ne sera pas abordée dans le livre tel qu'il sera publié, à part un tout petit nombre de renvois mentionnés plus haut. Le lecteur gardera la pénible impression
d'être floué parce que la suite implicitement promise s'est perdue dans
les sables.

lecteur la clé lui permettant de le suivre dans ses « *divaga-tions* »*. Mais le pouvait-il à une époque où le précepte le plus courant et le plus observé était :* « Intelligenti pauca » ?

*L'*Histoire de la peinture *est, malgré tout, un chaînon de la réflexion sur les peintres italiens à laquelle Stendhal s'est livré toute sa vie et qui se prêterait aisément à la publication d'un véritable manuel. Qu'on veuille bien ne pas oublier que l'un des derniers ouvrages du romancier est celui écrit en collaboration avec son ami le peintre Abraham Constantin, et qui est intitulé* Idées italiennes sur quelques tableaux célèbres. *Le nom de Stendhal ne peut prétendre faire autorité dans l'historiographie de la peinture italienne, mais a droit à une place parmi les pionniers de cette historiographie en France.*

V. DEL LITTO

HISTOIRE
DE LA PEINTURE
EN ITALIE

Les Carraches s'éloignèrent de
l'affectation qui était à la mode, et
parurent froids.

Tome V[1].

INTRODUCTION

Vous savez que, vers l'an 400 de notre ère, les habitants de l'Allemagne et de la Russie, c'est-à-dire les hommes les plus libres, les plus intrépides et les plus féroces dont l'histoire fasse mention, eurent l'idée de venir habiter la France et l'Italie*.

Voici un trait de leur caractère[2] :

Sur la côte de Poméranie, Harald, roi de Danemark, avait fondé une ville qu'il nomma Julin ou Jomsbourg. Il y avait envoyé une colonie de jeunes Danois sous la conduite de Palna-Toke, un de ses guerriers.

Ce gouverneur, dit l'histoire, défendit d'y prononcer le nom de la peur, même au milieu des dangers les plus imminents. Jamais un citoyen de Jomsbourg ne pouvait céder au nombre, quelque grand qu'il fût; il devait se battre intrépidement sans reculer d'un pas, et la vue d'une mort certaine n'était pas une excuse.

Quelques jeunes guerriers de Jomsbourg ayant fait une irruption dans les états d'un puissant seigneur norvégien, nommé Haquin, furent surpris et vaincus, malgré l'opiniâtreté de leur résistance.

Les plus distingués ayant été faits prisonniers, les

---

* Tacite, Robertson[3], Mallet.

vainqueurs les condamnèrent à mort, conformément à l'usage du temps.

Cette nouvelle, loin de les affliger, fut pour eux un sujet de joie : le premier se contenta de dire, sans changer de visage, et sans donner le moindre signe d'effroi : « Pourquoi ne m'arriverait-il pas la même chose qui est arrivée à mon père ? Il est mort, et je mourrai. » Un guerrier nommé Torchill, qui leur tranchait la tête, ayant demandé au second ce qu'il pensait, il répondit qu'il se souvenait trop bien des lois de Julin pour prononcer quelque parole qui pût réjouir ses ennemis. À la même question, le troisième répondit qu'il se trouvait heureux de mourir avec sa gloire, et qu'il préférait son sort à une vie infâme comme celle de Torchill.

Le quatrième fit une réponse plus longue et plus singulière : « Je souffre la mort de bon cœur, et cette heure m'est agréable ; je te prie seulement, ajouta-t-il en s'adressant à Torchill, de me trancher la tête le plus prestement qu'il te sera possible, car c'est une question que nous avons souvent agitée à Julin, de savoir si l'on conserve quelque sentiment après avoir été décapité ; c'est pourquoi je vais prendre ce couteau d'une main : si, la tête tranchée, je le porte contre toi, ce sera une marque que je n'ai pas entièrement perdu le sentiment, si je le laisse tomber, ce sera la preuve du contraire : hâte-toi de décider la question. » Torchill, ajouta l'historien, se hâta de lui trancher la tête, et le couteau tomba. Le cinquième montra la même tranquillité, et mourut en raillant ses ennemis. Le sixième recommanda à Torchill de le frapper au visage. « Je me tiendrai immobile, et tu observeras si je ferme seulement les yeux, car nous sommes habitués, à Jomsbourg, à ne pas remuer, même en recevant le coup de la mort ; nous nous exerçons à cela entre nous. » Il mourut en tenant sa promesse. Le septième était un jeune homme d'une grande beauté, et à la fleur de l'âge ; sa longue chevelure blonde flottait en boucles sur ses épaules. Torchill lui ayant demandé s'il redoutait la mort : « Je la reçois volontiers, dit-il, puisque j'ai rempli le plus grand devoir de la vie, et que j'ai vu mourir tous ceux à qui je ne puis survivre ; je te prie seulement qu'aucun esclave ne touche mes cheveux, et que mon sang ne les salisse point. »

Ces guerriers du Nord avaient un second principe de grandeur, ils étaient libres ; mais une fois qu'ils eurent occupé la France et l'Italie, et se furent partagé les vaincus comme des troupeaux de bétail, on ne vit plus que des tyrans et des esclaves. Toute justice, toute vertu, toute tranquillité disparut de dessus la surface de la malheureuse Europe.

Les Barbares y opérèrent si bien pendant cinq siècles, et, vers le commencement du onzième, la société féodale était devenue un tel tissu d'horreurs, de violences et d'injustices légales, que tous, tyrans comme esclaves, désirèrent un changement. La vie si misérable des sauvages de l'Amérique leur eût fait envie, et avec raison.

Vers l'an 900, les villes d'Italie, profitant de la position du pays que la mer environne, tentèrent un peu de commerce avec Alexandrie d'Égypte et Constantinople. À peine les Italiens eurent-ils quelque idée de la propriété, qu'on les voit aimer la liberté avec la passion des anciens Romains. Cet amour s'accrut avec leurs richesses, et vous savez que pendant les douzième et treizième siècles tout le commerce d'Europe fut entre les mains des Lombards (1150). Tandis qu'ils s'enrichissaient au-dehors, leur pays se couvrait d'une foule de républiques.

C'est aux papes qu'il faut attribuer la sagacité italienne. Par là ils jetèrent les semences de l'esprit républicain. Les marchands des villes d'Italie comprirent tout de suite qu'il est inutile d'amasser des richesses lorsqu'on a un maître pour en dépouiller.

Dans le moyen âge, comme de nos jours, la force faisait tous les droits ; mais aujourd'hui la puissance cherche à donner à ses actions l'apparence de la justice.

Il y a mille ans que l'idée même de *justice* existait à peine dans la tête de quelque baron puissant, qui, confiné dans son château, pendant les longues journées d'hiver, s'était quelquefois avisé de réfléchir. Le commun des hommes réduits à l'état de brute ne songeait chaque jour qu'à se procurer les aliments nécessaires à sa subsistance. Les papes, dont la puissance ne consistait que dans celle de quelques idées, avaient donc, au milieu de ces sauvages dégradés, le rôle du monde le plus difficile à jouer. Comme il fallait ou périr, ou être habile, là, comme ailleurs, le talent naquit de la nécessité. Sous ce rapport, plusieurs papes du moyen âge ont été des hommes extraordinaires.

On sent bien qu'il ne s'agit ici ni de religion, ni à plus forte raison de morale. Ils ont su, sans force physique, dominer sur des animaux féroces, qui ne connaissaient que l'empire de la force : voilà leur grandeur.

Pour être riches et puissants, ils n'eurent qu'à bien établir qu'il y avait un enfer, que certaines fautes y conduisaient, et qu'ils avaient le pouvoir d'effacer ces fautes. Tout le reste de la religion fut fait pour amener ce petit nombre de vérités.

Nous rions aujourd'hui des moines qui allaient vendre leurs indulgences dans les cabarets; mais nous sommes moins conséquents que ceux qui les achetaient. Une absolution d'assassinat coûtait vingt écus*. Le seigneur d'une ville avait-il besoin de se défaire d'une vingtaine de citoyens récalcitrants, il faisait une dépense de quatre cents écus, et, son indulgence dans la poche, leur faisait couper la tête sans nulle crainte de l'enfer. Comment lui en serait-il resté? Celui qui lui vendait l'indulgence n'avait-il pas le pouvoir de *lier* et de *délier* sur la terre**? Le prêtre qui donnait l'absolution

---

* Robertson.
** « ... Et quoique j'eusse tué plusieurs hommes, le vicaire de Dieu m'avait pardonné par l'autorité de sa loi », dit Benvenuto Cellini sur le point d'être mis à mort, et faisant son examen de conscience en 1538. (*Vita*, I, p. 417, édit. des classiques⁴.)

pouvait avoir tort; mais elle était bonne pour celui qui la recevait, ou il n'y a plus de catholicisme. C'est à la ferme croyance dans le sacrement de la pénitence et dans les indulgences qu'il faut attribuer les mœurs si sanguinaires et si énergiques des républiques italiennes. Il y avait aussi des indulgences pour des péchés plus aimables, et vous apercevez dans le lointain la renaissance des beaux-arts.

Chaque année, l'Italie voyait quelqu'une de ses villes passer sous le joug d'un tyran, ou le chasser de ses murs. Cet état de république naissante, ou de tyrannie mal affermie, faisant la cour aux riches, qui fut celui de toutes les cités pendant les deux ou trois siècles qui précédèrent les arts, donne un singulier ensemble de civilisation. Les passions des gens riches, excitées par le loisir, l'opulence et le climat, ne peuvent trouver de frein que dans l'opinion publique ou la religion. Or, de ces deux liens, le premier n'existe pas encore, et le second s'évanouit au moyen d'indulgences achetées et de confesseurs à gages. C'est en vain qu'on demanderait à la froide expérience de nos jours l'image des tempêtes qui agitaient ces âmes italiennes. Le lion rugissant a été enlevé à ses forêts, et réduit au vil état domestique. Pour le revoir dans toute sa fierté, il faut pénétrer dans les Calabres*.

Les nerfs des peuples du Midi leur font concevoir vivement les tourments de l'enfer. Rien ne borne leur libéralité envers les choses ou les personnes qu'ils regardent comme sacrées.

Telle est la troisième cause de l'éclat extraordinaire que jetèrent les arts en Italie. Il fallait un peuple riche, rempli de passions, et souverainement religieux. Un enchaînement de hasards uniques fit naître ce peuple, et il lui fut donné de recevoir les plaisirs les plus vifs par quelques couleurs étendues sur une toile.

---

* Les Italiens du treizième siècle ont un analogue vivant : la race des Afghans, au royaume de Caubul[5].

« La patrie, dit Platon, nom si tendre aux Crétois. » Il en est de même de la beauté au-delà des Alpes. Après trois siècles de malheurs, et quels malheurs! les plus affreux, ceux qui avilissent, on n'entend encore prononcer nulle part, comme en Italie : « *O Dio, com'è bello*[6]! *» »

En Europe, l'éclipse des lumières de l'antiquité avait été complète. Les moines, que les croisades conduisirent en Orient, prirent quelques idées chez les Grecs de Constantinople et chez les Arabes, peuples subtils, qui faisaient consister la science plutôt dans la finesse des aperçus que dans la vérité des observations. C'est ainsi que nous est venue la théologie scolastique, dont on se moque tant aujourd'hui; théologie qui n'est pas plus absurde qu'une autre, et qui exige, pour être apprise comme la savait un moine du treizième siècle, une force de tête, un degré d'attention, de sagacité et de mémoire, qui n'est peut-être pas très commun parmi les philosophes qui s'en moquent, parce qu'il est de mode de s'en moquer. Ils feraient mieux de nous expliquer comment cette éducation de la fin du moyen âge, si ridicule dans ce qu'elle enseignait, mais qui obligeait ses élèves à une telle force d'attention**, a produit la chose la plus étonnante que présente l'histoire : la réunion des grands hommes, qui, au seizième siècle, se présentèrent à la fois pour remplir tous les rôles sur la scène du monde.

C'est en Italie que ce phénomène éclate dans toute sa

---

* Ces mœurs passionnées, dont l'amour et la religion font la base, existent encore dans un petit coin du monde; on peut les observer dans la nature; mais il faut aller aux îles Açores. (Voyez *History of the Azores*, Londres, 1813[7].)

** Probablement on ne laissait prononcer aucun mot à l'élève sans qu'il y attachât une idée nette. La théologie et toutes les sciences vaines qui ne ressemblent à rien dans la nature sont comme les échecs; l'erreur consisterait à affirmer que l'art des échecs est l'art de la guerre, et à conduire les soldats sur le terrain, un échiquier à la main : ce qui n'empêcherait nullement qu'il ne fallût une suite de combinaisons très savantes pour faire son joueur échec et mat.

splendeur. Quiconque aura le courage d'étudier l'histoire des nombreuses républiques qui en ce pays cherchèrent la liberté, à l'aurore de la civilisation renaissante, admirera le génie de ces hommes qui se trompèrent sans doute, mais dans la recherche la plus noble qu'il soit donné à l'esprit humain de tenter. Elle a été découverte depuis, cette forme heureuse de gouvernement; mais les hommes qui arrachèrent à l'autorité royale la constitution d'Angleterre étaient, j'ose le dire, fort inférieurs en talents, en énergie et en véritable originalité, aux trente ou quarante tyrans que le Dante a mis dans son enfer, et qui vivaient en même temps que lui vers l'an 1300*.

Telle est, dans tous les genres, la différence du mérite de l'ouvrage à celui de l'ouvrier. J'avouerai sans peine que les peintres les plus remarquables du treizième siècle n'ont rien fait de comparable à ces estampes coloriées que l'on voit modestement étalées à terre dans nos foires de campagne, et que le paysan achète pour s'agenouiller devant elles. L'amplification du moindre élève de rhétorique l'emporte de beaucoup sur tout ce qui nous reste de l'abbé Suger, ou du savant Abailard. En conclurai-je que l'écolier du dix-neuvième siècle a plus de génie que les hommes les plus marquants du douzième? Cette époque, dont l'histoire découvre des faits si étranges, n'a laissé de monuments frappants pour tous les yeux que les tableaux de Raphaël et les vers de l'Arioste. Dans l'art de régner, celui de tous qui frappe le plus le commun des hommes, parce que les hommes du commun n'admirent que ce qui leur fait peur, dans l'art d'établir et de conduire une grande puissance, le seizième siècle n'a rien produit. C'est que chacun des hommes extraordinaires qui font sa gloire se trouva contenu par d'autres hommes aussi forts.

---

* L'évêque Guglielmino, Uguccione della Faggiola, Castruccio Castracani, Pier Saccone, Nicolò Acciajoli, le comte de Virtù, etc., etc.

Voyez l'effet que Napoléon vient de produire en Europe. Mais, tout en rendant justice à ce qu'il y avait de grand dans le caractère de cet homme, voyez aussi l'état de nullité où se trouvaient plongés, à son entrée dans le monde, les souverains du dix-huitième siècle.

Vous voyez l'étonnement du vulgaire et l'admiration des âmes ardentes faire la force de l'empereur des Français ; mais placez un instant, par la pensée, sur les trônes de l'Allemagne, de l'Italie et de l'Espagne, des Charles Quint, des Jules II, des César Borgia, des Sforce, des Alexandre VI, des Laurent, et des Côme de Médicis ; donnez-leur pour ministres les Morone, les Ximénès, les Gonzalve de Cordoue, les Prosper Colonne, les Acciajoli, les Piccinino, les Capponi, et voyez si les aigles de Napoléon voleront avec la même facilité aux tours de Moscou, de Madrid, de Naples, de Vienne et de Berlin.

Je dirais aux princes modernes, si glorieux de leurs vertus, et qui regardent avec un si superbe mépris les petits tyrans du moyen âge :

« Ces vertus, dont vous êtes si fiers, ne sont que des vertus privées. Comme prince, vous êtes nul. Les tyrans d'Italie, au contraire, eurent des vices privés et des vertus publiques. Ces caractères donnent à l'histoire quelques anecdotes scandaleuses, mais lui épargnent à raconter la mort cruelle de vingt millions d'hommes. Pourquoi le malheureux Louis XVI n'a-t-il pu donner à son peuple la belle constitution de 1814[8] ? J'irai plus loin ; ces chétives vertus même dont on nous parle avec tant de hauteur, vous y êtes forcés. Les vices d'Alexandre VI vous jetteraient hors du trône en vingt-quatre heures. Reconnaissez donc que tout homme est faible à la tentation du pouvoir absolu, aimez les constitutions, et cessez d'insulter au malheur. »

Aucun de ces tyrans que je protège ne donna de constitution à son peuple ; à cette faute près*, on

---

* *Temporum culpa, non hominum*[9].

admire, malgré soi, la force et la variété des talents qui
brillèrent dans les Sforce de Milan, les Bentivoglio de
Bologne, les Pic de la Mirandole, les Cane de Vérone,
les Polentini de Ravenne, les Manfredi de Faenza, les
Riario d'Imola. Ces gens-là sont peut-être plus étonnants que les Alexandre et les Gengis, qui, pour subjuguer une part de la terre, eurent des moyens
immenses. Une seule chose ne se trouve jamais chez
eux, c'est la générosité d'Alexandre prenant la coupe du
médecin Philippe. Un autre Alexandre un peu moins
généreux, mais presque aussi grand homme, dut rire de
bien bon cœur lorsque son fils César le sollicita en
faveur de Pagolo Vitelli; c'était un seigneur ennemi de
César, que, sous les promesses les plus sacrées, celui-ci
avait engagé à une conférence près de Senigallia, de
compagnie avec le duc de Gravina. À un signal donné,
le duc et Pagolo Vitelli furent jetés à ses pieds percés de
coups de poignards; mais Vitelli, en expirant, supplie
César d'obtenir pour lui, du pape son père et son
complice, une indulgence *in articulo mortis*. Le jeune
Astor, seigneur de Faenza, était célèbre par sa beauté; il
est forcé de servir aux plaisirs de Borgia; on le conduit
ensuite au pape Alexandre, qui le fait périr par la corde.
Je vous vois frémir; vous maudissez l'Italie: oubliez-
vous que le chevaleresque François Ier laissait com-
mettre des crimes à peu près aussi atroces* ?

César Borgia, le représentant de son siècle, a trouvé
un historien digne de son esprit, et qui, pour se moquer
de la stupidité des peuples, a développé son âme. Léonard de Vinci fut quelque temps ingénieur en chef de
son armée.

De l'esprit, de la superstition, de l'athéisme, des mas-
carades, des poisons, des assassinats, quelques grands
hommes, un nombre infini de scélérats habiles et
cependant malheureux**, partout des passions

---

* M. le président d'Oppède[10].
** Voltaire, *Essai*, t. V[11].

ardentes dans toute leur sauvage fierté : voilà le quinzième siècle.

Tels furent les hommes dont l'histoire garde le souvenir ; tels furent sans doute les particuliers qui ne purent
différer des princes qu'en ce que la fortune leur offrit
moins d'occasions.

Des hauteurs de l'histoire veut-on descendre aux
détails de la vie privée ? Supprimez d'abord toutes ces
idées raisonnables et froides sur l'intérêt des sociétés
qui font la conversation d'un Anglais pendant les trois
quarts de sa journée. La vanité ne s'amusait pas aux
nuances ; chacun voulait jouir. La théorie de la vie
n'était pas avancée ; un peuple mélancolique et sombre
n'avait pour unique aliment de sa rêverie que les passions et leurs sanglantes catastrophes.

Ouvrons les confessions de Benvenuto Cellini, un
livre naïf, le Saint-Simon de son âge ; il est peu connu,
parce que son langage simple et sa raison profonde
contrarient les écrivains phrasiers*. Il a cependant des
morceaux charmants. Par exemple, le commencement
de ses relations avec une grande dame romaine nommée Porzia Chigi** ; cela est comparable, pour la grâce
et le naturel divin, à l'histoire de cette jeune marchande
que Rousseau trouva à Turin***, madame Basile.

On connaît le *Décaméron* de Boccace. Le style imité
de Cicéron est ennuyeux ; mais les mœurs de son temps
ont trouvé un peintre fidèle. La *Mandragore* de Machiavel est une lumière qui éclaire au loin ; il n'a manqué à
cet homme pour être Molière qu'un peu plus de gaieté
dans l'esprit.

Prenons au hasard un recueil d'anecdotes du seizième siècle.

Je dis indifféremment dans tout ceci le quinzième
siècle ou le seizième ; les chefs-d'œuvre de la peinture

---

* W. Roscoe[12], et autres plus célèbres.
** *Vita di Cellini*, I, p. 55.
*** *Confessions*, livre II.

sont du commencement du seizième siècle, où le monde était encore gouverné par les habitudes du quinzième*.

Côme Ier, qui régna dans Florence peu après les grands peintres, passait pour le prince le plus heureux de son temps; aujourd'hui l'on plaindrait ses malheurs. Il eut, le 14 avril 1542, une fille nommée Marie, qui, en avançant en âge, parut ornée de cette rare beauté, apanage brillant des Médicis. Elle fut trop aimée d'un page de son père, le jeune Malatesti de Rimini. Un vieux Espagnol, nommé Médiam, qui gardait la princesse, les surprit un matin dans l'attitude du joli groupe de *Psyché et l'Amour***[13].

La belle Marie mourut empoisonnée; Malatesti, jeté dans une étroite prison, parvint à s'échapper douze ou quinze ans après. Il avait déjà gagné l'île de Candie, où son père commandait pour les Vénitiens; mais il tomba sous le fer d'un assassin. Tel était l'honneur de ces temps, le cruel honneur qui remplace la *vertu* des républiques, et n'est qu'un vil mélange de vanité et de courage.

La seconde fille de Côme fut mariée au duc de Ferrare Alphonse; aussi belle que sa sœur, elle eut le même sort: son mari la fit poignarder.

Leur mère, la grande-duchesse Éléonore, allait cacher sa douleur dans ses beaux jardins de Pise; elle y était avec ses deux fils, don Garzia et le cardinal Jean de Médicis, au mois de janvier 1562. Ils prirent querelle à la chasse pour un chevreuil que chacun voulait avoir tué; don Garzia poignarda son frère. La duchesse, qui l'adorait, eut horreur de son crime, fut au désespoir, et pardonna. Elle compta sur les mêmes mouvements dans l'âme de son époux; mais le crime était trop

---

* Chose singulière! L'époque brillante de l'Italie finit au moment où les petits tyrans sanguinaires furent remplacés par des monarques modérés.

** Ancien Musée Napoléon.

récent. Côme, transporté de fureur à la vue du meur-
trier, s'écria qu'il ne voulait point de Caïn dans sa
famille, et le perça de son épée. La mère et les deux fils
furent portés ensemble au tombeau. Côme fut distrait
par le mélange de courage et de finesse dont il avait
besoin pour avilir des cœurs brûlants encore pour la
liberté*. Il y réussit, et son fils, le grand-duc François,
sans inquiétude pour sa couronne, put se livrer à
l'amour des plaisirs.

L'histoire de sa mort, causée volontairement par une
femme qui l'aimait, est vraiment singulière.

Vers l'an 1563, Pietro Buonaventuri, jeune Florentin
aimable et sans fortune, quitta sa patrie pour chercher
un meilleur sort. Il s'arrêta dans Venise, chez un marchand de son pays, dont la maison se trouvait située
précisément dans la ruelle du palais Capello. La façade,
suivant l'usage, donnait sur le canal. Il n'était bruit
dans la ville que de la beauté de Bianca, la fille du
maître de ce palais, et de la sévérité avec laquelle on la
gardait.

Bianca ne pouvait, sous aucun prétexte, paraître aux
fenêtres qui donnaient sur le canal; elle s'en dédomma-
geait en prenant l'air tous les soirs à une petite fenêtre
très élevée, qui avait jour sur la rue étroite habitée par
Buonaventuri. Il la vit et l'aima; mais quelle apparence
de s'en faire aimer? Un pauvre marchand prétendre à
une fille de la première noblesse, et la plus recherchée
de Venise! Il voulut renoncer à une passion chimé-
rique. L'amour le ramenait toujours sous la petite
fenêtre. Un de ses amis, le voyant au désespoir, lui
représenta qu'il valait mieux trouver la mort en marchant au bonheur que périr comme un sot; que d'ailleurs avec sa bonne mine et la tyrannie du père, faire
connaître sa passion serait peut-être triompher.

À force de signes faits à la hâte, lorsque personne ne

---

* Florence eut son Caton d'Utique dans Philippe Strozzi 1539.

paraissait dans la rue, Pierre parvint à dire qu'il aimait ; mais il ne fallait pas seulement penser à s'ouvrir la maison du plus fier des hommes. Comme en Orient la moindre tentative eût été punie de mort, peut-être sur les deux amants. La nécessité leur fit inventer un langage. La nécessité fit que cette beauté si dédaigneuse consentit à se procurer la clef d'une petite porte qui ouvrait sur la rue, et à venir donner un premier rendez-vous au jeune Florentin, démarche hardie qui ne put avoir lieu que de nuit, pendant le sommeil des gens. Ces tendres rendez-vous furent renouvelés, et avec le résultat qu'on peut penser. Bianca sortait toutes les nuits, laissait la porte un peu bâillée, et rentrait avant le jour.

Une fois elle s'oublia dans les bras de son amant. Un garçon boulanger, qui allait de grand matin prendre le pain dans une maison voisine, apercevant une porte entr'ouverte, crut bien faire de la tirer à lui.

Bianca, arrivant un moment après, se vit perdue ; elle prend son parti, remonte chez Buonaventuri, frappe tout doucement. Il ouvre. La mort était certaine pour elle. Leur sort devient commun ; ils courent demander asile à un riche marchand de Florence, établi dans un quartier perdu. Avant que le jour achevât de paraître, tout était fini, et nulle trace de leur évasion ne pouvait les trahir. Le difficile était de sortir de Venise.

Le père de Bianca, et surtout son oncle Grimani, patriarche d'Aquilée, faisaient éclater l'indignation la plus violente ; ils prétendaient que tout le corps de la noblesse vénitienne était insulté en eux. Ils firent jeter en prison un oncle de Buonaventuri, qui mourut dans les fers ; ils obtinrent du sénat l'ordre de courir sus au ravisseur, avec une récompense de deux mille ducats à qui le tuerait. On fit partir des assassins pour les principales villes d'Italie.

Les jeunes amants étaient toujours dans Venise. Vingt fois ils furent sur le point d'être pris. Dix mille espions, et les plus fins du monde, voulaient avoir les

deux mille ducats; enfin une barque chargée de foin
trompa tous les yeux, et ils purent gagner Florence. Là,
dans une petite maison que Buonaventuri avait sur la
via Larga, ils se tinrent fort cachés. Bianca ne sortait
jamais. Lui ne se hasardait que bien armé. C'était juste
ment le temps que le vieux Côme Ier, dégoûté de cette
longue suite de dissimulations et de perfidies qui
avaient fait son règne, venait de laisser les soins du gouvernement à son fils D. François, prince d'un caractère
plus sombre encore et plus sévère. Un favori vint lui
dire que dans une petite maison de sa capitale vivait
cachée cette Bianca Capello dont la beauté et la disparition singulière avaient fait tant de bruit à Venise. De ce
moment, François eut une nouvelle existence; tous les
jours on le voyait se promener des heures entières dans
la *via Larga*. On sent que tous les moyens furent mis en
usage; ils n'eurent aucun succès.

Bianca, qui ne sortait jamais, se mettait presque tous
les soirs à la fenêtre; elle portait un voile; mais le
prince pouvait l'entrevoir, et sa passion n'eut plus de
bornes.

Cette affaire parut sérieuse au favori; il en fit confidence à sa femme. Éblouie du degré de faveur où parviendrait son mari, si la maîtresse régnante lui devait sa
place, elle prit le prétexte des malheurs qu'avait éprouvés la jeune Vénitienne, et des dangers qui la mena-
çaient encore. Elle envoie une vénérable matrone, qui
lui fait entendre que la grande dame a quelque chose
d'important à lui communiquer, et, pour parler en
toute liberté, la prie de lui faire l'honneur de venir dîner
chez elle. Cette invitation parut très singulière. Les
amants hésitèrent longtemps; mais le rang de la dame
et le besoin qu'on avait de protection firent consentir.
Bianca parut; je ne parle point de l'empressement et
des tendresses de la réception. Il fallut conter son aventure : on l'écouta avec un intérêt si marqué, on lui fit
des offres si obligeantes, qu'il fallut promettre de reve-

nir, et d'être sensible à une amitié qui, en naissant, était déjà passion.

Le prince, charmé de cette première entrevue, espéra qu'il pourrait être de la seconde. Bianca reçut bientôt une nouvelle invitation. La conversation tomba sur les dangers que pouvait faire courir la vengeance d'un père irrité. Il y avait des exemples cruels*. Enfin on lui demanda si elle ne serait point curieuse de faire sa cour au prince héréditaire, qui l'ayant aperçue à sa fenêtre, n'avait pu s'empêcher d'admirer tant de charmes, et désirait vivement lui présenter ses respects. Bianca fut un peu troublée ; cet honneur dangereux mettait fin à toutes ses transes, et, quoiqu'elle affectât de s'en défendre, la dame crut voir dans ses yeux qu'un peu de violence ne l'offenserait pas. Le prince arriva sur ces entrefaites, d'un air qui parut naturel et honnête : ses offres de services, ses éloges respectueux, la modestie de ses manières, éloignaient la défiance. Bianca, qui n'avait nul usage, ne vit en lui qu'un ami. Il y eut d'autres rencontres. Buonaventuri lui-même n'eut pas l'idée de rompre une relation qui pouvait être à la fois honnête et utile.

Mais le prince était éperdument amoureux ; Bianca, un peu ennuyée de passer ses beaux jours en prison à Florence comme à Venise. Elle lui devait de pouvoir sortir sans crainte. Il augmenta, sous divers prétextes, la fortune du mari, et s'attacha la femme de plus en plus, par la simplicité et la tendresse de ses manières ; elle résista longtemps ; enfin François parvint à former entre Bianca, Buonaventuri et lui, ce qu'on appelle en Italie un *triangolo equilatero*.

Le jeune couple prit une grande maison dans le plus beau quartier de Florence. Le mari s'accoutuma bientôt à son nouvel état ; il se mêla parmi la noblesse qui, comme on pense, le reçut fort bien ; mais, fier de sa

---

* Histoire de Stradella, un siècle après[14].

nouvelle fortune, il en usa avec une insolence assez ridicule. Indiscret et téméraire avec tout le monde, et même envers le prince, il finit par se faire assassiner.

Cet incident n'affligea que médiocrement les deux amants. L'amabilité et la folle gaieté de la jeune Vénitienne, ce sont les Français de l'Italie, captivaient le prince tous les jours davantage. Plus Médicis était sombre et sévère, plus il avait besoin d'être distrait par la vivacité et les grâces de Bianca. Née dans l'opulence, aimant le luxe, et ne se croyant avec raison inférieure à personne par la naissance, elle paraissait en souveraine dans les rues de la capitale. La véritable souveraine, qu'on appelait, je ne sais pourquoi, la reine Jeanne, prit les choses au tragique, et, la trouvant un jour sur le pont de la Trinité, voulait la faire jeter dans l'Arno. Elle n'en fit rien, mais peu après mourut de douleur. Le grand-duc, touché de cette mort, et cédant aux représentations de son frère, le cardinal de Médicis, s'éloigna quelque temps de Florence pour rompre avec Blanche. Il lui envoya même un ordre de quitter la Toscane. Mais quelle considération peut l'emporter, dans un cœur sombre, sur le charme de tous les instants d'être aimé par une femme heureuse et gaie ? Bianca, qui avait de l'esprit, gagna le confesseur, et, moins de deux mois après la mort de la grande-duchesse, elle se fit épouser en secret.

Le grand-duc annonça son mariage à Venise. Une délibération des *Pregadi*[15] déclara Bianca fille adoptive de la république ; deux ambassadeurs suivis de quatre-vingt-dix nobles furent envoyés à Florence pour solenniser à la fois l'adoption de Saint-Marc et le mariage. Les fêtes données pour cette cérémonie si flatteuse pour la belle Vénitienne coûtèrent trois cent mille ducats.

Elle fut grande-duchesse ; son portrait est à la galerie de Florence. Je ne sais si c'est la faute de la manière dure du Bronzino ; mais ces yeux si beaux ont quelque chose de funeste[16].

Bianca trouva l'ambition et ses fureurs sur les marches du trône. Jusque-là, elle n'avait été que jolie femme et amoureuse. Elle voulut donner un héritier à son mari, et ne pas se voir un jour la sujette de son beau-frère. On consulta les astrologues de la cour ; on fit dire nombre de messes. Tous ces moyens se trouvant sans effet, la duchesse eut recours à son confesseur, cordelier à la grand-manche du couvent d'*Ognissanti*, qui se chargea de conduire à bien cette grande entreprise. Elle eut des dégoûts, des nausées et même garda le lit ; elle reçut les compliments de toute la cour. Le grand-duc était ravi.

Le temps des couches étant à peu près arrivé, Bianca fut surprise au milieu de la nuit par des douleurs si vives qu'elle demanda impatiemment son confesseur. Le cardinal, qui savait tout, se lève, descend dans l'anti-chambre de sa belle-sœur, et là se met à se promener tranquillement en disant son bréviaire. La grande-duchesse l'envoie prier de se retirer ; elle n'osait lui faire entendre des cris que la douleur allait lui arracher : le cruel cardinal répond froidement : « *Dite a sua altezza che attenda pure a fare l'offizio suo, che io dico il mio.* — Dites à S.A. que je la supplie de faire son affaire ; moi, je fais la mienne. »

Le confesseur arrive, le cardinal va à lui, l'embrasse pieusement : « Soyez le bienvenu, mon père, la princesse a grand besoin de vos secours », et, tout en le serrant dans ses bras, il sent facilement un gros garçon que le cordelier apportait dans sa manche. « Dieu soit loué, continue le cardinal, la grande-duchesse est heureusement accouchée, et d'un garçon encore », et il montre son prétendu neveu aux courtisans ébahis[17].

Bianca entendit ce propos de son lit : on juge de sa fureur par l'ennui et le ridicule d'une si longue comédie. L'amour du grand-duc lui ôtait toute inquiétude sur les suites de sa vengeance. Une occasion se présente ; ils étaient tous les trois à la belle villa de Poggio a Cajano, où ils avaient la même table. La duchesse, remarquant que le cardinal aimait fort le *blanc-manger*[18], en fit apprêter un qui était empoisonné. Le cardinal fut averti ; il ne laissa pas de se rendre à table comme à l'ordinaire. Malgré les instances réitérées de sa belle-sœur, il ne veut pas toucher à ce plat ; il songeait aux moyens de la convaincre, lorsque le grand-duc dit : « Eh bien ! si mon frère ne veut pas de son plat favori, j'en prendrai, moi », et il s'en sert une assiette. Bianca ne pouvait l'arrêter sans dévoiler le crime, et perdre à jamais son amour. Elle sentit que tout était fini pour elle, et prit son parti avec la même rapidité que jadis, lorsqu'elle trouva fermée la porte de son père. Elle se servit du blanc-manger comme son mari, et tous les deux moururent le 19 octobre 1587. Le cardinal succéda à son frère, prit le nom de Ferdinand Ier, et régna jusqu'en 1608.

Il faudrait parler de Rome. Fra Paolo[19] a montré les artifices de sa politique savante apparemment avec vérité, puisqu'il en fut assassiné. Pour les détails intérieurs, nous avons Jean Burchard[20], le maître de cérémonies d'Alexandre VI, qui, avec tout l'esprit de sa charge et de son pays, tenait registre des plaisirs les plus ridicules, mais sans sortir de la gravité. Il écrivait chaque soir. Le pape est toujours pour lui « notre très saint maître, *sanctissimus dominus noster* ». C'est un contraste plaisant, mais que je ne pourrais rendre sans m'exposer à passer pour philosophe, et même pour homme à idées libérales, ennemi du trône et de l'autel.

Il en est de même de la mort de Côme Gheri, le jeune et bel évêque de Fano, qui peint la cour de Paul III*.

---

* « *Dominica ultima mensis octobris, in sero, fecerunt cœnam cum duce Valentinensi in camera sua in palatio apostolico quinquaginta meretrices honestæ, cortegianæ nuncupatæ, quæ post cœnam chorearunt cum servitoribus et aliis ibidem existentibus, primo in vestibus suis, deinde nudæ. Post cœnam, posita fuerunt candelabra communia mensæ cum candelis ardentibus, et projectæ ante candelabra per terram castaneæ, quas meretrices ipsæ super manibus et pedibus nudæ, candelabra*

C'est dans ce siècle de passions, et où les âmes pouvaient se livrer franchement à la plus haute exaltation,

pertranseuntes, colligebant, Papa, Duce, et Lucretia, sorore sua, præsentibus et aspicientibus : tandem exposita dona ultimo, diploides de serico, paria caligarum, bireta et alia, pro illis qui plures dictas meretrices carnaliter agnoscerent, quæ fuerunt ibidem in aula publice carnaliter tractatæ arbitrio præsentium, et dona distributa victoribus.

« *Feria quinta, undecima mensis novembris, intravit urbem per portam viridarii quidam rusticus, ducens duas equas lignis oneratas, quæ cum essent in plateola Sancti Petri, accurrerunt stipendiarii Papæ, incisisque pectoralibus, et lignis projectis in terram cum bastis, duxerunt equas ad illam plateolam quæ est inter palatium juxta illius portam; tum emissi fuerunt quatuor equi curserii liberi suis frenis et capistris ex palatio, qui accurrerunt ad equas, et inter se propterea cum magno strepitu et clamore morsibus et calceis contendentes ascenderunt equas, et coierunt cum eis, Papa in fenestra cameræ supra portam palatii, et domina Lucretia cum eo existente, cum magno risu et delectatione præmissa videntibus...*

« *Dominica secunda Adventus,... quidam mascheratus visus est per Burgum verbis inhonestis contra ducem Valentinum. Quod dux intelligens fecit eum capi, cui fuit abscissa manus, et anterior pars linguæ, quæ fuit appensa parvo digito manus abscissæ...*

« *Die prima februarii,... negatus fuit aditus Antonio de Pistorio et socio suo ad cardinalem Ursinum, qui singulis diebus consueverant portare ei cibum et potum, quae sibi per matrem suam mittebantur; dicebatur pro eo quod Papa petierat a cardinali Ursino 2 000 ducatos apud eum depositos per quemdam Ursinum consanguineum suum,... et quamdam margaritam grossam, quam ipse cardinalis a quodam Virginio Ursino... emerat pro 2 000 ducatis. Mater cardinalis hoc intelligens, ut filio subveniret, solvit 2 000 ducatos Papae; et concubina cardinalis quamdam margaritam habetat. Induta habitu viri, accessit ad Papam, et donavit ei dictam margaritam. Quibus habitis permisit cibum, ut prius, ministrare, qui interim biberat, ut vulgo aestimabatur, calicem ordinatum, et jussu Papæ sibi paratum.* »

(Corpus historicum medii aevi, a G. Eccardo, Lipsiae, 1723, tomus secundus, colonnes 2134 et 2149.)

« *... Era Messer Cosimo Gheri da Pistoia vescovo di Fano, d'età d'anni vintiquattro, ma di tanta cognizione delle buone lettere così greche come latine e toscane, e di tal santità di costumi, ch'era... quasi incredibile. Trovavasi questo giovane... alla cura del suo vescovado, dove, pieno di zelo e di carità, faceva ogni giorno di molte buone... opere; quando il signor Pier Luigi da Farnese, il quale ebro della sua fortuna, e sicuro per l'indulgenza del padre di non dover esser non che gastigato, ripreso, andava per le terre della chiesa stuprando, o per amore o per forza, quanti giovani gli venivano veduti, che gli piacessero, si partì dalla città d'Ancona per andare a Fano, dove era governatore un frate sbandito dalla Mirandola, il quale è ancor vivo, e, per la miseria e meschinità della sua...*

que parurent tant de grands peintres : il est remarquable qu'un seul homme eût pu les connaître tous. Si
on le fait naître la même année que le Titien, c'est-à-

*spilorcia vita, si chiamava... il vescovo della fame. Costui sentita la
venuta di Pier Luigi, e volendo incontrarlo, richiese il vescovo, che volesse
andare di compagnia a onorare il figliuolo del Pontefice, e gonfaloniere di
santa chiesa, il che egli fece, quantunque malvolentieri... La prima cosa,
della quale domandò Pier Luigi il vescovo, fu, ma con parole proprie e
oscenissime secondo l'usanza sua, il quale era scostumatissimo, come
egli si sollazzasse, e desse buon tempo con quelle belle donne di Fano. Il
vescovo, il quale non era men accorto che buono,... rispose modesta-
mente, benchè alquanto sdegnato, ciò non essere uffizio suo, e per cavarlo
di quel ragionamento soggiunse : « Vostra Eccellenza farebbe un gran
benefizio a questa sua città, la quale è tutta in parte, s'ella mediante la
prudenza e autorità sua la riunisse e pacificasse. »*

*« Pier Luigi il giorno di poi avendo dato l'ordine di quello che fare
intendeva, mandò (quasi volesse riconciliare i Fanesi) a chiamar prima il
governatore, e poi il vescovo. Il governatore, tosto che vedde arrivato il
vescovo, uscì di camera, e Pier Luigi cominciò palpando, e stazzonando il
vescovo a voler fare i piu disonesti atti, che con femmine far si possano; e
perchè il vescovo, tutto che fusse di... debolissima complessione,... si
difendeva gagliardamente, non pur da lui, il quale essendo pieno di mal-
franzese, non si reggeva a pena in piè, ma da altri suoi satelliti, i quali bri-
gavano di tenerlo fermo, lo fece legare così in roccetto, com' egli era, per le
braccia, per li piedi, e nel mezzo, ed il signor Giulio da Piè di Luco, ed il
signor Niccolò conte di Pitigliano, i quali vivono ancora forse,... quanto
penò Pier Luigi, sostenuto da due di qà e di là, a sforzarlo, stracciatogli il
roccetto, e tutti gli altri panni, ed a trarsi la sua... furiosa rabbia..., tanto
non solo li tennero i pugnali ignudi alla gola, minacciandolo continua-
mente se si muovesse di scannarlo, ma anco gli diedero parte colle punte e
parte co' pomi, di maniera che vi rimasero i segni. Le protestazioni, che
fece a Dio e a tutti i santi il vescovo così... infamissimamente trattato,
furono tali e tante, che quelli stessi, i quali v'intervennero, ebbero a dir
poi, che si maravigliarono, come non quel palazzo solo, ma tutta la città
di Fano, non isprofondasse ; ... e più avrebbe detto ancora, ma li caccia-
rono per forza in bocca e giù per la gola alcuni cenci, i quali poco mancò,
che noll'affogassero. Il vescovo tra per la forza, che egli ricevette nel corpo
male... complessionato, ma molto più per lo sdegno ed incomparabil
dolore,... si morì. Questa così atroce enormità, perchè il facitor di essa
non solo non se ne vergognava, ma se ne vantava, si divulgò in un tratto
per tutto... Solo il cardinal di Carpi, che io sappia, osò dire in Roma, che
nessuna pena se li poteva dar tanto grande, che egli non la meritasse maggiore... I Luterani [dicevano] in... vituperio de' Papi, e de' Papisti, questo
esser un nuovo modo di martirizzare i santi ; e tanto che il Pontefice suo
padre risaputa così grave e intollerabile nefandità, mostrò chiamandola
leggerezza giovanile, di non farne molto caso; pure... l'assolvè segreta-
mente per un' amplissima bolla papale,... da tutte quelle pene e pregiudizi*

dire en 1477, il aurait pu passer quarante ans de sa vie avec Léonard de Vinci et Raphaël, morts, l'un en 1520, et l'autre en 1519; vivre de longues années avec le divin Corrège, qui ne mourut qu'en 1534, et avec Michel-Ange, qui poussa sa carrière jusqu'en 1563.

Cet homme si heureux, s'il eût aimé les arts, aurait eu trente-quatre ans à la mort de Giorgion. Il eût connu le Tintoret, le Bassan, Paul Véronèse, le Garofalo, Jules Romain, le Frate, mort en 1517, l'aimable André del Sarto, qui vécut jusqu'en 1530; en un mot, tous les grands peintres, excepté ceux de l'école de Bologne, venus un siècle plus tard.

Pourquoi la nature, si féconde pendant ce petit espace de quarante-deux ans, depuis 1452 jusqu'en 1494, que naquirent ces grands hommes*, a-t-elle été depuis d'une stérilité si cruelle? C'est ce qu'apparemment ni vous ni moi ne saurons jamais.

Guichardin nous dit** que depuis ces jours fortunés où l'empereur Auguste faisait le bonheur de cent vingt millions de sujets, l'Italie n'avait jamais été aussi heu-

---

ne' quali per... incontinenza umana potesse in qualunque modo, o per qualsivoglia caggione, esser caduto ed incorso[21]. »

*

Léonard de Vinci, né près de Florence en	1452 mort en	1519 à	67 ans
Le Titien, né près de Venise en	1477	1576	99
Le Giorgion, *idem* en	1477	1511	34
Michel-Ange, né à Florence en	1474	1563	89
Le Frate, né à Prato, près de Florence, en	1469	1517	48
Raphaël, né à Urbin en	1483	1520	37
André del Sarto, né à Florence en	1488	1530	42
Jules Romain, né à Rome en .	1492	1546	54
Le Corrège, né à Correggio, en Lombardie, en	1494	1534	40

** T. I., p. 4.

reuse, aussi riche, aussi tranquille que vers l'an 1490. Une profonde paix régnait dans toutes les parties de ce beau pays. L'action des gouvernements était bien moindre que de nos jours. Le commerce et la culture des terres mettaient partout une activité naturelle, si préférable à celle qui n'est fondée que sur le caprice de quelques hommes. Les lieux les plus montueux, et par eux-mêmes les plus stériles, étaient aussi bien cultivés que les plaines verdoyantes de la fertile Lombardie. Soit que le voyageur, en descendant les Alpes du Piémont, prît son chemin vers les lagunes de Venise, ou vers la superbe Rome, il ne pouvait faire trente lieues sans trouver deux ou trois villes de cinquante mille âmes : au milieu de tant de bonheur, l'heureuse Italie n'avait à obéir qu'à ses princes naturels, nés et habitant dans son sein, passionnés pour les arts comme ses autres enfants, pleins de génie, pleins de naturel, et dans lesquels, au contraire de nos princes modernes, on aperçoit toujours l'homme au travers des actions du prince.

Tout à coup un mauvais génie, l'usurpateur Ludovic Sforce, duc de Milan, appelle Charles VIII. En moins de onze mois, ce jeune prince entre dans Naples en vainqueur, et à Fornoue est forcé de se faire jour l'épée à la main, pour se sauver en France. Le même sort poursuit ses successeurs, Louis XII et François Ier. Enfin, depuis 1494 jusqu'en 1544, la malheureuse Italie fut le champ de bataille où la France, l'Espagne et les Allemands vinrent se disputer le sceptre du monde.

On peut voir dans les histoires le long tissu de batailles sanglantes, de victoires, de revers, qui élevèrent et abaissèrent tour à tour la fortune de Charles Quint et de François Ier. Les noms de Fornoue, de Pavie, de Marignan, d'Agnadel, ne sont pas tout à fait tombés en oubli, et la voix des hommes répète encore quelquefois avec eux les noms des Bayard, des connétable de Bourbon, des Pescaire, des Gaston de Foix, et de tous ces vieux héros qui versèrent leur sang dans cette longue querelle, et trouvèrent la mort aux plaines d'Italie.

Nos grands peintres furent leurs contemporains. Le portrait de Charles VIII est de Léonard de Vinci*, celui de Bayard est du Titien. Le fier Charles Quint releva le pinceau de cet artiste, qui était tombé comme il le peignait, et le fit comte de l'Empire. Michel-Ange fut exilé de sa patrie par une révolution, et la défendit, comme ingénieur, dans le siège mémorable que la liberté mourante soutint contre les Médicis**. Léonard de Vinci, lorsque la chute de Ludovic l'eut chassé de Milan, alla mourir en paix à la cour de François Ier. Jules Romain s'enfuit de Rome après le sac de 1527, et vint rebâtir Mantoue.

Ainsi l'époque brillante de la peinture fut préparée par un siècle de repos, de richesse et de passions ; mais elle fleurit au milieu des batailles et des changements de gouvernement.

Après ce grand siècle de gloire et de revers, l'Italie, quoique épuisée, eût pu continuer sa noble carrière ; mais, lorsque les grandes puissances de l'Europe allèrent se battre en d'autres pays, elle se trouva dans les serres de la triste monarchie, dont le propre est de tout amoindrir***.

FLORENCE

À la fin du quinzième siècle, à cette époque de bonheur citée par Guichardin, l'Italie offre un aspect politique fort différent du reste de l'Europe. Partout ail-

---

* Musée de Paris, nº 928.

** Florence fut trahie par le principal personnage chargé de la défendre, l'infâme Malatesta (1530).

*** Est-il besoin d'avertir qu'on parle de la monarchie absolue, dont rien ne diffère plus que l'heureux gouvernement que nous devons à un prince libéral ? (R. C.[22])

leurs, de vastes monarchies, ici une foule de petits États indépendants. Un seul royaume, celui de Naples, est entièrement éclipsé par Florence et Venise.

Milan avait ses ducs, qui, plusieurs fois, touchèrent à la couronne d'Italie*. Florence, qui jouait le rôle actuel de l'Angleterre, achetait des armées, et leur résistait. Mantoue, Ferrare, et les petits États, s'alliaient aux plus puissants de leurs voisins. Cela dura tant que les ducs de Milan eurent du génie, jusqu'en 1466.

Un des citoyens de Florence s'empara de l'autorité, et vit que pour durer il fallait de tyran se faire monarque; il fut modéré. Dès lors la balance devait pencher en faveur des Vénitiens; au milieu de cet équilibre incertain, l'Italie eût été réunie, sans l'astucieuse politique des papes. C'est le plus grand crime politique des temps modernes.

Florence, république sans constitution, mais où l'horreur de la tyrannie enflammait tous les cœurs, avait cette liberté orageuse, mère des grands caractères. Le gouvernement représentatif n'étant pas encore inventé, ses plus grands citoyens ne purent trouver la liberté et fondre les factions. Sans cesse il fallait courir aux armes contre les nobles; mais c'est l'avilissement et non le danger qui tue le génie dans un peuple.

Côme de Médicis, l'un des plus riches négociants de la ville, né en 1389, peu après les premiers restaurateurs des arts, se fit aimer comme son père**, en protégeant le peuple contre les nobles. Ceux-ci s'emparèrent de lui, n'eurent pas le caractère de le tuer, et l'exilèrent. Il revint, et à son tour les exila.

Par la terreur et la consternation publique***, au moyen d'une police inexorable, mais toutefois en ne fai-

---

* Le comte de Virtù, l'archevêque Visconti, le mélancolique beau-père du grand François Sforce.

** Établissement du *catasto*[23].

*** Assassinat de Baldaccio, non moins odieux[24] que celui de Piche-gru.

sant tomber que peu de têtes*, il maintint la supériorité de sa faction, et fut roi dans Florence. Suivant le principe de ce gouvernement, il songea d'abord à amuser ses sujets, et à leur rendre ennuyeuse la chose publique. Ne voulant rien mettre au hasard, il ne prit aucun titre. Des richesses égales à celles des plus grands rois furent employées d'abord à corrompre les citoyens**, ensuite à protéger les arts naissants, à rassembler des manuscrits, à recueillir les savants grecs que les Turcs chassaient de Constantinople (1453).

Côme, *le père de la patrie*, mourut en 1464, car tel est son nom dans l'histoire, qui s'empare indifféremment de tous les moyens de distinguer les gens. Les badauds en concluent qu'il fut adorable. Le bonheur des Médicis est d'avoir trouvé après eux un *préjugé ami*. Le bon public, qui croit les Robertson, les Roscoe, et autres gens qui ont leur fortune à faire, a vu dans Côme un Washington, un usurpateur tout sucre et tout miel, je ne sais quelle espèce de personnage moralement impossible. Mais il y a erreur. Il faut savoir que le patelinage jésuitique ne fut trouvé qu'un siècle plus tard. Côme de Médicis, au lieu d'affecter la sensibilité des princes modernes, répondit tout naturellement à un citoyen qui lui représentait qu'il dépeuplait la ville : « J'aime mieux la dépeupler que la perdre***. »

Son fils Pierre, qui eut l'insolence d'un roi, sans l'être tout à fait, se fit bien vite chasser.

Son petit-fils, Laurent le Magnifique[25], fut à la fois un grand prince, un homme heureux et un homme aimable. Il régna plutôt à force de finesse qu'en abaissant trop le caractère national ; il avait horreur, comme

---

* Quelques pauvres diables qui furent livrés généreusement par la république de Venise, conduite noble qui, de nos jours, a trouvé des imitateurs chez ce peuple *loyal*, les Suisses. (Machiavel, *lib*. V ; Nerli, *lib*. III.)

** Il prêtait facilement des sommes qu'il ne redemandait jamais.

*** Ammir., *Ist*., *lib*. XXI. — Mach., *lib*. V. — Nerli, *lib*. III.

homme d'esprit, des plats courtisans qu'il aurait dû récompenser comme monarque. Négociant immensément riche, comme son aïeul, passant sa vie avec les gens les plus remarquables de son siècle, les Politien, les Chalcondyle, les Marsile, les Lascaris, il fut inventeur en politique. La balance des pouvoirs est de lui; il assura autant que possible l'indépendance des petits États d'Italie*. On est allé jusqu'à dire que, s'il ne fût pas mort à quarante-deux ans, Charles VIII n'eût jamais passé les Alpes.

Il aima le jeune Michel-Ange, qu'il traita comme un fils; souvent il le faisait appeler pour jouir de son enthousiasme, et lui voir admirer les médailles et les antiquités qu'il rassemblait avec passion. Côme avait protégé les arts, sans s'y connaître; Laurent, s'il n'eût été le plus grand prince de son temps, se serait trouvé l'un des premiers poètes; il eut sa récompense : le sort fit naître, ou se développer sous ses yeux, les artistes sublimes qui ont illustré son pays, Léonard de Vinci, André del Sarto, Fra Bartolomeo, Daniel de Volterra**.

Il régnait directement sur la Toscane; et sur le reste de l'Italie, par l'admiration qu'il inspirait aux princes et aux peuples. Bientôt après, son fils Léon fut le maître d'un autre grand État. L'imagination peut s'amuser à suivre le roman des beaux-arts, et se demander jusqu'où ils seraient allés, si Laurent eût vécu les années de son grand-père, et s'il eût vu son fils Léon X atteindre l'âge ordinaire des papes. La mort prématurée de Raphaël eût peut-être été réparée. Peut-être le Corrège se serait vu surpassé par ses élèves. Il faut des milliers de siècles avant de ramener une telle chance.

---

* Aujourd'hui on les rendrait inconquérables par l'amour de la patrie et les deux Chambres.

** La Toscane eût gagné pour sa gloire en cessant d'exister en 1500.

VENISE

Tandis que les rives de l'Arno voyaient renaître les trois arts du dessin, la peinture seule renaissait à Venise.

Ces deux événements ne s'entr'aidèrent point; ils auraient eu lieu l'un sans l'autre.

Venise aussi était riche et puissante; mais son gouvernement, aristocratie sévère, était bien éloigné de l'orageuse démocratie des Florentins. De temps à autre le peuple voyait avec effroi tomber la tête de quelque noble; mais jamais il ne s'avisa de conspirer pour la liberté. Ce gouvernement, chef-d'œuvre de politique et de balance des pouvoirs, si l'on ne voit que les nobles par qui et pour qui il avait été fait, ne fut envers le reste du peuple qu'une tyrannie soupçonneuse et jalouse, qui, tremblant toujours devant ses sujets, encourageait parmi eux le commerce, les arts, et la volupté. Un seul fait montre la richesse de l'Italie et la pauvreté de l'Europe*. Quand tous les souverains réunis par la ligue de Cambrai cherchèrent à détruire les Vénitiens, le roi de France empruntait à quarante pour cent, tandis que Venise, à deux doigts de sa perte, trouva tout l'argent dont elle eut besoin au modique intérêt de cinq pour cent.

Ce fut dans toute la force de cette aristocratie qui faisait des conquêtes, et par conséquent souffrait encore quelque énergie, que les Titien, les Giorgion, les Paul Véronèse, naquirent dans les États de terre ferme de la république. Il semble qu'à Venise la religion traitée en rivale, et non pas en complice, par la tyrannie, ait eu

---

* Commynes, chap. IX, pour Charles VIII. L'Italie méprisait les sottises monacales sur l'usure. Elle était à deux siècles en avant de l'Europe, comme aujourd'hui elle est à deux siècles en arrière de l'Angleterre[26].

moins de part qu'ailleurs au perfectionnement de la peinture. Les tableaux les plus nombreux qu'André del Sarto, Léonard de Vinci, et Raphaël, nous aient laissés, sont des Madones. La plupart des tableaux des Giorgion et des Titien représentent de belles femmes nues. Il était de mode, parmi les nobles Vénitiens, de faire peindre leurs maîtresses déguisées en Vénus de Médicis.

ROME

La peinture, née au sein de deux républiques opulentes, au milieu des pompes de la religion, et d'une extrême liberté de mœurs, fut appelée aux bords du Tibre par des souverains qui, parvenant tard au trône, n'y siégeant qu'un instant, et ne laissant pas de famille, ont en général la passion d'élever dans Rome quelque monument qui y conserve leur mémoire. Les plus grands d'entre eux appelèrent à leur cour le Bramante, Michel-Ange, et Raphaël. En entrant dans ces palais immenses de *Monte Cavallo*[27] et du Vatican, le voyageur est étonné de trouver sur le moindre banc de bois le nom et les armes du pape qui l'a fait faire*. Au milieu des pompes de la grandeur, la misère de l'humanité montre tout à coup sa main décharnée. Ces souverains ont horreur de l'oubli profond où ils vont tomber, en quittant le trône et la vie.

Leur gouvernement, que nous voyons de nos jours un despotisme doux et timide, fut une monarchie conquérante dans les temps brillants de la peinture, sous Alexandre VI, Jules II, et Léon X.

Alexandre réussit à humilier les grandes familles de Rome. Jusqu'à lui, ces pontifes, si redoutables aux

* Écrit en 1802, avant que Napoléon eût porté dans les grandes salles nues de *Monte Cavallo* le luxe délicat et brillant des appartements de Paris[28].

extrémités du monde, avaient été maîtrisés dans leur capitale par quelques barons insolents. Profitant du trouble où la course de Charles VIII jeta l'Italie, il parvint à les subjuguer ou à les exterminer tous. L'impétueux Jules II ajouta ses conquêtes au patrimoine de saint Pierre. L'aimable Léon X, qui succéda presque immédiatement à ces grands princes, et qui, sous plus d'un rapport, fut digne d'eux, eut pour les beaux-arts un amour véritable. Les fleurs semées par Nicolas V et Laurent de Médicis parurent de son temps.

Malheureusement son règne fut trop court*, et ses successeurs trop indignes de lui. Ses États mieux cultivés, et la crédulité de l'Europe, qu'il vint à bout de fatiguer, avaient secondé un des caractères les plus magnifiques qui aient jamais embelli le trône.

Depuis ces grands hommes, les papes n'ont été que dévots**. Toutefois nous les verrions encore des souverains puissants, s'ils avaient porté dans leurs affaires temporelles la même politique que dans celles de la religion. Dans celles-ci, les maximes politiques sont immortelles; c'est le souverain seul qui change. Toute la cour sent trop bien à Rome que le premier intérêt de tous, c'est que la religion subsiste. Le pape se conduit donc bien comme pape; mais vous savez que, comme souverain, il n'a pour but que d'élever sa famille. C'est un pauvre vieillard entouré de gens avides qui n'espèrent qu'en sa mort. Il n'a pour amis que ses neveux, et, comme ils sont aussi ses ministres, ils lui épargnent la peine de combattre un penchant naturel.

Quand les Altieri, neveux de Clément X, eurent fini

* Il ne régna que huit ans, et fut remplacé par un Flamand. Voici les dates des papes gens d'esprit : Nicolas V, de 1447 à 1455. — Alexandre VI, de 1492 à 1503. — Jules II, de 1503 à 1513. — Léon X, de 1513 à 1521. — Le Flamand Adrien VI, qui détestait les arts, de 1522 à 1523. — Le faible Clément VII, qui parut digne du trône jusqu'à ce qu'il y montât, de 1523 à 1534. Ce fut lui qui détruisit la liberté de Florence.
** Il est aussi ridicule à un pape de signer l'abolition des Jésuites, qu'à un roi de France de faire le traité de 1756.

leur palais, ils invitèrent leur oncle à le venir voir. Il s'y fit porter, et de si loin qu'il aperçut la magnificence et l'étendue de ce bâtiment superbe, il rebroussa chemin, le cœur serré, sans dire un seul mot, et mourut peu après.

La décadence a été rapide. Ce n'est pas qu'à Rome le despotisme soit vexatoire ou cruel; je ne me rappelle dans le moment d'autre crime que la mort de Cagliostro, étouffé dans un château fort près de Forli*. « Mais aussi, dit un peintre célèbre, c'était le contrebandier réfugié à la douane. » Ce mot fit fortune, car on est malin à Rome, et pas du tout dupe des grandes phrases, moins qu'à Paris. Dès qu'une sottise y est utile, elle s'y sauve du ridicule; mais malheur au bavard emphatique qui n'obtient pas bien vite une pairie. C'est aux plaisanteries de Pasquin que les Romains doivent le goût sûr qui les distingue dans les beaux-arts. Il y a même chez eux quelque naturel dans la conversation. Ailleurs, en Italie, il ne faut pas se figurer que les expressions simples ou positives soient d'un usage ordinaire; le comparatif même y est négligé, et dans les grandes occasions, il faut savoir surcharger le superlatif**.

Le vice du gouvernement papal gît dans l'administration intérieure; il n'y en a pas. Quelques vieillards pieux, élevés dans une grande ignorance de Barrême, y laissent aller les choses à leur pente naturelle. Rien de mieux, s'il y avait un principe de vie; mais le travail est déshonoré; mais à chaque instant le fleuve terrible de la dépopulation engloutit en silence quelque nouveau terrain.

Un banquier de Londres, premier ministre sous un pontificat un peu long, ferait naître du blé, et par là des hommes. Il montrerait que le pape peut être facilement

---

* À San Leo, 1795.
** De là l'absence du comique.

le plus riche souverain de l'Europe ; car il n'a pas besoin d'armée ; quelques compagnies de gardes du corps et une bonne gendarmerie lui suffisent.

À Rome, l'opinion publique est excellente pour distribuer la gloire aux artistes tout formés ; mais la prudence obséquieuse, sans laquelle on ne saurait y vivre, brise les caractères généreux*. Au milieu de tant de grands souvenirs, à la vue des ruines de ce Colisée, qui inspirent une mélancolie si sublime, et remuent même les cœurs les plus froids, rien n'encourage les rêves d'une imagination jeune et ardente. La triste réalité y perce de toutes parts, même aux yeux de l'enfance. J'ai été atterré des maximes de conduite que me citaient des bambins de seize ans sortant du collège. Sous le gouvernement de ces prêtres, l'élévation de caractère est littéralement une folie. En dernier lieu, les enfants des grandes familles avaient été transportés en France. Par cette mesure un peu acerbe, le caractère national eût été relevé. Les enfants d'Italie, toujours menés par des prêtres, n'y ont pas même la santé physique.

Je prie qu'on me pardonne ces détails. Malgré la misère qui paraît de tous côtés, comme il y a dans le cœur du pape, pour peu qu'il soit quelque chose de mieux qu'un moine, un penchant qui favorise les arts, Rome est maintenant leur capitale, mais capitale d'un empire désolé**.

Vous voyez sans doute que tous les raisonnements sur la renaissance de la peinture ne sont que des palliatifs. Cet art a donné tous les genres de beautés compatibles avec la civilisation du seizième siècle ; après quoi il est tombé dans le genre ennuyeux. Il renaîtra lorsque les quinze millions d'Italiens réunis sous une constitu-

---

* Vie d'Alfieri, vie de Cellini, l'Arétin, etc.

** En 1816, le pape est plus riche que jamais. Sa Sainteté jouit de tous les biens des moines. (Voyage de sir W. E.[29].)

tion libérale estimeront ce qu'ils ne connaissent pas, et mépriseront ce qu'ils adorent*.

Les nobles Romains qui firent travailler les Raphaël, les Guide, les Dominiquin, les Guerchin, les Carraches, les Poussin, les Michel-Ange de Caravage, pouvaient apprécier les talents. Ce n'étaient point les princes modernes engourdis au fond de leur palais par l'impossibilité de toute noble ambition, mais des gens qui venaient seulement de perdre leur puissance, qui en avaient tout l'orgueil, qui, songeant à la reconquérir dans le secret de leur cœur, savaient apprécier[30] les entreprises difficiles, et estimer tout ce qui est grand. En général, le seizième siècle n'offrait nulle part cette tranquillité moutonnière de nos vieilles monarchies, où tout paraît soumis, mais où, dans le fait, il n'y a rien eu à soumettre.

CONSIDÉRATIONS GÉNÉRALES

Nous venons de parcourir les gouvernements de Venise, Florence et Rome, patries de la peinture. Voici les circonstances communes à ces trois États.

Une extrême opulence, mais peu de luxe personnel. Chaque année, des sommes énormes dont on ne savait que faire**.

La vanité, la religion, l'amour du beau, portent toutes les classes à élever des monuments. La manière de faire preuve de ses richesses, première question à faire dans tous les siècles et dans tous les pays, était telle alors. Agostino Chigi, le plus riche banquier de Rome, montre

---

* L'Italie peut lire dans un exemple domestique. Lorsque, après la mort d'Alphonse II, Ferrare passa aux papes, avec son indépendance elle perdit son école.

** Vu encore à Gênes en 1792. Un noble ayant gagné un procès, et ne sachant que faire de l'argent, élevait un arc de triomphe en l'honneur de sa victoire.

son opulence en élevant le palais de la *Farnesina*, et le faisant peindre par Raphaël d'Urbin, le peintre à la mode*. Les vieillards riches, et c'est à cette époque de la vie qu'on est riche, bâtissaient des églises, ou au moins des chapelles, qu'il fallait toujours remplir de peintures. Les plus simples particuliers voulaient placer un tableau sur l'autel de leur patron.

On trouve que le capital que l'Italie employa en objets de piété équivaut au prix de tous ses fonds de terre.

Mais la religion, semblable à ces mères malheureuses qui, en donnant la vie à leurs enfants, déposent dans leur sein le germe de maladies incurables, jeta la peinture dans une fausse route ; elle l'éloigna de la beauté et de l'expression. Jésus n'est jamais, dans les tableaux du Titien ou du Corrège, qu'un malheureux condamné au dernier supplice, ou le premier courtisan d'un despote**. Il est plaisant de voir la peinture, un art frivole, faire la preuve d'un système religieux***.

Chez les Grecs, qui mettaient au rang des dieux les héros bienfaiteurs de la patrie, la religion commandait la beauté, et la beauté avant tout, même avant la ressemblance. Souvent les mains des bas-reliefs antiques ont tout au plus la forme humaine, les accessoires sont ridicules ; mais la ligne du front indique déjà la capacité d'attention ; et la bouche, le calme d'une raison profonde. C'est que les Grecs avaient à rendre les vertus de Thésée, qui sauve les Athéniens, et les modernes, les vertus de saint Siméon Stylite, qui se donne les étrivières pendant vingt ans au haut de sa colonne****.

Les Italiens faisaient peindre à fresque l'intérieur de leurs maisons, et quelquefois même l'extérieur, comme

---

* Les histoires de Psyché et de Galatée immortalisent ce joli bâtiment, qui appartient au roi de Naples, comme héritier des Farnèse. C'est ainsi que lui est venue la galerie de Parme.

** Par son air humble et soumis.

*** Tant il est vrai que les grands hommes arrivent à la vérité par tous les chemins.

**** *Vies des Pères du désert.*

à Venise et à Gênes, où l'on peut encore voir sur la place des *Fontane amorose* [31] l'élégance de cet usage.

Les surfaces extérieures des grandes murailles sont rarement d'une couleur uniforme ; elles offrent, presque en tous pays, quelque chose de rude et de peu soigné qui éloigne l'idée du luxe. De là l'air si misérable de nos petites villes de France. Au contraire, d'aussi loin qu'on aperçoit un palais que la fresque a revêtu de couleurs brillantes et de statues, on songe à la richesse des appartements. Dans le Nord, la teinte uniforme et douce des maisons de Berlin donne l'idée de la propreté et de l'aisance.

Au quinzième siècle, l'Italie ornait de peintures non seulement les églises et les maisons, mais les cassettes dans lesquelles on offre les présents de noce, mais les instruments de guerre, mais jusqu'aux selles et aux brides des chevaux. La société faisant une aussi énorme demande de tableaux, il était naturel qu'il y eût une foule de peintres. Les gens qui ordonnaient ces tableaux ayant reçu du ciel une imagination enflammée, sentant vivement le beau, honorant les grands artistes avec cette reconnaissance qu'inspirent les bienfaits, il était naturel qu'il naquît des Léonard de Vinci et des Titien.

Ce siècle, si porté pour les beaux-arts, n'exigea pas de ses artistes qu'ils suivissent toujours pour plaire les routes les plus sûres. Tous les romans charment dans la jeunesse. Mais il eut la partie principale du goût, celle qui peut les suppléer toutes, et qu'aucune ne peut remplacer, je veux dire *la faculté de recevoir par la peinture les plaisirs les plus vifs*. Il aima avec passion cet art bienfaiteur qui embellit de plaisirs faciles les temps prospères de la vie, et qui, dans les jours de tristesse, est comme un refuge ouvert aux cœurs infortunés. Entrerai-je ici dans quelques détails ? Oserai-je, dès le portique, faire entrevoir le sanctuaire ?

Un livre ne peut changer l'âme du lecteur*. L'aigle ne paîtra jamais dans les vertes prairies, et jamais la chèvre folâtre ne se nourrira de sang. Je puis tout au plus dire à l'aigle : « Viens de ce côté, c'est vers cette région de la montagne que tu trouveras les agneaux les plus gras » ; et à la chèvre : « C'est dans les fentes de ce roc que croît le meilleur serpolet. »

Les sensations manquent à l'homme froid. Un homme, dans les transports de la passion, ne distingue pas les nuances, et n'arrive jamais aux conséquences immédiates. Le sauvage, qui ne sait pas lire, n'a garde de trembler à la vue d'un papier écrit ; le voleur, plus instruit, frémit devant sa sentence de mort.

Les liaisons d'idées qui font les trois quarts du charme des beaux-arts ont besoin d'être *nommées une fois* aux âmes tendres ; elles n'oublient plus ces sentiments divins qui ont le bonheur d'être donnés dans une langue que l'ignoble vulgaire ne souilla jamais de ses plates objections.

Parlerai-je de la *beauté* ? Dirai-je qu'il en est, dans les arts, de la sublime beauté** comme des beautés mortelles, dont l'amour nous conduit aux beautés du marbre et des couleurs ? À la faveur d'une parure ni trop flottante ni trop serrée, montrant beaucoup de leurs attraits, en laissant deviner bien davantage, elles n'en sont que plus séduisantes aux yeux du connaisseur. La pensée soulève ces voiles ; elle entre en conversation avec cette vierge charmante de Raphaël ; elle veut lui plaire ; elle jouit de ces qualités de son âme, qui font qu'elle lui plairait, qualités si longuement oisives dans notre système de vie actuel.

Quant aux autres, ils se plaisent à considérer la délicatesse et la broderie de ses vêtements, la richesse de

---

* Voyez les bobines, dans les *Lettres sur Mozart* [32].
** Les négligences du Corrège.

l'étoffe, la vivacité et le jeu des couleurs, et ils donneraient volontiers la dame pour ses habits*.

Qui osera dire au tigre rapide : « Échange ton bonheur pour celui de la tendre colombe » ?

Ce n'est pas au moment où un bel enfant vient de
naître qu'il faut parler des causes qui le conduiront un
jour à la décrépitude. Je ne dirai qu'un mot de la misère
actuelle.

Dès ses premiers pas en Italie, le voyageur rencontre
l'église célèbre connue sous le nom de Dôme de Milan.
Cinq portes principales donnent l'entrée dans ce vaste
édifice. Si en passant sous ces portes le voyageur lève
les yeux, il aperçoit dans le bas-relief qui est au-dessus
de la plus grande un sujet qui, de nos jours, serait proscrit par les convenances[34]. Il trouve au-dessus de trois
des autres portes des charmes retracés avec trop de
vérité. Nous ne voulons plus des Ève, des Judith, des
Débora si séduisantes. La religion et les convenances s'y
opposent également. La plupart des actions de la vie
étant sérieuses, n'admettent plus les beaux-arts au
même degré. Les mots si vifs de Henri IV conviennent
moins à *notre majesté* que les réponses un peu lourdes
de Louis XIV**.

La religion du quinzième siècle n'est pas la nôtre.
Aujourd'hui que la réforme de Luther et les sarcasmes

---

* Ce matin, je montrais à un homme qui a plusieurs plaques à son
habit, et qui ne manque pas d'intelligence, une superbe épreuve de la
Cène de Morghen[33]. Il l'a examinée longtemps en silence, car lui-même
possède de superbes gravures. Je lui faisais comparer celle-ci à un dessin que j'ai fait faire d'après le carton de Bossi. Tout à coup il s'est
écrié : « Comme ces verres sont rendus ! » et, après un petit silence :
« Vous savez que la tête de Judas est le portrait du prieur ? » J'ai vu que
depuis un quart d'heure j'étais un sot.

** Cela tient à la grande loi des convenances, qui n'est que la crainte
du *ridicule*, qui n'est que le manque de caractère, qui n'est que
l'influence de la monarchie. Peu de tout cela en Angleterre[35] ; l'on n'est
pas plus vertueux qu'en 1500, mais moins énergique pour le mal
comme pour le bien. La civilisation fait désirer à un homme des choses
moins nuisibles aux autres. Nous n'avons plus de cette barbarie que la
noblesse.

des philosophes français ont donné des mœurs pures au clergé et à ses dévots, l'on ne se figure guère ce que furent les prêtres aux jours brillants de l'Italie. Les premières places de l'Église étaient dévolues à des cadets de grandes maisons. Ces jeunes gens voyaient bien vite que, pour s'avancer, il fallait de l'esprit et de la politique*. Léon X, entrant à treize ans dans le collège des cardinaux, qui avaient pour doyen très considéré le cardinal Borgia, vivant publiquement avec ses enfants et la belle Vanosa, ce qui ne l'empêcha pas bientôt après d'acheter la couronne, ne devait prendre qu'une idée médiocre de l'utilité des mœurs. De nos jours, c'est le contraire, la mode est pour les vertus négatives ; et les papes, avertis par la présence de l'ennemi, n'élèvent à la pourpre que des vieillards habiles qui ont passé leur vie à ne pas se rendre indignes de cette grande distinction, et à s'en approcher sans cesse par des pas insensibles.

Si l'on a la curiosité de prendre l'âge des évêques et des cardinaux du quinzième siècle, et qu'on le compare au temps où la vieille ambition de nos prêtres reçoit enfin sa récompense, on verra que Luther a mis les grandeurs de l'Église dans une autre saison de la vie**. Dommage immense pour les beaux-arts.

Les circonstances qui leur étaient favorables, et que le hasard avait surtout réunies à Florence, à Rome et à Venise, se rencontraient plus ou moins dans les autres États.

---

* *Vie du cardinal Bembo*, par Angiolini.
** Léon X, cardinal à quatorze ans ; Gio. Salviati, cardinal à vingt ans ; B. Accolti, cardinal à trente ans ; H. Gonzaga, cardinal à vingt-deux ans ; H. de Médicis, cardinal à dix-huit ans ; H. d'Este, archevêque de Milan à quinze ans ; As. Sforce, cardinal à seize ans ; Alex. Farnèse, cardinal à quatorze ans.

MILAN

Un duc de Milan appela Léonard de Vinci. Comme c'était un prince qui donnait aux arts une protection réelle, il fit naître Bernardino Luini et d'autres peintres recommandables. Mais la révolution qui le jeta prisonnier dans le château de Loches, et dépeupla la Lombardie, détruisit ce public naissant, et dispersa les peintres.

NAPLES

À l'autre extrémité de l'Italie, le royaume de Naples offrait une féodalité plus ridicule encore que celle du nord de l'Europe.

Le Dominiquin, qui alla peindre à Naples l'église de Saint-Janvier, y fut empoisonné par les artistes du pays. Voilà tout ce que la peinture doit dire de cet État.

Mais il devait être illustré par un art différent, montrer, trois siècles après, que l'Italie fut toujours la patrie du génie, et lui donner des Cimarosa et des Pergolèse, quand elle n'avait plus de Titien ni de Paul Véronèse.

LE PIÉMONT

La peinture fut appelée en Piémont pour y être, comme dans les autres monarchies, une plante exotique soignée à grands frais, élevée au milieu d'une grande jactance de paroles, et qui ne fleurit jamais.

Quoique les pinceaux soient muets, le gouvernement monarchique, même dans le cas où le roi est un ange, s'oppose à leurs chefs-d'œuvre, non pas en défendant les sujets de tableaux, mais en brisant les âmes d'artistes.

Il n'est pas si contraire à la sculpture, qui n'admet
guère d'expression, et ne cherche que la beauté*. Loin
que je veuille dire que ce gouvernement ne puisse être
fort juste, quant à la propriété et quant à la liberté des
sujets ; mais je dis que, par les habitudes qu'il imprime,
il écrase le moral des peuples.

Quelles que soient les vertus du roi, il ne peut empêcher que la nation ne prenne ou ne conserve les habitudes de la monarchie ; sans quoi, son gouvernement
tombe. Il ne peut empêcher que chaque classe de sujets
n'ait intérêt à plaire au ministre, ou au sous-ministre,
qui est son chef immédiat.

Je suppose toujours ces ministres les plus honnêtes
gens du monde. Les habitudes serviles que donne la
soif de leur plaire ont un caractère déplorable de petitesse, et chassent toute originalité ; car, dans la monarchie, celui qui n'est pas comme les autres insulte les
autres, qui se vengent par le ridicule. Dès lors plus de
vrais artistes, plus de Michel-Ange, plus de Guide, plus
de Giorgion. On n'a qu'à voir les mouvements d'une
petite ville de France, lorsqu'un prince du sang** doit y
passer, l'anxiété avec laquelle intrigue un malheureux
jeune homme pour être de la garde d'honneur à cheval[37] ; enfin il est désigné, non point par ses talents,
mais par l'absence des talents, mais parce qu'il n'est pas
une mauvaise tête, mais par le crédit qu'une vieille
femme, dont il fait le boston, a sur le confesseur du
maire de la ville. Dès lors c'est un homme perdu.

Je ne prétends pas qu'il ne soit honnête homme,
homme respectable, homme aimable, si l'on veut, mais
ce sera toujours un plat homme***.

On suit bien l'influence de la monarchie lorsque l'on

---

* Sans la protection du ministre le sculpteur ne peut travailler.
** Écrit en septembre 1814, à B***[36].
*** Voyez la preuve de tout ceci dans un ancien ennemi du trône et
de l'autel, Fénelon : *Lettres diverses*, édit. Briand, t. X. *Lettres à son
neveu le lieutenant général*, p. 85, 89, 110 et partout.

voit les grands qui ont le plus de génie naturel, obligés, par tous les liens de Gulliver, à périr d'ennui pour représenter, c'est-à-dire pour tenir école de servilité monarchique *. C'est le service que l'archi-chancelier rendait à Paris à l'empereur Napoléon.

Les artistes ont le malheur de vivre à la cour **. Bien plus, ils ont un chef particulier auquel il faut complaire.

Si Lebrun est premier peintre du roi, tous les artistes copieront Lebrun. Si, contre toute apparence, il se trouvait quelque pauvre homme de génie assez insolent pour ne pas suivre sa manière, le premier peintre se gardera bien de favoriser un talent qui, par sa nouveauté, peut dégoûter du sien le roi son maître. Il sera très honnête homme, je le veux; mais il ne sentira pas ce talent qui diffère du sien. La peinture sera donc toujours médiocre dans les monarchies absolues. Si le hasard y fait naître un Poussin, il ira mourir à Rome ***.

La monarchie constitutionnelle lui serait favorable. Personne n'a reproché aux Anglais de manquer d'originalité, d'énergie, ou de richesses. Ce qui leur manque pour avoir des arts, c'est un soleil et du loisir ****.

La Sicile, par exemple, avec le gouvernement et l'opulence de l'Angleterre, pourra donner de grands peintres, si la mode y vient jamais de faire faire des tableaux.

---

* Je mets le temple de cette _servilité_ en Allemagne. Il y a peut-être plus de bassesse apparente à Rome et à Naples; mais, chez les _fiers Germains_, il y a plus d'abnégation de soi-même : cette nation est née à genoux. Oserai-je le dire? j'ai trouvé plus de patriotisme et de véritable grandeur dans la maison de bois du Russe. La religion est leur Chambre des communes. (Anspach, 20 février 1795[38].) C'est ce qui me fait voir sans peine les Russes maîtres de l'Italie en 1840.

** _Vies_ de Michel-Ange, de Cellini, de Mengs.

*** Il faut lier les arts à un _sentiment_, et non à un _système_; de là la Chambre des communes, et non l'Institut, seul bon juge des concours.

**** Méditez le _Voyage_ de M. Say[39], et les discours de M. Brougham. Sous le gouvernement des deux Chambres, on s'occupe toujours du _toit_, et l'on oublie que le toit n'est fait que pour assurer le _salon_.

J'ai rencontré avec plaisir le Piémont pour exemple de la monarchie. Tout le monde trouve cet exemple sous ses pas en entrant en Italie : on peut voir si j'ai menti, et tout le monde rend grâce à notre glorieuse révolution, si cet exemple est le seul que l'on puisse rencontrer aujourd'hui*.

---

* L'on osera emprunter les paroles d'un homme illustre :

« Si dans le nombre... des choses qui sont dans ce livre il y en avait quelqu'une qui, contre mon attente, pût offenser, il n'y en a pas du moins qui y ait été mise avec mauvaise intention. Je n'ai point naturellement l'esprit désapprobateur. Platon remerciait le ciel de ce qu'il était né du temps de Socrate ; et moi je lui rends grâce de ce qu'il m'a fait naître dans le gouvernement où je vis, et de ce qu'il a voulu que j'obéisse à ceux qu'il m'a fait aimer. » (Préface de *L'Esprit des lois*.)

Dans des temps de frivolité et de calme, où les romanciers font des romans et les petits abbés des déjeuners délicats, cette citation d'un grand homme, à propos d'une brochure, serait assurément fort plaisante. Dans des temps moins heureux où le métier de diffamateur est sans honte, mais non pas sans profit, il faut quelquefois se rappeler modestement la fable du lièvre qui,

> ... apercevant l'ombre de ses oreilles,
>   Craignit que quelque inquisiteur
> N'allât interpréter à cornes leur longueur[40].

Dire, pour se sauver des griffes de ces messieurs, que ce qui suit a été écrit en 1811 et 1813 sur un sujet métaphysique, et de manière à ne pas quêter des lecteurs, qu'on a mis toutes cartons pour prévenir toutes les allusions faites, en 1811, aux événements qui devaient éclater en 1817, c'est ne rien dire. Ce n'est pas faire du bien, mais faire du bruit, qui est la devise de nos pauvres petits ambitieux désarçonnés. Que la *Q**** et les *D****[41] disent qu'un ouvrage est détestable, rien de mieux, ils ont raison quatre-vingt-quinze fois sur cent ; mais que ces messieurs ajoutent que l'auteur est mauvais citoyen, c'est se faire volontairement *aide-bourreau*, et l'on peut dire qu'en ce sens ils sont dignes de l'affreux mépris que l'Europe leur prodigue.

Les journaux étant sous l'influence d'un ministre, homme supérieur, et comme tel excellent juge de ce qui est dangereux ou de ce qui n'est qu'ennuyeux, l'éditeur a cherché à ne rien laisser ici qui n'eût pu paraître dans les journaux.

Les journaux sur lesquels il s'est réglé sont le *Mercure*[42], la *Quotidienne* et les *Débats* d'avril 1817. (Ch. Ri.)

ÉCOLE
DE FLORENCE

LIVRE PREMIER

RENAISSANCE ET PREMIERS PROGRÈS
DES ARTS VERS L'AN 1300
(DE 450 À 1349)

*Io, che per nessun' altra cagione scriveva, se non
perchè i tristi miei tempi mi vielavan di fare* [43].

ALFIERI, *Tirannide*, p. 8.

CHAPITRE PREMIER

DES PLUS ANCIENS MONUMENTS DE LA PEINTURE

Si l'expérience démontrait qu'après des tempêtes réitérées qui, à diverses époques, ont changé en désert la face d'un vaste terrain, il est une partie dans laquelle est toujours revenue fraîche et vigoureuse une végétation spontanée, tandis que les autres sont demeurées stériles, malgré toutes les peines du cultivateur, il faudrait avouer que ce sol est privilégié de la nature.

Les nations les plus célèbres ont une époque brillante. L'Italie en a trois. La Grèce vante l'âge de Périclès, la France le siècle de Louis XIV. L'Italie a la gloire de l'antique Étrurie, qui avant la Grèce cultiva les arts et la sagesse, l'âge d'Auguste, et enfin le siècle de Léon X, qui a civilisé l'Europe.

Les Romains, trop occupés de leur ambition, ne furent pas artistes; ils eurent des statues, parce que cela convient à l'homme riche. Aux premiers malheurs de l'Empire, les arts tombèrent. Constantin faisant relever un temple ancien, ses architectes placèrent les colonnes à l'envers. Vinrent les barbares, ensuite les papes. Saint Grégoire le Grand brûla les manuscrits des classiques, voulut détruire Cicéron, fit briser et jeter dans le Tibre les statues, comme idoles, ou du moins images de héros païens*. Arrivèrent les siècles neuvième, dixième et onzième, de la plus ténébreuse ignorance.

Mais comme, durant le triste hiver qui détruit les familles brillantes des insectes, les germes féconds qui doivent les reproduire se cachent sous terre, et attendent pour naître le souffle réchauffant du printemps ; ainsi, aux premiers regards de la liberté, l'Italie se réveilla ; et cette terre du génie enfanta de nouveaux grands hommes.

Elle a eu des peintres même dans les siècles les plus barbares du moyen âge. Voyez à Rome les portraits des papes que saint Léon fit peindre à fresque au cinquième siècle dans l'église de Saint-Paul. L'église de Saint-Urbain, aussi à Rome, est un autre monument de ces temps reculés. Il est encore possible de distinguer sur les murs quelques figures qui représentent des scènes prises dans l'Évangile, dans la légende de saint Urbain, et dans celle de sainte Cécile.

Comme on ne trouve rien dans cet ouvrage qui rappelle la manière des peintres qui à cette époque florissaient à Constantinople, qu'en particulier les têtes et les draperies sont traitées d'une façon différente, il est naturel de l'attribuer au pinceau italien. On y lit la date de 1011.

Pesaro, Aquilée, Orvieto, Fiesole, gardent des monuments du même genre et de la même époque. Mais on ne peut prendre aux artistes de ces premiers siècles qu'un intérêt historique. Pour trouver quelque plaisir devant leurs ouvrages, il faut aimer déjà depuis longtemps ceux des Corrège et des Raphaël, et pouvoir distinguer dans ces peintres gothiques les premiers pas que fit l'esprit humain vers l'art charmant que nous aimons. Nous ne pouvons tout à fait les passer sous

---

* Jean de Salisbury, Léon d'Orvieto, saint Antonin, Louis II, roi de France ; *Lettres* de saint Grégoire lui-même *sur Job*.

silence; ils s'écrieraient, avec le grand poète, leur contemporain :

> *Non v' accorgete voi, che noi siam vermi*
> *Nati a formar l'angelica farfalla?*
>
> DANTE.

Vers l'an 828, les Vénitiens, fiers de posséder les reliques de saint Marc qu'ils avaient enlevées à l'Égypte, voulurent élever sous son nom une église magnifique. Elle brûla en 970, fut rebâtie et enfin ornée de mosaïques vers 1071*. Ces mosaïques furent exécutées par des Grecs de Constantinople.

Ces peintres dont les ouvrages exécrables vivent encore, servirent de modèles aux ouvriers italiens qui faisaient des Madones pour les fidèles, qui les faisaient toutes sur le même patron, et ne représentaient la nature que pour la défigurer. L'on peut, si l'on veut, dater de cette époque la renaissance de la peinture; mais l'art ne s'éleva pas au-dessus d'un simple mécanisme**.

CHAPITRE II

NICOLAS PISANO

Au milieu des fureurs des Guelfes et des Gibelins[45], rien n'annonçait à l'Italie, vers l'an 1200, qu'elle fût sur le point de voir ses villes se remplir des chefs-d'œuvre

---

* On lit dans l'intérieur de ce monument singulier :

> *Historiis, auro, forma, specie tabularum.*
> *Hoc templum Marci fore dic decus ecclesiarum*[44].

La beauté des caractères place cette inscription au onzième siècle.

** Le soleil de la civilisation brillait alors à Bagdad, à la cour du calife Moctader. Lorsqu'il reçut, en 917, une ambassade de Constantinople, on vit s'élever au milieu d'un de ces salons resplendissants de pierreries, dont les contes arabes nous ont conservé l'image, un arbre d'or et d'argent. Après avoir laissé le temps d'admirer le naturel de son

de l'art. Une seule observation pouvait indiquer les succès qui attendaient ce peuple, si son étoile lui laissait le temps de respirer. C'est que, depuis trois siècles, chaque Italien se battait parce qu'il le voulait bien, et pour obtenir une certaine chose qu'il désirait. Les passions de chaque individu étaient mises en mouvement, toutes ses facultés développées, tandis que, dans le sombre septentrion, le bourgeois des villes n'était encore qu'une espèce d'animal domestique, à peine sensible aux bons et aux mauvais traitements. Les passions, qui font la possibilité comme le sujet des beaux-arts, existaient*; mais personne ne s'en était encore emparé. La sympathie avait soif de sensations. Elle devait donner avec fureur dans le premier art qui lui présenterait des plaisirs.

Vers la fin du treizième siècle, un œil attentif commence à distinguer un léger mouvement pour sortir de la barbarie. Le premier pas que l'on fit vers une manière moins imparfaite d'imiter la nature fut de perfectionner les bas-reliefs. La gloire en est aux Toscans, à ce peuple qui, déjà une fois, dans les siècles reculés de l'antique Étrurie, avait répandu dans la péninsule les arts et les sciences. Des sculpteurs, nés à Pise, enseignèrent aux faiseurs de Madones à secouer le joug des Grecs du moyen âge, et à lever les yeux sur les œuvres des anciens Grecs. Les troubles, pendant lesquels chacun songe à sa vie ou à sa fortune, avaient tout corrompu, non seulement les arts, mais encore les

---

feuillage, il s'ouvrit de lui-même pour se diviser en douze rameaux. À l'instant, des oiseaux de toutes les sortes allèrent se percher sur ses branches; ils étaient d'or ou d'argent, selon la couleur de leur plumage, avec des yeux de diamants; et chacun faisait entendre le chant qui lui est propre.

* À Florence, Giano Della Bella, insulté par un noble, conspire pour la liberté, et réussit en 1293. En 1816, la féodale Allemagne n'est pas encore à cette hauteur. *Werther*; *Mémoires* de la margrave de Bareith, sœur du grand Frédéric [46].

maximes nécessaires pour les rétablir. L'Italie ne manquait pas de belles statues grecques ou romaines ; mais, loin de les imiter, les artistes ne les trouvaient point belles. On peut voir leurs tristes ouvrages au dôme de Modène, à l'église de Saint-Donat d'Arezzo, et particulièrement sur une des portes de bronze de l'église primatiale de Pise.

Au milieu de cette nuit profonde, Nicolas Pisano vit la lumière, et il osa la suivre (1230).

Il y avait à Pise de son temps, et l'on y trouve encore aujourd'hui, quelques sarcophages antiques, l'un desquels, qui est fort beau, a servi de tombe à Béatrix, mère de la célèbre comtesse Mathilde. On y voit une chasse d'Hippolyte, fils de Thésée. Il faut que ce bas-relief ait été traité originairement par quelque grand maître de l'antiquité ; car je l'ai retrouvé à Rome sur plusieurs urnes antiques. Nicolas eut l'idée d'imiter ces figures en tous points, et véritablement il se forma un style qui a beaucoup de rapports avec celui des bonnes statues antiques, surtout dans les airs de têtes et dans la manière de rendre les draperies.

Dès l'an 1231, il avait fait à Bologne le tombeau (*urna*) de saint Dominique, d'après lequel, comme d'un ouvrage étonnant, il fut appelé Nicolas *dall'Urna*. On reconnaît le peuple né pour les arts. Son talent brilla plus encore dans le *Jugement dernier* qu'il fit pour la cathédrale d'Orvieto, et dans les bas-reliefs de la chaire de Saint-Jean à Pise. Ses ouvrages, reçus avec enthousiasme dans toute l'Italie, répandaient les idées nouvelles. Il mourut vers 1275.

Faut-il dire qu'il resta loin de l'antique ? Ses figures trop courtes, ses compositions confuses par le grand nombre de personnages, montrent plutôt le travail que le succès du travail. Mais Nicolas Pisano a le premier imité l'antique. Par ses bas-reliefs d'Orvieto et de Pise qui ont été gravés, les amateurs de tous les pays peuvent juger des progrès qu'il fit faire au dessin, à l'invention et à la composition*.

CHAPITRE III

PREMIERS SCULPTEURS

Il forma à la sculpture Arnolfe Fiorentino, auteur du tombeau de Boniface VIII à Saint-Pierre de Rome, et son fils, Jean Pisano, qui fit le tombeau de Benoît IX à Pérouse. Ce fils travailla à Naples et dans plusieurs villes de Toscane; mais son ouvrage le plus remarquable est le grand autel de Saint-Donat d'Arezzo, qui coûta trente mille florins d'or (1310).

Jean Pisano eut pour compagnon à Pérouse, et peut-être pour élève, un André Pisano, qui, s'étant ensuite établi à Florence, orna de statues la cathédrale et l'église de Saint-Jean. On sait qu'il employa vingt-deux

---

* Voir dans M. d'Agincourt[47] la planche XXXIII de la huitième livraison, mais ne voir que la gravure. Dans les choses où il faut d'abord *voir*, puis *juger*, il est plus court de suivre aveuglément un seul auteur; quand on l'entend bien nettement, un beau jour on le détrône, et l'on prend la résolution de regarder comme fausse chacune de ses assertions, jusqu'à ce qu'on les ait lues dans la nature. Parvenu à ce point, on peut ouvrir sans inconvénient les auteurs approuvés. La *Chasse d'Hippolyte* se trouve aujourd'hui au *Campo Santo*, cimetière célèbre de la ville de Pise, dont la terre a été apportée de Jérusalem (1189). Ce *Campo Santo*, restauré en dernier lieu, ressemble à un joli petit jardin carré long, environné des quatre côtés par un portique assez élégant. Les peintures sont sur le mur au fond du portique qui enclôt le jardin; on y voit à côté de la *Chasse d'Hippolyte* le marbre de l'aimable Pignotti et celui d'Algarotti, élevé par Frédéric II. Carlo Lasinio a gravé les fresques.

Nicolas était un de ces hommes faits pour changer les idées de tout un peuple; c'est lui qui donna le premier choc à la barbarie : il fut excellent architecte. Voir l'immense édifice du *Santo* à Padoue; à Florence, l'église de la Trinité, que Michel-Ange appelait sa maîtresse; à Pise, le singulier clocher des Augustins, octogone au-dehors, circulaire en dedans; il sut corriger la mobilité du terrain en enfonçant des pieux.

Comparer aux ouvrages de Nicolas la porte de Pise, celle de Sainte-Marie à Montréal, qu'on attribue à Bonanno Pisano. Sur ces antiquités on peut consulter Martini, Morrona, le père Del Giudice, Cicognara.

ans à faire une des trois portes de bronze par lesquelles
on entre dans ce baptistère célèbre. Il a mérité cette
louange, que c'est en étudiant les bas-reliefs qui
couvrent cette porte que les artistes ses successeurs
sont parvenus à faire les deux autres, que Michel-Ange
appelait les portes du paradis. Il est impossible en effet
de rien voir de plus agréable que celle qui fait face au
dôme. C'est un ouvrage plein de grâce, et dont la porte
de bronze, qui était à l'ancien Musée Napoléon, dans la
salle du Nil, ne peut donner aucune idée.

André fonda l'école célèbre qui produisit Donatello et
Ghiberti.

Après André Pisano, vient Balducci de Pise ; c'est un
des sculpteurs les plus remarquables du siècle. Castruccio, ce grand homme, tyran de Lucques, et Azzone Visconti, seigneur de Milan, l'employèrent à l'envi ; mais
c'est dans cette dernière ville qu'il a le plus travaillé. Le
voyageur ne doit pas négliger le tombeau de saint
Pierre, martyr, à Saint-Eustorge ; il y verra ce que l'art
avait encore produit de mieux à cette époque (1339).

Deux artistes de Sienne sortirent de l'école de Jean
Pisano. Agnolo et Agostino étaient frères. Ce sont eux
qui exécutèrent, sur les dessins de Giotto, le singulier
tombeau de Guido, évêque d'Arezzo, où l'on trouve des
bas-reliefs et un si grand nombre de petites statues
représentant les principaux exploits de ce prélat guerrier. Ils travaillèrent beaucoup à Orvieto, à Sienne, en
Lombardie.

La mosaïque suivait la sculpture, et la gloire en est
encore à un Toscan, le moine Mino da Turita.

CHAPITRE IV

PROGRÈS DE LA MOSAÏQUE

Que Rome ait eu une école de mosaïque dès le
onzième siècle, peu importe à la gloire de la Toscane, si
Turita a également surpassé les ouvriers romains et

ceux de Constantinople. En voyant ses ouvrages à Sainte-Marie-Majeure, on a peine à se persuader qu'ils soient d'un siècle encore si barbare.

CHAPITRE V

PREMIERS PEINTRES

Pour la peinture, elle restait bien loin de la mosaïque, et surtout de la sculpture. L'antiquité n'avait pas laissé de modèle.

Probablement, dès le temps des Lombards, Florence avait élevé son baptistère sur les ruines d'un temple de Mars. Sous Charlemagne on bâtit l'église de *Sant'Apostolo*. Cet édifice, pur de la barbarie gothique, a mérité de servir de modèle à Brunellesco, qui, à son tour, fut imité par Michel-Ange. En 1013, les Florentins rebâtirent l'église de *San Miniato*. Il y a dans les arceaux, dans les corniches, dans les autres ornements, une imitation bien décidée de l'antique.

En 1063, les Pisans, fiers de leurs richesses et de leurs mille vaisseaux, voulurent élever le plus grand monument dont on eût jamais ouï parler. Ils amenèrent de Grèce un architecte et des peintres. Il fallut invoquer le secours de tous les arts. Les masses énormes à élever, les sculptures, les vastes mosaïques, tout indique que ce grand édifice fut un centre d'activité pendant le reste du onzième siècle. Tout encore y est barbare. Mais la grandeur matérielle de la chose exécutée donne, malgré soi, une partie du plaisir des beaux-arts. Cette grande entreprise réveilla la Toscane. Le feu sacré fut alimenté par la construction de l'église de Saint-Jean, de la tour penchée, et du *Campo Santo*.

Au milieu de cette activité de l'architecture, les peintres venus de Grèce firent des élèves, sans doute; mais ils ne purent montrer que ce qu'ils savaient eux-mêmes; et la science qu'ils apportèrent en Italie était

bien peu de chose, à en juger du moins par un parchemin que l'on conserve à la cathédrale de Pise, et sur
lequel est écrit l'hymne du samedi saint. Il y a de temps
en temps entre les versets des miniatures représentant
des animaux ou des plantes. Les amateurs de la vénérable antiquité croient ce parchemin du commencement du douzième siècle. Ils admirent encore à Pise
quelques tableaux du même temps et du même mérite.
Ce sont, pour la plupart, des Madones qui portent Jésus
dans le bras droit. Le chef-d'œuvre de ces Grecs, auxquels j'ai honte de donner un si beau nom, est une
Vierge peinte sur bois dans la petite ville de Camerino.
Elle ressemble assez aux peintures grecques que nous
trouvâmes en 1812 à Smolensk et à Moscou. Il paraît
que chez les Grecs modernes l'art n'est pas sorti du
simple mécanisme. C'est que leur civilisation n'a pas
fait un pas depuis les croisades. Il est bien vrai que,
depuis quelque temps, ils se font savants; mais le cœur
est toujours bas*.

On cite en Toscane le nom d'un peintre qui vivait vers
l'an 1210. Le mieux conservé des ouvrages de Giunta
Pisano se trouve dans l'église des Anges à Assise : c'est
un Christ peint sur une croix de bois. Aux extrémités
des branches de la croix on aperçoit la mère de Jésus, et
deux autres demi-figures. Ces figures sont plus petites
que nature; le dessin en est horriblement sec, les doigts
extrêmement longs. Toutefois il y a une expression de
douleur dans les têtes, une manière de rendre les plis
des draperies, un travail soigné dans les parties nues,
qui l'emportent de beaucoup sur la pratique des Grecs
de ce temps-là. Les couleurs sont bien empâtées et bien
fondues. La couleur des chairs tire sur le bronze; mais
en général les teintes sont distribuées avec art; on aperçoit quelques traces de la science des clairs et des obscurs, et le tout ensemble n'est inférieur que dans la pro-

---

* Voyage de North-Douglas, Londres, 1813. Il aura tort dans cinquante ans, si les élections sont libres aux Sept-Îles[48].

portion aux crucifix entourés de demi-figures qu'on attribue à Cimabue*.

Il y a quelques fresques de Giunta dans l'église supérieure de Saint-François à Assise; c'est un ouvrage qu'il fit de compagnie avec des peintres grecs. Il est encore possible de distinguer plusieurs sujets, entre autres le crucifiement de saint Pierre. On dit qu'une main indiscrète a retouché ces fresques. C'est une excuse pour les incorrections du dessin; mais les partisans de Giunta sont plus embarrassés pour le coloris, qui est d'une extrême faiblesse. Ils veulent que son école ait propagé les arts en Toscane. Il mourut, jeune encore, vers 1240.

Les gens d'Assise montrent en même temps que ces fresques le plus ancien portrait de saint François. Il est peint sur la planche même qui servit de lit au saint jusqu'à sa mort. C'est l'ouvrage de quelque Grec antérieur à Giunta.

CHAPITRE VI

SUITE DES PREMIERS PEINTRES

La révolution que nous venons de voir en Toscane (1230), et il fallait bien la suivre quelque part, s'opérait presque en même temps dans le reste de l'Italie. Partout des citoyens riches, après avoir secoué les chaînes féodales, demandaient aux arts des productions nouvelles. La piété voulait des Madones, et la vanité des tombeaux.

Depuis longtemps chaque ville avait des ouvriers en miniature pour les livres de prières. Il paraît qu'à cette époque plusieurs de ces ouvriers s'élevèrent jusqu'à

---

*

Cimabue	né en 1240	mort en 1300
Giotto	1276	1336
Masaccio	1401	1443
Ghirlandaio	1451	1495
Leonardo da Vinci	1452	1519[49]

peindre les murs des églises, et même des tableaux sur bois.

Ce qu'il y a de prouvé, c'est qu'en 1221 Sienne avait son Guido, qui s'était déjà un peu écarté de la sécheresse des Grecs. Lucques avait, en 1235, un Bonaventure Berlingieri, duquel on trouve un *Saint François* dans le château de Guiglia, près de Modène*.

Arezzo fait valoir son Margaritone, élève et imitateur des Grecs, qui paraît être né plusieurs années avant Cimabue. Il peignit sur toile, et fut, dit-on, le premier à trouver le moyen de rendre les tableaux plus durables, et moins sujets aux fentes. Il étendait sur des tables de bois une toile qu'il y unissait par une colle fabriquée avec des morceaux de parchemin, et, avant de peindre sur cette toile, il la couvrait d'une couche de plâtre. Ce procédé le conduisit à faire en plâtre, et en relief, les diadèmes et les autres ornements qu'il plaçait sur la tête de ses saints. Il trouva même le secret d'appliquer l'or sur ces ornements, et de le brunir ; ce qui parut le comble de l'art. On voit un de ses crucifix à *Santa Croce*, église que vous verrez avec plaisir à Florence. C'est là que reposent Alfieri, Galilée, Michel-Ange, et Machiavel.

Florence cite, vers l'an 1236, un Bartolomeo. C'est probablement l'auteur de ce fameux tableau qu'on révère à l'église des Servites, plus connue, à cause de lui, sous le nom de la *Nunziata*. Les moines avaient chargé Bartolomeo de peindre l'Annonciation. Il se tira fort bien de la figure de l'ange ; mais, quand il en fut à la Vierge, il désespéra de trouver l'air séraphique, indispensable ici. Le bon homme s'endormit de fatigue. Dès qu'il eut les yeux fermés, les anges ne manquèrent pas

---

* Comme dans ce siècle Sienne était libre, du moins par les sentiments, ses artistes méritent d'être nommés immédiatement après ceux de Florence. Les savants diront : « Voilà bien l'esprit de système et la manie de tout voir dans la liberté. » Mais les philosophes savent que l'esprit humain est une plante fort délicate que l'on ne peut arrêter dans une de ses branches sans la faire périr.

de descendre du ciel, peignirent sans bruit une tête
céleste de tous points, et, en s'en allant, tirèrent le
peintre par la manche. Il voit son ouvrage fait, il crie au
miracle. Ce cri fut répété par toute l'Italie, et valut des
millions aux Servites. De nos jours, un maudit philosophe, nommé Lami, s'est avisé de discuter le miracle.
Les moines voulurent l'assassiner. Il réchappa à
grand'peine. Mais la Vierge, pour se venger d'une
manière plus délicate, et moins usitée, s'est contentée
de se rendre laide aux yeux des profanes, qui ne
trouvent plus qu'une grossière figure, très digne de Bartolomeo, et un peu retouchée dans la draperie*.

L'on ne peut nier que Venise n'ait eu des peintres dès
le commencement du douzième siècle, et qu'ils n'aient
été en assez grand nombre** pour former une confrérie; par bonheur, leurs ouvrages n'existent plus.

Le mouvement qui faisait désirer plus de perfection
dans les arts était général, et Florence, quoi qu'elle en
dise, n'a point la gloire d'avoir seule produit des
peintres dans ces temps reculés. Mais les premiers gens
à talent sont nés dans une république où l'on pouvait
tout dire, et qui avait déjà produit Pétrarque, Boccace
et le Dante.

Ce qu'on peut apporter de mieux devant les ouvrages
de l'art, c'est un esprit naturel. Il faut oser sentir ce que
l'on sent. Ceci n'est à l'usage ni des provinciaux, ni des

---

* « Les murs de cette chapelle, quoique tous d'agates et de calcé-
doines, sont recouverts de haut en bas de bras, jambes et d'autres
membres d'argent qu'y ont consacrés ceux qui ont reçu la grâce d'être
estropiés. En France, nous nous contentons de porter aux processions
des têtes sur des brancards; dans le reste de l'Italie, ils portent des
madones; mais ici ils n'en font pas à deux fois, ils portent le maître-
autel de la chapelle tout brandi. » (De Brosses, 1740 [50].)

En 1805, on imprimait encore, dans la *Guida* de Florence, que les
miracles continuaient chaque jour. Au reste, le Nord n'a pas le droit de
se moquer de la superstitieuse Italie. Dans l'évêché de Bâle on vient
d'excommunier (novembre 1815) les souris et les rats, convaincus
d'avoir causé de notables dommages. (Note de sir W. E. [51].)

** Zanetti [52].

écrivains d'Italie qui mettent un patriotisme furieux dans l'histoire de la peinture. De propos délibéré, ils en ont embrouillé les premières époques*. Pour moi, dans cette ligue générale formée par des hommes de tous les pays pour approcher de la perfection, une douce illusion m'a fait voir des concitoyens dans tous ceux qui ont du génie. J'ai cru que les barbouilleurs seuls n'avaient pas droit de cité.

Je puis avoir tort ; mais ce que je dirai de Cimabue, de Giotto, de Masaccio, je l'ai senti réellement devant leurs ouvrages, et je les ai toujours vus seul. J'ai en horreur les *cicerone* de toute espèce. Trois ans de mon exil ont été passés en Toscane, et chaque jour fut employé à voir quelque tableau.

Aujourd'hui que j'ai visité une quantité suffisante des tableaux de Cimabue, je ne ferais pas un pas pour les revoir. Je les trouve déplaisants. Mais la raison me dit que sans Cimabue nous n'aurions peut-être jamais eu l'aimable André del Sarto, et je ferais vingt lieues avec plaisir pour voir une seconde *Madonna del sacco***.

Le magnétisme me servira d'exemple. On dit ses adeptes fort ridicules ; du moins on nous fait rire à leurs dépens, ce dont je suis fort aise. Il n'en est pas moins possible que, d'ici à un siècle ou deux, le magnétisme conduise à quelque découverte admirable ; et si alors un oisif s'amuse à en faire l'histoire, il faudra bien qu'il parle de nos magnétiseurs ridicules, et qu'en avouant qu'il n'aurait pas voulu être leur patient, il rende pourtant justice aux progrès que chacun d'eux aura fait faire à la science.

---

* Baldinucci, Vasari, le père Della Valle, etc.
** Fresque de Florence, gravée par Raphaël Morghen et Bartolozzi.

CHAPITRE VII

CIMABUE

Jean Cimabue naquit à Florence en 1240, et il est probable que ses maîtres furent des peintres grecs. Son génie fut de vaincre cette première éducation, et d'oser consulter la nature. Un de ses premiers ouvrages, la *Sainte Cécile* qui est à Saint-Étienne de Florence, montre déjà le germe du talent qui plus tard devait briller dans Assise.

Le grand événement de sa vie fut la *Madone entourée d'anges*, qui se voit encore à la chapelle des Rucellai à *Santa Maria Novella*. Le peuple fut si frappé de ces figures colossales, les premières qu'il eût vues, qu'il transporta le tableau de l'atelier du peintre à l'église à son de trompe, toutes les bannières déployées, et au milieu des cris de joie et d'un concours immense.

Peu auparavant, ce même tableau avait donné le nom de *Borgo Allegri* à un hameau voisin [53]. Le duc d'Anjou, roi de Naples, et frère de saint Louis, étant venu à Florence se mêler des troubles de la république, parmi les fêtes que lui firent les magistrats ils eurent l'idée que l'atelier du plus grand peintre connu pourrait exciter la curiosité du prince. Comme le tableau était tenu caché par Cimabue* avec beaucoup de jalousie, tout Florence profita de la visite du roi pour en jouir. Il se réunit tant de monde, et cette fête imprévue se trouva si gaie, que, de ce moment, le petit assemblage de maisons, au milieu des jardins, où Cimabue avait son atelier, prit le nom de *Borgo Allegri***.

---

* On prononce Tchi-ma-bou-é.
** Voir les mœurs républicaines de cette époque de gloire et de bonheur, dans le Dante :

Fiorenza dentro dalla cerchia antica... etc. [54]

On ne peut guère louer ce plus ancien des peintres qu'en indiquant les défauts qu'il n'a pas. Son dessin offre un moins grand nombre de lignes droites que celui de ses prédécesseurs; il y a des plis dans les draperies; on aperçoit une certaine adresse dans sa manière de disposer les figures, quelquefois une expression étonnante.

Mais il faut avouer que son talent ne le portait pas au genre gracieux; ses Madones manquent de beauté, et ses anges dans un même tableau présentent toujours les mêmes formes. Sévère comme le siècle dans lequel il vécut, il réussit dans les têtes d'hommes à caractère, et particulièrement dans les têtes de vieillards. Il sut marquer dans leur physionomie la force de la volonté et l'habitude des hautes pensées. Dans ce genre, les modernes ne l'ont pas surpassé autant qu'on le croirait d'abord. Homme d'une imagination hardie et féconde, il essaya le premier les sujets qui exigent un grand nombre de figures, et dessina ces figures dans des proportions colossales.

Les deux grandes *Madones* que les curieux vont voir à Florence, l'une chez les Dominicains, l'autre à l'église de la Trinité, avec ces figures de prophètes où l'on reconnaît des ministres du Tout-Puissant, ne donnent pas une idée aussi complète de son talent que les fresques de l'église supérieure d'Assise.

Là, il paraît admirable pour son siècle. Les figures de Jésus et de Marie qui sont à la voûte conservent, à la vérité, quelque chose de la manière grecque; mais d'autres figures d'évangélistes et de docteurs, qui, assis en chaire, expliquent les mystères de la religion à des moines franciscains, montrent une originalité de style et un art de disposer toutes les parties pour qu'elles produisent le plus grand effet, qui, jusqu'à lui, n'avait été atteint par personne. Le coloris est vigoureux, les proportions sont colossales, à cause de la grande distance où les figures sont placées, et non pas mal gardées par ignorance : en un mot, la peinture ose tenter, pour la première fois, ce qui jusque-là n'avait été entrepris que par la mosaïque.

La réputation de Cimabue le fit appeler à Padoue. Un incendie, en détruisant l'église *del Carmine*, nous a privés de ses ouvrages.

Il mourut en 1300. Il avait été architecte et peintre.

Tout ce qu'on sait de son caractère, c'est qu'il fut d'une hauteur singulière. S'il découvrait un défaut dans un de ses ouvrages, quelque avancé qu'il fût, il l'abandonnait pour jamais. L'histoire de sa réputation est dans ces trois vers du Dante :

> *Credette Cimabue nella pittura*
> *Tener lo campo, ed ora ha Giotto il grido,*
> *Si che la fama di colui oscura*.*

Purg., c. XI.

L'on montre son portrait à la chapelle des Espagnols dans le cloître de *Santa Maria Novella***.

CHAPITRE VIII

GIOTTO

Cimabue avait rendu assez heureusement le *fier* et le *terrible*. Giotto, son élève, fut destiné par la nature à être le peintre des grâces ; et si Cimabue est le Michel-

---

* « Cimabue crut avoir saisi le sceptre de la peinture ; Giotto maintenant a tous les honneurs, et fait oublier son maître. »

** Je ne pense pas qu'il y ait des tableaux de Cimabue en France, sans quoi on pourrait se donner un petit plaisir en ouvrant la *Biographie Michaud*[55] ; on y voit que « Cimabue sut indiquer aux peintres qui devaient lui succéder les *éléments du beau idéal...* » ; que « rien ne rappelle mieux les célèbres peintures de l'antiquité que celles de Cimabue » ; qu'« on pourrait considérer son talent comme le chaînon qui lie la peinture antique avec la peinture moderne ». Mais il faut être juste ; tout ce mérite n'appartient pas à Cimabue : « Ses maîtres lui indiquèrent, d'après une *ancienne tradition*, les mesures et les proportions

Ange de cette époque, Giotto en est le Raphaël. Il naquit
à la campagne, non loin de Florence ; il était simple berger. Tandis qu'il gardait son troupeau, Cimabue
l'observa qui dessinait une de ses brebis, avec une
pierre coupante, sur une ardoise. Charmé de ce dessin,
il le demanda sur-le-champ à son père, et l'emmena à
Florence, se flattant de donner à la peinture un véritable artiste.

D'abord le berger imita son maître, qu'il devait bientôt surpasser. Les pères de l'Abbaye ont une *Annonciation* qui est de ses premiers ouvrages. Son génie perce
déjà ; le style est encore sec, mais on trouve une grâce
toute nouvelle.

Il fut aussi sculpteur ; vous savez quels avantages se
prêtent ces deux arts si voisins, et combien ils agran-
dissent le style de qui les possède à la fois.

Il y avait des marbres antiques à Florence, ceux de la
cathédrale. Ils étaient connus par le cas qu'en avaient
fait Nicolas et Jean Pisano ; et il n'est guère probable
que Giotto, à qui la nature avait donné un sentiment si
vif pour le beau, ait pu les négliger. Quand on voit dans
ses tableaux certaines têtes d'hommes dans la force de
l'âge, certaines formes vigoureuses et carrées, si différentes des figures grêles et allongées des peintres ses
contemporains, certaines attitudes qui, sur l'exemple
des anciens, respirent une noble tranquillité et une retenue imposante, on a peine à croire qu'il n'ait pas su voir
l'antique. Où aurait-il pris cette manière de couper ses
draperies par des plis rares, naturels, majestueux ? Ses
défauts même décèlent la source de son talent. L'école
de Bologne a dit de ses figures qu'elles ne sont que des
statues copiées. Ce reproche, qui fixe dans la médio-

---

que les artistes de la Grèce avaient consacrées dans l'imitation des
formes humaines. »

La *Biographie* ne borne pas là ses générosités envers le rénovateur du
beau idéal : elle le fait vivre jusqu'en 1310 ; et, à sa considération,
accorde un sénat à la ville de Florence.

crité toute une grande école moderne, était alors le plus
flatteur des éloges.

CHAPITRE IX

SUITE DE GIOTTO

Les premières fresques qu'il peignit à Assise à côté
des fresques de son maître font voir de combien il le
surpassait déjà. En avançant dans cet ouvrage qui
représente la vie de saint François, il va croissant en
correction. Arrivé aux dernières scènes de cette singulière vie, le voyageur remarque avec plaisir un dessin
varié dans les traits du visage, des extrémités plus soignées, une plus grande vivacité dans les airs de tête, des
mouvements plus ingénieux donnés aux figures, des
paysages plus naturels. Ce qui frappe surtout dans cette
suite de tableaux, c'est l'art de la composition, où l'on
voit que tous les jours Giotto faisait des progrès, et où,
malgré le siècle où il a vécu, le surpasser semble
presque impossible. J'admire la hardiesse de ses accessoires. Il n'hésita point à transporter dans ses fresques
les grands édifices que ses contemporains élevaient de
toutes parts, et à leur conserver ces brillantes couleurs
bleues, rouges, jaunes, ou d'une éclatante blancheur,
alors si fort à la mode. Il eut le sentiment de la couleur.

Aussi ses fresques d'Assise arrêtent-elles les yeux du
savant comme de l'ignorant. C'est là que se trouve cet
homme dévoré par la soif, qui se précipite vers une
source qu'il découvre à ses pieds. Raphaël, le peintre de
l'expression, n'aurait pas ajouté à celle de cette figure.
Que si l'on descend dans l'église souterraine, où il y a
encore des ouvrages de Giotto, l'on verra, ce me semble,
ce qu'il a fait de mieux. Il y donna le premier exemple
de la peinture allégorique dans un saint François qui
s'éloigne du vice, et qui suit la vertu.

Les savants retrouvent dans ces fresques le style des

bas-reliefs de Nicolas Pisano. Il est tout simple que Giotto les ait étudiés ; et la peinture, encore au berceau, incapable de perspective aérienne, incapable de clair-obscur, ne perdait presque rien à suivre les pas de sa sœur.

CHAPITRE X

ÔTER LE PIÉDESTAL

Pour être juste envers cet homme rare, il faut regarder ses prédécesseurs. Ses défauts sautent aux yeux ; son dessin est sec ; il a soin de cacher toujours sous de longues draperies les extrémités de ses figures, et il a raison, car il s'en tire fort mal. Au total, ses tableaux ont l'air barbare.

Il n'est pas un de nos peintres qui ne se sente une immense supériorité sur le pauvre Giotto. Mais ne pourrait-il pas leur dire :

Sans moi, qui suis si peu, vous seriez moins encore.

BOURSAULT[56].

Il est sûr que, quand un bourgeois de Paris prend un fiacre pour aller au spectacle, il est plus magnifique que les plus grands seigneurs de la cour de François Ier. Ceux-ci, par les pluies battantes de l'hiver, allaient à la cour à cheval, avec leurs femmes en croupe, au travers de rues non pavées, qui avaient un pied de boue, et pas de réverbères. Faut-il conclure que le connétable de Montmorency, ou l'amiral Bonnivet[57], étaient des gens moins considérables dans l'État que le petit marchand de la rue Saint-Denis ?

Je conçois bien que l'on n'ait pas de plaisir à voir les œuvres de Giotto. Si l'on dit : « Que cela est laid ! » on peut avoir raison ; mais si l'on ajoute : « Quel peintre pitoyable ! » on manque de lumières.

CHAPITRE XI

SUITE DE GIOTTO

Giotto, admiré sans réserve par ses contemporains, fut appelé dans toute l'Italie; ses tableaux sont des scènes de l'Évangile, qu'il ne se faisait pas scrupule de répéter, presque de la même manière, en des lieux différents. Une certaine symétrie qui plaît à l'amateur éclairé, et surtout un dessin moins anguleux, et un coloris plus moelleux que chez ses rudes prédécesseurs, les distinguent facilement. Ces mains grêles, ces pieds en pointe, ces visages malheureux, ces yeux effarés, restes de la barbarie apportée de Constantinople, disparaissent peu à peu. Je trouve que ses ouvrages plaisent d'autant plus qu'ils sont de moindre dimension.

Par exemple, les petites figures de la sacristie du Vatican sont des miniatures pleines de grâces; et ce qui manquait surtout aux arts avant lui, c'est la grâce. Quelque sauvages que soient les hommes, on peut leur faire peur; car ils ont éprouvé la souffrance; mais, pour qu'ils fassent attention à ce qui n'est que gracieux, il faut qu'ils connaissent le bonheur d'aimer.

Giotto sut exprimer beaucoup de petites circonstances de la nature peu dignes des scènes graves où il les introduisait; mais c'était la nature.

On peut dire qu'il fut l'inventeur du portrait. On lui doit entre autres ceux du Dante, son ami. Quelques peintres avaient bien cherché la ressemblance avant lui; mais le premier il réussit. Il était architecte. Le fameux clocher de la cathédrale de Florence fut élevé sur ses dessins. C'est réellement une tour très remarquable. Quoique un peu gothique[58], elle donne sur-le-champ l'idée de la richesse et de l'élégance. Elle est isolée de l'église, et se trouve dans l'endroit le plus passager de la ville, fortune qui manque à beaucoup de monuments admirables.

Giotto voyagea toute sa vie. À peine de retour d'Assise, Boniface VIII le fit venir à Rome, où il eut une nouvelle occasion de voir l'antique.

Avignon étant devenu la résidence des papes, Clément V l'appela en France. Avant d'y aller, il s'arrêta dans Padoue. De retour en Italie, après huit années d'absence, les princes, ou du moins ceux qui aspiraient à le devenir, semblèrent se le disputer.

Chaque ville avait quelque famille puissante qui ambitionnait le pouvoir suprême, et ces familles, profitant de la sensibilité du peuple, en embellissant leur patrie, cherchaient à l'asservir. C'est cette politique qui rendit si brillante la carrière de Giotto. Les Polentini de Ravenne, les Malatesti de Rimini, les Este de Ferrare, les Castruccio de Lucques, les Visconti de Milan, les Scala de Vérone, firent tout au monde pour l'avoir quelque temps à leur service.

Le roi Robert le fit venir à Naples, et le combla de distinctions. Ce roi, qui était homme d'esprit, encourageait Giotto, qui passait pour avoir la repartie la plus brillante de l'Italie. Mais il faut de l'indulgence pour l'esprit de ce temps-là.

Un jour, par une chaleur accablante : « Si j'étais à ta place, dit le roi, je me donnerais un peu de relâche. — Et moi aussi, si j'étais roi. »

« Puisque rien n'est impossible à tes pinceaux, peins-moi mon royaume. » Quelques instants après, le roi revient à l'atelier, et Giotto lui présente un âne revêtu d'un bât fort usé, et flairant avec l'air de la stupidité et du désir un bât tout neuf qui est à ses pieds. Toute l'Italie rit de cette caricature qui plaisantait les Napolitains sur l'empressement qu'on eut toujours à Naples pour changer de souverain.

CHAPITRE XII

LA BEAUTÉ MÉCONNUE

Giotto fut l'homme sur qui le quatorzième siècle eut les yeux, comme Raphaël fut le modèle du seizième siècle, et les Carraches du dix-septième.

On a dit : « Le sublime est le son d'une grande âme » ; on peut dire avec plus de vérité : « La beauté dans les arts est l'expression des vertus d'une société*. »

Les Toscans, si enflammés pour la peinture, trouvèrent tout à coup sous leurs pas, du plus fort de leur passion, des modèles de la beauté parfaite (1280). Cette découverte flattait l'amour-propre ridicule, quoique fondé, qu'on mit toujours en ce pays aux titres de noblesse de la nation. Tout cela ne fut d'aucun poids. La beauté la plus pure passa sous leurs yeux sans être reconnue, et ils quittèrent des figures, qu'on dirait dessinées par Raphaël, pour les tristes mannequins des Giotto et des Cimabue.

On trouve dans la bibliothèque Riccardi, à Florence, un manuscrit qui porte la date de 1282. L'auteur est Ristoro d'Arezzo. Il raconte que l'on venait de découvrir dans son pays une grande quantité de vases *étrusques*. Le fait est si curieux que je vais traduire littéralement quelques-unes de ses phrases[59].

« Les vases sont formés d'une terre si fine qu'on dirait de la cire ; leur forme est parfaite... Sur ces vases furent dessinées toutes les générations des plantes, des feuilles et des fleurs, et tous les animaux qu'on peut imaginer... Ils les ont faits de deux couleurs, azur et rouge ; mais le plus grand nombre est rouge. Ces couleurs sont luisantes et très fines ; elles n'ont pas de corps ; elles sont si

---

* Comme il n'y a pas de bonheur sans la santé, il n'y a pas de beauté sans les vertus sociales ; mais le courant des mœurs rejette ce qu'il n'a pas donné.

parfaites que leur séjour sous terre ne les a nullement altérées. De mon temps, toutes les fois que l'on creusait des fondations dans la ville (Arezzo), ou à deux milles à l'entour, on trouvait une grande quantité de ces morceaux de vases revêtus de couleurs si brillantes qu'ils semblaient faits de la veille. Sur l'un on trouvait sculptée (dessinée) une image maigre, sur l'autre une image du plus heureux embonpoint; l'une riait, et l'autre pleurait; l'un était mort, et l'autre vif; l'un était vieux, et l'autre jeune; l'un était nu, et l'autre vêtu; l'un armé, et l'autre sans armes; l'un à pied, et l'autre à cheval. On y voyait des batailles et des escarmouches dont tous les détails étaient admirables. Le dessin était si parfait que l'on connaissait si le temps était serein ou obscur, si la figure était vue de loin ou de près. On distinguait les montagnes, les vallons, les fleuves, les forêts, etc. Il y avait des esprits volants dans les airs sous la forme de jeunes garçons nus. »

L'auteur peint l'étonnement des spectateurs qui refusaient de croire ces vases un ouvrage d'homme. L'extase, le ravissement sont exprimés de toutes les manières; et je ne crois pas ce manuscrit une fraude pieuse des Florentins*.

* Gio. Villani, Attilio Alessi, les manuscrits de Francesco Rossi.

LIVRE SECOND

PERFECTIONNEMENT DE LA PEINTURE
DE GIOTTO À LÉONARD DE VINCI
(DE 1349 À 1466)

CHAPITRE XIII

CIRCONSTANCES GÉNÉRALES

Après avoir rempli l'Italie de ses élèves, et, pour ainsi dire, terminé la révolution des arts, Giotto mourut en 1336. Il était né à Vespignano, près Florence, soixante ans auparavant. Le nom de Giotto, suivant la coutume, n'était que l'abrégé du nom de baptême Ambrogiotto. Sa famille s'appelait Bondone.

Dans les arts, quand l'homme est mécontent de son ouvrage, il va du *grossier* au moins grossier, il arrive au *soigné* et au *précis*, de là il passe au *grand* et au *choisi*, et finit par le *facile*. Telle fut chez les Grecs la marche de l'esprit humain et l'histoire de la sculpture.

Giotto réveilla les peintres italiens plutôt qu'il ne fut leur maître. C'est ce que prouve de reste le dôme* d'Orvieto, l'ouvrage le plus remarquable peut-être des premières années du quatorzième siècle. On y appela des peintres fort étrangers à Florence, apparemment sur leur réputation. Cette vérité est confirmée par les anciennes peintures de Pise, de Sienne, de Venise, de

---

* *Dôme*, en Italie, veut toujours dire *cathédrale*.

Milan, de Bologne, etc. Ce sont d'autres idées, un autre choix de couleurs, un autre goût de composition; donc tout ne vint pas de Florence*.

Après la mort de Giotto, cette grande ville fut inondée d'un nombre prodigieux de peintres. Leurs noms n'existent plus que dans les registres d'une compagnie de Saint-Luc qu'ils formèrent en 1349. À cette parole de l'histoire, Venise se lève tout entière, et fait observer qu'elle avait une semblable réunion dès l'an 1290.

On peignait alors les armoires, les tables, les lits, tous les meubles, et souvent dans la même boutique où on les fabriquait. Aussi les peintres étaient-ils peu distingués des artisans; on a même découvert sur d'anciens autels le nom de l'ouvrier en bois placé avant celui du peintre.

Vers la fin du quatorzième siècle, l'architecture se débarrassait du genre gothique ou allemand. Les ornements des autels devenaient moins barbares. On y avait placé jusqu'alors des tableaux en forme de carré long, divisés en compartiments par de petites colonnes sculptées en bois, qui figuraient la façade d'un édifice gothique. Il y a plusieurs tableaux de cette espèce très bien conservés au musée de Brera à Milan. Les saints ont toujours de tristes figures; mais on trouve des têtes

---

* Si l'on veut savoir quelles idées remplissaient les têtes, Florence venait de reconquérir sa liberté (1343) sur le duc d'Athènes et sur les nobles, qui, après avoir aidé à chasser le tyran, voulaient lui succéder. En 1347, une erreur de la nature mit l'âme d'un ancien Romain dans un Italien de Rome. En des jours plus prospères, il eût été l'émule de Cicéron à la tribune, et de César dans les combats : il parlait, écrivait, combattait avec la même énergie. Cola di Rienzo rétablit la liberté romaine sur la base de la vertu, et voulut faire de l'Italie une république fédérative : c'est l'action la plus considérable qu'aient inspirée les livres de l'antiquité, et Rienzo, l'un des plus grands caractères du moyen âge, et auquel les modernes n'ont rien à opposer[a]. Il était soutenu par l'amitié de Pétrarque. De nos jours, un Anglais méprisable[b] l'a nommé *séditieux*.

a. Voir son histoire par Thomas Fiortifiocca.
b. Robertson.

de Vierge qui seraient aujourd'hui de charmantes miniatures. À Paris, le tableau de Raphaël (n° 1126) peut donner une idée de ce genre d'ornement qu'on appelait *ancone**[60].

Peu à peu on supprima les petites colonnes, on agrandit les figures, et voilà l'origine des tableaux d'autels. Ce ne furent d'abord que des ornements préparés dans la boutique de l'ouvrier en bois, où il ménageait quelques petites places pour les couleurs du peintre. De là l'usage ancien de peindre plutôt sur bois que sur toile ; de là la malheureuse habitude de mettre ensemble plusieurs saints qui ne concourent point à une même action, qui n'ont rien à se dire, qui sont censés ne pas se voir.

Les femmes des Druses, et des peuplades les plus civilisées de la Syrie, n'ont point recours, pour se parer, aux perles de l'Arabie leur voisine, ou aux anneaux de diamants ; elles rassemblent tout simplement un certain nombre de sequins de Venise ; elles percent la pièce d'or pour l'attacher à une chaîne, et c'est toute la façon des colliers et des diadèmes. Plus la chaîne a de sequins, plus on est paré. Telle femme druse va au bain chargée de deux à trois cents ducats d'or effectif. C'est que chez ces peuples l'idée du *beau* n'est pas encore séparée de l'idée du *riche*. Il en est de même dans nos petites villes. Ce que les provinciaux admirent le plus à l'Opéra, c'est les changements de décorations, la richesse, la puissance, tout ce qui tient aux intérêts d'argent ou de vanité qui remplissent exclusivement leurs âmes. Leur grande louange est : « Cela a dû coûter bien cher**! »

Les Italiens du quatorzième siècle en étaient encore là ; ils aimaient à peindre sur un fond d'or, ou au moins il fallait de l'or dans les vêtements et dans les auréoles

---

* Voyez le règlement rapporté par Zanetti, I, 5[61].

** Les événements de 1814 et 1815[62] changent peut-être des bourgeois ridicules en citoyens respectables.

des saints. Ce métal adoré ne fut banni que vers le commencement du seizième siècle. On trouve encore des ornements figurés avec de l'or en nature, et non avec des couleurs, dans le beau portrait de la Fornarina, l'amie de Raphaël*, que ce grand homme peignit en 1512, huit ans avant sa mort.

Dans les tableaux on prenait le riche pour le beau, et dans les poèmes le difficile et le recherché. Le naturel paraissait trop aisé**. Cela est si loin de nous que je ne sais si on le sentira.

Il serait injuste, en appréciant les ouvrages des premiers restaurateurs de l'art, d'oublier qu'ils ne possédèrent point celui de peindre à l'huile. Ce procédé commode ne fut apporté à l'Italie qu'en 1420.

Les couleurs détrempées d'eau, dont on se servit jusque-là, font encore l'admiration des connaisseurs. Quel est le peintre qui ne porte envie aux Grecs et aux premiers Italiens, en voyant les piliers de l'église de Saint-Nicolas à Trévise? Quel sort que celui des Carraches, dont les admirables tableaux peints seulement il y a deux siècles n'offrent plus de détails!

La chimie, qui rajeunit les vieilles écritures par l'acide muriatique, ne saurait-elle rajeunir les tableaux des Carraches? J'ose lui adresser cette prière. Les sciences nous ont accoutumés, dans ce siècle, à tout attendre d'elles, et je voudrais que M. Davy[64] lût ce chapitre***.

---

* À la galerie de Florence[63]; divinement gravé par Raphaël Morghen.

** Le plus petit marchand a l'idée du *riche*. Que d'idées, que de sentiments surtout ne faut-il pas pour avoir l'idée du naturel, et ensuite du beau!

*** Ce grand chimiste a donné des expériences sur les couleurs des anciens.

Le 11 mai 1815, la classe des beaux-arts de l'Institut a reçu la communication d'un procédé qui me semble excellent. On peint à l'huile d'olive sur une impression de cire; on vernit avec la même substance et un petit réchaud que l'on promène sur toutes les parties du tableau : la couleur se trouve ainsi entre deux cires; ceci ne force pas le peintre à de nouvelles habitudes.

La forme des lettres employées par les anciens peintres donne un moyen de reconnaître les petites ruses des marchands de tableaux, qui savent mieux l'art de les déguiser que leur histoire ; ils ignorent que l'usage des lettres gothiques ne commença qu'après l'an 1200. Le quatorzième siècle les chargea de plus en plus de lignes superflues. Cet usage tint jusque vers 1450 ; l'on revint ensuite aux caractères romains.

CHAPITRE XIV

CONTEMPORAINS DE GIOTTO

Buffalmacco, plus connu par la célébrité comique qu'il doit à Boccace*, que par ses œuvres, peignait du temps de Giotto, et ne s'éleva guère au-dessus de son siècle. L'on trouve tout au plus chez lui quelques têtes d'hommes passables. Les Florentins, qu'il égayait chaque jour par quelque mystification nouvelle, aimaient son talent, et l'employèrent beaucoup. Il vécut gaiement, et mourut à l'hôpital. Il eut pour compagnon

---

Cette découverte consolera les grands artistes. Une fatale expérience les a trop convaincus qu'au bout de trois siècles les tableaux n'offrent plus de coloris. Au palais Pitti, un paysage de Salvator Rosa montre combien tous les autres ont changé. Le blanc passe au jaune ; les bleus, autres que l'outremer, qui est presque indestructible, tournent au vert ; les glacis s'évanouissent. Lorsque l'on transportait sur toile le *Martyre de saint Pierre*, j'ai vu que les couches d'*impression* et de peinture ne sont point *fondues* ensemble, mais *apposées* les unes sur les autres ; ainsi chaque couche opère sa retraite isolément, et comme un parquet de bois vert se tourmente plus ou moins, en raison de son épaisseur et de la nature particulière de la couleur, l'huile qui se dessèche se *résine*, se fendille, s'écaille, et tombe.

Aussi le *coloris* et le *clair-obscur*, ces deux grandes parties de l'art, qui ne peuvent se calquer, qui se refusent à la patience des gens froids, ne se trouvent-elles presque plus dans nos musées. Les grands peintres reculeraient à la vue de leurs chefs-d'œuvre.

* Huitième journée du *Décaméron*, Sacchetti, nouvelles CLXI, CXCI et CXCII ; Vasari, III, p. 80.

un certain Bruno di Giovanni, qui, jaloux de l'expression que Buffalmacco mettait dans ses ouvrages, y suppléait d'ordinaire par des mots écrits qu'il faisait sortir de la bouche de ses figures, moyen simple déjà employé par Cimabue. Buffalmacco a plusieurs tableaux au *Campo Santo* de Pise. Il y a de la physionomie dans une tête de Caïn. Les noms de Nello, de Calandrino, de Bartolo Gioggi, et de Gio. da Ponte, ont survécu, dit-on, à cette multitude d'ouvriers en couleurs qui remplissaient Florence.

André Orcagna a paru digne à quelques amateurs de prendre le premier rang après Giotto. Il est sûr que dans le *Paradis* et l'*Enfer*, grandes fresques de la chapelle des Strozzi à *Santa Maria Novella*, il y a des têtes charmantes, dans le *Paradis* surtout qui est à gauche en entrant. Ce sont apparemment des portraits de jolies femmes; on lui demandait souvent ces deux sujets si touchants pour les fidèles. Il divise l'enfer en fosses *(bolge)*, d'après le Dante; et, comme ce grand poète, il ne manque pas de damner ses ennemis; on remarque dans ses fresques de Pise les portraits de deux des plus grands hommes de ce temps : Castruccio et Uguccione della Faggiola. L'architecture lui doit un des changements les plus heureux. C'est lui qui substitua le demi-cercle à la forme pointue des arcs gothiques, et le charmant portique des *Lanzi*, à Florence, est son ouvrage. Il était temps de laisser les arcs pointus, dont je crois que le premier exemple est au canal du lac Albano * [65].

André fut sculpteur : c'était un homme d'une force et d'une bizarrerie d'idées bien rares aujourd'hui. Mais

---

* Construit l'an de Rome 356. Voir Vulpii *Latium vetus*. Cet ouvrage est digne des plus grands rois, et le territoire de Rome ne s'étendait qu'à quelques milles.

On trouve l'histoire de l'architecture gothique, depuis les édifices de Subiaco, et la Notre-Dame de Dijon bâtie par saint Louis, jusqu'au Saint-Laurent de Florence par Brunelleschi, dans la septième livraison de M. d'Agincourt [66].

pour le coloris, l'élégance des formes et la vérité des mouvements, il le cède aux élèves de Giotto*.

Après une naissance aussi splendide, les arts s'arrêtèrent tout à coup; et pendant quatre-vingts ans Giotto resta le plus grand peintre jusqu'à ce que Brunellesco, Donatello et Masaccio vinssent de l'enfance les faire passer à la jeunesse.

Non seulement il faut des génies, mais encore que l'opinion des contemporains présente le vrai beau à leurs efforts. Boccace et Pétrarque ne sont connus que par ceux de leurs ouvrages qu'ils estimaient le moins. Si Pétrarque n'eût jamais fait de chansons, il ne serait qu'un pédant obscur, sans doute, comme plusieurs des peintres que je nommerai ne sont que de froids copistes.

CHAPITRE XV

DU GOÛT FRANÇAIS DANS LES ARTS

Si l'on veut faire un compliment à Cimabue et à Giotto, on peut les comparer à Rotrou. On a fait, depuis Rotrou, des Hippolyte, des Cinna, des Orosmane; mais il n'a plus paru de Ladislas. J'aime à mettre aux prises, par la pensée, les Bajazet, les Achille, les Vendôme, si admirés il y a quarante ans**, avec ce fougueux Polo-

---

* Il travaillait ordinairement avec un de ses frères, nommé Bernardo; ils eurent pour élèves un Bernardo Nello et Traïni, duquel il y a un tableau curieux à Pise; saint Thomas d'Aquin y est fort ressemblant. On le voit au-dessous du Rédempteur, duquel il reçoit des rayons de lumière, qui, de Thomas, vont se divisant à une foule de docteurs, d'évêques, et même de papes. Arrien[67] et d'autres novateurs gisent terrassés aux pieds du saint. Près de lui, Platon et Aristote lui présentent ouvert le livre de leur philosophie. Ce tableau gravé ferait une bonne note pour Mosheim[68]; il montre bien le christianisme devenant une religion, d'un gouvernement qu'il était.

** Si la charte que nous devons à un prince éclairé continue à faire notre bonheur, le goût français changera; la perverse habitude de raisonner juste passera de la politique à la littérature. Ce grand jour, on jettera au feu tous les livres écrits sous l'influence des anciennes

nais. La figure que ces grands seigneurs feraient devant ce grand homme venge ma vanité. Pour lui tenir tête, il faut aller chercher l'Hotspur de Shakespeare [69].

Michel-Ange est Corneille. Nos peintres modernes médisant de Masaccio ou de Giotto, c'est Marmontel, secrétaire perpétuel de l'Académie française, présentant en toute modestie ses petites observations critiques sur Rotrou.

Le malheur de Florence, au quatorzième siècle, n'était pas du tout la malhabileté des artistes, mais le mauvais goût du public.

Les Français admirent dans l'Achille de Racine des choses qu'il ne dit pas. C'est que l'idée qu'on a du fils de Pélée a été donnée bien plus par La Harpe, ou par Geoffroy [70], que par les vers du grand poète. Voilà les dissertations sur le goût qui corrompent le goût, et vont jusque dans l'âme du spectateur fausser la sensation*. J'espère que vous n'aurez pas pour Raphaël ce culte sacrilège. Vous verrez ses défauts, et c'est pour cela que vous verrez un jour de douces larmes au palais de la *Farnesina*.

Le premier degré du goût est d'exagérer, pour les

---

idées[a] ; et les jurés faiseurs d'hémistiches crieront que tout est perdu. N'est-il pas bien piquant pour ces pauvres diables de n'être plus payés que pour écrire sur les constitutions, après avoir passé leur jeunesse à peser les hémistiches de Racine, ou les chutes sonores de Bossuet ? C'est ce qui les rend anticonstitutionnels, et qui, dans trente ans, fera libéraux leurs successeurs en génie.

En 1770, on admirait plus ses vers que les traits de caractère. Les esprits dégradés estimaient plus la richesse de la matière que le travail : la difficulté vaincue dans la chose difficile que l'on pouvait comprendre, que la difficulté vaincue dans la chose plus difficile devenue inintelligible par le malheur des temps. La cause de Racine est liée à l'Inquisition.

* « Œil simple, et qui vois les objets tels qu'ils sont, à qui rien n'échappe, et qui n'y ajoutes rien, combien je t'aime ! tu es la sagesse même. » (Lavater, I, p. 118 [71].)

a. À commencer par le *Siècle de Louis XIV* de Voltaire, les œuvres de D'Alembert, de Fontenelle, tout ce qui n'est pas idéologie dans Condillac, etc., etc.

rendre sensibles, les effets agréables de la nature. C'est
à cet artifice qu'eut souvent recours le plus entraînant
des prosateurs français[72]. Plus tard, on voit qu'exagérer
les effets de la nature, c'est perdre sa variété infinie et
ses contrastes, si beaux parce qu'ils sont éternels, plus
beaux encore parce que les émotions les plus simples
les rappellent au cœur*.

En exagérant le moins du monde, en faisant du style
autre chose qu'un miroir limpide, on produit un
moment d'engouement, mais sujet à de fâcheux re-
tours.

> Le lecteur le plus sot craint le plus d'être dupe.
>
> (*L'Éteignoir*, comédie[74].)

Sot ou non, soupçonne-t-il la bonne foi de l'auteur ? Il
chasse le jugement tout fait qu'on voulait lui donner, la
paresse l'empêche d'en former un autre ; et le héros,
comme le panégyriste, vont se confondre dans le même
oubli.

Qui n'a pas éprouvé cette sensation au sortir de l'Académie française, ou en lisant les homélies des journaux
sur nos gouvernements ? Si le manque de vérité dans le
discours empêche le jugement, en peinture il empêche
la sensation ; et je ne vois que cette différence du style
de Dietrich à celui de Dupaty[75].

Un auteur très froid peut faire frémir ; un peintre, qui
n'est qu'un ouvrier en couleur, s'il est excellent, peut
donner les sentiments les plus tendres : il n'a qu'à ne
pas choisir et reproduire comme un miroir les beaux
paysages des lacs de la Lombardie[76].

Pour plaire aux Anglais de son temps, Shakespeare
laissa aux objets de la nature leurs justes proportions ;
et c'est pour cela que sa statue colossale nous paraît

---

*

Age cannot wither it, nor custom stale
Its infinite variety[73].

tous les jours plus élevée, à mesure que tombent les petits monuments des poètes qui crurent peindre la nature en flattant l'affectation d'un moment, commandée par telle phase de quelque gouvernement puéril*.

On peut dire des choses piquantes en prouvant que le pain est un poison, ou que le génie du christianisme est favorable au bonheur des peuples**. Rembrandt aussi arrête les spectateurs, en changeant la distribution naturelle de la lumière. Mais du moment que le peintre se permet d'exagérer, il perd à jamais la possibilité d'être sublime, il renonce à la véritable imitation de l'antique***.

Nous verrons Raphaël, Annibal Carrache, le Titien, donner des émotions plus profondes en raison de ce qu'ils auront eu plus de respect pour la proportion des effets qu'ils apercevaient dans le vaste champ de la nature; tandis que Michel-Ange de Caravage et le Baroche, très grands peintres d'ailleurs, en exagérant, l'un la force des ombres, l'autre le brillant des couleurs, se sont eux-mêmes exclus à jamais du premier rang.

La cause du mauvais goût chez les Français, c'est l'engouement. Ce qui tient à une autre circonstance plus fâcheuse, le manque absolu de caractère****. Il

---

* Shakespeare dut son excellent public aux têtes qui tombaient sans cesse. On marchait à la constitution de 1688.

** Gibbon[77], t. III; Mosheim[78]; les histoires d'Italie; les civilisations de Naples et de l'Espagne comparées à celle de la France sous Louis XIV.

*** Voyez les *Sept devant Thèbes*, dans le grec d'Eschyle; les modernes ne manquent pas de les faire tirer au sort dans une belle urne.

**** L'Espagne marque bien cette différence. Quels braves guerriers contre les Français[a]! Quels plats politiques pour défendre leur constitution, c'est-à-dire leurs têtes!

Au mois d'avril 1815, le collège de mon département envoie à la Chambre des communes quatre hommes honnêtes, ne manquant pas de fermeté, peu éclairés, mais, chose rare alors, ne portant les livrées

---

a. Voir le charmant tableau du général Lejeune[79], exposition de 1817. Là se trouve la véritable imitation de la nature, comme dans la *Didon*[80], le véritable idéal. Ce sont peut-être les seuls tableaux qui seront encore regardés en 1867.

faut distinguer la bravoure, du caractère, et voir dans l'étranger nos généraux être l'admiration de l'Europe, comme nos sénateurs en étaient le ridicule.

Le Français de 1770 avait-il les yeux assez pervertis pour trouver vraies les couleurs de Boucher? Non, sans doute. Cela ne se peut pas. Mais l'on a trop de vanité pour oser être soi-même. Tel homme chez nous essuie les coups de pistolet sans sourciller, qui a toute la mine de l'anxiété la plus risible, s'il faut parler le premier dans un salon de la pièce nouvelle d'où il sort. Tout est *exécrable* ou *divin*, et quand on est las d'un de ces mots pour un objet, l'on prend l'autre. Voyez Rameau, Balzac, Voiture.

Nous avions été religieux sous Louis XIV, Voltaire trouve une gloire facile à se moquer des prêtres. Heureusement, ses plaisanteries sont excellentes, et l'on en rit encore.

Après les crimes de la Terreur, l'on pouvait deviner, sans un grand effort d'esprit, que l'opinion publique attendait une impulsion contraire, et le *Génie du christianisme* a pu être lu.

Actuellement, la religion triomphe, et se hâte de fermer la porte des temples aux pauvres actrices qui quittent la scène du monde*. Elle n'est plus forcée à la justice par l'œil terrible d'un caractère absolu. Nous allons revenir au simple, et l'emphase vide de pensée va

_____

d'aucun parti. Au mois d'août, le même collège est réuni; *le quart seulement* des électeurs est *noble* : on se jure, la veille, de nommer trois députés plébéiens; l'on va au scrutin, et le dépouillement nous donne pour représentants quatre imbéciles hors d'état d'écrire une lettre, mais qui ont l'honneur de descendre directement du cosaque qui fut le plus fort dans mon village il y a quinze siècles. Il est bien plaisant de voir nos publicistes discuter gravement le *maximum du bien* pour un peuple dont l'élite ne sait pas nommer, en tout *secret* et toute *liberté*, le député qu'il sait parfaitement être convenable à ses intérêts les plus *chers* et les plus *familiers*. Eh! messieurs, des écoles à la Lancastre! (Note traduite du *Morning Chronicle*, et qu'on croit fort exagérée[81].)
  * Mademoiselle Raucourt[82].

perdre de son crédit. Mais ce quatrième mouvement dans l'opinion sera plus faible que la vague impétueuse dirigée par Voltaire. À son tour, il sera repoussé par une impulsion contraire, et ces vagues religieuses et anti-religieuses, se succédant tous les dix ans, en s'affaiblissant sans cesse, finiront par se perdre dans l'ennui naturel au sujet.

La nature de l'admiration n'est pas pure en France. Voir des défauts dans ce que le public admire est une sottise : c'est qu'il faudrait raisonner pour soutenir une opinion nouvelle, c'est-à-dire appuyer une chose indifférente par une chose ennuyeuse. Et le genre du panégyrique, qui au fond est un peu bête, se trouve avoir une base naturelle dans le caractère de la nation la plus spirituelle de l'Europe.

L'homme de goût comprend le Cloten de *Cymbeline*, comme l'Achille d'*Iphigénie*. Il ne voit dans les choses que ce qui s'y trouve; il ne lit pas les commentaires de tous ces gens médiocres qui veulent nous apprendre le secret des grands hommes*; au lieu de se faire l'idée de la perfection d'après Virgile, et de s'extasier ensuite niaisement avec les rhéteurs sur la perfection de Virgile, il se forme d'abord l'idée du beau, et cite Virgile à son tribunal avec autant de sévérité que Pradon**.

---

* Excepté Rulhière[83], tout ce qui a paru depuis trente ans peut s'intituler : *Grand secret pour faire de belles choses, inconnu jusqu'à ce jour*. Nos gens ne voient pas la nature, ils ne voient que ses copies dans les phrases des livres, et ils ne savent pas même choisir ces livres. Qui est-ce qui lit en France les vingt-cinq volumes de l'*Edinburgh Review*[84], ouvrage qui est à Grimm ce que Grimm est à La Harpe ?

** La niaiserie littéraire est un des symptômes d'un certain état de civilisation. Écoutons le Volney des Anglais, le célèbre Elphinstone[85] *(Voyage au royaume de Caubul)* :

« Chez les nations qui jouissent de la liberté civile, tous les individus sont gênés par les lois, au moins jusqu'au point où cette gêne est nécessaire au maintien des droits de tous.

« Sous le despotisme, les hommes sont inégalement et imparfaitement protégés contre la violence, et soumis à l'injustice du tyran et de ses agents.

CHAPITRE XVI

ÉCOLE DE GIOTTO

Il arriva aux élèves de Giotto ce qui arrive aux élèves de Racine, ce qui arrivera à ceux de tous les grands artistes. Ils n'osent voir dans la nature les choses que le maître n'y a pas prises. Ils se mettent tout simplement devant les effets qu'il a choisis, et prétendent en donner de nouvelles copies, c'est-à-dire qu'ils tentent précisément la chose que, jusqu'à un changement de caractère dans la nation, le grand homme vient de rendre impossible. Ils disent qu'ils le respectent, et s'ils s'élevaient à comprendre ce qu'ils font, il n'y a pas d'entreprise plus téméraire.

Pendant le reste du quatorzième siècle, la peinture ne fit plus de progrès. Les tableaux de Giotto, vus à côté des tableaux de Cavallini, de Gaddi et de ses autres bons élèves, sont toujours les ouvrages du maître. Une fois qu'on est parvenu à connaître son style, on n'a que faire d'étudier le leur. Il est moins grandiose et moins gracieux; voilà tout.

Stefano Fiorentino, dont les ouvrages ont péri, Tommaso di Stefano, et Tossicani l'imitèrent avec succès. Son élève favori, celui qu'il admit à la plus grande intimité, son Jules Romain, c'est Taddeo Gaddi, dont les curieux trouvent encore des fresques au chapitre des Espagnols à Florence. Il a peint à la voûte quelques scènes de la vie de Jésus, et une *Descente du Saint-Esprit* qui est un des plus beaux ouvrages du quator-

---

« Dans l'état d'indépendance, les individus ne sont ni gênés ni protégés par les lois; mais le caractère de l'homme prend un libre essor, et développe toute son énergie. Le courage et le talent naissent de toutes parts, car l'un et l'autre se trouvent nécessaires à l'existence. »

M. Elphinstone ajoute : « Mieux vaut un sauvage à grandes qualités, qui commet des crimes, qu'un esclave incapable de toute vertu. »

Rien de plus vrai, du moins pour les arts.

zième siècle. Sur l'un des murs de la même chapelle il a fait des figures allégoriques représentant les sciences, et, au-dessous de chacune d'elles, le portrait de quelque savant qui passait alors pour s'y être illustré. Il surpassa, dit-on, son maître dans le coloris ; le temps nous empêche d'en juger.

Un jour, dans une société de gens de lettres*, André Orcagna fit cette question : Qui avait été le plus grand peintre, Giotto excepté ? L'un nommait Cimabue, l'autre Stefano, ou Bernardo, ou Buffalmacco. Taddeo Gaddi, qui se trouvait présent, dit :

« Certainement il y a eu de grands talents ; mais cet art va manquant tous les jours. » Et il avait raison. Comment prévoir qu'il naîtrait des génies qui sortiraient de l'imitation ?

On distingue, parmi les élèves de Gaddi, Angiolo Gaddi son fils, don Lorenzo, et don Silvestre, tous les deux moines camaldules, Jean de Milan qui peignit en Lombardie, Starnina et Dello Fiorentino, qui portèrent le nouveau style italien à la cour d'Espagne, et enfin Spinello d'Arezzo, qui eut du moins une imagination d'artiste. On montre encore dans sa patrie une *Chute des anges*, avec un Lucifer si horrible que Spinello l'ayant vu en songe, il en devint fou, et mourut peu après**.

* Sacchetti, nouvelle cxxxvi.
** Voici les noms des prétendus artistes de cette époque, qui peuvent n'être pas sans intérêt à Florence et à Pise, où leurs tristes ouvrages emplissent les églises. Gio. Gaddi, Antonio Vite, Jacopo del Casentino, Bernardo Daddi, Parri Spinello, qui faisait ses figures très longues et un peu courbées, pour leur donner de la grâce, disait-il ; peut-être avait-il entrevu que pour la grâce il faut une certaine faiblesse[a] ; du reste, bon coloriste ; Lorenzo di Bicci, d'une médiocrité expéditive, Neri son fils, un des derniers de la troupe, Stefano da Verona, Cennini, Antonio Veneziano.

a. Je ne sympathise pas avec cette jeune femme (dans la retraite de Russie), parce qu'elle est plus faible qu'une autre femme, mais parce qu'elle n'a pas la force d'un homme. C'est ce qui renverse tout le système de Burke[86], il n'a pas lu ses principes dans son cœur ; il les a déduits, avec beaucoup d'esprit et peu de logique, de certaines vérités générales. Toutes les femmes de l'école de Florence ont trop de force.

L'histoire de la peinture ne mérite pas plus de détails depuis l'an 1336 jusqu'à l'an 1400.

Un grand seigneur, Jean-Louis Fiesque, entre dans la boutique d'un peintre célèbre : « Fais-moi un tableau où il y ait saint Jean, saint Louis, et la Madone. » Le peintre ouvre la Bible et les légendes pour les signes caractéristiques de ces trois personnages.

À plus forte raison avait-il recours à la Bible lorsqu'il fallait peindre le reniement de saint Pierre, ou le tribut payé à César, ou le jugement dernier.

Aujourd'hui qui est-ce qui lit la Bible*? Quelque amateur peut-être pour y voir les quinze ou vingt traits, éternels sujets des tableaux du grand siècle. J'ai trouvé des peintures inexplicables. C'est que certaines légendes trop absurdes ont été abandonnées dans le mouvement rétrograde de l'armée catholique. Alors on indique dans le pays le bouquin où il faut chercher le miracle**.

Le malheur de ces premiers restaurateurs de l'art, qui à beaucoup près, ne furent pas sans génie, c'est d'avoir peint la Bible. Cette circonstance a retardé l'expression des sentiments nobles, ou le *beau idéal* des modernes.

La Bible, à ne la considérer que sous le rapport humain, est une collection de poèmes écrits avec assez

---

À Pise, la sculpture était plus à la mode; cependant elle eut des peintres : Vicino, Nello, Gera, plusieurs Vanni, Andrea di Lippo, Gio. di Nicolò. Les discordes civiles livrèrent la ville aux Florentins en 1406; avec la nationalité elle perdit le génie.

On pourrait citer des centaines de peintres; tous ces noms, avec les dates, sont dans le dictionnaire, à la fin du présent ouvrage. Les amateurs qui ont une âme, et qui savent y lire, trouveront de l'instruction à comparer cette médiocrité du quatorzième siècle avec la médiocrité du dix-huitième. Il faut sortir d'une des églises ornées dans ce temps-là, pour entrer dans l'église *del Carmine*, repeinte depuis l'incendie de 1771.

* Hors de l'Angleterre.

** Par exemple les Bollandistes ne conviennent pas du martyre de saint Georges sous Dioclétien, chef-d'œuvre d'expression de Paul Véronèse. Ancien Musée, n° 1091.

Un excès de curiosité peut faire ouvrir, pour la vie de Jésus et de la Madone, G. Albert Fabricius, *Codex apocr. Novi Testamenti*.

de talent, et surtout parfaitement exempts de toutes les petitesses, de toutes les affectations modernes. Le style est toujours grandiose ; mais elle est remplie des actions les plus noires, et l'on voit que les auteurs n'avaient nulle idée de la beauté *morale* des actions humaines*.

Voici une occasion de dire que les romanciers du jour sont plus que divins. Les trois ou quatre romans qui paraissent chaque semaine nous font bâiller à force de perfection morale ; mais les auteurs ne peuvent attraper le style grandiose. Au contraire, changez le style de la Bible, et tout le monde verra ces poèmes avec surprise.

Les voyageurs en Italie sont frappés du peu d'expression de tableaux, d'ailleurs assez bons, et de la grossièreté de cette expression. Mais, me suis-je dit, ce peuple est-il froid ? ne fait-il pas de gestes ? l'accuse-t-on de manquer d'expression ? Les peintres ne pouvant être *vrais* sans être révoltants, leur siècle, plus humain que la Bible, leur commanda, sans s'en douter, de s'arrêter à l'insignifiant**. Si, au lieu de leur demander des sujets pris dans le livre divin***, on leur eût donné à exprimer

---

* Voir dans l'appendice la bulle de N.S.P. le pape, en date du 29 juin 1816[87]. (Ri. C.)

** Le Guerchin, qui copiait pour ses saints de grossiers paysans, est plus d'accord avec la Bible que le Guide ou Raphaël. Le clair-obscur seul et le coloris n'étaient pas enchaînés par la religion. Voir le *Martyre de saint Pierre à Antioche*, ancien Musée Napoléon, n° 974[88]. On part toujours du livret de 1811.

*** Un des effets les plus plaisants de la puissance de Napoléon, c'est la société anglaise pour la Bible. La première année, 1805, cette société eut 134 000 francs à dépenser ; le revenu de la dixième année, terminée le 31 mars 1814, s'est élevé à 2 093 184 francs.

Le nombre des exemplaires distribués en 1813 est de 167 320 exemplaires de la Bible, et de 185 249 exemplaires du Nouveau Testament. Le nombre total des Bibles mis en circulation depuis l'origine s'élève à 1 027 000. On a traduit ce livre dans une infinité de langues ; on a des gens pour le faire distribuer aux sauvages au retour de leurs chasses, afin de les rendre *humains*. Partout, disent les graves Anglais dans leurs rapports, le *taux moyen* de la moralité s'élève par la lecture de la Bible ; cette lecture perfectionne la *raison*[a].

a. Rapport de la Société de la Bible, 5 vol., Londres, 1814. Adresse de Leicester, p. 366.

l'histoire d'un simple peuple, des Romains, par exemple, qui ne sont rien moins que parfaits, ils y eussent trouvé les enfants de Falères[90], Fabricius renvoyant le médecin de Pyrrhus, les trois cents Fabius allant mourir pour la patrie[91], etc., etc., enfin quelquefois des sentiments généreux.

Quel talent, pour exprimer la beauté morale, veut-on qu'acquière un pauvre ouvrier qui est employé tous les jours à représenter Abraham envoyant Agar et son fils Ismaël mourir de soif dans le désert*, ou saint Pierre faisant tomber mort Ananias, qui, par une fausse déclaration, avait trompé les apôtres dans leur emprunt forcé**, ou le grand prêtre Joad massacrant Athalie pendant un armistice ?

Quelle différence pour le talent de Raphaël, si, au lieu

C'est un bien bon déguisement de l'orgueil que le zèle de ces Anglais, qui se croient vertueux dans le vrai sens du mot (c'est-à-dire *contribuant au bonheur du genre humain*), en doublant ou quadruplant la publicité de la Bible.

On n'a qu'à lire cinquante pages, au hasard, dans la traduction de Genève de 1805 ; la gravité de ces braves gens eût été beaucoup mieux employée à répandre des *Amis des enfants* par Berquin[89] ; lisez de suite cinquante pages des deux ouvrages.

Comme leurs ministres, grâce à la liberté, les particuliers anglais ont le pouvoir de l'argent ; mais, comme leurs ministres, ils pourraient avoir plus d'esprit : on est étonné, après une aussi énorme dépense de gravité, d'arriver à des effets aussi puérils. La forme de leur liberté ne leur laisse pas le *loisir* d'acquérir ce pauvre esprit qui les vexe tant ; elle agace et met en présence tous les intérêts : la vie est un combat ; il n'y a plus de temps pour les plaisirs de la sympathie.

* Chef-d'œuvre du Guerchin, à Brera[92]. On ne peut plus oublier les yeux rouges d'Agar, qui regardent encore Abraham avec un reste d'espérance ; ce qu'il y a de plaisant dans le tableau du Guerchin, c'est qu'Abraham, poussant Agar à une mort horrible, ne manque pas de lui donner sa bénédiction. M. de C.[93] a donc toute raison d'avancer que la religion chrétienne est une religion d'angélique douceur. Voyez en Espagne relever, en l'honneur des libéraux, de vieilles tours sur des rochers escarpés, tombant en ruine depuis le temps des Maures. Au mois d'août 1815, la loi de grâce vient de faire brûler à l'île de Cuba, par un temps fort chaud, six hérétiques, dont quatre étaient Européens.

** Ancien Musée Napoléon, n° 58[94].

de peindre la *Vierge au donataire**, et les tristes saints qui l'entourent, et qui ne peuvent être que de froids égoïstes, son siècle lui eût demandé la tête d'Alexandre prenant la coupe des mains de Philippe, ou Régulus montant sur son vaisseau** !

Quand les sujets donnés par le christianisme ne sont pas odieux, ils sont du moins plats. Dans la transfiguration, dans la communion de saint Jérôme, dans le martyre de saint Pierre, dans le martyre de sainte Agnès, je ne vois rien que de commun. Il n'y a jamais *sacrifice de l'intérêt propre* à quelque sentiment généreux.

Je sais bien qu'on a dit, dès 1755 : « Les sujets de la religion chrétienne fournissent presque toujours l'occasion d'exprimer les grands mouvements de l'âme, et ces instants heureux où l'homme est au-dessus de lui-même. La mythologie au contraire ne présente à l'imagination que des fantômes et des sujets froids.

« Le christianisme vous montre toujours l'homme, c'est-à-dire l'être auquel vous vous intéressez dans quelque situation touchante ; la mythologie, des êtres dont vous n'avez pas d'idées dans une situation tranquille.

« Ce qui engagea les génies sublimes de l'Italie à prendre si fréquemment leurs sujets dans l'Olympe, c'est l'occasion si précieuse de peindre le nu... La mythologie n'a tout au plus que quelques sujets voluptueux. » (Grimm, *Correspondance*, février 1755[96].)

---

* Ancien Musée Napoléon, n° 1140[95].
** Régulus ne pouvait s'attendre à être payé au centuple après sa mort ; attaché à sa croix dans Carthage, il ne voyait point d'anges au haut du ciel lui apporter une couronne. La découverte de l'immortalité de l'âme est tout à fait moderne. Voir Cicéron, Sénèque, Pline, non pas dans les traductions approuvées par la censure.

CHAPITRE XVII

ESPRIT PUBLIC À FLORENCE

L'amour furieux pour la liberté et la haine des nobles ne pouvaient être balancés dans Florence que par un seul plaisir, et l'Europe célèbre encore la magnificence désintéressée et les vues libérales des premiers Médicis (1400).

Les sciences de ce temps-là n'étant pas longues à apprendre, les savants étaient en même temps gens d'esprit. De plus, par la faveur de Laurent le Magnifique, il arriva qu'au lieu de ramper devant les courtisans, c'étaient les courtisans qui leur faisaient la cour. Voilà les peintres de Florence qui l'emportent sur leurs contemporains de Venise.

Dello, Paolo, Masaccio, les deux Peselli, les deux Lippi, Benozzo, Sandro, les Ghirlandaio vécurent avec les gens d'esprit qui formaient la cour des Médicis, furent protégés par ceux-ci avec une bonté paternelle, et, en revanche, employèrent leurs talents à augmenter l'influence de cette famille aimable. Leurs ouvrages, pleins de portraits, suivant la coutume, offraient sans cesse au peuple l'image des Médicis, et avec les ornements royaux. On est sûr, par exemple, de trouver trois Médicis dans tous les tableaux de l'adoration des rois. Les peintres disposaient les habitants de Florence à leur en souffrir un jour l'autorité.

Côme, le père de la patrie, Pierre, son fils, Laurent, son petit-fils, Léon, le dernier des Médicis, présentent assurément une succession de princes assez singuliers. Comme la gloire de cette famille illustre a été souillée de nos jours par de plats louangeurs, il faut observer qu'elle ne fit que partager l'enthousiasme du public.

Il faut rappeler Nicolas V, qui, de la naissance la plus obscure, parvint à la première magistrature de la chrétienté, et, dans un règne de huit ans, égala au moins Côme l'Ancien*.

Il faut rappeler la maison d'Este, dont le sang va monter sur le plus beau trône du monde, et qui fut la digne rivale des Médicis. Puisse-t-elle se souvenir aujourd'hui que ses plus beaux titres de noblesse sont l'Arioste et le Tasse!

Alphonse, le brillant conquérant du royaume de Naples, épargna la ville rebelle de Sulmone en mémoire d'Ovide. Il réunissait les savants à son quartier général, non pour leur demander d'écouter des épigrammes, mais de discuter devant lui, et souvent avec lui, les grandes questions de la littérature. Son fils fut auteur, et cette famille, quoique renversée du trône, montra la civilisation à cette Grande-Grèce aujourd'hui si barbare.

Le plus brave des guerriers de ce siècle, le fondateur de la gloire et de la puissance des Sforce à Milan, protégea les savants presque autant que son petit-fils Louis le Maure, l'ami de Léonard.

Les souverains qui régnaient à Urbin et à Mantoue vivaient en riches particuliers, au milieu de tous les plaisirs de l'esprit et des arts. Les princesses même ne dédaignèrent pas de laisser tomber sur les enfants des Muses quelques-uns de ces regards qui font des miracles.

La mode fut décidée. Les princes vulgaires s'empressèrent de lui obéir, et, dans cet âge, une seule ville d'Italie comptait plus de savants que de grands royaumes au-delà des Alpes**.

Par quel enchantement, les gens d'esprit de l'Italie, si protégés, sont-ils restés tellement loin de ses artistes? Au lieu de créer, ils se rabaissèrent au métier de savant, dont ils ne sentaient pas le vide***.

---

* De 1447 à 1455.
** Voir la *Vie de Wolsey*, par Galt [97].
*** Politien [98], par exemple. Ce métier est le dernier de tous, s'il n'est fondé sur la raison; et les raisonnements du quatorzième siècle sont bien bons à lire à peu près autant que ceux des théologiens actuels

À Florence, depuis plus de deux siècles, et du temps que les Médicis n'étaient encore que de petits marchands, la passion des arts était générale ; les citoyens, distribués en confréries, suivant leurs métiers et leurs quartiers, ne songeaient, au milieu de leurs dissensions furieuses, qu'à orner les églises où ils se rassemblaient. Là, comme dans les États modernes, l'immense majorité avait l'insolence de ne pas vouloir se laisser gouverner au profit du petit nombre. C'est l'effet le plus assuré d'un bien-être funeste. Les riches Florentins furent ballottés pendant trois siècles pour n'avoir ni assez d'esprit pour trouver une bonne constitution, ni assez d'humilité pour en supporter une mauvaise*. Leurs guerres leur coûtaient des sommes énormes, et n'enrichissaient que leurs ministres. Comme toutes les républiques marchandes, ils étaient avares.

Et cependant, dès 1288, le père de cette Béatrice immortalisée par le Dante fonde le superbe hôpital de *Santa Maria Nuova*. Cinq ans plus tard, les marchands de drap entreprennent de revêtir de marbres noir et blanc le joli baptistère si connu par ses portes de bronze. En 1294, le jour de la Sainte-Croix, on pose la première pierre de la célèbre église de ce nom. Au mois de septembre de la même année, on commence la cathédrale, et les fonds sont faits pour qu'elle soit rapidement achevée. À peine quatre ans sont écoulés, sur les dessins d'Arnolfo di Lappo, l'un des restaurateurs de l'architecture, on construit le *Palazzo Vecchio*. Mais c'est en vain que l'artiste veut donner une forme régulière à son édifice. La haine pour la faction gibeline ne

---

(Paley[99]) ; mais n'oublions pas que, tandis que la raison ne formait encore que des pas incertains et mal assurés, sur les ailes de l'imagination les vers de Pétrarque et du Dante s'élevaient au sublime. Homère n'a rien d'égal au comte Ugolin[100].

* Tous les douze ou quinze ans le peuple se portait en armes à la place publique, et donnait *balia* à des commissaires qu'il nommait, c'est-à-dire leur conférait le pouvoir de faire une constitution nouvelle.

permet pas de bâtir sur le terrain de leurs maisons, que la fureur populaire vient de démolir. C'est la place du Grand-Duc.

Ces grands édifices bâtis, les Florentins veulent les couvrir de peintures. Ce genre de luxe, inconnu à leurs ancêtres, ne régnait pas au même degré dans les autres villes d'Italie. De là la réputation des imitateurs de Giotto.

Dans les premières années du quinzième siècle, la mode changea. Ce fut la sculpture qui parut de bon goût pour orner les églises avec magnificence.

Les Florentins laissant toujours la façade des leurs pour le dernier ouvrage, l'inconstance humaine a fait que Saint-Laurent, le *Carmine* et *Santa Croce*, ces temples si magnifiques au-dedans, ressemblent tout à fait à de vastes granges de brique.

CHAPITRE XVIII

DE LA SCULPTURE À FLORENCE

À la voix du public, qui demandait des statues, on vit paraître aussitôt, et presque en même temps, les Donatello, les Brunelleschi, les Ghiberti, les Filarete, les Rossellini, les Pollajuoli, les Verrocchio. Leurs ouvrages en marbre, en bronze, en argent, élevés de toutes parts dans Florence, semblèrent quelquefois, aux yeux charmés de leurs concitoyens, atteindre la perfection de l'art, et égaler l'antique. Remarquez qu'on n'avait encore découvert aucune des statues classiques. Ces sculpteurs célèbres, pénétrés pour leur art d'un amour passionné, formaient la jeunesse au dessin par des principes puisés de si près dans la nature, que leurs élèves se trouvaient en état de l'imiter presque avec une égale facilité, soit qu'ils employassent le marbre ou les couleurs. La plupart étaient encore architectes, et réunissaient ainsi les trois arts faits pour charmer les yeux.

Où ne fussent pas allés les Florentins avec une telle ardeur et tant de génie naturel, si l'*Apollon* leur eût été connu, et s'ils eussent trouvé dans Aristote, ou dans tel autre auteur vénéré, que c'était là le seul modèle à suivre? Qu'a-t-il manqué à un Benvenuto Cellini, qu'un mot pour lui montrer la perfection, et une société plus avancée pour sentir cette perfection?

Je remarque que les Florentins surent toujours écouter la raison. Ils voulaient jeter en bronze les portes du baptistère. La voix publique nommait Ghiberti. Ils n'en indiquèrent pas moins un concours. Les rivaux de Ghiberti furent Donatello et Brunelleschi. Quels rivaux! Les juges ne pouvaient faillir; mais on leur épargna le soin de juger. Brunelleschi et Donatello, ayant vu l'essai de Ghiberti, lui décernèrent le prix.

CHAPITRE XIX

PAOLO UCCELLO ET LA PERSPECTIVE

Au milieu de cet enthousiasme pour les statues et les formes palpables, la peinture fut un peu négligée. Sortie de l'enfance par Giotto et ses élèves, elle attendait encore la perspective et le clair-obscur.

Les figures de ce temps-là ne sont pas dans le même plan que le sol qui les porte; les édifices n'ont pas de vrai point de vue. De toutes les parties sublimes, l'art de présenter les corps en raccourci avait seul fait quelques pas. Stefano Fiorentino vit ces difficultés plutôt qu'il ne les surmonta. Tandis que le commun des peintres cherchait à les éviter, ou à les résoudre par des à peu près, Pierre della Francesca et Brunelleschi eurent l'idée de faire servir la géométrie au perfectionnement de l'art (1420). Encouragés par les livres grecs, ils trouvèrent le moyen, en représentant de grands édifices, de tracer sur la toile la manière exacte dont ils paraissent à l'œil.

Ce Brunelleschi imita l'architecture ancienne avec

génie. Sa coupole de *Santa Maria del Fiore* surpasse
celle de Saint-Pierre sa copie, du moins en solidité. Une
preuve de la supériorité de ce grand homme, c'est la
défaveur de ses contemporains, qui le crurent fou, éloge
le plus flatteur que puisse conférer le vulgaire, puisqu'il
est un inattaquable certificat de dissemblance. Comme
les magistrats de Florence délibéraient avec la troupe
des architectes sur la manière de construire la coupole,
ils allèrent jusqu'à faire porter Brunelleschi hors de la
salle par leurs huissiers. Aussi avait-il tous les talents,
depuis la poésie jusqu'à l'art de faire des montres ; et un
tel homme est fou de droit aux yeux de tous les éche-
vins du monde, même à Florence au quinzième siècle.
Jusqu'à lui, l'architecture ne sachant pas être élégante,
cherchait à étonner par la grandeur des masses.

Paolo Uccello, aidé du mathématicien Manetti, se
consacra aussi à la perspective, et pour elle négligea
toutes les autres parties de la peinture. Celle-ci, qui est
cependant une des moins séduisantes, faisait son bonheur. On le trouvait seul, les bras croisés devant ses
plans géométriques, se disant à lui-même : « La perspective est pourtant une chose charmante. » C'est ce
dont il est permis de douter ; mais ce qui est certain,
c'est que chaque nouvel essai de Paolo fit faire un pas à
l'art qu'il adorait. Soit qu'il représentât de vastes bâtiments et de longues colonnades dans le champ étroit
d'un petit tableau, soit qu'il entreprît de faire voir la
figure humaine sous des raccourcis inconnus aux
élèves de Giotto, chacun de ses ouvrages fit l'étonnement de ses contemporains. Les curieux trouveront
dans le cloître de *Santa Maria Novella* deux fresques de
Paolo, représentant Adam au milieu d'un paysage fort
bien fait, et l'arche de Noé voguant sur les eaux.

Cette figure colossale d'un des généraux de Florence,
peinte en terre verte à la cathédrale, est encore de lui [101].
Ce fut peut-être la première fois que la peinture osa
beaucoup, et ne sembla pas téméraire. Il paraît qu'il eut

une fort grande réputation dans le genre colossal. Il fut appelé à Padoue pour y peindre des géants. Mais ses géants ont péri, et presque tous les tableaux qui nous restent de Paolo Uccello ont été découpés sur des meubles. Il dut son nom d'*Uccello* à l'amour extrême qu'il avait pour les oiseaux ; il en était entouré dans sa maison, et en mettait partout dans ses tableaux. Il ne mourut qu'en 1472.

De son côté, Masolino di Panicale s'adonnait au clair-obscur, et, par l'habitude de modeler en terre les formes du corps humain, apprenait à leur conserver du relief. Ce précepte lui venait de Ghiberti, sculpteur célèbre, qui passait alors pour être sans rival dans le dessin, dans la composition, et dans l'art de donner une âme aux figures. Le coloris, qui seul manquait à Ghiberti pour être un grand peintre, Masolino se le fit enseigner par Starnina, renommé comme le meilleur coloriste du siècle. Ayant ainsi réuni ce qu'il y avait de mieux dans deux écoles différentes, il créa une nouvelle manière d'imiter la nature.

Ce style est toujours sec, l'on trouve encore mille choses à reprendre ; mais il y a du grandiose ; le peintre commence à négliger les petits détails insignifiants où se perdaient ses prédécesseurs. Des nuances plus douces unissent les couleurs opposées. La chapelle de Saint-Pierre *al Carmine* fait la gloire de Masolino (1415). Il y peignit les évangélistes, et plusieurs traits de la vie de saint Pierre, la *Vocation à l'apostolat*, la *Tempête*, le *Reniement*.

Quelques années après sa mort, d'autres scènes de la vie du saint, telles que le *Tribut payé à César* et la *Guérison des malades*, furent ajoutées par son élève Maso di San Giovanni, jeune homme qui, tout absorbé dans les pensées de l'art, et plein de négligence pour les intérêts communs de la vie, fut surnommé Masaccio par les habitants de Florence.

CHAPITRE XX

MASACCIO

Pour celui-ci, c'est un homme de génie, et qui fait époque dans l'histoire de l'art. Il s'était formé d'abord sur les ouvrages des sculpteurs Ghiberti et Donatello. Brunelleschi lui avait montré la perspective. Il vit Rome, et sans doute y étudia l'antique.

Masaccio ouvrit à la peinture une route nouvelle. On n'a qu'à voir les belles fresques de l'église *del Carmine*, qui heureusement ont échappé à l'incendie de 1771.

Les raccourcis sont admirables. La pose des figures offre une variété et une perfection inconnues à Paolo Uccello lui-même. Les parties nues sont traitées d'une manière naïve, et toutefois avec un art infini. Enfin la plus grande de toutes les louanges, et que pourtant l'on peut donner à Masaccio avec vérité, c'est que ses têtes ont quelque chose de celles de Raphaël. Ainsi que le peintre d'Urbin, il marque d'une expression différente chacun des personnages qu'il introduit. Cette figure du *Baptême de saint Pierre*, louée si souvent (c'est un homme qui vient de quitter ses habits, et qui tremble de froid), a été sans rivale jusqu'au siècle de Raphaël, c'est-à-dire que Léonard de Vinci, le Frate, et André del Sarto, ne l'ont point égalée*.

Nous voici à la naissance de l'expression.

Tous les hommes, spirituels ou sots, flegmatiques ou passionnés, conviennent que l'homme n'est rien que par la pensée et par le cœur. Il faut des os, il faut du sang à la machine humaine pour qu'elle marche. Mais à peine prêtons-nous quelque attention à ces conditions de la vie pour voler à son grand but, à son dernier résultat : penser, et sentir.

---

* Ces fresques ont été gravées par Carlo Lasinio.

C'est l'histoire du dessin, du coloris, du clair-obscur, et de toutes les diverses parties de la peinture comparées à l'expression.

L'expression est tout l'art.

Un tableau sans expression n'est qu'une image pour amuser les yeux un instant. Les peintres doivent sans doute posséder le coloris, le dessin, la perspective, etc.; sans cela l'on n'est pas peintre. Mais s'arrêter dans une de ces perfections subalternes, c'est prendre misérablement le moyen pour le but, c'est manquer sa carrière. Que sert à Santo di Tito d'avoir été ce grand dessinateur si renommé dans Florence? Hogarth vivra plus que lui. Les simples coloristes, remplissant mieux la condition du *tableau-image,* sont plus estimés. À égale inanité d'expression, une *Cène* de Bonifazio se paye dix fois plus qu'une *Descente de croix* de Salviati*.

Par l'expression, la peinture se lie à ce qu'il y a de plus grand dans le cœur des grands hommes. *Napoléon touchant les pestiférés à Jaffa*[102]**.

Par le dessin, elle s'acquiert l'admiration des pédants.

Par le coloris, elle se fait acheter des gros marchands anglais.

Au reste, il ne faut pas accuser légèrement les grands peintres de froideur. J'ai vu en ma vie cinq ou six grandes actions, et j'ai été frappé de l'air simple des héros.

Masaccio bannit des draperies tous les petits détails minutieux. Chez lui, elles présentent des plis naturels et en petit nombre. Son coloris est vrai, bien varié, tendre, d'une harmonie étonnante; c'est-à-dire que les figures ont un relief admirable. Ce grand artiste ne put terminer la chapelle *del Carmine*; il mourut en 1443, pro-

---

* Bonifazio, de l'école de Venise, mort en 1553, à 62 ans; Salviati de Florence, de 1510 à 1563; Hogarth, mort en 1761.

** On me dira qu'à propos des arts je parle de choses qui leur sont étrangères; je réponds que je donne la copie de mes idées, et que j'ai vécu de mon temps[103]. Je cite ceci comme tableau, sans affirmer qu'ensuite il ne les ait pas fait empoisonner.

bablement par le poison. Il n'avait que quarante-deux
ans. C'est une des plus grandes pertes que les arts aient
jamais faites.

L'église *del Carmine*, où il repose, devint après sa
mort l'école des plus grands peintres qu'ait produits la
Toscane. Léonard de Vinci, Michel-Ange, le Frate,
André del Sarto, Luca Signorelli, le Pérugin, et Raphaël
lui-même, vinrent y étudier avec respect*.

CHAPITRE XXI

SUITE DE MASACCIO

Les yeux accoutumés aux chefs-d'œuvre de l'âge suivant peuvent avoir quelque peine à démêler Masaccio.
Je l'aime trop pour en juger. Je croirais cependant que
c'est le premier peintre qui passe du mérite historique
au mérite réel.

Masaccio étant mort jeune, et ayant toujours aspiré à
la perfection, ses tableaux sont fort rares. J'ai vu de lui,
au palais Pitti, un portrait de jeune homme qui est
sublime. On lui attribue à Rome les évangélistes qui
sont à la voûte de la chapelle de Sainte-Catherine ; mais
c'est un ouvrage de sa jeunesse, ainsi que le tableau
représentant sainte Anne, qui est à Florence, dans

---

* On lui fit cette épitaphe :

> *Se alcun cercasse il marmo o il nome mio,*
> *La chiesa è il marmo, una cappella è il nome :*
> *Morii, chè natura ebbe invidia, come*
> *L'arte del mio pennel uopo e desio* [104].

D'où l'on a tiré,

> *Si monumentum quæris, circumspice* [105],

épitaphe du célèbre architecte Wren [106], dans Saint-Paul de Londres, et
peut-être le charmant distique :

> *Ille hic est Raphael, timuit quo sospite vinci*
> *Rerum magna parens, et moriente mori* [107].

l'église de Saint-Ambroise. Le temps a effacé ses autres fresques.

L'antiquité n'ayant rien laissé pour le clair-obscur, le coloris, la perspective et l'expression, Masaccio est plutôt le créateur que le rénovateur de la peinture.

CHAPITRE XXII

DÉFINITIONS

Un général célèbre[108] voulant voir dans un musée un petit tableau du Corrège, placé fort haut, s'approcha pour le décrocher : « Permettez, sire, s'écria le propriétaire, M. N*** va le prendre ; il est plus grand que vous. — Dites, plus long. »

C'est, je crois, pour éviter cette petite équivoque que dans les arts le mot *grandiose* remplace le mot *grand*. C'est en supprimant les détails, suivant une certaine loi, et non en peignant sur une toile immense, que l'on est grandiose. Voir la *Vision d'Ézéchiel* et la *Cène* de Saint-Georges[109].

Tout le monde connaît la *Madonna alla seggiola**. Il y a deux gravures, l'une de Morghen, l'autre de M. Desnoyers, et, entre ces deux gravures, une certaine différence. C'est pour cela que les *styles* de ces deux artistes sont différents. Chacun a cherché d'une manière particulière l'imitation de l'original.

Supposons le même sujet par plusieurs peintres, l'*Adoration des rois*, par exemple.

La force et la terreur marqueront le tableau de Michel-Ange. Les rois seront des hommes dignes de leur rang, et paraîtront sentir devant qui ils se prosternent. Si la couleur avait de l'agrément et de l'harmonie, l'effet serait moindre, ou plutôt la véritable harmonie du sujet est dure. Haydn, peignant le premier

---

* De Raphaël, ancien Musée Napoléon ; la *Vision*, n° 1125.

homme chassé du ciel, emploie d'autres accords que l'aimable Boccherini, lorsqu'il vient charmer la nuit par ses tendres accents.

Chez Raphaël, on songera moins à la majesté des rois; on n'aura d'yeux que pour la céleste pureté de Marie et les regards de son fils. Cette action aura perdu sa teinte de férocité hébraïque. Le spectateur sentira confusément que Dieu est un tendre père.

Si le tableau est de Léonard de Vinci, la noblesse sera plus sensible que chez Raphaël même. La force et la sensibilité brûlante ne viendront pas nous distraire. Les gens qui ne peuvent s'élever jusqu'à la majesté seront charmés de l'air noble des rois. Le tableau chargé de sombres demi-teintes semblera respirer la mélancolie.

Il sera une fête pour l'œil charmé, s'il est du Corrège. Mais aussi la divinité, la majesté, la noblesse, ne saisiront pas le cœur dès le premier abord. Les yeux ne pourront s'en détacher, l'âme sera heureuse, et c'est par ce chemin qu'elle arrivera à s'apercevoir de la présence du sauveur des hommes.

Quant à la partie physique des *styles*, nous verrons chacun des dix ou douze grands peintres prendre des moyens différents.

Un choix de couleurs, une manière de les appliquer avec le pinceau, la distribution des ombres, certains accessoires, etc., augmentent les effets moraux d'un dessin. Tout le monde sent qu'une femme qui attend son amant ou son confesseur ne prend pas le même chapeau.

Chaque grand peintre chercha les procédés qui pouvaient porter à l'âme cette *impression particulière* qui lui semblait le grand but de la peinture.

Il serait ridicule de demander le but moral aux connaisseurs. En revanche, ils triomphent à distinguer la touche heurtée du Bassan des couleurs fondues du Corrège. Ils ont appris que le Bassan se reconnaît à l'éclat de ses verts, qu'il ne sait pas dessiner les pieds, qu'il a répété toute sa vie une douzaine de sujets familiers ; que le Corrège cherche des raccourcis gracieux, que ses visages n'ont jamais rien de sévère, que ses yeux ont une volupté céleste, que ses tableaux semblent recouverts de six pouces de cristal.

Huit ou dix particularités sur chaque peintre, et de plus la connaissance de la famille de jeunes femmes, de vieillards, d'enfants, qu'il avait adoptée, font le patrimoine du connaisseur. Il est à peu près sûr de son fait, lorsque, passant devant un tableau, il laisse tomber ces mots avec une négligence comique : « C'est un Paul », ou : « C'est du Baroche. »

Il n'y a de difficile là-dedans que l'air inspiré. C'est une science comme une autre, qui ne doit décourager personne. Il ne faut pour y réussir ni âme ni génie.

Reconnaître la teinte particulière de l'âme d'un peintre dans sa manière de rendre le clair-obscur, le dessin, la couleur : voilà ce que quelques personnes sauront, après avoir lu la présente histoire. Deux leçons leur apprendront ensuite à distinguer un Paul Véronèse d'un Tintoret, ou un Salviati d'un Cigoli. Rien de plus simple à dire, rien ne serait plus long à écrire : comme pour la prononciation d'une langue étrangère, on tombe dans le puéril et dans un détail infini.

Le dessin, ou les contours des muscles, des ombres et des draperies, l'imitation de la lumière, l'imitation des couleurs locales, ont une couleur particulière dans le *style* de chaque peintre, s'il a un *style*. Chez le véritable artiste, un arbre sera d'un vert différent s'il ombrage le bain où Léda joue avec le cygne*, ou si des assassins profitent de l'obscurité de la forêt pour égorger le voyageur**.

Une draperie amarante, placée tout à fait sur le premier plan, aura une certaine couleur. Si elle est enfon-

---

* Le Corrège, n° 900[110]. Tableau que la piété a fait enlever au Musée avant qu'elle fût secondée par lord Wellington.
** *Martyre de saint Pierre* du Titien, n° 1206[111].

cée d'une douzaine de pieds dans le tableau, elle en prend une autre ; car son éclat est amorti par la couleur de l'air interposé. En regardant au ciel, on voit que la couleur de l'air est bleue. La présence de l'eau change cette couleur en gris. Au reste, tout cela pouvait être vrai en Italie il y a trois siècles ; mais il paraît qu'en France l'air a d'autres propriétés.

Le jaune et le vert sont des couleurs gaies ; le bleu est triste ; le rouge fait venir les objets en avant ; le jaune attire et retient les rayons de la lumière ; l'azur est ombre, et va bien pour faire les grands obscurs.

Toutes les *gloires*[112] des grands peintres, et entre autres du Corrège, sont jaunes*.

Si l'on se place, au Musée de Paris, entre la *Transfiguration* et la *Communion de saint Jérôme*, on trouvera dans le tableau du Dominiquin quelque chose qui repose l'œil : c'est le clair-obscur.

Il faut étudier le dessin dans Raphaël et le Rembrandt, le coloris dans le Titien et les peintres français, le clair-obscur dans le Corrège, et encore dans les peintres actuels ; et mieux encore, si l'on sait penser par soi-même, voir tout cela dans la nature ; le dessin et le coloris à l'école de natation, le clair-obscur dans une assemblée éclairée par la lumière sérieuse d'un dôme.

Avez-vous l'œil délicat, ou, pour parler plus vrai, une âme délicate, vous sentirez dans chaque peintre le ton général avec lequel il *accorde* tout son tableau ; légère fausseté ajoutée à la nature. Le peintre n'a pas le soleil sur sa palette. Si, pour rendre le simple *clair-obscur*, il faut qu'il fasse les ombres plus sombres, pour rendre les couleurs dont il ne peut pas faire l'éclat, puisqu'il n'a pas une lumière aussi brillante, il aura recours à un *ton général*. Ce voile léger est d'or chez Paul Véronèse ; chez le Guide il est comme d'argent ; il est cendré chez le Pesarese. Aux séances de l'Académie qui ont lieu sous

---

* Vous vous rappelez l'effet étonnant du *Saint Georges* de Dresde[113].

un dôme, voyez le changement *du ton général* du triste au gai, de l'air de fête à l'air sombre, à chaque nuage qui vient à passer devant le soleil.

CHAPITRE XXIII

DE LA PEINTURE APRÈS MASACCIO

Après la mort de Masaccio, deux religieux se distinguèrent (1445). Le premier est un dominicain, nommé Angelico. Il avait commencé par des miniatures pour les manuscrits ; je ne vois pas qu'il ait suivi le grand homme. Il y a toujours dans ses tableaux de chevalet, assez communs à Florence, quelque reste du vieux style de Giotto, soit dans la pose des figures, soit dans les draperies, dont les plis roides et étroits ressemblent à une réunion de petits tuyaux. Comme les peintres en miniature, il met un soin extrême à représenter avec la dernière exactitude des choses peu dignes de tant de travail, et cela jette du froid. Ce qui a fait un nom à ce moine, c'est la beauté rare qu'il sut donner à ses saints et à ses anges. Il faut voir à la galerie de Florence la *Naissance de saint Jean*, et à l'église de Sainte-Marie-Madeleine son tableau du *Paradis*. Angelico fut le Guido Reni de son siècle. Il eut de ce grand peintre même la suavité des couleurs, qu'il parvint à fondre très bien, quoique peignant en détrempe : aussi fut-il appelé au dôme d'Orvieto et au Vatican.

Pour Gozzoli, élève d'Angelico, il eut le bon esprit d'imiter Masaccio. On peut même dire qu'il le surpassa dans quelques détails, comme la majesté des édifices qu'il plaçait dans ses tableaux, l'aménité des paysages, et surtout par l'originalité de ses idées vraiment gaies et pittoresques. Les voyageurs vont voir à la maison Riccardi, l'ancien palais des Médicis, une chapelle de Gozzoli fort bien conservée. Il y mit une profusion d'or rare dans les fresques, et une imitation naïve et vive de la nature, qui le rend précieux aujourd'hui. Ce sont les vêtements, les harnachements des chevaux, les meubles, et jusqu'à la manière de se mouvoir et de regarder des figures de ce temps-là. Tout est rendu avec une vérité qui frappe.

Les ouvrages les plus renommés de Gozzoli sont au *Campo Santo* de Pise, dont il peignit tout un côté; travail effrayant dont les Pisans le récompensèrent en lui faisant élever un tombeau près de ses chefs-d'œuvre (1478). L'*Ivresse de Noé* et la *Tour de Babel* sont les sujets qui m'ont le plus arrêté. Je croirais que leur auteur peut être placé immédiatement après Masaccio, tant la variété des physionomies et des attitudes, la beauté d'un coloris brillant, harmonieux, enrichi du plus bel outremer, rendent bien la nature. Il y a même de l'expression, surtout dans ce qu'il a fait lui-même; car il se fit aider par quelque peintre sec, auquel j'attribue des figures d'enfants bien dignes du quatorzième siècle*.

CHAPITRE XXIV

FRÈRE PHILIPPE

L'autre religieux, bien différent du tranquille Angelico, est le carme Philippe Lippi, si connu par ses aventures. C'était un pauvre orphelin recueilli par charité dans un des couvents de Florence. Il sortait chaque matin pour aller passer les journées entières, depuis l'aube jusqu'au coucher du soleil, dans la chapelle de Masaccio. Il parut enfin un nouveau Masaccio, surtout

---

* Ce *Campo Santo* est le grand magasin des érudits de la peinture, comme, à Bologne, l'abbaye de Saint-Michel *in Bosco*. Il nous aurait valu de bien plus belles phrases, si malheureusement il n'avait été restauré au dix-huitième siècle, et assez bien. On y trouve les Giotto, Memmi, Stefano Fiorentino, Buffalmacco, Antonio Veneziano, Orcagna, Pinello Laurenti[114].

dans les tableaux de petite dimension. On disait à Florence que l'âme du grand peintre était passée dans ce jeune moine.

À dix-sept ans, à la naissance des passions, il se trouva dans la main le talent d'exécuter en peinture toutes les idées qu'il voulait exprimer. Ainsi la force des passions put être employée à créer, et non à étudier ; il jeta le froc. Un jour, comme il se promenait en barque, avec quelques amis, sur la côte de l'Adriatique, près d'Ancône, il fut enlevé par des corsaires. Depuis dix-huit mois il languissait à la chaîne, lorsqu'il s'avisa de faire le portrait de son maître, avec un morceau de charbon, sur une muraille nouvellement blanchie. Ce portrait parut un miracle, et le Barbaresque charmé le renvoya à Naples. On croirait que c'est là la fin de ses aventures ; ce n'est que le commencement.

Il était sujet à prendre des passions violentes pour les femmes aimables que le hasard lui faisait rencontrer. Loin de l'objet aimé, la vie n'avait plus de prix à ses yeux ; il se précipitait dans les événements ; et, au milieu des mœurs terribles du quinzième siècle, on peut juger des aventures romanesques où ce penchant l'entraîna. Le détail en serait trop long. Toutefois, je ne puis omettre ce qui tient à la peinture.

Les gens passionnés ne font pas fortune. Frère Philippe était réduit le plus souvent aux simples séductions de l'homme aimable. Quelquefois il ne pouvait pas même pénétrer jusqu'aux femmes célèbres qu'il s'avisait d'aimer. Sa ressource alors était de faire leur portrait. Il passait les jours et les nuits devant son ouvrage, et, faisant la conversation avec le portrait, il cherchait quelque soulagement à sa peine.

La violence de sa mélancolie, lorsqu'il était amoureux, lui ôtait jusqu'au pouvoir de travailler. Côme de Médicis, qui lui faisait peindre une salle de son palais, le voyant sortir à chaque instant pour aller passer dans une certaine rue, prit le parti de l'enfermer ; il sauta par la fenêtre.

Un jour qu'il travaillait à Prato, chez des religieuses, au tableau du maître-autel de leur église, il aperçut à travers la grille Lucrezia Buti, belle pensionnaire du couvent. Il redoubla de zèle, et sut si bien tromper les pauvres sœurs, que, sous prétexte de prendre des idées pour la tête de la Madone, on lui permit de faire le portrait de Lucrèce. Mais la curiosité des religieuses, ou leur devoir, en retenait toujours quelqu'une auprès du peintre. Cette gêne cruelle redoublait ses transports. C'était en vain que chaque jour il trouvait quelque nouvelle raison pour revoir son travail; il ne pouvait parler : ses yeux surent enfin se faire entendre; il était joli garçon, on le regardait comme un grand homme; sa passion était véritable; il fut aimé, et enleva sa maîtresse. En sa qualité de moine, il ne pouvait l'épouser. Le père, riche marchand, voulut user de ce prétexte pour ravoir sa fille : elle déclara qu'elle passerait sa vie avec le peintre. Dans ce siècle amoureux des beaux-arts, son talent lui fit pardonner ses aventures; car ce n'est pas avec un cœur passionné que l'on est fidèle.

De retour de Naples et de Padoue, il finissait ses immenses travaux à la cathédrale de Spolète (1469), lorsque les parents d'une grande dame qu'il aimait, et qui le payait d'un trop tendre retour, lui firent donner du poison. Il avait cinquante-sept ans. En mourant il recommanda à Fra Diamante, son élève chéri, Filippino son fils, qu'il avait eu de Lucrèce, et qui, âgé seulement de dix ans, commençait à peindre à côté de son père.

Laurent le Magnifique demanda ses cendres aux habitants de Spolète; mais ils représentèrent que Florence avait assez de grands hommes pour orner ses églises, et qu'ils voulaient garder Fra Filippo. Laurent lui fit élever un superbe tombeau, dont Ange Politien fit l'épitaphe.

Lorsque Fra Filippo était heureux, c'était l'homme le plus spirituel de son siècle. Qu'il en ait été l'un des plus grands peintres, c'est ce que prouve l'empressement des curieux qui vont déterrer dans les églises de Florence ses Madones environnées de chœurs d'anges; ils y trouvent une rare élégance de formes, de la grâce dans tous les mouvements, des visages pleins, riants, embellis d'une couleur qui est toute à lui. Pour les draperies, il aima les plis serrés et assez semblables à la façon de nos chemises; il eut des teintes brillantes, modérées cependant, et comme voilées d'un ton *violet* qu'on ne rencontre guère ailleurs; son talent brilla plus encore dans le *sublime*.

Travaillant à Pieve [115] di Prato, il osa suivre le vieil exemple de Cimabue, et introduire dans ses fresques des proportions plus grandes que nature. Ses figures colossales de saint Étienne et de saint Jean sont des chefs-d'œuvre pour ce siècle encore si mesquin et si froid. Aujourd'hui que nous jouissons de la perfection de l'art, notre œil dédaigneux n'admet presque pas de différence de Cimabue à Fra Filippo. Il oublie facilement qu'un siècle et demi de tentatives et de succès sépare ces grands artistes.

Vers ce temps-là, le célèbre statuaire Verrocchio, peignant à Saint-Salvi un *Baptême de Jésus*, un de ses élèves, à peine sorti de l'enfance, y fit un ange dont la beauté surpassait de bien loin toutes les figures du maître. Verrocchio indigné jura de ne plus toucher les pinceaux; mais aussi cet élève était Léonard de Vinci*.

---

* Emporté par le voisinage des grands hommes, qui aurait le courage de s'arrêter à la médiocrité, et à une médiocrité surpassée de si loin par la nôtre? Pesello et Pesellino imitèrent assez bien Fra Filippo. J'aime le premier, parce qu'il nous a conservé les traits d'Acciajuoli, le modèle des ministres secrétaires d'État. Berto alla peindre en Hongrie; Baldovinetti, artiste minutieux, fut le maître de Ghirlandaio. Voir un tableau de Verrocchio, à la galerie Manfrin à Venise [116].

CHAPITRE XXV

L'HUILE REMPLACE LA PEINTURE EN DÉTREMPE

André del Castagno, nom infâme[117] dans l'histoire, fut aussi un des bons imitateurs de Masaccio (1456). Il sut poser ses figures avec justesse, leur donner du relief, les revêtir de draperies assez nobles; mais la grâce naïve de son modèle et le brillant de ses couleurs furent à jamais au-dessus de son talent.

Vers l'an 1410, Jean Van Eyck, plus connu sous le nom de Jean de Bruges*, avait trouvé l'art de peindre à l'huile, et, à l'époque où vécut Castagno, non seulement le bruit de cette découverte, mais encore quelques essais de peinture à l'huile, commençaient à se répandre en Italie. Les peintres admiraient l'éclat que cette méthode inconnue donnait aux couleurs, la facilité de les fondre, l'avantage d'atteindre aux nuances les plus fines, l'harmonie suave que l'on pouvait mettre dans les tableaux. Un Antonello de Messine, qui avait étudié à Rome, se dévoua, et partit pour la Flandre dans le dessein d'en rapporter ce grand secret. Il l'obtint, dit-on, de l'inventeur lui-même. De retour à Venise, il le communiqua à un peintre son ami, nommé Dominique.

En 1454, ce Dominique, grâce à son secret, était fort recherché à Venise. Il travailla beaucoup dans les États du pape, et enfin à Florence, où son mauvais génie le fit venir; il y excita l'admiration générale et la haine de Castagno, qui y brillait avant lui. André employa toutes les caresses possibles pour gagner l'amitié de Dominique, obtint son secret, et le fit poignarder. Le malheureux Dominique, en expirant, recommandait de le

---

* Jean Van Eyck, né en 1366, mort en 1441. L'ancien Musée Napoléon avait de lui quelques tableaux brillants de couleurs très vives, nᵒˢ 299 à 304.

porter chez son ami Castagno, que les soupçons n'atteignirent jamais, et dont le crime serait encore inconnu, si, arrivé au lit de la mort, il ne l'eût avoué*. La correction parfaite de son dessin, ses connaissances en perspective, la vivacité d'action qu'il donne à ses personnages, l'ont placé parmi les bons peintres de cette époque. L'art des raccourcis lui doit quelques progrès.

CHAPITRE XXVI

INVENTION DE LA PEINTURE À L'HUILE

Théophile, moine du onzième siècle, a fait un livre intitulé : *De omni scientia artis pingendi* [118]. Aux chapitres XVIII et XXII** il enseigne l'art de faire de l'huile de lin, d'étendre les couleurs avec cette huile, et de faire sécher les tableaux au soleil. Les Allemands ont fait grand bruit de ce bouquin, et ont prétendu que dès le onzième siècle on peignait à l'huile.

Oui, comme on peint les portes cochères, et non comme on peint les tableaux.

D'après Théophile, on ne peut appliquer une couleur qu'autant que la couleur mise auparavant, et à laquelle on veut ajouter des clairs ou des ombres, a séché au soleil. Cette méthode, ainsi que l'auteur l'avoue lui-

---

* Il ignorait peut-être qu'Antonello avait aussi donné son secret à Pino de Messine, et qu'un élève de Van Eyck, Roger de Bruges, était venu travailler à Venise.

** « *Accipe semen lini, et exsicca illud in sartagine super ignem sine aqua, etc.* [119] » Après l'avoir rôti, il faut le mettre en poudre ; on l'étend d'eau, on le remet sur le feu dans une poêle. Quand le mélange est très chaud, on le met dans un linge, et le pressoir en extrait l'huile de lin.

« *Cum hoc oleo tere minium sive cenobrium super lapidem sine aqua, et cum pincello linies super ostia vel tabulas quas rubricare volueris, et ad solem siccabis ; deinde iterum linies et siccabis* [120]. »

Au chapitre XXII : « *Accipe colores quos imponere volueris terens eos diligenter oleo lini sine aqua ; et fac mixturas vultuum ac vestimentorum sicut superius aqua feceras, et bestias, sive aves, aut folia variabis suis coloribus prout libuerit* [121]. »

même au chapitre XXIII, exige une patience infinie*, et ne pouvait servir à exprimer les idées des grands peintres. Il n'est pas probable que les têtes passionnées de Raphaël et les belles têtes du Guide aient été présentes à leur imagination pendant le long espace de temps que demande le procédé du moine. D'ailleurs les teintes ne pouvaient pas se fondre parfaitement. Van Eyck sentit ces inconvénients, et d'autant mieux qu'ayant exposé au soleil un tableau peint sur bois, la chaleur fit gercer les planches, et le tableau fut perdu. Le problème était de trouver une espèce d'huile qui, mêlée aux couleurs, pût sécher sans le secours de la chaleur. Van Eyck chercha longtemps, et découvrit enfin certains ingrédients qui, mélangés à l'huile par l'ébullition, donnent un vernis qui sèche rapidement, ne craint pas l'eau, ajoute à l'éclat des couleurs, et les fond admirablement**. Des curieux, réunis à Vienne chez le fameux prince de Kaunitz, cherchèrent, il y a quelques années, à prouver que Jean de Bruges n'avait pas fait de découverte. L'analyse chimique décomposa des tableaux peints avant lui; mais tout le résultat d'expériences très rigoureuses fut de prouver que les Grecs du douzième siècle mêlaient à leurs couleurs un peu de cire ou de blanc d'œuf. Cet usage se perdit, et il est bien avéré aujourd'hui qu'avant Jean de Bruges l'on ne peignait qu'en détrempe. Les tableaux qu'on cite à l'huile ne sont que des essais malheureux.

Cet éclat à la Corrège, qui frappe dans les anciennes peintures grecques, vient peut-être de ce que les ouvriers employaient aussi le blanc d'œuf ou la cire pour vernir leurs tableaux. Quoi qu'il en soit, après l'an 1360, on ne trouve plus que des tableaux en détrempe, sans éclat comme sans mérite.

---

* « *Quod in imaginibus diuturnum et tædiosum nimis est* [122]. »
** Voir Lessing, Leist, Morelli, Raspe, Aglietti, Tiraboschi, le baron de Budberg, le père Federici, si l'on veut savoir comment l'on est parvenu à connaître quelle fut précisément l'invention de Jean de Bruges.
Voir les analyses chimiques de Pietro Bianchi Pisan.

D'autres érudits ont voulu que l'art de peindre à l'huile nous vînt des Romains. Pourquoi pas? Suivant Dutens, ils avaient bien le télescope et le paratonnerre[123]. La grande preuve sur laquelle on se fonde est une antiquaille conservée à Verceil, et respectée des savants sous le nom du tableau de sainte Hélène* : c'est une espèce de broderie composée de morceaux d'étoffe de soie cousus ensemble, de manière à faire une Madone portant l'Enfant Jésus. Les ombres des vêtements sont faites à l'aiguille, et en grande partie avec le pinceau. Les têtes et les mains sont peintes à l'huile.

La couture est l'œuvre de sainte Hélène, mère de Constantin. La peinture à l'huile fut ajoutée par les peintres de sa cour. Malheureusement l'usage de peindre Jésus sur le sein de sa mère est postérieur au quatrième siècle, et le papier du tableau de Verceil est du papier de linge.

CHAPITRE XXVII

LA CHAPELLE SIXTINE

Nous ne vivons encore que d'espérance; mais l'époque brillante est près de nous (1470). L'obscurité se dissipe, et quelques rayons éclairent déjà les peintres dont nous allons voir le talent. Leur dessin est toujours sec; on y aperçoit plus distinctement que dans la nature un trop grand nombre de détails**. Les couleurs sont

---

* Mabillon, *Diar. Ital.*, cap. xxviii, Ranza. Ladite antiquaille a été retouchée, comme la *Nunziata* de Florence et la *S. Maria Primerana* de Fiesole. Voir, à l'école de Naples, t. III, les peintures de Colantonio : l'époque des deux Chambres, qui fait le tour de l'Europe, sera funeste aux trois quarts des savants en *us*. On sera bien surpris de ne trouver que des nigauds porteurs de jugements téméraires, à la vérité sur des points difficiles à atteindre; une ligne d'idéologie en fait tomber un millier.

** Pour l'idée de la sécheresse, voir le *Christ* du Titien, et celui d'Albert Dürer, *Rendez à César*, etc., à la galerie de Dresde; ou quelques

encore fondues d'une manière imparfaite; car l'habitude l'emporta sur la première vogue d'une méthode nouvelle, et ils ne peignirent à l'huile que fort rarement.

Le pape Sixte IV, ayant fait bâtir au Vatican la fameuse chapelle qui de son nom s'est appelée Sixtine, voulut l'orner de tableaux. Florence était alors la capitale des arts; il en fit venir Botticelli, le Ghirlandaio, le Rosselli, Luca de Cortone, Barthélemy d'Arezzo, et quelques autres (1474).

Sixte IV n'entendait rien aux arts; mais il désirait fort cette espèce d'éclat dont ils décorent le nom d'un prince autour duquel ils font prononcer les mots gloire et postérité. Pour opposer l'ancienne loi à la nouvelle, l'ombre à la lumière, la parabole à la réalité, il voulut mettre dans sa chapelle, d'un côté la vie de Moïse, de l'autre celle de Jésus. Botticelli, élève de Fra Filippo, eut la direction de ces grands travaux.

On rencontre encore avec quelque plaisir, à la chapelle Sixtine, la *Tentation de Jésus*, dont le temple est majestueux, et *Moïse secourant les filles de Jéthro contre les pasteurs madianites*, deux fresques de Botticelli fort supérieures à ce qu'il a fait ailleurs. Tel fut l'effet du grand nom de Rome sur lui et sur ses compagnons.

Botticelli, dont les figures de petite proportion rappelleraient le Mantègne, si les têtes avaient plus de beauté, se faisait aider par Filippino Lippi, fils du moine, mais fils sans génie, et qui n'est connu que pour avoir fait entrer dans ses ouvrages des trophées, des armes, des vases, des édifices, et même des vêtements pris de l'antique, exemple déjà donné par le Squarcione. Ses figures n'ont d'ailleurs ni grâce, ni beauté. Au tort de ne faire que des portraits il ajoutait celui de ne pas choisir ses modèles. Les curieux qui vont à la Minerve pour le *Christ* de Michel-Ange jettent un regard

---

tableaux du Garofalo. Sixte IV régna de 1471 à 1484; Manni, t. XLIII de Calogerà; l'*Histoire de la sculpture* par Cicognara.

sur une *Dispute de saint Thomas*. Dans cet ouvrage, Filippino améliora un peu le style de ses têtes.

Il fut surpassé de bien loin par son élève Raffaellino del Garbo. Les Chœurs d'anges que ce dernier fit à la voûte de la même chapelle suffiraient seuls pour confirmer l'aimable surnom que ses contemporains lui donnèrent*. Au Mont Oliveto de Florence il y a une *Résurrection* de Raffaellino; ce sont des figures de petite proportion, mais si remplies de grâces, dans des mouvements si naturels, revêtues de couleurs si vraies, qu'on aurait peine à lui préférer aucun peintre de son temps. Il faut avouer qu'on ne trouve cette gentillesse que dans ses premiers tableaux (1490). Devenu père d'une nombreuse famille, il paraît qu'il fut obligé de travailler avec précipitation. Son talent déclina; il perdit la considération dont il jouissait, et finit, dans la pauvreté et le mépris, une carrière commencée sous les plus heureux auspices.

CHAPITRE XXVIII

DU GHIRLANDAIO ET DE LA PERSPECTIVE AÉRIENNE

Dominique Corrado était fils d'un orfèvre, qui, ayant introduit à Florence la mode de certaines guirlandes d'argent que les jeunes filles portaient dans leurs cheveux, reçut d'elles le nom de Ghirlandaio, que son fils devait illustrer. Ce fils est le seul peintre inventeur que l'on trouve entre Masaccio et Léonard de Vinci.

Il sut distribuer ses figures en groupes, et distinguant par une juste dégradation de lumière et de couleurs les plans dans lesquels les groupes étaient placés, les spectateurs surpris trouvèrent que ses compositions avaient de la *profondeur*.

Les peintres, avant lui, n'avaient pas su voir dans la

---

* *Garbo* veut dire gentillesse.

nature la perspective aérienne; chose inconcevable, et qui montre le bonheur de naître dans une bonne école! Quel est l'homme qui, passant sur le pont Royal, ne voit pas les maisons voisines de la statue de Henri IV, sur le pont Neuf, beaucoup plus colorées, marquées par des ombres et des clairs bien plus forts que la ligne du quai de Grève qui va se perdre dans un lointain vaporeux? À la campagne, à mesure que les chaînes de montagnes s'éloignent, ne prennent-elles pas une teinte de bleu violet plus marquée? Cet abaissement de toutes les teintes par la distance est amusant à voir dans les groupes de promeneurs aux Tuileries, surtout par le brouillard d'automne.

Ghirlandaio s'est fait un nom immortel dans l'histoire de l'art pour avoir aperçu cet effet, que le marbre ne peut rendre, et qui peut-être manqua toujours à la peinture des anciens.

La magie des lointains, cette partie de la peinture qui attache les imaginations tendres, est peut-être la principale cause de sa supériorité sur la sculpture*. Par là elle se rapproche de la musique, elle engage l'imagination à finir ses tableaux; et si, dans le premier abord, nous sommes plus frappés par les figures du premier plan, c'est des objets dont les détails sont à moitié cachés par l'air que nous nous souvenons avec le plus de charme; ils ont pris dans notre pensée une teinte céleste.

Le Poussin, par ses paysages, jette l'âme dans la rêverie; elle se croit transportée dans ces lointains si nobles, et y trouver ce bonheur qui nous fuit dans la réalité. Tel est le sentiment dont le Corrège a tiré ses beautés**.

---

* Après les yeux.
** Telle est notre misère. Ce sont les âmes les plus faites pour ce bonheur tendre et sublime qu'il semble fuir avec le plus de constance. Les premiers plans sont pour elle la prosaïque réalité. Il fallait réaliser ces êtres si nobles et si touchants, qui, à vingt ans, font le bonheur, et plus tard le dégoût de la vie. Le Corrège ne l'a point cherché par le dessin, soit que le dessin fût moins de la peinture que le clair-obscur, les

Arrivé au milieu de sa carrière, le Ghirlandaio donna tous les soins domestiques à David, son frère et son élève. « Charge-toi de recevoir l'argent, et de nous faire vivre, lui disait-il ; maintenant que je commence à connaître cet art sublime, je voudrais qu'on me donnât à couvrir de tableaux tous les murs de Florence. »

Aussi prescrivait-il à ses élèves de ne refuser aucun des travaux qu'on apporterait à la boutique, fût-ce même de simples coffres à mettre le linge. Artiste d'une pureté de contours, d'une gentillesse dans les formes, d'une variété dans les idées, d'une facilité de travail, et en même temps d'un soigné vraiment étonnants, digne précurseur des Léonard et des André del Sarto ; Michel-Ange, Ridolfo Ghirlandaio son fils, et les meilleurs peintres de l'âge suivant sont comptés parmi ses élèves. La chapelle Sixtine n'a de lui qu'une *Vocation de saint Pierre et de saint André*. Il y avait une *Résurrection*, qui a péri.

En revanche, Florence est remplie de ses ouvrages. Le plus connu, et à juste titre, c'est le chœur de *Santa Maria Novella*. D'un côté on voit la vie de saint Jean ; de

---

passions douces ne se rendant pas visibles par le mouvement des muscles ; soit que, né au sein de la délicieuse Lombardie, il n'ait connu que tard les statues romaines. Son art fut de peindre comme dans le lointain même les figures du premier plan. De vingt personnes qu'elles enchantent, il n'y en a peut-être pas une qui les voie, et surtout qui s'en souvienne de la même manière[a]. C'est de la musique, et ce n'est pas de la sculpture. On brûle d'en jouir plus distinctement, on voudrait les toucher :

Quis enim modus adsit amori ? [124]

Mais c'est par les connaître trop bien que notre cœur se dégoûte des objets qu'il a le plus aimés : avantage immense de la musique, qui passe comme les actions humaines.

O debolezza dell' uom, o natura nostra mortale ! [125]

Les sentiments divins ne peuvent exister ici-bas qu'autant qu'ils durent peu.

a. Ce qui ne peut pas se dire de Raphaël.

l'autre quelques scènes de la vie de la Madone, et enfin ce *Massacre des Innocents* qui passe pour son chef-d'œuvre. On y trouve les portraits de tous les citoyens alors célèbres. Les y a-t-il mis par goût ou par nécessité? On dit, pour l'excuser, que les têtes sont parlantes et pleines de ces vérités de nature qui, plus tard, firent la réputation de Van Dyck. On ajoute qu'il sut choisir les formes et leur donner de la noblesse. Qu'importe? Ghirlandaio était fait pour sentir que mettre des portraits, c'est, d'une main, enchaîner à la terre l'imagination, que de l'autre on veut ravir au ciel. L'essor de l'école de Florence fut quelque temps arrêté par ces portraits. On peut dire toutefois qu'ils font aujourd'hui le seul mérite des peintres médiocres, et qu'entraînés qu'ils étaient par la fatale habitude de copier les tableaux du maître, cette mode les força du moins à regarder quelquefois la nature.

Dans les draperies des fresques, Ghirlandaio supprima cette quantité d'or dont les chargeaient ses prédécesseurs. On voit partout un esprit enflammé de l'amour du beau, et qui secoue la poussière du siècle; il ne tient au sien que par l'incorrection des extrémités de ses figures, qui ne répondent pas à la beauté du reste. Ce perfectionnement était réservé à l'aimable André del Sarto, chez lequel je crois voir la manière du Ghirlandaio agrandie et embellie. Dominique, inventeur en peinture, réforma aussi la mosaïque; il disait que la peinture, avec ses couleurs périssables, ne doit être regardée que comme un dessin, que la véritable peinture pour l'éternité, c'est la mosaïque. Né en 1451, il cessa de vivre en 1495.

CHAPITRE XXIX

PRÉDÉCESSEURS IMMÉDIATS DES GRANDS HOMMES

Il ne faudrait que céder à la tentation. Raphaël et le Corrège sont déjà nés; mais l'ordre, l'ordre cruel sans lequel on ne peut percer en un sujet si vaste nous force à finir Florence avant d'en venir à ces hommes divins.

> *Ove voi me, di numerar già lasso,*
> *Rapite ?*
>
> TASSO, I, 56 [126].

Pour la gloire du Ghirlandaio, il ne faut pas le confondre avec son école. Ses frères et ses autres élèves * ne le suivirent que de bien loin; ce qui n'empêche pas beaucoup de galeries de donner sous son nom des *Saintes Familles* qui ne sont que leur ouvrage. Rosselli, le plus médiocre des peintres appelés par Sixte IV, désespérant d'égaler les beautés de dessin que ses camarades répandaient dans leurs tableaux, chargea les siens d'ornements dorés et de vives couleurs. Il crut, comme nos peintres, que de belles couleurs sont un beau coloris. S'il offensait le bon goût, il plaisait au pape. En conséquence, il eut plus de louanges et de présents qu'aucun des Florentins. On dit qu'il fut aidé par Pierre de Cosimo, autre barbouilleur dont le nom a survécu, parce qu'il est le maître d'André del Sarto.

On cite encore Pierre et Antoine Pollajuoli, statuaires et peintres. Il est sûr que l'on doit à ce dernier un des meilleurs tableaux du quinzième siècle; c'est le *Martyre de saint Sébastien*, dans la chapelle des marquis Pucci,

---

* Voici les noms de ces élèves : David et Benedetto, ses frères; le dernier peignit beaucoup en France; Mainardi, Baldinelli, Cieco, Jacopo del Tedesco, les deux Indachi.

aux Servites de Florence. La couleur n'est pas excellente ; mais la composition sort de la routine du temps, et le dessin des parties nues montre qu'Antoine s'était appliqué à l'anatomie. Il fut peut-être le premier des Italiens qui osa étudier la forme des muscles, un scalpel à la main.

Luca Signorelli peignit à fresque la cathédrale d'Orvieto. Il suffit à sa gloire que Michel-Ange n'ait pas dédaigné de prendre le mouvement de quelques-unes de ses figures. Celles dont il remplit cette cathédrale sont supérieurement dessinées, pleines de feu, d'expression, de connaissance de l'anatomie, quoique toujours avec un peu de sécheresse. Il sentait sa force, et fut avare de draperies. Les dévots murmurèrent, mais sans succès. L'on serait moins tolérant* de nos jours. On peut voir, en passant à la Sixtine, le *Voyage de Moïse avec Sephora*. Pour moi, c'est celui de tous ces peintres dont les ouvrages m'arrêtent le plus.

Il travailla à Volterra, à Urbin, à Florence. Je sais bien qu'il ne choisit pas ses formes, qu'il ne fond pas ses couleurs ; mais cette *Communion des Apôtres* à Cortone, sa patrie, pleine d'une grâce, d'un coloris, d'une beauté, qui semblent de l'âge suivant, me confirme toujours dans mon sentiment.

Barthélemy della Gatta ne peignit rien de son invention à la Sixtine ; il aidait seulement Signorelli et le Pérugin. Mais il eut l'esprit de faire sa cour au pape, et d'accrocher une bonne abbaye. Devenu riche, l'abbé de Saint-Clément d'Arezzo cultivait à la fois l'architecture, la musique, et la peinture. Je fus présent [128], en 1794, au transport de son *Saint Jérôme*, le seul tableau qui reste de lui, et qui, peint à fresque dans une des chapelles du dôme, fut transporté avec le crépi de la muraille dans la

---

* Voyez les ordonnances de Léopold, ce prince libertin, contre la pauvre *commedia dell' arte* [127]. Les convenances rendent tartufe ; mais les sots sont punis par l'ennui qui ne quitte plus la cour. (Note de sir W. E.)

sacristie. Une des curiosités de la bibliothèque de Saint-
Marc à Venise, c'est un volume de miniatures char-
mantes, ouvrage d'Attavante, élève de l'abbé de Saint-
Clément*.

CHAPITRE XXX

ÉTAT DES ESPRITS

Tel était en Toscane l'état de la peinture vers
l'an 1500. Les hommes, encore éblouis de la renaissance des arts, admiraient, comme Psyché, une chose si
charmante**; mais, s'ils avaient son ravissement, ils
avaient son ignorance. On avait beaucoup fait,
puisqu'on était parvenu à copier exactement la nature,
surtout dans les têtes, dont la vivacité surprend encore.
Mais les peintres n'aspiraient qu'à être des miroirs
fidèles. Rarement choisissaient-ils.

Qui aurait pu songer au *beau idéal*?

L'idée assez obscure que nous attachons à ce mot est
brillante de lumière, si on la compare à l'idée du quinzième siècle. Sans cesse, si on lit les livres de ce
temps-là devant les ouvrages dont ils parlent, on voit

---

* L'abbé donna des leçons à Pecori et à Lappoli, gentilshommes
d'Arezzo. Le premier a des figures qu'on dirait du Francia. Girolamo et
Lancilao firent la miniature presque aussi bien que l'aimable Attavante.
Lucques réclame une ligne pour deux de ses peintres, Zacchia *il Vecchio*, et Zacchia *il Giovane*. Je parlerai, à l'article du Pérugin, de plusieurs élèves qu'il donna à la Toscane pendant le séjour qu'il y fit. Voici
leurs noms : Rocco, Ubertini, son frère le Bacchiacca, duquel le joli
Martyre de saint Arcadius à Saint-Laurent; Soggi, qui eut beaucoup de
science et peu de génie, ainsi que Gerino, Montevarchi et Bastiano da
San Gallo, et enfin ce Ghiberti qui, tandis que les Médicis, qui se
croyaient souverains légitimes, prenaient Florence à coups de canon,
manqua de respect au point de peindre à la potence le pape Clément VII. Les nobles écrivains, toujours fidèles au pouvoir, n'ont pas
manqué de honnir le pauvre Ghiberti et de louer dans la même page
Clément VII, qui, Florence pris, n'exécuta aucun des articles de la capitulation.
** Dans le joli tableau de M. Gérard[129].

donner le nom de *beau* à ce qui est fidèlement imité. Ce siècle voulait-il honorer un peintre, il l'appelait le singe de la nature*.

Si l'on vient à parler de *beauté* dans un salon de Paris, les exemples de l'*Apollon* et de la *Vénus* volent sur toutes les lèvres. Cette comparaison est même descendue à ce point de trivialité qu'elle est une ressource pour les couplets du vaudeville. Il est triste pour une majesté aussi sublime que l'*Apollon* de se trouver en tel lieu. Cela montre toutefois que, même dans le peuple, on sait que, pour qu'une statue soit bien faite, il faut qu'elle ressemble à l'*Apollon*. Et si cette idée ne se trouve pas parfaitement exacte, elle est du moins aussi vraie que peuvent l'être les idées du vulgaire.

Les gens du monde citent fort bien les têtes de la famille de Niobé, les madones de Raphaël, les sibylles du Guide, et quelques-uns même les médailles grecques. On ne saurait mieux citer. Tout au plus peut-on remarquer qu'il n'est jamais question que du beau idéal *des contours*. Ce mot semble n'être que pour la sculpture. On admire le *Saint Pierre* du Titien ; mais personne ne songe à l'idéal de la couleur ; on est ravi par la *Nuit* du Corrège ; mais on ne dit point : « C'est le beau idéal du clair-obscur. » À l'égard de ces deux grandes parties de la peinture qui lui sont propres, qui sont plus elle-même que la beauté des contours, nous sommes comme les Italiens de l'an 1500. Nous sentons le charme sans remonter à la cause**.

Il est trop évident que le secours d'une opinion publique aussi avancée manquait au Ghirlandaio et à ses émules.

Que si l'on descend aux parties de l'art qui tiennent plus au mécanisme, il restait à donner de la plénitude

---

* Stefano Fiorentino, petit-fils de Giotto, qui, le premier, essaya les raccourcis, en eut le surnom de *scimia della natura*.

** Rendre l'imitation plus intelligible que la nature, en supprimant les détails, tel est le *moyen* de l'idéal.

aux contours, de l'accord au coloris, plus de justesse à
la perspective aérienne, de la variété aux compositions,
et surtout de l'aisance au pinceau, qui semble toujours
pénible dans les peintres nommés jusqu'ici. Car telle est
la bizarrerie du cœur humain, pour que les ouvrages de
l'art donnent des plaisirs parfaits, il faut qu'ils semblent
créés sans peine. En même temps qu'elle goûte le
charme de son tableau, l'âme sympathise avec l'artiste.
Si elle aperçoit de l'effort, le divin disparaît. Apelle
disait : « Si quelques-uns me trouvent un peu supérieur
à Protogène, c'est uniquement qu'il ne sait pas ôter les
mains de ses ouvrages. »

Quelques négligences apparentes ajoutent à la grâce.
Les peintres de Florence se les fussent reprochées
comme des crimes*.

Quoique un peu sec, le dessin de Masaccio et du
Ghirlandaio était scrupuleusement correct; en quoi il
fut un excellent modèle pour le siècle suivant; car c'est
une remarque juste qu'il est plus facile aux élèves
d'ajouter du moelleux aux contours étroits de leur
maître, que de se garantir de la superfluité des contours
trop chargés. On ajoute aux muscles maigres du Pérugin, on n'ôte pas à ceux de Rubens. Quelques amateurs
sont allés jusqu'à dire qu'il faudrait habituer la jeunesse, dès son entrée dans les ateliers, à cette sévère
précision du quinzième siècle. On ne peut nier que la
superfluité commode qui s'est introduite depuis n'ait
corrompu plusieurs écoles modernes, et c'est la gloire
de l'école française du dix-neuvième siècle d'être une
pureté parfaite à cet égard.

En Italie, les circonstances générales continuaient à
favoriser les arts. Car la guerre ne leur est point

---

* Voici le principe moral : on jouit d'un pouvoir ami; ainsi, ce qui
montre impuissance dans l'artiste détruit le charme, ce qui montre
négligence par excès de talent l'augmente. Le même contour négligé
peut être tracé par un peintre vulgaire ou par Lanfranc; dans le grand
peintre, c'est largeur de manière, *sprezzatura*, disent les Italiens.

contraire, non plus qu'à tout ce qu'il y a de grand dans
le cœur de l'homme. On avait des plaisirs. Et, tandis
que les sombres disputes de religion et le pédantisme
puritain rendaient plus tristes encore les froids habitants du Nord*, on bâtissait ici la plupart des églises et

---

* En 1505[130] naquit en Écosse un homme dont la vie jette un jour vif
sur les peuples du Nord, comparés à cette époque si brillante pour l'Italie; il s'appelait Jean Knox[a]. En Écosse, dans cette terre aujourd'hui si
florissante, des maîtres très actifs montraient à la jeunesse la philosophie d'Aristote, la théologie scolastique, le droit civil et le droit canon.
Par ces belles sciences, amies de tous les genres d'imposture, l'opulence
et le pouvoir du clergé avaient dépassé toutes les bornes, la moitié des
biens du royaume était en son pouvoir, c'est-à-dire au pouvoir d'un
petit nombre de prélats, car les curés, comme de coutume, mouraient
de faim.

Les évêques et les abbés rivalisaient de magnificence avec les nobles,
et recevaient bien plus d'honneurs dans l'État.

Les grandes charges leur étaient dévolues; on disputait un évêché ou
une abbaye comme d'une principauté; mêmes artifices dans la négociation, et souvent même plaidoyer sanglant; les bénéfices inférieurs
étaient mis à l'enchère, on donnés aux amis de jeu, aux chanteurs, aux
complaisants des évêques. Les cures restaient vacantes, les moines
mendiants seuls se donnaient la peine de prêcher; on sent pourquoi. En
Écosse, comme ailleurs, la théocratie avait tué le gouvernement civil,
n'avait pas su prendre sa place, et l'empêchait de renaître.

La vie du clergé, soustrait à la juridiction séculière, hébété par la
paresse, corrompu par l'opulence, fournit le trait le plus saillant des
mœurs de cette époque. Professant la chasteté, exclus du mariage sous
des peines sévères, les évêques donnaient à leur troupe l'exemple de la
dissolution la plus franche; ils entretenaient publiquement les plus
jolies femmes, réservaient à leurs enfants les plus riches bénéfices, et
donnaient leurs filles aux plus grands seigneurs : ces mariages de
finance étaient tolérés par l'honneur.

Les monastères, fort nombreux, étaient le domicile ordinaire des
catins, et c'était un sacrilège horrible d'en diminuer l'opulence[b]; la lecture de la Bible était sévèrement interdite aux laïques. La plupart des
prêtres n'entendaient pas le latin, plusieurs ne savaient pas lire; pour se
tirer d'embarras, ils en vinrent à défendre même le catéchisme. Une
persécution très bien faite et l'interdiction de toutes sortes de
recherches veillaient à la sûreté de ce gouvernement bouffon.

Patrice Hamilton, jeune homme qui descendait de la maison des rois
(son grand-père avait épousé la sœur de Jacques III), eut assez de génie

---

a. Sa vie, par **Thomas M' Crie**, deux vol. in-8°, Édimbourg, 1810. Ces deux
volumes dérangent un peu leur contemporain, le *Génie du christianisme*.
b. Je ne fais que traduire, en adoucissant.

des palais qui embellissent Milan, Venise, Mantoue, Rimini, Pesaro, Ferrare, Florence, Rome, et tous les coins de l'Italie.

Il fallait orner ces édifices. Les tapisseries de Flandre étaient chères; on n'avait pas les papiers imprimés; il ne restait que les tableaux. Vous voyez les multitudes

pour en sentir le ridicule. Né en 1504, il avait reçu, au berceau, l'abbaye de Ferne; en avançant en âge, l'abbé de Ferne se trouva pourvu de toutes les grâces et de l'esprit le plus brillant : on commença à craindre pour lui, lorsqu'on le vit goûter avec passion Horace et Virgile; on n'eut plus de doute sur son impiété, lorsqu'il parut faire peu de cas d'Aristote. Il sortit de ses montagnes pour voir le continent; il s'arrêta surtout à Marbourg, où Lambert d'Avignon lui expliqua les saintes écritures.

Le christianisme ayant attaqué l'empire romain par la séduction des esclaves et du bas peuple, sa doctrine primitive est fort contraire au luxe. Le jeune Hamilton, frappé du contraste, revint en Écosse; mais, sous prétexte d'une conférence, on l'attira à Saint-André, où l'archevêque Beatown le fit un peu brûler le dernier jour de février 1538, à l'âge de vingt-quatre ans.

Il mourut bien; on l'entendit s'écrier du milieu des flammes : « Ô mon Dieu, jusqu'à quand ce royaume sera-t-il plongé dans les ténèbres ? Ô Jésus ! reçois mon âme. »

Un jeune homme d'une si haute naissance, périssant avec courage, et par cet affreux supplice, réveilla les Écossais. Le clergé répondit par des bûchers; cette noblesse-là trouvait dur de renoncer à ses privilèges. Forrest, Straiton, Gourlay, Russell, et nombre de gens illustres, périrent par le feu, de 1530 à 1540. Ce qu'il y a de plaisant, c'est qu'entourés de bûchers, les poètes écossais faisaient des chansons fort bonnes contre les prêtres. Deux fois le clergé présenta au roi Jacques V une liste de quelques centaines d'hommes plus ou moins opulents, qu'il dénonçait comme suspects. Beatown était devenu cardinal. Le péril était imminent; heureusement le roi mourut; sa fille, la charmante Marie Stuart, était un enfant; les libéraux, pressés par le feu, marchèrent à Saint-André, prirent la citadelle, et envoyèrent le cardinal rejoindre le jeune Hamilton, le 29 mai 1546, huit ans après la mort de cet aimable jeune homme. J'épargne à mon lecteur des récits désagréables sur la Suède, la France, etc. On voit à quoi il faut réduire les déclamations jalouses sur la corruption de la belle Italie. Quoi qu'on en dise, ce qu'il y a de mieux pour civiliser les hommes, c'est un peu d'excès dans les plaisirs de l'amour; mais, jusqu'en 1916, certaines gens crieront qu'il vaut mieux brûler vingt Hamilton que faire l'amour d'une manière irrégulière; et le sentiment bas de l'envie leur donnera des auditeurs.

Si l'on regarde comme *vice* ce qui nuit aux hommes, et comme *vertu* ce qui leur sert, toutes les histoires écrites en français avant 1780 seront bientôt lues. Robertson était prêtre, Hume voulait un titre; mais leurs élèves sont excellents.

d'artistes, et l'émulation. La sculpture, l'architecture, la poésie, tous les arts arrivaient rapidement à la perfection. Il ne manqua à ce grand siècle, le seul qui ait eu à la fois de l'esprit et de l'énergie*, que la science des idées. C'est là sa partie faible ; c'est là ce qui fait tomber ces grands artistes dès qu'ils veulent marcher au sublime**.

Voyez les idées baroques de Michel-Ange.

* Quel pays que celui qui fut habité à la fois par l'Arioste, Michel-Ange, Raphaël, Léonard de Vinci, Machiavel, le Corrège, le Bramante, Christophe Colomb, Améric Vespuce, Alexandre VI, César Borgia, et Laurent le Magnifique ! Les gens qui ont lu les originaux diront qu'il est supérieur à la Grèce.

** Marcher *systématiquement* ; car chaque homme d'esprit invente pour soi un art de raisonner juste, art qui reste borné ; c'est comme si chacun de nous faisait sa montre.

Où ne fût pas allé Michel-Ange dans l'art d'effrayer le vulgaire et de donner aux grandes âmes le sentiment du *sublime*, s'il avait lu trente pages de la *Logique* de Tracy ? (T. III, p. 533 à 560[131].)

Pour Léonard, il entrevoyait ces vérités si simples et si fécondes ; il ne manque à sa gloire que d'avoir imprimé.

Au quinzième siècle, les peintres allèrent plus loin que les peintres de mœurs ; c'est qu'un Molière est un Collé greffé sur un Machiavel, et il faut la logique aux Machiavels pour être parfaits. Voyez celui de Florence ne pas songer aux deux Chambres. La parole a besoin d'une longue suite d'actions pour peindre un caractère tel que celui de la *Madonna alla seggiola* ; la peinture le met devant l'âme en un clin d'œil. Lorsque la poésie énumère, elle n'émeut pas assez l'âme pour lui faire achever le tableau.

Le bonheur de la peinture est de parler aux gens sensibles qui n'ont pas pénétré dans le labyrinthe du cœur humain, aux gens du quinzième siècle, et de leur parler un langage non souillé par l'usage, et qui donne un plaisir physique ; car il n'y a pas de meilleure recommandation pour un raisonnement que de s'annoncer toujours par un plaisir physique : avantage du comique.

On avait du caractère, et la première impression de la beauté est une légère crainte[a]. La perfection, mais perfection hors du domaine de l'art, c'est que les manières corrigent cette idée de crainte, et la grâce sublime naît tout à coup ; car on fait pour vous exception à une vertu qui vous défend toujours contre tout le reste.

La logique est moins nécessaire à la peinture qu'à la poésie ; il faut raisonner mathématiquement juste sur certains sentiments ; mais il faut avoir ces sentiments : tout homme qui ne sent pas que la mélancolie est inhérente à l'architecture gothique, et la joie à la grecque, doit s'appliquer à l'algèbre.

a. « Et la grâce, plus belle encor que la beauté[132]. »

CHAPITRE XXXI

REVUE

Jetons un dernier regard sur le désert. Nous y verrons parmi des flots d'imitateurs un petit nombre d'hommes faire renaître la peinture.

Pisano eut l'idée d'imiter l'antique; Cimabue et Giotto copièrent la nature. Brunelleschi donna la perspective. Masaccio se servit de tout cela en homme de génie, et donna l'expression. Après lui, Léonard de Vinci, Michel-Ange, le Frate, et André del Sarto paraissent tout à coup. C'est le bouquet du feu d'artifice. Il n'y a plus rien.

CHAPITRE XXXII

LES CINQ GRANDES ÉCOLES

Vers l'an 1500, les écoles d'Italie commencent à prendre une physionomie. Jusque-là, copiant les Grecs, se copiant servilement l'une l'autre, elles n'ont pas de caractère.

Nous verrons le dessin faire la gloire de l'école de Florence, comme la peinture des passions celle de l'école romaine.

L'école lombarde sera célèbre par l'expression suave et mélancolique des ouvrages de Léonard de Vinci et de Luini*, et par la grâce céleste du Corrège.

La vérité et l'éclat des couleurs distingueront Venise.

Enfin le quinzième siècle était le premier, et la liberté de notre vol est appesantie même par le génie du dernier siècle, qui, sous la forme de science, pèse déjà sur nos ailes.

* *« Qualche cosa di flebile e di soave spirava in lei* [133]. » (Tasso).

L'école de Bologne, venue plus tard, imitera avec succès tous les grands peintres, et Guido Reni y portera la beauté au point le plus élevé où elle ait peut-être paru parmi les hommes.

CHAPITRE XXXIII

ÉPREUVE SOUS LA STATUE D'ISIS

Une femme se promenait dans les rues d'Alexandrie d'Égypte, les pieds nus, la tête échevelée, une torche dans une main, une aiguière dans l'autre. Elle disait : « Je veux brûler le ciel avec cette torche, et éteindre l'enfer avec cette eau, afin que l'homme n'aime son Dieu que pour lui-même[134]. »

CHAPITRE XXXIV

UN ARTISTE

Chaque artiste devrait voir la nature à sa manière. Quoi de plus absurde que de prendre celle d'un autre homme et d'un caractère souvent contraire ? Que serait devenu le Caravage, élève du Corrège, ou André del Sarto, imitateur de Michel-Ange ? Ainsi parle un philosophe sévère. Rien de mieux. Seulement c'est exiger, en d'autres termes, que tous les artistes soient des gens supérieurs. La pauvre vérité, c'est que jusqu'à une certaine époque l'élève ne voit rien dans la nature. Il faut d'abord que sa main obéisse, et qu'après il y reconnaisse ce que son maître a pris. Une fois le bandeau tombé, s'il a quelque génie, il saura y apercevoir les choses qu'il doit imiter à son tour pour plaire aux âmes faites comme la sienne. La grande difficulté pour cela, c'est qu'il faut avoir une âme.

La masse des tableaux médiocres, et cependant au-dessus du mauvais, nous vient de gens d'esprit et de savoir qui eurent le malheur de n'être jamais tristes. Le caractère de Duclos[135] n'est pas rare dans l'histoire de l'art. Qu'a-t-il manqué à Annibal et à Louis Carrache pour atteindre Raphaël et le Corrège ? Que manque-t-il encore à tant de gens pour être de bons peintres du second ordre ?

On peut être grand général, grand législateur, sans aucune sensibilité. Mais dans les beaux-arts, ainsi appelés parce qu'ils procurent le plaisir par le moyen du *beau*, il faut une âme, même pour imiter les objets les plus froids.

Quoi de plus froid en apparence que cette observation que les hirondelles font leurs nids dans les lieux remarquables par la pureté de l'air ?

Et rien n'avertit l'homme de sa misère plus vivement, rien ne le jette dans une rêverie plus profonde et plus sombre, que ces paroles :

> *This guest of summer,*
> *The temple-haunting martlet, does approve,*
> *By his lov'd mansionry, that the heaven's breath*
> *Smells wooingly here...*
> *Where they most breed and haunt, I have observ'd,*
> *The air is delicate.*

> *Macbeth*, acte I, scène VI[136].

Voilà l'art de passionner les détails, triomphe des âmes sublimes, et ce qu'il faut se détacher de faire sentir au vulgaire. Il ne verra à jamais, dans la remarque de Banco, qu'une observation d'histoire naturelle fort déplacée, s'il osait le dire.

L'orgue que tient sainte Cécile, elle l'a laissé tomber avec tant d'abandon, surprise par les célestes concerts, que deux tuyaux se sont détachés.

L'habit de cocher ou de cuisinier sous lequel paraît maître Jacques, selon qu'Harpagon l'interpelle, — les rochers sauvages et durs, *sans être sublimes*, au milieu desquels saint Jérôme vit dans le désert*, occupé à

---

* C'est le célèbre tableau du Titien à l'Escurial.

chasser de sa pensée les souvenirs de Rome, sont d'autres exemples.

Tous les hommes doués de quelque curiosité, et qui ont senti vivement l'empire de la beauté, auraient pu devenir artistes. Ils peindraient les passions lorsqu'elles leur laissent quelque repos, un agréable travail les sauverait d'un vide affreux; mais le talent de couper le marbre manque au statuaire; l'art de dessiner, au peintre; l'art de versifier, à l'homme qui eût été poète; et à côté d'eux des ouvriers sans âme triomphent dans ces mécanismes. Quel poète que mademoiselle de Lespinasse, si elle eût fait des vers comme Colardeau[137]!

Au quinzième siècle on était plus sensible; les convenances n'écrasaient pas la vie; on n'avait pas toujours *les grands maîtres à imiter*. La bêtise dans les lettres n'avait encore d'autre moyen de se déguiser que d'imiter Pétrarque*. Une politesse excessive n'avait pas éteint les passions. En tout il y avait moins de métier, et plus de naturel. Souvent les grands hommes mêlèrent l'objet de leur passion au triomphe de leur talent. Quelques personnes sentiront le bonheur de Raphaël peignant, d'après la *Fornarina*, sa sublime sainte Cécile**.

Les Giorgion, les Corrège, les Cantarini, ces hommes rares qu'étouffe aujourd'hui le grand principe du siècle, *être comme un autre*, portèrent cette habitude, fille de l'amour, de sentir une foule de nuances, et d'en faire dépendre son malheur ou sa félicité, dans l'art qui fait leur gloire***. Peu à peu ils y trouvèrent des jouissances vives. Ils pensèrent qu'elles ne pouvaient leur être ravies par le caprice, ou par la mort cruelle; et un juste orgueil se mêlant sans doute à ces idées, ils atta-

---

* Aussi perdit-elle la poésie[138].

** *The happy few*[139]. En 1817, dans cette partie du public qui a moins de trente-cinq ans, plus de cent louis de rente, et moins de vingt mille francs.

*** L'homme de génie, étant plus souvent *comme lui* que *comme un autre*, est nécessairement ridicule à Paris : c'est Charette à Coblentz[140].

chèrent leur bonheur à exceller dans leur art. C'est à force d'être eux-mêmes qu'ils ont été grands. Comment ne sent-on pas que, dès qu'on invoque la mémoire, la vue de l'esprit s'éteint ? « Qu'eût fait Raphaël à ma place ? » Autre chose que cette sotte question.

Je ne dis pas qu'on ne puisse être amant passionné et fort mauvais peintre ; je dis que Mozart n'a pas eu l'âme de Washington.

La distraction la plus facile pour l'homme que les passions tendres ont rendu malheureux n'est-elle pas celle qui se compose presque en entier du souvenir même de ces passions ? L'autre partie, c'est l'art de toucher les cœurs, art dont il a si bien éprouvé la puissance.

Travailler, pour un artiste, dans ces circonstances, ce n'est presque que se souvenir avec ordre des idées chères et cruelles qui l'attristent sans cesse. L'amour-propre qui vient se mettre de la partie est l'habitude de l'âme la plus ancienne. Elle n'impose pas de gêne nouvelle, et dans la mémoire des choses passées fait trouver un nouveau plaisir. Peu à peu les sensations de l'art viennent se mêler à celles que donne la nature. Dès lors le peintre est sur la bonne route. Il ne reste plus qu'à voir si le hasard lui a donné la force.

Le jeune Sacchini, outré de l'infidélité de sa maîtresse, ne sort pas de la journée. Le cœur plein d'une rage sèche, il se promène à grands pas. Sur le soir, il entend chantonner un air sous sa fenêtre ; il écoute. Cet air l'attendrit. Il le répète sur son piano. Ses yeux se mouillent ; et c'est en pleurant à chaudes larmes qu'il compose le plus bel air de passion qu'il nous ait laissé.

« Mais, me dira quelque Duclos, vous voyez de l'amour partout ? »

Je répondrai : « J'ai parcouru l'Europe, de Naples à Moscou, avec tous les historiens *originaux* dans ma calèche[141]. »

Dès qu'on s'ennuie au Forum, ou qu'il ne faut plus

prendre son arquebuse pour s'aller promener, le seul principe d'activité qui reste, c'est l'amour. On a beau dire, le climat de Naples fait autrement sentir les finesses de cette passion que les brouillards de Middelbourg. Rubens, pour donner le sentiment du *beau*, a été obligé à un étalage d'appâts qui en Italie ne plaît que comme singulier.

En ce pays brûlant et oisif, on est amoureux jusqu'à cinquante ans, et l'on se désespère quand on est quitté. Les juges même n'y sont point pédants, et y sont aimables.

En Italie, l'établissement des gouvernements réguliers, vers l'an 1450, jeta une masse énorme de loisir dans la société; et si, dans le premier moment, l'oisiveté est cruelle, au bout d'un peu de temps l'occupation est terrible*.

Si j'espère être lu, c'est par quelque âme tendre, qui ouvrira le livre pour voir la vie de ce Raphaël qui a fait la *Madone alla seggiola*, ou de ce Corrège qui a fait la tête de la *Madone alla scodella*.

Ce lecteur unique, et que je voudrais unique dans tous les sens, achètera quelques estampes. Peu à peu le nombre des tableaux qui lui plaisent s'augmentera.

Il aimera ce jeune homme à genoux avec une tunique verte dans l'*Assomption* de Raphaël**. Il aimera le religieux bénédictin qui touche du piano dans le *Concert* du Giorgion***. Il verra dans ce tableau le grand ridicule des âmes tendres : Werther, parlant des passions au froid Albert[144]. Cher ami inconnu, et que j'appelle cher parce que tu es inconnu, livre-toi aux arts avec confiance. L'étude la plus sèche en apparence va te por-

---

* Voilà le malheur de l'Italie actuelle, ou plutôt le malheur *de sa gloire*. Un homme célèbre disait au patriarche de Venise : « Vos jeunes gens passent leur vie aux genoux des femmes. » (Son expression était plus énergique.)
** N° 1124[142].
*** N° 965[143].

ter, dans l'abîme de tes peines, une consolation puissante.

Peu à peu ce lecteur distinguera les écoles, il reconnaîtra les maîtres. Ses connaissances augmentent; il a de nouveaux plaisirs. Il n'aurait jamais cru que penser fît sentir; ni moi non plus; et je fus bien surpris quand, étudiant la peinture uniquement par ennui*, je trouvai qu'elle portait un baume sur des chagrins cruels[145].

Mon lecteur sentira que les tableaux du Frate, qui naguère ne pouvaient arrêter son attention, élèvent son âme; que ceux du Dominiquin la touchent. Il finira par être sensible même à l'*Assassinat de l'inquisiteur Pierre* du Titien, et aux tableaux de Michel-Ange de Caravage.

Un jour viendra que, plaignant les peintres d'Italie d'avoir eu à traiter de si tristes sujets, il sera sensible aux seules parties de l'art dans lesquelles il ait été libre à leur génie d'imiter la nature**. Il aimera ces jouissances que les sots ne peuvent lui profaner. Oubliant le sujet...[146], il aimera le clair-obscur du Guerchin, la belle couleur de Paris Bordone. C'est peut-être là le plus beau triomphe des arts***.

CHAPITRE XXXV

CARACTÈRE DES PEINTRES DE FLORENCE

Voulez-vous, dès votre arrivée à Florence, prendre une idée de son style, allez sur la place de Saint-Laurent; examinez le bas-relief qui est à droite, en regardant l'église[148].

---

* Car le fluide nerveux n'a, tous les jours, si je puis m'exprimer ainsi, qu'une certaine dose de sensibilité à dépenser; si vous l'employez à jouir de trente beaux tableaux, vous ne l'emploierez pas à pleurer la mort d'une maîtresse adorée.
** Le clair-obscur et le coloris.
*** Voir la note de la page 57[147].

C'est un malheur pour Florence qu'on n'y arrive qu'après Bologne, cette ville des grands peintres. Une tête du Guide gâte furieusement les Salviati, les Cigoli, les Pontormo, etc., etc. Il ne faut pas être dupe de tout ce que dit Vasari à l'honneur de son école florentine, la moindre de toutes, du moins à mon gré. Ses héros dessinent assez correctement ; mais ils n'ont qu'un coloris dur et tranchant, sans aucune harmonie, sans aucun sentiment. Werther aurait dit : « Je cherche la main d'un homme, et je ne prends qu'une main de bois. »

Il faut excepter deux ou trois génies supérieurs.

Les draperies dans cette école ne sont ni brillantes par l'éclat des couleurs, ni d'une ampleur majestueuse. Venise, plaisantant les Florentins sur leur avarice connue, a dit que leurs draperies étaient choisies et taillées avec économie. Cette école ne marque pas non plus par le relief des figures, ou par la beauté. Les têtes ont de grands traits, mais peu d'idéal : c'est que Florence a été longtemps sans bonnes statues grecques. Elle vit tard la *Vénus de Médicis*, et ce n'est que de nos jours que le grand-duc Léopold lui a donné l'*Apollino* et la *Niobé*. On peut dire, à cet égard, des Florentins qu'ils ont copié la nature avec assez de vérité, et que quelques-uns ont su la choisir.

Le grand défaut de cette école, c'est le manque d'expression ; sa partie triomphante, celle qui fut, pour ainsi dire, le patrimoine de tous ses peintres, c'est le dessin. Ils étaient portés à ce genre de perfection par le caractère national, exact et attentif aux détails, plutôt que passionné. La noblesse, la vérité, l'exactitude historique brillent dans leurs tableaux avec la science du dessin. C'est que Florence fut de bonne heure la capitale de la pensée. Le Dante, Boccace, Pétrarque, Machiavel, et tant de gens d'esprit rassemblés par les Médicis, ou formés par les discussions politiques, répandirent les lumières. Ou les artistes furent des gens instruits, comme Michel-Ange, Léonard, le Frate, le

Bronzino, ou la peur de la critique leur fit demander conseil. On n'eût pas représenté impunément aux rives de l'Arno les convives des noces de Cana vêtus à la mode du jour*.

À Paris, on peut se faire une idée de la plupart des défauts de cette école par le tableau de Salviati, *Jésus et saint Thomas***, ou par cette réflexion qu'à la sensibilité près elle est en tout l'opposé des Hollandais.

L'école romaine fut grandiose à cause du Colisée et des autres ruines; Venise, voluptueuse; Florence, savante; le Corrège, tendre :

> *La terra molle e lieta e dilettosa,*
> *Simili a sè gli abitator produce* [150].

T ASSO, I, 62.

CHAPITRE XXXVI

LA FRESQUE À FLORENCE

Michel-Ange disait, en comparant les deux peintures à la fresque et à l'huile, que cette dernière n'est qu'un jeu. Ce sont deux talents divers. La fresque cherche de plus grands résultats en suivant la nature de moins près.

Le maçon prépare une certaine quantité de plafond; il faut la remplir en un jour; la chaux boit la couleur; l'on ne peut plus y toucher. Ce genre n'admet ni retard ni correction. Le peintre est obligé de faire vite, et bien, ce qui partout est le comble de la difficulté***.

Les églises et les palais de Florence font foi que cette difficulté a été emportée d'une manière brillante par un grand nombre de ses peintres.

---

* *Noces de Cana* de Paul Véronèse.
** Ancien Musée Napoléon, n° 1154 [149].
*** Exemple à Paris, les plafonds de la galerie des Antiques. Cette condition est ce qu'il y a de mieux dans la gloire militaire.

Quant à ces vastes ouvrages que, dans le dix-septième siècle, et lorsque l'art avançait déjà vers sa décadence, on appela *quadri di macchina* (tableaux de machine), on a reproché aux Florentins de ne pas assez grouper leurs figures, et de mettre trop de personnages. Mais ces grands tableaux, qui ont fait la gloire de Pierre de Cortone et de Lanfranc*, forment un genre inférieur par lui-même. C'est à peu près comme les beautés de style que l'on peut mettre dans des pièces officielles. Un bavardage sonore et vague n'y est point déplacé, et la céleste pureté de Virgile y serait pauvreté.

CHAPITRE XXXVII

DIFFÉRENCE ENTRE FLORENCE ET VENISE

L'école de Venise paraît être née tout simplement de la contemplation attentive des effets de la nature, et de l'imitation presque mécanique et non raisonnée des tableaux dont elle enchante nos yeux.

Au contraire, les deux lumières de l'école de Florence, Léonard de Vinci et Michel-Ange, aimèrent à chercher les causes des effets qu'ils transportaient sur la toile**. Leurs successeurs regardèrent plutôt leurs préceptes que la nature. Cela était bien loin de l'idée de Léonard, que toute science me consiste qu'à voir les circonstances des faits.

La méthode de raisonner, dans laquelle les préceptes avaient été donnés, se trouvant vicieuse, les peintres ne virent presque jamais la pensée du maître. Le peu qu'on en comprit fit que les Vasari, au lieu d'être plats à leur manière, furent détestables en outrant les défauts du

---

* Pierre de Cortone, mort en 1669; Lanfranc en 1647. C'est comme la musique de Paër.

** Comment, à Paris, M. G***, peignant une touffe de lilas dans le portrait de la belle duchesse de B***[151], n'a-t-il pas l'idée d'attacher à sa toile une branche de lilas, et de s'éloigner à dix pas?

maître. Il faudrait être profond dans la connaissance de la nature de l'homme, et non dans la connaissance du talent d'un cetain homme. Il est vrai que la première de ces études demande autant d'esprit que la seconde de patience.

L'école de Florence, malgré sa science, ou plutôt à cause de sa science, ne brilla qu'un instant. Du vivant encore de Michel-Ange, vers 1530, Vasari et ses complices prirent fièrement la place des grands hommes*; mais voyons l'époque heureuse**.

---

* C'est exactement le même genre de révolution qui arrive aujourd'hui en musique. Les Mayer, les Weigl, les Paër, succèdent fièrement aux Cimarosa et aux Buranello.

**

	Né en	Mort en		Règnent de	à
Michel-Ange	1475	1564	Alexandre VI ...	1492	1503
Léonard	1452	1519	Jules II	1503	1513
Le Frate	1475	1517	Léon X	1513	1521
André del Sarto .	1486	1531	Louis XII	1498	1515
Pontormo	1494	1557	François Ier	1515	1547
Daniel de Volterra, le meilleur imitateur de Michel-Ange	1509	1566	Henri VIII	1509	1547
Le Franciabigio .	1482	1525			
Le Rosso	1494	1525			
Salviati	1510	1563			
Bronzino	1502	1572			
Allori...	1535	1607			

LIVRE TROISIÈME

VIE DE LÉONARD DE VINCI

Odi profanum vulgus[152].

CHAPITRE XXXVIII

SES PREMIÈRES ANNÉES

Je suis parti de Florence à cheval, à l'aurore d'un beau jour de printemps ; j'ai descendu l'Arno jusqu'auprès du délicieux lac Fucecchio[153] : tout près sont les débris du petit château de Vinci. J'avais dans les fontes de mes pistolets les gravures de ses ouvrages ; je les avais achetées sans les voir ; j'en voulais recevoir la première impression sous les ombrages de ces collines charmantes au milieu desquelles naquit le plus ancien des grands peintres, précisément trois cent quarante ans avant ma visite, en 1452.

Il était fils naturel d'un messer Pietro, notaire de la république, et aimable comme un enfant de l'amour.

Dès sa plus tendre enfance on le trouve l'admiration de ses contemporains. Génie élevé et subtil, curieux d'apprendre de nouvelles choses, ardent à les tenter, on le voit porter ce caractère, non seulement dans les trois arts du dessin, mais aussi en mathématiques, en mécanique, en musique, en poésie, en idéologie, sans parler des arts d'agrément, dans lesquels il excella, l'escrime, la danse, l'équitation ; et ces talents divers il les posséda de telle sorte, que, duquel qu'il fît usage pour plaire, il semblait né pour celui-là seul.

Messer Pietro, étonné de cet être singulier, prit quelques-uns de ses dessins, qu'il alla montrer à André Verrocchio, peintre et statuaire alors très renommé. André ne put les croire les essais d'un enfant; on le lui amena : ses grâces achevèrent de le séduire, et il fut bientôt son élève favori. Peu après, Verrocchio, peignant à Saint-Salvi, pour les moines de Vallombreuse, un tableau de *Saint Jean baptisant Jésus*, Léonard y fit cet ange si plein de grâces.

Toutefois la peinture ne prenait pas tous ses moments. On voit, par les récits aveugles de ses biographes, qu'il s'occupait également de chimie et de mécanique. Ils rapportent, avec quelque honte, que Léonard avait des idées extravagantes. Un jour, il cherchait à former, par le mélange de matières inodores, des odeurs détestables. Ces gaz, venant à se développer tout à coup dans l'appartement où la société était rassemblée, mettaient tout le monde en fuite. Une autre fois, des vessies cachées étaient enflées par des soufflets invisibles, et, remplissant peu à peu toute la capacité de la chambre, forçaient les assistants à décamper. Il inventait un mécanisme par lequel, au milieu de la nuit, le fond d'un lit s'élevait tout à coup, au grand détriment du dormeur. Il en trouvait un autre propre à percer les rochers, un autre pour élever de grands poids. Il eut l'idée de soulever l'énorme édifice de Saint-Laurent, pour le placer sur une base plus majestueuse.

On le voyait dans les rues s'arrêter tout à coup pour copier sur un petit livret de papier blanc les figures ridicules qu'il rencontrait. Nous les avons encore, ces charmantes caricatures, et ce sont les meilleures qui existent[*]. Non seulement il cherchait les modèles du

---

[*] Elles sont trente-huit, dit Mariette, dessinées à la plume; je les ai vues gravées par...[154].

beau et du *laid*, mais il prétendait saisir l'expression fugitive des affections de l'âme et des idées. Les choses bizarres et altérées avaient un droit particulier à son attention. Il sentit le premier peut-être cette partie des beaux-arts qui n'est pas fondée sur la sympathie, mais sur un retour d'amour-propre*. Il amenait dîner chez lui des gens de la campagne, pour les faire rire, à gorge déployée, par les récits les plus étranges et les contes les plus gais. D'autres fois on le voyait suivre les malheureux au supplice.

Une rare beauté, des manières pleines de charme, faisaient trouver admirables ces idées singulières, et il paraît que, comme Raphaël, ce génie heureux fut une exception à la règle si vraie :

Aucun chemin de fleurs ne conduit à la gloire[155].

LA FONTAINE.

CHAPITRE XXXIX

LES ÉPOQUES DE SA VIE

Il faut qu'il eût trouvé l'art de rendre ses travaux utiles, car son père n'était pas riche, et l'on voit un jeune peintre, commençant sa carrière, avoir à Florence, cette Londres du moyen âge, des chevaux et des domestiques, et tenir beaucoup à ce que ses chevaux fussent les plus vifs et les plus beaux de la ville. Avec eux il faisait les sauts les plus hardis, à faire frémir les amateurs les plus intrépides : sa force était telle, qu'il pliait facilement un fer de cheval.

La vie de ce grand homme peut se diviser en quatre époques.

Sa jeunesse, qu'il passa dans Florence ; le temps qu'il vécut à Milan, à la cour de Louis le Maure ; les douze ou

---

* On rit, par une jouissance d'amour-propre, à la vue subite de quelque perfection que la faiblesse d'autrui nous fait voir en nous.

treize ans qu'il revint passer en Toscane, ou en voyages, après la chute de Ludovic ; et enfin sa vieillesse et sa mort, à la cour de François Ier.

Son plus ancien ouvrage est peut-être un carton d'*Adam et Ève cueillant la pomme fatale*, qu'il fit pour le roi de Portugal.

Son père lui demanda de peindre un bouclier pour un paysan de Vinci. Il fallait y mettre ou la tête de Méduse, ou quelque animal horrible. Messer Pietro ne songeait plus au bouclier, lorsqu'un jour il vint frapper à la porte de Léonard : celui-ci le prie d'attendre, place le tableau en bon jour, et le fait entrer. Le père recula d'horreur, crut voir un serpent véritable, et s'enfuit effrayé.

Tout ce que les couleuvres, les chauves-souris, les gros insectes des marais, les lézards, ont de plus horrible et de plus dégoûtant, était réuni dans ce monstre ; on le voyait sortir des fentes d'un rocher, et lancer son venin vers le spectateur.

Ce qu'il y a de mieux, c'est que toute cette terreur avait été réunie par une longue observation de la nature. Messer Pietro embrassa son fils, et le bouclier fut vendu trois cents ducats au duc de Milan, Galéas.

CHAPITRE XL

SES PREMIERS OUVRAGES

Les Milanais ont beau jurer leurs grands dieux que Léonard vint de bonne heure chez eux ; il paraît que jusqu'à trente ans il ne quitta pas l'aimable Florence.

C'est d'après la *Tête de Méduse*, à la galerie, qu'il faut se faire une idée de son talent à cette époque. On n'aperçoit le visage qu'en raccourci. Il semble que le peintre ait plus cherché à rendre l'horreur de la chevelure de la fille de Phorcus, que l'horreur de sa physionomie. La vie est dans les couleuvres vertes qui s'agitent sur sa tête. Pour elle, il ne l'a pas peinte morte, mais mourante : son œil terne n'est pas encore fermé ; elle rend le dernier soupir, et l'on voit le souffle impur qui s'exhale de sa bouche.

D'un autre genre d'expression, mais de la même époque, est cet enfant couché dans un riche berceau, que l'on voit à Bologne. Il y a beaucoup de patience dans ce tableau, qui n'offre de partie nue que la tête de l'enfant ; mais il n'y a rien du style connu de Léonard*. La lumière est prodiguée, le peintre ne songe pas encore à cette économie savante qui fut dans la suite une des bases de sa manière. C'est la réflexion qui frappe en voyant la *Madeleine* du palais Pitti, celle du palais Aldobrandini à Rome, les *Saintes Familles* de la galerie Giustiniani, de la galerie Borghèse, etc. On fait souvent admirer aux curieux des têtes de saint Jean-Baptiste ou de Jésus, de ce premier style de Léonard. Quelques-unes sont de lui.

En général, je trouve plus de délicatesse que de beauté dans ces premiers tableaux ; surtout il n'y a rien de cet air un peu dur qui frappe quelquefois dans la beauté antique**, et qui semble avoir été antipathique à Léonard dans tous les temps de sa vie. Son génie le portait à inventer *le beau moderne* ; c'est ce qui le distingue bien de tous les peintres florentins ; il ne put même prendre sur lui de donner assez de dureté aux figures de bourreaux***.

Toutes ces premières têtes de Léonard ressemblent, comme de juste, aux têtes de Verrocchio. Les plis des draperies sont peu variés, les ombres faibles ; le tout est

---

* Par exemple, le portrait de Monna Lisa, ancien Musée Napoléon, n° 1024[156].

** La *Pallas de Velletri*, la *Vénus du Capitole*, la *Mamerca*[157], la *Diane*.

*** Le bourreau qui présente la tête de saint Jean à Hérodiade (galerie de Florence) est plutôt un homme d'esprit goguenard qu'un bourreau.

sec et mesquin, et cependant a de la grâce. Tel fut son premier style.

CHAPITRE XLI

DES TROIS STYLES DE LÉONARD

Si j'avais à parler de ces trois styles, voici mes exemples :

Pour le premier, l'*Enfant au berceau* qui est à Bologne.

Sa seconde manière fut chargée d'ombres extrêmement fortes ; je citerais la *Vierge aux rochers* *, et surtout la figure de Jésus qui bénit le petit saint Jean.

Les demi-teintes composent presque en entier son troisième style, plus tranquille, et d'une harmonie plus tendre. S'il obtient un grand relief, c'est plutôt en se montrant avare de la lumière qu'en prodiguant aux ombres une extrême énergie : voyez cette charmante *Hérodiade* de la Tribune de Florence [159] ; la grâce du style l'emporte sur l'horreur de l'action.

CHAPITRE XLII

LÉONARD À MILAN

Trois écoliers échauffés par les beaux passages de Tite-Live assassinèrent le duc de Milan ; il laissa un fils de huit ans sous la tutelle de son frère le célèbre Louis le Maure. Ce prince aspirait ouvertement à succéder à son pupille, et finit en effet par l'empoisonner.

Ludovic voyait la renommée que les Médicis acquéraient dans Florence en protégeant les arts. Rien ne cache le despotisme comme la gloire. Il appela tous les

---

* Musée royal, n° 933, gravée par Desnoyers. Étudier dans ce tableau la forme des têtes de Léonard [158].

hommes célèbres qu'il put avoir. Il les réunissait, disait-il, pour l'éducation de son neveu. Cet homme se délassait, par des fêtes continuelles, de la noire politique où il fut toujours engagé*. Il aimait surtout la musique et la lyre, instrument célèbre chez les anciens, qui n'est autre pourtant que la triste guitare. On dit que Léonard parut pour la première fois à la cour de Milan, dans une espèce de concours ouvert entre les meilleurs joueurs de lyre d'Italie. Il se présenta avec une lyre de sa façon, construite en argent, suivant de nouveaux principes d'acoustique, et à laquelle il avait donné la forme d'une tête de cheval. Il improvisa en s'accompagnant, il soutint thèse, il raisonna avec esprit sur toutes sortes de sujets ; il enchanta toute la ville réunie au palais du duc, qui le retint à son service.

Soutenir thèse dans un salon serait bien ridicule ; mais, au quinzième siècle, on était jeune encore. La cour elle-même, pour un homme supérieur, avait un charme qu'elle a perdu ; elle était la perfection de la société, elle n'en est plus que la gêne. J'explique ainsi le goût de l'élégant Léonard pour la société des princes.

À Milan, il fut bien vite l'homme à la mode, l'ordonnateur des fêtes de Ludovic, et de celles que les seigneurs de la ville rendaient au souverain, l'ingénieur en chef pour l'irrigation des eaux, le sculpteur d'une statue

---

* Je remarquai à la chartreuse de Pavie, si célèbre par ses marbres, un beau tombeau de Galéas Visconti, fondateur du monastère ; au bas est couchée la statue de Ludovic Sforce, dit le Maure, qui mourut en France au château de Loches... Cet homme est si fameux dans notre histoire par ses méchancetés, que j'eus grand empressement à considérer sa physionomie, qui est tout à fait revenante, et celle du meilleur homme du monde : que les physionomistes argumentent là-dessus. » (De Brosses, I, p. 106 [160].)

Ludovic écrivit au pape qu'il avait des remords qui troublaient ses nuits. Le pape lui accorda une entière absolution, pourvu qu'il confessât ses péchés à son aumônier, et qu'il fît un don convenable à l'Église. Il donna la terre de la *Sforzesca*, sur le Tessin, où j'ai lu cette correspondance autographe [161]. (Note de sir W. E.).

équestre que le prince élevait à son père*, et enfin le peintre de ses deux maîtresses.

CHAPITRE XLIII

VIE PRIVÉE DE LÉONARD À LA COUR DE LUDOVIC

Cécile Galerani et Lucrèce Crivelli, les deux plus belles personnes de Milan, appartenaient aux premières familles. Le portrait de Cécile, qui faisait de jolis vers, se voyait autrefois chez le marquis Bonesana. Je n'en ai pu trouver qu'une copie à l'Ambrosienne. Pour Lucrèce, c'est peut-être cette femme en habit rouge broché d'or, avec un diamant au milieu du front, qui est à Paris**.

On trouve dans les manuscrits de Léonard*** le brouillon d'une lettre à Louis le Maure, pour lui détailler tous ses mérites. Cette lettre est écrite**** de droite à gauche, manière simple d'arrêter les indiscrets que

---

* « Je commençai la statue le 23 avril 1490 », dit Léonard.

** Musée, n° 1025[162].

*** Manuscrit de Léonard, vol. atlantique, fol. 382.

**** « *Havendo S^or mio Ill. visto e considerato oramai ad sufficientia le prove di tutti quelli che si reputano maestri et compositori d'instrumenti bellici ; et che le inventione et operatione de dicti instrumenti non sono niente alieni dal comune uso : mi exforserò, non derogando a nessuno altro, farmi intendere da Vostra Excellentia : aprendo a quello li secreti miei : et appresso offerendoli ad ogni suo piacimento in tempi opportuni sperarò cum effecto circha tutte quelle cose, che sub brevità in presente saranno qui di sotto notate.*

I. Ho modo di far punti (ponti) *leggerissimi et acti ad portare facilissimamente et cum quelli seguire et alcuna volta fuggire li inimici ; et altri securi et inoffensibili da fuoco et battaglia : facili et commodi da levare et ponere. Et modi de ardere et disfare quelli de linimici.*

II. So in la obsidione de una terra toglier via laqua dé fossi et fare infiniti pontighatti a scale et altri instrumenti pertinenti ad dicta expeditione.

III. Item se per altezza de argine o per fortezza de loco et di sito non si pottesse in la obsidione de une terra usare l'officio delle bombarde : ho modo di ruinare ogni roccia o altra fortezza se già non fusse fondata sul saxo.

IV. Ho anchora modi de bombarde commodissime et facili ad portare : et cum quelle buttare minuti di tempesta : et cum el fumo de quella dando grande spavento al inimico cum grave suo danno el confusione.

Léonard employa toujours sans autre raison peut-être
que son amour particulier pour tout ce qui était original.

Ces trente volumes de manuscrits et de dessins pris à
Milan, en avril 1796*, jettent un grand jour sur la vie de
l'auteur ; ce n'est pas qu'il soient intéressants. Léonard
n'a pas eu, comme Benvenuto Cellini, l'heureuse idée
de se confesser au public. Ils auraient une bien autre
célébrité[164]. Ce sont des souvenirs la plupart en dessins.
Je n'y ai vu[165] qu'une anecdote assez commune qui
arrête pourtant, parce qu'en marge on trouve ces mots :

V. *Item ho modi per cave et vie strette e distorte facte senz' alcuno stre-
pito per venire ad uno certo... che bisognasse passare sotto fossi o alcuno
fiume.*

VI. *Item fatio carri coperti sicuri ed inoffensibili : e quale entrando
intra ne linimici cum sue artiglierie, non è si grandi multitudine di gente
darme che non rompessino : et dietro a questi poteranno seguire fanterie
assai inlesi e senza alchuno impedimento.*

VII. *Item occorrendo di bisogno farò bombarde mortari et passavolanti
di bellissime e utili forme fora del comune uso.*

VIII. *Dove mancassi le operazione delle bombarde componerò briccole
manghani trabuchi et altri instrumenti di mirabile efficacia et fora del
usato : et in somma secondo la varietà de' casi componerò varie et infinite
cose da offendere.*

IX. *Et quando accadesse essere in mare ho modi de' molti instrumenti
actissimi da offendere et defendere : et navali che faranno resistentia al
trarre de omni grossissima bombarda : et polveri o fumi.*

X. *In tempo di pace credo satisfare benissimo a paragoni de omni
altro in architettura in composizione di edifici et publici et privati : et in
conducere aqua da uno loco ad un altro.*

*Item conducerò in sculptura de marmore di bronzo et di terra : similiter
in pictura ciò che si possa fare ad paragone de omni altro et sia chi vole.*

*Ancora si poterà dare opera al cavallo di bronzo che sarà gloria immor-
tale et eterno onore della felice memoria del S^{re} vostro Padre, et de la
inclyta Casa Sforzesca.*

*Et se alchune de le sopra dicte cose ad alchuno paressino impossibili et
infactibili, me ne offero paratissimo ad farne experimento in el vostro
parco, o in qual loco piacerà a Vostra Excellentia ad la quale umilmente
quanto più posso me raccommando, etc*[163]. »

* Et ramenés par Waterloo à leur premier séjour. Ils avaient été donnés à l'Ambrosienne par Galeazzo Arconato. Charles Ier, roi d'Angleterre, fit offrir jusqu'à mille doubles d'Espagne (60 000 francs) du plus
grand de ces volumes.

voleur, menteur, obstiné, gourmand, *ladro*, *bugiardo*, *ostinato*, *ghiotto* : on veut voir quel était ce bon sujet. « Jacques entra chez moi, il avait dix ans. » Léonard raconte ici les escroqueries de Jacques, qui le vola, qui vola Marco et Giannantonio, ses élèves, probablement Marco d'Oggiono et G. Beltraffio. Il ajoute : « Item, le 26 janvier de l'année suivante 1491, me trouvant chez le seigneur Galéas de Saint-Séverin pour ordonner la joute qu'il donnait, et quelques-uns de ses gens ayant quitté leurs habits pour essayer des costumes d'hommes sauvages que je faisais paraître dans cette fête, Jacques s'approcha adroitement de la bourse de l'un d'eux qui était sur le lit, et déroba l'argent. »

Aimé de Louis le Maure, qui se connaissait en hommes, considéré dans le public comme un des génies de la célèbre Florence, qui venait porter la lumière en Lombardie, Léonard se livrait avec bonheur à l'étonnante fertilité de son génie, et faisait exécuter à la fois vingt travaux divers. Il avait trente ans quand il parut à cette cour brillante, et ne quitta le Milanais qu'après la chute de Ludovic, dix-sept ans plus tard.

CHAPITRE XLIV

SA VIE D'ARTISTE

Il peignait peu pendant ce long séjour. On suit facilement, dans tout le cours de sa vie, l'effet de sa première éducation chez le Verrocchio. Ainsi que son maître, il dessina plus volontiers qu'il ne peignit. Il aima, dans le dessin et dans le choix des figures, non pas tant les contours pleins et convexes à la Rubens, que le gentil et le spirituel, comme le Francia*. Des chevaux et des mêlées de soldats se trouvaient sans cesse sous sa plume. L'anatomie fit l'étude de toute sa vie. En géné-

* Musée, n° 944[166].

ral, il travailla plus à l'avancement des arts qu'à en multiplier les modèles.

Son maître avait été un statuaire habile, comme le prouvent le *Saint Thomas* de Florence et le *Cheval* de Saint-Paul à Venise. À peine Léonard est-il arrivé à Milan, qu'on le voit faire battre de la terre, et modeler un cheval de grandeur colossale. On le voit cultiver assidûment la géométrie, faire exécuter des travaux immenses en mécanique militaire et en hydraulique. Sous ce ciel brûlant, il fait parvenir l'eau dans tous les coins des prairies du Milanais. C'est à lui que nous devons, nous autres voyageurs, ces paysages admirables où la fertilité et la verdure colossale des premiers plans n'est égalée que par les formes bizarres des montagnes couvertes de neige qui forment, à quelques milles, un horizon à souhait pour le plaisir des yeux.

Il bannit le gothique des bâtiments; il dirigea une académie de peinture; mais, au milieu de tant d'affaires, il ne peignit guère que le *Cénacle* du couvent des Grâces.

CHAPITRE XLV

LÉONARD AU COUVENT DES GRÂCES

Il est impossible que vous ne connaissiez pas ce tableau; c'est l'original de la belle gravure de Morghen.

Il s'agissait de représenter ce moment si tendre où Jésus, à ne le considérer que comme un jeune philosophe entouré de ses disciples la veille de sa mort[167], leur dit avec attendrissement : « En vérité, je vous le dis, l'un de vous doit me trahir. » Une âme aussi aimante dut être profondément touchée, en songeant que parmi douze amis qu'il s'était choisis, avec lesquels il se cachait pour fuir une injuste persécution, qu'il avait voulu voir réunis ce jour-là en un repas fraternel, emblème de la réunion des cœurs et de l'amour universel qu'il voulait établir sur la terre, il se trouvait cependant un traître qui, pour une somme d'argent, allait le livrer à ses ennemis. Une douleur aussi sublime et aussi tendre demandait, pour être exprimée en peinture, la disposition la plus simple, qui permît à l'attention de se fixer tout entière sur les paroles que Jésus prononce en ce moment. Il fallait une grande beauté dans les têtes des disciples, et une rare noblesse dans leurs mouvements, pour faire sentir que ce n'était pas une vile crainte de la mort qui affligeait Jésus. S'il eût été un homme vulgaire, il n'eût pas perdu le temps en un attendrissement dangereux, il eût poignardé Judas, ou du moins pris la fuite, entouré de ses disciples fidèles.

Léonard de Vinci sentit la céleste pureté et la sensibilité profonde qui font le caractère de cette action de Jésus ; déchiré par l'exécrable indignité d'une action aussi noire, et voyant les hommes si méchants, il se dégoûte de vivre, et trouve plus de douceur à se livrer à la céleste mélancolie qui remplit son âme, qu'à sauver une vie malheureuse qu'il faudrait toujours passer avec de pareils ingrats. Jésus voit son système d'amour universel renversé. « Je me suis trompé, se dit-il, j'ai jugé des hommes d'après mon cœur. » Son attendrissement est tel, qu'en disant aux disciples ces tristes paroles : « L'un de vous va me trahir », il n'ose regarder aucun d'eux.

Il est assis à une table longue, dont le côté qui est contre la fenêtre et vers le spectateur est resté vide. Saint Jean, celui de tous les disciples qu'il aima avec le plus de tendresse, est à sa droite, à côté de saint Jean est saint Pierre ; après lui vient le cruel Judas.

Au moyen du grand côté de la table qui est resté libre, le spectateur aperçoit pleinement tous les personnages. Le moment est celui où Jésus achève de prononcer les paroles cruelles, et le premier mouvement d'indignation se peint sur toutes les figures.

Saint Jean, accablé de ce qu'il vient d'entendre, prête

cependant quelque attention à saint Pierre, qui lui explique vivement les soupçons qu'il a conçus sur un des apôtres assis à la droite du spectateur.

Judas, à demi tourné en arrière, cherche à voir saint Pierre et à découvrir de qui il parle avec tant de feu, et cependant il assure sa physionomie, et se prépare à nier ferme tous les soupçons. Mais il est déjà découvert. Saint Jacques le Mineur, passant le bras gauche par-dessus l'épaule de saint André, avertit saint Pierre que le traître est à ses côtés. Saint André regarde Judas avec horreur. Saint Barthélemy, qui est au bout de la table, à la gauche du spectateur, s'est levé pour mieux voir le traître.

À la gauche du Christ, saint Jacques proteste de son innocence par le geste naturel chez toutes les nations ; il ouvre les bras et présente la poitrine sans défense. Saint Thomas quitte sa place, s'approche vivement de Jésus, et élevant un doigt de la main droite, semble dire au Sauveur : « Un de nous ? » C'est ici une des nécessités qui rappellent que la peinture est un art terrestre. Il fallait ce geste pour caractériser le moment aux yeux du vulgaire, pour lui bien faire entendre la parole qui vient d'être prononcée. Mais il n'a point cette noblesse d'âme qui devait caractériser les amis de Jésus. Qu'importe qu'il soit sur le point d'être livré par un ou par deux de ses disciples ? Il s'est trouvé une âme assez noire pour trahir un maître si aimable ; voilà l'idée qui doit accabler chacun d'eux, et bientôt après va se présenter cette seconde pensée : Je ne le verrai plus ; et cette troisième : Quels sont les moyens de le sauver ?

Saint Philippe, le plus jeune des apôtres, par un mouvement plein de naïveté et de franchise, se lève pour protester de sa fidélité. Saint Matthieu répète les paroles terribles à saint Simon, qui refuse d'y croire. Saint Thadée, qui le premier les lui a répétées, lui indique saint Matthieu, qui a entendu comme lui. Saint Simon, le dernier des apôtres à la droite du spectateur, semble s'écrier : « Comment osez-vous dire une telle horreur ? »

Mais on sent que tous ceux qui entourent Jésus ne sont que des disciples, et, après la revue des personnages, l'œil revient bien vite à leur sublime maître. La douleur si noble qui l'opprime serre le cœur. L'âme est ramenée à la contemplation d'un des grands malheurs de l'humanité, la trahison dans l'amitié. On sent qu'on a besoin d'air pour respirer ; aussi le peintre a-t-il représenté ouvertes la porte et les deux croisées qui sont au fond de l'appartement. L'œil aperçoit une campagne lointaine et paisible, et cette vue soulage. Le cœur a besoin de cette tranquillité silencieuse qui régnait autour du mont Sion, et pour laquelle Jésus aimait à y rassembler ses disciples. La lumière du soir, dont les rayons mourants tombent sur le paysage*, lui donne une teinte de tristesse conforme à la situation du spectateur. Il sait bien que c'est là la dernière soirée que l'ami des hommes passera sur la terre. Le lendemain, lorsque le soleil sera parvenu à son couchant, il aura cessé d'exister.

Quelques personnes penseront comme moi sur cet ouvrage sublime de Léonard de Vinci, et ces idées paraîtront recherchées au plus grand nombre ; je le sens bien. Je supplie ce plus grand nombre de fermer le livre. À mesure que nous nous connaîtrions mieux, nous ne ferions que nous déplaire davantage. On trouvera facilement dans les autres histoires de la peinture des descriptions plus exactes, où sont notées fidèlement la couleur du manteau et de la tunique de chacun des disciples** ; d'ailleurs on peut admirer le travail exquis des plis de la nappe.

---

* « *Now fades the glimmering landscape on the sight* [168]. » (Gray.)
** *Del Cenacolo*, etc., par Joseph Bossi, 1812 [169].

CHAPITRE XLVI

EXÉCUTION

S'il fut jamais un homme choisi par la nature pour peindre un tel sujet, ce fut Léonard de Vinci. Il avait cette rare noblesse de dessin, plus frappante chez lui que chez Raphaël même, parce qu'il ne mêle point à la noblesse l'expression de la force. Il avait ce coloris mélancolique et tendre, abondant en ombres, sans éclat dans les couleurs brillantes, triomphant dans le clair-obscur, qui, s'il n'avait pas existé, aurait dû être inventé pour un tel sujet. Ses défauts mêmes ne nuisent point ; car la noblesse ne s'offense pas d'un peu de sécheresse dans le dessin et d'ombres tirant sur la couleur de fer*. Si enfin l'on considère la hauteur colossale des personnages et la grandeur du tableau, qui a trente et un pieds quatre pouces de large, sur quinze pieds huit pouces de haut, l'on conviendra qu'il dut faire époque dans l'histoire des arts, et l'on me pardonnera de m'y arrêter encore.

L'âme plus noble que passionnée de Vinci ne négligeait jamais de relever ses personnages par l'extrême délicatesse et le fini de l'architecture, des meubles, et des ornements qui les entourent**. L'homme sensible, qui réfléchira sur la peinture, verra avec étonnement que les petites raies bleues qui coupent le blanc de la nappe, que les ornements délicats, réguliers et simples, de la salle où se passe cette scène attendrissante,

---

* Un peu de *petitesse* même, qui est le contraire de la générosité, de la confiance dans les autres, ne nuit pas à la noblesse. Ceci deviendra sensible dans les belles-lettres. Garder toutes les avenues contre la critique est une des qualités du style très noble. Cela saute aux yeux dans les manières françaises, et l'extrême froideur du grand monde ; l'extrême vanité ramène l'enfance de la civilisation, où l'on ne paraissait jamais qu'armé. Passez le Rhin, ce vice a disparu.

** « *Levan di terra al ciel nostr' intelletto.* » (Petrarca[170].)

ajoutent au degré de noblesse. Ce sont là les moyens de la peinture. Quoi de plus vil en soi-même que ce petit morceau de métal nommé caractère d'imprimerie? Il précipite les tyrans de leur trône.

CHAPITRE XLVII

NOMS DES PERSONNAGES

Sous une ancienne copie de la *Cène* qui est à Ponte Capriasca, j'ai trouvé une inscription latine qui indique le nom des apôtres, en commençant par celui qui est debout, à la gauche du spectateur.

Saint Barthélemy, saint Jacques le Mineur, saint André, saint Pierre, Judas, saint Jean, Jésus, saint Jacques le Majeur, saint Thomas, saint Philippe, saint Matthieu, saint Thadée, saint Simon.

Cet ordre est assez probable. Je veux dire qu'il est très possible que cette inscription existât sous la fresque originale, et que d'ailleurs les deux ou trois apôtres qu'il est facile de reconnaître au moyen des détails donnés par l'Évangile, ou par les anciens auteurs, sont placés dans le tableau comme dans l'inscription. Le caractère de cette copie de Ponte Capriasca est la facilité.

Une ancienne tradition du village rapporte qu'elle fut faite par un brillant jeune homme de Milan, qui, fuyant cette grande ville, s'y était venu cacher vers l'an 1520. Il put retourner à Milan quelque temps après l'avoir finie. Les principaux du pays voulurent le payer. Il refusa longtemps; ne pouvant à la fin se défendre de recevoir soixante-dix écus, il descendit sur la place publique, et distribua cet argent aux plus pauvres habitants. De plus, il donna à l'église qui avait occupé son exil une ceinture de taffetas rouge qu'il avait coutume de porter, et dont on se sert encore aux grandes fêtes.

Malgré la tradition et la ceinture, les connaisseurs sont d'avis que cette *Cène* est de Pierre Luini, fils du célèbre Bernardino, et qu'elle ne peut remonter plus haut que l'an 1565.

CHAPITRE XLVIII

ÉPOQUE OÙ LE CÉNACLE FUT FAIT

En 1495, le Montorfano, artiste vulgaire, ayant peint à l'une des extrémités du réfectoire des Grâces *Jésus crucifié entre les deux larrons*, Louis le Maure, devenu duc de Milan par la mort de son neveu, voulut, dit-on, que Léonard y ajoutât d'un côté son portrait, de l'autre celui de sa femme et de ses enfants. Ce qui reste de ces portraits est bien médiocre pour les croire de Léonard.

On a trouvé le livre des dépenses[171] de l'architecte employé par Ludovic aux travaux des Grâces. On lit, au folio 17, la note suivante :

« 1497. *Item per lavori facti in lo refectorio dove dipinge Leonardo gli apostoli con una finestra lire* 37, 16 *s* *. »

Frère Luca Paciolo, géomètre, et ami intime de Vinci, nous a laissé le témoignage qu'en 1498 il avait terminé son tableau.

Léonard était alors dans sa quarante-sixième année.

CHAPITRE XLIX

VESTIGES DES ÉTUDES FAITES PAR LÉONARD
POUR LE TABLEAU DE LA CÈNE

La prose italienne, antérieure à Alfieri, tombe sans cesse dans le *vague*. C'est le supplice de ceux qui lisent cette langue de chercher un sens net au milieu d'un océan de paroles harmonieuses.

---

* « Pour travaux faits au réfectoire où Léonard peint les apôtres, et pour une fenêtre, liv. 37, 16 sous. »

L'envie de faire de l'esprit, l'avilissement qui ôte tout intérêt d'écrire clairement sur des sujets difficiles, l'amour des princes pour le style vague*[172], ont jeté dans ce cruel défaut. Je devrais faire précéder d'un *peut-être* ou d'un *on dit* tous les détails un peu précis que j'ai recueillis dans des centaines de bouquins sur les choses anciennes de la peinture. Le renseignement que je viens de citer est donné en ces termes par fra Paciolo : « Léonard de sa main sublime avait déjà exprimé le superbe simulacre de l'ardent désir de notre salut dans le digne et respectable lieu de la spirituelle et corporelle réfection du saint temple des Grâces, auquel désormais doivent céder tous ceux d'Apelle, de Myron et de Polyclète. » On se rappelle, malgré soi, cet ivrogne qui, voyant trébucher un de ses camarades, s'écrie :

> Las ! ce que c'est que de nous cependant,
> Voilà l'état où je serai dimanche[173].

Voilà pourtant ce que sera l'esprit du jour dans trois siècles.

J. B. Giraldi[174] publia en 1554 des discours sur la manière de composer le roman et la comédie ; on y trouve ce passage : « Le poète dramatique doit suivre l'exemple du fameux Léonard de Vinci. Ce grand peintre, quand il devait introduire quelque personnage dans un de ses tableaux, s'enquérait d'abord en lui-même de la qualité de ce personnage : s'il devait être du genre noble ou vulgaire, d'une humeur joyeuse ou sévère, dans un moment d'inquiétude ou de sérénité ; s'il était vieux ou jeune, juste ou méchant. Après avoir, par de longues méditations, répondu à ces demandes, il allait dans les lieux où se réunissaient d'ordinaire les gens d'un caractère analogue. Il observait attentivement leurs mouvements habituels, leur physionomie,

---

* Histoire de la littérature espagnole sous les Philippes ; style des Jésuites.

l'ensemble de leurs manières; et, toutes les fois qu'il trouvait le moindre trait qui pût servir à son objet, il le crayonnait sur le petit livre qu'il portait toujours sur lui. Lorsque après bien des courses il croyait avoir recueilli des matériaux suffisants, il prenait enfin les pinceaux.

« Mon père, homme fort curieux de ces sortes de détails, m'a raconté mille fois qu'il employa surtout cette méthode pour son fameux tableau de Milan.

« Le Vinci avait terminé le Christ et les onze apôtres; mais il n'avait fait que le corps de Judas : la tête manquait toujours, et il n'avançait point son ouvrage. Le prieur, impatienté de voir son réfectoire embarrassé de l'attirail de la peinture, alla porter ses plaintes au duc Ludovic, qui payait très noblement Léonard pour cet ouvrage. Le duc le fit appeler, et lui dit qu'il s'étonnait de tant de retard. Vinci répondit qu'il avait lieu de s'étonner à son tour des paroles de Son Excellence, puisque la vérité était qu'il ne se passait pas de jour qu'il ne travaillât deux heures entières à ce tableau.

« Les moines revenant à la charge, le duc leur rendit la réponse de Léonard. "Seigneur, lui dit l'abbé, il ne reste plus à faire qu'une seule tête, celle de Judas; mais il y a plus d'un an que non seulement il n'a pas touché au tableau, mais qu'il n'est pas même venu le voir une seule fois." Le duc, irrité, fait revenir Léonard. "Est-ce que ces pères savent peindre? répond celui-ci. Ils ont raison; il y a longtemps que je n'ai pas mis les pieds dans leur couvent; mais ils ont tort quand ils disent que je n'emploie pas tous les jours au moins deux heures à cet ouvrage. — Comment cela, si tu n'y vas pas? — Votre excellence saura qu'il ne me reste plus à faire que la tête de Judas, lequel a été cet insigne coquin que tout le monde sait. Il convient donc de lui donner une physionomie qui réponde à tant de scélératesse : pour cela, il y a un an, et peut-être plus, que tous les jours, soir et matin, je vais au Borghetto, où Votre Excellence sait bien qu'habite toute la canaille de sa capitale; mais je n'ai pu trouver encore un visage de scélérat qui satisfasse à ce que j'ai dans l'idée. Une fois ce visage trouvé, en un jour je finis le tableau. Si cependant mes recherches sont vaines, je prendrai les traits de ce père prieur qui vient se plaindre de moi à Votre Excellence, et qui d'ailleurs remplit parfaitement mon objet. Mais j'hésitais depuis longtemps à le tourner en ridicule dans son propre couvent."

« Le duc se mit à rire, et, voyant avec quelle profondeur de jugement le Vinci composait ses ouvrages, comprit comment son tableau excitait déjà une admiration si générale. Quelque temps après, Léonard, ayant rencontré une figure telle qu'il la cherchait, en dessina sur la place les principaux traits, qui, joints à ce qu'il avait déjà recueilli pendant l'année, le mirent à même de terminer rapidement sa fresque. De même, le poète dramatique... etc. »

Telle a été la pratique constante des grands peintres d'Italie. De nos jours encore, Appiani [175], le dernier des peintres à fresque, ayant eu l'ordre de peindre, au palais de Milan, les *Quatre parties du monde réveillées par les exploits de Buonaparte* [176], je me souviens qu'il fut plus de huit jours sans vouloir travailler à une peau de lion. Comme je lui marquais mon étonnement : « Voulez-vous que je devienne un peintre maniéré ? me répondit-il. Combien ai-je vu de peaux de lions en ma vie ? et quelle attention leur ai-je donnée ? Non, je ne ferai celle-ci qu'en présence de la nature. »

Léonard fit, dit-on, pour son tableau un carton de même grandeur. Il fit en petit les ébauches de chaque tête. Les têtes de saint Pierre et de Judas qui se trouvent dans les manuscrits de Paris ont été publiées par Gerli *. On assure encore que Léonard peignit séparément les figures de chacun des douze apôtres et celle de Jésus. Ces tableaux précieux appartinrent d'abord aux

* Gerli, in-fol. italien et français, Milan, 1784, chez Galeazzi.

comtes Arconati, changèrent souvent de main; enfin, vers l'an 1740, furent achetés par un M. Odny, consul d'Angleterre.

Lomazzo[177] rapporte que Léonard fit ces mêmes têtes au pastel. La célèbre peintre Angelica Kauffmann[178] disait que celles des apôtres, mais non la tête de Jésus, avaient passé en Angleterre de Rome, où elle les avait vues, et où deux peintres anglais en firent l'acquisition vers la fin du dix-huitième siècle.

Feu M. Mussi, bibliothécaire à l'Ambrosienne de Milan, croyait posséder la tête du Christ, peinte au pastel par Léonard. Angelica Kauffmann, à qui il la montra, la jugea originale, et peinte du même style que les apôtres. Cette tête est sans barbe, et a beaucoup servi à Matteini, l'auteur du dessin gravé par Morghen; car, dans l'original, l'on ne voit pas assez la tête de Jésus pour pouvoir la dessiner. Seulement, par respect pour les anciennes copies, on a ajouté dans la gravure un commencement de barbe.

Après des préparatifs infinis, Léonard peignit le *Cénacle* à l'huile, suivant en cela la méthode nouvellement inventée par Jean de Bruges, méthode qui permet de corriger, de douter, de chercher la perfection, toutes choses qui allaient si bien à son caractère. La fresque où il faut courir, et se contenter d'à-peu-près, convient plus aux Michel-Ange, aux Lanfranc, aux génies résolus. Léonard semblait trembler quand il prenait les pinceaux.

Le choix qu'il fit dans cette occasion doit laisser des regrets éternels; la fresque indigne de Montorfano étale une fraîcheur piquante à l'un des bouts du réfectoire, tandis qu'à l'autre extrémité le concierge vous indique quelques traits confus sur la muraille. C'est là le *Cénacle* de Léonard de Vinci.

Singulier en tout, il employa des huiles trop dégraissées. Cette préparation, qui ôte à l'huile de sa consistance, rend aussi les peintures moins sujettes à jaunir;

et c'est ce qu'on observe dans la seule partie qui n'ait pas été repeinte, une portion de ciel qui resplendit encore au fond du tableau, derrière la tête de Jésus.

Toutes les causes de destruction semblèrent réunies par un hasard cruel contre ce premier des chefs-d'œuvre. Vinci, pour préparer la muraille, y appliqua une composition particulière qui, au bout de peu d'années, devait tomber en écailles. Le mur était fait de mauvais matériaux, le couvent bâti dans un fond, le réfectoire situé à l'endroit le plus bas, et, de tout temps, dès qu'il y a eu quelque inondation dans le Milanais, on a trouvé cette salle pleine d'eau.

CHAPITRE L

Le fameux Matteo Bandello [179], que notre aimable François Ier fit évêque, parce qu'il contait bien, met la cinquante-huitième nouvelle de son recueil dans la bouche de Léonard. Il dédie cette nouvelle à Geneviève Gonzaga, et commence ainsi : « Du temps de Ludovic, quelques gentilshommes qui se trouvaient à Milan se rencontrèrent un jour au monastère des Grâces, dans le réfectoire des pères dominicains. Ils contemplaient en silence Léonard de Vinci, qui achevait alors son miraculeux tableau de la *Cène*. Ce peintre aimait fort que ceux qui voyaient ses ouvrages lui en dissent librement leur avis. Il venait souvent de grand matin au couvent des Grâces; et cela je l'ai vu moi-même. Il montait en courant sur son échafaudage. Là, oubliant jusqu'au soin de se nourrir, il ne quittait pas les pinceaux depuis le lever du soleil jusqu'à ce que la nuit tout à fait noire le mît dans l'impossibilité absolue de continuer. D'autres fois il était trois ou quatre jours sans y toucher, seulement il venait passer une heure ou deux, les bras croisés, à contempler ses figures, et apparemment à les critiquer en lui-même. Je l'ai encore vu en plein midi, quand le soleil dans la canicule rend les rues de Milan désertes, partir de la citadelle, où il modelait en terre son cheval de grandeur colossale, venir au couvent sans chercher l'ombre, et par le chemin le plus court, là donner en hâte un ou deux coups de pinceau à l'une de ses têtes, et s'en aller sur-le-champ.

« Mais, pour en revenir à nos gentilshommes, pendant que nous étions à voir travailler Léonard, le cardinal Gurcense, qui avait pris son logement dans notre couvent, vint au réfectoire pour visiter cet ouvrage célèbre. Dès que Léonard aperçut le cardinal, il descendit, vint le saluer, et en fut traité avec toute la distinction possible. On raisonna dans cette occasion de bien des choses, et entre autres de l'excellence de la peinture, plusieurs désirant que l'on pût voir de ces tableaux antiques qui sont si fort loués dans les bons auteurs, afin de pouvoir juger si nos peintres modernes peuvent se comparer aux anciens.

« Le cardinal demanda à Léonard quels étaient ses appointements à la cour du duc ; à quoi il répondit que d'ordinaire il avait une pension de deux mille ducats, sans les présents de toute nature dont Son Excellence le comblait tous les jours. Le cardinal, auquel ce traitement parut fort considérable, nous quitta un moment après pour remonter dans ses appartements.

« Vinci, pour nous montrer alors en quel honneur on avait de tout temps tenu l'art de la peinture, nous conta une histoire que je n'ai jamais oubliée. »

La nouvelle qui suit est une anecdote relative à Fra Filippo, que Léonard commence par des plaisanteries sur l'ignorance du cardinal Gurcense.

Bugati, dans son histoire publiée en 1570, dit bien que Louis le Maure avait assigné à son peintre une pension de cinq cents écus ; mais il est possible que le traitement de Léonard eût été augmenté, ou qu'il en cumulât plusieurs.

Jean-Paul Lomazzo, peintre, aveugle à trente ans, et cependant auteur de vers très gais et très médiocres, l'est aussi du meilleur traité de peinture que nous ayons. Il est vrai qu'il faut chercher les préceptes sensés dans un océan de paroles. On trouve au chapitre IX du Ier livre, écrit vers l'an 1560 :

« Parmi les modernes, Léonard de Vinci, peintre étonnant, donna tant de beauté et de majesté à saint Jacques le Majeur et à son frère, dans son tableau de la *Cène*, qu'ayant ensuite à traiter la figure de Jésus-Christ il ne put l'élever au degré de beauté sublime qui lui semblait convenable. Après avoir cherché longtemps, il alla demander conseil à son ami Bernardo Zenale, qui lui répondit : "Ô Léonard ! elle est d'une telle conséquence l'erreur que tu as commise, que Dieu seul peut y porter remède ; car il n'est pas plus en ton pouvoir qu'en celui d'aucun mortel de donner à un personnage plus de beauté et un air plus divin que tu ne l'as fait pour les têtes de saint Jacques le Majeur et de son frère. Ainsi laisse le Christ imparfait, car tu ne le feras jamais être le Christ auprès de ces deux apôtres." Et Léonard suivit ce conseil, comme on peut encore le distinguer aujourd'hui, quoique la peinture tombe en ruine. »

CHAPITRE LI

MALHEURS DE CE TABLEAU

Lorsque le roi François Ier, qui aimait les arts comme un Italien, entra en vainqueur dans Milan (1515), il eut l'idée de faire transporter le *Cénacle* en France ; il demanda à ses architectes si, au moyen d'énormes poutres et de barres de fer, ils se feraient fort de maintenir la muraille, et d'empêcher qu'elle ne se brisât en route ; ce dont personne n'osa lui répondre. De nos jours, rien de plus aisé; on eût mis d'abord le tableau sur toile*.

Le *Cénacle* était alors dans tout son éclat; mais, dès l'an 1540, Armenini nous le représente comme à demi effacé. Lomazzo assure, en 1560, que les couleurs avaient bien vite disparu, que, les contours seuls restant, on ne pouvait plus admirer que le dessin.

En 1624, il n'y avait presque plus rien à voir dans cette fresque, dit le chartreux Sanèse. En 1652, les pères dominicains trouvant peu convenable l'entrée de leur réfectoire, n'eurent pas de remords de couper les jambes au Sauveur et aux apôtres voisins pour agrandir la porte d'un lieu si considérable. On sent l'effet des coups de marteau sur un enduit qui déjà de toutes parts se détachait de la muraille. Après avoir coupé le bas du tableau, les moines firent clouer l'écusson de l'empereur dans la partie supérieure, et ces armes étaient si amples qu'elles descendaient jusqu'à la tête de Jésus.

Il était écrit que les soins de ces gens-là seraient aussi funestes à nos plaisirs que leur indifférence. En 1726, ils prirent la fatale résolution de faire arranger le tableau par un nommé Bellotti, barbouilleur, qui prétendait avoir un secret. Il en fit l'expérience devant quelques moines délégués, les trompa facilement, et enfin se fit une cabane couverte devant le *Cénacle*. Caché derrière cette toile, il osa repeindre en entier le tableau de Vinci; il le découvrit ensuite aux moines stupides, qui admirèrent la puissance du secret pour raviver les couleurs. Le Bellotti, bien payé et qui n'était pas peu charlatan, donna aux moines, par reconnaissance, la recette du procédé.

Le seul morceau qu'il respecta fut le ciel, dont apparemment il désespéra d'imiter avec ses couleurs grossières la transparence vraiment divine : jugez-en par le

---

* Comme l'empereur vient de le faire à Rome pour la *Descente de croix* de Daniel de Volterra. Tôt ou tard quelque Anglais riche rendra le même service aux fresques du Dominiquin à Saint-Nil[180].

ciel charmant de ce tableau de Pérugin qui est au bout du Musée[181].

La partie plaisante de ce malheur, c'est que les louanges sur la finesse pleine de grâces du pinceau de Léonard ne manquèrent pas de continuer de la part des connaisseurs. Un M. Cochin[182], artiste justement estimé à Paris, trouvait ce tableau fort dans le goût de Raphaël.

CHAPITRE LII

À leur tour, les couleurs de Bellotti se ternirent, et probablement le tableau fut encore retouché avec des couleurs en détrempe. Il fut question, en 1770, de le faire rétablir de nouveau. Mais cette fois on délibérait longuement parmi les amateurs, et avec une attention digne du sujet, lorsque, sur la recommandation du comte de Firmian, gouverneur de Milan, et de plus, homme d'esprit, dont ce n'est pas là le plus beau trait, le malheureux tableau fut livré à un M. Mazza, qui acheva de le ruiner. L'impie eut l'audace de racler avec un fer à cheminée le peu de croûtes vénérables qui restaient depuis Léonard; il appliqua même sur les parties qu'il voulait repeindre une teinte générale, afin de placer plus commodément ses couleurs. Les gens de goût murmuraient tout haut contre le barbouilleur et son protecteur. « On devrait bien, disaient-ils, confier la conservation des grands monuments à quelques-uns des corps de l'État toujours si prudents, si lents à se déterminer, si amateurs des choses anciennes. »

Mazza n'avait plus à faire que les têtes des apôtres Matthieu, Thaddée, et Simon, quand le prieur du couvent, qui s'était empressé de donner les mains à tout ce que Son Excellence avait paru désirer, obtint, mais trop tard, une place à Turin. Son successeur, le père Galloni, dès qu'il eut vu le travail de Mazza, l'arrêta tout court.

En 1796, le général en chef Buonaparte[183] alla visiter le tableau de Vinci ; il ordonna que le lieu où étaient ses restes fût exempt de tout logement militaire, et en signa même l'ordre sur son genou avant de remonter à cheval. Mais, peu après, un général, dont je tairai le nom[184], se moqua de cet ordre, fit abattre les portes, et fit du réfectoire une écurie. Ses dragons trouvèrent plaisant de lancer des morceaux de briques à la tête des apôtres. Après eux, le réfectoire des Dominicains fut un magasin à fourrages : ce ne fut que longtemps après[185] que la ville obtint la permission de murer la porte.

En 1800, une inondation mit un pied d'eau dans cette salle abandonnée, et cette eau ne s'en alla que par évaporation. En 1807, le couvent étant devenu une caserne, le vice-roi[186] fit restaurer cette salle avec le respect dû au grand nom de Léonard. Sous ce gouvernement despotique, rien de ce qui était grand ne se trouvait difficile. Le génie qui de loin civilisait l'Italie voulut rendre éternel ce qui restait du tableau de la *Cène*, et, de la même main qui envoyait en exil l'auteur d'*Ajace*[187], il signait le décret en vertu duquel le *Cénacle* a été copié en mosaïque de la grandeur même de l'original : entreprise qui surpasse tout ce que la mosaïque a tenté jusqu'ici, et qui touchait presque à sa fin, lorsque l'étoile de Napoléon a cessé de briller sur l'Italie.

Pour le travail de l'artiste en mosaïque il fallait une copie. Le prince confia ce travail à M. Bossi. En voyant la copie de la Chartreuse de Pavie, et celle de Castellazzo, on prend une haute idée du crédit dont jouissait ce peintre à la cour du prince Eugène.

CHAPITRE LIII

EXTRAIT DU JOURNAL DE SIR W. E. [188]

6 janvier 1817[189].

Je viens de voir le *Cénacle* de feu M. Bossi, chez Raf-faelli; c'est un gros ouvrage sans génie.

1° Le coloris est l'opposé de celui de Vinci. Le genre noir et majestueux de Léonard convenait surtout à cette scène. L'artiste milanais a pris un coloris de brique, illuminé de partout, mou, trop fondu, sans caractère. Il est sûr que dans une église son tableau ferait plus d'effet que celui de Léonard; il serait aperçu; mais il serait surtout admiré des sots.

Dans une galerie, la *Cène* de Bossi déplaira toujours. Un livre fait à l'appui d'un tableau lui ôte la grâce qu'il faut pour toucher. Qu'on pense à l'effet contraire: un tableau trouvé par hasard, d'un auteur malheureux et point intrigant.

2° Quant à l'expression, je me charge de prouver que tous les personnages ont un fonds de niaiserie. Malgré la grosseur des formes, le style a toutes les petitesses; Judas ressemble à Henri IV: la lèvre inférieure avancée lui donne de la bonté, et bonté d'autant plus grande qu'elle n'est pas détruite par l'esprit. Judas est un homme bon et réfléchi, qui a le malheur d'avoir les che-veux rouges.

Sans sublimer la nature, la figure de M***, le commissaire de police à Rome, qui m'a dénoncé, don-nait sur-le-champ un meilleur Judas, ou celle de l'ambassadeur A***[190].

La campagne, derrière la tête du Christ, m'a fait beaucoup de plaisir, même avant que j'y aperçusse du véritable vert. Une tête de Christ du Guide, que j'ai trouvée dans l'atelier de M. Raffaelli*, a été pour moi une terrible critique du tableau de Bossi. Au total, la gravure de Morghen me convient beaucoup mieux. Ce n'est pas une raison décisive. J'ai encore besoin de traduction pour plusieurs peintres : les Carraches, par exemple, dont les noirs me déplaisent.

M. Bossi fut un homme d'esprit, très adroit, très considéré, qui fit honorer les arts. Lui, Prina, Melzi, Teulié, et quelques autres, contribuèrent à élever son pays.

Suivant le conseil de Henri [191], avant d'aller frapper à la caserne *delle Grazie*, j'ai vu la copie de Castellazzo à deux milles de Milan, la copie de la Chartreuse de Pavie**, celle de Bianchi à l'Ambrosienne, le carton de Bossi***, et enfin l'atelier de M. Raffaelli. La marche de l'esprit est de la netteté au sublime.

Ce qui m'a le plus frappé, moi ignorant, dans tout cela, c'est la copie de Castellazzo. Elle est aussi dans le réfectoire négligé d'un couvent supprimé, mais tout près d'une fenêtre et dans le plus beau jour. Je me suis trouvé devant cette copie de Marco d'Oggiono, trois cent trois ans après qu'elle avait été faite, et là où elle n'a pas été grattée exprès (pour enlever l'outremer), on compte les coups de pinceau, et les traits sont aussi nets que si elle était peinte d'hier. Par exemple, les yeux de saint Thomas sont brillants de colère, et de la plus belle transparence. Marco n'a soigné que les têtes, mais

---

* Célèbre mosaïste romain, appelé à Milan par Napoléon. Il n'a plus à faire que la partie du tableau qui est au-dessous de la nappe ; ce morceau de mosaïque a plus de huit cents palmes de superficie. Où placer cette masse énorme ? Au Dôme peut-être dont la même main a fini l'interminable façade. Le coloris de cette copie en verre s'éloigne moins de Léonard que la brique de M. Bossi. Placée dans quelque église sombre, elle aura du moins, par sa masse, un peu du grandiose de l'original.

** Chez MM. Pezzoni, à Milan ou à Lugano ; je leur en ai offert 12 000 francs, qu'ils ont refusés.

*** À la villa Buonaparte ; il a coûté 24 000 francs au prince Eugène ; beaucoup meilleur que le tableau.

elles sont extrêmement préférables à celles de Bossi, elles sont sans comparaison plus belles, et ont plus de caractère. Saint Barthélemy est un très beau jeune homme, et l'expression de Jésus va au cœur. Il est affligé que les hommes soient si méchants, et nullement irrité de son danger présent.

C'est devant la fresque de Castellazzo qu'a été fait le dessin de Matteini, gravé par Morghen*.

Les personnages de Léonard sont assis à table d'une

---

* J'ai vu dans mes voyages environ quarante copies de la *Cène* de Léonard.

Les principales, après celles dont j'ai parlé, sont :

La copie du Grand hôpital de Milan, 1500, fresque.

La copie de Saint-Barnaba à Milan, 1510, probablement par Marco d'Oggiono. C'est une copie faite par lui en présence de l'original, pour le guider dans ses copies en grand.

Copie de Saint-Germain-l'Auxerrois, probablement transportée à Paris en 1517.

Copie d'Écouen. Le connétable de Montmorency la fit faire vers l'an 1520.

Copie de *San Benedetto*, près Mantoue, 1525, par Monsignore.

Copie à la Bibliothèque Ambrosienne, l'une des plus remarquables, faite par Bianchi dit le Vespino, de 1612 à 1616. Le cardinal Frédéric Borromée voulut conserver ce qu'on pouvait encore distinguer dans l'original. Ce cardinal était connaisseur et homme d'esprit, ainsi qu'en fait foi sa description du *Cénacle*. Le peintre a calqué sur l'original les contours de chaque tête, et pour travailler plus commodément, a fait chaque tête sur une toile séparée. La réunion de toutes ces petites toiles a formé le tableau. Cette copie, qui ne présente que la moitié supérieure de l'original, a poussé au noir. La tête du Sauveur est la moins bonne.

Copie de la galerie de Munich, vers 1650. Ce tableau, qui a un peu plus de deux brasses de large, est attribué au Poussin (à vérifier). Les accessoires sont changés ; le fond est enrichi de colonnes. L'attitude de saint Matthieu est changée, ainsi que celle de quelques autres apôtres.

Copie de l'*Ospedaletto* à Venise, 1660.

Copie à *San Pietro in Gessate* à Milan, 1665, par les deux fils de Santagostino ; tableau très noir ; mais la tête de Jésus[192] conserve beaucoup d'expression.

Copie célèbre à Lugano, par Luini. Huit des figures sont de son invention ; mais il a copié celles du Christ et des apôtres Pierre, Thomas, Barthélemy et Jacques le Majeur. La physionomie de Judas est remarquable.

André del Sarto a imité le *Cénacle* de Vinci, dans celui qu'il a fait à fresque pour le couvent de Saint-Salvi près Florence. Il y a un jeune apôtre qui se lève tout à coup en entendant les terribles paroles de

manière beaucoup trop serrée; à l'exception du Christ, ils ne pouvaient pas se mouvoir.

J'en conviens, l'ordre dans lequel on voit fait tout pour le jeune amateur.

Je doute que sans cette gradation j'eusse rien compris au tableau de Léonard.

CHAPITRE LIV

DE LA VÉRITÉ HISTORIQUE

On fait une objection à Léonard. Il est certain que les apôtres et le Christ prenaient leur repas, couchés sur des lits, et non assis à une table, comme les modernes. Mais Vinci est grand artiste, précisément pour n'avoir pas été savant. C'est comme la vérité historique qu'exige la tragédie. Si les nuages que vous prenez dans l'histoire passent la science du commun des spectateurs, ils s'en étonnent, ils s'y arrêtent. Les moyens de l'art ne traversent plus rapidement l'esprit pour arriver à l'âme.

Une glace ne doit pas faire remarquer sa couleur, mais laisser voir parfaitement l'image qu'elle reproduit*. Les professeurs d'athénée ne manquent jamais la petite remarque ironique sur la bonhomie de nos ancêtres, qui se laissaient émouvoir par des Achille et des Cinna, à demi cachés sous de vastes perruques. Si ce défaut n'avait pas été remarqué, il n'existait pas.

On pardonne à Shakespeare les ports de mer qu'il met en Bohême, si d'ailleurs il peint les mouvements de

---

Jésus, dont l'expression est charmante, et tout à fait dans le génie d'André.

* C'est par un artifice contraire que l'abbé Delille soutenait ses vers. Le lecteur tout occupé s'amuse à deviner des énigmes, et n'a pas le temps de remarquer que les mots de ces énigmes, les uns au bout des autres, ne valent guère la peine d'être lus.

l'âme avec une profondeur au moins aussi étonnante que le savoir géographique de MM. Dussault, Nodier, Martin, etc. [193].

Quand le cérémonial des repas anciens eût été aussi généralement connu qu'il était ignoré, Vinci l'eût encore rejeté. Le Poussin, ce grand peintre, a fait un tableau de la *Cène** : ses apôtres sont couchés sur des lits. Les demi-savants approuvent du haut de leur savoir; mais je vous apprends peut-être l'existence du tableau : c'est que les personnages paraissent sous des raccourcis extrêmement difficiles. Le spectateur étonné dit un mot sur l'habileté du peintre, et passe. Si nous avions la vision du dernier repas de Jésus dans toute la vérité des circonstances judaïques qui l'accompagnèrent, frappés d'étonnement, nous ne songerions pas à être émus. Nos barbares ancêtres ayant eu l'idée, en déposant la lance, de prendre l'Ossian de ce petit peuple hébreu pour leur livre sacré, les grands peintres ont été gens d'esprit de nous épargner le ridicule de leurs mœurs.

CHAPITRE LV

Vinci fut distrait de ses études, pour la statue colossale et pour le tableau, par les ouvrages qu'il fallut entreprendre pour rendre l'Adda navigable (1497). On voit, par une note, que dès ce temps il avait avec lui l'aimable Salaï**. Ce fut son élève favori, ce qu'on appelait alors son *creato*. Vinci, si beau lui-même, et si

---

* Musée de Paris, n° 57 [194].
** La cape de Salaï, le 4 avril 1497 :

Brasses 4 de drap argentin, liv	15	4
Velours vert pour ornement	9	»
Bindelli	»	9
Magliette	»	12
Façon	1	5
Bindello pour devant	»	5
Punta [195]	1	»

distingué par l'élégance de ses mœurs, fut sensible aux grâces de même genre qui brillaient dans Salaï. Il l'eut auprès de lui jusqu'à sa mort, et ce bel élève lui servait de modèle pour ses figures d'anges.

Cependant l'étoile de Ludovic commençait à pâlir. Les dépenses d'une guerre obstinée jointes à celles d'une cour voluptueuse épuisaient son trésor. Les grands travaux languissaient, faute d'argent.

L'affaire importante de Léonard était de jeter en bronze la statue équestre dont il avait fini le modèle. Il fallait, pour cette statue, qui devait avoir vingt-trois pieds de haut (7 mètres 45 centimètres), environ deux cent mille livres de bronze. Je croirais assez que dans ces calculs il ne s'agit que du cheval. Les effrénés bavards qui fournissent ces détails ne disent pas un mot de la figure de Sforce, qui n'eût pas manqué de leur inspirer de belles choses. Une telle dépense était bien au-delà des moyens actuels, car je trouve dans une lettre adressée au duc par Léonard qu'on devait à celui-ci ses appointements de deux ans.

Ludovic tomba avec courage. Au milieu des derniers soupirs de sa politique, il eut toujours dans son palais les conférences littéraires établies en des temps plus heureux. Je vois, par une épître dédicatoire de Fra Paciolo, qu'un *duel* scientifique, pour me servir de ses termes, eut encore lieu au palais le 8 février 1498, et que Léonard y assistait. Le même Fra Paciolo nous apprend que Vinci, après avoir terminé le grand tableau de la *Cène* et ses traités sur la peinture, s'adonna tout entier à la physique et à la mécanique; il peignit pourtant encore une fois avant la chute de Ludovic la belle Cécile Galerani*, portrait précieux, s'il est vrai qu'on y reconnaisse que les parties colossales du tableau de la *Cène* avaient achevé de guérir Léonard de la sécheresse du Verrocchio, et si l'on n'y retrouve plus ce style minu-

* À Milan, chez MM. Pallavicini.

tieux, et par conséquent un peu froid, qui règne dans ses premiers ouvrages.

Ludovic, qui voulait du bien à Léonard, voyant que ses affaires prenaient décidément un mauvais tour, et n'ayant plus d'argent, lui fit donation, par un des derniers actes de son gouvernement, d'une vigne située près la porte Vercellina (1499). Peu après, Louis XII descendant des Alpes avec une puissante armée, le duc de Milan, sans trésor, sans soldats, fut réduit à la fuite. Le modèle en terre de ce cheval, auquel Léonard avait travaillé seize ans, servit de but à des arbalétriers gascons, et fut mis en poudre. Tout ce qu'il avait peint à la citadelle, alors le palais du duc, eut le même sort.

Ludovic allait partout mendiant des secours contre la France. Maximilien, empereur d'Allemagne, et les Suisses, lui prêtèrent enfin quelques troupes, qui, réunies aux habitants de Milan, très las des insolences françaises, le remirent sur le trône. Mais son bonheur fut de courte durée : ces mêmes Suisses qui l'avaient secouru le vendirent* au maréchal de la Trémouille, et Louis XII l'envoya mourir au château de Loches.

Il serait trop long de suivre Léonard pendant cette révolution. Il paraît qu'il eut l'espoir de voir les arts fleurir de nouveau à Milan ; mais, s'étant aperçu que les Français, au milieu de leurs opérations guerrières, ne voulaient que des fêtes et des intrigues avec les jolies femmes, il partit pour Florence, avec son cher Salaï et son ami le géomètre Fra Paciolo.

Le gonfalonier perpétuel Pierre Soderini, celui dont Machiavel a affublé l'incapacité d'une épigramme si

---

* « *In Switzerland, believe me, there is much less liberty than people imagine. I give you my word that few places exhibit more of despotism than Z***. The government of that canton is iniquitous in a very sublime degree... The aristocracy of Z*** raised my indignation, while I staid there. I speak not of the form of which one reads, but of facts which passed under my own eyes.* » — Voir la conduite de B*** en 1815, *L. Grey's speech.* — (*Tweddel's Remains*, p. 111.)[196]

plaisante*, le fit peintre de sa maison, avec des appointements convenables.

CHAPITRE LVI

LÉONARD DE RETOUR EN TOSCANE

Léonard, rentrant dans sa patrie (1500), trouva un dangereux émule dans le jeune Michel-Ange, alors âgé de vingt-six ans ; c'est ce qui paraît bien singulier quand on voit à la Tribune de Florence une *Madone* de Buonarroti à côté de l'*Hérodiade* de Léonard. Mais le génie ardent du sculpteur emportait les difficultés avec une sorte de furie qui plaisait aux amateurs** ; ils préféraient Michel-Ange, qui travaillait vite, à Léonard, qui promettait toujours.

Vinci trouve en arrivant que les Servites avaient donné à Filippino Lippi le tableau du maître-autel de l'*Annunziata*. Il laisse entendre qu'il s'en chargerait ; Filippino se retire, et les moines, pour augmenter le zèle de Léonard, le prennent dans leur couvent avec toute sa suite ; il y demeura longtemps, les payant de promesses. Il fit enfin le carton de *Sainte Anne*, qui, tout divin qu'il est, ne faisait point l'affaire des moines, qui voulaient un tableau d'autel ; ils furent réduits à rappeler Filippino.

Louis XII avait déjà obtenu de Léonard une ébauche du même sujet. Marie, assise sur les genoux de sa mère, se penche en souriant pour recevoir dans ses bras son fils, jeune enfant qui joue avec un agneau***. Ce

---

*   *La notte che mori Pier Soderini*
       L'alma n' andò dell' Inferno alla bocca :
       E Pluto le gridò : anima sciocca,
       Che Inferno ? Va nel Limbo de' bambini [197].

** La monarchie nous a rendus bien plus sensibles à la grâce qu'on ne l'était à Florence, république expirante.

*** Un de ces cartons, divinement peint par Salaï, a été acheté par le prince Eugène à la sacristie de Saint Celse, et gravé par M. Benaglia.

tableau, plein de tendresse et d'une gaieté douce, est, à mes yeux, l'emblème fidèle du caractère de Léonard. On lui attribue trois cartons semblables qui ont produit trois tableaux, l'un de Luini, le meilleur de ses imitateurs, parce qu'il tenait de la nature la même façon de sentir ; le second de Salaï ; le troisième est au musée de Paris, sous le nom de Vinci lui-même (n° 932 [198]).

À Florence, comme partout, la lutte de la force contre la grâce n'eut pas un succès douteux. Il ne faut que de la foi pour avoir peur des phrases de Bossuet, il faut de l'âme pour goûter Fénelon. J'avouerai d'ailleurs que le genre de vie que Léonard menait à Florence, s'occupant librement, tantôt de mathématiques, et tantôt de peinture, était fort différent de l'application tenace et enflammée par laquelle chacun des moments de Michel-Ange était consacré à ce qu'il y a de plus difficile dans les arts.

L'impétuosité de Buonarroti ne paraissait que dans son atelier. Le reste de sa vie n'était qu'accessoire à ses yeux : la gentillesse et le caractère plus calme de Léonard lui permettaient au contraire de plaire à chaque instant, et d'attacher de la grâce à toutes ses actions comme à tous ses ouvrages. Il y a du bon goût aux Florentins de n'avoir pas préféré l'homme aimable.

Au lieu d'entreprendre des tableaux d'autel qui lui semblaient une trop grande affaire, Léonard se mit à peindre les jolies femmes de la société. D'abord, Ginevra de' Benci, la plus belle fille de Florence, dont la jolie physionomie embellit aussi une des fresques de Ghirlandaio ; ensuite Monna Lisa, femme de Francesco del Giocondo. Quand il recevait dans son atelier ces jolis modèles, Léonard, accoutumé à briller dans une cour galante, et qui aimait à jouir de son amabilité, réunissait les gens les plus à la mode et les meilleurs musi-

---

Le tableau de Luini, peint sur toile et en détrempe, est chez M. Venini, à Milan. (Note de sir W. E., qui a revu l'Italie depuis moi.)

ciens de la ville. Il était lui-même d'une gaieté piquante, et n'épargnait rien pour changer en parties de plaisir les séances qu'il obtenait ; il savait que l'air ennuyé éloigne toute sympathie, et cherchait l'âme encore plus que les traits de ses charmants modèles. Il travailla quatre ans au portrait de Monna Lisa, qu'il ne donna jamais pour terminé, et que notre François Ier, malgré ses embarras, paya quarante-cinq mille francs (Musée, n° 1024[199]). C'est une des sources où il faut puiser le vrai style de Léonard. La main droite est éclairée absolument à la Corrège. Il est singulier que cette jolie femme n'eût pas de sourcils.

Après la chute de Ludovic, Léonard ne retrouva plus cette vie tranquille si nécessaire aux artistes, une fois que les événements de la jeunesse ont formé leur génie.

César Borgia le nomma ingénieur en chef de ses armées*. Les fonctions de cette charge, rien moins qu'oisive sous un prince aussi actif, firent voyager Léonard. Ses manuscrits de cette époque montrent bien cette curiosité insatiable et cette activité de tous les moments, qui peut-être ne vont pas avec une âme passionnée.

Nous le trouvons, le 30 juillet 1502, à Urbin, où il dessine un colombier, un escalier remarquable, et la citadelle. Le 1er août, il dessine à Pesaro certaines machines en usage dans le pays ; le 8, il est à Rimini, où il est frappé de l'harmonie que produit la chute des eaux de la fontaine publique. Le 11, à Césène il dessine une maison, il décrit un char et la manière dont les habitants transportent le raisin. Le 1er septembre, il dessine le port de Cesenatico.

À Piombino, il observe attentivement le mouvement par lequel une onde de la mer en chasse une autre, et vient en s'amincissant se perdre sur le rivage. À Sienne, il décrit une cloche singulière.

---

* La patente commence ainsi : « *Cæsar Borgia de Francia, Dei gratia dux... etc.* »

Ce fut peut-être au retour de cette tournée que ses concitoyens le chargèrent par un décret spécial de peindre la grande salle du conseil nouvellement bâtie en partie sur ses plans.

Soderini lui assigne des appointements; il commence le dessin; il donne une préparation au mur. Elle ne tient pas; il se dégoûte. On l'accuse de manquer de délicatesse. Léonard indigné fait, à l'aide de ses amis, la somme entière qu'il avait reçue, et la porte à Soderini, qui la refusa toujours.

Le sujet que Léonard devait peindre en concurrence avec Michel-Ange, et que ces deux grands hommes ne firent jamais que dessiner, était la bataille d'Anghiari, victoire décisive qui sauva la république des armes de Philippe Visconti; victoire fatale qui empêcha peut-être l'Italie de se voir une nation. Cette bataille si importante a une circonstance bien plaisante, et qui montre l'horreur des peuples du Midi pour la douleur, c'est qu'il n'y eut qu'un homme de tué, et encore par accident; il fut foulé par les chevaux*.

L'étoile de Léonard pâlit devant Michel-Ange. Rien de plus simple. Le sujet était tout à fait dans le génie de ce dernier. Un tableau de bataille ne peut guère présenter que la force physique et le courage, et inspirer que la terreur. La délicatesse y serait déplacée, et la noblesse ne s'y sépare pas de la force. Il faut une imagination impétueuse et noire, un Jules Romain, un Salvator Rosa. Tout au plus quelque beau jeune homme moissonné à la fleur des ans peut inspirer une tendre pitié. J'ignore si Léonard eut recours à quelque épisode de ce genre; son carton disparut pendant les révolutions de Florence**.

---

* Machiavel, *lib.* V. Il y a une longue note de Vinci sur cette affaire (manusc. in-fol. p. 83). Elle est écrite de droite à gauche, avec une orthographe et même une syntaxe particulières. Ce génie singulier ne touchait à rien sans inventer.

** Quel joli tableau, sous le pinceau de Vinci, qu'Angélique trouvant Médor sur le champ de bataille, et le faisant porter chez le pas-

CHAPITRE LVII

MALHEURS DE LÉONARD

La mémoire de cet homme aimable inspire un tendre intérêt, quand on vient à songer que de ses trois grands ouvrages, la *Cène*, le cheval de grandeur colossale, et le carton de la bataille d'Anghiari, rien n'est resté pour rendre témoignage de lui à la postérité.

Lorsque ces ouvrages existaient, aucun graveur célèbre ne s'en occupa; longtemps après, Edelynck grava une partie du carton, mais sur un dessin de Rubens, fait d'après Léonard; c'est Virgile traduit par madame de Staël *[201].

Je ne suivrai pas la vie privée de Léonard. En 1504, il perdit son père; l'année suivante il était encore en Toscane. En 1507, nous le trouvons en Lombardie. Il écrit à ses sœurs de la Canonica sur l'Adda, où il habitait une maison de son ami François Melzi, jeune gentilhomme de Milan.

Cette âme délicate et tendre fuyait avec une horreur qui choque le vulgaire toutes les choses qui peuvent blesser par leur laideur. Il n'avait auprès de lui que des objets beaux ou gracieux. François Melzi, beau comme Salaï, s'attacha également au Vinci, et, quelques années après, le suivit à la cour de France.

On raconte que Léonard se promenait souvent avec ses aimables élèves, et prenait plaisir à se laisser charmer avec eux des aspects touchants ou sublimes que la

---

teur[200]! De la noblesse, de la délicatesse plutôt que les transports d'une âme passionnée, désignaient ce sujet à Léonard. Heureux les grands peintres, s'ils eussent lu un peu moins la Bible, et un peu plus l'Arioste et le Tasse!

* Il ne reste plus que le croquis de quelques cavaliers combattant pour un étendard. (*Etruria pittrice*[202], t. I, pl. xxix.)

nature offre à chaque pas dans sa chère Lombardie.
Tout était bonheur pour lui,

> Jusqu'au sombre plaisir d'un cœur mélancolique[203].

La Fontaine.

Un jour, par exemple, il s'approcha avec une curiosité
d'enfant de certaines grandes cages où des marchands
exposaient en vente de beaux oiseaux. Après les avoir
considérés longtemps, et admiré avec ses amis leurs
grâces et leurs couleurs, il ne put s'éloigner sans payer
les plus beaux, qu'il prit lui-même dans la cage, et auxquels il rendit la liberté : âme tendre, et que la contemplation de la beauté menait à l'attendrissement !

On montre à la Canonica, près d'une des fenêtres, un
portrait qui, dit-on, offre les traits et l'ouvrage de Léonard.

Au château voisin de Vaprio, appartenant aussi à
l'illustre famille Melzi*, on fait voir, comme de lui, une
Madone colossale. Ce qu'il y a de sûr, c'est qu'en 1796
des soldats allumèrent le feu de leur marmite contre le
mur sur lequel elle est peinte. Les têtes seules ont
résisté à cet outrage de la guerre. La tête de Marie a six
palmes[205] de proportion, celle de Jésus quatre palmes.
Quelques personnes attribuent cet ouvrage au Bramante.

Il paraît que cette année et la suivante Léonard
s'occupa encore de l'Adda, que ses travaux avaient rendue navigable sur un espace de deux cents milles. Dans
tous les genres, son affaire n'était pas de faire exécuter
des choses connues, mais de créer l'art à mesure des
difficultés. Je vois la date de 1509 à côté du dessin d'une
de ses écluses qui subsiste encore.

À cette époque, c'était Louis XII qui tenait la Lombardie, et ses troupes remportèrent, non loin de l'Adda et

---

* Le duc de Lodi[204] était de ce nom ; il aima vraiment sa patrie et la
liberté. Il fut trompé aux comices de Lyon par Buonaparte.

de la retraite de Léonard, la fameuse victoire d'Agna-del[206]. On dit que Léonard fit le portrait du général vainqueur, Jean-Jacques Trivulzi. Le bon Louis XII récompensa Vinci de ses travaux d'hydraulique, en faisant sortir la récompense du travail même : il lui donna douze pouces d'eau à prendre dans le grand canal, près San Cristoforo ; il eut de plus le titre de peintre du roi, et des appointements.

En 1510, l'année où son ancien maître Ludovic acheva sa triste vie, il revit Florence. Deux ans après, il se trouva à Milan, justement pour y voir rentrer le jeune Maximilien, fils de Ludovic, ce même prince pour l'enfance duquel il avait peint jadis un livre de prières. Ce triomphe n'eut rien de décisif. En Lombardie, tout était confusion, vengeance, et misère. « Je partis de Milan pour Rome, le 24 septembre 1514, avec François Melzi, Salaï, Lorenzo et Fanfoja », dit Léonard dans ses manuscrits*.

CHAPITRE LVIII

LÉONARD À ROME

Les arts allaient triompher. Léon X venait d'être élevé au souverain pontificat. Julien de Médicis, qui se rendait à Rome pour le couronnement de son frère, y mena Léonard. Un exemple des préventions que donne l'intrigue, même aux princes qui ont le plus de génie naturel, c'est que l'aimable Léon X n'ait pas goûté l'aimable Vinci. Léon X commande un tableau à Léonard ; celui-ci se met à distiller des herbes pour composer les vernis ; sur quoi le pape dit publiquement : « Certes, nous n'aurons jamais rien de cet homme, puisque avant de commencer il s'occupe de ce qui doit finir. »

* Manuscrit B, p. 1.

Vinci sait ce propos, et quitte Rome d'autant plus volontiers qu'il apprend que Michel-Ange y est rappelé. On trouve dans ses manuscrits une machine qu'il inventa pour frapper les monnaies du pape et les rendre parfaitement rondes.

Sa vie philosophique et sa manière de méditer ses ouvrages ne convenaient plus à une cour bruyante. D'ailleurs, après la furie de Jules II, on était accoutumé, en fait d'arts à Rome, à voir terminer rapidement les plus grandes entreprises. Ce défaut, inhérent à un trône toujours rempli par des vieillards, était fortifié par l'habitude d'avoir des gens résolus, des Bramante, des Michel-Ange, des Raphaël.

Il avait débuté par faire à Saint-Onuphre, où le Tasse repose, une *Madone portant Jésus dans ses bras*, peinture raphaëlesque qui s'est déjà écaillée et détachée du mur en plusieurs endroits. Le dataire de Léon X, Balthazar Turini, eut de lui deux tableaux, l'un desquels se trouvait, dit-on, à la galerie de Düsseldorf*.

Mais un ouvrage d'une tout autre importance, c'est la *Madone* de Pétersbourg, un des plus beaux tableaux qui aient pénétré dans ces climats glacés.

Peut-être a-t-il été fait pour Léon X lui-même. Ce qu'il y a de sûr, c'est qu'il se trouvait dans le palais des ducs de Mantoue; car il y fut volé lors du pillage de cette ville par les troupes allemandes. Les voleurs le tinrent caché un grand nombre d'années. Il passait pour perdu, lorsqu'en 1777 on l'offrit à l'abbé Salvadori, l'un des secrétaires du comte de Firmian. Cet abbé faisait un grand secret de sa bonne fortune, de peur que son maître ne voulût l'acheter. Il fit cependant entrevoir son tableau à quelques amis sûrs, entre autres à M. de Pagave, amateur célèbre.

À la mort de l'abbé, ses héritiers emportèrent le chef-

---

* Voir planche XIV, n° 67. Le séjour à Rome de Léonard est bien court pour tant d'ouvrages; peut-être y alla-t-il deux fois.

d'œuvre de Léonard à Moris, bourg du Trentin, où les agents de Catherine II le déterrèrent et l'achetèrent à grand prix.

Ce qui arrête devant ce tableau, c'est la manière de Raphaël employée par un génie tout différent. Ce n'est pas que Léonard fût homme à imiter quelqu'un. Tout son caractère s'y oppose. Mais cherchant le sublime de la grâce et de la majesté, il se rencontra tout naturellement avec le peintre d'Urbin. S'il avait été en lui de chercher l'expression des passions profondes et d'étudier l'antique, je ne doute pas qu'il n'eût reproduit Raphaël en entier ; seulement il lui eût été supérieur pour le clair-obscur. Dans l'état des choses, cette *Sainte Famille* de Pétersbourg est, à mon sens, ce que Léonard a jamais fait de plus beau. Ce qui la distingue des Madones de Raphaël, outre la différence extrême d'expression, c'est que toutes les parties sont trop terminées. Il manque un peu de facilité et d'aménité dans l'exécution matérielle. C'était la faute du temps. Raphaël lui-même a été surpassé par le Corrège.

Il faut que Vinci appréciât lui-même son ouvrage ; car il y plaça son chiffre, les trois lettres D. L. V. enlacées ensemble, signature dont on ne connaît qu'un autre exemple dans le tableau de M. Sanvitali à Parme.

Quant à la partie morale de la *Madone de l'Ermitage*, ce qui frappe d'abord, c'est la majesté et une beauté sublime*. Mais si dans le style Léonard s'est rapproché de Raphaël, jamais il ne s'en éloigna davantage pour l'expression.

Marie est vue de face · elle regarde son fils avec fierté ; c'est une des figures les plus grandioses qu'on ait jamais attribuées à la mère du Sauveur. L'enfant, plein de gaieté et de force, joue avec sa mère. Derrière elle, à la gauche du spectateur, est une jeune femme occupée

---

* Le tableau en général est sublime ; les têtes ne sont nullement grecques.

à lire. Dans le tableau, cette figure, pleine de dignité, prend le nom de sainte Catherine; mais c'est probablement le portrait de la belle-sœur de Léon X. Du côté opposé est un saint Joseph, la tête la plus originale du tableau. Saint Joseph sourit à l'enfant, et lui fait une petite mine affectée pleine de la grâce la plus parfaite. Cette idée est tout entière à Léonard. Il était bien loin de son siècle, de songer à mettre une figure gaie dans un sujet sacré; et c'est en quoi il fut le précurseur du Corrège.

L'expression sublime de ce saint Joseph tempère la majesté du reste, et écarte toute idée de lourdeur et d'ennui. Cette tête singulière se retrouve souvent chez les imitateurs de Vinci; par exemple, dans un tableau de Luini au musée de Brera.

À côté du tableau de Léonard, on trouvait à l'Ermitage, en 1794, une *Sainte Famille* de Raphaël, contraste éclatant. Autant celle du peintre de Florence présente de majesté, de bonheur et de gaieté, autant celle de Raphaël a de grâce et de mélancolie touchante. Marie, figure de la première jeunesse, offre l'image la plus parfaite de la pureté de cet âge. Elle est absorbée dans ses pensées; sa main gauche s'est éloignée insensiblement de son fils, qu'elle contenait sur ses genoux. Saint Joseph a les yeux fixés sur l'enfant avec l'expression de la tristesse la plus profonde. Jésus se retourne vers sa mère, et jette sur saint Joseph un dernier regard avec ces yeux qu'il fut donné d'exprimer au seul Raphaël. C'est une de ces scènes d'attendrissement silencieux que goûtent quelquefois les âmes tendres et pures que le ciel a voulu rapprocher un instant.

CHAPITRE LIX

LÉONARD ET RAPHAËL

Pour peu que l'on compare les récits que font les contemporains de l'âme noble, affectueuse, pleine de discernement, toujours désireuse de s'avancer vers la perfection qui anima ces deux lumières de l'art, on n'a pas de peine à rejeter toute idée d'imitation. L'un et l'autre tiraient des divers effets de la nature, parmi lesquels ils choisissaient avec un génie semblable, des ouvrages qui paraissent sortir du même pinceau : mais s'ils peuvent tromper l'œil exercé, ils ne tromperont jamais l'âme sensible.

Je mettrais parmi les ouvrages de Léonard qui rappellent le mieux le génie de Raphaël le portrait de Léonard lui-même à l'âge qu'il avait lors de son voyage à Rome*. Ce portrait, qu'un juste respect a placé sous verre, se voit à Florence, dans ces salles où le cardinal Léopold de Médicis recueillit les portraits des grands peintres faits par eux-mêmes. La force du style fait pâlir tous les portraits qui l'entourent. Telle est encore cette tête de jeune homme que dans une autre salle l'on fait passer pour le portrait de Raphaël ; et enfin, pour finir par l'exemple le plus frappant, cette célèbre demi-figure de jeune religieuse dans la galerie Niccolini, dont je ne dirai rien, de peur de paraître exagéré aux personnes qui n'ont pas vu Florence. C'est un de ces tableaux qui impriment profondément l'amour de la peinture, et donnent la chaleur nécessaire pour dévorer vingt volumes de niaiseries.

Qui a vu Rome, et ne se rappelle pas avec une douce émotion, au milieu de tant de souvenirs que laisse la

---

* Très bien gravé dans la collection de l'imprimeur Bettoni, à Padoue.

Ville éternelle, cette *Dispute de Jésus-Christ* à la galerie
Doria, et ce portrait que l'on croit être de la belle reine
Jeanne de Naples, la Marie Stuart de l'Italie ; et ces deux
figures du palais Barberini, où Léonard chercha à
exprimer la Vanité et la Modestie ? On voit ce grand
homme arrivant au sublime. Après avoir atteint toutes
les parties matérielles de son art, il cherche à rendre les
mouvements de l'âme. Les Romains font remarquer
qu'aucun peintre n'a jamais pu faire de copie passable
de ces deux figures.

Le Corrège a réuni la grâce de l'expression à celle du
style. Léonard, dont le style était mélancolique et solennel*, eut la grâce de l'expression presque au même
point que le Corrège. Voyez, au palais Albani, cette
Madone qui semble demander à son fils une belle tige
de lis avec laquelle il joue. L'enfant, enchanté de sa
fleur, semble la refuser à sa mère, et se penche en
arrière : action charmante dans un jeune Dieu, et qui
surpasse de bien loin tout ce que les bas-reliefs antiques
de l'éducation de Jupiter par les nymphes du mont Ida
offrent de plus gracieux.

CHAPITRE LX

Je croirais que ces tableaux ont été faits pendant les
divers séjours de Léonard à Florence, plutôt que pendant le peu de temps qu'il s'arrêta dans Rome. Dans
l'état actuel de nos connaissances biographiques, ce
serait imiter de trop près Winckelmann[207] et les autres
historiens de l'art antique que vouloir assigner l'époque
de chacun d'eux. Il s'agit d'un homme qui fut grand de
bonne heure, tenta sans cesse de nouvelles voies pour
arriver à la perfection, et souvent laissa ses ouvrages à

---

* Voyez la *Vierge au Rocher*, au Musée de Paris, et le *Saint Georges* à
Dresde, ou celui de M. Frigeri, à Milan.

moitié terminés, lorsqu'il désespérait de les porter au sublime*.

Nous pouvons répéter de Léonard ce que nous aurons à dire du Frate, du Corrège et de tous les peintres qui ont excellé dans le clair-obscur.

Il donna au sculpteur Rustici le modèle des trois statues de bronze qui sont au-dessus de la porte boréale du Baptistère à Florence.

Le cardinal Frédéric Borromée, le neveu du grand homme saint Charles, faisant la description du tableau qui est à Paris (n°1033[209]), et que Luini a peint sur le dessin de Vinci, dit que l'on conservait encore de son temps le modèle fait en terre par Léonard pour la figure de l'enfant. Lomazzo se glorifiait d'avoir dans son atelier une petite tête de Jésus, où il trouvait toute l'expression possible. Léonard disait souvent que ce n'est qu'en modelant que le peintre peut trouver la science des ombres.

CHAPITRE LXI

ÉTUDES ANATOMIQUES DE LÉONARD

Les idées à la fois exactes et fines ne pouvaient être rendues par le langage du quinzième siècle. Pour peu que nous ne voulions pas raisonner comme un faiseur de prose poétique, nous sommes réduits à deviner.

Probablement Léonard approcha d'une partie de la science de l'homme, qui même aujourd'hui est encore vierge : la connaissance des faits qui lient intimement la science des passions, la science des idées, et la médecine. Le vulgaire des peintres ne considère dans les larmes qu'un signe de la douleur morale. Il faut voir que c'en est la marque *nécessaire*. C'est à reconnaître la nécessité de ce mouvement, c'est à suivre l'effet anato-

---

* Par exemple, le grand tableau de la galerie de Florence[208].

mique de la douleur depuis le moment où une femme tendre reçoit la nouvelle de la mort de son amant jusqu'à celui où elle le pleure, c'est à voir bien nettement comment les diverses pièces de la machine humaine forcent les yeux à répandre des larmes, que Léonard s'appliqua. Le curieux qui a étudié la nature sous cet aspect voit souvent les autres peintres faire courir un homme sans lui faire remuer les jambes.

Je ne connais que deux écrivains qui aient approché franchement de la science attaquée par Léonard : Pinel et Cabanis*[210]. Leurs ouvrages, pleins du génie d'Hippocrate, c'est-à-dire de faits et de conséquences bien déduites de ces faits, ont commencé la science. Les phrases de Zimmermann[212] et des Allemands ne peuvent qu'en donner le goût.

Lorsque le bon curé Primrose**[213] arrive, au milieu de la nuit, après un long voyage, devant sa petite maison, et qu'au moment où il étend le bras pour frapper il l'aperçoit toute en feu, et les flammes sortant de toutes les fenêtres, c'est la physiologie qui apprend au peintre, comme au poète, que la terreur marque la face de l'homme par une pâleur générale, l'œil fixe, la bouche béante, une sensation de froid dans tout le corps, un relâchement des muscles de la face, souvent une interruption dans la chaîne des idées. Elle fait plus, elle donne le pourquoi et la liaison de chacun de ces phénomènes.

Un peintre a présenté Valentine de Milan pleurant son époux***. Il a réussi à toucher le public par la jolie devise : « Plus ne m'est rien, rien ne m'est plus », par l'écusson des Visconti placé aux vitraux de la fenêtre****, et par un chien fidèle. Assurément, cela fait l'éloge de la sensibilité française.

---

* *Traité de la manie* et *Rapports du moral.* Voir Crichton : *An inquiry into the nature and origin of mental derangements*, Londres, 1798[211].
** *The Vicar of Wakefield.*
*** Exposition de 1812[214].
**** « *Dove dell' angue esce l'ignudo fanciullo.* » (L'Arioste[215].)

Un peintre du quinzième siècle eût probablement négligé cette harmonie des convenances, présent fait aux arts par la moderne littérature. Mais, au lieu de faire un petit visage gris d'un pouce de proportion, qui n'est que l'accessoire du beau gothique de la voûte, il eût prêté une oreille attentive à la physiologie, qui lui disait :

« Le chagrin profond produit un sentiment de langueur générale, la chute des forces musculaires, la perte de l'appétit, la petitesse du pouls, le resserrement de la peau, la pâleur de la face, le froid des extrémités, une diminution très sensible dans la force du cœur et des artères, d'où vient un sentiment trompeur de plénitude, d'oppression, d'anxiété, une respiration laborieuse et lente qui entraîne les soupirs et les sanglots, et le regard presque farouche, qui complète la profonde altération des traits[216]. »

Suivant les préceptes pratiqués par Léonard pour le tableau de la *Cène*, le peintre italien eût pénétré dans les prisons et dans les loges de Bedlam[217]. Il eût reconnu la vérité de ces traits caractéristiques. Ceux que son art ne peut rendre lui eussent aidé, en présence de la nature, à reconnaître les circonstances qu'il peut imiter. Enfin, après des études réfléchies, rempli d'une profonde connaissance de la *tristesse*, et ayant devant les yeux ce qu'il y avait de commun dans les traits de tous les malheureux qu'il avait observés, l'Italien aurait peint sa tête de Valentine sur le premier fond venu, sans songer à tout le parti que l'on peut tirer d'une corniche ; mais tout le monde comprend une corniche.

Voilà, ce me semble, le genre d'observations dont Léonard s'occupa toute sa vie ; mais il n'y avait que le même nom d'*anatomie* pour cette étude-ci, et la science des muscles où triompha Michel-Ange. Le peu de figures nues que Léonard a laissées prouve assez que la science des muscles fut pour lui sans attrait particulier. On conçoit facilement, au contraire, son goût dominant pour une étude qui tirait parti de toutes les observations que l'homme d'esprit avait faites dans le monde.

Un amour-propre délicat devait trouver des jouissances vives dans ce genre de découvertes. Leur évidence plaçait leur auteur bien au-dessus de tous les prétendus philosophes de son siècle, qui, follement partagés entre les chimères de Platon et celles d'Aristote, changeaient de temps en temps d'absurdités, sans pour cela approcher davantage du vrai.

CHAPITRE LXII

IDÉOLOGIE DE LÉONARD

Depuis douze siècles l'esprit humain languissait dans la barbarie. Tout à coup un jeune homme de dix-huit ans osa dire : « Je vais me mettre à ne rien croire de ce qu'on a écrit sur tout ce qui fait le sujet des discours des hommes. J'ouvrirai les yeux, je verrai les circonstances des faits, et n'ajouterai foi qu'à ce que j'aurai vu. Je recommande à mes disciples de ne pas croire en mes paroles. »

Voilà toute la gloire de Bacon[218]; et, quoique le résultat auquel il arrive sur le *froid* et le *chaud*, qu'il prend avec quelque emphase pour exemple de sa manière de chercher la vérité, soit ridicule, l'histoire des idées de cet homme est l'histoire de l'esprit humain.

Or, cent ans avant Bacon, Léonard de Vinci avait écrit ce qui fait la grandeur de Bacon*; son tort est de n'avoir pas imprimé. Il dit :

« L'interprète des artifices de la nature, c'est l'expérience; elle ne trompe jamais; c'est notre jugement qui quelquefois se trompe lui-même.

« ... Il faut consulter l'expérience, et varier les cir-

---

* Bacon, né en 1561, mort en 1626. — Vinci, né en 1452, mort en 1519.

constances jusqu'à ce que nous en ayons tiré des règles générales, *car c'est elle qui fournit les règles générales* *.

« Les règles générales empêchent que nous ne nous abusions nous-mêmes, ou les autres, en nous promettant des résultats que nous ne saurions obtenir.

« Dans l'étude des sciences qui tiennent aux mathématiques, ceux qui ne consultent pas la nature, mais les auteurs, ne sont pas des enfants de la nature; je dirai qu'ils n'en sont que les petits-fils. Elle seule en effet est le guide des vrais génies; mais voyez la sottise! on se moque d'un homme qui aime mieux apprendre de la nature elle-même que des auteurs qui ne sont que ses élèves. »

Ces idées ne sont point une bonne fortune due au hasard : Léonard y revient souvent. Il dit ailleurs :

« Je vais traiter tel sujet. Mais, avant tout, je ferai quelques expériences, parce que mon dessein est de citer d'abord l'expérience, et de démontrer ensuite pourquoi les corps sont contraints d'agir de telle manière; c'est la méthode qu'on doit observer dans la recherche des phénomènes de la nature. »

Si l'on trouve encore un peu d'embarras dans ses phrases, qu'on relise Bacon; on verra que le Florentin est plus clair. La raison en est simple : l'Anglais avait commencé par lire Aristote; l'Italien, par copier les visages ridicules qu'il rencontrait dans Florence.

Il y a dans Vinci beaucoup de ces vérités de détail, chose si rare chez le philosophe anglais **.

---

* Et non pas les *axiomes* qui sont cause de la vérité des cas particuliers, comme on le criait dans les écoles.

** En mécanique, — Léonard connaissait : la théorie des forces appliquées obliquement aux bras du levier; la résistance respective des poutres; les lois du frottement données ensuite par Amontons; l'influence du centre de gravité sur les corps en repos ou en mouvement; plusieurs applications du principe des vitesses virtuelles; il construisait des oiseaux qui s'envolaient, et des quadrupèdes qui marchaient sans aucun secours extérieur.

En optique, — Vinci a décrit avant Porta la chambre obscure; il explique, avant Maurolicus, l'image du soleil dans un trou de forme

Au quinzième siècle, les écrits des artistes sont beaucoup plus lisibles que ceux des grands littérateurs. Quant ces derniers sont supportables, c'est qu'ils ont fait pour leurs sujets ce que font aujourd'hui les gens qui veulent savoir l'histoire : regarder les Daniel, les Fleury, les d'Orléans[219], tout ce qui est imprimé avant 1790 comme non avenu, et voir les auteurs originaux.

Mais, dira-t-on, le *Traité de la peinture* de Léonard de Vinci ne prouve guère cet éloge. Je réponds : lisez aussi les traités de Bacon. Vinci veut quelquefois avoir de l'esprit, c'est-à-dire, imiter les grands littérateurs de son temps. D'ailleurs le *Traité de la peinture* est comme les *Pensées* de Pascal, un extrait tiré des manuscrits du grand homme, et par un ouvrier qui le perd de vue dès qu'il s'élève.

En 1630, cet extrait se trouvait à la bibliothèque Barberine à Rome ; en 1640, le cavalier Del Pozzo en obtint une copie, et le Poussin en dessina les figures. Le manuscrit du Pozzo fut la base de l'édition donnée par Raphaël Dufresne, en 1651. Il existe encore avec les dessins du Poussin dans la collection des livres de Chardin à Paris. Entre autres omissions, le compilateur a

---

anguleuse ; il connaît la perspective aérienne, la nature des ombres colorées, les mouvements de l'iris, la durée de l'impression visible.

En hydraulique, — il connut tout ce que le célèbre Castelli publia un siècle après lui.

Léonard a dit, vers 1510 : « Le feu détruit sans cesse l'air qui le nourrit, il se ferait du vide si d'autre air n'accourait pour le nourrir. Lorsque l'air n'est pas dans un état propre à recevoir la flamme, il n'y peut vivre ni flamme ni aucun animal terrestre ou aérien. En général, aucun animal ne peut vivre dans un endroit où la flamme ne vit pas. »

Cela est un peu supérieur à la définition du calorique donnée par Bacon[a].

Dans les sciences physico-mathématiques, Léonard est aussi grand qu'en peinture.

Voir la brochure de Venturi (Duprat, 1797) ; et M. Venturi n'a déchiffré qu'une petite partie des manuscrits de Léonard de Vinci.

a. « La forme ou l'essence de la chaleur est d'être un mouvement expansif, comprimé en partie, faisant effort, ayant lieu dans les parties moyennes du corps, ayant quelque tendance de bas en haut, point lent, mais vif et un peu impétueux. » (*Novum organum, lib.* II.)

laissé la comparaison de la peinture avec la sculpture. Quel sujet sous la plume de Léonard, s'il eût trouvé une langue pour exprimer ses idées!

CHAPITRE LXIII

En 1515, François Ier succède à Louis XII, gagne la bataille de Marignan, et entre à Milan, où, sur-le-champ, nous trouvons Léonard.

La connaissance commença entre ces deux hommes aimables par un lion que Vinci exécuta à Pavie; ce lion, marchant sans aide extérieure, s'avança jusque devant le fauteuil du roi, après quoi il ouvrit son sein, qui se trouva plein de bouquets de lis*.

François Ier alla signer à Bologne le fameux concordat avec Léon X, et ces princes furent d'autant plus contents l'un de l'autre, que chacun sacrifia ce qui ne lui appartenait point. Il paraît que Léonard suivit le roi, et qu'il ne fut pas fâché de montrer au pape qu'il savait plaire aux gens de goût.

Bientôt après, François Ier parla de son retour en France. Léonard se voyait arrivé à l'âge où l'on cesse d'inventer; l'attention de l'Italie était occupée par deux jeunes artistes dignes de leur gloire. Accoutumé dès longtemps à l'admiration exclusive d'une cour aimable, il accepta sans regret les propositions du roi, et quitta l'Italie pour n'y jamais rentrer, vers la fin de janvier 1516. Il avait soixante-quatre ans.

François Ier crut faire passer les Alpes au génie des arts en emmenant ce grand homme; il lui donna le titre de peintre du roi, et une pension de sept cents écus. Du reste, c'est en vain qu'il le pria de peindre le carton de *Sainte Anne*, qu'il emportait avec lui. Léonard, loin du soleil d'Italie, ne voulut plus travailler aux choses qui veulent de l'enthousiasme. Tout au plus fit-il quelques

* Lomazzo, *Traité de la peinture*, liv. II, chap. I.

plans pour des canaux dans les environs de Romoran-
tin*.

L'admiration tendre pour François Ier inspire une
réflexion. L'énergie de la Ligue sème des grands
hommes. Louis XIV naît en même temps qu'eux, il a
bien de la peine à comprendre leurs ouvrages**. Il est
sans génie, il n'a pour âme que de la vanité***, et l'on
dit *le siècle de Louis XIV*. François Ier eut tout ce qui
manquait à l'autre, et c'est Louis XIV qu'on appelle le
protecteur des arts.

Tout ce que nous savons du séjour de Léonard en
France, c'est qu'il habitait une maison royale appelée le
Cloux, située à un quart de lieue d'Amboise.

En 1518, il songea à la religion****.

Par son testament***** il donne tous ses livres, instruments et dessins à François de Melzi ; il donne à
Baptiste De Villanis, *suo servitore*, c'est-à-dire son
domestique, la moitié de la vigne qu'il possède hors des
murs de Milan, et l'autre moitié à Salaï, aussi *suo servitore*, le tout en récompense des bons et agréables services que lesdits de Villanis et Salaï lui ont rendus.
Enfin il laisse à de Villanis la propriété de l'eau qui lui
avait été donnée par le roi Louis XII.

---

* En janvier 1518.

** Corneille et La Fontaine ; car, pour peu qu'on ait d'usage en
France, on a l'intelligence du comique, et la critique verbale.

*** On annonce à Louis XIV que la duchesse de Bourgogne vient de
se blesser. (Saint-Simon, édition complète de Levrault[220].)

**** On ne peut faire de découvertes qu'autant que l'on raisonne de
bonne foi avec soi-même. Léonard avait trop d'esprit pour admettre la
religion de son siècle ; aussi, un passage de Vasari, supprimé dans la
deuxième édition, dit-il : « *Tanti furono i suoi capricci che filosofando
delle cose naturali attese a intendere la proprietà delle [erbe]*[221]*, conti-
nuando ed osservando il moto del cielo, il corso della luna, e gli anda-
menti del sole. Per il che fece nell'animo un concetto si eretico che non si
accostava a qualsivoglia religione, stimando, per avventura, assai più lo
esser filosofo, che cristiano*[222]. »

Vasari ajoute qu'un an avant sa mort Vinci revint au papisme. Si l'on
demande à l'histoire un portrait fidèle des choses, il faut entendre à
demi-mot tout ce qui échappe contre le préjugé dominant.

***** Fait au Cloux, près d'Amboise, le 18 avril 1518.

CHAPITRE LXIV

Voici une lettre de F. Melzi aux frères de Léonard :

« Monsieur Julien et ses frères, très honorables, je vous crois informés de la mort de maître Léonard, votre frère, et mon excellent père : il me serait impossible d'exprimer la douleur que j'ai sentie. Tant que mes membres se soutiendront ensemble, j'en garderai le triste souvenir. C'est un devoir, car il avait pour moi l'amitié la plus tendre, et il m'en donnait journellement des preuves. Tout le monde ici a été affligé de la mort d'un tel homme... Il sortit de la présente vie le 2 de mai, avec tous les sacrements de l'Église ; et, parce qu'il avait une lettre du roi très chrétien, qui l'autorisait à tester, il a fait un testament que je vous enverrai par une occasion sûre, celle de mon oncle qui viendra me voir ici, et qui ensuite retournera à Milan... Léonard a dans les mains du camerlingue de *Santa Maria Nuova*... quatre cents écus au soleil, lesquels ont été placés au cinq pour cent, il y aura six ans le 16 octobre prochain. Il possède aussi une ferme à Fiesole. Ces choses doivent être partagées entre vous, etc., etc. »

La lettre est terminée par ces mots latins : « *Dato in Ambrosia, die primo junii 1519.* Faites-moi réponse par les Pondi *tanquam fratri vestro.*

Franciscus Mentius. »

Lorsque Melzi se rendit à Saint-Germain-en-Laye pour annoncer la mort de Léonard à François Ier, ce roi donna des larmes à la mémoire de ce grand peintre. Un roi pleurer !

CHAPITRE LXV

Telle fut la vie d'un des cinq ou six grands hommes qui ont traduit leur âme au public par les couleurs; il fut aimé des étrangers comme de ses concitoyens, des simples particuliers comme des princes avec lesquels il passa sa vie, admis à leur plus grande familiarité, et presque leur ami.

On ne vit peut-être jamais une telle réunion de génie et de grâces. Raphaël approcha de ce caractère par l'extrême douceur de son esprit et sa rare obligeance; mais le peintre d'Urbin vécut davantage pour lui-même. Il voyait les grands quand il y était obligé. Vinci trouva du plaisir à vivre avec eux, et ils l'en récompensèrent en lui faisant passer sa vie dans une grande aisance.

Il manqua seulement à Léonard, pour être aussi grand par ses ouvrages que par son talent, de connaître une observation; mais qui appartient à une société plus avancée que celle du quinzième siècle. C'est qu'un homme ne peut courir la chance d'être grand qu'en sacrifiant sa vie entière à un seul genre; ou plutôt, car connaître n'est rien, il lui manqua une passion profonde pour un art quelconque. Ce qu'il y a de singulier, c'est qu'il a été longtemps la seule objection contre cette maxime qui est aujourd'hui un lieu commun. De nos jours, Voltaire a présenté le même phénomène.

Léonard, après avoir perfectionné les canaux du Milanais, découvert la cause de la lumière cendrée de la lune et de la couleur bleue des ombres, modelé le cheval colossal de Milan, terminé son tableau de la *Cène*, et ses traités de peinture et de physique, put se croire le premier ingénieur, le premier astronome, le premier peintre, et le premier sculpteur de son siècle. Pendant quelques années il fut réellement tout cela; mais Raphaël, Galilée, Michel-Ange, parurent successivement, allèrent plus loin que lui, chacun dans sa partie ; et Léonard de Vinci, une des plus belles plantes dont puisse s'honorer l'espèce humaine, ne resta le premier dans aucun genre.

CHAPITRE LXVI

QUE DANS CE QUI PLAÎT NOUS NE POUVONS ESTIMER QUE CE QUI NOUS PLAÎT

Chez le Titien, la science du coloris consiste en une infinité de remarques sur l'effet des couleurs voisines, sur leurs plus fines différences, et en la pratique d'exécuter ces différences. Son œil exercé distingue dans un panier d'oranges vingt jaunes opposés qui laissent un souvenir distinct.

L'attention de Raphaël, négligeant les couleurs, ne voyait dans ces oranges que leurs contours, et les groupes plus ou moins gracieux qu'elles formaient entre elles. Or l'attention ne peut pas plus être à deux objets à la fois, que ne pas courir au plus agréable. Dans une jeune femme allaitant son enfant, que ces deux grands peintres rencontraient au quartier de Transtevère en se promenant ensemble, l'un remarquait les contours des parties nues qui s'offraient à l'œil, l'autre les fraîches couleurs dont elles étaient parées.

Si Raphaël eût trouvé plus de plaisir aux beautés des couleurs qu'aux beautés des contours, il n'eût pas remarqué ceux-ci de préférence. En voyant le choix contraire du Titien, il fallait ou que Raphaël fût un froid philosophe, ou qu'il se dît : « C'est un homme d'un extrême talent, mais qui se trompe sur la plus grande vérité de la peinture : l'art de faire plaisir au spectateur. » Car si Raphaël eût cru son opinion fausse, il en eût changé.

Le simple amateur qui n'a pas consacré quinze

heures de chacune de ses journées à observer ou reproduire les beaux contours admire davantage le Titien.
Son admiration n'est point troublée par cette observation importune que le Vénitien se trompe sur le grand
but de la peinture.

Seulement, comme l'amateur n'a pas sur le coloris les
deux ou trois cents idées de Raphaël, dont chacune se
termine par un acte d'admiration envers le Titien, en ce
sens il admire un peu moins le peintre de Venise.

Beaucoup des idées du Titien étaient inintelligibles à
Raphaël, si l'on doit le nom d'idées à cet instinct iné-
clairci qui conduit les grands hommes.

Au milieu de cette immense variété que la nature
offre aux regards de l'homme, il ne remarque à la
longue que les aspects qui sont analogues à sa manière
de chercher le bonheur. Gray ne voit que les scènes
imposantes; Marivaux, que les points de vue fins et singuliers. Tout le reste est ennuyeux. L'artiste médiocre
est celui qui ne sent vivement ni le bonheur ni le malheur, ou qui ne les trouve que dans les choses communes, ou qui ne les trouve pas dans les objets de la
nature, dont l'imitation fait son art.

Un bizarre château de nuages sous le ciel embrasé de
Pæstum[223], une mère donnant le bras à son fils, jeune
soldat blessé, tandis qu'un petit enfant s'attache à sa
redingote d'uniforme pour ne pas tomber sur le pavé
glissant de Paris, absorbe pendant huit jours l'attention
du véritable artiste. Ce groupe marchant péniblement
lui fait découvrir dans son âme deux ou trois des grandes vérités de l'art.

On peut devenir artiste en prenant les règles dans les
livres, et non dans son cœur. C'est le malheur de notre
siècle qu'il y ait des recueils de ces règles. Aussi loin
qu'elles s'étendent, aussi loin va le talent des peintres
du jour. Mais les règles boiteuses ne peuvent suivre les
élans du génie.

Bien plus, comme elles sont fondées sur la

somme* du goût de tous les hommes, leur principe se
refuse à favoriser le degré d'originalité inhérent à
chaque talent. De là tant de ces tableaux qui embar-
rassent les jeunes amateurs aux expositions; ils ne
savent qu'y blâmer; y blâmer, serait inventer.

Le comble de l'abomination, c'est que ces artistes
perroquets font respecter leurs oracles comme s'ils partaient directement de l'observation de la nature.

La Harpe a appris la littérature à cent mille Français,
dont il a fait de mauvais juges, et étouffé deux ou trois
hommes de génie, surtout dans la province.

Le talent vrai, comme le vismara[224], papillon des
Indes, prend la couleur de la plante sur laquelle il vit;
moi, qui me nourris des mêmes anecdotes, des mêmes
jugements, des mêmes aspects de la nature, comment
ne pas jouir de ce talent qui me donne l'extrait de ce
que j'aime?

En 1793, les officiers prussiens de la garnison de Col-
berg avaient une table économique que quelques
pauvres émigrés se trouvaient tout aises de partager; ils
remarquaient un jour un vieux major de hussards tout
couvert d'antiques balafres, reçues jadis dans la guerre
de Sept ans, et à moitié cachées par d'énormes moustaches grises.

La conversation s'engagea sur les duels. Un jeune
cornette à la figure grossière et au ton tranchant se mit
à pérorer sur un sujet dont parler est si ridicule. — « Et
vous, monsieur le major, combien avez-vous eu de
duels? — Aucun, grâce au ciel, répond le vieux hussard
avec sa voix prudente. J'ai quatorze blessures, et, grâce
à Dieu, elles ne sont pas au dos; ainsi je puis dire que je
me tiens heureux de n'avoir jamais eu de duel. — Par-
dieu! vous en aurez un avec moi », s'écrie le cornette en
s'allongeant de tout son corps pour lui donner un souf-

---

* Mathématiques. En faisant la somme, les quantités affectées de
signes différents se détruisent; la vivacité provençale est détruite par la
froideur picarde : il ne faut donc être ni chaud ni froid.

flet. Mais la main sacrilège ne toucha pas les vieilles moustaches.

Le major, tout troublé, se prenait à la table pour se lever, quand un cri unanime se fait entendre : « *Stehen sie rhuie herr major*[225]*!* » Tous les officiers présents saisissent le cornette, le jettent par la fenêtre, et l'on se remet à table comme si de rien n'était. Les yeux humides de larmes peignaient l'enthousiasme.

Ce trait est fort bien, les officiers émigrés l'approuvèrent ; mais il ne leur serait pas venu.

Dans les insultes, le Français se dit : « Voyons comment il s'en tirera. » L'Allemand, plus disposé à l'enthousiasme, compte plus sur le secours de tous. Le vaniteux Français s'isole rapidement. Toute l'attention est profondément rappelée au *moi*. Il n'y a plus de sympathie**.

Qu'importent ces détails fatigants, et dont Quintilien ne parle pas ? Blair et La Harpe veulent jeter au même moule les plaisirs de ces deux peuples.

Quelquefois l'enthousiasme de Schiller nous semble niais. L'honneur français, au-delà du Rhin, paraît égoïste, méchant, desséchant.

Le véritable Allemand est un grand corps blond, d'une apparence indolente. Les événements figurés par l'imagination, et susceptibles de donner une impression attendrissante, avec mélange de noblesse produite par le *rang* des personnages en action, sont la vraie pâture de son cœur : comme ce titre que je viens de rencontrer sur un piano*** :

Six valses favorites de l'Impératrice des Français Marie-Louise, jouées à son entrée à Mayence par la garde impériale.

Quand la musique donne du plaisir à un Allemand, sa pantomime naturelle serait de devenir encore plus

---

* « Ne bougez, monsieur le major ! »
** C'est que nos plus grands périls sont de vanité.
*** 21 juin 1813[226].

immobile. Loin de là, ses mouvements passionnés, faits extrêmement vite, ont l'air de l'exercice à la prussienne. Il est impossible de ne pas rire*.

La pudeur de l'attendrissement manque au dur Germain, et il voit des monstres dans les personnages de Crébillon fils.

Vous voyez le mécanisme de l'impossibilité qui sépare Gray de Marivaux : ceci porte sur une différence non pas morale, mais physique. Que dire à un homme qui, par une expérience de tous les jours, et mille fois répétée, préfère les asperges aux petits pois ?

Quelle excellente source de comique pour la postérité ! les La Harpe et les gens de goût français, régentant les nations du haut de leur chaire, et prononçant hardiment des arrêts dédaigneux sur leurs goûts divers, tandis qu'en effet ils ignorent les premiers principes de la science de l'homme**. De là l'inanité des disputes sur Racine et Shakespeare, sur Rubens et Raphaël[228]. On peut tout au plus s'enquérir, en faisant un travail de savant, du plus ou moins grand nombre d'hommes qui suivent la bannière de l'auteur de *Macbeth*, ou de l'auteur d'*Iphigénie*. Si le savant a le génie de Montesquieu, il pourra dire : « Le climat tempéré et la monarchie font naître des admirateurs pour Racine. L'orageuse liberté et les climats extrêmes produisent des enthousiastes à Shakespeare. » Mais Racine ne plût-il qu'à un seul homme, tout le reste de l'univers fût-il pour le peintre d'Othello, l'univers entier serait ridicule s'il venait dire à un tel homme[229], par la voix d'un petit pédant vaniteux : « Prenez garde, mon ami, vous vous

---

* Le jeune Allemand veut être gracieux, et ce qu'il fait dans cette vue le rend déplaisant.

**   *Or tu chi se', che vuoi sedere a scranna,*
            Per giudicar da lungi mille miglia
            Colla veduta corta d' una spanna ?

DANTE[227].

trompez, vous donnez dans le mauvais goût : vous aimez mieux les petits pois que les asperges, tandis que *moi* j'aime mieux les asperges que les petits pois. »

La préférence dégagée de tout jugement accessoire, et réduite à la pure sensation, est inattaquable.

Les bons livres sur les arts ne sont pas les recueils d'arrêts à la La Harpe ; mais ceux qui, jetant la lumière sur les profondeurs du cœur humain, mettent à ma portée des beautés que mon âme est faite pour sentir, mais qui, faute d'instruction, ne pouvaient traverser mon esprit.

De là un tableau de génie, et par conséquent original, doit avoir moins d'admirateurs qu'un tableau légèrement au-dessus de la médiocrité*. Il lui manquera d'abord les amateurs à *goût appris*. L'extraordinaire ne se voit guère sur les bancs de l'Athénée. Les professeurs nous façonnent à admirer *Mustapha et Zéangir*, ou l'*Essai sur l'homme* ; mais ils seront toujours choqués d'*Hudibras* [230] ou de *Don Quichotte* : les génies naturels sont des roturiers dont la fortune, à la cour, scandalise toujours les véritables grands seigneurs**.

Si je prends mes exemples dans les belles-lettres, c'est que la peinture n'est pas encore asservie à la dictature d'un La Harpe ; c'est encore, grâce au ciel, un gouvernement libéral, où celui qui a raison, a raison.

Il était impossible qu'un homme froid comme Mengs ne détestât pas le Tintoret***. On se souvient encore à Rome de ses *sorties* à ce sujet, ce qui ne veut pas dire

---

* Voilà en quoi l'Italie avait un goût si excellent. L'Albane ne l'emportait pas sur le Dominiquin ; si Paris était à la hauteur de Bologne, MM. Girodet et Prudhon seraient millionnaires.

** Le genre comique nécessite plus d'esprit ; il peut moins se construire d'après les règles, comme un maçon bâtit un mur sur le plan tracé de l'architecte ; aussi est-il en disgrâce auprès des sots. Ils aiment le genre grave, et pour cause. Les écrivains qui comptent sur cette classe de lecteurs le savent bien. Voyez la grande colère de MM. Chat*** et Schle*** sur le pauvre genre comique [231].

*** Car si le Tintoret est un grand peintre, Mengs ne l'est plus.

que l'amateur qui ne peut admirer les ouvrages de Mengs comme Mengs lui-même ne voie avec plaisir la furie du Vénitien. Le peintre saxon, avec une philosophie plus froide, ou une tête plus forte, eût supputé le nombre d'amateurs auxquels il avait vu admirer le Tintoret et le Corrège. Il eût dit vrai pour la plupart des hommes, en écrivant : « Le Tintoret est un excellent peintre du second ordre, excellent surtout parce qu'il est original. »

Mais la vérité d'un tel jugement, évidente pour l'esprit de Mengs, n'aurait pu changer son cœur. Le temps que l'homme froid met à voir ces sortes de vérités, le génie ardent l'emploie à préparer ses succès.

Nous autres gens de Paris, congelés par la crainte du ridicule, bien plus que par les brouillards de la Seine, nous disons : « Cela est infiniment sage », si nous rencontrons dans le monde un artiste indulgent pour l'artiste qui prend une route opposée. Mais un certain bon sens et l'enthousiasme* ne se marient pas plus que le soleil et la glace, la liberté et un conquérant, Hume et le Tasse.

Le véritable artiste au cœur énergique et agissant est essentiellement non tolérant. Avec la puissance, il serait affreux despote. Moi, qui ne suis pas artiste, si j'avais le pouvoir suprême, je ne sais pas trop si je ne ferais pas brûler la galerie du Luxembourg, qui corrompt le goût de tant de Français.

La duchesse de la Ferté disait à madame de Staël : « Il faut l'avouer, ma chère amie, je ne trouve que moi qui aie toujours raison. »

Plus l'on aura de génie naturel et d'originalité, plus sera évidente la profonde justesse de cette saillie. On réplique :

Si l'eau courbe un bâton, ma raison le redresse[232].

LA FONTAINE.

---

* L'enthousiasme avec lequel on fait de grandes choses porte sur la connaissance parfaite d'un petit nombre de vérités, mais sur une ignorance totale de l'*importance* de ces vérités.

Oui, mais si la raison fait voir, elle empêche d'agir*, et il est question de gens qui agissent. Les Napoléon fondent les empires, et les Washington les organisent.

La paresse nous force à nous préférer. Pour qu'une idée nouvelle soit intelligible, il faut qu'elle rapproche des circonstances que nous avions déjà remarquées sans les lier. Un philosophe me tire par la manche : « Bossuet, me dit-il, était un hypocrite plein de talent, dont l'orgueil trouvait un plaisir délicieux à ravaler en face de ce puissant Louis XIV toutes les grandeurs dont il était si vain. » Je suppose cette idée vraie et nouvelle pour le lecteur ; il la comprend, parce qu'il se rappelle mille traits des *Oraisons funèbres*, le génie hautain de Bossuet, sa jalousie contre Fénelon, et son agent à Rome.

Si cette idée ne rapprochait pas des circonstances déjà remarquées, elle serait aussi inintelligible que celle-ci : le cosinus de quarante-cinq degrés est égal au sinus, que deux mois de géométrie rendent palpable.

On admire la supériorité d'autrui dans un genre dont on conteste la supériorité ; mais vouloir faire sincèrement reconnaître à un être humain la supériorité d'un autre dans un genre dont il ne puisse contester la suprême utilité, c'est lui demander de cesser d'être soi-même, ce que personne ne peut demander à personne ; c'est vouloir que la courbe touche l'asymptote[233]**.

Tant que vous ne demandez à votre ami que le second rang après lui, il vous l'accorde, et vous estime. À force de mérite et d'actions parlantes, voulez-vous aller plus loin ? un beau jour vous trouvez un ennemi. Rien de moins absurde que de faire quelquefois des sottises bien absurdes.

---

* Rien n'est digne de tout l'effort qu'on met à l'obtenir.
** Un traité d'idéologie est une insolence. Vous croyez donc que je ne raisonne pas bien ?

Je conclus que, dans les autres, nous ne pouvons estimer que nous-mêmes : heureuse conclusion qui
m'empêche d'être tourmenté de tant de jugements
contradictoires que je vois les grands hommes porter
les uns sur les autres. Désormais les jugements des
artistes sur les ouvrages de leurs rivaux ne seront pour
moi que des commentaires de leur propre style[234].

LIVRE QUATRIÈME[235]

DU BEAU IDÉAL ANTIQUE

CHAPITRE LXVII

HISTOIRE DU BEAU

La beauté antique a été trouvée peu à peu. Les images des dieux furent de simples blocs de pierre*; ensuite on a taillé ces blocs, et ils ont présenté une forme grossière qui rappelait un peu celle du corps humain; puis sont venues les statues des Égyptiens, enfin l'*Apollon du Belvédère*.

Mais comment cet espace a-t-il été franchi? Nous sommes réduits ici aux lumières de la simple raison.

CHAPITRE LXVIII

PHILOSOPHIE DES GRECS[237]

Une herbe parlait à sa sœur : « Hélas! ma chère, je vois s'approcher un monstre dévorant, un animal horrible qui me foule sous ses larges pieds; sa gueule est armée d'une rangée de faux tranchantes, avec laquelle il

---

* Tite-Live, Heyne[236].

me coupe, me déchire, et m'engloutit*[238]. Les hommes nomment ce monstre un mouton. » Ce qui a manqué à Platon, à Socrate, à Aristote, c'est d'entendre cette conversation**.

CHAPITRE LXIX

MOYEN SIMPLE D'IMITER LA NATURE

Il est singulier que les Grecs et les peintres, qui, en Italie, renouvelèrent les arts, n'aient pas eu l'idée de mouler le corps de l'homme***, ou de le dessiner par l'ombre d'une lampe. Dans les mines du Hartz, près d'Hanovre, les rois d'Angleterre ont fait creuser une galerie horizontale pour l'écoulement des eaux. En descendant de Klausthal, où est la bouche de la mine, on arrive, de puits en puits, et d'échelle en échelle, à une profondeur de treize cents pieds. Au lieu de remonter par un chemin si ennuyeux, on vous fait errer dans un noir dédale, on prend la galerie, on marche longtemps, enfin l'on aperçoit à une grande distance une petite étoile bleue; c'est le jour, et l'ouverture de la mine. Lorsqu'on n'en est plus qu'à une demi-lieue, le mineur qui conduit ferme une porte qui barre le chemin. On admire la précision avec laquelle l'ombre de cette lumière lointaine dessine jusqu'aux plus petits détails; c'est une perfection de physionomie qui nous frappa tous, quoique aucun de nous ne s'occupât de peinture[239].

---

* Voltaire.
** *Dialogues* de Platon.
*** Pline, liv. XXXV, chap. XIV.

CHAPITRE LXX

OÙ TROUVER LES ANCIENS GRECS ?

Ce n'est pas dans le coin obscur d'une vaste bibliothèque, et courbé sur des pupitres mobiles chargés d'une longue suite de manuscrits poudreux ; mais un fusil à la main, dans les forêts d'Amérique, chassant avec les sauvages de l'Ouabache[240]. Le climat est moins heureux ; mais voilà où sont aujourd'hui les Achilles et les Hercules.

CHAPITRE LXXI

DE L'OPINION PUBLIQUE CHEZ LES SAUVAGES

La première distinction parmi les sauvages, c'est la force ; la seconde, c'est la jeunesse, qui promet un long usage de la force. Voilà les avantages qu'ils célèbrent dans leurs chansons, et si des circonstances trop longues à rapporter permettaient que les arts naquissent parmi eux, il n'y a pas de doute qu'aussitôt que leurs artistes pourraient copier la nature les premières statues de dieux ne fussent des portraits du plus fort et du plus beau des jeunes guerriers de la tribu. Les artistes prendraient pour modèle celui qui leur serait indiqué par l'opinion des femmes.

Car dans la première origine du sentiment du beau, comme dans l'amour maternel, il entre peut-être un peu d'instinct.

Quelques personnes ont nié l'instinct. On n'a qu'à voir les petits des oiseaux à bec fort, qui, en sortant de la coque, ont l'idée de becqueter le grain de blé qui se trouve à leurs pieds.

CHAPITRE LXXII

LES SAUVAGES, GROSSIERS POUR MILLE CHOSES, RAISONNENT FORT JUSTE

Si les sauvages étaient cultivateurs, et que la certitude de ne pas mourir de faim, dès que la chasse sera mauvaise, permît les progrès de la civilisation, l'émulation naîtrait parmi les artistes, comme la finesse dans le public. Ce public demanderait dans les images des dieux la réunion de ce qu'il y a de plus parfait sur la terre. La force et la jeunesse ne leur suffiraient plus. Il faudrait que la physionomie exprimât un caractère *agréable*.

C'est sur ce mot qu'il faut s'entendre. Les sauvages raisonnent juste. Ces gens-là ne répètent jamais un raisonnement appris par cœur : quand ils parlent, on sent que l'idée, avec ses plus petites circonstances, est évidente à leurs yeux. Il faut voir avec quelle finesse et à quels signes imperceptibles ils découvrent, dans une forêt de cent lieues de long, jonchée de feuilles, de lianes, de troncs d'arbres, et de tous les débris de la végétation la plus rude, qu'un sauvage de telle tribu ennemie l'a traversée il y a huit jours.

Cette sagacité étonne l'Européen; mais le sauvage sait que si un homme d'une autre tribu a passé dans la forêt, c'est que tel canton de la chasse, situé à deux ou trois cents lieues de là, est envahi. Or, si la tribu dirige sa chasse vers un canton épuisé, peut-être la moitié des individus, tous les vieillards, les jeunes enfants, la plus grande partie des femmes mourront de faim. Quand la moindre faute de raisonnement est punie de cette manière, on a une bonne logique.

CHAPITRE LXXIII

QUALITÉS DES DIEUX

Pour être exact, il faut dire que d'abord la misère est si grande que les sauvages n'ont pas même le temps d'écouter la terreur, et ils n'ont aucune idée des dieux. Ensuite ils pensent aux bons génies, et aux génies méchants ; mais ils ne prient que les méchants, car que craindre des bons ? Ensuite vient l'idée d'une divinité supérieure. C'est ici que je les prends.

Or, pour des gens raisonnant bien, quelle est la qualité la plus agréable dans un dieu ? *La justice*. La justice, à l'égard d'un peuple, c'est l'accomplissement de la fameuse maxime : « Que le salut de tous soit la suprême loi. »

Si, en sacrifiant cent vieillards qui ne pourraient supporter la faim et entreprendre une marche de quinze jours au travers d'un pays sans gibier, on peut essayer de mener la tribu dans tel canton abondant, faute de quoi tous mourront de faim dans la forêt fatale où ils se sont engagés, il n'y a pas à hésiter, il faut sacrifier les vieillards. Eux-mêmes sentent la nécessité de la mort, et il n'est pas rare de les voir la demander à leurs enfants. Une justice qui a de tels sacrifices à prescrire ne peut avoir l'air riant ; le premier caractère de la physionomie des statues sera donc un sérieux profond, image de l'extrême attention.

Telle est en effet la physionomie des chefs de sauvages renommés pour leur sagesse ; ils ont d'ordinaire quarante à quarante-cinq ans. La prudence ne vient pas avant cet âge, où la force existe encore. Le sculpteur sauvage, déjà attentif à réunir les avantages sans les inconvénients, donnera à sa statue l'expression d'une prudence profonde, mais lui laissera toujours la jeunesse et la force.

CHAPITRE LXXIV

Pour faire naître les arts, j'ai fait cultiver les terres. À mesure que la peuplade perdra la crainte de mourir de faim, le sauvage, que la prudence obligeait chaque jour à exercer sa force, se permettra quelque repos. Aussitôt, pour charmer l'ennui qui paraît durant le repos dès qu'il n'a pas été précédé par la fatigue, on aura recours aux chansons, à la religion, et aux arts, qu'elle amène par la main. Les esprits trouveront des défauts dans ce qu'ils admiraient cent ans auparavant. « L'expression de la colère n'est pas celle de la véritable force ; la colère suppose effort pour vaincre un obstacle imprévu. Or il n'y a rien d'imprévu pour la véritable sagesse. Il n'y a jamais d'effort pour l'extrême force. »

Ainsi les dieux perdront l'air menaçant, suite de l'habitude de la colère, cet air qui est utile au guerrier durant le combat pour augmenter la terreur de son ennemi. Comme le dieu porte déjà l'idée de force par les muscles bien prononcés, et par la foudre qui est dans sa main, il est superflu qu'il l'annonce de nouveau par un air menaçant. Si l'on suppose un homme au milieu d'une tribu, reconnu partout pour immensément plus fort, quel air lui serait-il avantageux de se donner ? L'air de la bonté. Le dieu aura d'ailleurs, par la sagesse et la force*, l'expression d'une sérénité que rien ne peut altérer. Nous voici déjà vis-à-vis le *Jupiter Mansuetus* des Grecs, c'est-à-dire à cette tête sublime**, éternelle admiration des artistes. Vous observez qu'elle a le cou très gros et chargé de muscles, ce qui est une des princi-

---

* Courage est synonyme de force, quand son absence est punie non par la honte, mais par la mort. Avoir du courage est alors, comme pour la grande âme en Europe, voir juste.

** Ancien Musée Napoléon.

pales marques de la force. Elle a le front extrêmement avancé, ce qui est le signe de la sagesse.

CHAPITRE LXXV

DE LA RÈGLE RELATIVE À LA QUANTITÉ D'ATTENTION

L'artiste sauvage, plongé dans ses pensées, et méditant les difficultés de son art au fond de son atelier, apercevra tout à coup la figure colossale de la Raison, qui, lui montrant du doigt la statue qu'il ébauche : « Le spectateur, dit-elle, n'a qu'une certaine quantité d'attention à donner à ton ouvrage. Apprends à l'épargner. »

CHAPITRE LXXVI

CHOSE SINGULIÈRE, IL NE FAUT PAS COPIER EXACTEMENT LA NATURE

Nos sauvages, qui deviennent raisonneurs depuis qu'ils ont du temps à perdre, remarquent, chez leurs guerriers les plus robustes, que l'exercice de la force entraîne dans les membres une certaine altération. L'habitant de l'Ouabache, qui marche sans chaussure tant qu'il est enfant, qui, plus tard, ne porte qu'une chaussure grossière, a le pied défendu par une espèce de corne qui lui fait braver les arbrisseaux épineux. Il a le bas de la jambe chargé de cicatrices. La nécessité de garantir son œil de l'impression directe des rayons du soleil a couvert ses joues de rides sans nombre ; mille accidents de cette vie misérable, des chutes, des blessures, des douleurs causées par la fraîcheur des nuits, ont ajouté leurs imperfections particulières aux imperfections générales, suites inévitables de l'exercice d'une grande force. Il est simple de ne pas reproduire les marques de ces imperfections dans les images des dieux.

CHAPITRE LXXVII

INFLUENCE DES PRÊTRES

Les tribus de sauvages, dès qu'elles ont quelques moissons à recueillir, ont leurs devins, ou prêtres, dont la première affaire est de vanter la puissance et la perfection du grand génie, et la seconde, de bien établir qu'ils sont les agents uniques de ce génie.

La première parole du prêtre est d'affranchir son dieu de la plus grande des imperfections de l'humanité, la nécessité de mourir.

CHAPITRE LXXVIII

CONCLUSION

Nous voici avec la statue d'un dieu fort par excellence, juste, et que nous savons être immortel.

CHAPITRE LXXIX

DIEU EST-IL BON OU MÉCHANT ?

L'idée de *bon* ne passera point sans quelques difficultés. Le prêtre a un intérêt à montrer souvent le dieu irrité*. Il retardera la perfection des arts; mais enfin l'opinion publique, après avoir vacillé quelque temps, se réunira à croire que Dieu est bon : c'est là le premier acte d'hostilité de cette longue guerre du bon sens contre les prêtres. Nous avons donc un dieu *fort, juste, bon*, et *immortel*. Ne croyons pas cette histoire si loin de nous. L'idée de bonté dans le dieu des chrétiens n'est jamais entrée dans la tête de Michel-Ange.

---

* Voir tous les voyages, et Moïse, *Primus in orbe deos* [241]..., etc.

CHAPITRE LXXX

DOULEUR DE L'ARTISTE

L'artiste sauvage trouve dans les hommes de sa tribu l'expression des trois premières de ces qualités. La croyance publique lui rend le service de supposer toujours la quatrième, dès qu'elle aperçoit un signe quelconque de puissance, ordinairement inventé par les prêtres, par exemple des foudres dans la main de Jupiter, et un aigle à ses pieds.

La qualité de *fort* est physique, et ses marques, qui consistent dans des muscles bien prononcés, dans la grosseur du cou, dans la petitesse de la tête, etc., ne peuvent jamais disparaître ; mais les qualités de *juste* et de *bon* sont des habitudes de l'âme, et la passion renverse l'habitude.

Les traits d'un vieux cheik de Bédouins, qui, tous les jours, sous la tente, exerce parmi eux une justice paternelle, auront l'expression de l'attention profonde et de la bonté, qui sont les marques que l'art est obligé de prendre pour montrer la justice.

Mais si le vénérable Jacob vient à apercevoir la robe sanglante de Joseph, ses traits sont bouleversés : on n'y voit plus que la douleur, l'expression de toutes les qualités de l'âme a disparu.

L'artiste observe avec effroi que l'expression d'une passion un peu forte détruit sur-le-champ toutes ces marques de la divinité qu'il a eu tant de peine à voir dans la nature, et à accumuler dans sa statue.

CHAPITRE LXXXI

LE PRÊTRE LE CONSOLE

Mais le devin de la tribu paraîtra dans son atelier :
« Mon Dieu est fort par excellence, c'est-à-dire tout-
puissant. Il est prudent par excellence, c'est-à-dire qu'il
voit l'avenir comme le passé. Il est tout-puissant ; le plus
imperceptible de ses désirs est donc suivi de
l'accomplissement soudain de sa volonté divine ; il ne
peut donc avoir ni désir violent ni passion.

« Console-toi, l'obstacle qui pouvait renverser ton
édifice n'existe point : ton art ne peut pas faire un dieu
passionné ; mais notre Dieu, à jamais adorable, est au-
dessus des passions. »

CHAPITRE LXXXII

IL S'ÉLOIGNE DE PLUS EN PLUS DE LA NATURE

L'artiste ravi médite sur son ouvrage avec une nouvelle ferveur ; il se rappelle le principe fondamental, que
le spectateur n'a qu'une certaine quantité d'attention.

« Si je veux porter à son comble ce sentiment que le
sauvage dévot doit éprouver devant mon Jupiter, il faut
que par elle-même l'imitation physique vole aussi peu
que possible de cette attention précieuse. Il faut que la
pensée traverse rapidement tout ce qui est matière,
pour se trouver en présence de cette puissance terrible,
et pourtant consolante, qui siège sur les sourcils de
Jupiter. Tout est perdu si, en regardant la main du dieu,
le sauvage va reconnaître les plis de la peau qu'il se souvient d'avoir vus sur les siennes. S'il se met à comparer
sa main à celle du dieu, s'il s'avise de me louer sur la
vérité de l'imitation, je suis sans ressources. Comment y
aurait-il encore place dans ce cœur pour l'anéantisse-

ment dont la présence du maître des dieux et des hommes doit le frapper ?

« Il n'y a qu'un parti, sautons tous ces malheureux détails qui pourraient dérober une part de l'attention* ; j'en pourrai donner plus de physionomie à ceux que je garderai. »

---

* Dans les discours, *brevitas imperatoria*, style de César. Lois des Douze Tables, voir Bouchaud[242]. Dans les beaux *récitatifs*, la grandeur du style vient de l'absence des détails ; les détails tuent l'expression.

LIVRE CINQUIÈME

SUITE DU BEAU ANTIQUE

> Ô mélancolie! le mal de t'aimer
> est un mal sans remède!

CHAPITRE LXXXIII

CE QUE C'EST QUE LE BEAU IDÉAL

La beauté antique est donc l'expression d'un caractère utile; car, pour qu'un caractère soit extrêmement utile, il faut qu'il se trouve réuni à tous les avantages physiques. Toute passion détruisant l'habitude, toute passion nuit à la beauté.

Outre que le sérieux plaît comme *utile* dans l'état sauvage, il plaît encore comme *flatteur* dans l'état civilisé. Si cette belle tête a pour moi tant de charmes dans son sérieux profond, que serait-ce si elle daignait me sourire? Il faut, pour donner naissance aux grandes passions, que le charme aille en croissant; c'est ce que savent bien les belles femmes d'Italie.

Les femmes d'un autre pays, où l'on prétend toujours à briller dans le moment présent, ont moins de cette sorte de succès. Raphaël le savait bien. Les autres peintres sont séducteurs, lui est enchanteur.

Les savants disent qu'il y a cinq variétés dans l'espèce humaine* : les Caucasiens, les Mongols, les Nègres, les

---

* Blumenbach, *De l'unité de l'espèce humaine*, p. 283 [243].

Américains et les Malais. Il pourrait donc y avoir cinq espèces de beau idéal; car je doute fort que l'habitant de la côte de Guinée admire dans le Titien la vérité du coloris.

On peut augmenter encore le nombre des beautés idéales.

On n'a qu'à faire passer chacun des trois ou quatre gouvernements différents par chaque climat.

La différence des gouvernements, relativement aux arts, est dans la réponse à cette question : Que faut-il faire ici pour parvenir?

Mais cela n'est que curieux. Que nous importe de savoir le temps qu'il fait aujourd'hui à Pékin? L'essentiel est d'avoir un beau jour à Paris, où nous sommes.

CHAPITRE LXXXIV

DE LA FROIDEUR DE L'ANTIQUE

L'art est d'inspirer l'attention. Quand le spectateur a une certaine attention, si un auteur, dans un temps donné, dit trois mots, et un autre vingt, celui de trois mots aura l'avantage. Par lui le spectateur est créateur; mais aussi le spectateur impuissant trouve du froid.

Beaucoup de bas-reliefs de la haute antiquité étaient des inscriptions.

Dès qu'une figure est signe, elle ne tend plus à se rapprocher de la réalité, mais de la clarté comme signe.

La suppression des détails fait paraître plus grandes les parties de l'antique; elle donne une apparente roideur, et en même temps la noblesse. La première sculpture des Grecs se distingue par un style tranquille et une grande simplicité de composition. On rapporte que Périclès, au plus bel âge de la Grèce, voulut que dans toutes ses statues, on conservât cette simplicité du premier âge, qui lui paraissait appeler l'idée de la grandeur.

Il faut entendre un passage des anciens : l'artiste grec qui fit le choix des formes de sa *Vénus* sur les cinq plus belles femmes de Corinthe cherchait dans chacun de ces beaux corps les traits qui exprimaient le *caractère* qu'il voulait rendre.

De la manière dont le vulgaire entend ceci, c'est comme si pour peindre à la scène un jeune héros, on faisait réciter par le même acteur une tirade du jeune Horace, un morceau d'Hippolyte, et un morceau d'Orosmane ; nous verrions le même homme dire :

Albe vous a nommé, je ne vous connais plus[244],

et un instant après :

Quand je suis tout de feu, d'où vous vient cette glace[245] ?

CHAPITRE LXXXV

LE « TORSE », PLUS GRANDIOSE QUE LE « LAOCOON »

J'abandonne les détails.

Pourquoi dirais-je que le *Torse*, où la force d'Hercule est légèrement voilée par la grâce inséparable de la divinité, est d'un style plus sublime que le *Laocoon* ?

Si ces idées plaisent, le lecteur ne le verra-t-il pas ? Il ne faut que sentir. Un homme passionné qui se soumet à l'effet des beaux-arts trouve tout dans son cœur*.

CHAPITRE LXXXVI

DÉFAUT QUE N'A JAMAIS L'ANTIQUE

Les gens les plus froids** qui vont de Berne à Milan sont frappés de la rapidité avec laquelle la beauté (ou l'expression de la force et de la capacité d'attention)

---

* Saint Augustin.
** Le ministre Roland, tome I[246].

s'accroît à mesure qu'on descend vers les plaines riantes de la Lombardie.

Ils trouvent cela sévère; et, la tête pleine des assassins de l'Italie et des *Mystères d'Udolphe*[247], dans ces vallées si pittoresques et si grandioses* qui, sillonnant si profondément les Alpes, ouvrent la belle Italie, ils voient quelque chose de sinistre et de sombre dans le paysan qui passe à côté d'eux; l'âme, transportée de cette fièvre d'amour pour le beau et la volupté, que l'approche de l'Italie donne aux cœurs nés pour les arts, jouit délicieusement de cette nuance de terreur. Le plat et l'insipide s'enfuit de ses yeux. J'aime mieux un ennemi qu'un ennuyeux.

Il est vrai, si vous êtes né dans le Nord, vous trouverez à la plupart de ces figures une expression odieuse par *excès de force*; mais il ne leur faut qu'un peu de bienveillance pour devenir belles en un clin d'œil.

La France et l'Angleterre résistent à cette expérience. Le fond de l'expression est l'air grossier ou niais, que la bonté ne fait que rendre plus ridicule.

Aux bords du Tibre, même dans les figures les plus dégradées, brille l'expression de la force.

Non pas de la force particulière à celui que vous observez. Cette expression est dans les traits qu'il a reçus de son père**. Il y a de longues générations que l'image de la force est dans la famille, quoique peut-être la force elle-même n'y soit plus, et souvent les traits dont la forme dépend de l'habitude accusent une honteuse faiblesse, tandis que les grands traits annoncent les qualités les plus rares.

Une chose détruit à l'instant la beauté antique, c'est l'air niais***.

---

* La vallée d'Iselle.

** Second principe de la science des physionomies[248].

*** L'air niais tient en général à la petitesse du nez; quand ce défaut irrémédiable existe dans une tête, il ne peut être corrigé que par la bouche et le front, et alors ces parties perdent leur expression propre, la *délicatesse* et les *hautes pensées*.

CHAPITRE LXXXVII

DU MOYEN DE LA SCULPTURE

Le mouvement, cette barrière éternelle des arts du dessin, m'avertit que cette draperie à gros plis informes couvre une cuisse vivante. Mais la sculpture n'admet que des draperies légères, non assujetties à des formes régulières*.

Le moyen de cet art se réduit à donner une physionomie aux muscles : donc, pour des statues entières, les seules passions qui lui conviennent, après les caractères, sont les passions tournées en habitude ; elles peuvent avoir une légère influence sur les formes**.

Tout ce qui est soudain lui échappe***.

Les sujets que repousse la sculpture sont ceux où le corps tout entier ne peut pas avoir de physionomie, et cependant, devant être nu, usurpe une part de l'attention.

Tancrède furieux, combattant le perfide ennemi qui vient d'incendier la tour des chrétiens, et, un quart d'heure après, Tancrède dans l'état le plus affreux où puisse tomber une âme tendre, ne sont qu'un même homme pour la sculpture. De ce sujet si beau elle ne peut presque tirer que deux bustes ; car quelle physio-

---

À mesure qu'on avance en Italie, les nez augmentent ; ils sont sans mesure dans la Grande-Grèce : près de Tarente [249], j'ai trouvé beaucoup de profils comme le *Jupiter Mansuetus*. La distance de la ligne du nez à l'œil est énorme ; elle est nulle en Allemagne (1799).

* De là le ridicule de toutes les statues qu'on élevait en France aux grands hommes avant la Révolution.

** La *Madeleine* du marquis Canova, à Paris, chez M. Sommariva, protecteur éclairé de tous les arts, l'un des habitants de cette ville aimable qui, au milieu de toutes les entraves, a donné, en peu d'années, les Beccaria, les Parini, les Oriani, les Bossi, les Appiani, les Melzi, les Teulié, les Foscolo, etc., etc.

*** Le comique.

nomie donner aux épaules de Tancrède penché vers Clorinde pour la baptiser[250]? Ces épaules, nécessairement visibles par la donnée de l'art, et nécessairement sans physionomie par son impuissance, jetteraient du froid. La peinture, plus heureuse, les couvre d'une armure, et ne perd rien.

Elle est supérieure à la sculpture, même dans les deux têtes d'expression; car qu'est-ce qu'un buste passionné vu par-derrière? Au contraire, dans le buste de *caractère* tout a une expression, et Raphaël lui-même ne peut approcher du *Jupiter Mansuetus*. C'est que le sculpteur peut donner sur chaque forme un bien plus grand nombre d'idées que le peintre.

De là, lorsque, sur les pas du brillant hérésiarque Bernin[251], la sculpture veut, par ses groupes contrastés, se rapprocher de la peinture, elle tombe dans le même genre d'erreur qu'en jetant une couleur de chair sur son marbre. La réalité a un charme qui rend tout sacré chez elle; c'est de donner sans cesse de nouvelles leçons dans le grand art d'être heureux. Une anecdote est-elle vraie, elle excite la sympathie la plus tendre; est-elle inventée, elle n'est que plate. Mais les limites des arts sont gardées par l'absurde.

Les connaisseurs aiment à comparer le Coriolan de Tite-Live à celui du Poussin[252]. Dans l'histoire, Véturie et les dames romaines, pour attendrir le héros sur le sort de sa patrie, lui peignent Rome dans la désolation et dans les larmes. Cette touchante image termine dignement leur discours.

Le Poussin l'a traduite par une figure de femme *visible*, et accompagnée des symboles de Rome; et cette figure, que quelques dames romaines indiquent de la main à Coriolan, termine aussi la composition*.

Les gens de lettres appellent ces sortes de fautes les *beautés poétiques* d'un tableau. Dans Tite-Live, l'image

---

* M. Quatremère de Quincy.

de Rome dans la douleur est immense ; chez le Poussin, elle est ridicule. Ce grand peintre n'a pas senti que c'est parce que la poésie ne peut nous faire voir l'éclat d'un beau teint, qu'elle réunit les lis et les roses sur les joues d'Angélique.

Shakespeare aurait dit au Poussin : « Ne te rappelles-tu pas que le fluide nerveux ne permet pas que le flambeau de l'attention éclaire à la fois et l'esprit et le cœur ? Du moment qu'à côté d'êtres réels un tableau me présente des êtres fictifs, il cesse d'être touchant, et n'est plus pour moi qu'une énigme plus ou moins belle*. »

Le poète laisse à l'imagination de chaque lecteur le soin de donner des dimensions aux êtres qu'il présente.

Le soleil est un géant qui parcourt sa carrière, ce qui n'empêche pas que les yeux d'Armide ne soient aussi des soleils.

Le saint Jérôme du Corrège venant voir Jésus enfant paraît accompagné du lion, symbole de sa puissante éloquence. Par malheur, personne n'est effrayé de ce lion. Dès lors nous sommes loin de la nature, l'art prend un langage de convention, et tombe dans le froid.

Le plaisant, qui cependant est encore charmant, c'est le tableau de Guido Cagnacci, où le petit agneau de saint Jean ayant soif, le saint, sous la figure du plus beau jeune homme, recueille dans une tasse, à une

---

* De là, il est si cruel que le Tasse, en touchant nos cœurs par les circonstances réelles de la fuite de la pauvre Herminie, quand il arrive au coucher du soleil, qui, par les grandes ombres sortant des forêts, pouvait tellement redoubler ses terreurs, vienne nous parler d'Apollon, de char, de chevaux, et de tout l'oripeau mythologique.

> *Ma nell' ora che'l sol dal carro adorno,*
> *Scioglie i corsieri, e in grembo al mar s'annida,*
> *Giunse del bel Giordano alle chiare acque* [253].

Cant. VII, *ott.* 3.

En effaçant trois cents vers de cette espèce, le coloris du Tasse serait aussi pur que celui de Virgile, et son dessin divinement supérieur. Cela sera vrai dans cinq cents ans.

source qui tombe d'un des rochers du désert, l'eau
nécessaire à son agneau *.

On peut exprimer un rapport entre la comédie et la
sculpture. Quel est le caractère de l'Oreste d'*Andromaque* ?

Si l'on peut s'élever à croire possibles des choses que
nous n'avons pas vues, on conçoit un ordre monas-
tique, composé de jeunes gens ardents, excités dans le
noviciat, par les plaisirs, dans le reste de leur carrière,
par les honneurs les plus voisins de la gloire. Cet ordre
de sculpteurs est consacré à la recherche de la beauté.
On y présente toujours dans la même position Vénus,
Jupiter, Apollon; il ne s'agit pas de faire gesticuler les
statues. Tel sculpteur a donné quatre idées par cette
cuisse de la Vénus; le jeune homme entrant dans la carrière aspire à rendre sensibles cinq idées. Tout ceci est
bizarre; mais c'est l'histoire de l'art en Grèce **. Sur le
tronc d'arbre qui sert d'appui au charmant *Apollino* [258]

---

* La peinture a quelques petits moyens d'exprimer le *mouvement*. Le
vent le plus impétueux agite les arbres d'un paysage; cependant le juste
Abel offre son holocauste au milieu de la tempête, et la fumée s'élève
tranquillement au ciel comme une colonne verticale.

La draperie de cet ange, violemment rejetée en arrière, me fait sentir
la rapidité avec laquelle il est descendu vers Abraham; sa sérénité parfaite, et le repos des muscles de cet être divin me montrent qu'il n'a fait
aucun effort; il est porté par la volonté de Jéhovah.

** Certainement Pausanias, Strabon, Pline, Quintilien, etc., étaient
d'autres hommes que Vasari; mais, comme lui, ils n'ont pas su se
garantir du *vague*, qui, dans les arts, veut dire le faux. Pour peu qu'on
n'interprète pas leurs ouvrages avec une logique sévère, on y voit la
preuve de tous les systèmes possibles. J'admire souvent les passages
que les érudits allemands donnent pour preuve de leurs idées. En
accordant à Kant [254] que des mots obscurs sont des idées, et que l'on
peut commencer une science par une supposition, on arrive à des résultats qui seraient bien comiques, s'ils n'étaient pas trop longs à exposer.
Le pédantisme de ces pauvres Allemands est déconcerté, si on leur dit :
« Soyez clairs. »

On peut faire une science raisonnable, profonde, et qui cependant
n'apprenne rien. Tel est le reversi [255] et la partie intelligible du système
de Steding [256]; je conseille au reste le Pausanias de M. Clavier [257], le
trente-cinquième livre de Pline, et le *Dialogue* de Xénophon. À lire les
originaux, on gagne des idées et du temps.

court un lézard dont la forme est à peine naturelle. Les Grecs, en cela contraires aux Flamands, suivaient le grand principe de l'économie d'attention; ils donnent seulement l'idée des accessoires. Au contraire, dans la première manière de Raphaël, l'attention s'égare dans le feuillé des arbres. Le sculpteur grec était sûr que son dieu était regardé.

Cimarosa a la pensée d'un bel air, tout est fini. Phidias conçoit l'idée de son *Jupiter*, il lui faut des années pour la rendre.

Il me semble que le grand artiste vivant a une méthode expéditive. Il travaille en terre, et d'excellents copistes rendent mathématiquement sa statue en marbre; il la corrige ensuite par quelques coups de lime; mais toujours a-t-il besoin d'une persistance dans son image du beau, dont heureusement la peinture peut se passer*.

CHAPITRE LXXXVIII

Un peintre malais, avec son coloris du plus beau cuivre, qui prétendrait à la sympathie de l'Européen, ne serait-il pas ridicule? Il ne pourrait plaire que comme singulier. On aimerait en lui des marques de génie, mais d'un génie qui ne peut toucher. Voilà les tableaux de Rubens, ou la musique de Haendel à Naples. Jamais à Venise les couleurs si fraîches des figures anglaises ne paraîtront naturelles, si ce n'est à ces yeux pour lesquels tout est caché. Ce n'est qu'après que la lente habitude aura ôté l'étonnement que la sympathie pourra naître. Les couleurs, la lumière, l'air, tout est différent en des climats si divers**; et je ne trouve pas en Angle-

---

* Un génie assez enflammé pour inventer la tête de *Pâris*, un génie assez calme pour en poursuivre l'exécution pendant plusieurs mois, tel est Canova.

** Voir les portraits du Schiavone et de plusieurs Vénitiens, galerie Giustiniani à Berlin.

terre une seule tête qui rappelle les Madones de Jules Romain*.

Les différences de formes sont tellement moindres que celles de couleurs, que l'*Apollon* serait beau dans plusieurs parties de l'Asie, de l'Amérique et de l'Afrique, comme en Europe.

La pesante architecture elle-même, si loin de l'imitation de la nature, soupire lorsqu'elle voit les temples grecs transportés à Paris. Il faudrait aussi y transporter ce ciel d'un bleu foncé que j'ai trouvé à Pæstum[260], même sous l'éclat d'un soleil embrasé. L'architecture gémit, lorsqu'au plus beau jour du Palais des communes, lorsque le roi vient y faire l'ouverture des Chambres, elle voit une ignoble tente, rendue nécessaire par l'apparence de pluie, montrer à tous les yeux, en masquant les colonnes et en détruisant leur noblesse, que nous ne sommes que de tristes imitateurs qui n'avons pas pu inventer *le beau* de notre climat**.

CHAPITRE LXXXIX

UN SCULPTEUR

Je n'abandonne point mes Grecs, parce qu'ils deviennent heureux. Ce climat fortuné porte à l'amour; la religion, loin de le glacer, l'encourage. L'exemple des dieux invite les mortels à la douce volupté. On établit les jeux isthmiques, et la Grèce assemblée décerne des prix à la beauté***.

Par le goût du public, l'artiste est transporté au milieu de juges plus sévères, d'admirateurs plus enthousiastes, de rivaux plus terribles. L'amour de la

---

* Ancien Musée Napoléon, n°⁵ 1014, 1015, 1016[259]. Tempérament bilieux.
** Copier le beau à tort et à travers n'est que pédant; c'est le contraire de qui *glanait le beau* dans la nature.
*** Qui est aussi la *sûreté*.

gloire s'enflamme dans son cœur, autant qu'il est donné au corps humain de pouvoir supporter une passion. Il met bien vite en oubli qu'un jour il désira la gloire, pour avoir les regards des plus belles femmes, la considération et les richesses, bonheur de la vie.

Loin de suivre ces plaisirs grossiers, il les prend en horreur ; ils affaibliraient, avec ses facultés morales et ses moyens de sentir et de créer le sublime ; il sacrifie tout à cette soif d'une renommée immortelle, sa santé, sa vie. L'existence réelle n'est plus que le vil échafaudage par lequel il doit élever sa gloire. Il ne vit que d'avenir.

On le voit fuir les hommes ; sauvage, solitaire, s'accorder à peine la plus indispensable nourriture. Pour prix de tant de soins, si le ciel l'a fait naître sous un climat brûlant, il aura des extases, créera des chefs-d'œuvre, et mourra à moitié fou, au milieu de sa carrière* ; et c'est un tel homme que notre injuste société veut trouver sage, modéré, prudent. S'il était prudent, sacrifierait-il sa vie pour vous plaire, hommes médiocres et sages ?

Après tout, se demande le philosophe, comment doit-on estimer la vie ? est-ce par une longue durée de jours insipides ? ou par le nombre et la vivacité des jouissances ?

Il y a un demi-siècle que nous savons ces petites particularités sur l'homme de génie ; il y a un demi-siècle que tous les ouvriers, en fait d'art, voudraient bien nous persuader qu'ils sont de ce caractère. L'histoire dira :

> Mais plus ils étaient occupés
> Du soin flatteur de le paraître,
> Et plus à nos yeux détrompés
> Ils étaient éloignés de l'être[261].

VOLTAIRE.

---

* Je suis fâché de le dire ; mais, pour sentir le beau antique, il faut être chaste. L'air calme de la sculpture ne peut être rendu que par l'homme qui saurait peindre les passions dans toute leur violence.

Vous souvenez-vous d'avoir rencontré à Paris, au commencement de la Révolution, de jeunes peintres qui avaient arboré un vêtement particulier ? Tel est l'abîme de petitesses qui côtoie les artistes dans cette ville de vanités. J'ai vu l'auteur de *Léonidas* [262] se flatter qu'il mettait du génie dans la manière d'écrire son nom au bas de ses tableaux.

CHAPITRE XC

DIFFICULTÉ DE LA PEINTURE ET DE L'ART DRAMATIQUE

Beaucoup d'imagination et l'art de bien faire les vers, suffisent au poëte épique. Une grande connaissance de la beauté suffit au statuaire. Mais il y a une circonstance remarquable dans le talent du peintre et du poëte dramatique.

On ne voit pas les passions, comme des incendies ou des jeux funèbres*, avec les yeux du corps. Leurs effets seuls sont visibles. Werther se tue par amour M. Muzart [263] vient dans la chambre de ce beau jeune homme, et le voit posé sur son lit; mais les mouvements qui ont porté Werther à se tuer, où les verra-t-il ?

On ne peut les trouver que dans son propre cœur. Tout homme qui n'a pas éprouvé les folies de l'amour, n'a pas plus d'idée des anxiétés mortelles qui brisent un cœur passionné, que l'on n'a d'idée de la lune avant de l'avoir vue avec le télescope d'Herschel [264]**. Nulle description ne peut donner la sensation de cette neige piétinée par un animal dont les pieds seraient ronds.

Plaire dans la peinture et dans l'art dramatique, c'est rappeler l'idée de cette *neige piétinée* aux hommes qui en ont eu une vue confuse.

Nos poëtes alexandrins décrivent cette vue singulière

---

* *Énéide*, II et V.
** Vu et écrit le 26 décembre 1814 [265].

d'après ce qu'ils en trouvent dans la copie d'après nature qu'en fit Racine autrefois. Ce qui est plus amusant que leurs tragédies, c'est de les voir soutenir dans leurs préfaces, biographies, etc., que le sage Racine ne fut jamais en proie aux erreurs des passions, et qu'il trouva les mouvements d'Oreste et de Phèdre à force de lire Euripide.

Comment peindre les passions, si on ne les connaît pas ? Et comment trouver le temps d'acquérir du talent, si on les sent palpiter dans son cœur ?

CHAPITRE XCI

RÉFLÉCHIR L'HABITUDE[266]

La mouche éphémère qui éclôt le matin, et meurt avant le coucher du soleil, croit le jour éternel.

De mémoire de rose, on n'a jamais vu mourir de jardinier.

Pour étudier l'homme, tâchons d'oublier que nous n'avons jamais vu mourir de jardinier. Voltaire nous a dit :

> Notre consul Maillet, non pas consul de Rome,
> Sait comment ici-bas naquit le premier homme :
> D'abord il fut poisson ; de ce pauvre animal
> Le berceau très changeant fut du plus fin cristal ;
> Et les mers des Chinois sont encore étonnées
> D'avoir par leurs courants formé les Pyrénées[267].

Ce qu'il y a de plaisant dans ces jolis vers, c'est qu'ils pourraient bien être notre histoire. Du moins y a-t-il à parier, au commencement du dix-neuvième siècle, que le Nègre si noir et le Danois si blond sont les descendants du même homme*. La nature de l'air dans lequel nous nageons constamment, la nature des plantes qui

---

* Et cet homme était noir, disait le célèbre John Hunter. Blumenbach : *De l'unité du genre humain*[268]. On a bien créé la plante du blé.

font notre nourriture, ou des animaux que nous dévorons, et qui se nourrissent de ces plantes, varient avec le climat. Est-ce qu'on a jamais prétendu que les perdreaux de Champagne valussent ceux de Périgord? Quand Helvétius a nié l'influence des climats, il a donc dit à peu près la meilleure absurdité du siècle.

Le climat ou le tempérament fait la force du *ressort*; l'éducation ou les mœurs, le *sens* dans lequel ce ressort est employé.

« Il peut être arrivé à d'autres, comme il m'est arrivé à moi, de passer, en Grèce, une première soirée dans la société de quelques jeunes Ioniens qui, avec les traits et le langage des anciens Grecs, chantaient sur leur guitare des hymnes inspirantes. Ils comparaient la puissance turque à celle de Xerxès, et le refrain chanté en chœur était : *Fidèle à ma patrie, je briserai le joug**. Tout à coup le jeune chantre entend sonner la trompette, et quitte l'étranger ravi, pour courir intriguer bassement dans l'antichambre d'un vaivode. Le voyageur se dit en soupirant : Vingt-quatre siècles plus tôt, il eût été Alcibiade. »

Un excellent système d'irrigation tire parti d'une source chétive, et c'est un petit filet d'eau qui fait la richesse de tout le pays d'Hyères. Qui élèvera la voix pour appeler la vallée d'Hyères une nouvelle Hollande? Qui osera dire que l'Angleterre est le sol natal des Timoléon et des Servilius Ahala**?

Le fer du physiologiste interroge les corps d'un Russe et d'un Espagnol qui ont trouvé la mort à la même batterie : les tailles, les apparences sont égales, mais, chez l'un, le poumon se trouve plus grand. Voilà une différence frappante; voilà le commencement de ce qu'il y a de démontré dans la théorie des tempéraments.

*   Πιστὸς ἐς τὴν πατρίδα,
      Τὸ ζυγὸν συντρίψω.

Essai sur les Grecs, par North-Douglas, Londres, 1813[269].
   ** Plutarque, *Vie de Brutus*[270].

L'autre partie est une simple concomitance d'effets. Un obus part, nous voyons une maison du village sur lequel on tire, fumer, et prendre feu. Il est absolument possible que ce soit un feu de cheminée; mais il y a à parier pour l'obus. C'est dans l'examen sévère et microscopique des concomitances que gisent les découvertes à faire.

Quoi de plus différent qu'une chèvre et un loup? Cependant ces animaux sont à peu près du même poids. Quoi de plus différent que l'anthropophage du Potose[271] et le Hollandais tranquille, fumant sa pipe devant son canal d'eau dormante, et écoutant attentivement le bruit des grenouilles qui s'y jettent?

Philippe II et Rabelais devaient paraître différents, même à des yeux de vingt ans. Mais, le jour de l'ouverture de l'Assemblée constituante, distinguer juste les dispositions secrètes du fougueux Cazalès ou du sage Mounier, tranquilles à leur place, c'était l'affaire de qui avait l'esprit de Bordeau et de Duclos[272] et en même temps l'inexorable sagacité du philosophe et la science physiologique du grand médecin.

Cette chose, si difficile en 1789, sera peut-être assez simple en 1900. Qui sait si l'on ne verra pas que le phosphore et l'esprit vont ensemble? Alors on trouvera un phosphoromètre pour les corps vivants*. Il n'y a pas ici effort d'une seule tête. Le travail peut se partager; il faut une suite de vingt savants pour ne voir que ce qui est.

Osons parler un instant leur langage. Qui n'a pas éprouvé, après avoir essayé un de ces mets dont l'Inde a enrichi l'Angleterre (le kari[274]), qu'on a plus de force dans l'organe de la langue? Par le même mécanisme,

---

* Peut-être parviendra-t-on à saisir entre le galvanisme, l'électricité et le magnétisme, certains fluides dont on entrevoit tout au plus l'existence. Les effets sont sûrs et étonnants. Voyez les phénomènes observés à Celle (Hanovre) par M. le baron Strombeck, l'un des premiers jurisconsultes de l'Allemagne, et l'un des hommes les plus vrais[273].

une bile extrêmement âcre donne plus de force aux grands muscles de la jambe. Nous savons tous qu'un espion espagnol traverse fort bien, en une nuit, vingt lieues de montagnes escarpées. Un Allemand meurt de fatigue à moitié chemin.

Enfin il faut se figurer que ce n'est que pour la commodité du langage que l'on dit le physique et le moral. Lorsqu'on a brisé une montre, où est allé le mouvement * ?

CHAPITRE XCII

SIX CLASSES D'HOMMES [275]

Les combinaisons de tempéraments sont infinies ; mais l'artiste, pour guider son esprit, donnera un nom à six tempéraments plus marqués, et auxquels on peut rapporter tous les autres ** :

Le sanguin,
Le bilieux,
Le flegmatique,
Le mélancolique,
Le nerveux,
Et l'athlétique ***.

---

* On sent fort bien qu'on ne parle ici que de l'*être vivant*, et de l'intime liaison qui, *pendant la vie*, rend le physique et le moral *inséparables*. À Dieu ne plaise qu'on veuille nier l'immortalité de l'âme, la plus noble consolation de l'humanité !

** Si l'on n'a pas voyagé, et que l'on doute des tempéraments, voir le *Voyage* de Volney en Égypte [276].

*** J'aurais dû placer ici une copie de la caricature des quatre tempéraments (Lavater, I, p. 263), ou faire graver les dessins que j'ai fait faire dans mes voyages, d'après des gens qui me semblaient offrir les tempéraments à un degré remarquable de *non-mélange*. Mais mon talent n'est pas la patience. Je ne puis me flatter d'obtenir, même des meilleurs graveurs, des estampes ressemblantes aux dessins qu'on leur livre : autrefois les graveurs ne savaient pas dessiner ; de nos jours on les voit hardiment corriger les plus grands maîtres. C'est un honnête étranger qui, traduisant Molière, se dirait : « Ce caractère d'Orgon, dans le *Tartufe*, a des sentiments qui me semblent approcher de l'inhumain.

Cette idée ne dévoile pas tant les individus que les nations.

CHAPITRE XCIII

DU TEMPÉRAMENT SANGUIN

Ce tempérament est évidemment plus commun en France. C'est la réflexion que je faisais sur les bords du Niémen, le 6 juin 1812[279], en voyant passer le fleuve à cette armée innombrable, composée de tant de nations, et qui devait souffrir la déroute la plus mémorable dont l'histoire ait à parler. Le sombre avenir que j'apercevais au fond des plaines sans fin de la Russie, et avec le génie hasardeux de notre général, me faisait douter. Fatigué de vaines conjectures, je revins aux connaissances positives, ressource assurée dans toutes les fortunes. J'avais encore un volume de Cabanis, et devinant

L'humanité est une belle chose; donc je vais adoucir un peu ces passages où Orgon choque cette belle vertu. »

Si j'avais rencontré quelque bon graveur allemand, bien patient et bien consciencieux, j'aurais donné une estampe pour rendre sensible la manière de chaque grand peintre[277].

J'avouerai que rien ne me semble plus ridicule que les gravures des Chambres du Vatican par Volpato. Pour voir à Paris le style des fresques du Vatican, il faut monter à la Sorbonne, chez un dessinateur dont j'ai oublié le nom, mais qui a rapporté de Rome trois ou quatre têtes dignes des originaux. Les personnes qui en sentiront l'angélique pureté comprendront mon idée; la règle du graveur est inflexible : ou il se sent plus de génie que Louis Carrache, ou il faut tout copier, même les doigts un peu longs de sa *Madone*[a].

La *Cène* de Morghen, le portrait de la Fornarina, la *Madonna del sacco*, la partie supérieure de la *Transfiguration*, donnent à l'âme la sensation affaiblie des originaux, tandis que rien n'est moins Raphaël que la *Force* et la *Modération* dont Morghen a fait un pendant à la *Madonna del sacco*.

Pour le Corrège, peintre presque impossible à rendre, il y a une *Madone* de Bonato qui me semble un miracle : qu'on ferme les persiennes pour la voir dans le demi-jour, on croira voir ce *resplendissant* singulier des tableaux du Corrège.

a. Ancien Musée Napoléon, n° 876[278].

ses idées à travers ses phrases, je cherchais des exemples dans les figures de tant de soldats qui passaient auprès de moi en chantant, et quelquefois s'arrêtaient un instant quand le pont était encombré.

C'est en effet chez les paysans qu'il faut commencer l'étude difficile des tempéraments ; l'homme riche échappe avec trop de facilité à l'influence des climats ; c'est compliquer le problème.

CARACTÈRES PHYSIQUES DU TEMPÉRAMENT SANGUIN

Une tête qui a des couleurs brillantes, assez d'embonpoint, et l'expression de la gaieté, une poitrine large, qui annonce, avec un grand poumon, un cœur plus énergique, et par conséquent une chaleur plus considérable et une circulation plus rapide et plus forte ; de là cette expression commune en parlant des héros : *un grand cœur.*

Dans le tissu cellulaire, des extrémités nerveuses bien épanouies, qui recouvrent des membranes médiocrement tendues, doivent recevoir des impressions vives, rapides, faciles. Des muscles souples, des fibres dociles, qu'imprègne une vitalité considérable, mais une vitalité partout égale et constante, doivent donner, à leur tour, des mouvements faciles et prompts, une aisance générale dans les fonctions.

Le tempérament sanguin est donc caractérisé au physique par la vivacité et la facilité des fonctions*.

---

* Cabanis, I, 442 ; Crichton, *Mental derangement*, 2 vol. in-8°, 1810 ; Hippocrate, *Traité des eaux, des airs et des lieux* ; Gallien, *Classification des tempéraments* ; Darwin, Haller, Cullen, Pinel, Hallé, Zimmermann, etc. En politique, comme dans les arts, on ne peut s'élever au sublime sans connaître l'homme, et il faut avoir le courage de commencer par le commencement, la *physiologie.*

La vie de l'homme se compose de deux vies : la vie *organique* et la vie de *relation*. Le nerf *grand sympathique* est la source de la vie des organes, la respiration, la circulation, la digestion, etc., etc. Le cerveau est la source de la vie de *relation*, ainsi nommée parce qu'elle nous met

CARACTÈRE MORAL

Un grand sentiment de bien-être, des idées agréables et brillantes, des affections bienveillantes et douces; mais les habitudes auront peu de fixité; il y aura quelque chose de léger et de mobile dans les affections de l'âme, l'esprit manquera de profondeur et de force*.

Tout ce que j'avance, c'est qu'on trouvera souvent ces circonstances physiques à côté de ces dispositions morales. Le médecin, qui verra les signes physiques, s'attendra aux effets moraux. Le philosophe, qui trouvera les signes moraux, sera confirmé dans ses observations par l'habitude du corps. Un homme sanguin aura beau jouer une activité infatigable, ce n'est pas à lui, toutes choses égales d'ailleurs, que Frédéric II confiera la défense d'une place importante; il l'appellera, au contraire, s'il veut un aimable courtisan.

On sait que les considérations générales prennent plus de vérité à mesure qu'on les étend sur un plus

---

en relation avec le reste de l'univers. Les végétaux n'ont probablement que la vie organique; ils vivent, ils ne se décomposent pas; mais, pour eux, point de mouvements, point de reproduction, point de discours.

Les mouvements causés par le *grand sympathique* sont involontaires : il y a de la volonté dans tout ce qui vient du cerveau; plusieurs organes recevant à la fois les nerfs de ces deux centres, certains mouvements sont tantôt volontaires, et tantôt involontaires.

De là ce vers fameux, l'histoire de notre vie :

Video meliora, proboque; deteriora sequor[280].

Le grand sympathique, en ce sens très mal nommé, serait la source de l'intérêt personnel; et le cerveau, la cause du besoin de sympathie : voilà les deux principes de l'Orient, Oromaze et Arimane, qui se disputent notre vie. (Voir l'ouvrage sublime de M. de Tracy sur la *Volonté*[281].)

* Pendant que j'étais à Rome, j'avais noté que parmi mes connaissances il n'y avait qu'un sanguin, l'aimable marquis Or***.

grand nombre d'individus*. Ainsi, dans la retraite de Moscou, l'armée française eût été sauvée par un génie allemand, un maréchal Daun[283], un Washington. Je voudrais trouver des noms moins célèbres. Il ne fallait pas de génie, il ne fallait qu'un peu de cet esprit d'ordre si commun dans les armées autrichiennes, mais qui doit être si rare chez un peuple sanguin. Un seul mot peindra tout : prévoir le danger était un ridicule.

Le peintre qui fera Brutus envoyant ses fils à la mort ne donnera pas au père la beauté idéale du sanguin, tandis que ce tempérament fera l'excuse des jeunes gens. S'il croit que le temps qu'il faisait à Rome le jour de l'assassinat de César est une chose indifférente, il est en arrière de son siècle. À Londres, il y a les jours où l'on se pend**.

CHAPITRE XCIV

DU TEMPÉRAMENT BILIEUX

Adgredior opus difficile[284]. Je prie qu'on excuse trente pages d'une sécheresse mathématique. Pour dire les mêmes choses au détail, et à mesure du besoin, il en faudrait cent, et, pour sentir Michel-Ange, il faut passer là.

La bile est une des pièces les plus singulières de la machine humaine***; formée d'un sang qui s'est dépouillé dans son cours de ses parties lymphatiques, elle est surchargée de matières huileuses. Ce sang rapporte des impressions de vie multipliées de chacun des organes qu'il a parcourus. Attaquée par la chimie, la bile est une substance inflammable, albumineuse, savonneuse. Aux yeux du physiologiste, c'est une

---

* *Probabilités* de Laplace, in-4°, 1814[282]; Tracy, *De la Volonté*.
** Vent et brouillards au mois d'octobre.
*** Saint Dominique, Jules II, Marius, Charles Quint, Cromwell; c'est le tempérament des hommes grands par les *actions*.

humeur très active, très stimulante, agissant comme un levain énergique sur les sucs alimentaires et sur les autres humeurs, imprimant aux solides des mouvements plus vifs et plus forts ; elle augmente d'une manière directe leur *ton* naturel ; elle agit directement aussi sur le système nerveux, et par lui sur *les causes immédiates de la sensibilité*. Presque toujours les effets stimulants de la bile coïncident avec ceux de l'humeur séminale, et ces deux substances si puissantes sur le bonheur et la sensibilité humaines ont des degrés correspondants d'exaltation.

Supposons un homme chez qui leur énergie soit extrême ; supposons qu'il y ait chez cet homme un certain état de roideur et de tension dans tout le système, soit dans les points où s'épanouissent les extrémités nerveuses, soit dans les fibres musculaires. Donnons encore à cet homme une poitrine d'une grande capacité, un poumon, et un cœur d'un grand volume : voilà l'image du bilieux parfait.

Cette empreinte est la plus forte qui s'observe dans la nature vivante. Tout se tient dans une machine ainsi organisée. L'activité des agents de la génération accroît celle du foie ; l'activité de la bile accroît celle de tous les mouvements, et en particulier la circulation du sang. Les deux humeurs qui règnent sur l'individu augmentent la sensibilité des extrémités nerveuses. Tous les mouvements rencontrent des résistances dans la roideur des parties ; mais toutes les résistances sont *énergiquement vaincues*. Pour achever ce tableau, voyez le caractère âcre et ardent que la bile imprime à la chaleur des mains ; voyez des vaisseaux artériels et veineux d'un plus grand calibre, et une masse de sang plus considérable même que dans le tempérament sanguin.

CARACTÈRE MORAL

Des sensations violentes, des mouvements brusques et impétueux, des impressions aussi rapides et aussi changeantes que chez le sanguin; mais, comme chaque impression a un degré plus considérable de force, elle devient pour le moment plus dominante encore. La flamme qui dévore le bilieux produit des idées et des affections plus absolues, plus exclusives, plus inconstantes.

Elle lui donne un sentiment presque habituel d'inquiétude. Le bien-être facile du sanguin lui est à jamais inconnu; il ne peut goûter de repos que dans l'excessive activité. Ce n'est que dans les grands mouvements, lorsque le danger ou la difficulté réclament toutes ses forces, lorsqu'à chaque instant il en a la conscience pleine et entière, que cet homme jouit de l'existence. Le bilieux est forcé aux grandes choses par son organisation physique.

Le cardinal de Richelieu dirigeait bien une négociation, mais n'eût peut-être été qu'un fort mauvais ambassadeur. Il faut un homme sanguin et aimable, rachetant sans cesse par les détails l'odieux du fond, comme lord Chesterfield, ou le duc de Nivernois[285].

Jules Romain et Michel-Ange n'ont peint que des êtres bilieux. Le Guide, au contraire, s'est élevé à la beauté céleste, en ne présentant presque que des corps sanguins. Par là sa beauté manque de sévérité. Cela est singulier en Italie, où les peintres vivaient au milieu d'un peuple bilieux.

CHAPITRE XCV

LES TROIS JUGEMENTS

On va m'accuser de tout donner aux tempéraments.

J'en conviens; dans la vie réelle nous avons des indices bien autrement sûrs, bien autrement frappants; mais dans tous ces signes il y a du mouvement. Importants pour la musique et la pantomime, ils sont nuls pour les arts du dessin, qui restent muets et presque immobiles.

Dès la première seconde qu'un esprit vif aperçoit un homme célèbre, un souverain, par exemple, il vérifie l'idée qu'il s'en est formée. Le jugement porté* vient presque toujours de la connaissance que l'esprit vif a des tempéraments.

Quelques secondes après, le jugement physiognomonique** modifie cet aperçu.

Au bout de quelques minutes, il est bouleversé à son tour par les jugements qui résultent en foule des mouvements qu'il observe.

Raphaël s'occupait sans cesse des nuances qui influent sur les deux premiers jugements.

Le troisième était moins important pour lui, comme les deux premiers pour Cervantes***.

Un horloger habile devine l'heure en voyant les rouages d'une pendule. Le peintre doit montrer par les formes de son personnage le caractère que ses organes le forcent à avoir.

---

* Un peu instinctif, dira-t-on peut-être en 1916[286].

** Voir le *Traité de la Science des physionomies*, dans l'*École de Venise*, t. IV de cet ouvrage[287].

*** Mais on voit quelquefois dans le second jugement ce que le troisième ne peut pas donner. Une civilisation très avancée ne permet pas de dire à un inconnu quelque chose qui décèle ou beaucoup d'esprit, ou beaucoup d'âme; c'est cette circonstance qui a élevé, parmi nous, la physiognomonie au rang des sciences les plus intéressantes.

Je sais bien encore qu'avec tous les signes d'un tempérament, on peut être d'un tempérament contraire; mais cette vérité, très importante pour le médecin et le philosophe, ne signifie rien pour le peintre.

Elle est au-delà de ses moyens. Philopœmen[288] ne peut pas être condamné à scier du bois.

CHAPITRE XCVI

LE FLEGMATIQUE

Le lecteur a-t-il voyagé? Je le prie de se rappeler son entrée à Naples et à Rotterdam.

N'a-t-on jamais quitté Paris? De quelque finesse que l'on soit doué, on court grand risque de suivre les pas d'Helvétius, qui n'a d'esprit qu'en copiant d'après nature les routes que prennent les Français pour arriver au bonheur. On peut ouvrir les *Voyages**; mais l'évidence produite par la foule des petites circonstances manque toujours à qui n'a pas vu avec les yeux de la tête, disait un grand homme.

Un Anglais très calme décrit ainsi son entrée dans Rotterdam :

« Le nombre de ces petits vaisseaux *(schuyts)* qui parcourent les rues et leur propreté sont encore moins étonnants que le calme et le silence avec lequel ils traversent la ville. Il est vrai qu'on peut considérer le calme et le silence comme le caractère distinctif de tous les efforts de l'industrie hollandaise : le bruit et l'agitation, ordinaires partout ailleurs lorsque plusieurs hommes s'occupent ensemble d'un travail pénible, sont absolument inconnus en Hollande... Ces matelots, ces portefaix... chargeant et déchargeant les navires de l'Inde, ne prononcent pas un seul mot assez haut pour qu'on

---

* Pour l'Italie, de Brosses, Misson, Duclos. Pour la Hollande, *Voyage... fait en 1794*, trad. par Cantwell, chez Buisson, an V, t. I, p. 22[289].

l'entende à vingt toises. Enfin, pour achever de peindre cette nation, le trait marquant de ses militaires, c'est un grand air de modestie*. »

CARACTÈRES PHYSIQUES

Vous voyez s'avancer un gros et grand homme blond avec une poitrine extrêmement large. D'après les observations rapportées jusqu'ici, on s'attend à le trouver plein de feu ; c'est le contraire. C'est que ce poumon si vaste, comprimé par une graisse surabondante, ne reçoit, et surtout *ne décompose* qu'une petite quantité d'air. Des organes de la génération et un foie qui manquent d'énergie, un système nerveux moins actif, une circulation plus lente et une chaleur plus faible, des fibres originairement molles, une sanguification entravée par l'abondance des sucs muqueux, telles sont les premières données du tempérament flegmatique**.

Bientôt les sucs muqueux émoussent la sensibilité des extrémités nerveuses. Ils assoupissent le système cérébral lui-même***. Les fibres charnues que ces

---

* Voir les excellents *Mémoires* de Dalrimple sur la révolution de 1688[290]. Le Hollandais semble ne rien vouloir ; sa démarche, son regard, n'expriment rien, et vous pouvez converser des heures entières avec lui sans qu'il lui arrive d'*avancer une opinion*. La possession et le repos sont ses idoles.

** « Un front élevé, les yeux à demi fermés, un nez charnu, les joues affaissées, la bouche béante, les lèvres plates, et un large menton, telle est la physionomie du Hollandais. » (Darmstad[291], l. IV, p. 102.)

*** « L'acte le plus grand, le plus inconcevable de la nature, est d'avoir su tellement modeler une masse de matière brute, qu'on y voie l'empreinte de la vie, de la pensée, du sentiment, et d'un caractère moral. » (Sulzer.)

« Quelle main pourra saisir cette substance logée dans la tête et sous le crâne de l'homme ? Un organe de chair et de sang pourra-t-il atteindre cet abîme de facultés et de forces internes qui fermentent ou se reposent ? La Divinité elle-même a pris soin de couvrir ce sommet sacré, séjour et laboratoire des opérations les plus secrètes ; la Divinité, dis-je, l'a couvert d'une forêt, emblème des bois sacrés où jadis on célébrait les mystères. On est saisi d'une terreur religieuse à l'idée de ce

mucosités inondent, et qui ne se trouvent sollicitées que
par de faibles excitations, perdent graduellement leur
ton naturel. La force totale des muscles s'énerve et
s'engourdit. De là un petit Gascon vif terrasse un
énorme grenadier hollandais.

On ne remarque point l'appétit vif du bilieux ; tout est
plus faible dans ce tempérament-ci ; la puberté même,
ce miracle de l'organisation, produit des changements
moins grands sur la physionomie et la voix. Ces
hommes ont souvent des muscles très gros ; mais ils
sont moins velus, et la couleur de leurs cheveux est
moins foncée. Les mouvements sont faibles et lents. Il y
a une tendance générale vers le repos. Ce tempérament,
qui règne en Allemagne, a son extrême en Hollande. La
constitution des Anglais peut expliquer leur énergie ;
mais comment expliquer la vivacité des cochers russes
(moujiks) que nous prîmes à Moscou ?

Privé de société par la solitude héroïque de cette
grande ville, ennuyé de mes camarades, j'aimais à parcourir la *Slabode*[293] allemande, et tous ces grands quartiers ruinés par l'incendie. Je ne savais que cinq mots
russes ; mais je faisais la conversation par signes avec
Arthemisow, le plus vif de mes cochers, et qui tenait
toujours mon *droschki* au galop.

L'émigration de Smolensk, de Giat[294], de Moscou,
quittée en quarante-huit heures par tous ses habitants,
forme le fait moral le plus étonnant de ce siècle : pour
moi, ce n'est qu'avec respect que je parcourais la mai-

---

mont ombragé, qui renferme des éclairs, dont un seul, échappé du
chaos, peut éclairer, embellir, ou dévaster et détruire un monde. » (Herder.)

Sulzer et Herder sont des philosophes qui jouissent d'une grande
réputation en Allemagne, ce qui n'empêche pas que ces passages, pris
au hasard dans leurs œuvres, ne soient d'une force de niaiserie qu'on ne
se permettrait pas en France. — Voyez surtout la *Vie* de Goethe, écrite
par lui-même ; Tubingue, 1816[292].

son de campagne du comte Rostopchine*, ses livres en désordre, et les manuscrits de ses filles.

Je voyais une action digne de Brutus et des Romains, digne, par sa grandeur, du génie de l'homme contre lequel elle était faite.

Puis-je admettre quelque chose de commun entre le comte Rostopchine et les bourgmestres de Vienne, venant dans Schœnbrunn faire leur cour à l'Empereur, et *avec respect***?

La disparition des habitants de Moscou est tellement peu un fait appartenant au tempérament flegmatique, que je ne crois pas un tel événement possible même en France***.

CARACTÈRE MORAL

Comme, par la souplesse et la flexibilité des parties, les fonctions vitales n'éprouvent pas de grandes résistances, le flegmatique ne connaît point cette inquiétude, mère des grandes choses, qui presse le bilieux. Son état habituel est un bien-être doux et tranquille, sa vie a quelque chose de médiocre et de borné. Comme, dans ces grands corps, les organes n'éprouvent que de faibles excitations; comme les impressions reçues par les extrémités nerveuses se propagent avec lenteur, ils

---

* À demi-lieue de Moscou. Je me permis de ramasser par terre un petit traité manuscrit sur l'existence de Dieu[295].

** Voir le beau tableau de M. Girodet[296]. Ce qui frappe dans le Russe, au premier abord, c'est sa force étonnante. Elle s'annonce et par une large poitrine, et par un cou vraiment colossal, qui rappelle sur-le-champ celui de l'*Hercule Farnèse*.

*** Il faut observer que le despotisme russe étant presque volontaire chez le paysan, n'a point avili les âmes. Le moral est presque digne des pays à constitution.

Quelle est exactement la différence de la vivacité du Russe à celle du Provençal? Pas un vieillard, pas une jambe cassée, pas une femme en couches, n'était resté à Moscou. Mon premier soin fut de parcourir au galop les principales rues.

n'ont ni la vivacité, ni la gaieté brillante, ni le caractère changeant du sanguin : c'est le tempérament de la constance. On voit d'ici sa douceur, sa lenteur, sa paresse, et tout le *terne* de son existence. Une médiocrité exempte de chagrins est son lot habituel*.

Le théâtre d'Iffland[297], le célèbre acteur, donne beaucoup de personnages de ce genre. Comparez son *Joueur* à celui de Regnard. Le joueur allemand fait cinq ou six prières à Dieu, et s'évanouit une ou deux fois ; ce tempérament ne comprend les saillies qu'un quart d'heure après ; c'est ce qui rend si plaisantes les critiques des Allemands sur Molière et Regnard**.

* Ce tempérament forme la partie la plus respectée du public.

« L'abbé Alary, dit Grimm (1771), vient de mourir à l'âge de quatre-vingt-un ans. Il avait quitté la cour depuis fort longtemps, et vivait doucement à Paris, avec la réputation de sagesse dans le caractère, ce qui veut souvent dire nullité ; car il n'y a qu'à ne s'affecter de rien, être de la plus belle indifférence pour le bien et pour le mal public ou particulier, louer volontiers tout ce qu'on fait, et ne jamais rien blâmer, s'appliquer à ses intérêts, mais sans affiche, et l'on a bientôt la réputation d'un homme sage[a]. »

La plupart des hommes illustres par *leurs écrits* étant du tempérament mélancolique, l'homme sage, qui est l'ami de l'homme de génie, croit avoir toute sa vie de bonnes raisons de se moquer de lui. Dans ces relations, c'est l'homme de génie qui est l'inférieur. Le Tasse, Rousseau, Mozart, Pergolèse, Voltaire sans ses cent mille livres de rente.

** C'est un citoyen de Lilliput qui trouve à blâmer dans la taille de Gulliver. Un homme d'esprit, M. Schlegel[298], veut bien nous apprendre que les comédies de Molière ne sont que des satires tristes.

Il est vrai que M. Schlegel eût été meilleur apôtre que juge littéraire. Il commence par déclarer qu'il méprise la raison : voilà déjà un grand pas ; puis, pour marcher en sûreté de conscience, il ajoute que le Dante, Shakespeare et Calderon sont des apôtres envoyés par Notre Seigneur Jésus-Christ, avec *une mission spéciale* ; qu'ainsi on ne peut, sans sacrilège, retrancher ni blâmer une seule syllabe de leurs ouvrages. Cette belle théorie s'explique très facilement par le *sens intérieur*. Celui qui a le malheur de n'être pas doué du *sens intérieur* ne saurait sentir les poètes venus sur la terre avec mission. Voulez-vous savoir si vous avez le *sens intérieur* ? M. Schlegel vous le dira ; il en a une si grande part, qu'en cinq minutes de conversation il se fait fort de connaître si vous êtes du nombre des bienheureux.

Le difficile en cette affaire, c'est qu'il ne faut pas rire ; voilà sans doute pourquoi ces bons Allemands ne goûtent point Molière : au reste,

a. Ceci disparaît par les deux Chambres.

Voyez Rivarol à Hambourg*. Ce tempérament national a pénétré jusque dans les pièces de Schiller, ce spirituel élève du grand Shakespeare. Si l'on compare son

---

* Un Anglais, Barington, appelle Montesquieu un auteur *fatigant*.

il est impossible d'avoir plus de science ; et les érudits à *sens intérieur* ne
proscrivent point, comme les autres, les traits énergiques.

Je m'imagine que la postérité résumera ainsi la querelle des romantiques et des pédantesques.

Les romantiques étaient presque aussi ridicules que les La Harpe ;
leur seul avantage était d'être persécutés. Dans le fond, ils ne traitaient
pas moins la littérature comme les religions, dont une seule est la
bonne. Leur vanité voulait détrôner Racine ; ils savaient trop de grec
pour voir que le genre de Schiller est aussi bon à Weimar, que celui de
Racine à la cour de Louis XIV[a].

Racine avait pour les Français des détails charmants qu'un étranger
n'atteindra jamais[b]. Ce qu'on disait de mieux contre lui, c'est que la
sphère d'influence d'un poète s'étend avec son esprit, qui le tire du
détail, pour lui faire présenter le cœur humain par les grands traits, différence de Van der Werf au Poussin.

Les romantiques, aveugles sur la connaissance de l'homme, ne sentaient pas que la civilisation de leurs peuples féodaux était postérieure à
celle de la belle France. Ces gens, qui poursuivaient si hautement
l'esprit pour se retrancher au bon sens, ne distinguaient pas que leur littérature allemande en était encore à ses Ronsard, que lorsque l'on veut
avoir une belle littérature, il faut commencer par avoir de belles mœurs.

Ils n'avaient qu'un nom pour eux, dont ils abusaient ; mais ils ne
voyaient pas d'assez haut les civilisations, pour sentir que Shakespeare
n'est qu'un diamant incompréhensible qui s'est trouvé dans les sables.

Il n'y a pas de demi-Shakespeare chez les Anglais ; son contemporain
Ben Jonson était un pédantesque, comme Pope, Johnson, Milton, etc.

Après ce grand nom, qui n'est point encore égalé, ils n'avaient que
son imitateur Schiller. Ossian leur manquait, qui n'est que du Mac-
pherson construit sur du Burke. Ils ne savaient qu'opposer à Molière ;
aussi ne riaient-ils point, soit qu'ils trouvassent plus commode de
mépriser ce qu'ils n'avaient pas, soit que réellement leur génie, froid et
toujours monté sur des échasses, fût insensible aux grâces de Thalie[c].
Loin de pouvoir apprécier ses créations, ils n'en concevaient pas même
le mécanisme ; ils ne voyaient pas que la comédie ne peut jaillir que
d'une civilisation assez avancée pour que les hommes, oubliant les premiers besoins, demandent le bonheur à la vanité.

   a. Un auteur excellent chez le peuple pour lequel il a travaillé n'est que bon partout ailleurs.
   b. Le rythme du rôle de Monime. Les étrangers ont trop de raison pour avoir
tant d'honneur.
   c. Voir toutes les Esthétiques allemandes, et surtout les *Mémoires* de la margrave
de Bareith, bien plus concluants ; on verra ce qu'étaient les cours de ce pays, en
1740, et si raisonnablement il peut prétendre à la finesse : t. II, p. 10, 12[295].

rôle de Philippe II au Philippe II d'Alfieri, on verra une lumière soudaine éclairer les deux nations. L'Italien, par une bizarre manie, se prive d'événements; mais

---

Le comique nous plaît parce qu'il nous fait moissonner des jouissances de vanité sur des sottises que l'art du poète nous montre à l'improviste. S'il était un peuple où la première passion fût *la vanité*, et la seconde le désir de *paraître gai*, ce peuple ne semblerait-il pas né précisément pour la comédie[a]?

S'il était une nation rêveuse, tendre, un peu lente à comprendre, manquant de caractère, ne vivant que de bonheur domestique, cette nation ne se donnerait-elle pas un ridicule en voulant morigéner les poètes comiques qu'elle ne peut comprendre?

Le rire est incompatible avec l'indignation. L'homme qui s'indigne voit:

1° Sûreté, ou grands intérêts;

2° Attaque de tout cela;

or, l'homme qui songe à sa sûreté est trop occupé pour rire[b].

L'homme pensif, qui se berce l'imagination par les détails enchanteurs de quelque roman dont il sent qu'il serait le héros, si le ciel était juste, va-t-il se retirer de cet océan de bonheur, pour jouir de la supériorité qu'il peut avoir sur un Géronte disant de son fils: « Mais que diable allait-il faire dans cette galère? » Que lui fait la folie de cette repartie adressée au Ménechme grondeur:

> Que feriez-vous, monsieur, du nez d'un marguillier[300]?

Il est clair que, pour Alfieri et Jean-Jacques, le comique a toujours été invisible.

Jean-Jacques aurait pu sentir le comique de Shakespeare, qui, ainsi que la musique, commet la fausseté perpétuelle de donner un cœur tendre et noble à tous les personnages. Voilà le comique *romantique* de M. Schlegel[c].

Il est enfin des gens froids, privés d'imagination, dont l'impuissance se décore du vain nom de raisonnables. Ils sont si malheureux, que, sans avoir de passion ni d'intérêt pour rien, et par la seule morosité de leur nature, la détente du comique ne part qu'avec une extrême difficulté, et ils ont le bon ridicule d'être fiers de leur disgrâce. Tel fut Johnson. Comment voir la délicieuse gaieté de la *Critique du légataire*?

Cependant la cause des romantiques était si bonne qu'ils la gagnèrent. Ils furent l'instrument aveugle d'une grande révolution. La véritable connaissance de l'homme ramena la littérature de la *miniature maniérée* d'une passion à la peinture en grand de toutes les passions: ils furent le sabre de Scanderberg; mais ils n'eurent jamais d'yeux pour voir ce qu'ils frappaient ni ce qu'il fallait mettre à la place.

a. En 1770.
b. Les deux Chambres chassent le comique.
c. Le contraire de *Gil Blas*.

quels vers frappés à la noire bile de la tyrannie!

FILIPPO

Udisti?

GOMEZ

> *Udii.*

FILIPPO

> > *Vedesti?*

GOMEZ

> > > *Io vidi.*

FILIPPO

> > > *Oh rabbia!*

Dunque il sospetto?...

GOMEZ

> > *... È omai certezza...*

FILIPPO

> > > > *E inulto*

Filippo è ancor?

GOMEZ

> > *Pensa...*

FILIPPO

> > *Pensai. — Mi segui*[301].
> > (Acte II, scène V.)

CHAPITRE XCVII

DU TEMPÉRAMENT MÉLANCOLIQUE

Une taciturnité sombre, une gravité dure et repoussante, les âpres inégalités d'un caractère plein d'aigreur, la *recherche de la solitude*, un regard oblique, le timide embarras d'une âme artificieuse, trahissent, dès la jeunesse, la disposition mélancolique de Louis XI. Tibère et Louis XI ne se distinguent à la guerre que durant l'effervescence de l'âge. Le reste de leur vie se passe en immenses préparatifs militaires qui n'ont jamais d'effet, en négociations remplies d'astuce et de perfidie.

Tous les deux, avant de régner, s'exilent volontairement de la cour, et vont passer plusieurs années dans l'oubli et les langueurs d'une vie privée l'un dans l'île de Rhodes, l'autre dans une solitude de la Belgique.

L'été de leur vie est dominé par les affaires, à travers lesquelles cependant perce toujours leur noire tristesse.

Vers la fin, quand ils osent de nouveau être eux-mêmes, en proie à de noirs soupçons, aux présages les plus sinistres, à des terreurs sans cesse renaissantes, ils vont cacher l'affreuse image du despotisme puni par lui-même, le roi dans le château de Plessis-lez-Tours, l'empereur dans l'île de Caprée. Mais, quoi qu'on en dise, il y a plus de naturel dans les distractions de Tibère ; elles ont au moins l'avantage de nous rappeler de charmantes *spinteries* [302].

CARACTÈRE PHYSIQUE

Si dans le tempérament bilieux si fortement prononcé vous substituez seulement à la vaste capacité de la poitrine un poumon étroit et serré, et que vous supposiez un foie peu volumineux, les résistances deviennent à l'instant *supérieures* aux moyens de les vaincre. La liqueur séminale reste l'unique principe d'activité.

La roideur originelle des solides, qui est fort grande, s'accroît de plus en plus par la langueur de la circulation. Ces gens-là ne sont abordables qu'après les repas. Les extrémités nerveuses ont une sensibilité vive, les muscles sont très vigoureux, la vie s'exerce avec une énergie constante ; mais elle s'exerce avec embarras, avec une sorte d'hésitation. Il y a de la difficulté dans tous les mouvements, et ils sont accompagnés d'un sentiment de gêne et de malaise. Il manque une chaleur active et pénétrante : le cerveau n'a point ce mouvement et cette *conscience de sa force*, dont l'effet moral est si nécessaire pour venir à bout de tant d'obstacles.

Les forces sont très grandes, mais elles sont ignorées. L'humeur séminale tyrannise le mélancolique; c'est elle qui donne une physionomie nouvelle aux impressions, aux volontés, aux mouvements; c'est elle qui crée dans le sein de l'organe cérébral ces forces étonnantes employées à poursuivre des fantômes, ou à réduire en système les visions les plus étranges. Vous voyez les solitaires de la Thébaïde, les martyrs, beaucoup d'illustres fous; vous voyez qu'une partie de la biographie des grands hommes doit être fournie par leur médecin.

CARACTÈRE MORAL

Des impulsions promptes, des démarches directes, trahissent sur-le-champ le bilieux. Des mouvements gênés, des déterminations pleines d'hésitation et de réserve, décèlent le mélancolique. Ses sentiments sont toujours réfléchis, ses volontés semblent n'aller au but que par des détours. S'il entre dans un salon, il se glissera en rasant les murailles*. La chose la plus simple, ces gens-là trouvent le secret de la dire avec une passion sombre et contenue. On rit de trouver l'anxiété d'un désir violent dans la proposition d'aller promener au bois de Boulogne plutôt qu'à Vincennes.

Souvent le but véritable semble totalement oublié. L'impulsion est donnée avec force pour un objet, et le mélancolique marche à un autre; c'est qu'il se croit faible. Cet être singulier est surtout curieux à observer dans ses amours. L'amour est toujours pour lui une affaire sérieuse.

On parlait beaucoup à Bordeaux, à la fin de 1810,

---

* Voyez la démarche du président de Harlay, dans Saint-Simon[303]. La timidité passionnée est un des indices les plus sûrs du talent des grands artistes. Un être vain, vif, souvent picoté par l'envie, tel que le Français, est le contraire.

d'un jeune homme de la figure la plus distinguée, qui, par amour, venait de se brûler la cervelle. Ce n'est pas qu'il eût le moindre sujet de jalousie; il voyait tous les soirs la jeune fille qu'il aimait, mais il s'était bien gardé de lui parler de sa passion. On voit tout cela dans une lettre qu'il écrivit avant de se tuer[304]. La mort lui avait paru moins pénible qu'une déclaration.

On riait dans un événement si peu fait pour inspirer la gaieté, parce que la lettre une fois connue, lorsqu'on en parla à la jeune fille, elle s'écria naïvement : « Eh, mon Dieu ! que ne parlait-il ? Je ne me serais jamais doutée de son amour; au contraire, s'il y avait une malhonnêteté à faire, elle tombait sur moi de préférence[305]. »

L'espèce de philosophie qui apprend à se tuer pour sortir d'embarras éteint l'esprit de ressource. L'idée de se tuer, étant très simple, se présente d'abord, saisit l'esprit par son apparence de grandeur, empêche de combiner, paralyse toute activité, et donne bien moins d'épouvante que l'incertitude sur les noires circonstances par lesquelles on peut être conduit à mourir. Aussi, au-delà du Rhin, les jeunes amants se tuent-ils à tout propos*. Cela exige moins d'activité que d'enlever sa maîtresse, la conduire en pays étranger, et la faire vivre par le travail. Si vous connaissez quelque dessin exact du *Parnasse* de Raphaël au Vatican, cherchez la figure d'Ovide. Si l'on n'a rien de mieux, on peut prendre la collection des têtes dessinées par Agricola, et gravées par Ghisi. Ces têtes, gravées sur un fond blanc, sont fort intelligibles.

Vous verrez bien nettement dans les beaux yeux d'Ovide que la beauté s'oppose à l'expression du malheur. Du reste, cette tête montre assez bien le caractère

---

* Voir les journaux allemands. Ces pauvres jeunes gens seront peut-être un peu retenus par la réflexion suivante : dans les arts, comme dans la société, rien de moins touchant que le suicide. Avec quoi sympathiser ? Au contraire, si le malheur a fait écrire de grandes choses, on sympathise.

du mélancolique; elle en a les deux traits principaux, l'avancement de la mâchoire inférieure, et l'extrême minceur de la lèvre supérieure, qui est la marque de la timidité.

Le philosophe reconnaît le tendre amour dans l'austérité d'une morale excessive, dans les extases de la religion, dans ces maladies extraordinaires qui jadis faisaient de certains individus des prophètes ou des pythonisses. Il le reconnaît dans cette manie de décider, et dans cette horreur pour le doute, si naturelle aux jeunes gens; ce tempérament mélancolique, malgré son caractère chagrin, son commerce difficile, ses extases et ses chimères, est pourtant aimable aux yeux de l'homme qui a vécu. Il aime à serrer la main à un parent de la plupart des grands hommes.

CHAPITRE XCVIII

TEMPÉRAMENTS ATHLÉTIQUE ET NERVEUX

Voyons enfin la prépondérance du système sensitif sur le système moteur, et du système moteur sur le système sensitif. Voltaire, dans un petit corps chétif, avait cet esprit brillant qui est le représentant du dix-huitième siècle. Il sera aussi pour nous le représentant du tempérament nerveux.

Il est impossible de trouver un exemple aussi célèbre pour le tempérament athlétique, dont le propre, depuis qu'il n'y a plus de jeux olympiques, est d'empêcher la célébrité.

TEMPÉRAMENT NERVEUX

Quoi qu'en dise le docteur Gall[306], il n'est rien moins que prouvé que la force de l'esprit soit toujours en raison de la masse du cerveau*.

Ici il se présente deux branches :

Ou le despotisme du cerveau agit sur des muscles faibles,

Ou il exerce son empire sur des muscles originairement vigoureux.

ESPRIT ET FAIBLESSE, OU LA FEMME

Cette combinaison amène des impulsions multipliées qui se succèdent sans relâche en se détruisant tour à tour.

> Le moindre vent qui d'aventure
> Vient rider la face des eaux [310]...

LA FONTAINE.

---

* On trouve ensemble les plus belles formes de la tête et le discernement le plus borné, ou même la folie la plus complète. Par malheur pour la peinture, l'on voit au contraire des têtes, qui s'éloignent ridiculement des belles formes de l'*Apollon*, donner des idées où il est impossible de ne pas reconnaître du talent et même du génie[a]. C'est aux médecins idéologues, et par conséquent véritables admirateurs d'Hippocrate et de sa manière sévère de ne chercher la science que dans l'examen des faits, qu'il faut demander justice de tous ces jugements téméraires sur lesquels Paris voit bâtir, tous les vingt ans, quelque science nouvelle. *Facta, facta, nihil præter facta* [307], sera un jour l'épigraphe de tout ce qu'on écrira sur l'homme[b]. Mais Buffon répondrait fort bien, que le style est tout l'homme, que les faits se prêtent plus difficilement à l'éloquence qu'une théorie vague dont on modifie les circonstances suivant les besoins de la phrase; et qu'est-ce qu'une circonstance de plus ou de moins? dit si bien mademoiselle Mars (dans *les Fausses Confidences*) [308].

Voilà une des plus terribles limites qui bornent la peinture. La possibilité du divorce entre le bon et le beau, l'impossibilité *di voltar il foglio* [309], comme dit Alfieri, l'absence du mouvement, mettent, pour les personnes très sensibles, la peinture après la musique. L'une est une maîtresse, l'autre n'est qu'un ami; mais heureux l'homme qui a une maîtresse et un ami.

a. Pinel, *Manie*, p. 114. Crichton. M. Gall est un homme d'infiniment d'esprit qui ajoute le roman à l'histoire.

b. On jugera de tous ces poèmes en langue algébrique, qu'en Allemagne un pédantisme sentimental décore du nom de systèmes de philosophie, par un mot : ils ne s'accordent qu'en un point, le profond mépris pour l'*empirisme*. Or, l'empirisme n'est autre chose que l'expérience.

C'est un emblème de cette manière d'être mobile qui prête tant de séduction aux femmes vaporeuses; il ne leur manque que des malheurs pour n'être plus malheureuses. Nous le vîmes dans l'émigration.

Il serait indiscret de citer nos aimables voyageuses. Je vais parler des saintes[311].

Sainte Catherine de Gênes, nous dit-on, était tellement absorbée par la vivacité de l'amour qu'elle portait à Dieu, qu'elle se trouvait hors d'état de travailler, de marcher, et même quelquefois de parler; elle n'interrompait un silence expressif que pour s'écrier en soupirant que tous les hommes se précipiteraient à l'envi dans la mer, si la mer était l'amour de Jésus. Entraînée par cette douce erreur, elle allait souvent dans le jardin du monastère conter son bonheur aux arbres et aux fleurs. D'autres fois elle tombait à terre sous les arcades du cloître en s'écriant : « Amour, amour, je n'en puis plus ! »

L'excès de sa passion lui fit oublier le soin de se nourrir. Peu à peu elle fut hors d'état d'avaler même une goutte d'eau; une chaleur que rien ne pouvait éteindre lui ôtait le sommeil, et l'on peut dire d'elle, sans exagération poétique, qu'elle fut consumée par le feu de l'amour; elle cessa de parler, peu après de voir, et enfin s'éteignit au sein du plus parfait bonheur. C'est l'amour dégagé des contrariétés qui l'empoisonnent, et de la satiété qui l'éteint.

Anne de Garcias, qui a fondé plusieurs couvents en France, sainte Thérèse de Jésus, autre Espagnole, moururent aussi de cette mort charmante.

Armelle, Française, fut dans sa première jeunesse d'une complexion très sensible, et même un peu plus portée qu'il ne faut aux erreurs de l'amour terrestre. Sa maîtresse lui conseillait, car elle était simple femme de chambre, de se livrer à des travaux pénibles; mais ces travaux, que le vulgaire regarde comme simplement fatigants, sont horribles pour les âmes tendres, qu'ils privent de leurs douces rêveries. L'auteur de la vie d'Armelle entre ici dans de grands détails. Il raconte qu'avant que son cœur fût enflammé de l'amour de Dieu il brûlait d'une flamme infernale; que toute son âme était pleine de pensées obscènes et brutales; que les démons présentaient sans cesse à son imagination des images lascives; et, ajoute-t-il en soupirant, les démons obtenaient une victoire aussi complète qu'ils pouvaient la désirer.

Elle se convertit. Le nom seul de l'objet aimé changea; elle s'écriait, dans les mêmes transports, qu'elle ne pouvait vivre un instant loin des embrasements de son divin époux. « Je ne puis plus parler, disait-elle, l'amour me subjugue de toutes parts. »

Une fois, il lui sembla que, pour donner à son bien-aimé une preuve de sa passion, elle se précipitait dans une fournaise ardente, auprès de laquelle les feux de la terre ne sont que glace. Ces illusions la laissaient plongée dans un évanouissement profond. « Je vois bien que l'amour détruit ma vie », disait-elle souvent avec une joie vive et tendre.

Subjuguée par la douce force de cet amour, enivrée et comme plongée dans un abîme immense, elle veillait les nuits entières, attendant les baisers tendres que son céleste amant venait lui donner dans le fond le plus intime de son cœur. Enfin elle crut avoir entièrement perdu son être dans les bras de son amant, et ne plus faire qu'un avec lui. Cette heureuse erreur fut suivie de la réalité, car peu après elle quitta cette vallée de larmes pour voler dans le sein de son Créateur.

Une fois en sa vie, sainte Catherine de Sienne fit l'expérience de mourir. Son esprit monta dans les cieux, et trouva dans les bras de son céleste époux les plaisirs les plus ravissants. Après quatre heures de cet avant-goût du ciel, son âme revint sur la terre. On dit que ce genre d'évanouissement se retrouve bien encore;

mais, dans ce siècle malheureux, le séjour au ciel ne dure qu'un instant.

Je trouve que les saintes du Nord avaient le sang-froid nécessaire pour faire de l'esprit. Sainte Gertrude de Saxe, issue de la noble famille des comtes de Hakeborn, s'écriait dans ses froides extases :

« Ô maître au-dessus de tous les maîtres ! Dans cette pharmacie des arômes de la Divinité, je veux me rassasier à tel point, je veux si fort me désaltérer dans cet aimable cabaret de l'amour divin, que je ne puisse plus remuer le pied. »

Revenons dans le Midi, où nous trouverons Marie de l'Incarnation avec des figures plus élégantes.

« Mon amant est un onguent étendu. Remplie de sa céleste douceur, je veux m'anéantir dans ses chastes embrassements. Mon âme sent continuellement ce charmant moteur qui, avec le plus aimable des feux, l'enflamme tout entière, la consume, et cependant lui fait entonner un chant nuptial éternel. »

Elle ajoute : « La force de l'esprit arrêta les jouissances de mon âme. Ces plaisirs voulaient se répandre au-dehors, et dans la partie inférieure ; mais l'esprit renvoya tout en arrière, et confina les jouissances dans la partie supérieure. »

Tel est l'empire du cerveau avec des muscles faibles.

TEMPÉRAMENT NERVEUX, DEUXIÈME VARIÉTÉ

Chez les hommes tels que Voltaire, Frédéric II, le cardinal de Brienne, etc., l'action musculaire est plus faible, les fonctions qui demandent un grand concours de mouvements languissent. En même temps, les impressions se multiplient, l'attention devient plus forte, toutes les opérations qui dépendent directement du cerveau, ou qui supposent une vive sympathie du cerveau avec quelque autre organe, prennent une grande énergie.

Mais, au milieu des succès si flatteurs de l'esprit, la vie ne se répand plus avec égalité dans les diverses parties de cette machine périssable par laquelle nous sentons.

Elle se concentre dans quelques points plus sensibles. Paraissent alors des maladies qui, non seulement achèvent d'altérer les organes affaiblis, mais dénaturent la sensibilité elle-même.

Voyez la mort de Mozart.

Le tempérament nerveux se développe quelquefois tout à coup chez de petits vieillards français, maigres, vifs, alertes, qui entreprennent sans difficulté les tâches les plus difficiles,

> Et répondent à tout, sans se douter de rien[312].
>
> VOLTAIRE.

C'est avant la Révolution que j'ai vu le plus d'exemples de ce genre de folie, très nuisible dans les affaires ; mais, du reste, assez gai. Ces gens-là donnent fort bien à dîner, et j'aimais fort à me trouver chez eux à la veille de quelque grand danger*.

Grimm, en parlant de l'abbé de Voisenon (1763, p. 300) : « C'est un fait, dit-il, qu'un jour à la campagne, se trouvant à l'article de la mort, ses domestiques l'abandonnèrent pour aller chercher les sacrements à la paroisse. Dans l'intervalle, le mourant se trouve mieux,

---

* Malgré le poids des ans, leur activité est toute corporelle. L'on raconte à Dublin l'histoire d'un homme si mobile qu'il se sentait forcé de répéter tous les mouvements et toutes les attitudes dont le hasard le rendait témoin ; si on l'empêchait d'obéir à cette impulsion, en saisissant ses membres, il éprouvait une angoisse insupportable[313].

C'est le défaut des singes, qu'un régime suivi pourrait peut-être guérir. L'homme agissant *au hasard* a fait du même animal l'énorme chien de basse-cour et le petit carlin. Il faudrait un prince qui eût pour l'histoire naturelle la passion que Henri de Portugal avait pour les découvertes maritimes ; encore n'obtiendrait-on des succès dans ce genre de recherches, comme dans les recherches historiques, qu'en les confiant à des ordres monastiques.

se lève, prend une redingote et son fusil, et sort par une porte du parc. Chemin faisant, il rencontre le prêtre qui lui porte le viatique, avec la procession ; il se met à genoux comme les autres passants, et poursuit son chemin. Le bon Dieu arrive chez lui avec les prêtres et ses domestiques. On cherche partout le mourant, qu'on aperçoit enfin sur un coteau voisin, tirant des perdrix. »

LE TEMPÉRAMENT ATHLÉTIQUE

Je prie qu'on se rappelle l'image des hommes les plus forts qu'on ait connus. Cette force n'était-elle pas accompagnée d'une désespérante lenteur dans les impressions morales ? Était-ce de ces grands corps qu'il fallait attendre les grandes actions*?

Chez les anciens même, si grands admirateurs de la force, et à si juste titre, Hercule, le prototype des athlètes, était plus fameux par son courage que par son esprit. Les poètes comiques, toujours insolents, s'étaient même permis de prêter à ce dieu ce qu'on appelle vulgairement des balourdises. Ce qu'il y a peut-être de plus triste et de plus sot sur la terre, c'est un athlète malade.

---

* Les peintres d'Italie, le Guerchin, par exemple, n'ayant pas fait cette observation, ont donné avant tout de la force à leurs saints, et souvent n'en ont fait que des portefaix tristes. Voir le superbe *Saint Pierre* du Guerchin[a]. La sculpture, cherchant la force, côtoie sans cesse ce défaut. Rien n'est plus voisin du caractère de Claude que celui de Titus.

a. Ancien Musée Napoléon, n° 974[314].

CHAPITRE XCIX

SUITE DE L'ATHLÉTIQUE ET DU NERVEUX

Ces deux derniers tempéraments sont, dans la vie réelle, une des grandes sources de contrastes et de comique.

Rien ne semble plus ridicule au capitaine de grenadiers de la vieille garde que l'homme de lettres contemplatif qu'il rencontre revenant de l'Institut avec sa broderie verte. Un de ses étonnements est qu'un tel homme ait la croix.

Rien ne paraît plus plat à l'homme qui pense, et qui a entendu siffler quelques balles dans sa jeunesse, que la vie de café, et cette vanterie perpétuelle et grossière, connue parmi nos braves sous le nom de *blague* : est-ce donc, se dit-il, une chose si miraculeuse que d'aller au feu huit ou dix fois par an ? Il est donc bien pénible cet effort, puisque l'on a besoin, pour s'en payer, d'une insolence de tous les moments ?

L'horreur du militaire pour tout ce qui pense ou qui en fait semblant est si forte, qu'à l'armée ils l'ont portée jusque sur les gens qui les font vivre. À la parade du Kremlin, j'ai vu Napoléon maltraiter fort un pauvre diable d'intendant qui demandait une escorte pour faire moudre à des moulins, à quelques verstes de Moscou, le blé appartenant à sa garde.

C'est par la même disposition que ce général, à son retour à Paris, accusa publiquement l'idéologie* des déraisons de sa campagne.

La première des vérités morales, c'est qu'il est hors de la nature de l'homme de supporter les gens qui ont un mérite absolument différent du sien, dans un genre dont il ne lui reste pas la ressource de contester l'utilité.

---

* Réponse au Sénat, *Moniteur* du... décembre 1812 [315].

Mon opinion particulière, c'est que l'officier français de 1811 était supérieur à tout ce qui a jamais existé parmi les modernes. Ces braves chefs de bataillon, avec leurs grosses mines, leurs trente-six ans, leurs *j'étions* et *j'allions* à chaque mot, et leurs vingt campagnes, auraient battu en un clin d'œil l'armée du maréchal de Saxe, ou celle du grand Frédéric*. Ils savaient faire, et non pas dire ; ce qui n'empêche pas que Cabanis n'eût tracé d'avance leur portrait :

« Il en est de la force physique comme de la force morale ; moins l'une et l'autre éprouvent de résistance de la part des objets, moins elles nous apprennent à les connaître. L'homme n'a presque toujours que des idées fausses de ceux sur lesquels il agit avec une puissance non contestée. De là l'ignorance profonde et presque incroyable du cœur humain où l'on surprend les rois, même ceux qui ont de l'esprit ; et la nécessité, pour les souverains de la vieille Europe, d'épouser leurs sujettes, s'ils veulent sauver leur race de l'imbécillité complète.

« L'habitude de tout emporter de haute lutte, le besoin grossier d'exercer tous les jours des facultés mécaniques**, nous rend plus capables d'attaquer que d'observer, de bouleverser avec violence que d'asservir peu à peu. Penser est un supplice. Entraîné dans une action violente et continuelle, qui presque toujours devance la réflexion et la rend impossible, l'homme obéit à des impulsions qui semblent quelquefois dépourvues même des lumières de l'instinct. Ce mouvement excessif, qui seul peut faire sentir l'existence à

---

* La lutte de la vertu naissante contre l'*honneur*. Si l'on a eu des Moreau et des Pichegru sans noblesse, pourquoi dois-je souffrir le chagrin de voir ma voiture sans armes ? Voir la guerre de l'ancien régime dans Besenval, *Bataille de Fillinghauzen*, t. I, p. 100.

** Les après-déjeuners des commandants de place sont ce qui a le plus fait haïr les Français en Allemagne ; la vile grossièreté de beaucoup de ces agents a donné bien des affiliés à la *Société de la vertu*. (Note de sir W. E.)

l'athlète, lui devient de plus en plus nécessaire, comme l'abus des liqueurs fortes à l'homme du peuple*. »

Il faut absolument que l'homme sente pour vivre. Mozart ne sent qu'à son piano, l'athlète que lorsqu'il est à cheval. Hors de là sa vie est languissante, incertaine, effacée. En Angleterre, ces gens-là ont un nom et un costume ; leur signe de reconnaissance est une cravate de couleur.

CHAPITRE C

INFLUENCE DES CLIMATS

Les climats, à la longue, font naître les tempéraments. Le tempérament bilieux peut être acquis chez le matelot hollandais qui s'établit à Naples. Mais, chez son fils ou son petit-fils, il sera naturel.

La douceur de l'air, la légèreté des eaux, la constance de la température, un ciel serein, peuplent un pays de sanguins. On voit combien il est ridicule de parler de la gaieté française sous les brouillards de Picardie, ou au milieu des tristes craies de la Champagne.

Des changements brusques dans l'état de l'air, une chaleur vive, une grande diversité dans le caractère des objets environnants, forment le tempérament bilieux.

Le mélancolique paraît propre à des pays chauds, mais où les alternatives de température sont habituelles, dont l'air est chargé d'exhalaisons, et les eaux dures et crues**.

Une température douce, avec toutes les autres circonstances heureuses, mais agitée par des variations

---

* Les voleurs à Botany-Bay[316]. La mort la plus certaine ne peut vaincre l'habitude. En Piémont, le code pénal français a fait périr en vain des centaines d'assassins ; ils dansaient sur l'échafaud. À Ivrée, pour demander si une fête de village a été gaie, on dit : « Combien y a-t-il eu de coups de couteau *(coltellate)* ? » (Note de sir W. E.)

** Saturées de sels peu solubles, ou de principes terreux.

fréquentes, rend commune dans un pays cette combinaison de tempéraments qu'on peut désigner par le nom de *sanguin-bilieux*. C'est celui des habitants de la France, et je crois que ce n'est pas par vanité française que ce tempérament me semble le plus heureux. L'*envie* me paraît être le plus grand obstacle au bonheur des Français*, et, s'ils ont assez de fermeté pour défendre leur constitution de 1814, cette triste passion ne naîtra plus chez nos enfants.

Le bilieux-mélancolique, variété si commune en Espagne, en Portugal, au Japon, me semble au contraire le tempérament du malheur sous toutes ses formes.

INFLUENCE DU RÉGIME

Dans le cas où la législation semble démentir le climat, il faut examiner d'abord si cette législation n'entraîne pas quelque changement de régime. L'usage du vin met une grande différence entre l'immobile Osmanli [317] et le Grec volage, entre le respectueux Allemand et l'Anglais hardi. Le *porter* [318] est une tout autre liqueur que la bière allemande, et l'usage du vin de Porto, chargé d'eau-de-vie, est aussi commun chez l'ouvrier de Birmingham que celui d'une petite bière aquatique chez le pauvre Allemand de Ratisbonne**.

Le seul usage de l'opium sépare à jamais l'Orient de l'Europe.

L'habitude du vin, joint à des aliments nourrissants et légers, rapproche à la longue du tempérament sanguin. Les aliments grossiers, mais nourrissants, tendent à faire prédominer les forces musculaires.

---

* Je me garderai bien d'ajouter l'*hypocrisie*. Voyez la *douceur* des défenseurs de la religion appelés aux discussions politiques, et la *loyauté* des chevaliers français.

** Observé le 13 octobre 1795 [319], chez Kughenreuter, le fameux faiseur de pistolets.

On sait que Voltaire prenait douze ou quinze tasses de café par jour. L'usage de ce genre de boissons stimulantes, combiné avec celui des aromates si chéris de Frédéric II*, fait prédominer les forces sensitives.

L'abus des liqueurs fortes et des épiceries pousse le tempérament vers le bilieux.

L'apparition du mélancolique est puissamment favorisée par l'emploi journalier d'aliments de difficile digestion, et par les habitudes qui excitent vicieusement la sensibilité.

La principale différence du Français et de l'Anglais, c'est que l'un vit de pain, et l'autre n'en mange pas. Les travaux violents rapprochent du tempérament athlétique, tandis que les occupations sédentaires donnent de la finesse. Les bûcherons, les portefaix, les ouvriers des ports, sont moins sensibles et plus vigoureux; les tailleurs, les brodeurs, les ouvriers des villes, plus faibles et plus susceptibles d'impressions morales**.

Les hommes de guerre, les ardents chasseurs, ont les habitudes du bilieux. L'action suit rapidement la parole, et ils aiment à agir. Les artistes, les gens de lettres, les savants, remettent sans cesse la moindre démarche, sont presque toujours affectés de quelque engorgement hypocondriaque, et ont les apparences du mélancolique***.

Le froid excessif fait que l'on mange et que l'on court beaucoup plus à Pétersbourg qu'à Naples. Le prince russe lui-même, dans son palais de la Néva, sans cesse distrait par des mouvements ou des besoins corporels,

---

* Thiébault[320]. Il faisait maison nette.

** George Le Roi observe que, quoique le chien n'arrête point naturellement, les excellentes chiennes d'arrêt font des petits qui très souvent *arrêtent*, sans leçon préalable, la première fois qu'on les met en présence du gibier.

Pour qui a des yeux, toute l'histoire naturelle est dans l'histoire des diverses races de chiens.

*** Le mélancolique paraît bilieux dans ses écrits, où l'activité constante ne peut pas se voir.

n'a que des instants à donner à la pensée. L'homme du Midi vit de peu, et dans un pays abondant ; l'homme du Nord consomme beaucoup dans un pays stérile : l'un cherche le repos, comme l'autre le mouvement. L'homme du Midi, dans son inaction musculaire, se trouve incessamment ramené à la méditation. Une piqûre d'épingle est, pour lui, plus cruelle qu'un coup de sabre pour l'autre*. L'expression dans les arts devait donc naître au Midi.

L'antipathie de la force pour l'esprit me fournit une critique sur Raphaël. Je préfère de beaucoup aux siens les *Saint Jean* de Léonard. Raphaël triomphe dans les têtes d'apôtres ; c'est le sentiment des amateurs les plus délicats, je le sais ; mais, suivant moi, ils montrent trop de force pour annoncer beaucoup d'esprit. Je n'ai jamais trouvé chez eux l'œil du grand Frédéric.

Les apôtres du Guide, toujours sanguins et élégants, n'ont pas la profondeur et l'énergie de pensée qui sont ici de costume**. Les plus grands peintres sont pleins de ces fautes-là ; Cervantes et Shakespeare sont les seuls grands artistes du seizième siècle qui me paraissent avoir songé aux tempéraments***. Quant à nous, la

---

* De là l'énergie religieuse et l'amour. La nature a donné la force au Nord, et l'esprit au Midi ; et cependant, grâce au génie de Catherine et d'Alexandre,

C'est du Nord maintenant que nous vient la lumière[321].

VOLTAIRE.

** Ancien Musée Napoléon, n° 993[322].
*** On sait qu'il est rare de rencontrer des cercles parfaits ; cependant l'on étudie les propriétés du cercle. Pour les tempéraments, on peut chercher des exemples dans l'histoire ; mais elle manque toujours de détails pour les faits que, du temps de l'histoire, l'on n'apercevait pas dans la nature. Il est probable, par exemple, que César n'était pas flegmatique, que Frédéric II n'était pas mélancolique, que François Ier était sanguin, et qu'un grand général qui aurait fait tant de bien, et qui a fait tant de mal à la France, était bilieux.

Peut-être, dans quelques siècles, l'*hygiène* considérera-t-elle l'espèce humaine comme un individu dont l'éducation physique lui est confiée[a].

a. J[le] Bentham et Dumont, *Panoptique*, Darwin, Odier.

noblesse du vers alexandrin met nos poètes bien au-dessus de pareilles minuties ; c'est dans Cicéron et Virgile qu'ils étudient le cœur humain. Les champs de bataille et les hôpitaux leur semblent antipoétiques. Aussi dans leurs ouvrages :

> On trouve telle rime.
>
> PIRON, *Métromanie.*

CHAPITRE CI

COMMENT L'EMPORTER SUR RAPHAËL ?

Dans les scènes touchantes produites par les passions, le grand peintre des temps modernes, si jamais il paraît, donnera à chacun de ses personnages la beauté idéale tirée du tempérament fait pour sentir le plus vivement l'effet de cette passion.

Werther ne sera pas indifféremment sanguin ou mélancolique ; Lovelace, flegmatique ou bilieux. Le bon curé Primrose, l'aimable Cassio, n'auront pas le tempérament bilieux, mais le juif Shylock, mais le sombre Iago, mais lady Macbeth, mais Richard III. L'aimable et pure Imogène sera un peu flegmatique* [323].

Peut-être qu'après avoir pris tant de peine pour avoir des haras, d'excellents chevaux, et de bons chiens de chasse, nous chercherons un jour à créer des Français sains et heureux : c'est ce qu'on nie dans les journaux, et qui doit nous être assez indifférent. L'essentiel, pendant que nous y sommes, est de fuir les sots, et de nous maintenir en joie.

* À propos d'Imogène, je cède à la tentation de transcrire la note que je trouve sur mon Shakespeare. J'eus le plaisir dernièrement d'assister à la séance d'Athénée[a], où M. Jay[324] a fait comparaître ce pauvre Shakespeare, et, dûment interrogé et morigéné, l'a condamné tout d'une voix à n'être jamais qu'*un barbare fait pour plaire à des fous.*

Plus loin, un autre professeur, encore plus grave, fait comparaître devant sa chaire Raynal ou Helvétius, et établit avec eux un petit dia-

a. Novembre 1814.

D'après ses premières observations, l'artiste a fait l'*Apollon du Belvédère*. Mais se réduira-t-il à donner froidement des copies de l'*Apollon* toutes les fois qu'il voudra présenter un dieu jeune et beau ? Non, il mettra

---

logue pour leur prêter un drôle de style, et leur dire de bonnes vérités . cela s'appelle être un Père de l'Église.

Le barbare Shakespeare aurait tiré un bon parti de ces dialogues. Quoi qu'il en soit, un jeune peintre et moi, nous le lisions à Rome en 1802[325] ; nous écrivîmes à la fin du volume, et sans style, comme on va voir :

« Nous venons, Seyssins et moi, de lire *Cymbeline* à la villa Aldobrandini ; nous avons eu en beaucoup d'endroits un plaisir pur, tendre et avoué par la raison. Il y a plusieurs parties (petits discours d'un personnage) qui nous semblent les fruits du plus grand génie dramatique que nous connaissions ; telle est : "Infidèle à sa couche !" Toute la scène où se trouvent ces paroles d'Imogène nous paraît exquise pour la pureté, la simplicité et la vérité. Si on y ajoute le charme de la position de cette pauvre Imogène, abandonnée, sans appui, sans autre espérance que celle de Posthumus fidèle, espérance qui est détruite en ce même moment, on trouvera qu'il est difficile de faire une scène plus touchante.

« Il y a très peu de détails dans la pièce qui ne nous paraissent vrais : chaque scène prise en particulier nous semble une fidèle représentation de la nature ; mais toutes les scènes ne sont pas également intéressantes, ou plutôt leur intérêt n'émane pas directement du sujet principal ; car il est difficile, en lisant une scène vraie, de ne pas s'y intéresser ; seulement il faut faire l'effort de se prêter à la scène. C'est cet effort qui paraît au soussigné le grand défaut de la contexture des pièces de Shakespeare ; mais ce défaut est bien racheté par la grande étendue d'idées, l'immense variété de sensations, de tons, de styles, dont on jouit à la lecture de ce grand poète.

« Le caractère d'Imogène, le premier de la pièce, nous a fait l'impression du *tendre gracieux*, du mélancolique doux. Imogène est une amante pure, d'un esprit borné, mais juste, sans enthousiasme et sans chaleur, ne concevant que son amour, capable de mourir pour son amant, capable aussi de lui survivre, se bornant, après sa mort, à le regretter, à parler de lui, et à pleurer.

« Du reste, ce caractère que nous venons de tracer, se devine par le style d'Imogène, par son genre d'affliction, par ses réponses douces, et sa résignation, mais ne paraît pas tout à fait fini par le poète : il n'a pas tiré parti de toutes les circonstances dans lesquelles il place Imogène. Lorsqu'elle voit le cadavre de Cloten, qu'elle prend pour Posthumus, sa douleur n'est pas profonde ; elle parle, tandis qu'elle est restée muette aux accusations de Posthumus que lui a montrées Pisanio ; elle prend le singulier parti de se mettre au service de Lucius ; elle conserve assez de présence d'esprit pour mentir sans raison. Shakespeare aurait pu motiver ce parti de suivre Lucius, en lui faisant craindre de rencontrer Clo-

un rapport entre l'action et le genre de beauté : Apollon,
délivrant la terre du serpent Python, sera plus fort;
Apollon, cherchant à plaire à Daphné, aura des traits
plus délicats.

---

ten à la cour, et de le voir se réjouir insolemment de la mort de son
époux.

« Il n'en est pas moins vrai que nous ne connaissons pas de *jeune première* dans nos poètes qui ait autant de grâce, qui soit aussi vraie,
qu'Imogène, et, j'ose dire, dont on puisse aussi bien calquer le caractère, et arrêter la physionomie.

« Rien de plus naturel que la scène de Jachimo et d'Imogène : rien de
gigantesque, rien de superflu; tout se passe, ce nous semble, exactement comme dans une conversation intéressante, entre les personnages
passionnés qui ne se croient pas contemplés du public. Imogène ne
déclame point contre la perfidie humaine; elle s'écrie : "Hors d'ici! —
Holà, Pisanio!" et regarde Jachimo avec mépris.

« Les caractères du vieux bavard ampoulé monarchique, Belarius, et des
deux frères (caractères purs et jeunes), parfaitement dessinés; sérénité charmante et noble de celui qui apporte la tête de Cloten. — Caractère de Jachimo plein d'esprit. Le mot qu'il prête à Imogène en donnant
le bracelet : "Il me fut cher autrefois", annonce même plus que de
l'esprit. — De Posthumus, presque entièrement dessiné par ce qu'on dit
de lui (noble et froid), et qui paraît l'homme fait pour enflammer Imogène. — De Cloten, excellente peinture d'un brutal insolent, et qui se
sent soutenu (le caractère le plus hardi et le plus original de la pièce).

« Tous ces caractères, disons-nous, pourraient être plus approfondis.
On conçoit, par exemple, que Cloten puisse être mis dans des positions
qui le développent encore davantage.

« L'intérêt, qui n'est jamais très vif dans le courant de la pièce, se
soutient toujours : c'est un beau tableau dans le genre doux et noble.

« Tous les autres caractères sont pleins de vérité. L'Augure, par
exemple, le plus court de tous, a un trait de coquinerie de prêtre qui est
charmant : c'est la seconde explication du songe, contraire à la première.

« Le dialogue nous semble une voûte dont on ne peut rien ôter sans
nuire à sa solidité.

« Le dénouement est exécuté par un très grand artiste. L'apparition
de Posthumus est très belle; mais l'extrême longueur de la scène, et le
récit de choses que le spectateur a vues se passer sous ses yeux, tuent
l'émotion.

« Ce qui produit en nous la sensation de *grâce pure* dans Imogène,
c'est qu'elle se plaint sans accuser personne.

« Johnson, vol. VIII, p. 473, dit : *"This play has many just sentiments,
some natural dialogues, and some pleasing scenes, but they are obtained
at the expence of much incongruity. To remark the folly of the fiction, the
absurdity of the conduct, the confusion of the names, and manners of different times, and the impossibility of the events in any system of life, were*

CHAPITRE CII

L'INTÉRÊT ET LA SYMPATHIE

Quant aux figures de simples mortels, véritables objets de la peinture, comme les dieux de la sculpture, l'artiste remarque que le caractère d'un homme, c'est sa manière habituelle de chercher le bonheur. Mais les passions altèrent les habitudes morales et leur expression physique. Une passion est un nouveau but dans la vie, une nouvelle manière d'aller à la félicité qui fait oublier toutes les autres, qui fait oublier l'habitude. Jusqu'à quel point l'artiste doit-il altérer la beauté ou l'expression du caractère souverainement utile pour représenter la passion? Jusqu'à quel point l'homme peut-il oublier son intérêt direct pour se livrer aux charmes de la sympathie? Question à faire aux Raphaël, aux Poussin, aux Dominiquin; car on n'y peut répondre qu'en prenant les pinceaux. Le discours ordinaire tombe ici dans le *vague*, cruel défaut de tout ce qu'on écrit sur les arts*.

---

waste criticism upon unresisting imbecility, upon faults too evident for detection, and too gross for aggravation [326]*."*

« Johnson nous paraît avoir eu trop de science, et pas assez de sentiment; il s'est laissé choquer par Jachimo mis à côté de Lucius, et parlant d'un Français, fautes que le premier homme médiocre corrigerait en une heure d'attention.

« Les La Harpe auraient bien de la peine à nous empêcher de croire que, pour peindre un caractère d'une manière qui plaise pendant plusieurs siècles, il faut qu'il y ait beaucoup d'incidents qui prouvent le caractère, et beaucoup de naturel dans la manière d'exposer ces incidents. »

* Le pouvoir de la sympathie augmente, de siècle en siècle, avec la civilisation, avec l'ennui. Le danger était trop fort dans la retraite [327] de Russie pour avoir pitié de personne.

CHAPITRE CIII

DE LA MUSIQUE

Dans une autre manière de toucher les cœurs, Cimarosa et Pergolèse ont fait des airs d'une beauté ravissante. Mozart a vu que les beaux airs n'étaient beaux que parce qu'ils portaient en eux l'expression du bonheur et de la force; et, pour représenter les passions mélancoliques, il a négligé la beauté des chants.

CHAPITRE CIV

LEQUEL A RAISON ?

Dans les jours heureux, vous préférerez hautement Cimarosa. Dans ces moments de mélancolie rêveuse et pleine de charmes, que vous rencontriez, à la fin de l'automne, dans le voisinage du château antique, sous ces hautes allées de sycomores, où le silence universel n'était troublé de temps en temps que par le bruit de quelques feuilles qui tombent, c'est le génie de Mozart que vous aimiez à rencontrer. C'est un de ses airs que vous vouliez entendre répéter dans la forêt par le cor lointain.

Ses douces pensées et sa joie timide sont d'accord avec ces derniers beaux jours où une vapeur légère semble voiler les beautés de la nature pour les rendre plus touchantes, et où même, quand le soleil paraît dans sa splendeur, l'on sent qu'il nous quitte. En rentrant au château, c'est devant une *Madone* de Raphaël que vous vous arrêtiez, plutôt que devant la tête superbe de l'*Apollon*.

Une fois que les grands artistes sont parvenus à cette hauteur, qui osera se présenter pour décider? Ce serait préférer un amour de la veille à un amour du lendemain, et les cœurs passionnés savent trop bien que l'amour pur ne laisse pas de souvenirs.

Quand ce souffle divin nous a abandonnés à notre médiocrité naturelle, nous ne pouvons le juger que par ses effets, et l'admiration n'a point de traces.

La règle générale dit bien qu'on juge du degré d'une passion par la force de celle qu'on lui sacrifie; mais, dans ce problème, tout est variable, même le moins variable des attachements de l'homme, l'amour de la vie.

Qui se présentera pour décider entre le *Pâris* de Canova et le *Moïse* de Michel-Ange, si l'admiration ne laisse pas de souvenirs, si nul cœur d'homme ne peut sentir en un même jour le charme de ces ouvrages divins?

CHAPITRE CV

DE L'ADMIRATION

Celui qui écrit cette histoire ne déclarera point son opinion, qui n'est probablement que l'expression du tempérament que le hasard lui a donné. Le sanguin et le mélancolique préféreront peut-être le *Pâris*. Le bilieux sera ravi de l'expression terrible du *Moïse*, et le flegmatique trouvera que cela le remue un peu.

CHAPITRE CVI

L'ON SAIT TOUJOURS CE QU'IL EST RIDICULE DE NE PAS SAVOIR

Quel intérêt ceci peut-il avoir pour un aveugle-né? À peu près autant que pour la plupart des lecteurs. On arrive au Musée avec des femmes, et, en entrant dans la salle de l'*Apollon*, on cherche quelque chose de joli; ou l'on est avec un ami, et l'on veut se rappeler quelque

chose de pensé, quelque phrase savante de Winckelmann. Le provincial même se croit obligé d'admirer
tout haut, et cite le voyage de Dupaty[328]. Personne n'est
là pour voir. Même, parmi les vrais fidèles, quel est
l'homme qui a la modestie d'aller les yeux baissés, et en
comptant les feuilles du parquet, jusqu'au tableau qu'il
veut sentir? Il vaudrait bien mieux invoquer l'ombre de
Lichtenberg*[329] et lui demander un mot spirituel pour
chaque tableau. Quel intérêt puis-je prendre aux discussions si vives sur le mérite des deux prétendants qui
se disputent l'empire de la Chine?

CHAPITRE CVII

ART DE VOIR

Pour trouver du plaisir devant l'*Apollon*, il faut le
regarder comme on suit un patineur rapide au bassin
de La Villette. On admire son adresse tant qu'il est
adroit, et l'on se moque de lui s'il tombe. L'affaire du
sculpteur était apparemment de plaire à tous les
hommes. C'est sa faute s'il n'attache pas un homme
bien né, non distrait, ni par des chagrins, ni par des
plaisirs bien vifs. Que cet homme ne soit pas humilié,
surtout qu'il ne se donne pas de l'admiration par
force**, c'en serait assez pour prendre les arts en gui-
gnon.

Qu'il attende. Dans un an ou deux, un jour que le

---

* C'est l'esprit de Chamfort qui est entré dans un professeur allemand, et qui a commenté le divin Hogarth[330].
** Dans le temps que Barthe faisait des héroïdes, Dorat l'aperçut un
soir tout seul, devant le grand bassin du Luxembourg, frappant du pied,
et se tordant les bras comme un furieux. Il s'approche de lui : « Eh!
qu'avez-vous donc, mon ami? — J'enrage; voilà près d'une heure que je
suis ici à lorgner la lune : vous savez tout ce qu'elle inspire à ces diables
d'Allemands; eh bien! à moi, pas la plus petite chose; je reste plus froid
que la pierre, et je m'enrhume. Que le diable emporte la lune et ses
poètes, dont la tendresse me confond[331]. »

hasard l'aura conduit au Musée, il sera tout surpris d'arrêter ses yeux sur l'*Apollon* avec plaisir, d'y démêler mille beautés. Chaque contour semble prendre une voix, et cette voix élève et ravit son âme. Il sort tout transporté, et garde un long souvenir de cette visite.

Si les sentiments de ravissement, de bonheur, de plaisir, que j'entends exprimer chaque jour à côté de moi en me promenant dans ces longues salles, étaient sincères, ce lieu serait plus assiégé que la porte d'un ministre ; l'on s'y porterait toute l'année, comme les vendredis de l'exposition. Mais tout homme du monde a la science nécessaire pour jouir de la tournure d'une jolie femme, et nous dédaignons d'acquérir la science si facile, et pourtant indispensable, pour voir les tableaux. Aussi le Musée de Paris est-il désert. Ces tableaux disséminés en Italie avaient chaque jour trois ou quatre spectateurs passionnés qui venaient de cent lieues pour les admirer. Ici, je trouve huit ou dix élèves perchés sur leurs échelles, et une douzaine d'étrangers dont la plupart ont l'air assez morne. Je les vois arriver au bout de la galerie avec des yeux rouges, une figure fatiguée, des lèvres inexpressives, livrées à leur propre poids. Heureusement il y a des canapés, et ils s'écrient en bâillant à se démettre la mâchoire : « Ceci est superbe ! » Quel œil humain peut en effet passer impunément sous le feu de quinze cents tableaux*?

---

* Il m'eût été facile de changer ceci ; mais je le pense encore. Certainement l'enlèvement des objets d'art est un grand soufflet pour la nation ; mais sa gloire, à elle qui les a conquis, n'en reste pas moins intacte.

Comme artiste, il vaut infiniment mieux qu'ils soient en Italie ; ce voyage leur aura donné de l'importance aux yeux des gens titrés. Quant à la voix de la raison, elle disait de faire vingt collections assorties, et de les envoyer dans les vingt villes les plus peuplées de l'Europe.

CHAPITRE CVIII

DU STYLE DANS LE PORTRAIT

Si je retrouvais cet homme naturel qui n'avait pas de plaisir devant l'*Apollon*, et qui osait l'avouer, j'aimerais sa franchise. Si je ne lui voyais pas de répugnance à accepter quelques idées d'un homme à cheveux blancs, je l'amènerais insensiblement devant le buste d'Antinoüs, l'aimable favori d'Adrien. Nous parlons de la tristesse habituelle de ce beau jeune homme. « Il est bien singulier, me dit le curieux, que cette tristesse n'ait pas laissé la moindre ride sur le front d'Antinoüs ; car, sans doute, Adrien voulut avoir un portrait ressemblant. — Il est vrai ; mais Adrien, comme tous les princes voluptueux, comme notre François Ier, comme le Léon X des Italiens, avait pour les arts un tact fin, bien supérieur à la vaine science des gens froids. Il demandait au portrait d'Antinoüs les mêmes sentiments que lui inspirait cette belle tête. Un jour Antinoüs fut piqué par les moucherons du Nil. Adrien le remarqua un instant ; mais un mot indifférent de son ami lui fit oublier la rougeur et la légère enflure causée par les insectes ailés. Si le peintre qui ce jour-là faisait le portrait d'Antinoüs se fût permis la plaisanterie de copier ces blessures légères, l'empereur aurait été frappé de l'exactitude ; il aurait pensé beaucoup plus longtemps à ces petites taches rouges qu'en les voyant sur la joue d'Antinoüs. Il aurait observé curieusement si l'artiste les avait rendues avec vérité, peut-être même il aurait dit un mot sur son talent. Le soir, se souvenant du portrait : Je ne verrai plus ce barbouillage, se serait-il dit. »

Durant ce discours, nous passons au salon voisin, où sont exposées ces longues files de bustes si cruellement ressemblants, où le moindre pli de la peau, la moindre verrue est saisie comme une bonne fortune. Je vois avec plaisir que mon inconnu a horreur de cette imitation

basse; et, nous retrouvant devant le buste d'Antinoüs :
« Ah! je sens que je respire, me dit-il; quelle différence
entre les sculpteurs anciens et nos ignobles modernes!
— Vous calomniez ces pauvres gens. — Cela paraît difficile. — J'en conviens; mais la faute n'est pas toute à
eux, elle est aussi dans le *style* qu'ils emploient. Croyez
que si l'auteur d'*Antinoüs* avait eu affaire à quelque
chevalier romain nouveau riche, et curieux de retrouver
sur sa grosse figure tous les petits accidents qui la
parent dans la nature, le sculpteur ancien, désireux
d'être bien payé par le nouveau Midas, aurait fait un
fort plat ouvrage. Tout au plus, il se serait sauvé par
quelque accessoire... — Vous avez raison, s'écrie
l'inconnu en m'interrompant vivement, la tristesse
habituelle d'Antinoüs lui avait sans doute donné quelques rides; mais, dans la nature animée et qui change à
chaque instant, c'était une grâce. C'eût été un défaut
dans ce buste immobile; une telle imitation eût gâté le
souvenir touchant qu'Adrien gardait de son ami*. La
sculpture fixe trop notre vue sur ce qu'elle entreprend
d'imiter. Tout ce qui pour être aimable ne veut que peu
d'attention est hors de son domaine. Mais aussi cette
élévation dans le style ne nuit-elle pas à la ressemblance? — Oui, si c'est un artiste vulgaire, s'il ne sait
pas donner aux contours qu'il conserve la véritable physionomie de l'ensemble de la figure; mais voyez à
Gênes le buste du gros Vitellius**. Rien de plus noble,
et cependant rien de plus ressemblant. »

---

* Les pédants ne prononcent le nom de cet aimable enfant qu'avec
une horreur très édifiante au collège (voy. *Biographie Michaud*, t. I[332]);
mais, jusqu'ici, l'on n'a vu aucun de ces messieurs mourir pour son ami.
La sagesse antique eût été bien étonnée de voir la plus grande preuve
d'amour que puisse donner un être mortel, admirée dans la fabuleuse
Alceste, à peine remarquée dans Antinoüs.

Une des sources les plus fécondes du *baroque* moderne, c'est d'attacher le nom de vice à des actions non nuisibles.

** Dans la belle rue, maison[333]... Plus un artiste a de *style* dans le
portrait, moins il a de mérite aux yeux du physionomiste. Holbein
l'emporte sur Raphaël. (Lavater, 8°, V, p. 38[334].)

CHAPITRE CIX

QUE LA VIE ACTIVE ÔTE LA SYMPATHIE POUR LES ARTS

Que j'aime ces liaisons formées par le hasard tout seul, et où l'on a le plaisir de ne pas savoir le nom de son *partner*! Tout est découverte, tout est grâce. Il n'y a pas de lien. Tant qu'on se plaît on reste ensemble; le plaisir disparaît-il, la société se rompt sans regret, comme sans rancune. Nous nous donnons rendez-vous pour le lendemain, mon inconnu et moi. Il me propose Tortoni. « Non, prenons tout simplement du café. — Donc au café de Foy, à midi[335]. »

Nous revoilà devant l'*Apollon*. J'essuie d'abord une petite bordée de science. Je vois que mon homme, par respect pour mon bavardage de la veille, a envoyé chercher chez son libraire Winckelmann et Lessing. « Oublions le savant Winckelmann. — Vous avez raison, reprend-il en riant; car c'est en vain que j'y ai cherché une objection qui m'embarrasse fort. L'artiste sublime doit fuir les détails; mais voilà l'art qui, pour se perfectionner, revient à son enfance. Les premiers sculpteurs aussi n'exprimaient pas les détails. Toute la différence, c'est qu'en faisant *tout d'une venue* les bras et les jambes de leurs figures, ce n'étaient pas eux qui fuyaient les détails, c'étaient les détails qui les fuyaient. — Remarquez que pour choisir il faut posséder; l'auteur d'*Antinoüs* a développé davantage les détails qu'il a gardés. Il a surtout augmenté leur physionomie, et rendu leur expression plus claire. Voyez cet autre portrait : la statue de Napoléon* par Canova; remar-

---

* L'esprit général de cette histoire montre assez que peu de personnes haïssent autant que l'auteur l'assassin du duc d'Enghien, du libraire de Halle, du capitaine Wright. C'est pour cela qu'il se sert hardiment des mots qui tombent sous sa plume. Napoléon est devenu un personnage historique; il appartient à celui qui étudie l'homme, tout

quez la jambe, et surtout le pied. Je prends à dessein les
parties les moins nobles, et cependant quelle noblesse !
À quelque distance que vous aperceviez la statue, sur-
le-champ vous distinguez non seulement chaque partie
du corps, mais aussi que ce corps est celui d'un héros.
C'est que les grands contours de cette jambe ont la
même physionomie, le même degré de convexité que
les grands contours du bras*. — Il est vrai que tout
ceci est invisible et faux pour la foule de ces hommes
plongés dans les intérêts grossiers de la vie active, et
devant qui le temple des arts se ferme d'un triple ver-
rou. S'ils trouvaient à vendre dans un coin de Rome un
fragment du *Gladiateur Borghèse* que voilà, et un fragment de l'*Apollon*, voyant dans le *Gladiateur* une foule
de muscles très bien rendus, ils le préféreraient hautement au dieu du jour. Laissons ces athées des beaux-
arts. »

Je me donne alors le plaisir de raconter à mon
inconnu la manière dont je fais naître le beau antique
parmi les Grecs sauvages. Il me fait des objections
charmantes. Pour y répondre, nous nous mettons à
comparer avec détail chaque partie du *Gladiateur* à la
partie correspondante de l'*Apollon*. Nous reconnaissons
toujours le même artifice : le sculpteur grec supprimant
pour faire un dieu les détails qui auraient trop rappelé
l'humanité.

En nous plaçant à la gauche de l'*Apollon*, du côté
opposé à la fenêtre, de manière que la main gauche
couvre le cou, nous voyons le contour du côté de la
lumière formé par cinq lignes ondoyantes. Si nous

comme au bavard politique. De grands saints le regrettent publiquement dans les journaux (*Débats* du 5 juin 1817). (Ri. C.)

   * Voir les articles, aussi profondément pensés que bien écrits, que
M. Marie Boutard a donnés sur cette *grosse* statue [336].

   C'est la meilleure pièce justificative de la lettre de lord Wellington
sur les tableaux d'Italie [337].

cherchons au contraire le contour du *Gladiateur*, nous le trouvons toujours composé d'un nombre de lignes bien plus considérable. Et ces lignes se coupent par des angles infiniment plus petits que les contours de l'*Apollon*.

« Croyez-vous, me dit l'inconnu, qu'on puisse supprimer encore plus de détails que dans l'*Apollon*, et aller plus loin dans le style sublime ? — Ma foi, je n'en sais rien. Quelques personnes pensent que oui, et que si jamais la Grèce est civilisée, ou si des Juifs détournent le cours du Tibre, on déterrera peut-être des ouvrages d'un style plus grandiose encore. J'avoue que cela est possible.

> La raison me le dit, mais mon cœur n'en croit rien.
>
> (*L'Éteignoir*, comédie[338].)

— Allons voir les tableaux, me dit l'inconnu.

— Mais songez-vous qu'il nous faut faire sur le *coloris* et le *clair-obscur* le même travail que nous avons fait sur les lignes ? »

Nous montons cependant, et le hasard porte nos pas dans la galerie d'Apollon. Nous remarquons la *Calomnie d'Apelle* par Raphaël, quelques études au crayon rouge, d'après la Fornarina, pour des tableaux de Madones. « Voyez, lui dis-je, les grands artistes en faisant un dessin peu chargé font presque de l'idéal. Ce dessin n'a pas quatre traits, mais chacun rend un contour essentiel. Voyez à côté les dessins de tous ces ouvriers en peinture. Ils rendent d'abord les minuties ; c'est pour cela qu'ils enchantent le vulgaire, dont l'œil dans tous les genres ne s'ouvre que pour ce qui est petit. »

CHAPITRE CX

OBJECTION TRÈS FORTE

Je retrouvai mon aimable inconnu. « Ah! me dit-il, voici une objection qui renverse tout. N'y a-t-il pas une différence entre la beauté* et le *bon air*? Tous les jours on voit un jeune homme de vingt ans arriver de province. Ce sont bien les couleurs les plus fraîches; c'est la plus belle santé. Un autre jeune homme est arrivé dix ans plus tôt; la vie de Paris lui a fait perdre en quelques mois ces couleurs brillantes et cet air de force. Le nouveau venu est incontestablement plus beau, et cependant il fait pitié; l'autre l'écrase. La beauté dont vous m'avez expliqué la naissance n'est donc pas belle partout? Cette reine n'est donc pas sûre de son empire? — Vous l'avouerai-je? C'est surtout cette objection très forte qui me fait croire à la manière dont nous avons vu naître le beau antique. »

---

* La beauté est l'expression d'une certaine manière habituelle de chercher le bonheur; les passions sont la manière accidentelle. Autre est mon ami au bal à Paris, et autre mon ami dans les forêts d'Amérique.

LIVRE SIXIÈME

DU BEAU IDÉAL MODERNE

Pauca intelligenti[339].

CHAPITRE CXI

DE L'HOMME AIMABLE

Que la beauté ait été trouvée chez les Grecs en même temps qu'ils sortaient de l'état sauvage, c'est ce qu'il est impossible de nier*; qu'elle soit tombée du ciel, aucun historien ne le rapporte; qu'elle ait été inventée par les

---

* La Grèce, dans la première époque dont on ait l'histoire (et encore quelle histoire? ce n'est guère qu'une fable convenue), la Grèce, dominée par les féroces Pélages et les grossiers Hellènes, n'eut aucune idée des arts d'imitation.

Vinrent les temps héroïques, et le navire Argô si célébré ne porta probablement que des corsaires qui allaient piller à Colchos l'or que l'on trouvait dans les sables du Phase.

Vint la guerre des sept chefs contre Thèbes, et enfin la célèbre guerre de Troie.

Pendant tout ce temps, on n'a pas le plus petit indice que les beaux-arts aient été cultivés en Grèce, à l'exception de la poésie, qui, chez toutes les nations, comme on le voit en Amérique, est la compagne des héros et des guerriers.

Après la chute de Troie, les chefs qui avaient été longtemps absents de leurs peuplades les retrouvèrent en désordre; leurs femmes même ne les reçurent qu'un poignard à la main. Pour venger ces forfaits, on a des guerres civiles qui durèrent près de quatre siècles, et qui ont trouvé dans Thucydide un narrateur éloquent. Il commence son histoire par peindre rapidement les habitudes et la manière de vivre des Grecs avant

raisonnements de leurs philosophes, il n'y a pas moyen
de le croire; ils sont trop ridicules; que, comme les
beaux tableaux du quinzième siècle, elle soit le fruit

---

le siège de Troie, et depuis cette époque jusqu'au siècle où il écrit[a].

« Ce n'est, dit-il, que vers le temps de la guerre du Péloponnèse que
ce pays, qui porte le nom de Grèce, a été habité d'une manière stable;
avant cette époque, il était sujet à de fréquentes émigrations.

« Ceux qui s'arrêtaient dans une portion de terrain l'abandonnaient
sans peine, repoussés par de nouveaux occupants, qui l'étaient à leur
tour par d'autres. Comme il n'y avait point de commerce, que les
hommes ne pouvaient sans crainte communiquer entre eux ni par terre
ni par mer, chacun ne cultivait que le morceau de terre nécessaire à sa
subsistance; ils ne connaissaient point les richesses; ils ne faisaient
point de plantations, parce que, n'étant pas défendus par des murailles,
ils craignaient toujours qu'on ne vînt leur enlever le fruit de leur labeur.
Comme chaque Grec était à peu près sûr de trouver en tous lieux sa
subsistance journalière, il ne répugnait point à changer de place... Sans
défense dans leurs demeures, sans sûreté dans leurs voyages, les Grecs
ne quittaient point les armes; ils s'acquittaient, *armés même, des fonctions de la vie commune...*

« Les Athéniens, les premiers, déposèrent les armes, prirent des
mœurs plus douces, et passèrent à un genre de vie plus sensuel...

« Les Corcyréens, après un combat naval, dressèrent un trophée à
Leucymne, promontoire de leur île, et y firent mourir tous leurs prisonniers, à l'exception des Corinthiens, qu'ils retinrent esclaves. » (Traduction de Levesque[341].)

Changez les noms, ce fragment sera l'histoire des sauvages d'Amérique vers le temps où l'arrivée des Européens vint troubler leur naissante société. Les Pélasges n'étaient que des habitants de l'Ouabache, et
nous n'avons pas besoin de livres pour savoir que partout les mêmes
circonstances donnent les mêmes mœurs. Ce qu'il y a de plaisant, c'est
qu'au milieu des avantages sans nombre de notre vie actuelle on nous
cite tous les jours en exemple, et avec des regrets comiques, les mœurs
et l'esprit de ces malheureux *sauvages grecs*, ou plutôt l'idée assez gro-
tesque que nous nous en sommes faite. Les courtisans lisent des idylles;
l'homme n'aime à admirer que ce qui est loin de lui, et les siècles civilisés n'ont rien trouvé de plus loin d'eux que les temps sauvages. Ne
faut-il pas d'ailleurs que nos petits professeurs d'athénée dissertent
chaque année régulièrement sur le plus ou moins de vérité historique
de l'Achille de Racine? Je voudrais bien que le véritable Achille de la
guerre de Troie leur apparût au milieu de leurs leçons; ils auraient une
belle peur.

Je crains que, malgré la longueur du morceau de Thucydide, vous

---

a. Voir les *Leçons d'histoire* de Volney aux Écoles normales; excellente préface[340].

inattendu de la civilisation tout entière, c'est ce que les savants allemands les plus opposés à mon idée ne nieront pas.

La vraie difficulté est ceci : qu'elle soit l'expression de l'*utile**.

Je n'ai pas dit : « Je vais vous prouver cela » ; mais : « Daignez vérifier dans votre âme si par hasard la beauté ne serait pas cela. »

À cet effet, je le répète, il faut d'abord avoir une âme ; ensuite que cette âme ait eu un plaisir direct, et non pas de *vanité*, en présence de l'*antique*.

Je ne puis prouver à quelqu'un qu'il a la crampe. Dans cette affaire une simple dénégation détruit tout. Je n'opère pas sur des objets palpables, mais sur des sentiments cachés au fond des cœurs.

Je ne puis que faire une enceinte. Les statues expriment-elles quelque chose ? Oui ; car on les regarde sans s'ennuyer.

Expriment-elles quelque chose de nuisible ? Non ; car on les regarde avec plaisir. Quelques cœurs jeunes et simples diront : « Oui, la *Pallas* me fait peur » ; mais,

---

n'ayez encore de la Grèce une image trop polie. Le pays du monde où l'on connaît le moins les Grecs, c'est la France[a], et cela, grâce à l'ouvrage de l'abbé Barthélemy : ce prêtre de cour a fort bien su tout ce qui se faisait en Grèce, mais n'a jamais connu les Grecs : c'est ainsi qu'un petit maître de l'ancien régime se transportait à Londres à grand bruit pour connaître les Anglais. Il considérait curieusement ce qui se faisait à la Chambre des communes, ce qui se faisait à la Chambre des pairs ; il aurait pu donner l'heure précise de chaque séance, le nom de la taverne fréquentée par les membres influents, le ton de voix dont on portait les *toasts* ; mais sur tout cela il n'avait que des remarques puériles. Comprendre quelque chose au jeu de la machine, avoir la moindre idée de la constitution anglaise, impossible[b].

Le seul pays où l'on connaisse les Grecs, c'est Gœttingue.

* Non pas le signe, mais la marque, la saillie extérieure. Le galon, qui est la beauté du peuple, est signe.

a. Les arts à l'Italie, l'esprit comique à la France, la science à l'Allemagne, la raison à l'Angleterre, tel a été l'arrêt du destin.

b. Voir la correspondance du duc de Nivernois, qui, à la cour, passait pour trop savant (1763)[342].

quand ils ne seront plus étonnés de cette tête colossale de *Jupiter Mansuetus*, ils diront : « Celle-là me rassure. »

Me voici de nouveau réduit à vous prédire vos sentiments. Par un cercle vicieux, je reviens, comme Bradamante, au pied du roc inaccessible où Atlant garde Roger[343]. Ceci ne se prouve pas. Il me faudrait aussi un bouclier magique où se peignissent les cœurs.

On ne prouve pas une analyse de l'amour, de la haine, de la jalousie. Après avoir lu *Othello*, on se dit : « Voilà la nature. »

> . . . . . *Trifles light as air*
> *Seem to the jealous confirmations strong*
> *As proofs from holy writ*[344].

Othello, acte III.

Mais si un homme s'écrie : « Cela est absolument faux. J'ai été jaloux, et d'une autre manière » ; que direz-vous, sinon : « Allons aux voix. »

Ce qui ne prouve absolument rien pour cet homme.

Quant au *bon air*, sans l'oisiveté des cours, sans l'ennui, sans l'amour, sans l'immense superflu, sans la noblesse héréditaire, sans les charmes de la société, je crains bien qu'on ne s'en fût jamais avisé*.

Rien de tout cela en Grèce ; mais une place publique, source éternelle de travaux et d'émotions**. Ou prononcez que la beauté n'a rien de commun avec l'imitation de la nature, ou convenez que, puisque la nature a changé, entre le beau antique et le beau moderne il doit y avoir une différence.

---

* Si l'on avait des doutes sur les bases morales de ce livre, voir Besenval ; j'aime ses *Mémoires*[345] : il a la première qualité d'un historien, pas assez d'esprit pour inventer des circonstances qui changent la nature des faits ; et la seconde, qui est d'écrire sur des temps qui intéressent encore ; on y trouve le Français de 1770 et la cour de Louis XVI.

** Pas de conversation de vanité. De là un des malheurs de nos pédants, qui ne peuvent s'empêcher de mettre Molière et Cervantes au-dessus des comiques anciens.

Duclos disait en 1750 :

« L'homme aimable est fort indifférent sur le bien public, ardent à plaire à toutes les sociétés où le hasard le jette, et prêt à en sacrifier chaque particulier. Il n'aime personne, n'est aimé de qui que ce soit, plaît à tous, et souvent est méprisé et recherché par les mêmes gens.

« Le *bon ton* dans ceux qui ont le plus d'esprit consiste à dire agréablement des riens, et ne se pas permettre le moindre propos sensé, si on ne le fait excuser par les grâces du discours*; à voiler enfin la raison, quand on est obligé de la produire, avec autant de soin que la pudeur en exigeait autrefois quand il s'agissait d'exprimer quelque idée libre. L'agrément est devenu si nécessaire que la médisance même cesserait de plaire si elle en était dépourvue.

« Ce prétendu *bon ton*, qui n'est qu'un abus de l'esprit, ne laisse pas d'en exiger beaucoup; ainsi il devient dans les sots un jargon inintelligible.

« Les choses étant sur le pied où elles sont, l'homme le plus piqué n'a pas le droit de rien prendre au sérieux, ni d'y répondre avec dureté. On ne se donne pour ainsi dire que des cartels d'esprit; il faudrait s'avouer vaincu pour recourir à d'autres armes, et la gloire de l'esprit est le point d'honneur d'aujourd'hui [346]. »

---

* Voilà ce dont les anciens n'eurent jamais d'idée; ils étaient trop attentifs au fond des choses. Les esprits les plus délicats, Cicéron, Quintilien, etc., parlent des difformités corporelles comme d'objets propres à la raillerie. L'aimable Horace a souvent le ton plus grossier que le théâtre des Variétés. Malgré un esprit étonnant, il eût été fort déplacé dans un salon de 1770. Nos pédants n'ont garde de nous parler de la grossièreté, de la rudesse, de l'indélicatesse des anciens, qui passent toute croyance; mais il faut voir les originaux.

CHAPITRE CXII

DE LA DÉCENCE DES MOUVEMENTS CHEZ LES GRECS

Le bon air à Athènes ne différait guère de la beauté ; c'était la même chose à Sparte. Une mode passagère montrée par Alcibiade aux jardins de l'Académie écartait bien un peu de la beauté ; mais le courant des mœurs y reportait toujours ; car les changements rapides dans la mode tiennent à la nullité du citoyen et à la monarchie.

L'on dit que le *bon air* se remarque plutôt dans un homme en mouvement, et la beauté dans une figure en repos. Faisons la part du mouvement, c'est la source des grâces. C'est une exception charmante faite en notre faveur à la sévérité de cette justice qui n'est plus que pour nous défendre.

Tout ce qui reste de l'antiquité rend témoignage que les mouvements, cette partie du beau que les statues n'ont pu nous transmettre, étaient réglés à Athènes par les mêmes principes que la beauté des formes en repos. Les manières d'un Athénien bien élevé montraient ces habitudes de l'âme que nous lisons dans leurs statues : la force, la gravité, sans laquelle alors il n'y avait point de haute prudence, une certaine lenteur indiquant que le citoyen ne faisait aucun mouvement sans en avoir délibéré.

On venait seulement de déposer les armes. Restait l'habitude de montrer sans cesse la force prête à repousser l'attaque. Or, l'homme dont les mouvements ont une rapidité qui peut faire croire que, d'avance, il n'a pas réfléchi à toutes ses actions, est si loin de montrer la force, qu'il donne même cette idée qu'on peut l'attaquer à l'improviste, et par là d'abord avec quelque avantage. La lenteur, la gravité, une certaine grâce étudiée, régnaient donc aux jardins de l'Académie ; surtout rien d'imprévu, rien de ce que nous appelons du *natu-*

rel, aucune trace d'étourderie ni de gaieté. Le chevalier de Grammont et Matta[347] n'eussent paru qu'un instant dans Athènes pour passer aux Petites-Maisons *.

CHAPITRE CXIII

DE L'ÉTOURDERIE ET DE LA GAIETÉ DANS ATHÈNES

Se montrer en étourdi dans les rues d'Athènes, c'est comme un jeune homme connu dans le monde, qui paraîtrait, un jour d'hiver, à la terrasse des Feuillants[348], donnant le bras à une fille ; car les mouvements d'un étourdi n'offrent ni l'idée de la force bonne pour le combat, ni moins encore l'idée de la sagesse requise dans les conseils. Alors, à Athènes comme à Constantinople, de nos jours, la gaieté eût été folie.

Je reviens bien vite à ce mot de *grâce*. Rien de plus opposé que la grâce antique ou la *Vénus du Capitole*, et la grâce moderne ou la *Madeleine* du Corrège **. Pour comprendre que dix degrés de froid font à Stockholm un temps très doux, il faudrait commencer par sentir la dureté habituelle du climat ; il faudrait sentir la dureté des mœurs antiques. Par malheur, la science éteint l'esprit et désapprend à lire le blanc des lignes *** ; l'on n'a pas en France la moindre idée de l'antique ****.

---

* Voilà un des avantages de la monarchie absolue tempérée par des chansons, c'est de donner des Molières et des de Brosses. Un Anglais, avec autant d'esprit que le président, qui serait allé en Italie, nous eût laissé un voyage hérissé d'idées d'*utilité publique*, d'idées de *punition*, d'idées d'*argent* ; nous n'aurions pas manqué de trouver en route quelque homme réduit à la folie par l'excès du malheur. L'idée de justice et de malheur extrême, si l'on manque à la justice chez un peuple dont le tiers vit d'aumônes, et qui est élevé à s'inquiéter sans cesse des dangers de sa liberté, corrompt jusqu'aux ouvrages les plus frivoles. Je ne trouve pas une seule idée triste dans les trois volumes de de Brosses. La vie m'est montrée du côté agréable, et l'auteur est naturel.

** Dans le divin *Saint Jérôme*, aujourd'hui à Parme.

*** Je ne connais encore d'autre exception que le charmant de Brosses (Salluste[349]).

**** Pas même dans le *droit. J. in jus ambula*[350].

La grâce aujourd'hui ne saurait exister avec une certaine apparence de force ; il faut cette nuance d'étourderie si aimable quand elle est naturelle. Or toute apparence de faiblesse chassant l'idée de *force* détruisait sur-le-champ la beauté.

La grâce antique était aussi un armistice ; l'aspect de la force était caché pour un instant, mais à demi caché : de là des mouvements étudiés ; des gestes imprévus eussent jeté un voile trop sombre. Je croirais qu'au ridicule près la grâce était à Athènes comme la politesse dans un dîner chinois*, ou parmi les membres d'un congrès européen. Tel mouvement était l'expression de l'idée : « Je désire vous plaire. » Mais si l'homme en l'honneur duquel on faisait ce mouvement eût voulu rendre la même idée, il eût fait précisément le même geste.

À Paris, l'usage du monde est de déguiser l'idée, et de la faire reconnaître.

Il y a du *charme*, quand cette politesse est à la fois si naturelle, et si peu copiée de mouvements déjà connus, que nous pouvons un instant saisir l'illusion que l'homme aimable sent réellement ce qu'il exprime**.

Le comble de ce genre de politesse, ou plutôt le moment où elle change de nature en passant à la réalité, c'est le mot si connu de La Fontaine : « J'y allais. » Mais ce mot n'est gracieux que pour les âmes tendres ; la politesse de bien des gens envers le fablier s'en serait rabattue de moitié : faut-il dire que, dans Athènes, la grâce portée à ce point eût à jamais avili ?

La Révolution fournit un commentaire à ce qu'on devine ici. Voyez (en 1811) le sérieux de nos jeunes gens, et la majesté avec laquelle un bambin de vingt ans déjeune chez Tortoni : c'est tout simple. Il entre, dans ce café, des militaires qu'il ne connaît pas, et qui sont

---

* Description d'un dîner chinois par un voyageur russe (*Journal des débats* et *Bibliothèque britannique*, 1812[351]).
** M. de Fénelon.

jaloux d'un joli cabriolet, ou quelque ministre qu'il
ménage pour une place d'auditeur.

Tout ce qu'on a pensé des Grecs tomberait de soi-
même, si les usages parmi les nations disparaissaient
avec les raisons qui les ont fait naître*.

CHAPITRE CXIV

DE LA BEAUTÉ DES FEMMES[353]

Dans la république, leurs formes doivent plutôt
annoncer le bonheur, dans les monarchies, le plaisir.

Mais voyez quel est le bonheur du colon anglais qui
défriche des bois dans les Montagnes Bleues[354], et de
l'homme aimable à Paris.

Sous la cabane du sauvage, les femmes ne sont que
les esclaves du mari, accablées de tous les travaux
pénibles**. À Sparte, à Corinthe, elles ne sortaient
jamais du profond respect. En vertu de quoi l'homme,
qui est le plus fort, n'aurait-il pas abusé de sa force ?
L'intimité de l'amour était pour un autre sexe. Si les
femmes sortaient de leur nullité, ce n'était pas par le
plaisir, c'était pour être quelquefois le conseil du mari,
ou, comme veuves, pour donner des soins aux enfants ;
il leur fallait donc la prudence et le sérieux profond qui
en était la marque ; elles devaient donner des enfants
capables de défendre la ville, il leur fallait donc la force.
La ville était-elle devenue puissante à force de batailles,
les femmes couraient aux combats de gladiateurs ; et,
par un mouvement de la main, le pouce renversé,
ordonnaient que le gladiateur seulement blessé par son
partner fût par lui égorgé sous leurs yeux avides : il fallait de telles mères aux jeunes Fabius.

---

* Je pourrais embarrasser tout ceci de citations savantes qui donneraient un caractère respectable et mettraient ces paradoxes sous la protection de tous les sots qui savent du grec. J'aime mieux renvoyer à
Heyne[352] et aux Allemands.

** Malthus, *De la Population*, 5ᵉ édition[355].

CHAPITRE CXV

QUE LA BEAUTÉ ANTIQUE EST INCOMPATIBLE
AVEC LES PASSIONS MODERNES

Vous connaissez Herminie arrivant chez les bergers :
c'est une des situations les plus célestes qu'ait inventées
la poésie moderne ; tout y est mélancolie, tout y est souvenirs.

> *Intanto Erminia infra l'ombrose piante*
> *D'antica selva dal cavallo è scorta ;*
> *Nè più governa il fren la man tremante,*
> *E mezza quasi par tra viva e morta...*
> *Fuggì tutta la notte, e tutto il giorno*
> *Errò senza consiglio e senza guida...*
> *Giunse del bel Giordano a le chiare acque,*
> *E scese in riva al fiume, e qui si giacque...*
> *Ma 'l sonno, che de' miseri mortali*
> *È col suo dolce obblio posa e quiete,*
> *Sopì co' sensi i suoi dolori, e l' ali*
> *Dispiegò sovra lei placide e chete...*
> *Non si destò finchè garrir gli augelli*
> *Non sentì lieti e salutar gli albori,...*
> *Apre i languidi lumi...*
> *Ma son, mentr' ella piange, i suoi lamenti*
> *Rotti da un chiaro suon ch'a lei ne viene,*
> *Che sembra ed è di pastorali accenti*
> *Misto e di boscarecce inculte avene.*
> *Risorge, e là s'indrizza a passi lenti,*
> *E vede un uom canuto all' ombre amene*
> *Tesser fiscelle alla sua greggia accanto,*
> *Ed ascoltar di tre fanciulli il canto.*
> *Vedendo quivi comparir repente*
> *L'insolite arme, sbigottir costoro ;*
> *Ma gli saluta Erminia, e dolcemente*
> *Gli affida, e gli occhi scopre e i bei crin d' oro.*
> *Seguite, dice avventurosa gente*[356]...
> . . . .

TASSO, c. **VII**

Dans l'instant où Herminie ôte son casque, et où ses beaux cheveux roulent en boucles d'or sur ses épaules, et détrompent les bergers, il faut sur cette charmante figure de la faiblesse, de l'amour malheureux, le besoin du repos, de la bonté venant de sympathie et non d'expérience.

Comment fera la beauté antique, si elle est l'expression de la force, de la raison, de la prudence, pour rendre une situation qui est touchante, précisément par l'absence de toutes ces vertus ?

CHAPITRE CXVI

DE L'AMOUR

Mais la force, la raison, la haute prudence, est-ce là ce qui fait naître l'amour* ?

Les nobles qualités qui nous charment, la tendresse, l'absence des calculs de vanité, l'abandon aux mouvements du cœur, cette faculté d'être heureuses, et d'avoir toute l'âme occupée par une seule pensée, cette force de *caractère* quand elles sont portées par l'amour, cette faiblesse touchante dès qu'elles n'ont plus que le frêle soutien de leur raison, enfin les grâces divines du corps et de l'esprit, rien de tout cela n'est dans les statues antiques.

C'est que l'amour, chez les modernes, est presque toujours hors du mariage ; chez les Grecs, jamais. Écoutons les maris modernes : plus de sûreté, et moins

---

* N'aimions-nous pas mieux au Musée la charmante Hermione de l'*Enlèvement d'Hélène* du Guide, que les têtes plus imposantes de l'antique ? Qui jamais a été amoureux de la tête de la *Vénus du Capitole* ou de la *Mammea* [357] ?

Le respect et l'amour ne marchent guère ensemble

chez les modernes. Un Grec estimait son ami.

de plaisirs. Chez les Grecs, le public parlait comme mari ; chez nous, comme amant ; chez les Grecs, la république, c'est-à-dire la sûreté, le bonheur, la vie du citoyen sanctifiait les vertus du ménage ; tout ce qu'elles obtiennent de mieux parmi nous, c'est le silence ; et il est assez reconnu qu'elles ne peuvent faire naître l'amour que chez un vieux célibataire, ou chez quelque jeune homme froid et dévoré d'ambition.

CHAPITRE CXVII

L'ANTIQUITÉ N'A RIEN DE COMPARABLE À LA MARIANNE DE MARIVAUX [358]

Je ne crois pas que l'antiquaire le plus zélé puisse nier que l'amour, tel que nous le sentons aujourd'hui, l'amour de mademoiselle de Lespinasse pour M. le C. de G. [359], l'amour de la religieuse portugaise pour le marquis de Chamilly, tant de passions plus tendres peut-être et du moins plus heureuses, puisqu'elles sont restées inconnues, ne soit une affection moderne. C'est un des fruits les plus singuliers et les plus imprévus du perfectionnement des sociétés.

L'amour moderne, cette belle plante brillant au loin, comme le mancenillier, de l'éclat de ses fruits charmants, qui si souvent cachent le plus mortel poison, croît et parvient à sa plus grande hauteur sous les lambris dorés des cours. C'est là que l'extrême loisir, l'étude du cœur humain, le cruel isolement au milieu d'un désert d'hommes, l'amour-propre heureux, ou désespéré de nuances imperceptibles, la font paraître dans tout son éclat.

Le Grec n'avait jamais ce sentiment d'isolement ; et, sans l'extrême loisir, point d'amour*.

---

* L'amour est en Italie, et non aux États-Unis d'Amérique, ou à Londres. La position d'Abélard, le plus grand homme de son siècle, logé

Je ne parle ici que de cette partie du cœur humain que les formes d'une statue peuvent trahir; elles sont une prédiction de moments charmants, ou elles ne sont rien; il y a, sans doute, de l'instinct; mais l'instinct est plus sensible à la peinture.

CHAPITRE CXVIII

NOUS N'AVONS QUE FAIRE DES VERTUS ANTIQUES

Rappelons-nous les vertus dont le sculpteur eut besoin jadis dans les forêts de la Thessalie.

C'étaient, ce me semble, la justice, la prudence, la bonté, et ces trois qualités portées à l'extrême. L'homme voulait ces vertus dans ses dieux, il les eût désirées dans son ami*. Or, ces grandes qualités sont assez peu de mise en France : non qu'on veuille s'ériger ici en misanthrope. Je proteste que, si je tombe, c'est en cherchant pourquoi le Guide nous est plus agréable que Michel-Ange de Caravage. Je parlerai de moi; je dirai, en m'excusant ici et pour l'avenir, que toute morale m'ennuie, et que je préfère les contes de La Fontaine aux plus beaux sermons de Jean-Jacques.

Après cette profession de foi, on me permettra d'entreprendre le détrônement des vertus antiques, et de faire observer que nous n'avons que faire de la *force* dans une ville où la police est aussi bien faite qu'à Paris. On n'estime plus la force que pour une seule raison, car nos princes ne sont pas réduits, comme Œdipe,

---

chez le chanoine Fulbert, aimant en secret son écolière, qui adorait sa gloire, était *impossible* dans l'antiquité. *Plura erant oscula quam sententiæ, sæpius ad sinum quam ad libros deducebantur manus* [360].

* Son compagnon d'armes, et non son amuseur.

Le *bon air* est beaucoup dans la manière de porter les vêtements, et la sculpture antique exige le nu.

> . . . . à disputer, dans un étroit passage,
> Des vains honneurs du pas le frivole avantage[361].

VOLTAIRE.

La force tombe, même en Angleterre; et, quand nous rencontrons dans les journaux l'éloge de la vigueur du noble lord N***, nous croyons lire une mauvaise plaisanterie. C'est que la très grande force a un très grand inconvénient; l'homme très fort est ordinairement très sot. C'est un athlète; ses nerfs n'ont presque pas de sensibilité*. Chasser, boire, et dormir, voilà son existence.

Vous n'aimeriez pas, ce me semble, que votre ami fût un Milon de Crotone. Vous plairait-il plus avec cette énergie de caractère et cette force d'attention qui frappe dans la *Pallas de Velletri* ? Non, cette tête sur des épaules vivantes nous ferait peur.

Non, ces vertus antiques ou chasseraient votre ami de France, ou en feraient un solitaire, un misanthrope fort ennuyeux, et fort peu utile dans le monde; car le vrai ridicule d'Alceste est de se roidir contre l'influence de son gouvernement. C'est un homme qui veut arrêter l'Océan avec un mur de jardin. Philinte aurait dû lui répondre en riant : « Passez la Manche. »

CHAPITRE CXIX

DE L'IDÉAL MODERNE

Si l'on avait à recomposer le beau idéal, on prendrait les avantages suivants :

1. Un esprit extrêmement vif.
2. Beaucoup de grâces dans les traits.
3. L'œil étincelant, non pas du feu sombre des passions, mais du feu de la saillie. L'expression la plus vive des mouvements de l'âme est dans l'œil, qui échappe à la

* Boerhaave[362].

sculpture. Les yeux modernes seraient donc fort grands.

4. Beaucoup de gaieté.

5. Un fonds de sensibilité.

6. Une taille svelte, et surtout l'air agile de la jeunesse.

CHAPITRE CXX

REMARQUES

Dans nos mœurs, c'est l'esprit accompagné d'un degré de force très ordinaire qui est la force. Encore même notre force, grâce à la nature de nos armes, n'est plus une qualité physique, c'est du courage.

L'esprit est fort, parce qu'il met en mouvement les machines à coups de fusil. Les modernes se battent fort peu. Il n'y a plus d'Horatius Coclès. Ensuite l'extrême force est beaucoup moins utile dans les batailles; et, pour les combats particuliers, c'est l'adresse à manier l'épée ou le pistolet qui fait l'avantage. N'était-ce pas une grande force, en 1763, que l'esprit de Beaumarchais? Et il ne se battait pas.

Je ne parle pas, pour ce second beau idéal, de l'air de santé, qui va sans dire. Cependant, dans la déroute générale des qualités naturelles, les couleurs trop vives donnent l'air commun. Une certaine pâleur est bien plus noble. Elle annonce plus d'usage du monde, plus de cette force que nous aimons.

CHAPITRE CXXI

EXEMPLE : LA BEAUTÉ ANGLAISE

Voyez la tournure des Anglais qui arrivent en France. Indépendamment de leurs modes, ils paraissent singuliers, et les femmes de Paris y trouvent mille choses à reprendre.

Ce n'est pas assurément que leurs couleurs fraîches et

leur démarche assurée n'annoncent la santé et la force, et que l'on ne voie dans leurs regards encore plus de raison et de sérieux : c'est précisément parce qu'il y a trop de tout cela. Ils sont plus près que nous du beau antique, et nous trouvons qu'il leur manque, pour être beaux, vivacité et finesse*.

C'est que les vertus dont le beau antique est la saillie, si l'on ose parler ainsi, sont plus honorées dans un gouvernement libre qu'en France. Voyez les têtes d'Allworthy, de Tom Jones, de Sophie, du grand peintre Fielding[364]. C'est du beau antique tout pur, aurait dit Voltaire. Aussi, parmi nous, ces gens-là sont-ils un peu lourds. Les Anglais, de leur côté, encore *puritains* sans le savoir**, s'arment d'une sainte indignation contre les héros de Crébillon. On en dit du mal même à Paris. Ce sont cependant des portraits très ressemblants de personnages éminemment modernes.

Le beau idéal antique est un peu républicain***. Je supplie qu'à ce mot l'on ne me prenne pas pour un coquin de libéral. Je me hâte d'ajouter que, grâce à l'amabilité de nos femmes, la république antique ne peut pas être, et ne sera jamais un gouvernement moderne.

Jamais en Italie, ni ailleurs, je n'ai trouvé les beaux enfants anglais avec ces cheveux bouclés autour de leurs charmants visages, et ces yeux ornés de cils si longs, si fins, légèrement relevés à l'extrémité, qui donnent à leur regard un caractère presque divin de douceur et d'innocence****. Ces teints éblouissants, si

---

* Un Anglais debout présente une ligne parfaitement droite. (T. IV, *Des Physion.*[363].)

** En Angleterre, faire une partie de piquet le dimanche, ou jouer du violon, est une impiété révoltante. Le capitaine du vaisseau qui portait Buonaparte à Sainte-Hélène lui fit cette burlesque notification.

*** Il annonce les mêmes vertus que commande la république.

**** Ce n'est qu'en Angleterre que l'on peut comprendre cette phrase du bon Primrose : « *My sons hardy and active, my daughters beautiful and blooming* », non plus que le *auburn hair*[365].

transparents, si purs, si profondément colorés à la moindre émotion, que l'étranger rencontre dans les *country-seats* [366] où il a le bonheur d'être admis, c'est en vain qu'il les chercherait dans le reste de la terre. Je n'hésite pas à le dire, si Raphaël avait eu connaissance des enfants de six ans et des jeunes filles de seize de la belle Angleterre, il aurait créé le beau idéal du Nord, touchant par l'innocence et la délicatesse, comme celui du Midi par le feu des passions. La science vient approuver cet aperçu de l'âme, et nous dire que dans la jeunesse le tempérament bilieux est une maladie. Pendant la première minute où les yeux du voyageur se fixent sur une beauté anglaise, ils l'embellissent. Dans le Midi, c'est un effet contraire. Le premier aspect de la beauté y est ennemi. L'Italienne qui revoit tout à coup un amant adoré qu'elle croyait à trois cents lieues reste immobile. Ailleurs, on lui saute au cou.

CHAPITRE CXXII

LES TOILES SUCCESSIVES

De même que, pour le premier beau idéal, l'artiste est parti de l'opinion des femmes, de la tribu encore sauvage, et de l'instinct; de même, dans cette seconde recherche de la beauté, faut-il partir des têtes classiques de l'antiquité.

L'artiste prendra la tête de la *Niobé*, ou la *Vénus*, ou la *Pallas*. Il la copiera avec une exactitude scrupuleuse.

Il prendra une seconde toile, et ajoutera à ces figures divines l'expression d'une sensibilité profonde.

Il fera un troisième tableau, où il donnera à la même beauté antique l'esprit le plus brillant et le plus étendu.

Il prendra une quatrième toile, et tâchera de réunir la sensibilité de son second tableau à l'esprit qui brille dans le troisième. Il passera bien près de l'Hermione du Guide*.

Surtout, le peintre s'assurera par des épreuves multipliées qu'il ne supprime que les qualités réellement incompatibles.

Je m'attends bien qu'à la première épreuve, dès qu'il voudra donner une sensibilité profonde à la *Niobé*, l'air de force disparaîtra.

Ici, il ne sera pas éloigné de l'*Alexandre mourant* de Florence, une des têtes les plus touchantes et les moins belles de l'antiquité.

La *Niobé*** a sans doute une certaine expression de douleur; mais c'est la douleur dans une âme et dans un corps pleins d'énergie. Cette douleur serait plus touchante dans un cœur profondément sensible***. Or, je ne puis trop le redire, les arts du dessin sont muets; ils n'ont que les corps pour représenter les âmes. Ils agissent sur l'imagination par les sens; la poésie, sur les sens par l'imagination****.

Ceci rappelle le mot de je ne sais quel mauvais poète

---

* *Enlèvement d'Hélène*. Ancien Musée Napoléon, n° 1008[367].

** À Florence. La comparer avec les mères du *Massacre des Innocents* du Guide, n°...[368]; et cependant le Guide est peut-être le moins expressif des grands peintres.

*** La *Madeleine* du marquis Canova.

**** S'il est vrai qu'avec les traits que nous lui connaissons Socrate ait porté une physionomie parfaitement ignoble, cette âme sublime fut à jamais hors de la portée des arts du dessin; si l'ignoble s'étendait aux mouvements, hors de la portée de la pantomime; il ne serait plus resté que la parole ou la poésie; mais il est hors de la nature qu'une grande âme ne se trahisse pas par les mouvements.

« Une physionomie pourra être des plus nobles, des plus honnêtes, des plus judicieuses, des plus spirituelles, et des plus aimables; le physionomiste pourra y découvrir les plus grandes beautés, parce qu'en général il appelle *beau* toute bonne qualité qui est exprimée par les sens; mais la forme même ne sera pas belle dans le sens des Raphaël et des Guide. » (Lavater, V, p. 148.)

Cela tient aux formes reçues des parents, et au pouvoir de l'éducation. Dans la monarchie, le fils de Marius, ne pouvant avoir une compagnie, sera Cartouche[369]. Je suppose que les parents donnent le tempérament, le *ressort*; et l'éducation, le *sens* dans lequel il agit.

moderne, qui se flattait d'avoir retrouvé la *douleur antique*.

Je ne crois pas que ce fût là une grande découverte. La douleur antique était plus faible que la nôtre. Voilà tout.

Les jolies femmes du temps du régent avaient déjà des vapeurs, et le maréchal de Saxe était d'une force étonnante, comme son père.

CHAPITRE CXXIII

LE BEAU ANTIQUE CONVIENT AUX DIEUX

Mais, dira-t-on, l'idéal moderne n'aura jamais le caractère sublime et l'air de grandeur qui charment dans le moindre bas-relief antique.

L'air de grandeur se compose de l'air de force, de l'air de noblesse, de l'air d'un grand courage.

Le beau moderne n'aura pas l'air de force, il aura l'air de noblesse, et peut-être à un degré supérieur à l'antique.

Il aura l'expression d'un grand courage, précisément jusqu'au point où la force de caractère est incompatible avec la grâce. Nous aimons bien le courage; mais nous aimons bien aussi qu'il ne paraisse que dans le besoin. C'est ce qui gâte les cours militaires. Les méchants disent qu'on y est un peu bête. Catherine II en convenait.

La grâce exclut la force; car l'œil humain ne peut voir à la fois les deux côtés d'une sphère. La cour de Louis XIV restera longtemps le modèle des cours, parce

---

La sculpture ne peut pas admettre cette exception. Pour elle, la beauté ne peut jamais être que la *saillie* des vertus; elle suppose toujours qu'il en est de tous les hommes comme d'Hippocrate, qui était le dix-septième grand médecin de sa race. Lavater travaille sur la réalité, si respectable pour l'homme, mais souvent insipide.

Les œuvres de la sculpture ne peuvent avoir cet avantage, et doivent fuir cet inconvénient.

que le duc de Saint-Simon y était considéré sans uniforme, parce qu'on s'y amusait plus qu'à la ville. Aussi
avait-on Molière : on riait de Dorante ami de M. Jourdain, et Napoléon a été obligé de défendre *L'Intrigante* [370] car, si l'on s'était mis à rire de ses chambellans,
où aurait-on fini ?

Par un hasard singulier, l'*Apollon* est plus dieu
aujourd'hui que dans Athènes. Cette statue sublime a
suivi nos idées. Nous sentons mieux, nous autres
modernes, ce que nous serions devant un être tout-
puissant. C'est que toutes les fois qu'on nous a fait voir
le Père éternel, nous avons aperçu l'enfer au fond du
tableau.

Le beau idéal des anciens régnera toujours dans
l'Olympe ; mais nous ne l'aimerons parmi les hommes
qu'autant qu'ils auront à exercer quelque fonction de la
Divinité. Si je dois choisir un juge, je voudrai qu'il ressemble au *Jupiter Mansuetus*. Si j'ai un homme à présenter à la cour, j'aimerai qu'il ait la physionomie de
Voltaire.

CHAPITRE CXXIV

SUITE DU MÊME SUJET

On me disputera peut-être l'air noble. Mais je repré-
senterai qu'il y a plus de noblesse parmi les modernes,
et des séparations plus fines. À Londres, j'ai vu un lord
serrer la main d'un riche charcutier de la Cité*. J'ai cru
voir Scipion l'Africain briguant pour son frère le
commandement de l'armée contre Antiochus.

Dans les dissertations littéraires, voyez les plaintes
des gens de lettres sur la rareté des termes nobles, et
leur envie pour Homère. C'est un poète contemporain
de Montaigne, qui se serait librement servi, non seule-

---

* Le 6 janvier 1816 [371].

ment du français d'abord, mais encore du picard et du
languedocien, et malgré cela toujours noble. Si la chose
existe, il ne manque donc plus que le talent de la
peindre. Voici une objection. Comme nous n'avons
jamais entendu le peuple parler grec ou latin, nous ne
trouvons pas un seul mot ignoble dans Virgile ou
Homère, ce qui fait un des sujets les plus raisonnables
de l'admiration des pédants. L'idéal antique jouit
presque du même avantage. Il a été établi sur des
formes de têtes un peu différentes des nôtres. Le voyageur est frappé de rencontrer au milieu des ruines
d'Athènes des traits qui le remettent tout à coup devant
la *Vénus* ou l'*Apollon*. C'est comme dans les environs de
Bologne, l'on ne peut faire un pas sans trouver une tête
de l'Albane, ou du Dominiquin.

CHAPITRE CXXV

RÉVOLUTION DU VINGTIÈME SIÈCLE[372]

Rien de plus original n'a jamais existé qu'une réunion
de vingt-huit millions d'hommes parlant la même
langue, et riant des mêmes choses. Jusqu'à quand, dans
les arts, notre caractère sera-t-il enfoui sous l'imitation? Nous, le plus grand peuple qui ait jamais existé
(oui, même après 1815), nous imitons les petites peuplades de la Grèce, qui pouvaient à peine former
ensemble deux ou trois millions d'habitants.

Quand verrai-je un peuple élevé sur la seule connaissance de l'*utile* et du *nuisible*, sans Juifs, sans Grecs,
sans Romains?

Au reste, à notre insu, cette révolution commence.
Nous nous croyons de fidèles adorateurs des anciens;
mais nous avons trop d'esprit pour admettre, dans la
beauté de l'homme, leur système, avec toutes ses conséquences. Là, comme ailleurs, nous avons deux
croyances et deux religions. Le nombre des idées s'étant

prodigieusement accru depuis deux mille ans, les têtes humaines ont perdu la faculté d'être conséquentes.

Une femme, dans nos mœurs, n'énonce guère d'opinion détaillée sur la beauté, sans quoi je verrais une femme d'esprit bien embarrassée. Elle admire au Musée la statue de *Méléagre*; et si ce *Méléagre*, que les statuaires regardent avec raison comme un parfait modèle de la beauté de l'homme, entrait dans son salon avec sa figure actuelle, et précisément l'esprit qu'annonce cette figure, il serait lourd, et même ridicule.

C'est que les sentiments des gens bien nés ne sont plus les mêmes que chez les Grecs. Les amateurs véritables qui enseignent au reste de la nation ce qu'elle doit sentir se rencontrent parmi les gens qui, nés dans l'opulence, ont pourtant conservé quelque naturel. Quelles étaient les passions de ces gens-là chez les Grecs? Quelles sont-elles parmi nous?

Chez les anciens, après la fureur pour la patrie, un amour qu'il serait ridicule même de nommer; chez nous, quelquefois l'amour, et tous les jours ce qui ressemble le plus à l'amour*. Je sais bien que nos gens d'esprit, même ceux qui ont une âme, donnent bien des moments à l'ambition, soit des honneurs publics, soit des jouissances de vanité. Je sais encore qu'ils ont peu de goûts vifs, et que leur vie se passe plutôt dans une indifférence amusée. Alors les arts tombent**; mais de temps en temps les événements publics tuent l'indifférence***.

Au milieu de tout cela, ce sont les passions tendres qui dirigent le goût.

---

* Ceci est très faux pour l'Angleterre, et le deviendra pour nous, si les deux Chambres durent. On ne demandera plus d'un grand général : « Est-il aimable? » Les femmes de province ont donc raison d'être du parti de l'éteignoir[373].
** Le règne de Louis XVI.
*** La Révolution.

La rêverie qui aime la peinture est plus mélangée de noblesse que celle qui s'abandonne à la musique. C'est qu'il y a une beauté idéale en peinture : elle est bien moins sensible en musique. L'on voit sur-le-champ une tête vulgaire, et la tête de l'*Apollon* ; mais on trouve un *air* donnant les mêmes sentiments, et plus noble ou moins noble que : « *Deh Signor !* » de Paolino dans le *Mariage secret*. La musique nous emporte avec elle, nous ne la jugeons pas. Le plaisir en peinture est toujours précédé d'un *jugement*.

L'homme qui arrive devant la *Madonna alla seggiola* dit : « Que c'est beau ! » Aussi la peinture ne manque-t-elle jamais tout à fait son but, comme il arrive à la musique.

Le spectateur sent plus sa force, il est plus sensible et moins mélancolique au Musée qu'à l'*Opera buffa*. Il y a un effort pénible pour revenir des enchantements de la musique à ce que le monde appelle les affaires sérieuses, qui est beaucoup moindre en peinture.

Les brouillards de la Seine ne sont donc pas si contraires à la peinture qu'à la musique*.

---

* La musique est une peinture tendre ; un caractère parfaitement sec et hors de ses moyens. Comme la tendresse lui est inhérente, elle la porte partout ; et c'est par cette *fausseté* que le tableau du monde qu'elle présente ravit les âmes tendres, et déplaît tant aux autres.

Pourquoi la musique est-elle si douce au malheur ? C'est que, d'une manière obscure, et qui n'effarouche point l'amour-propre, elle fait croire à la douce pitié. Cet art change la douleur sèche du malheureux en douleur regrettante ; il peint les hommes moins durs, il fait couler les larmes, il rappelle le bonheur passé, que le malheureux croyait impossible.

Sa consolation ne va pas plus loin ; à la jeune fille folle d'amour, qui pleure la mort d'un amant chéri, il ne fait que nuire et que hâter les progrès de la phtisie.

L'écueil du comique, c'est que les personnages qui nous font rire ne nous semblent secs, et n'attristent la partie tendre de l'âme. La vue du malheur lui ferait négliger la vue de sa supériorité ; c'est ce qui, pour certaines gens, fait le charme d'un bon *opera buffa* si supérieur à celui d'une bonne comédie : c'est la plus étonnante réunion de plaisirs. L'imagination et la tendresse sont actives à côté du rire le plus fou[a].

a. Tels sont, supérieurement, *I nemici generosi* de Cimarosa.

Le vent d'ouest est fort rare en été dans la mer du Sud; mais enfin c'est le seul par lequel on puisse aborder à Lima.

Le soleil est un peu pâle en France; on y a beaucoup d'esprit, on est porté à mettre de la recherche dans l'expression des passions. On ne sait admirer le simple que quand il est donné par un grand homme; mais chaque jour l'extrême civilisation guérit de ce défaut. Dans tous les pays l'on commence par le simple*. L'amour de la nouveauté jette dans la recherche**, l'amour de la nouveauté ramène au simple***. Voilà où nous en sommes; et, pour les choses de sentiment, c'est peut-être à Paris que se trouvent les juges les plus délicats; mais il surnage toujours un peu de froideur****.

C'est donc à Paris qu'on a le mieux peint l'amour délicat, qu'on a le mieux fait sentir l'influence d'un mot, d'un coup d'œil, d'un regard. Voyez mademoiselle Mars jouant Marivaux, et regardez-la bien, car il n'y a rien d'égal au monde.

Dans Athènes l'on ne cherchait pas tant de nuances, tant de délicatesse. La beauté physique obtenait un culte partout où elle se rencontrait. Ces gens-là n'allèrent-ils pas jusqu'à s'imaginer que les âmes qui habitaient de beaux corps s'en détachaient avec plus de répugnance que celles qui étaient cachées sous des formes vulgaires? Au dernier soupir, elles en sortaient lentement, et peu à peu, afin de ne leur causer aucune douleur violente qui eût altéré la beauté, et de les laisser

---

* Anacréon.

** Le cavalier Marin.

*** Parny, les chansons de Moncrif[374].

**** Qui est peut-être nécessaire pour bien juger; c'est ce qui fait qu'en Italie on juge moins bien des passions tendres; pour peu que le livre soit passable, il ravit *(Lettere di Ortiz*[375]); mais le public y est parfait pour l'ambition, le patriotisme, la vengeance, etc.

comme plongés dans un sommeil tranquille*. Mais
aussi le culte de la beauté n'était que physique, l'amour
n'allait pas plus loin, et Buffon eût trouvé chez les
Grecs bien des partisans de son système.

Ils ne voyaient point dans les femmes des juges du
mérite, et se trouvaient peu sensibles au plaisir d'être
aimés. Une femme était une esclave qui faisait son
devoir. Voyez le sort d'Andromaque dans Virgile, le
Mozart des poètes. Aussi, dans la science des mouvements de l'âme, les philosophes grecs restèrent-ils des
enfants. Voyez les *Caractères* de Théophraste, ou
essayez de traduire en grec l'histoire de madame de la
Pommeraie, de *Jacques le Fataliste*.

CHAPITRE CXXVI

DE L'AMABILITÉ ANTIQUE

Suivons Méléagre chez Aspasie. Il y était aimable. Par
sa force il brillait dans les jeux du cirque, et aimait à en
parler. Cela faisait une conversation intéressante parmi
des hommes que l'amour de la vie livrait à ces jeux.
Chacun d'eux se rappelait que, dans le dernier combat,
il avait vu tuer un de ses compagnons, pour avoir lancé
son javelot de trop loin. Aujourd'hui, dans une bataille,
le nombre infini de ces petits drames, qui tous finissent
par la mort, manque de physionomie : c'est presque
toujours une balle qui entre dans une poitrine ; et, une
fois qu'on a bien vu l'impression que fait la balle en tra-
versant la peau, la mort du soldat n'offre plus qu'un
intérêt de calcul. Si l'on avait le temps d'être ému, ce
serait tout au plus un tirage de loterie. Mais le capitaine
qui voit tomber son monde pense à l'état de situation
qu'il doit fournir le soir. « Si ma compagnie est réduite
à moins de quarante hommes, se dit-il, il est impossible

---

* Philostrate.

qu'elle fasse campagne ; il faut qu'on m'envoie des conscrits du dépôt. »

Dans les batailles sanglantes de l'antiquité, l'épée décidait tout ; le capitaine n'était pas derrière sa troupe : chaque mort formait un tableau, et un tableau intéressant pour le chef, toujours dans la mêlée*.

Athènes, quoiqu'elle eût quatre cent mille esclaves, n'avait que trente mille citoyens. Mais, quand même il y aurait eu un public n'allant pas à la guerre, je dis qu'on y prenait un intérêt tout autre.

Parmi nous, l'État fait la guerre ; cela veut dire, pour le riche habitant de Paris, qu'au lieu de payer au prince dix mille francs d'impôt, il en payera quinze ou vingt mille. Les gens d'un certain rang vont à l'armée par vanité, pour porter aux Tuileries un brillant uniforme, et dans les salons de Paris une certaine fatuité. Ils entendent dire dans les discours payés par le gouvernement que cette vanité est de l'héroïsme, et qu'ils se battent pour leur patrie, et non pour leurs épaulettes. D'ailleurs, si quelque général est emporté par un boulet, l'Académie a la mort d'Épaminondas**.

Mais qu'est-ce que cela me fait, *à moi*, qui ai toujours ma loge à l'Opéra, mon équipage de chasse, et mes maîtresses ? Je m'abonne tout au plus à quelque gazette étrangère***.

En Grèce, la guerre mettait directement en péril, avec l'existence de toute la société, l'existence de chacun des habitants. Il fallait ou vaincre dans la bataille, ou être

* Tite-Live.
** « Le mot de patrie est à peu près illusoire dans un pays comme l'Europe, où il est égal, pour le bonheur, d'être à un maître ou à un autre. » (Montesquieu[376].) Chez les anciens, chaque citoyen était occupé du gouvernement de la patrie. Qu'a perdu Sarrelouis à n'être plus France ?
*** Besenval, *Bataille de Fillinghauzen*.
Ridicule des prédictions de M. de Choiseul, I, p. 100.
Sautez de là à Tite-Live. Une fenêtre trop étroite fait faire la guerre à Louvois (Saint-Simon). Le patriotisme est donc dans l'Europe moderne le ridicule le plus sot.

prisonnier, et l'on a vu ce que les Corcyréens faisaient des prisonniers. Le vainqueur emmenait tout, les femmes, les enfants, les animaux domestiques; il brûlait les huttes, et ensuite allait demander un triomphe au sénat de Rome.

Ne sachant ce qu'il voulait des bons Allemands, un homme a, dix ans de suite, troublé leur repos; ils ont fini par se révolter, et, guidés par la lance du Cosaque, ils sont venus nous donner un échantillon des guerres antiques. L'habitant de Paris a entendu le bruit du canon; il a vu son parc ravagé, il a été obligé de faire un uniforme. Mais il faut cinq ou six siècles pour ramener ces événements; à Athènes, on les craignait tous les cinq ou six ans. Avec la différence nécessaire dans la culture de l'esprit, et la différence dans l'amour, voilà qui explique toute l'antiquité.

La belle statue de *Méléagre* avait donc par sa force mille choses intéressantes à dire. S'il paraissait beau, c'est qu'il était agréable; s'il paraissait agréable, c'est qu'il était utile.

Pour moi l'utilité est de m'amuser, et non de me défendre, et je vois bien vite dans les grosses joues de Méléagre qu'il n'eût jamais dit à sa maîtresse : « Ma chère amie, ne regarde pas tant cette étoile, je ne puis pas te la donner*. »

---

* *Mémoires* de Marmontel, milord Albemarle. Dans cent ans, lorsque les deux Chambres auront gagné toute l'Europe, les guerres seront courtes, comme les accès d'humeur des enfants. Alors pour le beau :

Novus sæclorum nascitur ordo[377].

CHAPITRE CXXVII

LA FORCE EN DÉSHONNEUR

Le public sent si bien, quoique si confusément, l'existence du beau idéal moderne, qu'il a fait un mot pour lui, l'*élégance*.

Que voit-on dans l'élégance? D'abord l'absence de toute cette partie de la force qui ne peut pas se tourner en agilité.

Si un jeune homme de vingt ans débute dans le monde avec la taille d'Hercule, je lui conseille de prendre le rôle d'homme de génie. Ses séances avec son tailleur seraient toujours un supplice; il vaudrait mieux pour lui avoir quinze ans de plus, et une taille élancée. C'est que la qualité qui nous est le plus antipathique dans le beau idéal antique, c'est la force*. Cela vient-il de l'idée confuse qu'elle est toujours accompagnée d'une certaine épaisseur dans l'esprit? Cela vient-il de l'observation que l'âge mûr ajoute aux formes sveltes de la jeunesse? Et qu'est-ce qu'un vieillard dans la monarchie? Cela vient-il du profond mépris pour le travail?

Après la force, notre plus grande aversion est pour l'appareil de la prudence, et le sérieux profond. C'est que la stupidité ressemble un peu au sérieux profond. C'est un écueil pour les statuaires**.

Enfin, pour qu'aucune des parties du beau antique ne reste inattaquée, l'air de bonté peut paraître quelque-

---

* En 1770, un gentilhomme insulté par un paysan ne devait pas le rosser avec effort, mais comme en se jouant (voir Crébillon fils). Les biens nationaux changent un peu cela.

** Dans la monarchie, le gouvernement fait tout pour vous; à quoi rêvez-vous si profondément?

> ...Fish not, with this melancholy bait,
> For this fool's gudgeon, this opinion[378].
> Merch. of Venice, acte I, scène I.

fois l'air de la niaiserie qui demande grâce devant les épigrammes, ou l'air de la sottise, qui, comme le renard sans queue, voudrait persuader qu'il n'y a d'esprit que dans le bon sens, — le bon sens, si déshonoré dans la monarchie, que Montesquieu, avec le style de Bentham, n'eût pas été lu*. Le monde est dans une révolution. Il ne reviendra jamais ni à la république antique, ni à la monarchie de Louis XIV. On verra naître un beau *constitutionnel*.

CHAPITRE CXXVIII

QUE RESTERA-T-IL DONC AUX ANCIENS ?

Dans le cercle étroit de la perfection, d'avoir excellé dans le plus facile des beaux-arts.

Dans l'empire du *beau*, en général, d'avoir des préjugés moins baroques, et d'être simples par *simplicité*, comme nous sommes simples à force d'esprit.

Si les anciens ont excellé dans la sculpture, c'est qu'ils ont toujours eu à cet égard une bonne constitution, et nous une mauvaise.

---

* J'ai connu dans le Cumberland [379] un lord très original (je demande grâce pour ses expressions), qui soutenait que le vrai titre de l'immortel ouvrage de Montesquieu était :

DE L'ESPRIT DES LOIS,

OU

DE L'ART DE FILOUTER,

À L'USAGE DES FILOUS ET DES HONNÊTES GENS ;

Les honnêtes gens verront comment on s'y prend pour faire changer les montres de gousset ; les fripons, de nouvelles méthodes excellentes pour les pêcher.

PAR M. DE MONTESQUIEU,

BON GENTILHOMME, ANCIEN PRÉSIDENT À MORTIER, EX-AMBITIEUX,

ET, SUR SES VIEUX JOURS, IMITATEUR DE MACHIAVEL.

« Ce qu'il y a de plaisant, ajoutait-il, c'est que quand vos badauds voient les doigts des filous s'approcher de leurs goussets, suivant les excellents préceptes de Montesquieu, ils s'écrient : "Bon ! voilà que nous sommes bien gouvernés !" »

C'est que notre religion défend le *nu*, sans lequel la sculpture n'a plus les *moyens d'imiter* ; et, dans la Divinité, les passions généreuses, sans lesquelles la sculpture n'a *plus rien à imiter*.

CHAPITRE CXXIX

LES SALONS ET LE FORUM

Le beau moderne est fondé sur cette dissemblance générale qui sépare la vie de salon de la vie du forum.

Si nous rencontrons jamais Socrate ou Épictète dans les Champs-Élysées, nous leur dirons une chose dont ils seront bien scandalisés, c'est qu'un grand caractère ne fait pas chez nous le bonheur de la vie privée.

Léonidas, qui est si grand lorsqu'il trace l'inscription : « Passant, va dire à Sparte...* etc. », pouvait être, et j'irai plus loin, était certainement un amant, un ami, un mari fort insipide.

Il faut être homme charmant dans une soirée, et le lendemain gagner une bataille, ou savoir mourir.

Dans ce qu'on appelle en France le *bon air*, la partie qui tient à ce dont le caractère moderne diffère du caractère antique durera jusqu'à ce qu'une révolution du globe nous rende malheureux et sauvages. La partie qui vient de la mode et du caprice, bien moins considérable qu'on ne le croirait, n'est qu'un effet passager des formes de gouvernements. Un article de la constitution de 1814 proscrit les habits de deux cents louis, qu'on portait il y a quarante ans. Si l'on a des élections, on voudra bien se distinguer, mais non offenser.

Toute la distinction des conditions, nuance si essentielle au bonheur d'aujourd'hui, est presque dans la manière de porter les vêtements**.

---

* Voir le beau tableau de M. David[380]. Chose singulière dans l'école française, la tête de Léonidas a une expression sublime !

** Voyez à l'école de natation ; l'on ne peut distinguer les conditions. L'on sait qu'une duchesse n'a jamais que trente ans pour un bourgeois.

Or, il y a *mouvement*, nous sommes hors des arts du dessin; il y a *vêtement*, donc il n'y a plus de sculpture.

Ici près est une des sources des caricatures. Les dessinateurs mettent en contraste les deux parties de nos mœurs. Ils entassent toutes les recherches de la mode sur des corps manquant de ce *bon air* primitif, et qui tient à l'essence des mœurs modernes*. C'est Potier revêtu de l'habit de Fleury. Nous sentons qu'avec notre frac tout uni nous valons mieux que le prince Mirliflore, et nous rions quand un accident imprévu vient prouver à lui sa bêtise, et à nous notre supériorité.

Le bon air moderne a paru en France avant de se montrer ailleurs; mais il est, comme la langue, en chemin pour faire le tour du monde. En tout pays, les gens d'esprit préféreront le grand Condé au maréchal de Berwick.

Le bon air commença à faire quelques petits séjours parmi nous lorsque la poudre à canon permit aux gentilshommes français de n'être plus des athlètes. On sentit que l'esprit est absolument nécessaire au beau idéal humain. Il faut de l'esprit même pour souffrir, même pour aimer, dirais-je aux Allemands.

Le *Méléagre* plaira à Naples comme à Londres. Oui, mais, plaire également partout, n'est-ce pas une preuve qu'on ne plaît infiniment nulle part?

Gustave III, l'abbé Galiani, Grimm, le prince de

Pour les arts, toute l'agitation politique entre l'aristocratie de 1770 et la constitution de 1816 se réduit à changer cette phrase : c'est un *homme bien né*, en celle-ci : c'est un *gentleman* (un homme aisé, qui a reçu une bonne éducation).

* Ce n'est pas dans nos histoires, presque toutes vendues d'avance par l'auteur à l'autorité, ou à sa propre considération[a], que sont nos mœurs, mais dans les mémoires, et encore mieux dans les lettres imprimées par hasard[b].

[a]. Le père Daniel, Voltaire, etc.
[b]. Saint-Simon, Motteville, Staal, Duclos, *Lettres* de Fénelon, de madame du Deffand, etc.

Ligne, le marquis Caraccioli*, tous les gens d'esprit qui ont aperçu en France cette perfection passagère de la société n'ont cessé de l'adorer. Tant qu'on ne fera pas de tous les hommes des anges, ou des gens passionnés pour le même objet, comme en Angleterre, ce qu'ils auront de mieux à faire pour se plaire sera d'être Français comme on l'était dans le salon de madame du Deffand.

Le malheur des modernes, c'est que la découverte de l'imprimerie n'ait pas précédé de deux siècles celle des manuscrits. La chevalerie eût vécu davantage. Alors *tout par les femmes*. Chez les Grecs, comme chez les Turcs, *tout sans les femmes*. Nous fussions arrivés plus vite à notre beau idéal.

Mais, dira-t-on, un de nos jeunes colonels de l'ancien régime était d'un ridicule outré en se promenant dans l'Hyde-Park.

Non, c'était de l'*odieux*, couleur du ridicule dans les républiques. D'ailleurs, distinguez l'expression des qualités agréables qui manquaient aux anciens, et la mode. C'est par sa manière de marcher ou de monter à cheval, délicieuse à Paris**, que ce jeune seigneur égayait John Bull. À Paris, il fallait plaire aux femmes; à Londres et en Pologne, aux électeurs. Donnez-lui quarante ans, vous lui aurez ôté tout ce qui tenait à la mode, c'est-à-dire à cette partie des manières qui n'a pas d'influence sur l'idéal moderne, dont tour à tour elle exagère tous les éléments***.

Si la constitution de 1814 tient, l'anecdote de

---

* Qui ne connaît sa réponse à Louis XVI, qui lui faisait compliment sur sa place de vice-roi de Sicile? « Ah! sire, la plus belle place de l'Europe est celle que je quitte, la place Vendôme. »

** Toujours en 1770 Duclos disait : « L'air noble d'aujourd'hui doit donc être une figure délicate et faible; on ne l'accorderait pas à une figure d'athlète; la comparaison la plus obligeante qu'en feraient les gens du grand monde serait celle d'un grenadier, d'un beau soldat. » (*Consid.*, t. I, p. 151.)

*** Voir la composition du beau moderne, chapitre CXIX.

madame Michelin sera horrible dans un demi-siècle*. La rouerie aura le sort de l'escroquerie au jeu, dont nous avons vu périr la gloire. Elle fut une grâce dans le chevalier de Grammont à la cour de Louis XIV, et n'était plus qu'une turpitude dans M. de G*** aux chasses de Compiègne, sous Louis XVI.

Si l'élégance de son sceptre léger, mais inflexible, défend à la force de se montrer dans les figures d'hommes, que sera-ce pour un autre sexe ? La force n'y aurait qu'une manière de plaire, car notre manière de juger les jolies femmes en est encore à l'apogée des mœurs monarchiques. Les charmantes figures de Raphaël et du Guide nous semblent un peu lourdes. Nous préférons les proportions de la *Diane chasseresse*** ; mais, dans nos climats, la sensibilité, comme la voix, est un luxe de santé. Nous admettrons un peu plus de force. En Italie, l'on ne fait pas cette faute. En France, l'opinion occupée d'autre chose s'est tue sur la beauté pendant trente ans, et s'est laissé mener par les beaux-arts***.

CHAPITRE CXXX

DE LA RETENUE MONARCHIQUE

La jolie devise italienne : *cheto fuor, commosso dentro*[381], n'aurait rien dit dans l'antiquité, où chaque homme avait des droits en proportion de son émotion. Voilà des sources charmantes qui n'existaient pas pour les beaux-arts. Le plus grand défaut d'une belle figure est de ressembler à l'idée de beauté que nous avons dans la tête.

---

* *Vie privée du maréchal de Richelieu.*

** Voir, à l'exposition, les formes grêles affectées dans les portraits de femmes.

*** Elle doit beaucoup à M. David. Notre papier marqué, nos pièces de dix centimes étaient des modèles de beauté, et sans doute les plus souvent regardés.

Ainsi le charme divin de la *nouveauté* manque presque entièrement à la beauté. Lorsqu'il s'y trouve réuni, il y a ravissement*.

La laideur idéale, au contraire, possède cet avantage, que l'œil en parcourt les parties avec curiosité. Dans les pays heureux, où l'âme peut suivre le sentier brillant de la volupté, ce principe a la plus grande influence sur la vie; mais les beaux-arts n'arrivent point jusque-là.

L'*air mutin*, l'imprévu, le singulier, font la *grâce*, cette grâce impossible à la sculpture, et qui échappe presque en entier aux Guide et aux Corrège.

Quelle différence en musique! Cet air charmant de Rossini**, cet air de la plus grande beauté n'est point flétri par le plus triste des caractères, l'imitation. Il est vrai que, pour les âmes vulgaires, la peinture tient de plus près à certains plaisirs***.

Avec quelle idolâtrie seront reçus les chefs-d'œuvre du Raphaël des temps modernes, de l'artiste étonnant qui saurait ôter ce défaut à la beauté!

---

* L'arrivée en Italie.

** Voir l'opéra de *Tancredi*. Je pensais ce soir, en entendant ce chef-d'œuvre du Guide de la musique[382], que le degré de ravissement où notre âme est portée fait le thermomètre du beau musical : tandis que, du plus grand sang-froid du monde, si l'on me présente un tableau de Louis Carrache, je pourrai dire : « Cela est de la première beauté. »

*** *« The smile which sank into his heart, the first time he beheld her, played round her lips ever after : the look with which her eyes first met his, never passed away. The image of his mistress still haunted his mind, and was recalled by every object in nature. Even death could not dissolve the fine illusion : for that which exists in imagination is alone imperissable. As our feelings become more ideal, the impression of the moment indeed becomes less violent, but the effect is more general and permanent. The blow is felt only by reflection; it is the rebound that is fatal. » (Biography of the A*[383].)

CHAPITRE CXXXI

DISPOSITIONS DES PEUPLES POUR LE BEAU MODERNE

En Italie, le climat met des passions plus fortes, les gouvernements n'y pèsent pas sur les passions ; il n'y a pas de capitale. Il y a donc plus d'originalité, plus de génie naturel. Chacun ose être soi-même. Mais le peu de force qu'ont les gouvernements, ils l'ont par l'*astuce*.

L'Italien doit donc être souverainement méfiant. Quand son tempérament profondément bilieux lui permettrait le bonheur facile du sanguin, ses gouvernements sont là pour le lui défendre. En ce pays, où la nature prit plaisir à rassembler tous les éléments du bonheur, l'on ne saurait trop craindre, trop se méfier, trop soupçonner. La générosité, la confiance dans quelque chose ou dans quelqu'un y serait folie. Circonstance malheureuse pour l'Europe, et qu'elle pouvait si facilement corriger en jetant dans ce jardin du monde un roi et les deux Chambres ! Car la terre où les grands hommes sont encore le moins impossibles, c'est l'Italie. La végétation humaine y est plus forte. Là se trouve le ressort qui fait les grands hommes : mais il est dirigé à contresens, les Camilles y deviennent des saints Dominiques.

L'Italie a échappé à l'influence de nos monarchies. La vertu y est plus connue que l'honneur ; mais la superstition écrase encore le peu de vertu que les gouvernements donnent au peuple*, et dans les paroisses obscures de campagne vient sanctifier sous le toit du paysan les plus noires atrocités. Le malheureux est noyé par la planche qui doit le sauver, et il ne peut avoir

---

* Léopold, le comte de Firmian, Joseph II, ont répandu la vertu, mais sans esprit ; il fallait créer des institutions, *forcer les hommes par leur intérêt* à être bons, et ne pas compter niaisement sur une exception, le hasard qui fait un honnête homme d'un despote.

recours à l'opinion publique ou au *qu'en-dira-t-on*, chose inconnue en ce pays peu vaniteux.

Ne cherchez pas la grâce des manières, ce savoir-vivre qui faisait le charme de l'ancienne France, et cependant vous ne trouverez pas l'air simple ; mais, en sa place, quand l'Italien ose se livrer, la bonté, la raison, et quelquefois une sympathie vive et héroïque ; mais rien de flatteur pour la vanité.

L'Italie est insupportable aux gens aimables, aux ci-devant jeune-hommes, aux vieux courtisans. En revanche, celui qui, ballotté par les révolutions, est devenu à ses dépens juste appréciateur du mérite de l'homme, préfère l'Italie.

1° Les gouvernements n'ont pu gâter le climat.

2° Dans les arts, ils n'ont corrompu que la tragédie et la comédie*. La musique et les arts du dessin ont été protégés par les princes, chacun en raison de ce qu'ils ont moins d'analogie avec la pensée**.

3° Quand vous voyez faire une belle action à un Anglais, dites : « C'est la force du gouvernement. »

Quand un Italien fait un trait héroïque, dites : « C'est malgré son gouvernement. »

Ce peuple ayant du naturel est fort tendre à l'éducation. Le comte de Firmian, à Milan, avait détruit jusque dans la racine cette méchanceté que Machiavel trouve naturelle à l'Italie. Vingt ans de ce bon gouverneur, laissant libre l'influence du ciel, faisaient déjà naître les grands hommes*** ; et, ce qui est plus remarquable, un bon poète satirique, la chose la plus impossible à l'Italie. Le *Mattino* de Parini[384] est supérieur à Boileau, et le comte de Firmian protégea le poète contre les grands seigneurs dont il peignait les ridicules****.

---

* Léopold prohiba la *commedia dell' arte*, beau genre de littérature indigène à l'Italie.

** Cimarosa est jeté dans un cachot, et y prend la maladie dont il est mort ; Canova est fait marquis.

*** Beccaria et Verri étaient dans le gouvernement.

**** Le prince Belgiojoso.

Vingt ans plus tard, Buonaparte (ce destructeur de l'esprit de liberté en France) jeta du grandiose dans la civilisation de la haute Italie, par lui bien supérieure au reste*. L'admiration corrigeait le despotisme, ou, pour mieux dire, ne rendait sensibles que dans quelques détails les tristes effets qu'y a vus Montesquieu**. Si Buonaparte doit être condamné pour avoir abaissé la France, et surtout Paris, il a incontestablement élevé l'Italie***. Il mit le travail en honneur. Toutes les vieilleries tombaient, et sans elles point de despotisme assuré.

En Italie, la multitude des gouvernements, dont on évite l'action par un temps de galop, l'absence totale de justice criminelle, font que les qualités naturelles utiles dans une société naissante sont encore fort estimables.

---

* Campagne de Murat en 1815. Incroyable lâcheté. Le meilleur voyage à faire, plus curieux que celui du Niagara ou du golfe Persique, c'est le voyage de Calabre. Les premiers donnent sur l'homme plus ou moins sauvage des vérités générales et connues depuis cinquante ans. Du reste, à Pétersbourg, comme à Batavia, on trouve l'*honneur*. Passé le Garigliano, ce grand sentiment des modernes n'a pas pénétré.

Les soldats de Murat disaient : « *Se il nemico venisse per le strade maestre, si potrebbe resistere, ma viene per i monti*[385]. »

Un beau colonel, en grand uniforme, garni de plusieurs croix, arrive à Rome au moment des batailles; on lui demande ce qu'il vient faire; il répond avec une franchise inouïe : « *Che volete ch' io faccia? Si tratta di salvarsi la vita. Vanno a battersi, io son venuto qui*[386]. »

Le brave général Filangieri cherche à retenir ses soldats qui répondent à ses cris : « *Ma, signor generale, c' è il cannone*[387] »; et ce sont les anciens Samnites qui font de ces sortes de réponses!

Pour pénétrer dans les Calabres, on se déguise en prêtre. Là, on voit les jeunes filles ne sortir qu'armées de fusils; à tout instant, on entend les armes à feu. Les plus farouches des hommes en sont les plus lâches. Apparemment que leurs nerfs trop sensibles leur font de la mort et des blessures une image trop horrible, et que la colère seule peut faire disparaître. (Note de sir W. E.)

** Foscolo était persécuté; mais les jeunes gens commençaient à lire un peu.

*** Il fut secondé par un grand ministre, le comte Prina. On sait qu'il fut assassiné par des paysans gagés. Le bon peuple milanais est innocent de ce crime[388].

Comme le hasard a fait que ce peuple connaît mieux le beau idéal antique, ses gouvernements font qu'il le sent mieux. « L'Italien est naturellement méchant! » s'écrie le voyageur; c'est un homme qui voit le jet d'eau de Saint-Cloud, et qui conclut que la nature de l'eau est de quitter la terre et de s'élancer vers le ciel.

Chez les gens bien nés, cette méchanceté se réduit à une très juste et très nécessaire méfiance, indispensable là où la justice a laissé tomber son glaive et n'a conservé que son bandeau. La canaille, qui n'est réprimée par rien, est plus méchante qu'ailleurs, ce qui ne prouve autre chose sinon que l'homme du Midi est supérieur à l'homme du Nord.

Il en est du reproche de méchanceté comme de celui de bassesse. Avant la Révolution, la France était un composé de grands corps qui soutenaient leurs membres. En Italie, l'individu est toujours isolé et en butte à toute la force d'un gouvernement souvent cruel parce qu'il a toujours peur. Le jour que la justice aura des principes fixes, et que la faveur perdra des droits tout-puissants, la bassesse, étant inutile, tombera. Il est vrai que, dans un pays sans vanité, la bassesse manque de grâces.

J'arrive dans une des villes les plus peuplées de l'Italie. Une jeune femme que je reconduis le soir jusqu'à sa porte me dit : « Retournez sur vos pas, ne passez pas au bout de la rue, c'est un lieu solitaire. »

Je vais de Milan à Pavie voir le célèbre Scarpa [389]. Je veux partir à cinq heures, il y a encore deux heures de soleil. Mon voiturier refuse froidement d'atteler. Je ne puis concevoir cet accès de folie; je comprends enfin qu'il ne se soucie pas d'être dévalisé.

J'arrive à Lucques. La foule arrête ma calèche, je m'informe. Au sortir de vêpres, un homme vient d'être percé de trois coups de couteau. « Ils sont enfin partis, ces gendarmes français! Il y a trois ans que je t'avais condamné à mort », dit l'assassin à sa victime, et il s'en va le couteau à la main.

Je passe à Gênes. « C'est singulier, me dit le chef du gouvernement, trente-deux gendarmes français maintenaient la tranquillité ; nous en avons deux cent cinquante du pays, et les assassinats recommencent de tous côtés. »

La gendarmerie française avait déjà changé le beau idéal ; l'on prisait moins la force.

Je vais à l'opéra à ***, je vois chacun prendre ses mesures pour se retirer après le spectacle. Les jeunes gens sont armés d'un fort bâton. Tout le monde marche au milieu de la rue et tourne les coins *alla larga*[390]. On a soin de dire tout haut dans le parterre qu'on ne porte jamais d'argent sur soi*.

Au reste, ces dangers sont profondément empreints dans l'esprit des gens prudents ; les voyageurs ne forment qu'une société fugitive devant les voleurs ; à chaque instant on met les voitures en caravane, ou bien on prend une escorte. Quant à moi, je n'ai jamais été attaqué, et, sans autre arme qu'un excellent poignard, je suis rentré chez moi à toutes les heures de la nuit. La part ridicule que les voleurs ont usurpée dans la conversation des gens du monde vient beaucoup de l'ancienneté de leurs droits. Depuis trois cents ans, on assassine, de père en fils, dans la montagne de Fondi, à l'entrée du royaume de Naples.

J'ouvre Cellini**, et je vois en combien d'occasions il se trouva bien d'être fort et déterminé. Le Piémont est plein de paysans qui, de notoriété publique, se sont

---

* Quand j'étais en garnison à Novare[391], j'observais deux choses : que très souvent l'on trouvait dans la campagne des trésors formés par des voleurs morts sans avoir fait de confidence, et que, lorsque dans la ville quelqu'un était attaqué, on se gardait bien de crier : « Au voleur ! » — personne ne serait venu ; — on criait : « Au feu ! »

** *Vita*, édition des classiques ; les pages 71, 110 et 113[392] montrent que la force doit entrer dans la beauté d'Italie.

Burchard, *Journal d'Alexandre VI, passim.* Brantôme.

Roland, voyage à Brescia ; les valets d'auberge faisaient leur service les pistolets à la ceinture.

enrichis par des assassinats. On m'a rapporté le même fait du maître de poste de Bre***. *Il n'en est que plus considéré*. Rien de plus simple ; et, si vous habitiez le pays, vous-même auriez des égards pour un coquin courageux qui, cinq ou six fois par an, a votre vie entre ses mains.

Je désire observer le fait des prairies qui donnent huit coupes dans un an. Je suis adressé à un fermier de Quarto, à trois milles de Bologne. Je lui montre quatre hommes couchés au bord de la route sous un bouquet de grands arbres. « Ce sont des voleurs », me répond-il. Surpris de mon étonnement, il m'apprend qu'il est régulièrement attaqué tous les ans dans sa ferme. La dernière attaque a duré trois heures, pendant lesquelles la fusillade n'a pas cessé. Les voleurs, désespérant de le dépouiller, veulent au moins mettre le feu à l'écurie. Dans cette tentative, leur chef est tué d'une balle au front, et ils s'éloignent en annonçant leur retour. « Si je voulais périr, moi, et jusqu'au dernier de mes enfants, continue le fermier, je n'aurais qu'à les dénoncer. Les deux valets de ma bergamine[393] (écurie des vaches) sont voleurs, car ils ont vingt francs de gages par mois, et en dépensent douze ou quinze tous les dimanches au jeu ; mais je ne puis les congédier, j'attends quelque sujet de plainte. Hier, j'ai renvoyé un pauvre plus insolent que les autres, qui assiégeait ma porte depuis une heure. Ma femme m'a fait une scène ; c'est l'espion des voleurs ; j'ai fait courir après lui, et on lui a donné une bouteille de vin et un demi-pain. »

Ne serait-il pas bien ridicule de se battre avec enthousiasme pour un gouvernement sous lequel on vit ainsi ? Quand je n'étais encore qu'un enfant dans la connaissance des mœurs italiennes, un beau jeune homme de trente ans, dont j'eus plus tard l'occasion de voir l'héroïque bravoure, me disait, à l'occasion de la mort du général Montbrun, à la Moskowa, que je lui contais : « *Che bel gusto di matto di andar a farsi buzzarar*[394] ! »

Le beau idéal moderne est donc encore impossible en Italie. Les qualités qu'il annonce y seraient ridicules par faiblesse ; mais l'Italien a une sensibilité trop vraie pour ne pas adorer l'idéal moderne dès qu'il le verra*.

Si les Allemands, cette nation sentimentale et sans énergie, qui meurt d'envie d'avoir un caractère, et qui ne peut en venir à bout, composaient le beau moderne, ils y feraient entrer un peu plus d'innocence et un peu moins d'esprit**.

L'Espagne, qui, après tant de courage, montre tant de bêtise, aura des artistes dans vingt ans, si elle a une constitution. Nous verrons alors quel sera son goût, car, depuis Philippe II, elle est muette.

Telle est la force des choses et la faiblesse des hommes, que le *génie du despotisme* aura semé dans toute l'Europe la constitution anglaise qu'il abhorrait, et par là changé les arts. C'est que mille petits liens enchaînaient le liège au fond des eaux.

CHAPITRE CXXXII

LES FRANÇAIS D'AUTREFOIS

Il faut dire à nos neveux qu'il y avait une différence extrême entre le Français de 1770 et le Français de 1811, année qui fut l'apogée des mœurs nouvelles. On était, en 1811, beaucoup plus près du beau antique.

Je n'en ferai pas honneur à la renaissance des arts,

---

* La rareté des empoisonnements prouve que les mœurs de la bonne compagnie ont gagné depuis cinquante ans ; en général, on n'empoisonne pas plus qu'en France ; je ne connais dans ce genre que la mort d'un beau jeune homme de Lucques.

** « Une âme honnête, douce et paisible, exempte d'orgueil et de remords, remplie de bienveillance et d'humanité, une âme supérieure aux sens et aux passions, se découvre aisément dans la physionomie, etc. » (Gellert.)

Voilà l'idéal du beau moral des Allemands. L'air passionné des figures de Raphaël leur fait peur.

mais à la tourmente qui nous agite depuis trente ans, et par laquelle il n'y a plus en France ni société ni esprit de société.

Ballottés par tant d'événements singuliers, et quelquefois dangereux, la justice, la bonté, la force, ont gagné, tandis que les qualités propres à la société ne sont plus estimées ; car où les faire estimer ? Tout ce qui est né depuis 1780 a fait la guerre, et prise beaucoup la force physique, non pas tant pour le jour du combat que pour les fatigues de la campagne.

Autrefois il fallait de la gaieté, de l'amabilité, du tact, de la discrétion, mille qualités qui, réunies sous le nom de *savoir-vivre*, étaient fort goûtées dans les salons de 1770. Il fallait un certain apprentissage. Aujourd'hui, nous en sommes revenus aux agréments qu'aucun despotisme ne peut ôter du commerce du monde. Un jeune homme de seize ans, qui sait danser et se taire, est un homme parfait.

Je remarque que l'estime pour la force ne porte pas, comme en Angleterre, sur une occupation favorite. Il n'y a pas de chasse au renard ; et le ministère du cardinal de Fleury[395], avec ses trente ans de paix, nous éloigneront bien vite du beau antique.

CHAPITRE CXXXIII

QU'ARRIVERA-T-IL DU BEAU MODERNE ?
ET QUAND ARRIVERA-T-IL ?

Par malheur, depuis que le monde s'est mis à adorer le beau idéal antique, il n'a plus paru de grands peintres. L'usage qu'on en fait aujourd'hui en dégoûtera. Pourquoi pas ? La Révolution nous a bien dégoûtés de la liberté, de grandes villes ont bien demandé qu'il n'y eût pas de constitution* !

---

* La ville de L^s par l'organe du grand poète comique R[396].

La France a des poètes qui, pour imiter Molière de plus près, le copient tout simplement, et qui, par exemple, pour faire un *défiant*, prennent l'intrigue du *Tartufe*. Mais ils changent les noms.

Cette méthode générale s'applique aussi à la peinture. Les peintres ayant appris que l'*Apollon* est beau, copient toujours l'*Apollon* dans les figures jeunes. Pour les figures d'hommes faits, on a le *Torse* du Belvédère. Mais le peintre se garde bien de mettre jamais rien de son âme dans son tableau, il pourrait être ridicule. L'art redevient tranquillement, et au milieu d'un concert de louanges, un pur et simple mécanisme, comme chez les ouvriers égyptiens. Les nôtres pourraient se sauver par le coloris; mais le coloris demande un peu de sentiment, et n'est pas précisément une science exacte comme le dessin.

Si nos grands artistes lisaient l'histoire, ils seraient bien scandalisés de voir leur place marquée par la postérité entre Vasari et Santi di Tito. Ceux-ci furent pour Michel-Ange ce qu'ils sont pour l'antique. Précisément les mêmes reproches qu'ils faisaient au Corrège, ils les font à Canova.

La place est faite en France pour un autre Raphaël. Les cœurs ont soif de ses ouvrages. Voyez comme ils ont accueilli la tête de Phèdre*[397]. Du reste, on admire les expositions actuelles par devoir, car on dit au public : « Cela n'est-il pas bien conforme à l'antique ? » Et le pauvre public ne sait que répondre. *Il est dans son tort**, et s'écoule tranquillement en bâillant.

---

* Tableau de M. Guérin, à Saint-Cloud. Voir les têtes de Didon, d'Élise, et de Clytemnestre, exposition de 1817. Ce grand artiste fait des progrès dans la science de l'expression. Quel dommage qu'il s'occupe si peu du *clair-obscur*!

** Interrogatoire de l'*Esturgeon*, joli vaudeville des Variétés[398].

LIVRE SEPTIÈME

VIE DE MICHEL-ANGE

... E quel che al par sculpe e colora
Michel più che mortal Angiol divino[399].

ARIOSTO, C. XXIII.

CHAPITRE CXXXIV

PREMIÈRES ANNÉES

Il fallait ces idées pour juger Michel-Ange, maintenant tout va s'aplanir.

Michel-Ange Buonarroti naquit dans les environs de Florence. Sa famille, dont le vrai nom était Simoni-Canossa, avait été illustrée dans les siècles du moyen âge par une alliance avec la célèbre comtesse Mathilde.

Il vint au monde en 1474, le 6 de mars, quatre heures avant le jour, un lundi.

Naissance vraiment remarquable, s'écrie son historien, et qui montre bien ce que devait être un jour ce grand homme! Mercure suivi de Vénus étant reçu par Jupiter sous un favorable aspect, que ne pouvait-on pas se promettre d'un moment si bien choisi par le destin?

Soit que son père, vieux gentilhomme de mœurs antiques, partageât ces idées, soit qu'il voulût simplement lui donner une éducation digne de sa naissance, il l'envoya de bonne heure chez le grammairien Francesco da Urbino, célèbre alors dans Florence. Mais tous les moments que l'enfant pouvait dérober à la grammaire, il les employait à dessiner. Le hasard lui donna

pour ami un écolier de son âge, nommé Granacci, élève
du peintre Dominique Ghirlandaio. Il enviait le bonheur de Granacci, qui le menait quelquefois en cachette
à la boutique de son maître, et lui prêtait des dessins.

Ce secours enflamma le goût naissant de Michel-
Ange ; et, dans un transport d'enthousiasme, il déclara
chez lui qu'il abandonnait tout à fait la grammaire.

Son père et ses oncles se crurent déshonorés, et lui
firent les remontrances les plus vives ; c'est-à-dire que,
souvent, le soir, lorsqu'il rentrait à la maison ses dessins sous le bras, on le battait à toute outrance. Mais il
était déjà porté par ce caractère ferme dont il donna
tant de preuves par la suite. De plus en plus irrité par
cette persécution domestique, et sans avoir jamais reçu
de leçons régulières de dessin, il voulut tenter l'emploi
des couleurs. Ce fut encore son ami Granacci qui lui
fournit des pinceaux et une estampe de Martin de Hollande. On y voyait les diables qui, pour exciter saint
Antoine à succomber à la tentation, lui donnent des
coups de bâton*. Comme Michel-Ange devait placer à
côté du saint des figures monstrueuses de démons, il
n'en peignit aucune avant d'avoir vu dans la nature les
parties dont il la composait. Tous les jours il allait au
marché aux poissons considérer la forme et la couleur
des nageoires, des yeux, des bouches hérissées de dents,
qu'il voulait mettre dans son tableau. Il achetait les
poissons les plus difformes et les apportait à l'atelier.
On dit que Ghirlandaio fut un peu jaloux de cette raison profonde ; et, lorsque l'ouvrage parut, il disait partout, pour se consoler, que ce tableau sortait de sa boutique. Il avait raison ; le vieux gentilhomme était
pauvre, et avait engagé son fils chez Ghirlandaio en
qualité d'apprenti. Le contrat, qui devait durer trois
ans, avait cela de remarquable que, contre l'usage, le

---

* J'ai vu cette estampe de Martin Schœn dans la collection Corsini, à
Rome.

maître s'obligeait à payer à l'élève vingt-quatre florins*.

Soixante ans après, Vasari, étant à Rome, porta au vieux Michel-Ange un des dessins faits par lui dans la boutique du Ghirlandaio. Sur une esquisse à la plume qu'un de ses camarades finissait d'après un dessin du maître, il avait eu l'insolence de marquer une nouvelle attitude. Ce souvenir de sa jeunesse réjouit le grand homme, qui s'écria qu'il se rappelait fort bien cette figure, et que, dans son enfance, il en savait plus que sur ses vieux jours.

CHAPITRE CXXXV

IL VOIT L'ANTIQUE

Un peintre, touché de l'ardeur de Michel-Ange et des contrariétés qu'il éprouvait, lui donne une tête à copier ; la copie faite, il la rend au maître au lieu de l'original : celui-ci ne s'aperçoit de l'échange que parce que l'enfant riait de la méprise avec un de ses camarades. Cette anecdote fit du bruit dans Florence ; on voulut voir ces deux peintures si semblables : elles l'étaient de tous points, Michel-Ange ayant eu soin d'exposer la sienne à la fumée pour lui donner l'air antique. Il se servit souvent de cette ruse pour avoir des originaux. Le

---

* On trouve la note suivante écrite de la main du vieux Buonarroti sur le livre de Dominique Ghirlandaio :

« 1488. *Ricordo questo dì primo d'Aprile, come io Lodovico di Lionardo di Bonarrota acconcio Michelagnolo mio figliuolo con Domenico e Davide di Tommaso di Currado per anni tre prossimi avvenire con questi patti e modi, che il detto Michelagnolo debba stare con i sopraddetti detto tempo a imparare a dipignere a fare detto esercizio e ciò i sopraddetti gli comanderanno, e detti Domenico e Davide gli debbon dare in questi tre anni fiorini ventiquattro di suggello : e il primo anno fiorini sei, il secondo anno fiorini otto, il terzo fiorini dieci, in tutta la somma di lire 96*[400]. »

Et plus bas : « *Hanne avuto il sopraddetto Michelagnolo questo dì 16 d'Aprile fiorini dua d'oro in oro, ebbi io Lodovico di Lionardo suo padre da lui contanti lire 12*[401]. » (Vasari, X, p. 26.)

voilà déjà parvenu au premier point de repos que les jeunes artistes rencontrent dans la longue carrière des arts : il savait copier.

Il n'était pas fort assidu chez Ghirlandaio ; désapprouvé par ses nobles parents, traité à la maison comme un polisson indocile, il errait le plus souvent dans Florence, sans atelier, sans étude fixe, et s'arrêtant partout où il voyait des peintres. Un jour Granacci le fit entrer dans les jardins de Saint-Marc, où l'on plaçait des statues antiques : c'étaient celles que Laurent le Magnifique rassemblait à grands frais. Il paraît que, dès le premier instant, ces ouvrages immortels frappèrent Michel-Ange. Dégoûté du style froid et mesquin, on ne le revit plus ni à la boutique de Ghirlandaio, ni chez les autres peintres ; ses journées entières se passaient dans les jardins. Il eut l'idée de copier une tête de faune qui offrait l'expression de la gaieté. Le difficile était d'avoir du marbre. Les ouvriers, qui voyaient tous les jours ce jeune homme avec eux, lui firent cadeau d'un morceau de marbre, et lui prêtèrent même des ciseaux. Ce fut les premiers qu'il toucha de sa vie. En peu de jours la tête fut finie : le bas du visage manquait dans l'antique, il y suppléa, et fit à son faune la bouche extrêmement ouverte d'un homme qui rit aux éclats.

Médicis, se promenant dans ses jardins, trouva Michel-Ange qui polissait sa tête* ; il fut frappé de l'ouvrage, et surtout de la jeunesse de l'auteur : « Tu as voulu faire ce faune vieux, lui dit-il en riant, et tu lui as laissé toutes ses dents ! ne sais-tu pas qu'à cet âge il en manque toujours quelqu'une ? » Michel-Ange brûlait de voir le prince se retirer ; à peine fut-il parti qu'il ôta une dent à son faune avec tout le soin possible, et attendit le lendemain. Laurent rit beaucoup de l'ardeur du jeune homme, et son grand caractère le portant à protéger tout ce qui paraissait supérieur : « Ne manque pas de

* Elle est à la galerie de Florence.

dire à ton père, lui dit-il en partant, que je désire lui parler. »

CHAPITRE CXXXVI

BONHEUR UNIQUE DE L'ÉDUCATION DE MICHEL-ANGE

On eut toutes les peines du monde à décider le vieux gentilhomme : il jurait qu'il ne souffrirait jamais que son fils fût tailleur de pierre. C'était en vain que les amis de la maison tâchaient de lui faire entendre la différence d'un sculpteur à un maçon. Cependant, lorsqu'il fut devant le prince, il n'osa plus lui refuser son fils. Laurent l'engagea à chercher pour lui-même quelque place convenable. Dès le même jour, il donna à Michel-Ange une chambre dans son palais, le fit traiter en tout comme ses fils, et l'admit à sa table, où se trouvaient journellement les plus grands seigneurs d'Italie et les premiers hommes du siècle (1489). Michel avait alors quinze à seize ans : vous jugez l'effet d'un pareil traitement sur une âme naturellement haute.

Médicis faisait souvent appeler son jeune sculpteur pour jouir de son enthousiasme et lui montrer les pierres gravées, les médailles, les antiquités de tout genre dont il formait des collections.

De son côté, Michel-Ange lui présentait chaque jour quelque nouvel ouvrage. Politien, dans lequel toute la science de ce temps-là n'avait pu étouffer entièrement l'homme supérieur, était aussi l'hôte du prince. Il aimait le génie audacieux de Michel-Ange, l'excitait sans cesse au travail, et avait toujours quelque entreprise nouvelle à lui présenter.

Il lui disait un jour que l'enlèvement de Déjanire et le combat des Centaures ferait un beau sujet de bas-relief, et, tout en démontrant la justesse de son idée, il lui conta cette histoire dans le plus grand détail : le lendemain le jeune homme la lui montra ébauchée. Ce bas-relief carré, et dont les figures ont environ une palme de proportion*, se voit dans la maison Buonarroti à Florence. Je ne sais pourquoi Vasari l'appelle le *Combat des Centaures* : ce sont des gens nus qui se battent à coups de pierres et à coups de massues, et il n'y a que la moitié d'un corps de cheval à peine terminé. Ce sont des corps mêlés dans les positions les plus bizarres et les plus difficiles ; mais chaque figure a une expression marquée. Il y a des lueurs de génie admirables ; par exemple, cet homme vu par le dos, qui en tire un autre par les cheveux, et cette figure vue de face qui assène un coup de massue ; du reste, il y a quelques incorrections. Michel-Ange disait par la suite que toutes les fois qu'il revoyait cet ouvrage, il sentait un chagrin mortel de n'avoir pas uniquement suivi la sculpture. Il faisait allusion aux intervalles très considérables, et quelquefois de dix à douze ans, qu'il avait passés sans travailler, triste fruit de ses relations avec les princes. C'était la coutume de Laurent de donner de petits appointements à tous les artistes, et des prix considérables à ceux qui se distinguaient. Les appointements de Michel-Ange furent fixés à cinq ducats par mois, que le prince lui recommandait de porter à son père ; et pour lui, comme après tout il était encore un enfant, il lui fit cadeau d'un beau manteau violet.

Le vieux Buonarroti, enhardi par les offres de Médicis, vint un jour lui dire : « Laurent, je ne sais faire autre chose que lire et écrire, il y a un emploi vacant à la douane qui ne peut être donné qu'à un citoyen, je viens vous le demander, car je crois pouvoir le remplir avec honneur. — Tu seras toujours pauvre, lui dit en riant Médicis, qui s'attendait à une tout autre demande ; cependant si vous voulez cet emploi, il est à vous jusqu'à ce que nous trouvions quelque chose de mieux. » Cette place pouvait valoir cent écus par an.

---

* Deux cent vingt-trois millimètres.

Michel-Ange employa plusieurs mois à dessiner à l'église *del Carmine* la chapelle de Masaccio. Là, comme partout, il fut supérieur, ce dont, comme de juste, il fut récompensé par un sentiment général de haine. Torrigiani, un de ses camarades, lui donna sur le nez un coup de poing si furieux, que le cartilage en fut écrasé, et cet accident augmenta la physionomie d'effort qui se remarque dans la figure de Michel-Ange comme dans celle de Turenne. La main de Dieu punit cet envieux, il alla en Espagne, où il fut un peu brûlé par la sainte inquisition*.

Cependant Michel-Ange partageait les nobles plaisirs de la société la plus distinguée que le monde eût vue réunie depuis les temps d'Auguste. Les amis de Laurent allaient tour à tour habiter avec lui les palais champêtres qu'il se plaisait à bâtir au sein des délicieuses collines qui ont valu à Florence le nom de cité des fleurs. Les superbes jardins de Careggi entendirent les discussions philosophiques se revêtir des grâces de l'imagination, et la philosophie reconnut ce style enchanteur que Platon lui avait prêté jadis dans Athènes. Tantôt la société allait passer les mois les plus chauds dans la délicieuse vallée d'Asciano, où Politien trouvait que la nature semblait prendre à tâche d'imiter les efforts de l'art; tantôt on allait voir achever la charmante villa de Cajano, que Laurent faisait élever sur ses dessins, et qui reçut de Politien le nom poétique d'Ambra. Au milieu des profusions du luxe et des jouissances délicates que

---

* « *Ora torniamo a Piero Torrigiani che con quel mio disegno in mano disse così :* "Questo Buonarroti ed io andavamo a imparare da fanciulletti nella chiesa del Carmine dalla cappella di Masaccio; e poi il Buonarroti aveva per usanza di uccellare tutti quelli che disegnavano. Un giorno infra gli altri dandomi noja il detto, mi venne assai più stizza del solito; e stretto la mano gli detti sì gran pugno nel naso ch'io mi sentii fiaccare sotto il pugno quell' osso e tenerume del naso come se fosse stato un cialdone; e così segnato da me ne resterà infinchè vive." *Queste parole generarono in me tanto odio, perchè vedevo i fatti del divino Michelagnolo, che non tanto che a me venisse voglia di andarmene seco in Inghilterra, ma non potevo patire di vederlo* [402]. » (Cellini, an 1518, I, p. 31-32.)

rassemblait la maison de l'homme le plus riche de l'univers, on ne le voyait s'occuper constamment avec ses amis que d'une seule chose, le soin de faire oublier qu'il était le maître.

Héritier de la protection que ses ancêtres accordaient aux arts, son âme sentit vivement le *beau* dans tous les genres, et il fit par sentiment ce qu'ils avaient fait par politique.

Inférieur à Côme dans la seule science du commerce, il le surpassa, lui et tous les Médicis, dans les vertus qui font le prince, et la postérité s'est montrée injuste envers un si grand homme en allant choisir la moindre de ses qualités, pour le désigner par le surnom de *Magnifique*.

L'enthousiasme pour l'antiquité aurait pu dégénérer, comme on le voit de nos jours, en admiration lourde et stupide. La sensibilité exquise et passionnée de Laurent, les bons mots que lui inspirait le moindre ridicule, et l'ironie, l'arme ordinaire de sa conversation, éloignaient ce défaut des sots.

Ses poésies dévoilent une âme passionnée pour l'amour, et qui aima Dieu comme une maîtresse, alliance que la nature ne met que dans ces âmes qu'elle destine à être unies aux plus grands génies. Il avait coutume de dire : « Que celui-là est mort dès cette vie, qui ne croit pas en l'autre. » Avec le même style enflammé, tantôt il chante des hymnes sublimes au Créateur, tantôt il déifie l'objet de ses plaisirs.

Plus grand, comme prince, qu'Auguste et que Louis XIV, il protégea les lettres en homme fait pour y prendre un des premiers rangs, si sa naissance ne l'avait appelé à être le modérateur de l'Italie ; et l'une des erreurs de l'histoire est d'avoir donné le nom de son fils au siècle qu'il fit naître.

Mais déjà, après une courte durée, les beaux jours de Michel-Ange et des lettres commençaient à pâlir. Laurent, à peine âgé de quarante-quatre ans, était conduit au tombeau par une maladie mortelle : il est inutile de dire qu'il sut mourir en grand homme. Son fils, qui depuis fut Léon X, reçut le chapeau de cardinal. La pompe avec laquelle Florence célébra cette fête, la joie sincère des citoyens, l'éclat de leur amour, formèrent la dernière scène d'une si belle vie.

Laurent se fit transporter à la villa de Careggi : ses amis l'y suivirent en pleurant ; il plaisantait avec eux dans les moments de relâche que lui laissaient ses douleurs. Il s'éteignit enfin le 9 avril 1492, et, par sa mort, la civilisation du monde sembla reculer d'un siècle.

On sent que chez ce prince libéral, Michel-Ange apprit tout, excepté le métier de courtisan. Au contraire, il est probable que, se voyant traité en égal par les premiers hommes de son siècle, il se fortifia de bonne heure dans cette fierté romaine qui ne peut se plier au remords des bassesses, et dont sa gloire est d'avoir su donner l'expression si frappante aux *Prophètes* de la Sixtine.

CHAPITRE CXXXVII

ACCIDENTS DE LA MONARCHIE

Avec la vie de Laurent le Magnifique finit le bonheur unique de l'éducation de Michel-Ange ; il avait dix-huit ans (1492). Dès le lendemain il retourna tristement chez son père, où le chagrin l'empêchait de travailler. Il vint à tomber beaucoup de neige, chose rare à Florence ; Pierre de Médicis eut la fantaisie de faire dans sa cour une figure colossale de neige, et se souvint de Michel-Ange : il le fit appeler, fut très content de sa statue, et lui fit rendre la chambre et le traitement qu'il avait du temps de son père.

Le vieux Buonarroti, voyant son fils toujours recherché par les gens les plus puissants de la ville, commença à trouver la sculpture moins ignoble, et lui donna des vêtements plus convenables.

Florence s'indignait de la bêtise du nouveau souverain, qui avait débuté par faire jeter dans un puits le médecin de son père. Quant à ses rapports avec les gens d'esprit et les artistes, l'histoire raconte que Pierre se félicitait surtout d'avoir auprès de lui deux hommes rares : Michel-Ange, qu'il regardait comme un grand sculpteur, et ensuite un coureur espagnol parfaitement beau, et si leste, que quelque vite que Pierre pût pousser un cheval, le coureur le devançait toujours.

Depuis sa rentrée au palais, Michel-Ange fit un crucifix de bois presque aussi grand que nature, pour le prieur de *Santo Spirito* : le moine se trouva homme d'esprit, et voulut favoriser ce génie naissant. Il lui donna une salle secrète dans son couvent, et lui fit fournir des corps, au moyen desquels Michel-Ange put se livrer à toute sa passion pour l'anatomie.

CHAPITRE CXXXVIII

VOYAGE À VENISE, IL EST ARRÊTÉ À BOLOGNE

Le musicien de Laurent de Médicis, un nommé Cardière, qui improvisait très bien en s'accompagnant de la lyre, et qui, du vivant du grand homme, venait tous les soirs chanter devant lui, arriva tout pâle un matin chez Michel-Ange : il lui conta que Laurent lui était apparu la nuit précédente, hideusement couvert d'une robe noire toute en lambeaux, et, d'une voix terrible, lui avait commandé d'aller annoncer à Pierre que sous peu il serait chassé de Florence. Michel-Ange exhorta son ami à obéir à leur bienfaiteur. Le pauvre Cardière s'achemina vers la villa de Careggi pour aller exécuter l'ordre de l'ombre. Il trouva à moitié chemin le prince qui revenait en ville au milieu de toute sa maison, et l'arrêta pour lui faire son message : on peut penser comme il fut reçu.

Michel-Ange, voyant l'endurcissement de Médicis,

partit sur-le-champ pour Venise. Cette fuite serait ridicule de nos jours, où les changements politiques n'influent que sur le sort des gouvernants. Il en était autrement à Florence ; on y connaissait déjà la maxime, qu'il n'y a que les morts qui ne reviennent point ; et les passages de la monarchie à la république, et de la république à la monarchie, étaient toujours accompagnés de nombreux assassinats. Le caractère italien dans toute sa fierté naturelle, plus sombre, plus vindicatif, plus passionné qu'il ne l'est aujourd'hui, profitait du moment pour se livrer à ses vengeances ; le calme rétabli, le nouveau gouvernement cherchait des partisans et non des coupables.

À Venise, l'argent manque bientôt à Michel-Ange, d'autant plus qu'il avait pris avec lui deux de ses camarades, et il se met en route pour revenir par Bologne. Il y avait alors dans cette ville une loi de police qui obligeait tous les étrangers qui entraient à porter sur l'ongle du pouce un cachet de cire rouge : Michel-Ange ignorant cette loi fut conduit devant le juge, et condamné à une amende de cinquante livres, qu'il ne pouvait payer. Un Aldrovandi, de cette noble famille chez laquelle l'amour des arts est héréditaire, vit le jugement, fit délivrer Michel-Ange, et l'amena dans son palais. Chaque soir il le priait de lui lire, avec sa belle prononciation florentine, quelque morceau de Pétrarque, de Boccace, ou du Dante.

Aldrovandi promenant un jour avec lui, ils entrèrent dans l'église de Saint-Dominique. Il manquait à l'autel ou tombeau, qu'avaient travaillé autrefois Jean Pisano et Nicola *dell' Urna*, deux petites figures de marbre, un saint Pétrone au sommet du monument, et un ange à genoux qui tient un flambeau.

Tout en admirant les anciens sculpteurs, Aldrovandi demanda à Michel-Ange s'il se sentirait bien le courage de faire ces statues : « Certainement », dit le jeune homme ; et son ami lui fit donner cet ouvrage, qui lui valut trente ducats.

Ces figures sont très curieuses; on y voit clairement que ce grand homme commença par la plus attentive imitation de la nature, et qu'il en sut rendre les grâces et toute la *morbidezza*[403].

Si depuis il s'écarta si fort de cette manière, c'est à dessein formé, et pour atteindre au beau idéal. Son style terrible et si grandiose est le fruit de cette idée, de sa passion pour l'anatomie, et du hasard qui lui donna à faire, dans la voûte de la chapelle Sixtine à Rome, un ouvrage qui, à suivre les idées qu'on avait alors de la divinité, demandait précisément le style auquel le portait son caractère.

CHAPITRE CXXXIX

VOULUT-IL IMITER L'ANTIQUE ?

Après un peu plus d'un an de séjour, Michel-Ange, menacé d'assassinat par un sculpteur bolonais, rentra dans Florence. Les Médicis en avaient été chassés depuis longtemps*, et la tranquillité commençait à renaître.

Il fit un petit *Saint Jean*, ensuite un *Amour endormi*. Un Médicis, d'une branche républicaine, acheta la première statue, et, charmé de la seconde : « Si tu l'arrangeais, lui dit-il, de manière qu'elle parût nouvellement déterrée, je l'enverrais à Rome; elle passerait pour antique, et tu la vendrais beaucoup mieux. »

Buonarroti, dans le caractère duquel entrait à merveille cette espèce d'épreuve de son talent, ternit la blancheur du marbre; la statue partit pour Rome, et Raphaël Riario, cardinal de Saint-Georges, qui la crut antique, la paya deux cents ducats. Quelque temps après, la vérité ayant percé jusqu'à l'Éminence, elle fut

---

* Chassés pour la seconde fois en 1494, ils ne rentrèrent à Florence qu'en 1512. (Varchi, *lib.* I.)

vivement piquée de l'injure faite à la sûreté de son goût. Un de ses gentilhommes fut expédié en toute hâte à Florence, et feignit de chercher un sculpteur pour quelque grand travail. Il vit tous les ateliers, et enfin alla chez Michel-Ange, qu'il pria de lui montrer quelque essai de son talent : le jeune artiste dit qu'il n'avait dans le moment rien de fini ; il prit une plume, car alors le crayon n'était pas en usage, et, tout en causant avec le gentilhomme, dessina une main, probablement celle du Musée de Paris*. L'envoyé parut charmé du grandiose de son style, le loua beaucoup, et lui demanda quel avait été son dernier ouvrage. Michel-Ange, ne songeant plus à la statue antique, dit qu'il avait fait une figure de l'*Amour endormi*, pris à l'âge de six à sept ans, de telle grandeur, dans telle position, enfin lui décrivit la statue du cardinal ; sur quoi le gentilhomme lui avoua le but de son voyage, et l'engagea fort à passer à Rome, pays où il trouverait à déployer et à augmenter ses rares talents. Il lui apprit que, quoique son commissionnaire ne lui eût envoyé que trente ducats pour la statue, elle en avait réellement coûté deux cents à Son Éminence, qui lui ferait justice du fripon. Le cardinal fit en effet arrêter le vendeur, mais ce fut pour reprendre son argent, et lui rendre la statue ; dans la suite elle fut achetée par César Borgia, qui en fit cadeau à la marquise de Mantoue.

Il serait important de savoir si le cardinal était réellement connaisseur. J'ai fait des recherches inutiles. Rien de plus impossible que l'imitation pour un génie original et bouillant : Michel-Ange devait se trahir de mille manières.

À Bologne, il était le miroir de la nature. Avant de s'élancer à sa grande découverte, *l'art d'idéaliser*, se prêta-t-il à imiter l'antique ?

---

* Du moins la main dessinée pour le cardinal était-elle dans la collection de Mariette[404].

Il brûlait de voir Rome, et suivi de près le gentilhomme, qui le logea ; mais il ne trouva dans le cardinal
que de la vanité blessée. Négligé par le protecteur sur
lequel il avait trop compté, il fit pour un noble Romain,
nommé Giacomo Galli, le *Bacchus* de la galerie de Florence. Il voulut rendre sensible, dit Condivi, l'idée que
l'antiquité nous a laissée de l'aimable vainqueur des
Indes. Son projet fut de lui donner cette figure riante,
ces yeux louchant légèrement et chargés de volupté,
qu'on voit quelquefois dans les premiers moments de
l'ivresse. Le dieu est couronné de pampres, de la main
droite il tient une coupe, qu'il regarde avec complaisance, le bras gauche est recouvert d'une peau de tigre.

Michel-Ange mit plutôt la peau de tigre que l'animal
vivant, afin de faire entendre que le goût excessif pour
la liqueur inventée par Bacchus conduit au tombeau.
Le dieu a dans la main gauche une grappe de raisin
qu'un petit satyre plein de malice mange à la dérobée.

CHAPITRE CXL

IL FAIT COMPTER ET NON SYMPATHISER AVEC SES PERSONNAGES

Michel-Ange était fait pour exécuter dans les arts la
chose précisément qu'il voulait faire et non pas une
autre. Il ne fut jamais homme à se contenter d'à-peu-
près. S'il a erré, c'est son goût qui a eu tort, et non son
habileté. S'il n'a pas pris dans la nature les choses que
la partie du beau antique connue de son temps lui indi-
quait, c'est qu'il ne les a pas senties. Je dirais presque
qu'il eut l'âme d'un grand général*[405]. Toujours confiné

---

* Lady Macbeth ne lui eût pas dit :

> *I fear thy nature;*
> *It is too full o' the milk of human kindness*
> *To catch the nearest way*[406].

Macbeth, scène v.

dans les pensées directement relatives aux beaux-arts, il
mena trop la vie retirée d'un cénobite. Il ne nourrit pas
la sensibilité de son âme en l'exposant aux chances
ordinaires de la vie : il eût trouvé bien ridicule cette
mélancolie qui fit le génie de Mozart.

Je me fonde sur son histoire, imprimée sous ses yeux
à Rome en 1553, dix ans avant sa mort. Condivi, son
élève, son confident intime, ne voit que par les yeux du
maître, est plein de ses leçons, n'a pas assez d'esprit
pour mentir. Le petit écrit qu'il a publié peut donc être
regardé comme tissu à peu près uniquement des pensées de Michel-Ange.

S'il était au monde un sujet que ce grand sculpteur
fût peu propre à rendre, c'était l'expression voluptueuse
du Bacchus antique. Dans tous les arts, il faut avoir soi-
même éprouvé les sensations que l'on veut faire naître.
Sans sa religion, Michel-Ange eût peut-être fait l'*Apollon du Belvédère*, mais jamais la *Madonna alla scodella*,
et je conçois bien que l'aimable Léon X ne l'ait pas
employé.

Cette expression de Bacchus qu'il voulut rendre
existe sur le marbre dans la statue divine qui est à
Paris*. Une âme sensible ne la regardera point sans
attendrissement : c'est un tableau du Corrège traduit en
marbre. En voyant l'image si peu farouche de ce plus
ancien des conquérants, vous croyez entendre dans une
langue d'une harmonie céleste, et que n'ont point profa-
née les bouches vulgaires, la belle octave du Tasse :

> *Amiamo or quando*
> *Esser si puote riamato amando* [407],
>
> C. XVI.

qui proclame la victoire des jouissances de la sensibilité
sur celles de l'orgueil.

***

* En 1811, Musée des antiques, salle de l'*Apollon*, à droite en
entrant [408].

J'ai revu souvent la statue de Michel-Ange, elle est bien loin de ce caractère de volupté, d'abandon et de divinité qui respire dans le *Bacchus* antique. La statue de Florence m'a toujours paru une idylle écrite en style d'Ugolin[409].

La poitrine est extrêmement élevée : Michel-Ange devinait l'antique pour l'expression de la force ; mais le visage est rude et sans agrément : il ne devinait pas l'expression des vertus. On voit qu'arrivé au point de surpasser tous les sculpteurs de son siècle il s'élançait dans l'idéal au-delà de l'imitation servile, mais ne savait où se prendre pour être grand.

Ainsi cet homme qui, à considérer les dons de la nature, ne fut inférieur à aucun de ceux dont l'histoire garde le souvenir, brisa les entraves qui depuis la renaissance de la civilisation retenaient les artistes dans un style étroit et mesquin.

Mais les modernes formés par les romans de chevalerie et la religion, et qui veulent de l'âme en tout, diront qu'il lui manqua, en revenant à Florence après Bologne, de trouver l'*Apollon* ou l'*Hercule Farnèse*. Son goût se fût élevé à l'expression des grandes qualités de l'âme, au lieu de se borner à l'expression de la force physique et de la force de caractère ; et ce que notre âme avide demande aux arts, c'est la peinture des passions, et non pas la peinture des actions que font faire les passions.

CHAPITRE CXLI

SPECTACLE TOUCHANT

Après le *Bacchus*, Buonarroti fit, pour le cardinal de Saint-Denis, le groupe célèbre qui a donné son nom à la chapelle *della Pietà** à Saint-Pierre. Marie soutient sur

---

* Dans cette belle langue italienne, on appelle *una pietà* par excellence la représentation du spectacle le plus touchant de la religion chrétienne.

ses genoux le corps de son fils, que quelques amis
fidèles viennent de détacher de la croix.

C'est dommage que les phrases éloquentes de nos
prédicateurs, et les estampes de même force qui gar-
nissent les prie-Dieu, nous aient blasés sur ce spectacle
déchirant. Nos paysans, plus heureux que nous, ne songeant pas au ridicule de l'exécution, sont directement
sensibles au spectacle qu'on met sous leurs yeux.

C'est une observation que j'ai eu l'occasion de faire de
la manière la plus frappante dans la jolie église de
Notre-Dame de Lorette, sur le bord de l'Adriatique. Une
jeune femme fondait en larmes pendant le sermon* en
regardant un mauvais tableau représentant une *Pietà*,
comme le fameux groupe de Michel-Ange.

Moi, homme supérieur, je trouvais le sermon ridicule, le tableau détestable ; je bâillais, et n'étais retenu
là que par le devoir de voyageur.

Lorsque Louis XI, faisant trancher la tête au duc de
Nemours, ordonne que ses petits enfants soient placés
sous l'échafaud pour être baignés du sang de leur père,
nous frémissons à la lecture de l'histoire ; mais ces
enfants étaient jeunes, ils étaient peut-être plus étonnés
qu'attendris par l'exécution de cet ordre barbare ; ils
n'avaient pas encore assez de connaissance des malheurs de la vie pour sentir toute l'horreur de cette journée.

Si l'un d'eux plus âgé que les autres sentait cette horreur, l'idée d'une vengeance atroce comme l'offense
remplissait sans doute son âme et y portait la vie et la
chaleur. Mais une mère au déclin de l'âge, une mère qui
ne put aimer son mari, et dont toutes les affections
s'étaient réunies sur un fils jeune, beau, plein de génie,
et cependant sensible comme s'il n'eût été qu'un
homme ordinaire ! Il n'y a plus d'espoir pour elle, plus
de soutien ; son cœur est bien loin d'être animé par

* 16 octobre 1802[410].

l'espoir d'une vengeance éclatante : que peut-elle, pauvre et faible femme contre un peuple en fureur ? Elle n'a plus ce fils, le plus aimable et le plus tendre des hommes, qui avait précisément ces qualités qui sont senties vivement par les femmes, une éloquence enchanteresse employée sans cesse à établir une philosophie où le nom et le sentiment de l'amour revenaient à chaque instant.

Après l'avoir vu périr dans un supplice infâme, elle soutient sur ses genoux sa tête inanimée. Voilà sans doute la plus grande douleur que puisse sentir un cœur de mère.

CHAPITRE CXLII

CONTRADICTION

Mais la religion vient anéantir en un clin d'œil ce qu'il y aurait d'attendrissant dans cette histoire, si elle se passait au fond d'une cabane*. Si Marie croit que sont fils est Dieu, et elle ne peut en douter, elle le croit tout-puissant. Dès lors le lecteur n'a qu'à descendre dans son âme, et, s'il est susceptible de quelque sentiment vrai, il verra que Marie ne peut plus aimer Jésus de l'amour de mère, de cet amour si intime qui se compose de souvenirs d'une ancienne protection, et d'espérance d'un soutien à venir.

S'il meurt, c'est apparemment que cela convient à ses

---

* Revoir la note à la fin de l'Introduction. Il est inutile de répéter que nous parlons comme peintres, et que nous sommes malheureusement réduits à examiner les productions de l'art sous des rapports purement humains : car, encore une fois, ce sont les actions et les passions des faibles mortels que nous voyons dans les tableaux. Quel peintre serait assez sacrilège pour oser croire qu'il a représenté la Divinité ? C'est une prétention qui n'a pu appartenir qu'aux païens, et ces païens tout indignes seraient ravis de la *Sainte Cécile* de Raphaël. Au Musée, combien d'hérétiques ont éprouvé autant de plaisir que les vrais dévots. R. C.[411].

desseins, et cette mort, loin d'être touchante, est odieuse pour Marie, qui, tandis qu'il se cachait sous une enveloppe mortelle, avait pris de l'amour pour lui. Il devait tout au moins, s'il avait eu pour elle la moindre reconnaissance, lui rendre ce spectacle invisible.

Il est superflu de faire remarquer que cette mort est inexplicable pour Marie. C'est un Dieu tout-puissant et infiniment bon qui souffre les douleurs d'une mort humaine, pour satisfaire à la vengeance d'un autre Dieu infiniment bon.

La mort de Jésus, laissée visible à Marie, ne pouvait donc être pour elle qu'une cruauté gratuite. Nous voilà à mille lieues de l'attendrissement et des sentiments d'une mère.

CHAPITRE CXLIII

EXPLICATIONS

On peut faire sa cour à un être tout-puissant, mais on ne peut pas l'*aimer*. Auprès des rois de la terre notre cœur a des moments d'ivresse, si le roi nous prend sous le bras pour faire un tour de jardin.

C'est que notre pensée savoure par avance le bonheur qui sera le fruit d'un tel degré de faveur. Et puis, quelque puissants que soient les rois de la terre, ils sont hommes aussi ; comme nous, ils ont leurs misères.

Si nous avons fait la guerre avec celui qui nous parle, nous l'avons vu faire, en souriant, un mouvement à son cheval pour éviter un boulet qui venait en ricochant. Une fois il s'est privé d'un morceau de pain dans un moment où nous en manquions, pour le donner à un malheureux blessé. Un autre jour il a pardonné à des espions accusés d'en vouloir à sa vie. Voilà des actions d'homme, et d'homme aimable, des choses qui nous montrent que, sous plusieurs rapports, ce roi est de chair et de sang comme nous ; des traits enfin qui peuvent quelquefois faire passer, avec la rapidité de l'éclair, par un cœur jeune encore, quelque sentiment ressemblant à de l'amitié.

Mais supposons un instant le prince qui nous traitait si bien exactement tout-puissant, dans toute l'étendue du terme.

Il n'a pas pu chercher à éviter le boulet qui venait en ricochant, il n'avait qu'à lui ordonner de s'arrêter.

Il n'a pas eu à s'imposer un bien grand effort pour pardonner à des assassins ridicules, puisqu'il est immortel.

Il n'a pas pu faire un sacrifice en donnant son dernier morceau de pain au malheureux blessé. Il fallait guérir sur-le-champ le blessé, ou mieux encore faire qu'il n'y eût ni blessés ni malheureux; on voit que le *beau moral* nous échappe en même temps que l'humanité.

Et même, si ce roi merveilleux vient à guérir le blessé d'un coup de baguette, il fait une chose fort aisée, et bien inférieure à l'action du prince simple mortel, qui lui donnait son dernier morceau de pain.

En un mot, ce roi tout-puissant, cet être fort par excellence, et au bonheur duquel nous ne saurions contribuer, *ne peut être malheureux*. Voilà le sceau fatal de l'humanité que je cherche en vain sur son front. À l'instant je lis dans mon cœur qu'en quelque position qu'on me place auprès d'un tel être, je ne puis absolument pas l'aimer.

Tel est le plaisir d'aller voir les œuvres des grands artistes : ils jettent sur-le-champ dans les grandes questions sur la nature de l'homme*.

---

* Écrit à Saint-Pierre du Vatican, le 1er juillet, à cinq heures du matin[412]. C'est le moment de voir les églises à Rome, plus tard on est gêné par la présence des fidèles. On fait prévenir le portier la veille.

CHAPITRE CXLIV

QU'IL N'Y A POINT DE VRAIE GRANDEUR
SANS SACRIFICE

Quelques philosophes d'académie ne manqueront pas de dire que rien n'est si aisé aux beaux-arts que d'exprimer les sentiments divins. Cela est d'autant plus aisé, qu'il nous est absolument impossible même de concevoir le plus simple des sentiments que la divinité peut avoir à l'égard de l'homme. Si quelqu'un soutient l'opinion contraire, offrez-lui de l'encre et du papier, et priez-le d'écrire ce qu'il conçoit si bien.

Les arts ne sauraient être touchants qu'en peignant des passions d'hommes, comme vous l'avez vu par exemple du plus attendrissant des spectacles que la religion puisse offrir; dès qu'en admirant les tableaux sublimes placés dans nos églises il entre dans notre tête la moindre idée religieuse, nos larmes se sèchent pour toujours*. La religion de F*** n'était qu'un égoïsme tendre[414].

La jeune femme de Lorette voyait son fils ou son amant assassiné et la tête appuyée sur ses genoux, ou bien elle croyait que cette mère si tendre et si malheureuse avait le pouvoir de la faire entrer en paradis, et elle se repentait amèrement de l'avoir fâchée par ses péchés.

Le spectateur qui avait assez réfléchi pour connaître que ce n'était pas là ce qu'il devait se figurer, ne savait comment faire pour s'attendrir.

La représentation d'un fait dans lequel Dieu lui-même est acteur peut être singulière, curieuse, extraordinaire, mais ne saurait être touchante. Canova lui-même entreprendrait en vain le sujet de Michel-Ange. Il

---

* Pour faire place au profond respect[413].

augmenterait le nombre des paysannes de Lorette, mais ne nous donnerait pas de nouveaux sentiments. Dieu peut être bienfaiteur; mais, comme il ne *s'ôte rien* en nous comblant de bienfaits, ma reconnaissance, si je la sépare de l'espoir d'obtenir de nouveaux avantages par la vivacité de ses transports, ma reconnaissance, dis-je, ne peut qu'être moindre de ce qu'elle serait envers un homme*.

Et ce Japonais, me dira-t-on, qui, dans le tableau de Tiarini placé à Bologne dans la chapelle de Saint-Dominique, voit ressusciter son enfant par saint François-Xavier? — S'il sent la reconnaissance la plus vive, répondrai-je, c'est par un homme qu'elle lui est inspirée. Si c'était Dieu qui fît ce miracle, lui qui est tout-puissant, pourquoi a-t-il laissé mourir ce pauvre enfant? Et même saint François-Xavier, de quoi se prive-t-il en le ressuscitant? C'est Hercule ramenant Alceste du royaume des morts, mais ce n'est pas Alceste se sacrifiant pour sauver les jours de son époux.

Le seul sentiment que la divinité puisse inspirer aux faibles mortels, c'est la terreur, et Michel-Ange sembla né pour imprimer cet effroi dans les âmes par le marbre et les couleurs.

Maintenant que nous avons vu jusqu'où s'étendait la puissance de l'art, descendons à des considérations uniquement relatives à l'artiste.

* C'est ainsi que notre divin Seigneur s'est fait homme lorsqu'il a voulu se rendre sensible à la faiblesse humaine. Les sublimes impressions de tendresse par lesquelles la venue du Messie a tempéré dans nos cœurs le respect du Dieu d'Israël ne sont autre chose que la douce émanation de ce touchant et incompréhensible mystère[415].

CHAPITRE CXLV

MICHEL-ANGE, L'HOMME DE SON SIÈCLE

Veut-on réellement connaître Michel-Ange ? Il faut se faire citoyen de Florence en 1499. Or, nous n'obligeons point les étrangers qui arrivent à Paris à avoir un cachet de cire rouge sur l'ongle du pouce : nous ne croyons ni aux apparitions, ni à l'astrologie, ni aux miracles*. La constitution anglaise a montré à la terre la véritable justice, et les attributs de Dieu ont changé**. Quant aux lumières, nous avons les statues antiques, tout ce que des milliers de gens d'esprit ont dit à leur sujet, et l'expérience de trois siècles.

Si à Florence le commun des hommes eût déjà été à cette hauteur, où ne se fût pas trouvé le génie de Buonarroti ? Mais les idées simples d'aujourd'hui alors eussent été surnaturelles. C'est par le cœur, c'est par le ressort intérieur que les hommes de ce temps-là nous laissent si loin en arrière. Nous distinguons mieux le chemin qu'il faut suivre, mais la vieillesse a glacé nos jarrets ; et, tels que ces princes enchantés des nuits arabes, c'est en vain que nous nous consumons en mouvements inutiles, nous ne saurions marcher. Depuis deux siècles, une prétendue politesse proscrivait les passions fortes, et, à force de les comprimer, elle les avait anéanties : on ne les trouvait plus que dans les villages***. Le dix-neuvième siècle va leur rendre leurs droits. Si un Michel-Ange nous était donné dans nos jours de lumière, où ne parviendrait-il point ? Quel

---

* Nous parlons des miracles actuels, et sommes pleins de vénération et de foi pour les miracles que Dieu a jugés nécessaires pour l'établissement de la vraie religion[416].

** On veut dire que les hommes s'en sont fait une idée plus juste. (Voyez *L'Homme de désir*[417].)

*** *Histoire de Maïno*, admirable voleur, tué en 1806 près d'Alexandrie. (W. E.)

torrent de sensations nouvelles et de jouissances ne
répandrait-il pas dans un public si bien préparé par le
théâtre et les romans! Peut-être créerait-il une
sculpture moderne, peut-être forcerait-il cet art à exprimer les passions, si toutefois les passions lui
conviennent. Du moins Michel-Ange lui ferait-il exprimer les états de l'âme. La tête de Tancrède, après la
mort de Clorinde, Imogène apprenant l'infidélité de
Posthumus, la douce physionomie d'Hermine arrivant
chez les bergers, les traits contractés de Macduff
demandant l'histoire du meurtre de ses petits enfants,
Othello après avoir tué Desdémona, le groupe de
Roméo et Juliette se réveillant dans le tombeau, Ugo et
Parisina écoutant leur arrêt de la bouche de Niccolo,
paraîtraient sur le marbre, et l'antique tomberait au
second rang.

L'artiste florentin n'a rien vu de tout cela, mais seulement que la terreur est le premier sentiment de
l'homme, qu'elle triomphe de tout, qu'il excellait à la
faire naître. Sa supériorité dans la science anatomique
est venue lui donner une nouvelle ardeur : il s'en est
tenu là.

Comment aurait-il deviné qu'il y avait une autre
beauté? Le beau antique, de son temps, ne plaisait que
comme bien dessiné. Pour admirer l'*Apollon*, il faut
l'urbanité d'Athènes; Michel-Ange se voyait employé
sans cesse à des sujets religieux ou à des batailles : une
férocité sombre faisait la religion de son siècle.

La volupté inhérente au climat d'Italie et les richesses
en avaient éloigné le fanatisme. Avec ses idées de
réforme, Savonarole mit un instant à Florence cette
noire passion dans tous les cœurs. Ce novateur fit effet,
surtout sur les âmes fortes, et l'histoire rapporte que
toute sa vie Michel-Ange eut présente à la pensée
l'affreuse figure[418] du moine expirant dans les flammes.
Il avait été l'ami intime de ce malheureux. Son âme,
plus forte que tendre, resta empreinte de la terreur de

l'enfer, et il trouva des esprits bien autrement préparés que nous à fléchir sous ce sentiment. Quelques princes, quelques cardinaux étaient déistes, mais le pli de la première enfance restait toujours. Pour nous, nous avons lu Voltaire à douze ans*.

Tout l'ensemble du quinzième siècle éloigna donc Michel-Ange des sentiments nobles et rassurants dont l'expression fait la beauté du dix-neuvième.

Il fut par excellence le représentant de son siècle, et, comme Léonard de Vinci, il ne devina point les douces mœurs d'un autre âge. La preuve en est dans cette différence caractéristique : devant un personnage de Michel-Ange, nous pensons à ce qu'il fait, et non à ce qu'il sent.

La mère du Christ à la *Pietà* n'est certainement pas à nos yeux un modèle de beauté, et cependant, quand Michel-Ange l'eut finie, on lui reprocha d'avoir fait si belle la mère d'un homme de trente-trois ans.

« Cette mère fut une vierge, répondit fièrement l'artiste, et vous savez que la chasteté de l'âme conserve la fraîcheur des traits. Il est même probable que le ciel, pour rendre témoignage de la céleste pureté de Marie, permit qu'elle conservât le doux éclat de la jeunesse, tandis que, pour marquer que le Sauveur s'était réellement soumis à toutes les misères humaines, il ne fallait pas que la divinité nous dérobât rien de ce qui appartient à l'homme. C'est pour cela que la Vierge est plus jeune que son âge, et que je laisse au Sauveur toutes les marques du sien**. »

Vous voyez le théologien, et non les souvenirs de l'homme passionné employés avec la hardiesse inflexible d'une logique profonde ; son siècle était bien loin de lui faire quelque objection sur les muscles trop

---

* L'auteur est loin d'approuver ce qu'il rapporte comme historien[419].
** Condivi, p. 52. Michel-Ange, comme artiste, pensant donc avec nous que Dieu ne pouvait exciter la sympathie qu'en descendant à la faiblesse humaine, ainsi que nous l'avons dit page 118 à la note[420].

marqués du Christ. Il n'en a fait qu'un athlète, car avec ses principes de beau idéal il ne pouvait rendre ses vertus*.

Pour n'être pas toujours cru sur parole, je transcris quelques-uns des raisonnements de Vasari** : il loue la beauté du Christ, qu'il trouve *beau* à cause de la grande exactitude avec laquelle sont rendus les muscles, les veines, les tendons. Vous savez mieux que moi que c'est précisément en omettant tous ces détails, et en diminuant la saillie des muscles que l'artiste grec est parvenu à nous faire dire en voyant l'*Apollon* : C'est un dieu!

Un jour Michel-Ange vit à Saint-Pierre un grand nombre d'étrangers qui admiraient son groupe. L'un d'eux demanda le nom de l'auteur ; on répondit : Gobbo

---

* Du reste, cette *Pietà* de Michel-Ange, dans la première chapelle à droite en entrant, est trop haut, et en trop mauvais jour. C'est le malheur des trois quarts des ouvrages d'art placés dans les églises. Cette *Pietà* fut demandée à Michel-Ange par l'ambassadeur de France, le cardinal de Villiers, qui la mit à la chapelle des Français dans l'antique Saint-Pierre. Lorsque Bramante démolit l'ancienne église, la *Pietà* de Buonarroti fut transportée sur l'autel du chœur, et ensuite sur l'autel de la chapelle du Crucifix[a]. Il y en a une copie en marbre par Nanni à l'église *dell' Anima*, et à Saint-André une copie en bronze. L'église de *Santo Spirito* à Florence, la même où l'on va voir le *Crucifix* en bois de Michel-Ange, a une copie en marbre. À Marcialla, sur la route de Pise, l'on montre une copie à fresque que l'on dit peinte par Michel-Ange.

** « *Alla quale opera non pensi mai scultore nè artifice raro potere aggiugnere di disegno nè di grazia, nè con fatica poter mai di finezza, pulitezza, e di straforare il marmo con tanto d'arte, quanto Michelagnolo vi fece, perchè si scorge in quella tutto il valore ed il potere dell' arte. Fra le cose belle che vi sono, oltra i panni divini, si scorge il morto Cristo ; e non si pensi alcuno di bellezza di membra e d' artificio di corpo vedere uno ignudo tanto ben ricerco di muscoli, vene, nervi, sopra l'ossatura di quel corpo, nè ancora un morto più simile al morto di quello. Quivi è dolcissima aria di testa, ed una concordanza nelle appiccature e congiunture delle braccia, ed in quelle del corpo e delle gambe, i polsi e le vene lavorate, che in vero si maraviglia lo stupore, etc., etc., etc.* [423] » (Vasari, X, p. 30.)

a. Le cardinal de Villiers, abbé de Saint-Denis, et ambassadeur de Charles VIII auprès d'Alexandre VI, mourut à Rome en 1499. Le Ciacconio[421] dit de ce cardinal : « *Romæ agens curavit fabricari a Michaele Angelo Bonnarrota, adhuc adolescente, excellentissimam iconem marmoram D. Mariæ, et Filii mortui inter brachia materna jacentis, quam posuit in capella regia Franciæ in D. Petri ad Vaticanum templo* [422]. »

de Milan. Le soir, Michel-Ange se laissa renfermer dans l'église : il avait une lampe et des ciseaux, et, pendant la nuit, grava son nom sur la ceinture de la Vierge.

CHAPITRE CXLVI

LE « DAVID » COLOSSAL

Après le groupe de la *Pietà*, les affaires domestiques de Buonarroti le rappelèrent à Florence (1501). Il fit la statue colossale de *David*, qui est sur la place du Vieux-Palais. On a trouvé l'acte passé pour cet objet. Michel-Ange s'engage envers la confrérie de marchands qui se réunissaient à *Santa Maria del Fiore*, à tirer une statue haute d'environ neuf brasses (cinq mètres vingt-deux centimètres) d'un bloc de marbre gâté de longues années auparavant par un sculpteur ignorant. Il doit commencer le travail le 1er septembre 1501. Il recevra chaque mois, pendant deux ans, six florins *larghi*, de plus on lui fournira les ouvriers nécessaires. Michel-Ange fit un modèle en cire, construisit une baraque bien fermée autour du bloc de marbre, et commença son travail le 13 septembre 1501. Il a fort bien résolu le problème : étant donné un bloc de marbre ébauché, trouver une attitude qui lui convienne. Le *David* est debout ; c'est un très jeune homme qui tient une fronde. L'on voit encore l'ancienne ébauche au sommet de la tête, et à une épaule qui est restée un peu en dedans.

Il faut suivre les progrès du style de Michel-Ange. Dans le bas-relief du *Combat*, il règne une grande sobriété de contours convexes ; il y a moins de fierté, et même une certaine douceur d'exécution.

Le *Bacchus* est plus grec qu'aucun de ses autres ouvrages.

Il y a encore un peu de douceur dans la *Pietà* de Saint-Pierre.

Cette douceur expire tout à fait dans le *David* colossal ; depuis il fut le terrible Michel-Ange.

Était-ce imitation de l'antique, ou imitation de la nature comme à Bologne ?

Soderini, étant venu voir la statue, dit qu'il trouvait un grand défaut, le nez était trop gros. Le sculpteur prend un peu de poussière de marbre et un ciseau, et, donnant quelques coups de marteau sans toucher à la statue, il laisse tomber à chaque fois un peu de poussière : « Vous lui avez donné la vie », s'écrie le gonfalonier. Vasari fait les réflexions suivantes* : « À dire vrai, depuis que ce *David* est en place (1504), il a entièrement éclipsé la réputation de toutes les statues modernes ou antiques, grecques ou romaines. On peut dire que ni le *Marforio* de Rome, ni le *Tibre* ou le *Nil* du Belvédère, ni les *Géants* de Montecavallo, ne peuvent lui être comparés, tant Michel-Ange a su y réunir de beautés. On n'a jamais vu de pose générale plus gracieuse ni de plus beaux contours que ceux des jambes. Il est certain qu'après avoir vu cette statue, l'on ne doit plus conserver de curiosité pour aucun autre ouvrage fait de nos jours ou dans l'antiquité, par quelque sculpteur que ce soit**. »

Soderini donna quatre cents écus à Michel-Ange. Il lui avait fait faire un groupe en bronze de *David et Goliath*, qui fut porté en France, où l'on ne sait ce qu'il est devenu. Il en est de même d'un *Hercule* fait avant son voyage à Venise***.

Des marchands flamands envoyèrent dans leur patrie un bas-relief de bronze représentant la *Madone et l'enfant Jésus*. Il ébaucha une statue de *Saint Matthieu*, qui se voit encore dans la première cour de *Santa Maria del Fiore*, et qu'il abandonna peut-être comme ayant une position trop contournée.

Pour ne pas laisser tout à fait la peinture, il fit pour

* **T. X**, p. 52, édition de Sienne.
** Au contraire, ce *David* est fort médiocre, et les jambes surtout sont lourdes.
*** Deux mètres trente-deux centimètres de proportion.

Angelo Doni cette *Madone* qui est à la tribune de la galerie de Florence, et qui y fait une si singulière figure à côté des chefs-d'œuvre de grâce, de Léonard et de Raphaël. C'est Hercule maniant des fuseaux. Il y a entr'autres dans le lointain quelques figures nues dont Michel-Ange s'est amusé à détailler tous les muscles, en dépit de toute perspective aérienne.

CHAPITRE CXLVII

L'ART D'IDÉALISER REPARAÎT APRÈS QUINZE SIÈCLES

Soderini, qui goûtait de plus en plus son talent, le chargea de peindre à fresque une partie de la salle du Conseil dans le palais du gouvernement (1504). Léonard de Vinci avait entrepris l'autre moitié.

Il y représentait la victoire remportée à Anghiari sur le célèbre Piccinino, général du duc de Milan, et avait choisi pour son premier plan une mêlée de cavalerie avec la prise d'un étendard.

Buonarroti eut à peindre la guerre de Pise, et prit pour sujet principal une circonstance fournie par le récit de la bataille. Le jour de l'action, la chaleur était accablante, et une partie de l'infanterie se baignait tranquillement dans l'Arno, lorsque tout à coup l'on cria aux armes : un des généraux de Florence venait d'apercevoir l'ennemi en pleine marche d'attaque sur les troupes de la république.

Le premier mouvement d'épouvante et de courage produit sur ces soldats, surpris par le cri : « Aux armes ! » est celui qu'a saisi Michel-Ange.

Benvenuto Cellini, qui a si peu loué, écrivait en 1559 : « Ces fantassins nus courent aux armes, et avec de si beaux mouvements, que jamais ni les anciens ni les modernes n'ont fait œuvre qui arrive à ce point d'excellence. Comme je l'ai dit, le carton du grand Léonard avait aussi un haut degré de beauté. Ces deux cartons furent placés, l'un dans la salle du Pape, et l'autre dans le palais de Médicis. Tant qu'ils durèrent, ils furent l'école du monde. Quoique le divin Michel-Ange ait fait depuis la grande chapelle du pape Jules, il n'atteignit jamais même à la moitié du talent qu'il avait montré dans la *Bataille de Pise*. De sa vie il n'est remonté à la sublimité de ces premiers élans de son génie*. »

Vasari cite surtout l'expression d'un vieux soldat qui, pour se garantir du soleil en se baignant, s'était mis sur la tête une couronne de lierre : il s'assied pour se vêtir, mais ses vêtements ne peuvent glisser sur des membres mouillés, et il entend le tambour et les cris qui s'approchent. L'action des muscles de cet homme, et surtout le mouvement d'impatience de la bouche n'ont jamais été égalés. L'on se figure les mouvements passionnés, les raccourcis admirables que Michel-Ange sut trouver parmi tant de soldats nus ou à moitié vêtus. Emporté par le feu de son génie, à peine pour ne pas perdre ses idées se donnait-il le temps de tracer ses personnages. Les uns avaient les clairs et les ombres, d'autres étaient au simple contour, d'autres enfin à peine dessinés au charbon.

Les artistes restèrent muets d'admiration à l'aspect d'un tel ouvrage. L'art d'idéaliser se montrait pour la première fois : la peinture était affranchie pour toujours du style mesquin. Ils n'avaient jamais eu l'idée d'une telle puissance exercée sur les âmes au moyen du dessin.

Tous les peintres à l'envi se mirent à étudier ce *carton*. Aristote de Sangallo, ami de Michel-Ange, Ridolfo Ghirlandaio, Raphaël d'Urbin**, Granacci, Bandinelli, Alphonse Berughetta, Espagnol, André del Sarto, les Franciabigio, Sansovino, le Rosso, Pontormo, Pierin del Vaga, tous vinrent y apprendre à voir la nature sous un aspect plus enflammé et plus fort.

---

* T. I, p. 31, édition des classiques.
** Ce grand homme vint à Florence vers la fin de 1504.

Pour ne pas avoir ce concours d'artistes et de curieux dans le lieu même où s'assemblait le gouvernement, on fit porter le carton dans une salle haute, et ce fut l'occasion de sa perte. Lors de la révolution de 1512, quand la république fut abolie, et les Médicis rappelés, personne ne songeant au chef-d'œuvre de Michel-Ange, Baccio Bandinelli, qui avait de fausses clefs de la salle, le coupa en morceaux et l'emporta. À quoi il fut excité par jalousie de ses camarades, et peut-être aussi par amitié pour Léonard que ce carton faisait paraître froid, et par haine pour Michel-Ange. Ces fragments se répandirent dans toute l'Italie ; Vasari parle de ceux qui se voyaient de son temps à Mantoue, dans la maison d'Uberto Strozzi. En février 1575, on voulait les vendre au grand-duc de Toscane. Depuis il n'en a plus été question.

Tout ce qui reste aujourd'hui de ce grand effort de l'art, pour sortir de la froide et exacte imitation de la nature, c'est la figure du vieux soldat gravée par Marc-Antoine, et regravée par Augustin de Venise, estampe connue en France sous le nom des *Grimpeurs*. Marc-Antoine a aussi gravé la figure d'un soldat vu par-derrière.

Le vulgaire a coutume de dire que Michel-Ange manque d'idéal, et c'est lui qui, parmi les modernes, a inventé l'idéal. Il se délassait de l'extrême application qu'il donnait à ce grand ouvrage par la lecture des poètes nommés alors vulgaires. Il fit lui-même des vers italiens*.

---

* Imprimés à Florence en 1623 et 1726. Le manuscrit est à la bibliothèque du Vatican. Les marges sont chargées d'esquisses.

CHAPITRE CXLVIII

JULES II

La mort venait d'enlever Alexandre VI, le seul homme, si l'on excepte César Borgia, qui ait réuni à un grand génie les mœurs les plus dissolues, et les vices les plus noirs.

Jules II eut plutôt des vertus déplacées que des vices (1504). Entraîné par une insatiable soif de gloire, inflexible dans ses plans, infatigable à les exécuter, magnanime, impérieux, avide de dominer, sa grande âme se faisait jour en brisant les convenances de la vieillesse et du sacerdoce.

À peine fut-il sur le trône qu'il appela Michel-Ange ; mais il hésita plusieurs mois avant de choisir l'ouvrage auquel il l'emploierait. Il eut enfin l'idée de se faire faire un tombeau. Michel-Ange présenta un dessin, dont le pape fut ravi. Il l'envoya en toute diligence à Carrare pour extraire les marbres.

En se promenant sur cette côte escarpée, et qui, placée par la nature au fond d'un demi-cercle, sert également de point de vue aux vaisseaux qui viennent de Gênes et à ceux qui arrivent de Livourne, Michel-Ange trouva un rocher isolé qui s'avance dans la mer. Il fut saisi de l'idée d'en faire un colosse énorme qui apparût de loin aux navigateurs. Les anciens, dit-on, ont eu le même projet, du moins les gens du pays montrent-ils dans le roc quelques travaux qu'ils donnent pour un commencement d'ébauche. Le colosse de *Saint Charles Borromée* près d'Arona n'est grand que par sa masse, et cependant ce souvenir surnage comme celui de Saint-Pierre de Rome sur tous ceux que le voyageur rapporte d'Italie. Qu'eût donc fait un colosse dessiné par Michel-Ange !

Après huit mois de soins il expédia ses marbres. Ils

remontèrent le Tibre, on les débarqua sur la place de Saint-Pierre qui fut presque couverte de ces blocs énormes. Jules II vit qu'il était compris; Michel-Ange fut dans la plus haute faveur.

Qu'on se rappelle ce qu'avaient été les papes et ce qu'ils étaient encore pour un croyant, non pas des rois, mais les représentants de Dieu, mais des êtres tout-puissants sur le salut éternel.

Jules II, dont le génie fier et sévère était fait pour redoubler encore ce respect mêlé de terreur, daigna plusieurs fois aller visiter Michel-Ange chez lui : il aimait ce caractère intrépide, et que les obstacles irritaient au lieu de l'ébranler.

Ce prince alla jusqu'à ordonner la construction d'un pont-levis, qui lui permît de se rendre en secret et à toute heure dans l'appartement de l'artiste : il le combla de faveurs démesurées; tels sont les termes des historiens.

CHAPITRE CXLIX

TOMBEAU DE JULES II

Si Michel-Ange eût connu davantage et la cour et son propre caractère, il eût senti que la disgrâce approchait. Bramante, ce grand architecte à qui l'on doit une partie de Saint-Pierre, était fort aimé du pape, mais fort prodigue. Il employait de mauvais matériaux et faisait des gains énormes*. Il craignit une parole indiscrète : aus-

---

* Guarna a imprimé à Milan, en 1517, un dialogue qui a lieu à la porte du paradis, entre saint Pierre, Bramante, et un avocat romain. Ce dialogue, plein de feu et fort amusant, montre qu'en Italie l'on avait bien plus d'esprit et de liberté en 1517 que trois siècles après. On y voit Bramante, homme d'esprit, très peu dupe, et appréciant fort bien les hommes et les choses. Ce dut être un ennemi fort vif et fort dangereux. Une partie de ce dialogue, très bien traduit, forme les seules pages amusantes du gros livre de Bossi sur Léonard de Vinci, 246 à 249. La prose italienne d'aujourd'hui vaut la musique française.

sitôt il commença à dire et à faire dire tout doucement, en présence de Sa Sainteté, que s'occuper de son tombeau avait toujours passé pour être de mauvais augure. Les amis de l'architecte se réunirent aux ennemis de Michel-Ange, qui en avait beaucoup, parce que la faveur n'avait pas changé son caractère. Toujours plongé dans les idées des arts, il vivait solitaire, et ne parlait à personne. Avant sa faveur, c'était du génie, depuis, ce fut de la hauteur la plus insultante. Toute la cour se réunit contre lui, il ne s'en douta pas, et le pape, aussi sans s'en douter, se trouva avoir changé de volonté.

Cette intrigue fut un malheur pour les arts. Le tombeau de Jules II devait être un monument isolé, carré long, à peu près comme le tombeau de Marie-Thérèse à Vienne, mais beaucoup plus grand. Il aurait eu dix-huit brasses de long sur douze de largeur*; quarante statues, sans compter les bas-reliefs, auraient couvert les quatre faces. Sans doute c'était trop de statues; l'œil n'eût pas eu de repos : mais ces statues auraient été faites par Michel-Ange dans tout le feu de la jeunesse, et sous les yeux d'ennemis puissants et excellents juges.

Il est plus que probable que si le projet du tombeau eût tenu, Michel-Ange se serait consacré pour toujours à la sculpture, et n'eût pas employé une partie d'une vie si précieuse à réapprendre la peinture. Il est vrai que ce grand homme y prit une des premières places, mais enfin la première statue qu'il ait faite pour l'immense monument qu'on lui fit abandonner est le *Moïse*, et c'est la première. À quels chefs-d'œuvre étonnants ne devait-on pas s'attendre dans le genre colossal et terrible !

D'ailleurs le génie est refroidi par ce genre de mal-

---

* Dix mètres quarante-quatre millimètres, sur sept quatre-vingt-seize.

Voir la gravure dans M. d'Agincourt.

heur, la basse intrigue le forçant à abandonner un grand projet pour lequel son âme a longtemps brûlé.

Le dessin du tombeau montre les bizarreries de l'esprit du siècle; plusieurs statues auraient représenté les arts libéraux : la Poésie, la Peinture, l'Architecture, etc.; et ces statues auraient été enchaînées pour exprimer que, par la mort du pape, tous les talents étaient faits prisonniers de la mort.

Toutes les églises étaient petites pour le dessin de Michel-Ange. En cherchant dans Rome une place pour le tombeau de Jules, il lui fit naître l'idée de reprendre les travaux de Saint-Pierre. Michel-Ange ne se doutait guère qu'un jour, après la mort de son ennemi, cette église deviendrait, par sa coupole sublime, le monument éternel de sa gloire dans le troisième des arts du dessin*.

CHAPITRE CL

DISGRÂCE

Jules II avait ordonné à Michel-Ange de s'adresser directement à lui toutes les fois qu'il aurait besoin d'argent pour le tombeau (1506). Un reste de marbres laissés à Carrare étant arrivé au quai du Tibre, Buonarroti les fit débarquer, transporter sur la place de Saint-Pierre, et monta au Vatican pour demander l'argent qui revenait aux matelots. On lui dit que Sa Sainteté n'était pas visible, il n'insista pas. Quelques jours après, il se rendit derechef au palais. Comme il traversait l'antichambre, un laquais lui barra le passage, et lui dit qu'il ne pouvait pas entrer. Un évêque, qui se trouvait là par hasard, se hâta de réprimander cet homme, et lui demanda s'il ne savait pas à qui il parlait : « C'est préci-

---

* Saint-Pierre commencé par Nicolas V. Les murs étaient restés à cinq pieds au-dessus du sol. L'ancienne église de Saint-Pierre ne fut démolie que sous Jules II, par Bramante.

sément parce que je sais fort bien à qui je parle que je
ne laisse pas passer, dit le laquais; je m'acquitte de mes
ordres. — Et vous direz au pape, répliqua Michel-Ange,
que, si désormais il désire me voir, il m'enverra chercher. »

Il retourne chez lui, ordonne à deux domestiques, qui
faisaient toute sa maison, de vendre ses meubles; se fait
amener des chevaux de poste, part au galop, et arrive
encore le même jour à Poggibonsi, village situé hors des
États de l'Église, à quelques lieues de Florence.

Peu de moments après, il voit arriver aussi au galop
cinq courriers du pape, qui avaient ordre de le ramener
de gré ou de force où qu'ils le rencontrassent. Michel-
Ange ne répondit à cet ordre que par la menace de les
faire tuer s'ils ne partaient à l'instant. Ils eurent recours
aux prières; les voyant sans effet, ils se réduisirent à lui
demander qu'il répondît à la lettre du pape qu'ils lui
rendaient, et qu'il datât sa réponse de Florence, afin
que Sa Sainteté comprît qu'il n'avait pas été en leur
pouvoir de le ramener.

Michel-Ange satisfit ces gens, et continua sa route
bien armé.

CHAPITRE CLI

RÉCONCILIATION, STATUE COLOSSALE À BOLOGNE

À peine fut-il à Florence que le gonfalonier reçut du
pape un bref plein de menaces. Mais Soderini le voyait
revenir avec plaisir, et avait à cœur de lui faire peindre
la salle du Conseil d'après son fameux carton. Michel-
Ange perfectionnait ce dessin célèbre. Cependant on
reçut un second bref, et immédiatement après un troisième*. Soderini le fit appeler : « Tu t'es conduit avec le

---

* « *Julius pp. II, dilectis filiis prioribus libertatis, et vexillifero justitiæ
populi Florentini.*

« *Dilecti filii, salutem et apostolicam benedictionem. Michael Angelus
sculptor, qui a nobis leviter et inconsulte discessit, redire, ut accepimus,*

pape comme ne l'aurait pas fait un roi de France; nous ne voulons pas entreprendre une guerre pour toi, ainsi prépare-toi à partir. »

Michel-Ange songea à se retirer chez le Grand Turc. Ce prince, dans l'idée de jeter un pont de Constantinople à Péra, lui avait fait faire des propositions brillantes par quelques moines franciscains.

Soderini mit tout en œuvre pour le retenir en Italie. Il lui représenta qu'il trouverait chez le sultan un bien autre despotisme qu'à Rome, et qu'après tout, s'il avait des craintes pour sa personne, la république lui donnerait le titre de son ambassadeur.

Sur ces entrefaites, le pape, qui faisait la guerre, eut des succès. Son armée prit Bologne, il y vint lui-même, et montrait beaucoup de joie de la conquête de cette grande ville. Cette circonstance donna à Michel-Ange le courage de se présenter. Il arrive à Bologne; comme il se rendait à la cathédrale pour y entendre la messe, il est rencontré et reconnu par ces mêmes courriers du pape qu'il avait repoussés avec perte quelques mois auparavant. Ils l'abordent civilement, mais le conduisent sur-le-champ à Sa Sainteté, qui, dans ce moment, était à table au palais des Seize, où elle avait pris son logement. Jules II, le voyant entrer, s'écrie transporté de colère : « Tu devais venir à nous, et tu as attendu que nous vinssions te chercher. »

Michel-Ange était à genoux, il demandait pardon à haute voix : « Ma faute ne vient pas de mauvais naturel, mais d'un mouvement d'indignation : je n'ai pu supporter le traitement que l'on m'a fait dans le palais de Votre Sainteté. » Jules, sans répondre, restait pensif, la tête

<hr/>

ad nos timet, cui nos non succensemus : novimus hujusmodi hominum ingenia. Ut tamen omnem suspicionem deponat, devotionem vestram hortamur, velit ei nomine nostro promittere, quod si ad nos redierit, illœsus inviolatusque erit, et in ea gratia apostolica nos habituros, qua habebatur ante discessum. Datum Romœ, 8 julii 1506, Pontificatus nostri anno III[424]. »

basse et l'air agité, quand un évêque, envoyé par le cardinal Soderini, frère du gonfalonier, afin de ménager le raccommodement, prit la parole pour représenter que Michel-Ange avait erré par ignorance, que les artistes tirés de leur talent étaient tous ainsi... Sur quoi le fougueux Jules l'interrompant par un coup de canne* : « Tu lui dis des injures que nous ne lui disons pas nous-même, c'est toi qui es l'ignorant ; ôte-toi de mes yeux » ; et comme le prélat tout troublé ne se hâtait pas de sortir, les valets le mirent dehors à coups de poing**. Jules, ayant exhalé sa colère, donna sa bénédiction à Michel-Ange, le fit approcher de son fauteuil, et lui recommanda de ne pas quitter Bologne sans prendre ses ordres.

Peu de jours après, Jules le fit appeler : « Je te charge de faire mon portrait ; il s'agit de jeter en bronze une statue colossale que tu placeras sur le portail de Saint-Pétrone. » Le pape mit en même temps à sa disposition une somme de mille ducats.

Michel-Ange ayant fini le modèle en terre avant le départ du pape, ce prince vint à l'atelier. Le bras droit de la statue donnait la bénédiction. Michel-Ange pria le pape de lui indiquer ce qu'il devait mettre dans la main gauche, un livre, par exemple : « Un livre ! un livre ! répliqua Jules II, une épée, morbleu ! que pour moi je ne m'entends pas aux lettres. » Puis il ajouta, en plaisantant sur le mouvement du bras droit qui était fort décidé : « Mais, dis-moi, ta statue donne-t-elle la bénédiction ou la malédiction ? — Elle menace ce peuple s'il n'est pas sage », répondit l'artiste.

Michel-Ange employa plus de seize mois à cette statue (1508), trois fois grande comme nature ; mais le peuple menacé ne fut pas sage, car ayant chassé les partisans du pape, il prit la liberté de briser la statue

* Vasari, X, p. 70.
** « *Con matti frugoni, diceva Michelagnolo*[425]. » (Condivi, p. 22.)

(1511). La tête seule put résister à sa furie ; on la montrait encore un siècle après ; elle pesait six cents livres. Ce monument avait coûté cinq mille ducats d'or*.

CHAPITRE CLII

INTRIGUE, MALHEUR UNIQUE

À peine la statue finie, Buonarroti reçut un courrier qui l'appelait à Rome. Bramante ne put parer le coup : il trouva Jules II inébranlable dans la volonté d'employer ce grand homme, seulement il ne songeait plus au tombeau. Le parti de Bramante venait de faire appeler à la cour son parent Raphaël. Les courtisans l'opposaient à Michel-Ange. Ils avaient eu pour agir tout le temps que Michel-Ange avait été retenu à Bologne. Ils inspirèrent au pape, qui était cependant un homme ferme et un homme d'esprit, l'idée singulière de faire peindre par ce grand sculpteur la voûte de la chapelle de Sixte IV au Vatican.

Ce fut un coup de partie ; ou Michel-Ange n'acceptait pas, et alors il s'aliénait à jamais le bouillant Jules II, ou il entreprenait ces fresques immenses, et il restait nécessairement au-dessous de Raphaël. Ce grand peintre travaillait alors aux célèbres Chambres du Vatican, à vingt pas de la Sixtine.

Jamais piège ne fut mieux dressé, Michel-Ange se vit perdu. Changer de talent au milieu de sa carrière, entreprendre de peindre à fresque, lui qui ne connaissait pas même les procédés de ce genre, et de peindre une voûte immense dont les figures devaient être aperçues de si bas ! Dans son étonnement, il ne savait qu'opposer à une telle déraison. Comment prouver ce qui est évident ?

---

* Le duc Alphonse de Ferrare acheta le bronze et en fit une belle pièce de canon qu'il nomma la *Giulia*. Il conservait la tête dans son musée.

Il essaya de représenter à Sa Sainteté qu'il n'avait jamais fait en peinture d'ouvrage de quelque importance, que celui-ci devait naturellement regarder Raphaël; mais enfin il comprit dans quel pays il était.

Plein de rage et de haine pour les hommes, il se mit à l'ouvrage, fit venir de Florence les meilleurs peintres à fresque*, les fit travailler à côté de lui. Quand il eut vu le mécanisme de ce genre, il abattit tout ce qu'ils avaient fait, les paya, se renferma seul dans la chapelle, et ne les revit plus : les autres, fort mécontents, repartirent pour Florence.

Lui-même il faisait le crépi, broyait ses couleurs, et prenait tous ces soins pénibles que dédaignent les peintres les plus vulgaires.

Pour comble de contrariété, à peine avait-il fini le tableau du *Déluge*, qui est un des principaux, qu'il vit son ouvrage se couvrir de moisissure et disparaître. Il abandonna tout, et se crut délivré. Il alla au pape, lui expliqua ce qui arrivait, ajoutant : « Je l'avais bien dit à Votre Sainteté, que cet art-là n'est pas le mien. Si vous ne croyez pas à ma parole, faites examiner**. » Le pape envoya l'architecte Sangallo, qui montra à Michel-Ange qu'il avait mis trop d'eau dans la chaux employée au crépi, et il fut obligé de reprendre son travail.

Ce fut avec ces sentiments que seul, en vingt mois de temps, il termina la voûte de la chapelle Sixtine : il avait alors trente-sept ans.

Chose unique dans l'histoire de l'esprit humain, qu'on ait fait sortir un artiste, au milieu de sa carrière, de l'art qu'il avait toujours exercé, qu'on l'ait forcé à débuter dans un autre, qu'on lui ait demandé, pour son coup d'essai, l'ouvrage le plus difficile et de la plus grande dimension qui existe dans cet art, qu'il s'en soit tiré en aussi peu de temps sans imiter personne, d'une

---

* Jacopo di Sandro, Agnolo di Donnino, Indaco, Buggiardini, son ami Granacci, Aristotele di San Gallo. Voir Vasari, X, p. 77.
** Condivi, p. 28.

manière qui est restée inimitable, et en se plaçant au premier rang dans cet art qu'il n'avait point choisi !

On n'a rien vu depuis trois siècles qui rappelle, même de loin, ce trait de Michel-Ange. Quand on considère ce qui dut se passer dans l'âme d'un homme aussi délicat sur la gloire, et aussi sévère pour lui-même, lorsque, ignorant même les procédés mécaniques de la fresque, il se chargea de cet ouvrage immense, on croit apercevoir en lui une force de caractère égale, s'il se peut, à la grandeur de son génie.

L'étranger qui pénètre pour la première fois dans la chapelle Sixtine, grande à elle seule comme une église, est effrayé de la quantité de figures et d'objets de tout genre qui couvrent cette voûte.

Sans doute il y a trop de peinture. Chacun des tableaux ferait un effet centuple s'il était isolé au milieu d'un plafond de couleur sombre. C'était le début d'une passion. On retrouve le même défaut dans les Loges de Raphaël et dans les Chambres du Vatican*.

CHAPITRE CLIII

CHAPELLE SIXTINE

Les gens qui n'ont aucun goût pour la peinture voient du moins avec plaisir les portraits en miniature. Ils y trouvent des couleurs agréables et des contours que l'œil saisit avec facilité. La peinture à l'huile leur semble avoir quelque chose de rude et de sérieux, surtout les couleurs leur paraissent moins belles. Il en est de même des jeunes amateurs relativement aux tableaux à fresque. Ce genre est difficile à voir ; l'œil a besoin d'une éducation, et, cette éducation, l'on ne peut guère se la donner qu'à Rome.

---

* La voûte et le *Jugement dernier* au fond de la chapelle sont de Michel-Ange, le reste des murailles a été peint par Sandro, Pérugin, et les autres peintres venus de Florence. Il y a un très bon Pérugin.

À ce moment du voyage de l'âme sensible vers le beau pittoresque, se trouve cet écueil si dangereux : *Prendre pour admirable ce qui, dans le fait, ne donne aucun plaisir.*

Rome est la ville des statues et des fresques. En y arrivant, il faut aller voir les scènes de l'histoire de Psyché peintes par Raphaël dans le vestibule du palais de la Farnésine. On trouvera dans ces groupes divins une dureté dont Raphaël n'est pas tout à fait coupable, mais qui est fort utile aux jeunes amateurs et facilite beaucoup la vision.

Il faut résister à la tentation, et fermer les yeux en passant devant les tableaux à l'huile. Après deux ou trois visites à la Farnésine, on ira à la galerie Farnèse d'Annibal Carrache.

On ira voir la salle des Papyrus, peinte à la bibliothèque du Vatican par Raphaël Mengs. Si, par sa fraîcheur et son afféterie, ce plafond fait plus de plaisir que la galerie de Carrache, il faut s'arrêter. Cette répugnance ne tient pas à la différence des âmes, mais à l'imperfection des organes. Une quinzaine de jours après, l'on peut se permettre l'entrée des Chambres de Raphaël au Vatican. À l'aspect de ces murs noircis, l'œil jeune encore s'écriera : *Raphael, ubi es ?* Ce n'est pas mettre trop de temps que d'accorder huit jours d'étude pour sentir les fresques de Raphaël. Tout est perdu si l'on use sur des tableaux à l'huile la sensibilité à la peinture déjà si desséchée par les contrariétés du voyage.

Après un mois de séjour à Rome, pendant lequel l'on n'aura vu que des statues, des maisons de campagne, de l'architecture ou des fresques, l'on peut enfin, un jour de beau soleil, se hasarder à entrer dans la chapelle Sixtine : il est encore fort douteux que l'on trouve du plaisir.

L'âme des Italiens, pour lesquels peignit Michel-Ange, était formée par ces hasards heureux qui donnèrent au quinzième siècle presque toutes les qualités nécessaires pour les arts, mais de plus, et même chez les habitants de la Rome actuelle, si avilis par la théocratie, l'œil est formé dès l'enfance à voir toutes les différentes productions des arts. Quelque supériorité que veuille s'attribuer un habitant du Nord, d'abord très probablement son âme est froide, en second lieu, son œil ne sait pas voir, et il est arrivé à un âge où l'éducation physique est devenue bien incertaine.

Mais supposons enfin un œil qui sache voir et une âme qui puisse sentir. En levant les yeux au plafond de la Sixtine, vous apercevez des compartiments de toutes les formes, et la figure humaine reproduite sous tous les prétextes.

La voûte est plane, et Michel-Ange a supposé des arêtes soutenues par des cariatides ; ces cariatides, comme il est naturel de le penser, sont vues en raccourci. Tout autour de la voûte, et entre les fenêtres, sont les figures de prophètes et de sibylles. Au-dessus de l'autel où se dit la messe du pape, on voit la figure de *Jonas*, et, au centre de la voûte, à partir du *Jonas* jusqu'au-dessus de la porte d'entrée, sont représentées les scènes de la Genèse dans des compartiments carrés, alternativement plus grands et plus petits. C'est ces compartiments qu'il faut isoler par la pensée de tout ce qui les environne, et juger comme des tableaux. Jules II avait raison, ce travail serait bien plus facile si les peintures étaient relevées par des fonds d'or comme à la salle des Papyrus. À cette distance, l'œil a besoin de quelque chose d'éclatant.

La sculpture grecque ne voulut rien produire de terrible : on avait assez des malheurs réels. Ainsi, dans le domaine de l'art, rien ne peut être comparé à la figure de l'Être éternel tirant le premier homme du néant*. La pose, le dessin, la draperie, tout est frappant ; l'âme est agitée par des sensations qu'elle n'est pas habituée à

---

* Quatrième carré.

recevoir par les yeux. Lorsque dans notre malheureuse retraite de Russie nous étions tout à coup réveillés au milieu de la nuit sombre par une canonnade opiniâtre, et qui à chaque moment semblait se rapprocher, toutes les forces de l'homme se rassemblaient autour du cœur, il était en présence du destin, et, n'ayant plus d'attention pour tout ce qui était d'un intérêt vulgaire, il s'apprêtait à disputer sa vie à la fatalité. La vue des tableaux de Michel-Ange m'a rappelé cette sensation presque oubliée. Les âmes grandes jouissent d'elles-mêmes, le reste a peur et devient fou.

Il serait absurde de chercher à décrire ces peintures. Les monstres de l'imagination se forment par la réunion de diverses parties qu'on a observées dans la nature. Mais aucun lecteur qui n'a pas été devant les fresques de Michel-Ange, n'ayant jamais vu une seule des parties dont il compose les êtres surnaturels, et cependant dans la nature, qu'il nous fait apparaître, il faut renoncer à en donner une idée. On pourrait lire l'*Apocalypse*, et un soir, à une heure avancée de la nuit, l'imagination obsédée des images gigantesques du poème de saint Jean, voir des gravures parfaitement exécutées d'après la Sixtine. Mais plus les sujets sont au-dessus de l'homme, plus les gravures devraient être exécutées avec soin pour attirer les yeux.

Les tableaux de cette voûte peints sur toile formeraient cent tableaux aussi grands que la *Transfiguration*. On y trouve des modèles de tous les genres de perfection, même de celle du clair-obscur. Dans de petits triangles au-dessus des fenêtres on découvre des groupes qui sont presque tous remplis de grâce*.

---

* Ces triangles, que la plupart des voyageurs n'aperçoivent même pas, sont au nombre de soixante-huit. Il faut avoir le courage de faire le tour de la chapelle dans la galerie qui passe devant les fenêtres. (Écrit ce chapitre dans cette galerie le 13 janvier 1807[426].)

CHAPITRE CLIV

SUITE DE LA SIXTINE

Il y a dans le *Déluge* une barque chargée de malheureux qui cherchent en vain à aborder l'arche : battue par des vagues énormes, la barque a perdu sa voile et n'a plus de moyen de salut ; l'eau pénètre, on la voit couler à fond.

Près de là se trouve le sommet d'une montagne qui, par la crue des eaux, est devenue comme une île. Une foule d'hommes et de femmes, agités de mouvements divers, mais tous affreux à voir, cherchent à se mettre un peu à couvert sous une tente : mais la colère de Dieu redouble, il achève de les détruire par la foudre et des torrents de pluie*.

Le spectateur, choqué de tant d'horreurs, baisse les yeux et s'en va. Il m'est arrivé de ne pouvoir retenir à la Sixtine de nouveaux arrivants que j'y avais conduits. Les jours suivants, je ne pouvais plus les faire arrêter dans les églises de Rome devant aucun ouvrage de Michel-Ange. J'avais beau leur dire : « Il est au-dessus d'un homme, quelque grand qu'on veuille le supposer, de deviner, non pas une vérité isolée, mais tout l'ensemble de l'état futur du genre humain. Michel-Ange pouvait-il prévoir quelle marche prendrait l'esprit humain ; si par exemple il serait soumis à l'influence de la liberté de la presse ou à celle de l'inquisition ? »

On sent qu'il était tout à fait impossible de trouver ou de reconnaître la beauté des dieux ou le *beau idéal antique*, sous l'empire universel d'un préjugé aussi féroce que celui qui représentait Dieu comme l'être souverainement méchant**. Une religion qui admettait la

---

* Le Dieu des catholiques pouvait les anéantir sans souffrances en un clin d'œil. Les souffrances sans témoins sont inutiles. Voy. Bentham.

** Quel est en France le vrai chrétien qui, en lisant le sage abbé Fleury, ne voie avec orgueil que rien n'est plus opposé que la supers-

prescience dans sa divinité, et qui ajoutait : *Multi sunt vocati, pauci vero electi**, défendait à jamais à ses Michel-Ange de devenir des Phidias***. Elle faisait bien toujours son Dieu à l'image de l'homme, mais l'idéalisant en sens inverse, elle lui ôtait la bonté, la justice et les autres passions aimables, pour ne lui réserver que les fureurs de la vengeance et la plus sombre atrocité***.

Quelle figure auraient faite dans le *Jugement dernier* le *Jupiter Mansuetus* ou l'*Apollon du Belvédère* ? Ils y auraient semblé niais. L'ami de Savonarole ne voyait pas la bonté dans ce juge terrible qui, pour les erreurs passagères de cette courte vie, précipite dans une éternité de souffrances.

Le fond de tout grand génie est toujours une bonne logique. Tel fut l'unique tort de Michel-Ange. Semblable à ces malheureux que l'on voit figurer de temps en temps devant les tribunaux, et qui assassinent les petits enfants pour en faire des anges, il raisonna juste d'après des principes atroces.

Être trop fort dans ce qui manque à la plupart des

---

tition italienne du quinzième siècle et la religion sublime et consolante des de Belloy et des du Voisin. Si nous avons le bonheur de suivre la religion de l'Évangile dégagée de toutes les superstitions dont l'intérêt personnel l'avait souillée, à qui avons-nous une telle obligation si ce n'est à ce clergé français aussi remarquable par les lumières que par la haute pureté de ses mœurs ?

Comme historien, nous prions toujours le lecteur de se souvenir que Michel-Ange ne put vivre et employer son génie que sous l'influence des idées du quinzième siècle. Voilà pourquoi nous nous trouvons forcés d'entrer dans le développement de ces idées et d'en admettre les conséquences.

Ce n'est qu'en tremblant que, dans un livre destiné à analyser l'effet des passions les plus mondaines, nous touchons aux plus redoutables vérités du christianisme. Ri. C.[427]

* Beaucoup sont appelés, mais peu sont élus.

** Comparez la mythologie à la Bible.

*** Ce qui est peut-être un malheur pour la peinture ; mais qu'est-ce que des arts frivoles comparés aux intérêts éternels de la morale et des gouvernements basés sur la religion ? Ri. C.

grands hommes fut l'unique malheur de cet être étonnant. La nature lui donna le génie, une santé de fer, une
longue carrière; elle aurait dû, pour achever son
ouvrage, le faire naître sous l'empire de préjugés raisonnables, chez un peuple où les dieux ne fussent que
des hommes riches et heureux comme en Grèce, ou
dans un pays où l'Être suprême fût souverainement
juste, comme parmi certaines sectes de l'Angleterre.

CHAPITRE CLV

EN QUOI PRÉCISÉMENT IL DIFFÈRE DE L'ANTIQUE

Tandis que ces idées étaient bien présentes aux nouveaux arrivants, je les conduisais au musée Pio-Clémen-
tin, car à Rome le plus ancien arrivé fait le cicerone.

Comment faire naître la terreur par la forme d'un
bras?

Je leur faisais voir le fleuve antique où Michel-Ange a
fait la tête, le bras droit avec l'urne, et quelques petits
détails : « Regardez bien le bras gauche, le torse, les
jambes qui sont antiques, figurez-vous l'être auquel ce
corps doit appartenir, et de là sautez brusquement au
bras et à la tête de Michel-Ange. Vous trouverez quelque chose de *chargé* et de *forcé*. » Très souvent l'on ne
voyait que les différences physiques. Ce jour-là, nous
quittions bien vite le musée, et nous allions dans le
monde.

Les limites des deux styles sont encore plus frap-
pantes si l'on compare les jambes antiques de l'*Hercule
Farnèse* à Naples, avec les jambes qu'avait faites
Guglielmo della Porta, peut-être d'après le modèle de
Michel-Ange. Vingt ans après avoir découvert et restauré la statue, on retrouva les jambes antiques (1560),
et Michel-Ange conseilla, dit-on, de laisser les
modernes*.

---

* Carlo Dati, *Vite de' Pittori*, p. 117.

Il y avait au moins, chez ce grand homme, défaut de sentiment pour l'harmonie générale. Mais probablement il prenait cette *douceur* de l'antique pour une beauté de convention.

Si Corneille avait refait le rôle de Bajazet dans la tragédie de Racine, n'aurions-nous pas raison de préférer ce rôle à celui de l'auteur? Voilà ce que Michel-Ange croyait sentir.

Je sortais un jour du musée Clémentin avec un duc fort riche et fort *libéral*, mais pour qui le difficile* est toujours synonyme de beau. Il proscrivait Michel-Ange avec hauteur, et j'étais furieux. « Convenez donc, lui disais-je, que la vanité, que les gens de votre naissance mettent dans les cordons, vous la portez dans les arts. Vous êtes plus heureux de posséder tel manuscrit ignoré et inutile, ou tel vieux tableau de Crivelli**, que de voir une nouvelle Madone de Raphaël, et malgré la sagacité et la force de votre génie, vous n'êtes pas juge compétent dans les arts. Je vous demande un peu d'attention pour le mot *idéaliser*. L'antique altère la nature en diminuant la saillie des muscles, Michel-Ange en l'augmentant. Ce sont deux partis opposés. Celui de l'antique triomphe depuis cinquante ans, et proscrit Michel-Ange avec la rage d'un *ultra*. Le parti de l'antique a l'honneur d'être le plus noble, et vous avez l'avantage du nombre, je l'avoue. Il y a cinquante amateurs du *difficile* contre un homme sensible qui aime le beau. Mais dans cent ans, même les gens à vanité répéteront les jugements des gens sensibles, car à la longue on s'aperçoit que les aveugles ne jugent pas des couleurs. Contentez-vous de vous moquer des ridicules que se donnent les pauvres gens sensibles; leur royaume n'est pas de ce monde. Battez-les dans le salon, mais, le lendemain matin, ne comparez pas votre réveil soucieux et

---

* Le chant de madame Catalani[428].
** École de Venise.

sec au bonheur que leur donne encore le souvenir de *Teresa e Claudio**.

« À côté d'un de ces beaux sites des environs de Rome, reproduits si divinement par le pinceau suave du Lorrain, portez une chambre obscure, vous aurez un paysage dans la chambre obscure. C'est le style de l'école de Florence avant l'apparition de Michel-Ange. Vous aurez le même site dans le tableau de l'artiste, mais, en idéalisant, il a mêlé la peinture de son âme à la peinture du sujet. Il enchantera les cœurs qui lui ressemblent, et choquera les autres. Il est vrai, le paysage de la chambre obscure plaira à tous, mais plaira toujours peu. — C'est ce que nous verrons demain », dit l'amateur, piqué de l'approbation que deux ou trois femmes donnaient au parti du sentiment[429].

Le lendemain, nous prîmes deux des meilleurs paysagistes de Rome, et une chambre obscure. Nous choisîmes un site**; nous priâmes les artistes de le rendre l'un dans le style paisible et charmant du Lorrain, l'autre avec l'âme sévère et enflammée de Salvator Rosa.

L'expérience réussit pleinement, et nous donna une idée du style froid et exact de l'ancienne école, du style noble et tranquille des Grecs, du style terrible et fort de Michel-Ange. Cela nous avait amusés pendant quinze jours; on discuta beaucoup, et chacun garda son avis.

Pour moi, j'ai souvent regretté que la salle du couvent de Saint-Paul***[430] et la chapelle Sixtine ne fussent pas dans la même ville. En allant les voir toutes deux, un de ces jours où l'on voit tout dans les arts, on en apprendrait plus sur Michel-Ange, le Corrège, et l'antique, que par des milliers de volumes. Les livres ne peuvent que faire remarquer les circonstances des faits, et les faits manquent à presque tous les amateurs.

---

* Joli opéra de Farinelli qu'on donnait alors au théâtre Aliberti.
** Près du tombeau des Horaces et des Curiaces.
*** À Parme.

CHAPITRE CLVI

FROIDEUR DES ARTS AVANT MICHEL-ANGE

Au reste, si nous en étions réduits à ne voir pendant six mois que les statues et les tableaux qui peuplaient Florence durant la jeunesse de Michel-Ange, nous serions enchantés de la beauté de ses têtes. Elles sont au moins exemptes de cet air de maigreur et de malheur qui nous poursuit dans les premiers siècles de cette école.

On voit que la peinture rend sensible cette maxime de morale, que la condition première de toutes les vertus est la force*; si les figures de Michel-Ange n'ont pas ces qualités aimables qui nous font adorer le *Jupiter* et l'*Apollon*, du moins on ne les oublie pas, et c'est ce qui fonde leur immortalité. Elles ont assez de force pour que nous soyons obligés de compter avec elles.

Rien de plus plat qu'une figure qui veut imiter le beau antique, et n'atteint pas au sublime**. C'est comme la longanimité des hommes faibles, qu'entre eux ils appellent du courage. Il faut être l'*Apollon*, pour oser résister au *Moïse*; et encore tout ce qui n'a pas de la noblesse dans l'âme trouvera le *Moïse* plus à craindre que l'*Apollon*.

Le *caractère* en peinture est comme le chant en musique; on s'en souvient toujours, et l'on ne se souvient que de cela***.

Dans tout dessin, dans toute esquisse, dans toute mauvaise gravure où vous trouverez de la force, et une

---

* Si je parlais à des géomètres, j'oserais dire ma pensée telle qu'elle se présente : la peinture n'est que de la morale construite.

** Que me sert la profonde attention et la bonté d'un être faible? S'il se mettait en colère, il me ferait plus d'effet; s'il exprimait la douleur, il pourrait me toucher.

*** Talma n'a fait qu'une mauvaise chose en sa vie, c'est nos tableaux : voir *Léonidas*, les *Sabines*, *Saint Étienne*, etc.

force déplaisante par excès, dites sans crainte : voilà du Michel-Ange.

Sa religion l'empêchant de chercher l'expression des nobles qualités de l'âme, il n'idéalisait la nature que pour avoir la force. Quand il voulut donner la beauté à des figures de femmes, il regarda autour de lui, et copia les têtes des plus jolies filles, toutefois, en leur donnant, malgré lui, l'expression de la force, sans laquelle rien ne pouvait sortir de ses ciseaux.

Telle est cette figure d'Ève, à la voûte de la chapelle Sixtine, la *Sibylle Érythrée*, et la *Sibylle Persique**.

Le principal désavantage de Michel-Ange, par rapport à l'antique, est dans les têtes. Ses corps annoncent une très grande force, mais une force un peu lourde.

CHAPITRE CLVII

SUITE DE LA SIXTINE

C'est, comme on voit, à la Sixtine que sont ces modèles si souvent cités du genre terrible; et une preuve qu'il faut une âme pour ce style-là, comme pour le style gracieux, c'est que les Vasari, les Salviati, les Santi di Tito et toute cette tourbe de gens médiocres de l'école de Florence, qui pendant soixante ans copièrent uniquement Michel-Ange, n'ont jamais pu parvenir qu'au *dur* et au *laid*, en cherchant le majestueux et le terrible. Comme, dans la sculpture, le calme des passions ne peut être rendu que par l'homme qui a senti toutes leurs fureurs, ainsi, pour être terrible, il faut que l'artiste offense chacune des fibres par lesquelles on peut sentir les grâces charmantes, et de là passe jusqu'à mettre notre sûreté en péril.

---

* « *Zeuxis plus membris corporis dedit, id amplius atque augustius ratus, atque, ut existimant, Homerum secutus, cui validissima quæque forma* etiam in feminis *placet*[431]. » (Quint, *Inst. or.*, XII, c. 10.)

Marc-Antoine a gravé *Adam et Ève* et la figure de *Judith*. (Bibliothèque du roi.)

En France, nous confondons l'*air grand* avec l'air grand seigneur*; c'est à peu près le contraire. L'un vient de l'habitude des grandes pensées, l'autre de l'habitude des pensées qui occupent les gens de haute naissance. Comme les grands seigneurs n'ont jamais existé en Italie, il est rare de voir un Français sentir Michel-Ange.

L'air de hauteur des figures de la Sixtine, l'audace et la force qui percent dans tous leurs traits, la lenteur et la gravité des mouvements, les draperies qui les enveloppent d'une manière hors d'usage et singulière, leur mépris frappant pour ce qui n'est qu'humain, tout annonce des êtres à qui parle Jéhovah, et par la bouche desquels il prononce ses arrêts.

Ce caractère de majesté terrible est surtout frappant dans la figure du *Prophète Isaïe*, qui, saisi par de profondes réflexions pendant qu'il lisait le livre de la loi, a placé sa main dans le livre pour marquer l'endroit où il en était, et la tête appuyée sur l'autre bras se livrait à ses hautes pensées, quand tout à coup il est appelé par un ange. Loin de se livrer à aucun mouvement imprévu, loin de changer d'attitude à la voix de l'habitant du ciel, le prophète tourne lentement la tête, et semble ne lui prêter attention qu'à regret**.

Ces figures sont au nombre de douze; celle de *Jonas*, si admirable par la difficulté vaincue; le *Prophète Jérémie*, avec cette draperie grossière qui donne le sentiment de la négligence qu'on a dans le malheur, et dont les grands plis ont cependant tant de majesté; la *Sibylle Érythrée*, belle quoique terrible***. Toutes font connaître à l'homme sensible une nouvelle beauté idéale. Aussi Annibal Carrache préférait-il de beaucoup la voûte de la chapelle Sixtine au *Jugement dernier*. Il y trouvait moins de science.

---

* Duclos, *Considérations*.
** Les prophètes de Michel-Ange ont de commun avec l'antique l'attention profonde, et par conséquent le mouvement de la bouche.
*** C'est un ennemi qu'on estime.

Tout est nouveau, et cependant varié, dans ces vêtements, dans ces raccourcis, dans ces mouvements pleins de force.

Il faut faire une réflexion sur la majesté. Un grand poète qui a chanté Frédéric II me disait un jour : « Le roi, ayant appris que les souverains étrangers blâmaient son goût pour les lettres, dit au corps diplomatique réuni à une de ses audiences : "Dites à vos maîtres que si je suis moins roi qu'eux, je le dois à l'étude des lettres." »

Je pensai sur-le-champ : mais vous, grand poète, quand vous chantiez la magnanimité de Frédéric, vous sentiez donc que vous mentiez ; vous cherchiez donc à faire effet ; vous étiez donc hypocrite.

Grand défaut de la poésie sérieuse, et que n'eut pas Michel-Ange : il était dupe de ses prophètes.

L'impatient Jules II, malgré son grand âge, voulut plusieurs fois monter jusqu'au dernier étage de l'échafaud. Il disait que cette manière de dessiner et de composer n'avait paru nulle part. Quand l'ouvrage fut à moitié terminé, c'est-à-dire quand il fut fini de la porte au milieu de la voûte, il exigea que Michel-Ange le découvrît ; Rome fut étonnée.

On dit que Bramante demanda au pape de donner le reste de la voûte à Raphaël, et que le génie de Buonarroti fut troublé par l'idée de cette nouvelle injustice. On accuse Raphaël d'avoir profité de l'autorité de son oncle pour pénétrer dans la chapelle et étudier le style de Michel-Ange avant l'exposition publique. C'est une de ces questions qu'on ne peut décider, et j'y reviendrai dans la *Vie de Raphaël*. Au reste, la gloire du peintre d'Urbin n'est point de n'avoir pas étudié, mais d'avoir réussi. Ce qu'il y a de sûr, c'est que Michel-Ange, poussé à bout, découvrit au pape les iniquités de Bramante, et fut plus en faveur que jamais. Il racontait, sur ses vieux jours, à ceux qui lui disaient que cette seconde moitié de la voûte était peut-être ce qu'il avait jamais fait de

plus sublime en peinture, qu'après cette exposition par-
tielle il referma la chapelle et continua son travail,
mais, pressé par la furie de Jules II, il ne put terminer
ces fresques comme il l'aurait voulu*. Le pape lui
demandant un jour quand il finirait, et l'artiste répondant comme à l'ordinaire : « Quand je serai content de
moi. — Je vois que tu veux te faire jeter à bas de cet
échafaud », reprit le pape. « C'est ce dont je te défie »,
dit en lui-même le peintre ; et étant allé sur le moment à
la Sixtine, il fit démonter l'échafaud. Le lendemain,
jour de Toussaint 1511, le pape eut la satisfaction qu'il
désirait depuis si longtemps, il dit la messe dans la Sixtine.

Jules II se donna à peine le temps de terminer les
cérémonies du jour, il fit appeler Michel-Ange pour lui
dire qu'il fallait enrichir les tableaux de la voûte avec de
l'or, et de l'outremer (1511). Michel-Ange, qui ne voulait pas refaire son échafaud, répondit que ce qui manquait n'était d'aucune importance. « Tu as beau dire, il
faut mettre de l'or. — Je ne vois pas que les hommes
portent de l'or dans leurs vêtements, répondit Michel-
Ange. — La chapelle aura l'air pauvre. — Et les
hommes que j'ai peints furent pauvres aussi. »

Le pape avait raison. Son métier de prêtre** lui avait
donné des lumières. La richesse des autels et la splendeur des habits augmentent la ferveur des fidèles qui
assistent à une grand-messe.

Michel-Ange reçut pour cet ouvrage trois mille
ducats, dont il dépensa environ vingt-cinq en couleurs***.

---

* Par exemple, les sièges des prophètes ne sont pas dorés dans la
seconde moitié de la chapelle.

** Louis XIV a dit : « Mon métier de roi. » R.C. [432]

*** En multipliant par dix les sommes citées pendant le seizième
siècle, on a la somme qui achèterait aujourd'hui les mêmes choses :
Michel-Ange reçut quinze mille francs, qui équivalent à cent cinquante
mille.

Ses yeux s'étaient tellement habitués à regarder au-dessus de sa tête, qu'il s'aperçut vers la fin, avec une vive inquiétude, qu'en dirigeant ses regards vers la terre il n'y voyait presque plus ; pour lire une lettre, il était obligé de la tenir élevée : cette incommodité dura plusieurs mois.

Après le plafond de la Sixtine, sa faveur fut hors d'atteinte ; Jules II l'accablait de présents. Ce prince sentait pour lui une vive sympathie, et Michel-Ange était regardé dans Rome comme le plus chéri de ses courtisans.

CHAPITRE CLVIII

EFFET DE LA SIXTINE

Je crois que le spectateur catholique, en contemplant les *Prophètes* de Michel-Ange, cherche à s'accoutumer à la figure de ces êtres terribles devant lesquels il doit paraître un jour. Pour bien sentir ces fresques, il faut entrer à la Sixtine le cœur accablé de ces histoires de sang dont fourmille l'Ancien Testament *. C'est là que se chante le fameux *Miserere* du vendredi saint. À mesure qu'on avance dans le psaume de pénitence, les cierges s'éteignent ; on n'aperçoit plus qu'à demi ces ministres de la colère de Dieu, et j'ai vu qu'avec un degré très médiocre d'imagination l'homme le plus ferme peut éprouver alors quelque chose qui ressemble à de la peur. Des femmes se trouvent mal lorsque, les voix faiblissant et mourant peu à peu, tout semble s'anéantir sous la main de l'Éternel. On ne serait pas étonné en cet instant d'entendre retentir la trompette du Jugement et l'idée de clémence est loin de tous les cœurs[433].

Vous voyez combien il est absurde de chercher le

* La loi de grâce nous permet de porter un œil humain sur l'histoire du peuple qui n'est plus celui de Dieu. R. C.

beau antique, c'est-à-dire l'expression de tout ce qui peut rassurer, dans la peinture des épouvantements de la religion.

Comme doivent s'y attendre les génies dans tous les genres, on a tourné en reproche à Michel-Ange toutes ses grandes qualités; mais une fois que la mort a fait commencer la postérité pour un grand homme, que lui font dans sa tombe toutes les faussetés, toutes les contradictions des hommes? Il semble que du sein de cette demeure terrible ces génies immortels ne peuvent plus être émus qu'à la voix de la vérité. Tout ce qui ne doit exister qu'un moment n'est plus rien pour eux. Un sot paraît dans la chapelle Sixtine, et sa petite voix en trouble le silence auguste par le son de ses vaines paroles; où seront ses paroles, où sera-t-il lui-même dans cent ans? Il passe comme la poussière, et les chefs-d'œuvre immortels s'avancent en silence au travers des siècles à venir[434].

CHAPITRE CLIX

SOUS LÉON X, MICHEL-ANGE EST NEUF ANS SANS RIEN FAIRE

On rapporte que du temps que Michel-Ange travaillait à la Sixtine, un jour qu'il voulait faire une course à Florence pour la fête de saint Jean, et répondait, comme à son ordinaire : « Quand je pourrai », à la question : « Quand finiras-tu ? » — l'impatient Jules II, à portée duquel il se trouvait, lui donna un coup de la petite canne sur laquelle il s'appuyait, en répétant en colère : « Quand je pourrai! quand je pourrai! »

À peine fut-il sorti, que le pontife, craignant de le perdre pour toujours, lui envoya Accurse, son jeune favori, qui lui fit toutes les excuses possibles, et le pria de pardonner à un pauvre vieillard qui avait toujours lieu de craindre de ne pas voir la fin des ouvrages qu'il ordonnait. Il ajouta que le pape lui souhaitait un bon voyage, et lui envoyait cinq cents ducats pour s'amuser à Florence.

Jules II, en mourant (1513), chargea deux cardinaux de faire finir son tombeau. L'artiste, de concert avec eux, fit un nouveau dessin moins chargé; mais Léon X, qui était le premier pape de Florence, voulut y laisser un monument. Il ordonna à Michel-Ange d'aller faire un péristyle de marbre à Saint-Laurent, belle église, qui, comme vous savez, n'a encore pour façade qu'un mur de brique fort laid. Michel-Ange quitta Rome les larmes aux yeux; le nouveau pape avait obligé les deux cardinaux à se contenter de sa promesse de faire à Florence les statues nécessaires. À peine arrivé à Florence, et de là à Carrare, il fut dénoncé à Léon X, comme préférant, par intérêt particulier, les marbres de Carrare, pays étranger, à ceux qu'on pouvait tirer de la carrière de Pietrasanta en Toscane. L'artiste prouva que ces marbres n'étaient pas propres à la sculpture. L'autorité voulut avoir raison. Michel-Ange se rendit dans les montagnes de Pietrasanta; quand les marbres furent tirés de la carrière avec des peines infinies, il fit établir un chemin difficile pour les conduire à la mer. De retour à Florence, après plusieurs années de soins, il trouva que le pape ne songeait plus à Saint-Laurent, et les marbres sont encore sur le rivage de la mer. Buonarroti, piqué d'avoir vu Léon X lui donner constamment tort dans cette affaire, et le prendre pour un homme à argent, resta longtemps sans rien faire. Les gens raisonnables ne manqueront pas de remarquer qu'il aurait dû profiter du moment pour finir le tombeau de Jules II. Mais quand les gens raisonnables comprendront-ils qu'il est certains sujets dont, pour leur honneur, ils ne devraient jamais parler*?

L'académie de Florence envoya des députés à Léon X,

---

* L'artiste qui ne voit pas le modèle idéal, que peut-il faire?

pour le prier de rendre à sa patrie les cendres du grand
poète florentin, qui sont encore à Ravenne, où il mourut dans l'exil. L'adresse originale existe*; voici la
signature de notre artiste : « Moi Michel-Ange,
sculpteur, adresse la même prière à Votre Sainteté,
offrant de faire au divin poète un tombeau digne de
lui. »

Voilà tout ce que l'histoire rapporte de Michel-Ange
pendant neuf longues années. On sait qu'il vivait à Florence comme un des nobles les plus considérés, et
l'éclat de sa gloire rejaillissait sur sa famille, car nous
avons vu que son père était pauvre, et cependant
lorsque Léon X vint revoir sa patrie, et y étaler toute sa
grandeur, en 1515, Pietro Buonarroti, frère de Michel-
Ange, se trouvait l'un des neuf premiers magistrats.

Michel-Ange, dégoûté de tout travail, s'était cependant remis, par raison, à faire les statues de Jules II,
lorsque le poison ravit aux arts un de leurs plus grands
protecteurs.

Ce prince aimable et digne de son beau pays, eut
pour successeur un Flamand. Ce barbare voulait faire
détruire le plafond de la Sixtine, qui, disait-il, ressem-
blait plus à un bain public qu'à la voûte d'une église**.
On accusa Michel-Ange, devant lui, d'oublier le tombeau de Jules, pour lequel cependant il avait déjà reçu
seize mille écus. Buonarroti voulait courir à Rome
(1523). Le cardinal de Médicis, qui quelques mois après
fut Clément VII, le retint à Florence, pour lui faire
construire la salle de la bibliothèque, la sacristie, et les
tombeaux de sa famille à Saint-Laurent. Ce sont les
seuls tombeaux modernes qui aient de la majesté. C'est
le genre qui tient le plus au gouvernement. Les tombeaux antiques étaient sublimes par le souvenir des

---

* Archives de l'hôpital de *Santa Maria Nuova*, à Florence.
** Vianesio, ambassadeur de Bologne, lui faisant remarquer au Bel-
védère le groupe de *Laocoon*, il détourna la tête en s'écriant : « *Sunt
idola antiquorum*[435]. » (*Lettere de' principi*, I, p. 96).

hommes qu'ils enfermaient. Les modernes ne sauraient être que riches, car le souvenir seul de la *vertu* peut être touchant, le souvenir de l'*honneur* n'est qu'amusant. Saint-Denis est mesquin et gai. Les Capucins de Vienne ressemblent à un cabinet d'antiquailles; Michel-Ange a vaincu tout cela.

Le pape flamand eut pour successeur Clément VII, prince hypocrite et faible, dont le sort fut de paraître digne du trône jusqu'à ce qu'il y montât. Michel-Ange continuait à Florence les travaux ordonnés.

Le duc d'Urbin, neveu de Jules II, lui fit dire qu'il songeât à sa vie, ou à finir le tombeau de son oncle. Buonarroti vint à Rome. Clément n'hésita pas à lui conseiller d'attaquer lui-même les agents du duc, ne doutant pas que Michel-Ange, par le haut prix qu'il mettait aux ouvrages déjà faits, ne se trouvât créancier de la succession. Rien ne prouve que Michel-Ange ait suivi ce lâche conseil. Il vit en arrivant où la politique du pape le conduisait, et n'eut rien de plus pressé que de regagner Florence. Bientôt après la malheureuse Rome fut mise à feu et à sang par l'armée du connétable de Bourbon*.

CHAPITRE CLX

DERNIER SOUPIR DE LA LIBERTÉ ET DE LA GRANDEUR FLORENTINES

Florence saisit l'occasion, et se débarrassa des Médicis**. Il s'agissait de choisir un gouvernement. Le gonfalonier était dévot; les moines de Savonarole, toujours ambitieux. Le gonfalonier proposa de nommer roi

---

* Peinture naïve et vive de ce grand événement dans Cellini, qui se trouva renfermé au château Saint-Ange avec le pape, et qui y fit les fonctions d'officier d'artillerie.

** Les orateurs du peuple prouvèrent que depuis peu d'années les Médicis avaient fait dépenser à la ville, et toujours pour leur propre avantage, la somme énorme d'un million neuf cent mille ducats.

Jésus-Christ ; on passa au scrutin et il fut élu ; mais avec vingt votes contraires*. Le nom de ce roi n'empêcha pas son vicaire, Clément VII, de lancer contre sa patrie tous les soldats allemands qu'il put acheter en Italie. Ces barbares, ivres de joie, s'écrièrent en apercevant Florence du haut de l'Apennin : « Prépare tes brocarts d'or, ô Florence ! nous venons les acheter à mesure de pique**. » L'armée des Médicis était de trente-quatre mille hommes ; les Florentins n'en avaient que treize mille***.

Le gouvernement de Jésus-Christ, qui dans le fait était républicain, nomma Michel-Ange membre du *comité des Neufs*, qui dirigeait la guerre ; et de plus, gouverneur et procureur général pour les fortifications. Ce grand homme, préférant la vertu des républiques au faux honneur des monarchies, n'hésita pas à défendre sa patrie contre la famille de son bienfaiteur. À peine eut-il fait le tour des remparts, qu'il démontra que dans l'état actuel des choses l'ennemi pouvait entrer. Il prévoyait le danger, les sots l'accusèrent de le craindre. C'est précisément ce que nous avons vu à Paris, en mars 1814. Ce qu'il y a de plaisant, c'est que celui qui dans le Conseil d'État l'accusa de pusillanimité, parce qu'il disait que les Médicis pouvaient entrer, fut le premier à avoir la tête tranchée après le retour de ces princes****. Michel-Ange couvrit la ville d'excellentes fortifications*****. Le siège commença, l'ardeur de la jeunesse était extrême ; mais Buonarroti se convainquit bientôt que Florence était trahie par ses nobles. Il se fit ouvrir une porte, et partit pour Venise avec quelques

---

* Le titre officiel du nouveau roi était : *Jesus Christus Rex florentini populi S. P. decreto electus*[436]. (Segni, *lib.* I.)

** Le 21 octobre 1529. (Varchi, p. 10.)

*** Il paraît que dans cette occasion il y eut des dons patriotiques. Michel-Ange prêta à sa patrie mille écus (cinquante mille francs d'aujourd'hui).

**** Varchi, p. 293.

***** Vauban ; Nardi, p. 338 ; Varchi, *lib.* VIII ; Ammirato, *lib.* XXX.

amis, et douze mille florins d'or. Là, pour fuir les visites, et retrouver sa chère solitude, il alla se loger dans la rue la plus ignorée du quartier de la *Giudecca*. Mais la vigilante *Seigneurie* sut son arrivée, l'envoya complimenter par deux *Savj*, et lui fit toutes les offres possibles. Bientôt arrivèrent sur ses pas des envoyés de Florence. Il entendit la voix du devoir ; il crut que l'on pourrait chasser l'infâme Malatesta, et rentra dans sa patrie.

Sa première opération fut de défendre le clocher de *San Miniato*, point capital, et fort maltraité par l'artillerie ennemie. En une nuit il le couvrit de matelas du haut en bas, et les boulets ne firent plus d'effet.

Tout ce que la liberté mourante peut faire de miracles, malgré la trahison des chefs, fut déployé dans ce siège. Il ne manqua à Florence, pour se sauver, que le régime de la terreur. Pendant onze mois, au milieu des horreurs de la famine, les citoyens se défendirent en gens qui savent ce que c'est que le pouvoir absolu. Ils tuèrent quatorze mille soldats au pape ; ils perdirent huit mille des leurs. À la fin, ils voulaient au moins livrer bataille avant de capituler. Malatesta était en correspondance secrète avec le général ennemi. La bataille ne fut pas donnée.

Le premier article de la capitulation qui ouvrit la porte aux Médicis était l'oubli des injures. D'abord on ne parla que de clémence et de bonté. Tout à coup, le 31 octobre, on vit trancher la tête à six des citoyens les plus braves. Le nombre des emprisonnés et des exilés fut immense*. Sur-le-champ l'on envoya arrêter Michel-Ange. Sa maison fut fouillée jusque dans les

---

* Paul Jove dit fort bien :

« *Cæterum pontifex, quod suæ existimationis pietatisque fore existimabat tueri nomen quod sibi desumpserat, moderata utens ultione, paucissimorum pœna contentus fuit*[437]. »

« Il n'y a point de gens que j'aie plus méprisés que les petits beaux esprits, et les grands qui sont sans probité », dit Montesquieu, *Œuvres posthumes* stéréot., p. 120.

cheminées ; mais il n'était pas homme à se laisser prendre. Il disparut, au grand chagrin de la police de Médicis, qui pendant plusieurs mois perdit son temps à le chercher*. Ces princes voulaient sa tête, parce qu'ils le croyaient l'auteur d'un propos qui, ayant quelque chose de bas, était devenu populaire. « Il fallait, disait-on, raser le palais des Médicis, et établir sur la place le marché aux mulets » ; allusion à la naissance de Clément VII.

Ce prince hypocrite avait du goût pour la sculpture ; il écrivit de Rome que, si l'on parvenait à trouver Buonarroti, et qu'il s'engageât à terminer les tombeaux de Saint-Laurent, on ne lui fît aucun mal. Ennuyé de la retraite, Michel-Ange descendit du clocher de *San Niccolò oltre Arno*, et, sous le couteau de la terreur, il fit en peu de mois les statues de Saint-Laurent. Depuis longues années il n'avait vu ni ciseaux ni marteaux. Il commença, comme de juste, par faire une petite statue d'Apollon, pour le Valori.

L'année d'avant, lorsqu'il était question de fortifier Florence, les nobles représentèrent que, quelle que fût l'habileté de Michel-Ange, il serait utile qu'il allât voir Ferrare, chef-d'œuvre de l'art de fortifier, et de l'habileté du duc Alphonse.

Ce prince reçut Michel-Ange comme cet homme illustre était reçu dans toute l'Italie. Il prit plaisir à lui montrer ses travaux, et à discuter leur force avec un si excellent connaisseur ; mais lorsqu'il fut sur son départ : « Je vous déclare, lui dit-il, que vous êtes mon prisonnier ; je ferais une trop grande faute contre cette tactique dont nous avons tant parlé, si lorsque le hasard met un si grand homme en ma puissance, je le laissais partir sans rien tirer de lui. Vous n'aurez votre liberté qu'autant que vous me jurerez de faire quelque chose

---

* Varchi, p. 448. Le procureur général chargé des assassinats juridiques par le pape, se nommait Baccio Valori. (Vasari, X, p. 115.)

pour moi; statue ou tableau, peu m'importe, pourvu que ce soit de la main de Michel-Ange. »

Buonarroti promit, et, pour se délasser des soucis du siège, il fit un tableau des amours de Léda. La fille de Thestius reçoit les embrassements du cygne, et dans un coin du tableau, Castor et Pollux sortent de l'œuf. Lors de la chute de Florence, Alphonse envoya en toute hâte un de ses aides de camp, qui eut l'adresse de déterrer Michel-Ange, mais la sottise de dire en voyant le tableau : « Quoi, n'est-ce que ça? — Quel est votre état? » répliqua Michel-Ange. Le courtisan piqué, et voulant plaisanter Florence, grande ville de commerce : « Je suis marchand. — Eh bien! vous avez fait ici de mauvaises affaires pour votre patron. Allez-vous-en comme vous êtes venu. » Peu après, Antonio Mini, un des garçons de l'atelier, qui avait deux sœurs à marier, s'étant recommandé à Buonarroti, il lui fit cadeau de cette *Léda*, et de deux caisses de modèles et de dessins. Mini porta tout cela en France. François Ier acheta la *Léda*, qui, comme tous les tableaux de ce genre, a sans doute péri sous les coups de quelque confesseur*.

Le carton est à Londres, dans le cabinet de M. Lock. On dit que Michel-Ange, oubliant la fierté de son style, si contraire au sujet, s'était rapproché de la manière du Titien; j'en doute fort.

À Ferrare il avait vu le portrait du duc, par le grand

---

* J'apprends que c'est le confesseur du ministre Desnoyers, sous Louis XIII, qui eut cet avantage. Le ministre donna l'ordre de brûler le tableau, qui cependant appartenait à la couronne. Son ordre ne fut pas exécuté à la lettre, car Mariette vit reparaître le pauvre tableau, en 1740, mais dans un triste état. Il fut restauré et vendu en Angleterre, où il ne lui manque plus que de tomber dans les mains de quelque puritain. Et nous avons le front de demander à nos artistes de la beauté grecque! Du despotisme, et la loi d'Israël à cette canaille.

Le tableau était peint en détrempe. Ce qu'il y a de mieux sur ce sujet charmant, après le tableau du Corrège, c'est le groupe antique de Venise. Je n'ose transcrire la description de De Brosses qui n'exagère rien. Les dessins de Mini passèrent au cabinet du roi, et dans les collections de Crozat et de Mariette.

peintre de Venise, et l'avait extrêmement loué. Probablement dans ce petit genre il trouvait le Titien un
des premiers.

Je ne dissimulerai pas que, durant son pouvoir à Florence, Buonarroti fit une petite injustice. Il y avait eu
rivalité entre Bandinelli et lui, pour un beau bloc de
marbre de neuf brasses (cinq mètres vingt-deux millimètres). Clément VII avait adjugé le marbre à Bandinelli. Buonarroti tout-puissant se le fit donner à son
tour, quoique son rival eût déjà ébauché sa statue. Il fit
un modèle de *Samson qui étouffe un Philistin*; mais les
Médicis rendirent le marbre à Bandinelli.

CHAPITRE CLXI

STATUES DE SAINT-LAURENT

Toutes les statues de Saint-Laurent ne sont pas terminées. Dans le genre terrible, ce défaut est presque une
grâce. L'on voit en entrant deux tombeaux : l'un à
droite, l'autre à gauche, contre les murs de la chapelle.
Dans des niches au-dessus des tombeaux sont les statues des princes. Sur chacune des tombes, sont cou-
chées deux statues allégoriques.

Par exemple, une femme endormie représente la
Nuit*; une figure d'homme, couchée d'une manière
bizarre, est le Jour. Ces deux statues sont là pour signi-
fier le temps qui consume tout. On sent bien que ces
statues représentent le Jour et la Nuit, comme le Courage et la Clémence, comme deux êtres moraux quel-
conques, et de sexe différent. On est presque toujours
sûr de bâiller, dès qu'on rencontre les Vertus ou les
Muses. Il n'y a pour les caractériser que quelques attributs de convention. C'est comme la musique descriptive.

---

* Vasari s'écrie : « *Chi è quegli che abbia per alcun secolo in tale arte
veduto mai statue antiche o moderne cosi fatte*[438] ? » (X, p. 109.)

J'aime assez la *Nuit*, malgré sa position contournée où le sommeil est impossible; c'est qu'elle a fait faire à Michel-Ange des vers qui ont de l'âme.

Un jour il trouva écrit sous la statue :

> *La Notte, che tu vedi in si dolci atti*
> *Dormire, fu da un angelo scolpita*
> *In questo sasso; e perchè dorme, ha vita;*
> *Destala, se no'l credi, e parleratti*.*

Michel-Ange écrivit au bas du papier :

> *Grato m'è il sonno, e più l' esser di sasso.*
> *Mentre che il danno e la vergogna dura,*
> *Non veder, non sentir m' è gran ventura.*
> *Però non mi destar; deh! parla basso.*

Heureuse l'Italie si elle avait beaucoup de tels poètes !

CHAPITRE CLXII

FIDÉLITÉ AU PRINCIPE DE LA TERREUR

Il y a dans cette sacristie sept statues de Michel-Ange**. À gauche, l'*Aurore*, le *Crépuscule*, et dans une niche au-dessus, le *duc Laurent*; c'est Lorenzo, duc d'Urbin, mort en 1518, le plus lâche des hommes***. Sa statue est la plus sublime expression que je

---

* « La nuit que tu vois plongée dans un si doux sommeil, fut tirée de ce marbre par la main d'un *ange*, et parce qu'elle dort, elle est vivante. Si tu en doutes, éveille-la [439].

RÉPONSE

Il me plaît de dormir, encore plus d'être de marbre. Tant que dure le règne de la platitude et de la tyrannie, ne pas voir, ne pas sentir, m'est un bonheur suprême. Donc ne m'éveille pas; je t'en prie, parle bas. »

Le premier quatrain est de G. B. Strozzi.

** Outre deux candélabres.

*** « *Il più vil di quell' infame schiatta de' Medici* [440] », dit Alfieri. Après Léon X, cette famille épuisée n'a plus donné que des imbéciles ou des monstres.

connaisse de la pensée profonde et du génie*. Ce fut la seule ironie que Michel-Ange osa se permettre.

Ici nul mouvement exagéré, nulle ostentation de force : tout est du naturel le plus exquis. Le mouvement du bras droit surtout est admirable; il tombe négligemment sur la cuisse; toute la vie est à la tête.

À droite, le *Jour*, la *Nuit*, et *Julien de Médicis*. Dans les deux figures d'hommes âgés qui sont sur les tombeaux, on trouve une imitation frappante du *Torse du Belvédère*; mais imitation teinte du génie de Michel-Ange. Le *Torse* était probablement Hercule mis au rang des dieux, et recevant Hébé des mains de Jupiter. Pour rendre sensible la teinte de divinité, l'artiste grec a diminué la saillie de tous les muscles et de toutes les petites parties. Il a passé avec une douceur extrême des saillies aux parties rentrantes. Tout cela pour produire un effet contraire à celui que se proposait Michel-Ange**.

---

* Cette statue rappelle d'une manière frappante le silence du célèbre Talma.

** Époques des statues :

Le *Torse* fut trouvé *in Campoflore*, sous Jules II[a].

L'*Hercule Farnèse* qui est à Naples, dans les thermes d'Antonin, sous Paul III.

Le *Laocoon*, vers la fin du pontificat de Jules II, dans les bâtiments annexés aux thermes de Titus[b].

L'*Ariane couchée*, sous Léon X.

Michel-Ange spectateur de ces découvertes et de l'enthousiasme qu'elles excitaient, aurait pu sentir le prestige de la nouveauté, si son génie ferme n'eût pas tenu par des racines trop profondes à la nécessité de faire peur aux hommes pour les mener.

Les plus anciens renseignements sur la découverte des antiques à Rome se trouvent dans des espèces de *guides* imprimés pour les voyageurs. Ces bouquins, intitulés *Mirabilia Romæ*, furent imprimés par Adam Rot de 1471 à 1474. Cela se vendait aux étrangers avec le *Manuel des indulgences* : rien de plus vague et de plus inutile.

Les premières notions précises sont données par le livre que F. Albertino publia en 1510 : *Opusculum de mirabilibus novæ et veteris*

---

a. *Metalloteca de' Mercati*, p. 367, note d'Assalti.

b. Félix de' Fredi, qui le trouva, eut une pension viagère considérable. Dans ce temps, la découverte d'un monument suffisait pour assurer la fortune d'une famille.

Ses principes sur la nécessité de la terreur ne sont nulle part plus frappants que dans la *Madone avec l'enfant Jésus*, qui est entre les deux tombeaux. Les formes du Sauveur du monde sont celles d'Hercule enfant. Le mouvement plein de vivacité avec lequel il se tourne vers sa mère montre déjà la force et l'impatience. Il y a du naturel dans la pose de Marie, qui incline la tête vers son fils. Les plis des vêtements n'ont pas la simplicité grecque, et prennent trop d'attention. À cela près, les parties terminées sont admirables.

L'idéal de Jésus enfant est encore à trouver. Je suppose toujours deux choses : que Marie ignore qu'il est tout-puissant, et que Jésus ne veut pas se montrer Dieu. Le Jésus de la *Madone alla seggiola* est trop fort, et manque d'élégance; c'est un enfant du peuple. Le Corrège a rendu divinement les yeux du Sauveur du monde, comme il rendait tout ce qui était amour; mais les traits n'ont pas de noblesse. Le Dominiquin, si admirable dans les enfants, les a toujours faits timides. Le Guide, avec sa beauté céleste, aurait pu rendre l'expression du Dieu souverainement bon, s'il lui eût été donné de faire les yeux du Corrège.

Dans la sacristie de Saint-Laurent, sculpture, architecture, tout est de Michel-Ange, à l'exception de deux statues. La chapelle est petite, bien tenue, dans un jour convenable. C'est un des lieux du monde où l'on peut le mieux sentir le génie de Buonarroti. Mais le jour que

---

Romæ. Il indique comme étant connus dix ans avant la mort de Raphaël, et plus de cinquante avant celle de Michel-Ange :
Les deux *Colosses* de *Monte Cavallo*,
L'*Apollon du Belvédère*,
La *Vénus* avec l'inscription : *Veneri felici sacrum*,
Le *Laocoon*,
Le *Torse*,
L'*Hercule et l'enfant*,
La statue de *Commode en Hercule*,
Un autre *Hercule* en bronze,
La *Louve du Capitole* qui fut frappée de la foudre au Sénat,
Le *Cheval de Marc-Aurèle*.

cette chapelle vous plaira vous n'aimerez pas la musique.

Michel-Ange ne restait à Florence qu'en tremblant. Il se voyait sous la main du duc Alexandre, jeune tyran qui ne débutait pas mal dans le genre de Philippe II, mais qui eut la bêtise de se laisser assassiner à un prétendu rendez-vous avec une des jolies femmes de la ville.

Les Philippes II ont une haine mortelle pour les faiseurs de quatrains, et Michel-Ange ne sortait point de nuit. Le duc l'ayant envoyé quérir pour monter à cheval et faire avec lui le tour des fortifications, Buonarroti se rappela contre qui elles avaient été élevées, et répondit qu'il avait ordre de Clément VII de consacrer tout son temps aux statues. Il fut heureux de ne pas se trouver à Florence, lors de la mort du pape.

Voici la suite des tracasseries qui lui rendirent le service de l'en éloigner.

Les procureurs du duc d'Urbin l'attaquèrent de nouveau; pour leur répondre il se rendit à Rome. Clément, qui voulait l'avoir à Florence, lui prêtait toute faveur. Il n'en avait pas besoin pour gagner ce procès, mais sa plus grande affaire était de ne pas retomber au pouvoir d'Alexandre. Il fit un arrangement secret avec les gens du duc. Il n'était réellement à découvert que pour quelques centaines de ducats, car il n'en avait reçu que quatre mille, sur lesquels il avait payé tous les faux frais. Il fit l'aveu d'une dette considérable; le pape, ne se souciant pas de la payer, ne put s'opposer à ce qu'il signât une transaction qui l'obligeait à passer chaque année huit mois à Rome.

CHAPITRE CLXIII

MALHEUR DES RELATIONS AVEC LES PRINCES

Le dessin du tombeau fut réduit à une simple façade de marbre appliquée contre le mur, ainsi qu'on le voit à *San Pietro in Vincoli*.

Cependant Clément VII, au lieu de laisser Michel-Ange remplir ses engagements, voulut qu'il peignît encore à la chapelle Sixtine deux immenses tableaux : au-dessus de la porte, *Lucifer et ses anges précipités du ciel*, et vis-à-vis, sur le mur du fond, derrière l'autel, le *Jugement dernier**. Buonarroti, toujours froissé par la puissance, feignait de ne s'occuper que du carton du *Jugement*, mais en secret travaillait aux statues.

Clément mourut**. À peine Paul III (Farnèse) fut-il sur le trône, qu'il envoya chercher Michel-Ange : « Je

---

* Michel-Ange avait, dit-on, dessiné la *Chute de Satan*. Un peintre sicilien qui broyait ses couleurs fit une fresque d'après son carton, à la Trinité-du-Mont[a], chapelle de Saint-Georges. Encore que mal exécutée, on prétendait reconnaître le dessin de Buonarroti dans ces figures nues qui *pleuvent du ciel*, comme dit Vasari, X, p. 119.

** CHRONOLOGIE DES PAPES

Nicolas V, précurseur des Médicis, 1447-1455.
Calixte III, 1455-1458.
Pie II, Æneas Silvius, littérateur célèbre, 1458-1464.
Paul II, 1464-1471.
Sixte IV, 1471-1484.
Innocent VIII, 1484-1492.
Alexandre VI, 1492-1503.
Pie III, 22 septembre 1503-18 octobre 1503.
Jules II, 1503-1513.
Léon X, 1513-1521.
Adrien VI, prenait le *Laocoon* pour une idole, 1522-1523.
Clément VII, 1523-1534, hypocrite et faible, amène les plus grands malheurs de Rome.

a. C'est dans une des chapelles de cette église restaurée par S. M. Louis XVIII, que se trouve, en 1817, la *Descente de croix* faite par Daniel de Volterra sur un dessin de Michel-Ange. Quoique dégradée au dernier point, cette peinture de trois siècles l'emporte encore par la vivacité des couleurs sur les saints peints dans la même chapelle, en 1816, par les élèves de l'École de France.

veux avoir tout ton temps. » Michel-Ange s'excusa sur le contrat qu'il venait de signer avec le duc d'Urbin. « Comment, s'écria Paul III, il y a trente ans que j'ai ce désir, et maintenant que je suis pape je ne pourrais le satisfaire ? Où est-il ce contrat, que je le déchire ? »

Buonarroti se voyait déjà vieux, il ne voulait pas mourir insolvable envers le grand homme qui l'avait aimé. Il fut sur le point de se retirer sur les terres de la république de Gênes, dans une abbaye de l'évêque d'Aleria, son ami, et là, de consacrer le reste de ses jours à finir le tombeau.

Quelques mois auparavant, il avait eu dessein d'aller s'établir à Urbin, sous la protection du duc. Il y avait même envoyé un homme à lui pour acheter une maison et des terres. En Italie, la protection des lois était loin de suffire, ce qui encore aujourd'hui maintient l'énergie contre la politesse.

Toutefois craignant le pouvoir du pape*, et espérant se tirer d'affaire avec des promesses, il resta dans Rome.

Paul III voulant le plier à ses desseins par des égards, lui fit l'honneur insigne d'une visite officielle ; il se rendit chez lui accompagné de dix cardinaux : il voulut voir le carton du *Jugement*, et les statues déjà faites pour le tombeau.

Le cardinal de Mantoue, apercevant le *Moïse*, s'écria que cette statue seule suffirait pour honorer la mémoire

---

Paul III, 1534-1549, adorait son fils, le plus insolent des hommes, celui qui viola l'évêque et fut tué dans son fauteuil à Plaisance.

Jules III, 1550-1555.

Marcel II, vingt et un jours, en 1555.

Paul IV, 1555-1559.

Pie IV, 1559-1565.

* Cellini était toujours à Rome ; voir les mœurs publiques sous le pape Farnèse. La force nécessaire à chaque instant rendait la *beauté moderne* impossible.

Cellini est très bien traduit en anglais.

de Jules. Paul, en s'en allant, dit à Michel-Ange : « Je prends sur moi de faire que le duc d'Urbin se contente de trois statues de ta main; d'autres sculpteurs se chargeront des trois qui restent à faire. »

En effet, un nouveau contrat fut passé avec les procureurs du duc. Michel-Ange ne voulut point profiter de cet arrangement forcé, et, sur les quatre mille ducats qu'il avait reçus, il en déposa quinze cent quatre-vingts pour le prix des trois statues. Ainsi finit cette affaire qui, pendant de si longues années, avait troublé son repos*.

Il faut que l'artiste se réduise strictement, à l'égard des princes, à sa qualité de fabricant, et qu'il tâche de placer sa fabrique en pays libre; alors les gens puissants, au lieu de le vexer, seront à ses pieds. Surtout, l'artiste doit éviter tout lien particulier avec le souverain chez lequel il habite. Les courtisans lui feraient payer cher les plaisirs de vanité. En voyant nos mœurs actuelles, le profond ennui des protecteurs, la bassesse infinie des protégés, je croirais assez que dorénavant les artistes ne sortiront plus que de la classe riche**.

---

* Voir deux lettres d'Annibal Caro, le célèbre traducteur de l'*Énéide*, qui demande grâce pour Michel-Ange à un ami du duc d'Urbin. (*Lettere Pittoriche*, t. III, p. 133 et 145.)

** Grimm et Collé, *passim*. Le seul grand poète vivant est pair d'Angleterre[441]. Je vois bien que l'énergie s'est réfugiée dans la classe de la société qui n'est pas polie[a]; mais les deux Chambres vont rendre l'énergie à tout le monde, même à cette grande noblesse qui, par tout pays, se compose de gens effacés, aussi polis qu'insignifiants. La crainte du mépris force les pairs anglais à être savants.

a. Voir l'état des gardes nationaux qui se sont fait tuer dans les événements de 1814 et 1815. À Paris, les grandes passions et les exemples de fidélité héroïque sont dans la classe ouvrière. Les généraux devenus riches ne se battent plus.

CHAPITRE CLXIV

LE « MOÏSE » À SAN PIETRO IN VINCOLI

Jules II choisit Saint-Pierre-aux-Liens pour le lieu de son tombeau, parce qu'il aimait ce titre cardinalice que son oncle Sixte IV, qui commença sa fortune, avait porté, qu'il porta lui-même trente-deux ans, et qu'il donna successivement aux plus chéris de ses neveux.

Le *Moïse* eut une influence immense sur l'art. Par ce mouvement de flux et reflux si amusant à observer dans les opinions humaines, personne ne le copie plus depuis longtemps, et le dix-neuvième siècle va lui rendre des admirateurs.

Les institutions de Lycurgue ne durèrent qu'un instant. La loi de Moïse tient encore malgré tant de siècles et tant de mépris. Du fond de son tombeau le législateur des Hébreux régit encore un peuple de neuf millions d'hommes; mais la sainteté dont on l'a affublé nuit à sa gloire comme grand homme.

Michel-Ange a été au niveau de son sujet. La statue est assise, le costume barbare, les bras et une jambe nus, la proportion trois fois plus grande que nature.

Si vous n'avez pas vu cette statue, vous ne connaissez pas tous les pouvoirs de la sculpture. La sculpture moderne est bien peu de chose. Je m'imagine que si elle avait à concourir avec les Grecs, elle présenterait une *Danseuse* de Canova et le *Moïse*. Les Grecs s'étonneraient de voir des choses si nouvelles et si puissantes sur le cœur humain.

Dans le profond mépris où était tombée cette statue, avec sa physionomie de bouc*, l'Angleterre a été la première à en demander une copie. À la fin de 1816, le prince régent l'a fait modeler. Pour l'opération des

---

* Azara, Falconnet, Milizia, etc., etc.

ouvriers en plâtre, on a été obligé de la sortir un peu de sa niche. Les artistes ont trouvé que cette nouvelle position convenait mieux, et elle y est restée.

CHAPITRE CLXV

SUITE DU « MOÏSE »

Un des bonheurs de cette statue, c'est le rapport singulier que le hasard a mis entre le caractère de l'artiste et celui du prince. Cette harmonie qui existe aussi pour le tombeau de Marie-Christine, à Vienne, manque à la tombe d'Alfieri. L'Italie qui pleure sur ses cendres n'est pas cette Italie dont il voulut réveiller l'indignation.

À la droite du *Moïse* il y a une figure de femme plus grande que nature, qui, les yeux et les mains levés au ciel, et un genou fléchi, représente la vie contemplative.

À la gauche, une statue qui désigne la vie active se regarde attentivement dans un miroir qu'elle tient de la main droite.

Singulière image pour la vie active! Au reste, on est revenu en Italie de tous ces emblèmes, par lesquels on prétendait donner à une statue telle ou telle signification particulière. Ce style détestable ne règne plus qu'en Angleterre*.

CHAPITRE CLXVI

LE « CHRIST » DE LA MINERVE. — LA « VITTORIA » DE FLORENCE

Peu de temps avant le sac de Rome, Michel-Ange y avait envoyé Pietro Urbano son élève, qui plaça dans l'église de la Minerve un *Christ* sortant du tombeau et triomphant de la mort.

---

* Statues de Guildhall.

C'était une occasion d'imiter les Grecs; le mot de l'Évangile : *speciosus forma præ filiis hominum**, devait le conduire à la beauté agréable, si quelque chose pouvait conduire un grand homme. Ce Christ, fait pour Metello de' Porcari, noble Romain, n'est encore qu'un athlète.

La piété touchante des fidèles a forcé de donner à cette statue des sandales de métal doré. Aujourd'hui même, une de ces sandales a presque entièrement disparu sous leurs tendres baisers.

En arrivant à Florence, il faut aller dans le grand salon du *Palazzo Vecchio*; c'est là qu'est la statue dite *della Vittoria*. C'est un grand jeune homme tout à fait nu. C'est le type du style de Michel-Ange. Il l'avait fait à Florence pour le tombeau de Jules II; les formes hardies et grandioses sont à leur place ici, elles montrent la force qui mène à la victoire. La tête est petite et insignifiante.

Ce jeune guerrier tient un esclave enchaîné sous ses pieds. Cette statue eût fait valoir le *Moïse* par un admirable contraste. *Moïse* exprime le génie qui combine, et la *Vittoria* la force qui exécute**.

Deux figures d'esclaves, destinées aussi au tombeau de Jules, font le plus bel ornement des salles de sculpture moderne, ajoutées par S. M. Louis XVIII au musée du Louvre***. Ce prince, ami des arts, a,

---

* Jésus le plus beau des enfants des hommes.

** Il y a des gens qui, à propos de Michel-Ange, osent prononcer le mot *incorrection*. Voyez l'article de l'*Incorrection* dans la *Vie du Corrège*, t. IV[442].

*** Ces statues avaient appartenu au duc de Richelieu; elles correspondent à celles qui sont indiquées dans le dessin du tombeau. Au jardin de Boboli à Florence, l'on montre quelques ébauches attribuées à Michel-Ange.

À Bruges, à l'église de Notre-Dame, il y a une *Madone avec l'enfant Jésus* en marbre, qu'on dit de Michel-Ange. Elle est probablement de son école. C'est une capture faite par un corsaire flamand, qui allait de Civita-Vecchia à Gênes.

dit-on, le projet de réunir au Louvre les plâtres des quatre cents statues les plus célèbres, antiques ou modernes*.

CHAPITRE CLXVII

MOT DE MICHEL-ANGE
SUR LA PEINTURE À L'HUILE

Paul III, ayant désormais Michel-Ange tout à lui, voulut qu'il ne travaillât plus qu'au *Jugement dernier*.

Conseillé par Fra Sébastien del Piombo, il voulait qu'il peignît à l'huile. Michel-Ange répondit qu'il ne se chargeait pas du tableau, ou qu'il le ferait à fresque, et que la peinture à l'huile ne convenait qu'à des femmes ou à des paresseux. Il fit jeter à terre la préparation appliquée au mur par Fra Sébastien, donna lui-même le premier crépi, et commença l'ouvrage.

---

* On pourrait faire copier à Rome, par Camuccini, les beaux tableaux de Raphaël et du Dominiquin. On enverrait M. Girodet copier le *Jugement dernier* et la *Sixtine*. M. Prudhon irait à Dresde enlever pour nous la *Nuit* du Corrège, le *Saint Georges* et les autres chefs-d'œuvre. L'on formerait ainsi une salle que les sots se donneraient peut-être l'air de négliger. Mais on les forcerait à l'admiration, par la quantité des tableaux copiés.

C'est peut-être le seul moyen de sauver notre école. Chez une nation où il est de bon ton de ne pas avoir de gestes, il faut absolument des Michel-Ange pour empêcher les artistes de copier Talma[a]. Voyez l'exposition de 1817.

a. Faut-il dire que ce qui est sublime dans un Raphaël serait froid à la scène?

CHAPITRE CLXVIII

LE « JUGEMENT DERNIER »

> *Videbunt Filium hominis venientem*
> *in nubibus cæli cum virtute multa et*
> *majestate* [443].
>
> MATTH., XXIV.

La peinture, considérée comme un art imitant les profondeurs de l'espace, ou les effets magiques de la lumière et des couleurs, n'est pas la peinture de Michel-Ange. Entre Paul Véronèse ou le Corrège et lui, il n'y a rien de commun. Méprisant, comme Alfieri, tout ce qui est accessoire, tout ce qui est mérite secondaire, il s'est attaché uniquement à peindre l'homme, et encore il l'a rendu plutôt en sculpteur qu'en peintre.

Il convient rarement à la peinture d'admettre des figures entièrement nues. Elle doit rendre les passions par les regards et la physionomie de l'homme qu'il lui a été donné d'exprimer, plutôt que par la forme des muscles. Son triomphe est d'employer les raccourcis et les couleurs des draperies.

Nos cœurs ne peuvent plus lui résister, quand à tous ces prestiges elle joint son charme le plus puissant, le clair-obscur. Cet ange eût été froid, si son beau corps eût été aperçu dans un plan parallèle à l'œil, et dans tout son développement; le Corrège le fait fuir en raccourci, et il produit un effet plein de chaleur*.

Les peintres qui ne peuvent faire de la peinture donnent des copies de statues. Michel-Ange mériterait les reproches qu'on leur adresse, s'il s'était arrêté

---

* *Madonna alla scodella*, au haut du tableau, à gauche. Cela est encore plus frappant dans l'*Annonciation* du Baroche. (Palais Salviati, à Rome, 1817.) Le principe moral est celui-ci : *Voir beaucoup en peu d'espace*; c'est le contraire dans un bas-relief peint.

comme eux dans le *non agréable*; mais il est allé jusqu'au *terrible*, et d'ailleurs, les figures qu'il présente dans son *Jugement dernier*, n'avaient été vues nulle part avant lui.

Le premier aspect de ce mur immense, tout couvert de figures nues, n'est point satisfaisant. Un tel ensemble n'a jamais frappé nos regards dans la nature. Une figure nue, isolée, se prête facilement à l'expression des qualités les plus sublimes. Nous pouvons considérer en détail la forme de chaque partie, et nous laisser charmer par sa beauté; vous savez que ce n'est que par la forme des muscles en repos que l'on peut rendre les habitudes de l'âme. Si une belle figure nue ne nous transporte pas par le sentiment du sublime, elle rappelle facilement les idées les plus voluptueuses. Une délicieuse incertitude entre ces deux situations de l'âme agite nos cœurs à la vue des *Grâces* de Canova. Sans doute une belle figure nue est le triomphe de la sculpture; ce sujet convient encore beaucoup à la peinture; mais je ne crois pas qu'il soit de son intérêt de présenter à la fois plus de trois ou quatre figures de ce genre. La plus grande ennemie de la volupté c'est l'indécence*; d'ailleurs, l'attention que le spectateur donne à la forme des muscles est volée à celle qu'il doit à l'expression des sentiments; et cette attention ne peut être que froide**.

Une seule figure nue s'adresse presque sûrement à ce qu'il y a de plus tendre et de plus délicat dans l'âme; une collection de beaucoup de figures nues a quelque chose de choquant et de grossier. Le premier aspect du *Jugement dernier* a excité chez moi un sentiment pareil

---

* Le Corrège a fait tout ce qui est possible en ce genre dans la *Léda* qui disparut du Musée en 1814. Une ou deux figures nues de plus, et l'indécence commençait. Porporati a gravé une réplique d'une partie de la *Léda* qui est au palais Colonne à Rome. La piété y a fait voiler par des cheveux une partie du sein de la jeune fille nue qui joue dans l'eau.

** Car nous avons bien d'autres moyens de juger du caractère que ceux qu'on peut tirer de la forme d'un muscle.

à celui qui saisit Catherine II, le jour qu'elle monta au trône, lorsqu'en entrant dans les casernes du régiment des gardes, tous les soldats à demi vêtus se pressaient autour d'elle*.

Mais ce sentiment qui a quelque chose de machinal disparaît bien vite, parce que l'esprit avertit qu'il est impossible que l'action se passe autrement. Michel-Ange a divisé son drame en onze scènes principales.

En s'approchant du tableau, l'on distingue d'abord, vis-à-vis de l'œil, à peu près au milieu, la barque de Caron**. À gauche est le purgatoire, ensuite vient le premier groupe : les morts, réveillés dans la poussière du tombeau par la trompette terrible, secouent leurs linceuls et se revêtent de chairs. Quelques-uns montrent encore leurs os dépouillés ; d'autres, toujours opprimés par ce sommeil de tant de siècles, n'ont que la tête hors de terre ; une figure tout à fait à l'angle du tableau soulève avec effort le couvercle du tombeau. Le moine qui de la main gauche montre le juge terrible est le portrait de Michel-Ange.

Ce groupe est lié au suivant par des figures qui montent d'elles-mêmes au jugement ; elles s'élèvent plus

* Rulhière[444].
** Suivre cela sur une gravure. Voici la disposition du tableau de Michel-Ange :

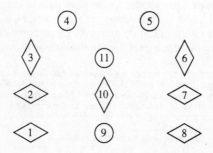

ou moins vite, et avec plus ou moins de facilité, suivant le fardeau de péchés dont elles ont à rendre compte. Pour montrer que le christianisme a pénétré jusque dans les Indes, une figure nue tire vers le ciel, avec un chapelet, deux nègres, l'un desquels est vêtu en moine. Parmi les figures de ce second groupe qui montent au jugement, on distingue une figure sublime, qui tend une main secourable à un pécheur, dont la tête, au milieu de l'anxiété la plus dévorante, tourne cependant les yeux vers le Christ avec quelque lueur d'espoir.

Le troisième groupe à la droite du Christ est entièrement composé de femmes dont le salut est assuré. Une seule est tout à fait nue. Il n'y a que deux têtes de femmes âgées; toutes parlent. Il n'y a qu'une tête vraiment belle, suivant nos idées; c'est cette mère qui protège sa fille effrayée, et regarde le Christ avec une noble assurance. Il n'y a que ces deux figures dans tout le tableau qui ne soient pas transportées de terreur. Cette mère rappelle un peu, par son mouvement, le groupe de *Niobé*.

Au-dessus de ces femmes, le quatrième groupe est formé d'êtres étrangers à l'action; ce sont des anges portant en triomphe les instruments de la passion. Il en est de même du cinquième groupe placé à l'angle du tableau à droite.

Au-dessous, à la gauche du Sauveur, est le triomphe de Michel-Ange; c'est le corps des bienheureux, tous hommes. On distingue la figure d'Énoch. Il y a deux groupes qui s'embrassent; ce sont des parents qui se reconnaissent. Quel moment! se revoir après tant de siècles, et à l'instant où l'on vient d'échapper à un tel malheur! Il était naturel que des prêtres* blâmassent ce transport, et soupçonnassent un motif honteux. Les derniers saints de ce groupe montrent les instruments de leur martyre aux damnés, afin d'augmenter leur

* Du quinzième siècle.

désespoir. Pour ce mouvement, il dut être généralement approuvé. C'est ici que se trouve cette étrange distraction de Michel-Ange. Saint Blaise, en montrant aux damnés des espèces de *râteaux*, apparemment l'instrument de son martyre, se penche sur sainte Catherine, qui était entièrement nue, et se retourne vivement vers lui. Daniel de Volterra fut spécialement chargé de donner un vêtement à sainte Catherine, et de retourner vers le ciel la tête de saint Blaise.

Le septième groupe suffirait seul pour graver à jamais le souvenir de Michel-Ange dans la mémoire du spectateur le plus froid. Jamais aucun peintre n'a rien fait de semblable, et jamais il ne fut de spectacle plus horrible.

Ce sont les malheureux proscrits, entraînés au supplice par les anges rebelles. Buonarroti a traduit en peinture les noires images que l'éloquence brûlante de Savonarole avait jadis gravées dans son âme. Il a choisi un exemple de chacun des *péchés capitaux*. L'avarice tient une clef. Daniel de Volterra a masqué en partie l'horrible punition du vice, le plus à droite contre la bordure du tableau. Emporté par son sujet, l'imagination égarée par huit ans de méditations continues sur un jour si horrible pour un croyant, Michel-Ange élevé à la dignité de prédicateur, et ne songeant plus qu'à son salut, a voulu punir de la manière la plus frappante le vice alors le plus à la mode. L'horreur de ce supplice me semble arriver au vrai sublime du genre.

Un des damnés semble avoir voulu s'échapper. Il est emporté par deux démons et tourmenté par un énorme serpent. Il se tient la tête. C'est l'image la plus horrible du désespoir. Ce groupe seul suffirait à immortaliser un artiste. Il n'y a pas la moindre idée de cela ni chez les Grecs, ni parmi les modernes. J'ai vu des femmes avoir l'imagination obsédée pendant huit jours de la vision de cette figure qu'on leur avait fait comprendre. Il est inutile de parler du mérite de l'exécution. Nous sommes séparés par l'immensité de cette perfection vulgaire. Le corps humain, présenté sous les raccourcis et dans les positions les plus étranges, est là pour l'éternel désespoir des peintres.

Michel-Ange a supposé que ces damnés, pour arriver en enfer, devaient passer par la barque de Caron ; nous assistons au débarquement. Caron, les yeux embrasés de colère, les chasse de sa barque à coups d'aviron. Les démons les saisissent de toutes les manières. On remarque cette figure dans la constriction de l'horreur, qu'un diable entraîne par une fourche recourbée qu'il lui a enfoncée dans le dos.

Minos est consulté. C'est la figure de messer Biagio*. Il indique du doigt la place que le malheureux doit occuper dans les flammes qu'on voit dans le lointain. Cependant messer Biagio a des oreilles d'âne ; il est placé, non sans dessein, directement au-dessous de la punition d'un vice infâme. Sa figure a toute la bassesse que peut admettre l'horreur du sujet ; le serpent qui fait deux fois le tour de son corps le mord cruellement, et indique le chemin qui l'a conduit en enfer**. L'idéal de ces démons était presque aussi difficile à trouver que l'idéal de l'Apollon, et bien autrement touchant pour des chrétiens du quinzième siècle.

La caverne qui est à gauche de la barque de Caron représente le purgatoire, où il n'est resté que quelques diables qui se désespèrent de n'avoir personne à tourmenter. Les derniers pécheurs qui y étaient épurés en sont tirés par des anges. Ils s'échappent malgré les démons qui veulent les retenir, et ont fourni à Michel-Ange deux groupes superbes.

Au-dessus de l'affreux nocher est le groupe des sept anges qui réveillent les morts par la trompette terrible. Ils ont avec eux quelques docteurs chargés de montrer

---

* L'un des critiques de Michel-Ange. Voir l'anecdote, p. 281.

** Le nom de ce grand maître des cérémonies pourrait-il donner la clef de l'action de saint Blaise ?

aux damnés la loi qui les condamne, et aux nouveaux ressuscités la règle par laquelle ils seront jugés.

Nous arrivons enfin au onzième groupe. Jésus-Christ est représenté dans le moment où il prononce la sentence affreuse. La plus vive terreur glace tout ce qui l'environne; la Madone détourne la tête, et frissonne. À sa droite est la figure majestueuse d'Adam. Rempli de l'égoïsme des grands périls, il ne songe nullement à tous ces hommes qui sont ses enfants. Son fils Abel le saisit par le bras. Près de sa main gauche l'on voit un de ces patriarches antédiluviens qui comptaient leurs années par siècles, et que l'extrême vieillesse empêche de se tenir debout.

À la gauche du Christ, saint Pierre fidèle à son caractère timide, montre vivement au Sauveur les clefs du ciel qu'il lui confia jadis, et où il tremble de ne pas entrer. Moïse, guerrier et législateur, regarde fixement le Christ avec une attention aussi profonde qu'exempte de terreur. Les saints qui sont au-dessus ont ce mouvement plein de nature et de vérité qui nous fait tendre le bras à l'ouïe de quelque événement épouvantable.

Au-dessous du Christ, saint Barthélemy lui montre le couteau avec lequel il fut écorché. Saint Laurent se couvre de la grille sur laquelle il expira. Une femme placée sous les clefs de saint Pierre a l'air de reprocher au Christ sa sévérité.

Jésus-Christ n'est point un juge, c'est un ennemi ayant le plaisir de condamner ses ennemis. Le mouvement avec lequel il maudit est si fort, qu'il a l'air de lancer un dard.

CHAPITRE CLXIX

SUITE DU « JUGEMENT DERNIER »

Entre les onze groupes principaux sont jetées quelques figures dans un plan plus éloigné; par exemple, au-dessus des morts qui sortent de terre, deux figures qui montent au jugement.

Les personnages des trois groupes, au bas du tableau, ont six pieds de proportion. Ceux qui environnent Jésus-Christ ont douze pieds. Les groupes au-dessous ont huit pieds de proportion. Les anges qui couronnent le tableau n'ont que six pieds*.

Des onze scènes de ce grand drame, trois seulement se passent sur la terre. Les huit autres ont lieu sur des nuées plus ou moins rapprochées de l'œil du spectateur. Il y a trois cents personnages; le tableau a cinquante pieds de haut sur quarante de large.

Certainement le coloris n'a ni l'éclat ni la vérité de l'école de Venise; il est loin cependant d'être sans mérite, et devait, dans la nouveauté, avoir beaucoup d'harmonie. Les figures se détachent sur un bleu de ciel fort vif. Dans ce grand jour où tant d'hommes devaient être vus, l'air devait être très pur.

Les figures d'en bas sont les plus terminées. Les anges qui sonnent de la trompette sont finis avec autant de soin que pour le tableau de chevalet, le plus près de l'œil. L'école de Raphaël admirait beaucoup l'ange du milieu, qui étend le bras gauche. Il paraît tout gonflé. On sentit vivement la difficulté vaincue dans la figure d'Adam, qui, malgré les muscles les plus pleins et les mieux formés, montre l'extrême vieillesse où parvint ce premier des hommes. La peau tombe.

Le sujet du *Jugement dernier*, comme tous ceux qui

---

* Écrit et mesuré à la chapelle Sixtine, le 23 janvier 1817, 34 ans[445].

exigent plus de huit ou dix personnages, n'est pas propre à la peinture. Il a de plus un défaut particulier ; il fallait représenter un nombre immense de personnages, n'ayant autre chose à faire que d'écouter ; Michel-Ange a parfaitement vaincu cette difficulté *.

Aucun œil humain ne peut apercevoir distinctement l'ensemble de ce tableau. Quelque souverain, ami des arts, devrait le faire copier en panorama.

La manière toute poétique dont Michel-Ange a traité son sujet est bien au-dessus du génie froid de nos artistes du dix-neuvième siècle. Ils parlent du tableau avec mépris, et seraient hypocrites s'ils parlaient autrement. On ne peut pas *faire sentir*, et je ne répondrai pas aux objections. En général elles passent jusqu'à l'injure, parce qu'ils sont vexés de je ne sais quelle sensation de grandeur qui pénètre jusque dans ces âmes sèches. Buonarroti a fait ses personnages nus ; comment les faire autrement ? Zuccheri a fait à Florence un *Jugement* vêtu, qui est ridicule. Signorelli en a fait un à demi-nu à Cortone, il a mieux réussi.

Comme les grands artistes en formant leur idéal suppriment certains ordres de détails, les artistes-ouvriers les accusent de ne pas voir ces détails. Les jeunes sculpteurs de Rome ** ont le mépris le plus naturel pour Canova. L'un d'eux me disait ces propres paroles que j'écoutais avec un vif plaisir : « Canova ne sait pas faire un homme. Placez dans une galerie, au milieu de vingt statues antiques, deux statues de Canova, vous verrez que le public s'arrêtera devant celles de Canova. L'antique, au contraire, est froid ! »

---

* Je ne suis pas assez théologien pour résoudre une objection qui a pu influer sur la *disposition* des scènes de Michel-Ange. Le Jugement dernier ne me semble qu'une affaire de cérémonie. Il n'est jugement que pour les gens qui viennent de mourir à cause de la fin du monde. Tous les autres pécheurs savent déjà leur sort et ne peuvent s'étonner. Le purgatoire étant supprimé, peut-être les âmes qui ne sont pas assez épurées vont-elles en enfer.

** 1817 ; note de sir W. E.

Les livres de peinture sont pleins des défauts de Michel-Ange*. Mengs, par exemple, le condamne hautement ; mais, après avoir lu ces critiques, allez voir le *Moïse* de Mengs à la chapelle des Papyrus, et le *Moïse* de *San Pietro in Vincoli*. Nous sommes ici sur un de ces sommets tranchants qui séparent à jamais l'homme de génie du vulgaire. Je ne voudrais pas répondre que beaucoup de nos artistes ne donnent la préférence au *Moïse* de Mengs, à cause du raccourci du bras. Comment des âmes vulgaires n'admireraient-elles pas ce qui est vulgaire ?

Pour que cet article ne soit pas incomplet, je vais transcrire les principales critiques. D'ailleurs, tout homme a raison dans son goût ; il faut seulement compter les voix.

Les ouvriers en peinture disent que les jointures des figures de Michel-Ange sont peu sveltes, et paraissent faites seulement pour la position dans laquelle il les place. Ses chairs sont trop pleines de formes rondes. Ses muscles ont une trop grande quantité de chair, ce qui cache le mouvement des figures. Dans un bras plié comme le bras droit du Christ, par exemple, les muscles *extenseurs* qui font mouvoir l'avant-bras sur le bras, étant aussi *renflés* que les muscles *adducteurs*, on ne peut juger du mouvement par la forme. On ne voit pas de muscles en repos dans les figures de Michel-Ange. Il a mieux connu que personne la position de chaque muscle, mais il ne leur a pas donné leur forme véritable. Il fait les tendons trop charnus et trop forts. La forme des poignets est outrée. Sa couleur est rouge, quelques-uns vont jusqu'à dire qu'il n'a pas de clair-obscur. Les contours des figures sont *ressentis*, subdivisés en petites parties**. La forme des doigts est outrée***. Ces prétendus défauts étaient d'autant plus

---

* Milizia, traduit par Pommereul, Azara, Mengs.
** Comparer le *Gladiateur* à l'*Apollon*.
*** Voir les paupières de la *Pallas de Velletri*.

séduisants pour Michel-Ange, que c'était le contraire du style timide et mesquin où il trouva son siècle arrêté ; il inventait l'idéal. La haine du style froid et plat a conduit le Corrège aux raccourcis, et Michel-Ange aux positions singulières. Ainsi la postérité nous reprochera d'avoir trop haï la tyrannie ; elle n'aura pas senti comme nous les douceurs des dix dernières années[446].

J'avoue que l'ange qui passe la cuisse droite sur la croix (quatrième groupe), a un mouvement auquel rien ne pouvait conduire que la haine du style plat.

Ceci nous choque d'autant plus, que le caractère du dix-neuvième siècle est de chercher les émotions fortes, et de les chercher par des moyens simples. Le *contourné*, le *chargé d'ornements*, nous paraît sur-le-champ *petit*. Le grandiose de l'architecture de Michel-Ange est un peu masqué par ce défaut.

Les reproches que le vulgaire fait à Michel-Ange et au Corrège sont directement opposés, et l'on y répond par le même mot.

CHAPITRE CLXX

SUITE DU « JUGEMENT DERNIER »

Je crois me rappeler qu'il n'y a pas une seule figure de Michel-Ange à Paris*. Cela est tout simple. Cependant, comme ce pays a produit un Le Sueur qui a senti la grâce sans le climat d'Italie, je dirai au jeune homme qui sentirait par hasard que des statues copiées et alignées en *bas-relief* ne sont pas de la peinture : « Étudiez la gravure du *Jugement dernier*, par Metz**, elle est dessinée au *verre*, et d'une fidélité scrupuleuse. Par conséquent elle ne présente pas la pensée de Michel-Ange, mais seulement ce que la censure permit de lais-

---

* À l'exception des deux *Esclaves* ébauchés, du Louvre.
** Rome, 1816, 240 francs. La prendre en atlas.

ser à Daniel de Volterra. La planche d'ensemble de M. Metz donne le dessin de Buonarroti. Mieux encore, cherchez une petite gravure* faite avant Daniel de Volterra. Voilà le contrepoison du style froid, et théâtral, comme le séjour de Venise est le seul remède à votre coloris terreux[448]. »

CHAPITRE CLXXI

JUGEMENTS DES ÉTRANGERS SUR MICHEL-ANGE

Comme Mozart dans la statue de *Don Juan*, Michel-Ange, aspirant à la terreur, a réuni tout ce qui pouvait déplaire** dans toutes les parties de la peinture : le dessin, le coloris, le clair-obscur, et cependant il a su attacher le spectateur. On se figure les belles choses qu'ont dites sur son compte les gens qui sont venus le juger sur les règles du genre efféminé, ou sur celles du *beau idéal antique*. C'est nos La Harpe jugeant Shakespeare.

Un écrivain fort estimé en France, M. Falconet[449], statuaire célèbre, ayant à parler du *Moïse*, s'écrie en s'adressant à Michel-Ange : « L'ami, vous avez l'art de rapetisser les grandes choses ! » Il ajoute qu'après tout ce *Moïse* si vanté ressemble bien plutôt à un galérien qu'à un législateur inspiré.

M. Fuessli, qui a écrit sur les arts avec tout l'esprit d'un Bernois[450], dit*** : « Tous les artistes font de leurs saints des vieillards, sans doute parce qu'ils pensent que l'âge est nécessaire pour donner la sainteté, et ce qu'ils ne peuvent donner de majesté et de gravité, ils le remplacent par des rides et de longues barbes. On en

---

* Elle porte ces mots : *Apud Carolum Losi*[447]. Le cuivre appartient, en 1817, à M. De Meulemeester, l'auteur des charmantes aquarelles des Loges de Raphaël, et l'un des hommes qui comprend le mieux le dessin des grands maîtres.
** Excepté par le mépris.
*** *Lettres de Winckelmann*, t. II.

voit un exemple dans le *Moïse* de l'église de Saint-Pierre-aux-Liens, du ciseau de Michel-Ange, qui a sacrifié la beauté à la précision anatomique, et à sa passion favorite, le terrible ou plutôt le gigantesque. On ne peut s'empêcher de rire quand on lit le commencement de la description que le judicieux Richardson donne de cette statue : *Comme cette pièce est très fameuse, il ne faut pas douter qu'elle ne soit aussi très excellente.* S'il est vrai que Michel-Ange ait étudié le bras du fameux satyre de la villa Ludovisi, qu'on regarde à tort comme antique, il est très probable aussi qu'il a étudié de même la tête de ce satyre, pour en donner le caractère à son *Moïse* : car toutes deux, comme Richardson le dit lui-même, ressemblent à une tête de bouc. Il y a sans doute dans l'ensemble de cette figure quelque chose de monstrueusement grand, qu'on ne peut disputer à Michel-Ange; c'était une tempête qui a présagé les beaux jours de Raphaël. »

Le célèbre chevalier Azara[451], qui passait dans le siècle dernier pour un homme aimable, et qui écrit pourtant avec tout l'emportement d'un pédant, dit :

« Michel-Ange durant sa longue carrière ne fit aucun ouvrage de sculpture, de peinture, ni peut-être même d'architecture, dans l'idée de plaire ou de représenter la beauté, chose qu'il ne connut jamais, mais uniquement pour faire pompe de son savoir. Il crut posséder un style grandiose, et il eut exactement le style le plus mesquin, et peut-être le plus grossier et le plus lourd. Ses contorsions ont été admirées de plusieurs, cependant il suffit de jeter un coup d'œil sur son *Jugement dernier* pour voir jusqu'où peut aller l'extravagance d'une composition*. »

Winckelmann aura sans doute écrit sur Michel-Ange quelque chose de semblable, que je ne puis citer, parce que je n'ai pas lu cet auteur.

---

* *Œuvres de Mengs*, édition de Rome, p. 108. On peut avoir de l'affectation en apparence sans manquer au naturel; voir Pétrarque et Milton. Ils pensaient ainsi. Plus ils voulaient bien exprimer leurs sentiments, plus ils nous semblent affectés.

On rapporte une particularité singulière du célèbre Josué Reynolds, le seul peintre, je crois, qu'ait eu l'Angleterre. Il faisait profession d'une admiration outrée pour Michel-Ange. Dans le portrait qu'il envoya à Florence, pour la collection des peintres, il s'est représenté tenant un rouleau de papier sur lequel on lit : *Disegni dell' immortal Buonarroti*. Au contraire, il affecta, toute sa vie, dans la conversation, comme dans ses écrits, un mépris souverain pour Rembrandt, et cependant c'est sur ce grand peintre qu'il s'est uniquement formé, il n'a jamais rien imité de Michel-Ange ; et à sa mort, tous les tableaux du maître hollandais qui se trouvèrent dans sa collection étaient originaux et excellents, tandis que tout ce qu'il avait de Michel-Ange était copie, et même au-dessous de la critique.

Je comprends que les brouillards de la Hollande et de l'Allemagne, avec leurs gouvernements minutieux, ne sentent pas Michel-Ange. Mais les Anglais m'étonnent ; le plus énergique des peuples devrait sentir le plus énergique des peintres.

Il est vrai que l'Anglais, au milieu des actions les plus périlleuses, aime à faire pompe de son sang-froid. D'ailleurs, outre qu'il n'a ni le temps ni l'*aisance nécessaire** pour s'occuper de bagatelles comme les arts, il est empoisonné dans ce moment par je ne sais quel système du *pittoresque*, et ces sortes de livres retardent toujours une nation de quinze à vingt ans. Il y a un pen-

---

Michel-Ange employa plus de douze ans à étudier la forme des muscles, un scalpel à la main. Une fois il faillit périr de la mort de Bichat[452].

* Le climat et l'habitude *forcée* des pensées raisonnables font que beaucoup d'Anglais ne sentent pas la musique ; beaucoup aussi n'ont pas le sens de la peinture. Voir les charmantes absurdités de M. Roscoe sur Léonard de Vinci[453]. (*Vie de Léon X*, IV, chap. XXII.) Ils donnent le nom de grimace à l'expression naturelle des peuples du Midi. (Warden.) Ils ont trop d'orgueil, comme les Français trop de vanité, pour comprendre l'étranger.

chant général pour la mélancolie et l'architecture gothique, qui est de bon goût, car il est inspiré par le climat, mais qui éloigne pour longtemps de la force triomphante de Michel-Ange. Enfin, les femmes seules ont le temps de s'occuper des arts, et l'on ne peint guère qu'à la gouache ou à l'aquarelle.

Comme ce peuple a encore l'aisance d'une grande maison qui se ruine, il en devrait profiter pour mettre à Londres cinq ou six choses de Michel-Ange; cela relèverait admirablement ce je-ne-sais-quoi de monotone et de plat qu'a l'ensemble de la plus grande ville d'Europe *.

Mais enfin il faut tôt ou tard qu'elle comprenne Michel-Ange, la nation pour qui l'on a fait et qui sent si bien ces vers de Macbeth :

> *I have almost forgot the taste of fears :*
> *The time has been, my senses would have cool'd*
> *To hear a night-shriek; and my fell of hair*
> *Would at a dismal treatise rouse and stir*
> *As life were in't : I have supp'd full with horrors;*
> *Direness, familiar to my slaught' rous thoughts,*
> *Cannot once start me. — Wherefore was that cry* ** [454] ?

Macbeth, acte V.

* L'exposition de 1817 montre que l'école anglaise est sur le point de naître. Je crains qu'elle n'en ait pas le temps. Les ministres répondent par de la tyrannie aux cris de la *réforme*, qui tous les jours devient moins déraisonnable; il va y avoir révolution.

** Les Anglais ont un autre goût qui les rapproche de Michel-Ange. La sublimité étonnante des beaux arbres qui peuplent leurs campagnes compense à mes yeux, pour les arts, tous les désavantages de leur position.

En France l'on ne peut pas avoir l'idée de ces chênes vénérables, dont plusieurs ont vu Guillaume le Conquérant.

CHAPITRE CLXXII

INFLUENCE DU DANTE SUR MICHEL-ANGE

Messer Biagio, maître de cérémonies de Paul III, qui l'accompagna lorsqu'il vint voir le *Jugement* à moitié terminé, dit à Sa Sainteté qu'un tel ouvrage était plutôt fait pour figurer dans une hôtellerie, que dans la chapelle d'un pape. À peine le prince fut-il sorti, que Michel-Ange fit de mémoire le portrait de Messer Biagio, et le plaça en enfer sous la figure de Minos. Sa poitrine, comme nous l'avons vu, est entourée d'une horrible queue de serpent, qui en fait plusieurs fois le tour*. Grandes plaintes du maître de cérémonies, à qui Paul III répondit ces propres paroles : « Messer Biagio, vous savez que j'ai reçu de Dieu un pouvoir absolu dans le ciel et sur la terre, mais je ne puis rien en enfer ; ainsi restez-y. »

Les petits esprits n'ont pas manqué de faire cette critique à Michel-Ange : « Vous avez placé en enfer Minos et Caron**. »

Ce mélange est bien ancien dans l'Église. Dans la messe des morts l'on trouve le Tartare et les sibylles. À

---

* Le Dante avait dit :

> *Stavvi Minos orribilmente, e ringhia;*
> *Esamina le colpe nell' entrata;*
> *Giudica e manda, secondo ch' avvinghia.*
> *Dico, che quando l' anima mal nata*
> *Gli vien dinanzi, tutta si confessa;*
> *E quel conoscitor delle peccata*
> *Vede qual luogo d' inferno è da essa;*
> *Cignesi con la coda tante volte,*
> *Quantunque gradi vuol che giù sia messa*[455].

Inferno, c. v.

**   *Caron demonio con occhi di bragia*
     Loro accennando, tutte le raccoglie,
     Batte col remo qualunque s'adagia[456].

Inferno.

Florence, depuis deux siècles, le Dante était comme le prophète de l'enfer. Le 1er mars 1304, le peuple avait voulu se donner le plaisir de voir l'enfer. Le lit de l'Arno était le gouffre. Toute la variété des tourments inventés par la noire imagination des moines ou du poète, lacs de poix bouillante, feux, glaces, serpents, furent appliqués à des personnes véritables, dont les hurlements et les contorsions donnèrent aux spectateurs un des plaisirs les plus utiles à la religion.

Il n'y a rien d'étonnant à ce que Michel-Ange, entraîné par l'habitude de son pays, habitude qui dure encore, et par sa passion pour le Dante, se figurât l'enfer comme lui.

Le génie fier de ces deux hommes est absolument semblable*.

Si Michel-Ange eût fait un poème, il eût créé le comte Ugolin, comme, si le Dante eût été sculpteur, il eût fait le *Moïse*.

Personne n'a plus aimé Virgile que le Dante, et rien ne ressemble moins à l'*Énéide* que l'*Enfer*. Michel-Ange fut vivement frappé de l'antique, et rien ne lui est plus opposé que ses ouvrages.

Ils laissèrent au vulgaire la grossière imitation des dehors. Ils pénétrèrent au principe : *Faire ce qui plaira le plus à mon siècle.*

Pour un Italien du quinzième siècle, rien de plus insignifiant que la tête de l'*Apollon*, comme Xipharès pour un Français du dix-neuvième.

Comme le Dante, Michel-Ange ne fait pas plaisir, il intimide, il accable l'imagination sous le poids du malheur, il ne reste plus de force pour avoir du courage, le malheur a saisi l'âme tout entière. Après Michel-Ange, la vue de la campagne la plus commune devient délicieuse ; elle tire de la stupeur. La force de l'impression est allée jusque tout près de la douleur ; à mesure qu'elle s'affaiblit, elle devient plaisir.

* Lettre du Dante à l'empereur Henri, 1311.

Comme le Dante, pour un prisonnier, la vue d'une fresque de Michel-Ange serait pour longtemps horrible. C'est le contraire de la musique, qui donne de la tendresse même à ses tyrans.

Comme le Dante, le sujet que présente Michel-Ange manque presque toujours de grandeur et surtout de beauté. Quoi de plus plat, à l'armée, qu'une fille qui assassine l'imprudent qui couche chez elle ? Mais ses sujets s'élèvent rapidement au sublime par la force de caractère qu'il leur imprime. Judith n'est plus Jacques Clément, elle est Brutus.

Comme le Dante, son âme prête sa propre grandeur aux objets dont elle se laisse émouvoir, et qu'ensuite elle peint, au lieu d'emprunter d'eux cette grandeur.

Comme le Dante, son style est le plus sévère qui soit connu dans les arts, le plus opposé au style français. Il compte sur son talent et sur l'admiration pour son talent. Le sot est effrayé, les plaisirs de l'honnête homme s'en augmentent. Il sympathise avec ce génie mâle.

Chez Michel-Ange, comme devant le Dante, l'âme est glacée par cet excès de sérieux. L'absence de tout moyen de rhétorique augmente l'impression. Nous voyons la figure d'un homme qui vient de voir quelque objet d'horreur.

Le Dante veut intéresser les hommes qu'il suppose malheureux. Il ne décrit pas les objets extérieurs comme les poètes français. Son seul moyen est d'exciter la sympathie pour les émotions qui le possèdent. Ce n'est jamais l'objet qu'il nous montre, mais l'impression sur son cœur*.

Possédé de la fureur divine, tel qu'un prophète de l'Ancien Testament, l'orgueil de Michel-Ange repousse toute sympathie. Il dit aux hommes : « Songez à votre intérêt, voici le Dieu d'Israël qui arrive dans sa vengeance. »

---

* « *E caddi come corpo morto cade*[457]. » (Dante.)

D'autres dessinateurs ont rendu avec quelque succès Homère ou Virgile. Toutes les gravures que j'ai vues pour le Dante sont du ridicule le plus amusant*. C'est que la force est indispensable, et rien de plus rare aujourd'hui.

Michel-Ange lisait le grand peintre du moyen âge dans une édition in-folio, avec le commentaire de Landino, qui avait six pouces de marges. Sans s'en apercevoir il avait dessiné à la plume, sur ces marges, tout ce que le poète lui faisait voir. Ce volume a péri à la mer.

CHAPITRE CLXXIII

FIN DU « JUGEMENT DERNIER »

Pendant que Michel-Ange peignait le *Jugement dernier*, il tomba de son échafaud, et se fit à la jambe une blessure douloureuse. Il s'enferma et ne voulut voir personne. Le hasard ayant conduit chez lui Baccio Rontini, médecin célèbre, et presque aussi capricieux que son ami, il trouva toutes les portes fermées. Personne ne répondant, ni domestiques ni voisins, Rontini descendit avec beaucoup de peine dans une cave, et de là remontant avec non moins de travail, parvint enfin à Buonarroti qu'il trouva enfermé dans sa chambre, et résolu à se laisser mourir. Baccio ne voulut plus le quitter, lui fit faire de force quelques remèdes, et le guérit.

Michel-Ange mit huit ans au *Jugement dernier*, et le découvrit le jour de Noël 1541; il avait alors soixante-sept ans**.

L'ouvrage qui facilite le plus l'étude de cet immense

---

* Le *Comte Ugolin* de Josué Reynolds.
** L'Arétin[458], cet homme d'esprit, *l'opposition* du moyen âge, envoya des idées à Michel-Ange pour son *Jugement dernier*, et eut avec lui une correspondance suivie. *Lettres de l'Arétin*, t. I, p. 154; II, 10; III, 45; IV, 37.

tableau, obscurci par la fumée des cierges, est à Naples. C'est une esquisse très bien dessinée ; on la croit de Buonarroti lui-même, et qu'elle fut peinte sous ses yeux par son ami Marcel Venusti. Les figures ont moins d'une palme, mais, quoique de petite proportion, conservent admirablement le caractère grand et terrible. Ce tableau curieux est aussi frais que s'il était peint de nos jours. Il est sans prix aujourd'hui que l'original a tant souffert.

On m'assure qu'il y a chez les Colonna, à Rome, une seconde copie de Venusti.

CHAPITRE CLXXIV

FRESQUES DE LA CHAPELLE PAULINE

Paul III ayant fait construire une chapelle tout près de la Sixtine (1549), la fit peindre par le grand homme dont il disposait. On y va chercher les restes de deux grandes fresques : la *Conversion de saint Paul*, et le *Crucifiement de saint Pierre*. Huit ou dix fois par an on célèbre les *Quarante Heures* dans cette chapelle avec une quantité de cierges étonnante. Je n'ai pu distinguer que le cheval blanc de saint Paul. Il faudrait se hâter de faire copier ces tableaux*.

Ce fut le dernier ouvrage de Michel-Ange, qui eut même, disait-il, beaucoup de peine à l'achever. Il avait soixante-quinze ans. Ce n'est plus l'âge de la peinture, et encore moins de la fresque. L'on montre à Naples quelques cartons faits pour ces deux tableaux.

---

* Mais il n'y a plus d'argent pour rien. J'ai trouvé trois ouvriers au *Campo Vaccino*, et cent dix-huit à Pompeia, au lieu de cinq cents qu'y employait Joachim[459]. (Février 1817, W. E.)

CHAPITRE CLXXV

MANIÈRE DE TRAVAILLER

On trouve dans un livre du seizième siècle : « Je puis dire d'avoir vu Michel-Ange âgé de plus de soixante ans, et avec un corps maigre qui était bien loin d'annoncer la force, faire voler en un quart d'heure plus d'éclats d'un marbre très dur, que n'auraient pu le faire en une heure trois jeunes sculpteurs des plus forts ; chose presque incroyable à qui ne l'a pas vue. Il y allait avec tant d'impétuosité et tant de furie, que je craignais, à tout moment, de voir le bloc entier tomber en pièces. Chaque coup faisait voler à terre des éclats de trois ou quatre doigts d'épaisseur, et il appliquait son ciseau si près de l'extrême contour, que si l'éclat eût avancé d'une ligne tout était perdu *[460]. »

Brûlé par l'image du beau qui lui apparaissait et qu'il craignait de perdre, ce grand homme avait une espèce de fureur contre le marbre qui lui cachait sa statue.

L'impatience, l'impétuosité, la force avec laquelle il attaquait le marbre, ont fait peut-être qu'il a trop marqué les détails. Je ne trouve pas ce défaut dans ses fresques.

Avant de peindre au plafond de la Sixtine, il devait calquer journellement, sur le *crépi*, les contours précis qu'il avait déjà tracés dans son *carton*. Voilà deux opérations qui corrigent les défauts de l'impatience.

Vous vous rappelez que, pour la fresque, chaque jour le peintre fait mettre cette quantité de *crépi* qu'il croit pouvoir employer : sur cet enduit encore frais, il calque avec une pointe, dont l'effet est facile à suivre à la chapelle Pauline, les contours de son dessin. Ainsi

---

* Blaise de Vigenère, *Images de Philostrates*, p. 855, notes.

l'on ne peut improviser à fresque, il faut toujours avoir
vu l'effet de l'ensemble dans le *carton*.

Pour ses statues, l'impatience de Buonarroti le porta
souvent à ne faire qu'un petit modèle en cire ou en
terre. Il comptait sur son génie pour les détails. « On
voit dans Buonarroti, dit Cellini, qu'ayant fait l'expérience de l'une et de l'autre de ces méthodes, c'est-à-
dire de sculpter les figures en marbre d'après un
modèle de grandeur égale à la statue, ou beaucoup
plus petit, à la fin, convaincu de l'extrême différence, il
se résolut à employer le premier procédé. C'est ce dont
j'eus occasion de me convaincre, quand je le vis travailler aux statues de Saint-Laurent*. »

Canova fait une statue en terre. Ses ouvriers la
moulent en plâtre et la lui traduisent en marbre. Le
matériel de cet art est réduit à ce qu'il doit être ; c'est-
à-dire que, quant à la difficulté manuelle, le grand
artiste de nos jours peut faire vingt ou trente statues
par an.

Je ne sais si la gravure en pierre rendra le même service aux Morghen, et aux Müller[461].

CHAPITRE CLXXVI

TABLEAUX DE MICHEL-ANGE

Ils sont fort rares. Il méprisait ce petit genre.
Presque tous ceux qu'on lui attribue ont été peints par
ses imitateurs, d'après ses dessins. Le silence de Vasari
et le peu de patience de l'homme le prouvent également.

Tout au plus quelques-uns ont-ils été faits sous ses
yeux. On y trouve une distribution de couleurs qui se
rapproche de ses idées. Alors ils sont de Daniel de Volterra, ou de Fra Sébastien, ses meilleurs imitateurs.

* *Traité de sculpture.*

Ces tableaux originaux auront été copiés, tantôt par des peintres flamands, tantôt par des Italiens d'écoles différentes, comme le prouve la diversité du coloris. Les sujets ainsi exécutés sont le *Sommeil de Jésus enfant*, la *Prière au jardin des olives*, la *Déposition de croix*. Le tableau de Michel-Ange qu'on rencontre le plus souvent dans les galeries, c'est *Jésus expirant sur la croix* ; d'où est venu le conte d'un homme mis en croix par Buonarroti. Souvent il y a un saint Jean et une Madone, d'autres fois deux anges qui recueillent le sang du Sauveur.

Le meilleur crucifix est celui de la *casa* Chiappini, à Plaisance. Bologne en a trois dans les collections Caprara, Bonfigliuoli, et Biancani*.

Fra Sébastien de l'école de Venise, que Michel-Ange aimait à cause de sa couleur excellente, et quelquefois sublime, fit à Rome, d'après ses dessins, la *Flagellation* et la *Transfiguration***[462]. C'était dans le temps que Raphaël finissait son dernier tableau ; on dit que le peintre d'Urbin, ayant su que Michel-Ange fournissait des dessins à Fra del Piombo, s'écria qu'il remerciait ce grand homme de le croire digne de lutter contre lui. Fra Sébastien peignit une *Déposition* à Saint-François, à Viterbe.

Il répéta sa *Flagellation* de Rome, pour un couvent de Viterbe, et à la Chartreuse de Naples le voyageur, en admirant la plus belle vue de l'univers, peut voir une troisième *Flagellation*, que l'on prétend peinte par Buonarroti lui-même.

Venusti fit d'après ses dessins deux *Annonciations*, les *Limbes* du palais Colonna, *Jésus au Calvaire*, au palais Borghèse, sans parler de l'admirable *Jugement dernier* de Naples. Franco fit l'*Enlèvement de Ganymède*, qui est passé à Berlin avec la galerie Giustiniani.

---

* Bottari donne la liste de ces crucifix. J'en ai trouvé dans les galeries Doria et Colonna à Rome.
** À Saint-Pierre *in Montorio*.

On y voit merveilleusement la force de l'aigle et la peur du jeune homme ; les ailes de l'aigle ne sont pas ridiculement disproportionnées avec le poids qu'il enlève, comme dans le petit groupe antique de Venise*. Mais, d'un autre côté, l'expression admirable et l'amour de l'aigle antique manquent entièrement. Il n'y a pour les sentiments tendres que la douleur du chien fidèle de Ganymède, qui voit son maître enlevé dans les airs.

Pontormo fit *Vénus et l'Amour*, et l'*Apparition du Christ*, sujet qu'il répéta pour Città di Castello, Michel-Ange ayant dit que personne ne pouvait mieux faire.

Salviati et Bugiardini peignirent plusieurs de ses dessins. Dans l'âge suivant, les artistes y avaient souvent recours.

On dit que la cathédrale de Burgos a une *Sainte Famille* de Buonarroti**. J'ai parlé de celle qui est à la galerie de Florence, et dont l'originalité est incontestable. Elle est peinte en détrempe, et, quoique le coloris soit faible, le tableau semble parfaitement conservé. Cette Madone a l'air d'escamoter l'enfant Jésus, et sa physionomie d'Égyptienne achève de rappeler une idée ridicule. Une partie de cette critique s'applique à la *Madone* en marbre de Saint-Laurent. Les enfants ne sont que de petits hommes.

Dans l'empire des lettres, on cite plusieurs grands génies dont les idées, pour être goûtées du public, ont eu besoin d'être éclairées par des littérateurs à qui il n'a fallu d'autre mérite que l'art d'écrire. C'est ainsi que les peintures de Michel-Ange, altérées par le temps, ou placées à une trop grande distance de l'œil, font très souvent plus de plaisir dans les copies que dans l'original.

Ses dessins qui ne sont pas fort rares étonnent tou-

---

* Dans la grande salle du Conseil, sur la Piazzetta, 1817.

** La Madone, l'enfant Jésus debout sur une pierre auprès du berceau ; figures de grandeur naturelle ; tableau provenant de la *casa* Mozzi de Florence. (Conca, I, p. 24.)

jours. Il commençait par dessiner sur un morceau de papier le squelette de la figure qu'il voulait faire, et sur un autre il le revêtissait de muscles. Ses dessins se divisent en deux classes : 1° les premières pensées jetées à la plume et sans détails ; 2° ceux qu'il fit pour être exécutés et qui peuvent l'être par le peintre le plus médiocre. Tout y est *.

Un génie aussi impatient ne devait pas faire de portraits ; on ne cite qu'un dessin d'après Tomaso de' Cavalieri, jeune noble romain auquel il trouvait de rares dispositions pour la peinture. On montre au palais Farnèse le buste de Paul III ; au Capitole, le buste de Faërne.

Après les fresques de la chapelle Pauline, Michel-Ange ne put rester oisif. Il disait que le travail du maillet était nécessaire à sa santé. À soixante-dix-neuf ans, lorsque Condivi écrivait, il travaillait encore de temps en temps à une *Déposition de croix*, groupe colossal dont il voulait faire présent à quelque église, sous la condition qu'on le mettrait sur son tombeau.

Ce groupe, où la seule figure du Christ est terminée, fut placé au dôme de Florence **. L'on aurait mieux fait de suivre la volonté du grand homme. C'était pour lui un tombeau plus caractéristique, et surtout bien autrement noble que celui de *Santa Croce*.

CHAPITRE CLXXVII

MICHEL-ANGE ARCHITECTE

Il faut considérer la Bibliothèque de Saint-Laurent à Florence, le Capitole, la coupole, et les parties extérieures de Saint-Pierre de Rome.

* Mariette avait le dessin du *Christ triomphant* de la Minerve.
** Derrière le grand autel, sous la coupole de Brunelleschi. C'est le plus touchant des groupes de Michel-Ange ; cela tient au capuchon de la figure qui soutient Jésus-Christ.

En 1546 mourut Antoine de Sangallo, architecte de Saint-Pierre. Bramante était mort en 1514, Raphaël en 1520. Depuis longtemps Michel-Ange survivait à ses rivaux, et à tous les grands hommes qui avaient entouré sa jeunesse. Il était le dieu des arts, mais le dieu d'un peuple avili. On n'admirait plus que lui, on ne copiait plus que ses ouvrages, et en voyant tous ses copistes il s'était écrié : « Mon style est destiné à faire de grands sots ! »

Il était enfin vainqueur des intrigues qui avaient poursuivi sa jeunesse. Mais la victoire était triste ; en perdant ses rivaux il avait perdu ses juges. Il regrettait leurs injures. Il se trouvait seul sur la terre. Nous avons encore un éloge passionné qu'il fit de Bramante. Qui lui eût dit, dans le temps de la chapelle Sixtine, de pleurer un jour Bramante et Raphaël !

Après la mort de Sangallo, on hésita longtemps pour le successeur ; enfin Paul III eut l'idée de faire appeler le vieux Michel-Ange. Le pontife lui ordonna, presque au nom du ciel, de prendre ce fardeau dont il refusait de se charger.

Il alla à Saint-Pierre, où il trouva les élèves de Sangallo tout interdits. Ils lui montrèrent avec ostentation le modèle fait par leur maître. « C'est un pré, dirent-ils, où il y aura toujours à faucher. — Vous dites plus vrai que vous ne pensez, répondit Michel-Ange ; au reste, c'est malgré moi qu'on m'envoie ici. Je n'ai qu'un mot à vous dire, faites tous vos efforts, employez tous vos amis pour que je ne sois pas l'architecte de Saint-Pierre. »

Il dit à Paul III : « Le modèle de Sangallo avec tant de ressauts, d'angles, et de petites parties, se rapproche plus du genre gothique que du goût sage de l'antiquité, ou de la belle manière des modernes. Pour moi, j'épargnerai deux millions et cinquante ans de travaux, car je ne regarde pas les grands ouvrages comme des rentes viagères. »

En quinze jours il fit son modèle de Saint-Pierre qui coûta vingt-cinq écus. Il avait fallu quatre ans pour exécuter le modèle de Sangallo, qui en avait coûté quatre mille*.

Paul III eut le bon esprit de faire un décret** qui conférait à Buonarroti un pouvoir absolu sur Saint-Pierre. En le recevant, Michel-Ange ne fit qu'une objection : il pria d'ajouter que ses fonctions seraient gratuites. Au bout du mois, le pape lui ayant envoyé cent écus d'or, Michel-Ange répondit que telles n'étaient pas les conventions, et il tint bon, en dépit de l'humeur du pape. Malgré sa critique de Sangallo, l'architecture de Michel-Ange est encore pleine de ressauts, d'angles, de petites parties qui voilent le grandiose de son caractère.

CHAPITRE CLXXVIII

HISTOIRE DE SAINT-PIERRE

Vers l'an 324, l'infâme Constantin posa la première pierre. En 626, Honorius y fit mettre des portes d'argent massif. En 846, les Sarrasins les emportèrent ; ils ne purent entrer dans Rome, mais Saint-Pierre était alors hors des murs.

L'histoire de ce que les prêtres osèrent faire dans cet antique Saint-Pierre passerait pour une satire sanglante***. Il fut pillé, brûlé, ravagé une infinité de fois, mais les murs restèrent debout. Durant les treizième et

---

* Je l'ai encore vu au Belvédère en 1807[463], avec celui de Michel-Ange.

** Ou *motu proprio*. (Bonanni, *Templum Vaticanum*, p. 64.) Le bref de Paul III parle de Michel-Ange presque dans les termes du respect.

*** Par exemple, sous Paul V, Grimaldo dit :

« *Tempore Clementis VIII ego Jacobus Grimaldus habui hanc notam... Sub Paulo V presbyteri illi, quibus cura imminebat dictæ bibliothecæ, vendiderunt plures libros illis qui tympana feminarum conficiunt, et inter alios, ex mala fortuna, dicti libri S. Petri contigit etiam numerari, vendi, distrahi et in usu tympanorum verti, obliterarique memoriæ in eo descriptæ, id omni vitio, et inscitia et malignitate presbyterorum*[464]. »

quatorzième siècles, plusieurs papes le firent réparer. Enfin Nicolas V conçut le projet de rebâtir Saint-Pierre, et appela Léon-Baptiste Alberti. À peine les murs étaient-ils hors de terre, que ce pape mourut (1455); tout fut abandonné jusqu'à ce qu'un autre grand homme montât sur ce trône. Le 18 avril 1506, Jules II, alors âgé de soixante-dix ans, descendit d'un pas ferme et sans vaciller dans la tranchée profonde ouverte pour les fondations de la nouvelle église, et posa la première pierre. Bramante était l'architecte. Son dessin était grave, simple, magnifique. Après lui Raphaël, Julien de Sangallo, Fra Joconde de Vérone, continuèrent l'édifice. Léon X y dépensa les sommes énormes qui firent le bonheur de l'Allemagne. Le plan primitif se détériorait tous les jours, lorsque enfin le même homme qui avait donné l'idée de reprendre Saint-Pierre fut chargé de diriger les travaux. Il fit le dessin de la partie la plus étonnante, de celle qui donne de la valeur au reste, de celle qui n'est pas imitée des Grecs. En 1564, Vignole succéda à Buonarroti. La coupole fut terminée sous Clément VIII; il y eut plusieurs architectes. Enfin le plus médiocre de tous, Charles Maderne, gâtant ce qui avait été fait avant lui, finit Saint-Pierre en 1613, sous Paul V.

Le Bernin ajouta la colonnade extérieure, admirable introduction!

Le talent des rois est de connaître les talents. Quand un prince a reconnu un grand génie il doit lui demander un plan, et l'exécuter à l'aveugle. La manie des conseils et des examens excessifs tue les arts. Saint-Pierre, exécuté selon le plan de Michel-Ange, serait en architecture bien mieux que l'*Apollon du Belvédère**.

Malgré ses énormes défauts et tous les outrages de la

---

* Dumont a publié les mesures de Saint-Pierre en 1763, à Paris; on y voit le mauvais goût des détails. Costagutti, Bonanni, Fontana, Ciampini ont donné des descriptions.

médiocrité, Saint-Pierre est ce que les hommes ont jamais vu de plus grand*.

À mesure que nous connaissons mieux la Grèce, nous voyons disparaître la grandeur matérielle que les pauvres pédants ont voulu donner à ce petit peuple. Il fut grand par la liberté et par l'esprit**. Les érudits, que cette sorte de grandeur déconcerte, ont voulu lui donner les avantages du despotisme, les édifices énormes.

Suivant eux, le temple de Jupiter à Athènes avait quatre stades de tour; dans le fait, il avait environ soixante-dix-sept pieds de large sur cent quatre-vingt-dix de long***.

Le temple de Jupiter à Olympie était plus petit que la plupart de nos églises****.

Le temple de Diane à Éphèse était chargé d'ornements comme Notre-Dame-de-Lorette, mais n'avait pas plus d'étendue que le temple de Jupiter Olympien.

Le Parthénon d'Athènes, le temple de la Fortune Prénestine à Rome n'étaient pas plus grands. Ce dernier était une espèce de jardin anglais, destiné à inspirer le respect.

Je me figure quelque chose de ressemblant aux îles Borromées. On montait par des terrasses fabriquées les unes au-dessus des autres; on traversait des galeries, des édifices accessoires, l'on arrivait enfin à une simple colonnade en demi-cercle d'une admirable élégance, au milieu de laquelle la statue de la *Fortune* était assise sur un trône.

---

* Peut-être trouvera-t-on quelque chose de comparable dans les Indes.
** *Histoire de la Grèce* par Mitford[465]. On y voit les Grecs toujours divisés en deux partis, comme les États-Unis, le démocratique et l'aristocratique.
*** Stuart, Le Roy, Vernon, Pausanias, et surtout l'excellent *Voyage* de M. Hobhouse, l'historien[466].
**** Pausanias dit soixante-huit pieds de haut, deux cent trente de long, quatre-vingt-quinze de large, compris le portique qui entourait le temple.

Nous n'avons rien de comparable à ce charmant édifice. Nous ne savons pas nous emparer des âmes. C'est un genre qui manque, et dont les sanctuaires d'Italie ne donnent qu'une faible idée*. Une église construite ainsi sur un promontoire, au milieu des beaux arbres de l'Angleterre, toucherait sans doute les cœurs d'une manière certaine**.

Le temple de Salomon n'avait que cinquante-cinq pieds de haut et cent dix de long. Sainte-Sophie, à partir du croissant ottoman, n'a que cent quatre-vingts pieds de haut.

Saint-Pierre a six cent cinquante-sept pieds de long, quatre cent cinquante-six de large, et la croix est à quatre cent dix pieds de terre. Jamais le symbole d'aucune religion n'a été si près du ciel***.

Saint-Paul de Londres est d'un quart plus petit. La *Vierge* du dôme de Milan est à trois cent trente-cinq pieds de haut.

Toute description est inutile à qui n'a pas vu Saint-

---

* La *Madonna del Monte*, près Varèse[467].

** Par exemple sur Mount Edgecumbe[468].

*** En 1694, l'architecte Fontana calcula que Saint-Pierre avait déjà coûté deux cent trente-cinq millions.
La nef a treize toises quatre pieds de largeur; sa hauteur sous la clef de la voûte est de vingt-quatre toises : la voûte a trois pieds six pouces d'épaisseur. La hauteur, à partir du pavé jusqu'au-dessous de la boule qui surmonte la coupole, est de soixante-trois toises cinq pouces. Cette boule a de diamètre six pieds deux pouces[a]. Une croix de treize pieds est placée sur cette boule : on l'illumine tous les ans, le soir du jour de saint Pierre. C'est le plus brave ouvrier de Rome qui est chargé de cette opération. Il se confesse, et communie pour la forme, car il n'y a jamais d'accident. Je l'ai vu monter très gaillard. À Rome, comme partout, l'énergie s'est réfugiée dans cette classe[b].

a. « On me conta qu'il y a quelques années, pendant que deux religieux espagnols étaient dans la boule, survint un tremblement de terre qui la faisait aller en cadence. On ne peut pas être mieux gîté que dans cette boule, pour sentir un tremblement, à cause de la longueur du levier; un de ces pauvres moines en mourut de frayeur sur la place. » (De Brosses, III, p. 15.)
b. Le maître maçon parlant au cardinal Aquaviva : *Voyage* de Duclos. *Rome en 1814*, in-8e imprimé à Bruxelles[469].

Pierre. Ce n'est point un temple grec, c'est l'empreinte du génie italien, croyant imiter les Grecs.

Excepté Michel-Ange, les architectes n'ont pas eu assez d'esprit pour voir qu'ils voulaient réunir les contraires. La religion était une fête en Grèce, et non pas une menace. L'imitation du grec a chassé la terreur bien plus frappante dans les édifices gothiques. D'ailleurs il y a trop d'ornements ; si les apôtres saint Pierre et saint Paul revenaient au Vatican, ils demanderaient le nom de la divinité qu'on adore en ce lieu.

CHAPITRE CLXXIX

UN GRAND HOMME EN BUTTE À LA MÉDIOCRITÉ

Sangallo faisait aussi le palais Farnèse ; Paul III pria Michel-Ange de s'en charger. Il n'y manquait à l'extérieur que la corniche. Michel-Ange la dessina et en fit exécuter un morceau en bois qu'il fit monter au haut du palais, et mettre en place, afin de pouvoir juger.

Ainsi à Paris, lorsqu'il a été question du palais sur le mont de Passy[470], les gens qui savent combien il est difficile de n'être pas mesquin dans cette position désiraient qu'on exécutât d'abord la façade en bois, et qu'on fît de ce même palais une décoration pour l'Opéra.

La partie supérieure de la cour du palais Farnèse est aussi de Michel-Ange, et le voyageur le reconnaît bien vite au respect qu'elle imprime*. Paul III mourut (1549). Jules III son successeur confirma d'abord les pouvoirs de Michel-Ange, mais les élèves de Sangallo intriguèrent. Le pape se résolut à tenir une congréga-

---

* Michel-Ange voulait placer dans la cour le fameux *Taureau Farnèse* qu'on venait de découvrir cette année-là et, qui plus est, lui donner une perspective charmante, et faire qu'il se détachât sur un fond de verdure qu'il mettait au-delà du Tibre. Ce groupe célèbre fait aujourd'hui l'ornement de la délicieuse promenade de Chiaja à Naples, sur le bord de la mer.

tion, où les petits architectes promettaient de démontrer que Michel-Ange avait gâté Saint-Pierre (1551).

Le pape ouvrit la séance en disant à Michel-Ange que les intendants de Saint-Pierre disaient que l'église serait obscure. — « Je voudrais entendre parler ces intendants. » Le cardinal Marcel Cervino, pape peu après, se leva en disant : « C'est moi. — Monseigneur, outre la fenêtre que je viens de faire exécuter, il doit y en avoir trois autres dans la voûte. — Vous ne nous l'avez jamais dit. — Je ne suis pas obligé et je ne le serai jamais à dire, ni à vous, monseigneur, ni à tout autre, quels sont mes projets. Votre affaire est d'avoir de l'argent, et de le garantir des voleurs ; la mienne est de faire l'église. Saint-Père, vous voyez quelles sont mes récompenses. Si les contrariétés que j'endure à construire le temple du prince des Apôtres ne servent pas au soulagement de mon âme, il faut avouer que je suis un grand fou. »

Le pape lui imposant les mains lui dit : « Elles ne seront perdues ni pour votre âme ni pour votre corps, n'en doutez nullement » ; et sur-le-champ il lui donna le privilège à lui, ainsi qu'à son élève Vasari, d'obtenir double indulgence, en faisant à cheval les stations aux sept églises.

Dès cet instant Jules III l'aima presque autant que Jules II autrefois. Il ne faisait rien à la Vigne-Jules sans prendre ses conseils, et dit plusieurs fois, voyant le grand âge de Michel-Ange, qu'il ôterait volontiers aux années qui lui restaient à vivre, pour ajouter à celles de cet homme unique ; s'il lui survivait, comme l'ordre de la nature semblait l'annoncer, il voulait le faire embaumer, afin que son corps fût aussi immortel que ses ouvrages.

Buonarroti, étant un jour survenu à la Vigne-Jules, y trouva le pape au milieu de douze cardinaux ; Sa Sainteté le fit asseoir à ses côtés, honneur extrême dont il se défendit en vain.

Côme II, grand-duc de Toscane, le malheureux père

d'Éléonore, avait envoyé plusieurs messages à son ancien sujet, pour l'engager à venir terminer Saint-Laurent. Michel-Ange avait toujours refusé. Mais Jules III ayant eu pour successeur ce même cardinal Marcel, auquel Buonarroti avait osé répondre, le grand-duc lui écrivit à l'instant, et fit porter la lettre par un de ses camériers secrets. Michel-Ange, qui connaissait Côme*, attendait pour voir le caractère du nouveau pape, qui le tira d'embarras en mourant après vingt et un jours de règne.

Lorsque Michel-Ange alla au baisement de pied de son successeur Paul IV, ce prince lui fit les plus belles promesses. Le grand but de Michel-Ange était d'avancer assez Saint-Pierre de son vivant, pour le mettre hors des atteintes de la médiocrité; c'est à quoi il n'a pas réussi.

Tandis qu'il songeait à Saint-Pierre, le pieux Paul IV songeait à faire repiquer le mur sur lequel il avait peint jadis le *Jugement dernier*. Il n'était pas d'un vieux prêtre de sentir que l'indécence est impossible dans ce sujet**.

Pour Michel-Ange, il faisait des épigrammes sur les idées baroques que sa longue carrière le mettait à même d'observer. Vers ce temps il perdit Urbino, domestique chéri qu'il avait depuis longtemps, et quoique âgé de quatre-vingt-deux ans il le veilla tout le

---

* Cellini, p. 279.

** Sous Pie V, Dominique Carnevale, barbouilleur de Modène, corrigea encore quelques indécences; il restaura quelques fentes de la voûte, et refit un morceau du *Sacrifice de Noé*, qui était tombé.

Sous Jules II, l'imitation de l'antique était allée jusqu'au point d'honorer d'une épitaphe, dans l'église de Saint-Grégoire, la belle Impéria, l'Aspasie de son siècle :

« *Imperia cortisana Romana quæ digna tanto nomine raræ inter homines formæ specimen dedit. Vixit annos XXVI, dies XII, obiit 1511, die 15 augusti*[471]. »

Impéria laissa une fille aussi belle que sa mère, qui, plutôt que de céder au cardinal Petrucci, qui l'avait entraînée dans une de ces maisons où Lovelace conduisit Clarice, prit un poison qui à l'instant la fit tomber morte à ses pieds.

temps de sa maladie, et passa plusieurs nuits sans se déshabiller. Il lui disait un jour : « Urbin, si je venais à mourir, que ferais-tu ? — Je chercherais un autre maître. — Pauvre Urbin, je veux t'empêcher d'être malheureux. » En même temps il lui donna vingt mille francs.

Ligorio, architecte napolitain, voyait avec pitié Michel-Ange ne tirer aucun parti d'une aussi bonne chose que la direction de Saint-Pierre. Il disait qu'il était tombé en enfance. Sur quoi Michel-Ange fit quelques jolis sonnets qu'il envoya à ses amis.

Il terminait en même temps le modèle de la coupole de Saint-Pierre, exécutée après sa mort par Giacomo della Porta. Qui le croirait ? un architecte osa proposer, un siècle après, en pleine congrégation, de démolir cette coupole, et de la refaire sur un nouveau dessin de son cru*. La barbarie n'est pas allée jusqu'à ce point, mais au lieu d'être une croix grecque, comme dans le plan de Michel-Ange, Saint-Pierre est une croix latine, et, dans les détails, des embellissements mesquins et jolis ont souvent remplacé la sombre majesté**. Rien ne prête plus au sublime qu'un grand édifice à coupole, où le spectateur a toujours sur sa tête la preuve de la puissance immense qui a bâti.

En même temps qu'il faisait le plan de Saint-Pierre, Michel-Ange ébauchait une tête de *Brutus* qui se voit à la galerie de Florence. Ce n'est pas le Brutus de Shakespeare, le plus tendre des hommes, mettant à mort, en pleurant, le grand général qu'il admire, parce que la patrie l'ordonne : c'est le soldat le plus dur, le plus déterminé, le plus insensible. Le cou surtout est admirable. La bassesse italienne a gravé sur le piédestal :

---

* Bottari sur Vasari, p. 286.
** On trouve au-dessus d'une porte de la bibliothèque du Vatican la vue de Saint-Pierre, tel que Michel-Ange l'avait conçu.

Dum Bruti effigiem sculptor de marmore ducit,
In mentem sceleris venit, et obstinuit [472].

Milord Sandwick, haussant les épaules, fit
impromptu la réponse suivante :

Brutum effecisset sculptor, sed mente recursat
Tanta viri virtus, sistit et obstupuit [473].

Michel-Ange avait copié son *Brutus* d'une corniole
antique. Il ne ressemble nullement à la physionomie
touchante et noble du *Brutus* que nous avions dans la
salle du *Laocoon*.

Le grand-duc Côme vint à Rome, et combla Buonarroti de marques de distinction. On observa que son fils,
D. François de Médicis, ne parlait jamais au grand
homme que la barrette à la main.

Ce fut à l'âge de quatre-vingt-huit ans que Michel-
Ange fit le dessin de Sainte-Marie-des-Anges, dans les
thermes de Dioclétien.

La *nation florentine*, comme on dit à Rome, voulait
bâtir une église. Buonarroti fit cinq dessins différents;
voyant qu'on choisissait le plus magnifique, il dit à ses
compatriotes que, s'ils le conduisaient à fin, ils sur-
passeraient tout ce qu'avaient laissé les Grecs et les
Romains. Ce fut peut-être la première fois de sa vie qu'il
lui arriva de se vanter.

Le but d'un temple étant en général la terreur,
Michel-Ange se rapproche beaucoup plus du beau parfait en architecture qu'en sculpture. Les temples grecs
ont plus de grâce*. Ce qu'il y a de singulier, c'est que
lorsqu'il s'agit de bâtir une église à Paris, à Londres ou
à Washington, l'on n'ait pas l'idée de choisir dans les
dessins de Michel-Ange. Le petit moderne mesquin est
toujours préféré, et l'église admirée aujourd'hui est ridi-

---

* Voir le pourquoi dans Montesquieu : *Politique des anciens dans la
religion* [474].

cule dans vingt ans. Si Frédéric II, ce prince qui eut le caractère d'achever les édifices qu'il commençait, eût connu Michel-Ange, il n'eût pas rempli Berlin de colifichets. Au reste, on élevait de son temps un arc de triomphe à Florence, au moins aussi ridicule que les deux églises de Berlin*.

Michel-Ange dirigeait Saint-Pierre depuis dix-sept ans; mais toujours inexorable pour les gens médiocres et les fripons, il était toujours en butte à leurs intrigues. Il n'eut jamais d'autre soutien à la cour que le pape, quand il se trouvait homme de goût. Une fois excédé des contrariétés qu'on lui suscitait, il envoya sa démission, et écrivit en homme qui sent sa dignité (1560). On chassa les dénonciateurs qui étaient des sous-architectes de Saint-Pierre, et le dévouement de Michel-Ange pour ce grand édifice qu'il regardait comme un moyen de salut lui fit tout oublier. Il y travaillait encore, lorsque la mort vint terminer sa longue carrière, le 17 février 1563. Il avait quatre-vingt-huit ans onze mois et quinze jours.

CHAPITRE CLXXX

CARACTÈRE DE MICHEL-ANGE

Dans sa jeunesse, l'amour de l'étude le jeta dans une solitude absolue. Il passa pour orgueilleux, pour bizarre, pour fou. Dans tous les temps la société l'ennuya. Il n'eut pas d'amis; pour connaissances quelques gens sérieux : le cardinal Polo, Annibal Caro, etc. Il n'aima qu'une femme, mais d'un amour platonique : la célèbre marquise de Pescaire, Vittoria Colonna. Il lui adressa beaucoup de sonnets imités de Pétrarque. Par exemple :

> *Dimmi di grazia, amor, se gli occhi miei*
> *Veggono il ver della beltà ch' io miro,*

---

* Comparez cela à l'église des Chartreux à Rome. C'est là que les insensibles doivent courir en arrivant pour sentir l'architecture.

O s'io l' ho dentro al cor, che ovunque giro
Veggo più bello il viso di costei[475].

Elle habitait Viterbe, et venait souvent le voir à Rome.

La mort de la marquise le jeta pour un temps dans un état voisin de la folie. Il se reprochait amèrement de n'avoir pas osé lui baiser le front, la dernière fois qu'il la vit, au lieu de lui baiser la main*.

Ce qui prouve bien qu'il idéalisait lui-même la figure humaine, et qu'il ne copiait pas l'idéal des autres, c'est que cet homme, qui a si peu fait pour la beauté agréable, l'aimait pourtant avec passion où qu'il la rencontrât. Un beau cheval, un beau paysage, une belle montagne, une belle forêt, un beau chien le transportaient. On médit de son penchant pour la beauté, comme jadis de l'amour de Socrate.

Il fut libéral; il donna beaucoup de ses ouvrages; il assistait en secret un grand nombre de pauvres, surtout les jeunes gens qui étudiaient les arts. Il donna quelquefois à son neveu trente ou quarante mille francs à la fois.

Il disait : « Quelque riche que j'aie été, j'ai toujours vécu comme pauvre. » Il ne pensa jamais à tout ce qui fait l'essentiel de la vie pour le vulgaire. Il ne fut avare que d'une chose : son attention.

Dans le cours de ses grands travaux, il lui arrivait souvent de se coucher tout habillé pour ne pas perdre de temps à se vêtir. Il dormait peu et se levait la nuit pour noter ses idées avec le ciseau ou les crayons. Ses repas se composaient alors de quelques morceaux de pain, qu'il prenait dans ses poches le matin, et qu'il mangeait sur son échafaud tout en travaillant. La présence d'un être humain le dérangeait tout à fait. Il avait besoin de se sentir fermé à double tour pour être à son aise, disposition contraire à celle du Guide. S'occuper

---

* Condivi.

de choses vulgaires était un supplice pour lui. Énergique dans les grandes qui lui semblaient mériter son attention, dans les petites il lui arriva d'être timide. Par exemple, il ne put jamais prendre sur lui de donner un dîner.

De tant de milliers de figures qu'il avait dessinées, aucune ne sortit de sa mémoire. Il ne traçait jamais un contour, disait-il, sans se rappeler s'il l'avait déjà employé. Ainsi ne se répéta-t-il jamais. Doux et facile à vivre pour tout le reste, dans les arts il était d'une méfiance et d'une exigence incroyables. Il faisait lui-même ses limes, ses ciseaux, et ne s'en rapportait à personne pour aucun détail.

Dès qu'il apercevait un défaut dans une statue, il abandonnait tout et courait à un autre marbre; ne pouvant approcher avec la réalité de la sublimité de ses idées, une fois arrivé à la maturité du talent, il finit peu de statues. « C'est pourquoi, disait-il un jour à Vasari, j'ai fait si peu de tableaux et de statues. »

Il lui arriva, dans un mouvement d'impatience, de rompre un groupe colossal presque terminé; c'était une *Pietà*.

Vieux et décrépit, un jour le cardinal Farnèse le rencontra à pied, au milieu des neiges, près du Colisée; le cardinal fit arrêter son carrosse pour lui demander où diable il allait par ce temps et à son âge : « À l'école, répondit-il, pour tâcher d'apprendre quelque chose. »

Michel-Ange disait un jour à Vasari : « Mon cher Georges, si j'ai quelque chose de bon dans la tête, je le dois à l'air élastique de votre pays d'Arezzo que j'ai respiré en naissant, comme j'ai sucé avec le lait de ma nourrice l'amour des ciseaux et du maillet. » Sa nourrice était femme et fille de sculpteurs.

Il loua Raphaël avec sincérité; mais il ne pouvait pas le goûter autant que nous. Il disait du peintre d'Urbin, qu'il tenait son grand talent de l'étude et non de la nature.

Le chevalier Lione, protégé par Michel-Ange, fit son portrait dans une médaille, et lui ayant demandé quel revers il voulait, Michel-Ange lui fit mettre un aveugle guidé par son chien avec cet exergue :

Docebo iniquos vias tuas, et impii ad te convertentur[476].

CHAPITRE CLXXXI

SUITE DU CARACTÈRE DE MICHEL-ANGE

Michel-Ange ne fit pas d'élèves, son style était le fruit d'une âme trop enflammée; d'ailleurs les jeunes gens qui l'entouraient se trouvèrent de la plus incurable médiocrité.

Jean de Bologne, l'auteur du joli *Mercure*, ferait exception, s'il n'était pas prouvé qu'il ne vit Buonarroti qu'à quatre-vingts ans. Il lui montra un modèle en terre; l'illustre vieillard changea la position de tous les membres, et dit en le lui rendant : « Avant de chercher à finir, apprends à ébaucher. »

Vasari, le confident de Michel-Ange, nous donne quelques jours positifs sur sa manière de s'estimer soi-même. « Attentif au principal de l'art qui est le corps humain, il laissa à d'autres l'agrément des couleurs, les caprices, les idées nouvelles*; dans ses ouvrages on ne trouve ni paysages, ni arbres, ni fabriques. C'est en vain qu'on y chercherait certaines gentillesses de l'art et certains enjolivements auxquels il n'accorda jamais la moindre attention; peut-être par une secrète répugnance d'abaisser son sublime génie à de telles choses**. »

Tout cela se trouve dans la première édition de son livre, que Vasari présenta à Michel-Ange, le seul artiste vivant dont il eût écrit la vie; hommage dont le grand

---

* T. X, p. 245.
** *Ibid.*, p. 253.

homme le remercia par un sonnet. Vasari put d'autant
mieux approfondir les motifs secrets de Michel-Ange,
qu'il l'accompagnait toujours dans les promenades à
cheval dont ce grand artiste prit l'habitude vers la fin de
sa vie.

Il y a beaucoup de portraits de Michel-Ange*; le plus
ressemblant est le buste en bronze du Capitole par Ric-
ciarelli. Vasari cite encore les deux portraits peints par
Bugiardini et Jacopo del Conte. Michel-Ange ne se peignit jamais**.

CHAPITRE CLXXXII

L'ESPRIT, INVENTION DU DIX-HUITIÈME SIÈCLE

L'esprit n'a guère paru dans le monde que du temps
de Louis XIV et de Louis XV. Ailleurs on n'a pas eu la
moindre idée de cet art, de faire naître le rire de l'âme
et de donner des jouissances délicieuses par des mots
imprévus.

Au quinzième siècle, l'Italie ne s'était pas élevée au-

---

* Buonarroti fut maigre, plutôt nerveux que gras; les épaules larges,
la stature ordinaire, les membres minces, les cheveux noirs. Cela ressemble assez au tempérament bilieux.

Quant à la figure, le nez écrasé, les couleurs assez animées, les lèvres
minces, celle de dessous avançant un peu; de profil, le front avançait
sur le nez; les sourcils peu fournis, les yeux petits. Dans sa vieillesse il
portait une petite barbe grise longue de quatre à cinq doigts[a].

** Ou seulement une fois, si l'on veut le reconnaître dans le moine
du *Jugement dernier*. Les portraits cités ont probablement servi de
modèle à ceux qu'on trouve au Capitole, à la galerie de Florence, au
palais Caprara de Bologne, et à la galerie Zelada de Rome. Tous les portraits gravés de Michel-Ange sont parmi ceux de la collection Corsini,
qui en réunit plus de trente mille. Les meilleurs de Michel-Ange sont
ceux qui ont été gravés par Morghen et Longhi, quoique, comme tous
les graveurs actuels, ils aient prétendu embellir leur modèle, c'est-à-dire
imiter l'expression des vertus dont l'antique est la *saillie*, et qui souvent
son opposées au caractère de l'homme. (Rome, 23 janvier 1816[477].
W. E.)

a. Condivi, p. 83.

dessus de ces pesantes vérités que personne n'exprime parce que tout le monde les sait. Aujourd'hui même les écrivains sont bien heureux dans ce pays, il est impossible d'y être lourd.

L'*esprit* du temps de Michel-Ange consistait dans quelque allusion classique, ou dans quelque impertinence grossière*. Ce n'est donc pas comme agréables que je vais transcrire quelques mots de l'homme de son temps, qui passa pour le plus spirituel et le plus mordant ; de nos jours, ces mots ne vaudraient pas même la peine d'être dits.

Un prêtre lui reprochant de ne s'être pas marié, il répondit comme Épaminondas. Il ajouta : « La peinture est jalouse et veut un homme tout entier. »

Un sculpteur qui avait copié une statue antique se vantait de l'avoir surpassée. — « Tout homme qui en suit un autre ne peut passer devant. » C'était son ennemi, l'envieux Bandinelli de Florence, qui croyait faire oublier le *Laocoon* par la copie qui est à la galerie de Florence**.

Sébastien del Piombo, le quittant pour aller peindre une figure de moine dans la chapelle de *San Pietro in Montorio* : « Vous gâterez votre ouvrage. — Comment ? — Les moines ont bien gâté le monde qui est si grand, et vous ne voulez pas qu'ils gâtent une petite chapelle ? »

Passant à Modène, il trouva certaines statues de terre cuite, peintes en couleur de marbre, parce que le sculpteur ne savait pas le travailler. — « Si cette terre se changeait en marbre, malheur aux statues antiques ! » Le sculpteur était Antoine Begarelli, l'ami du Corrège.

---

* Ses reparties à Bologne.
** Titien, pour se moquer aussi de la vanité insupportable de Bandinelli, fit faire une excellente estampe en bois représentant trois singes, un grand et deux petits, dans la position de Laocoon et de ses fils. Ce groupe, tel qu'il existe à la galerie de Florence, a été endommagé par un incendie.

Un de ses sculpteurs mourut. On déplorait cette mort prématurée. — « Si la vie nous plaît, dit-il, la mort, qui est du même maître, devrait aussi nous plaire. »

Vasari lui montrant un de ses tableaux : « J'y ai mis peu de temps. — Cela se voit. »

Un prêtre, son ami, se présenta à lui en habit cavalier, il feignit de ne pas le reconnaître. Le prêtre se nomma. — « Je vois que vous êtes bien aux yeux du monde ; si le dedans ressemble au dehors, tant mieux pour votre âme. »

On lui vantait l'amour de Jules III pour les arts : « Il est vrai, dit-il, mais cet amour ne ressemble pas mal à une girouette. »

Un jeune homme avait fait un tableau assez agréable, en prenant à tous les peintres connus une attitude ou une tête ; il était tout fier et montrait son ouvrage à Michel-Ange. — « Cela est fort bien, mais que deviendra votre tableau au jour du jugement, quand chacun reprendra les membres qui lui appartiennent ? »

Un soir, Vasari, envoyé par le pape Jules III, alla chez lui, la nuit déjà avancée ; il le trouva qui travaillait à la *Pietà*, qu'il rompit ensuite ; voyant les yeux de Vasari fixés sur une jambe du Christ qu'il achevait, il prit la lanterne comme pour l'éclairer, et la laissa tomber. « Je suis si vieux, dit-il, que souvent la mort me tire par l'habit pour que je l'accompagne. Je tomberai tout à coup comme cette lanterne, et ainsi passera la lumière de la vie. »

Michel-Ange n'était jamais plus content que lorsqu'il voyait arriver dans son atelier à Florence, Menighella, peintre ridicule de la Valdarno. Celui-ci venait ordinairement le prier de lui dessiner un *Saint Roch* ou un *Saint Antoine*, que quelque paysan lui avait commandé ; Michel-Ange, qui refusait les princes, laissait tout pour satisfaire Menighella, lequel se mettait à côté de lui et lui faisait part de ses idées pour chaque trait. Il donna à Menighella un crucifix qui fit sa fortune par les copies en plâtre qu'il vendait aux paysans de l'Apennin. Topolino le sculpteur, qu'il tenait à Carrare pour lui envoyer des marbres, ne lui en expédiait jamais sans y joindre deux ou trois petites figures ébauchées, qui faisaient le bonheur de Michel-Ange et de ses amis. Un soir qu'ils riaient aux dépens de Topolino, ils jouèrent un souper à qui composerait la figure la plus contraire à toutes les règles du dessin. La figure de Michel-Ange, qui gagna, servit longtemps de terme de comparaison dans l'école pour les ouvrages ridicules.

Un jour, au tombeau de Jules II, il s'approche d'un de ses tailleurs de pierre, qui achevait d'équarrir un bloc de marbre ; il lui dit d'un air grave que depuis longtemps il remarquait son talent, qu'il ne se croyait peut-être qu'un simple tailleur de pierre, mais qu'il était statuaire tout comme lui, qu'il ne lui manquait tout au plus que quelques conseils. Là-dessus Michel-Ange lui dit de couper tel morceau dans le marbre, jusqu'à telle profondeur, d'arrondir tel angle, de polir cette partie, etc. De dessus son échafaud il continua toute la journée à crier ses conseils au maçon, qui, le soir, se trouva avoir terminé une très belle ébauche, et vint se jeter à ses pieds en s'écriant : « Grand Dieu ! Quelle obligation ne vous ai-je pas, vous avez développé mon talent et me voilà sculpteur. »

Il fut véritablement modeste. On a une lettre dans laquelle il remercie un peintre espagnol d'une critique faite sur le *Jugement dernier**.

Son historien remarque qu'il reçut des messages flatteurs de plus de douze têtes couronnées. Lorsqu'il alla saluer Charles Quint, ce prince se leva sur-le-champ, lui répétant son compliment banal : « Qu'il y avait au monde plus d'un empereur, mais qu'il n'y avait pas un second Michel-Ange. »

Notre François Ier voulut l'avoir en France, et quoique

---

* Recueil des *Lettres* de Pino da Cagli, Venezia, 1574.

ses instances fussent inutiles, pensant que quelque changement de pape pourrait le lui envoyer, il lui ouvrit à Rome un crédit de quinze mille francs pour les frais du voyage. Michel-Ange eût peut-être fait la révolution que ne purent amener André del Sarto, le Primatice, le Rosso et Benvenuto Cellini.

Tous quittèrent la France sans avoir pu y allumer le feu sacré. Nos ancêtres étaient trop enfoncés dans la grossière féodalité pour goûter les charmantes têtes d'André del Sarto ; Michel-Ange leur eût donné ce sentiment de la terreur doublement vil comme égoïste et comme lâche. Il eût pu avoir un succès populaire. Une statue colossale d'Hercule en marbre bien blanc, placée à la barrière des Sergents[478], fait plus pour le goût du public que les quinze cents tableaux du Musée.

Jamais homme ne connut comme Michel-Ange les attitudes sans nombre où peut passer le corps de l'homme. Il voulut écrire ses observations ; mais, dupe du mauvais goût de son siècle, il craignit de ne pouvoir pas assez *orner* cette matière. Son élève Condivi se mêlait de littérature. Il lui expliqua toute sa théorie sur le corps d'un jeune Maure parfaitement beau, dont on lui fit présent à Rome pour cet objet ; mais le livre n'a jamais paru.

CHAPITRE CLXXXIII

HONNEURS RENDUS
À LA CENDRE DE MICHEL-ANGE

Ses restes furent déposés solennellement dans l'église des Apôtres. Le pape annonçait le projet de lui élever un tombeau dans Saint-Pierre, où les souverains seuls sont admis. Mais Côme de Médicis, qui voulait distraire de la tyrannie, par le culte de la gloire, fit secrètement enlever les cendres du grand homme. Ce dépôt révéré arriva à Florence dans la soirée. En un instant les

fenêtres et les rues furent pleines de curieux et de
lumières confuses.

L'église de Saint-Laurent, réservée aux obsèques des
seuls souverains, fut disposée magnifiquement pour
celles de Michel-Ange. La pompe de cette cérémonie fit
tant de bruit en Italie, que, pour contenter les étrangers
qui, après qu'elle avait eu lieu, accouraient encore de
toutes parts, on laissa l'église tendue pendant plusieurs
semaines.

Cellini, Vasari, Bronzino, l'Ammanato, s'étaient sur-
passés pour honorer l'homme qu'ils regardaient, depuis
tant d'années, comme le plus grand artiste qui eût
jamais existé.

Les principaux événements de sa vie furent reproduits par des bas-reliefs ou des tableaux*. Entouré de
ces représentations vivantes, Varchi prononça l'oraison
funèbre. C'est une histoire détaillée, arrangée de façon
à ne pas déplaire au despote. Florence est heureuse,
dit-il, de montrer dans un de ses enfants ce que la
Grèce, patrie de tant de grands artistes, n'a jamais produit : un homme également supérieur dans les trois arts
du dessin.

Lors de la cérémonie on trouva le corps de Michel-
Ange changé en momie par la vieillesse, sans le plus
léger signe de décomposition. Cent cinquante ans
après, le hasard ayant fait ouvrir son tombeau à *Santa
Croce*, on trouva encore une momie parfaitement
conservée, complètement vêtue à la mode du temps.

---

* Suivant moi, rien ne gâte plus la mémoire des grands hommes que
les louanges des sots. Les personnes qui sont d'un avis contraire pourront aller voir à Florence une galerie consacrée à la mémoire de Michel-
Ange. Elles y trouveront chaque trait de sa vie figuré dans un tableau
médiocre. Cette galerie, élevée sur les dessins de Pierre de Cortone,
coûta cent mille francs au neveu du grand homme, qui s'intitulait
Michel-Ange le jeune. Elle fut ouverte en 1620.

CHAPITRE CLXXXIV

LE GOÛT POUR MICHEL-ANGE RENAÎTRA

Voltaire ni madame du Deffand ne pouvaient sentir Michel-Ange. Pour ces âmes-là, son genre était exactement synonyme de laid, et qui plus est, du laid à prétention, la plus déplaisante chose du monde.

Les jouissances que l'homme demande aux arts vont revenir sous nos yeux presque à ce qu'elles étaient chez nos belliqueux ancêtres.

Lorsqu'ils commencèrent à songer aux arts, vivant dans le danger, leurs passions étaient impétueuses, leur sympathie et leur sensibilité dures à émouvoir. Leur poésie peint l'action des désirs violents. C'était ce qui les frappait dans la vie réelle, et rien de moins fort n'aurait pu faire impression sur des naturels si rudes.

La civilisation fit des progrès, et les hommes rougirent de la véhémence non déguisée de leurs appétits primitifs.

On admira trop les merveilles de ce nouveau genre de vie. Toute manifestation de sentiments profonds parut grossière.

Une politesse cérémonieuse*, bientôt après des manières plus gaies et plus libres de tout sentiment, réprimèrent et finirent par faire disparaître, au moins en apparence, tout enthousiasme et toute énergie**.

Comme le bois, léger débris des forêts, suit les ondes du torrent qui l'emporte, aussi bien dans les cascades et les détours rapides de la montagne, que dans la plaine,

---

* Manières espagnoles en France sous Louis XIV, ensuite siècle de Louis XV, romans de Duclos et de Crébillon, M. Vacarmini. On ne pardonnait à l'énergie qu'autant qu'elle était employée à faire de l'argent.

** À la Révolution, l'énergie du quatorzième siècle ne se retrouva que dans le Bocage de la Vendée, où n'avait pas pénétré la politesse de la cour.

lorsqu'il est devenu fleuve tranquille et majestueux, tantôt haut, tantôt bas, mais toujours à la surface de l'onde, de même les arts suivent la civilisation. La poésie d'abord si énergique prit un raffinement affecté; tout devint persiflage, et de nos jours l'énergie eût souillé ses doigts de rose*.

Tant qu'il est nouveau et en quelque sorte distingué de plaisanter avec grâce sur tous les sujets, la dérision agréable de toute passion vraie et de tout enthousiasme donne presque autant d'éclat dans le monde que la possession de ces avantages**. On ne supporte plus les passions que dans les imitations des arts. On voudrait même avoir les fruits sans l'arbre. Les cœurs amusés par la dissipation ne sentent presque pas l'absence de plaisirs qu'ils n'ont plus la faculté de goûter.

Mais quand le talent de se moquer de tout est devenu vulgaire, quand des générations entières ont usé leur vie à faire les mêmes choses frivoles, avec le même renoncement à tout autre intérêt que celui de vanité, et la même impossibilité de laisser quelque gloire, on peut prédire une révolution dans les esprits. On traitera gaiement les choses gaies, et sérieusement les choses sérieuses[479]; la société gardera sa simplicité et ses grâces; mais, la plume à la main, un dédain profond des petites prétentions et des petites élégances, et des petits applaudissements, se répandra dans les esprits. Les grandes âmes reprendront leur rang; les émotions fortes seront de nouveau cherchées; on ne redoutera plus leur prétendue grossièreté. Alors le fanatisme a sa seconde naissance***, et l'enthousiasme politique son premier véritable développement. Voilà peut-être où en est la France. La présence de tant de jeunes officiers si

---

* En 1785, Marmontel, Grimm, Morellet.
** *Correspondance* de madame du Deffand; cela voile le plus grand des ridicules : *s'ennuyer*.
*** Madame de Krudener, Peschel; la Société de la Vierge, avec le tutoiement[480].

braves, et si malheureux, refoulés dans les sociétés particulières, a changé la galanterie.

Je crois que ces vers de Shakespeare ont eu bien des applications :

> *She lov'd me for the dangers I had pass'd;*
> *And I lov'd her that she did pity them*.*

>> *Othello*, acte I, scène III.

L'usage de la garde nationale va changer la partie de nos mœurs qui appartient aux arts du dessin**. Ici le nuage de la politique éclipse notre âme. Pour suivre l'observation, il faut passer à une nation voisine, qui, pendant vingt ans exilée du continent, en a été plus elle-même.

La poésie anglaise est devenue plus enthousiaste, plus grave, plus passionnée***. Il a fallu d'autres sujets que pour le siècle spirituel et frivole qui avait précédé. On est revenu à ces caractères qui animèrent les poèmes énergiques des premiers et rudes inventeurs, ou on est allé chercher des hommes semblables parmi les sauvages et les barbares.

Il fallait bien avoir recours aux siècles ou aux pays où l'on permettait aux premières classes de la société d'avoir des passions. Les classiques grecs et latins n'ont pas offert de ressource dans ce besoin des cœurs. La plupart appartiennent à une époque aussi artificielle et aussi éloignée de la représentation naïve des passions impétueuses que celle dont nous sortons.

Les poètes qui ont réussi depuis vingt ans en Angleterre, non seulement ont plus cherché les émotions profondes que ceux du dix-huitième siècle, mais, pour y

---

* « Elle m'aima à cause des dangers que j'avais courus, et je l'aimai parce qu'elle en eut pitié. »

** La démarche change, et à Paris le perruquier couche sur le même lit de camp que le marquis (1817).

*** *Edinburgh Review*, n° 54, p. 277[481].

atteindre, ils ont traité des sujets qui auraient été dédaigneusement rejetés par l'âge du bel esprit.

Il est difficile de ne pas voir ce que cherche le dix-neuvième siècle ; une soif croissante d'émotions fortes est son vrai caractère.

On a revu les aventures qui animèrent la poésie des siècles grossiers ; mais il s'en faut bien que les personnages agissent et parlent après leur résurrection, exactement comme à l'époque reculée de leur vie réelle et de leur première apparition dans les arts.

On ne les produisait pas alors comme des objets singuliers, mais tout simplement comme des exemples de la *manière d'être* ordinaire.

Dans cette poésie primitive, nous avons plutôt les résultats que la peinture des passions fortes ; nous trouvons plutôt les événements qu'elles produisaient que le détail de leurs anxiétés et de leurs transports.

En lisant les chroniques et les romans du moyen âge, nous, les gens sensibles du dix-neuvième siècle, nous supposons ce qui a dû être senti par les héros, nous leur prêtons une sensibilité aussi impossible chez eux, que naturelle chez nous.

En faisant renaître les hommes de fer des siècles reculés, les poètes anglais seraient allés contre leur objet, si les passions ne se peignaient dans leurs ouvrages que par les vestiges gigantesques d'actions énergiques : c'est la passion elle-même que nous voulons.

C'est donc par une peinture exacte et enflammée du cœur humain que le dix-neuvième siècle se distinguera de tout ce qui l'a précédé *.

---

* Le dix-neuvième siècle portera les gens de génie au rôle de Fox ou de Bolivar ; ceux qui se consacreront aux arts, il les portera à une peinture froide. Mais une peinture froide n'est pas de la peinture. Ceux qui échapperont à ces deux écueils marcheront dans le sens du chapitre.

En 1817, j'aimerais parbleu bien mieux être un Fox qu'un Raphaël. (W. E.)

L'on me pardonnera d'avoir pris cette révolution en Angleterre. Les arts du dessin n'ont pas une vie continue dans l'histoire du Nord, on ne les voit prospérer de temps en temps qu'à l'aide de quelque abri. Il faut donc prendre les lettres, et la France occupée de ses *ultra* et de ses *libéraux*, n'a pas d'attention pour les lettres ; il est vrai que quand l'époque de paix sera venue, en dix ans, nous nous trouverons à deux ou trois siècles de nos poètes spirituels et froids.

La soif de l'énergie nous ramènera aux chefs-d'œuvre de Michel-Ange. J'avoue qu'il a montré l'énergie du corps qui parmi nous exclut presque toujours celle de l'âme. Mais nous ne sommes pas encore arrivés au *beau moderne*. Il nous faut chasser l'afféterie ; le premier pas sera de sentir que dans le tableau de *Phèdre*, par exemple, Hippolyte appartient au beau antique, Phèdre à la beauté moderne, et Thésée au goût de Michel-Ange.

La force athlétique éloigne le feu du sentiment ; mais la peinture n'ayant que les corps pour rendre les âmes, nous adorerons Michel-Ange, jusqu'à ce qu'on nous ait donné de la force de passion, absolument exempte de force physique.

Nous avons longtemps à attendre, car un nouveau quinzième siècle est impossible, et même alors il restera toujours à Michel-Ange les caractères odieux et terribles.

ÉPILOGUE

COURS DE CINQUANTE HEURES

Il n'est pas impossible qu'après avoir lu ce livre, quelqu'un se dise : « Ce sujet, quoique mal traité, est pourtant intéressant. — Je veux connaître les styles des diverses écoles, et les grands peintres. » Il ira demander avis à quelque amateur. On lui proposera Vasari, 16 vol. in-8°; Baldinucci, 15 ou 20 vol. in-4°; les livres de Félibien, de Cochin, de Reynolds, de Richardson, etc., etc.

Je suppose qu'il se fixe à quelque ouvrage en 3 vol. in-4°, où il trouvera à peu près une idée par feuille d'impression. Trois in-4° font cinquante heures de lecture. Or je prétends, pour peu que ce lecteur ait la faculté de penser par lui-même, qu'il peut, en cinquante heures, devenir presque artiste.

1° Pour prendre une idée du coloris, il ira passer en diverses fois dix heures à l'école de natation .... 10 h.

2° Il ira au Palais des Arts et à la Sorbonne, où, moyennant une légère rétribution, il sera admis à l'école du nu. Il ira quatre fois dessiner, une demi-heure chaque fois* 2

———

12 h.

* À l'instant où un modèle quitte ses vêtements, ses membres sont *d'accord*, si l'on peut parler ainsi. Dans la nature, si un homme serre le

D'autre part … 12 h

3° Il achètera des gravures médiocres d'après Raphaël et Michel-Ange, les *Sacrements* du Poussin par exemple, fera arranger une glace en forme de table, placera un miroir au-dessous réfléchissant contre la glace la lumière d'une fenêtre. Il attachera une feuille de papier à l'estampe par quatre épingles, et, armé d'un crayon, il suivra au calque les contours de chaque figure.

4° Il est essentiel qu'avant d'aller voir la *Transfiguration*, la *Communion de saint Jérôme*, ou le *Martyre de saint Pierre*, le jeune adepte les dessine ainsi sur sa table de glace. Il n'est pas moins essentiel qu'il se livre à cet exercice seul, et sans se laisser empoisonner par les avis d'aucun amateur, quelque éclairé qu'on le suppose. On sent qu'il ne s'agit pas d'apprendre à dessiner, mais bien d'apprendre à penser. L'ennui le portera à une foule de petites remarques insignifiantes pour tout autre, très profitables pour lui, parce qu'elles seront de lui. Je voudrais consacrer au calque des estampes quarante séances de demi-heure chacune …. 20

5° Il achètera le *Gladiateur* (muscles dissé-qués) par Sauvage, il le calquera ………….. 2
_____
34 h.

---

poing droit, par un mouvement de colère, la main gauche change de physionomie ; et, sans nous en rendre compte, nous sommes très sensibles à ces sortes de changements, à ce que je crois, un peu par instinct. Saint Bernard fit de grandes conversions, en Allemagne, en parlant aux Germains le latin qu'ils n'entendaient pas.

L'étude du modèle peut ôter au peintre le sentiment de l'*accord* des membres ; il y a des choses qu'il faut savoir ne pas imiter. Copier le modèle sans savoir l'anatomie, c'est transcrire un langage qu'on n'entend pas. Mais, dira-t-on, l'anatomie ne paraît pas dans les tableaux des grands peintres ; elle paraissait dans leurs esquisses.

Ci-contre ...... 34 h

6° Il apprendra par cœur le nom des principaux muscles, le deltoïde, les pectoraux, les gémeaux, le tendon d'Achille, etc. 1

Il comprendra que, si le deltoïde est contracté, il faut que le biceps soit étendu. Beaucoup de peintres manquent à cette règle, et cherchent tout simplement non pas une belle position, mais un beau contour.

7° S'il en a le courage, il ira au Jardin des Plantes se faire montrer ces vingt muscles dont il sait les noms. À l'amphithéâtre, deux séances de demi-heure chacune* 1

8° Si le jeune amateur veut sacrifier trente louis à cette fantaisie, il ôtera les gravures, cartes géographiques, portraits qui meublent sa chambre à coucher, et y placera vingt gravures** avec des cadres noirs et des glaces parfaitement pures. Il mettra dans un angle le plâtre entier de la *Vénus de Médicis* recouvert

_____

36 h.

* Le meilleur livre d'anatomie pour les artistes est celui de Charles Bell. Londres, 1806, in-4° de 185 pages.
** La *Cène* de Léonard, gravée par Raphaël Morghen; la *Transfiguration* du même, cent vingt francs la nouvelle, quarante francs l'ancienne; les *Jeux de Diane*, du Dominiquin; le *Martyre de saint André*, fresque du Dominiquin; *Saint André allant au supplice*, du Guide; les portraits de *Raphaël* et de la *Fornarina*, de Morghen; l'*Aurore*, du Guide; l'*Aurore*, du Guerchin; la *Léda* du Corrège, par Porporati; la *Déjanire* de Bervic; la *Sainte Cécile* de Massard; la *Madeleine* du Corrège, par Longhi; le *Mariage de la Vierge*, du même; la *Famille en Égypte* et l'*Arcadie* de Poussin; quelques paysages du Lorrain; quelques gravures des Chambres du Vatican, par Volpato, quoique la pureté virgilienne de Raphaël y soit cruellement ornée; huit *Prophètes* ou *Sibylles*, de Michel-Ange, au bistre; le *Jugement dernier* de Michel-Ange, gravé par Metz; le *Saint Jean* et la *Madone de San Sisto* de Müller; quelques gravures de Bartolozzi, d'après un auteur classique; quelques gravures de Strange; la *Danse* de l'Albane, par Rosaspina; la *Madone* du Guide, par Gandolfo; la *Madone alla seggiola*, par Morghen; la *Madone del sacco*, par le même; le *Laocoon* de Bervic[a].

   a. Il faut acheter deux de ces gravures par semaine, celles pour lesquelles on se sentira du goût, et les changer souvent de place.

D'autre part . . .   36 h

d'une cloche de gaze. Il aura soin de prendre ce plâtre à la fabrique du Musée, sous peine de se gâter l'œil en admirant de faux contours. Il se procurera les bustes de l'*Apollon*, de la *Diane de Velletri*, du *Jupiter Mansuetus*. Il achètera au péristyle du Théâtre-Français une cinquantaine de médailles antiques en soufre. Tout cela restera étalé dans sa chambre pendant six mois. Je suppose qu'il perdra quatre heures à considérer cet attirail *   4

Il n'a encore employé que quarante heures à son étude de la peinture.

9° Il emploiera les dix heures qui lui restent à calquer la nature elle-même. Il se procurera une glace légèrement dépolie à l'acide fluorique, qui remplacera un carreau d'une fenêtre d'où l'on ait une belle vue. Un demi-cercle en gros fil de fer, fixé par un bout dans la croisée, portera à l'autre une petite plaque de fer-blanc, doublée de velours noirs, avec un très petit trou au milieu. Je prétends que l'amateur qui veut suivre mon traitement, applique l'œil contre ce lorgnon, et la main armée d'un crayon blanc, et soutenue par le dos d'une chaise, dessine le paysage sur sa glace dépolie. En vingt séances, de demi-heure chacune, il prendra l'habitude *de se figurer*, entre tout ce qu'il regardera avec des yeux de peintre et lui, *une glace sur laquelle, en idée, il tracera des contours*. Rien ne lui sera plus aisé, après cela, que de voir les raccourcis, autrement si difficiles.   10

                                            ─────
                              Total . . . .   50 h.

---

* Je ne porte pas en compte le temps qu'il gagnera dans le monde à étudier la distribution de la lumière, ou le génie de Rembrandt et du Guerchin, sur la figure des ennuyeux qu'il faut quelquefois faire semblant d'écouter.

Il verra plusieurs des apôtres du Corrège à la coupole de Parme, qui, de grandeur colossale pour le spectateur, n'ont pas deux pieds de hauteur effective. Tendre le bras nu et armée d'une épée, contre une glace, donne une première idée du raccourci.

Ce cours de cinquante heures fini, mais de cette manière et non autrement, et avec le soin de se sevrer totalement de toute lecture sur les arts, fût-ce les lettres qui nous restent de Raphaël, de Michel-Ange ou d'Annibal Carrache*, je prétends que mon amateur aura toutes les idées élémentaires de la peinture. Il ne lui restera plus qu'à s'accoutumer aux phrases par lesquelles les auteurs désignent ces idées, et il ne pourra s'accoutumer aux phrases qui n'ont point d'idées.

Je ne puis rien lui dire des auteurs français que je n'ai pas lus. Il trouvera le grand goût des arts dans les *Lettres* de De Brosses *sur l'Italie*. S'il sait l'italien, je lui conseille la *Felsina pittrice* de Malvasia, qu'il faut lire en présence des tableaux de Bologne que nous avons à Paris ; ensuite Zanetti, *Della pittura veneziana*, toujours avec la même précaution ; ensuite le volume de Bellori. Pour l'historique, la *Vie anonyme de Raphaël*, publiée à Rome en 1790 ; la *Vie de Michel-Ange*, par Condivi ; les *Vies des peintres vénitiens*, par Ridolfi ; la *Vie de Léonard*, par Amoretti. Il en saura assez alors pour n'être pas endormi par la philosophie platonicienne de Mengs, et pour profiter de ce qu'il y a de juste dans ses *Réflexions sur Raphaël, le Corrège et le Titien***; mais toujours aller vérifier sur les tableaux ce que tous ces auteurs en disent, et *ne le croire qu'autant qu'on le voit*.

C'est là la règle sans exception. Il vaut infiniment mieux ne pas voir tout ce qui est, que de voir sur

---

* *Lettere Pittoriche*, recueil en six volumes[482].
** *Œuvres de Mengs*, trad. par Jansen.

parole*. Le voile qui est sur les yeux peut tomber; mais l'homme qui croit sur parole restera toute sa vie un triste perroquet brillant à l'Académie, et cruellement ennuyeux dans un salon. Il ne voit plus les petites circonstances de ses idées; il ne peut plus les comparer, et s'en faire de nouvelles, du moment qu'il prend la funeste habitude de croire que Michel-Ange est un grand dessinateur, uniquement parce que c'est un lieu commun de toutes les brochures sur les arts.

C'est à l'école de natation et aux ballets de l'Opéra qu'il doit trouver que Michel-Ange a rendu, avec une vérité énergique, les singuliers raccourcis qu'il aperçoit. Les livres ne doivent être que des indicateurs. Le curieux qui prend les vérités telles qu'elles sont dans l'auteur, n'a qu'une très petite partie même de l'idée de cet auteur. Par exemple, Mengs admire le Corrège et déteste le Tintoret. Si l'amateur se jette en aveugle dans l'admiration de Mengs, il ne verra plus dans les coupoles de Parme ce que le Tintoret y admirait, la vérité et la force des mouvements. Après ce cours de cinquante heures, si le lecteur a encore de la patience, il faut recommencer dans le même ordre.

Je répéterai à mon amateur le conseil de l'homme rare qui commença mon éducation pittoresque à Florence. Je n'étais pas sans un secret orgueil pour certains premiers prix d'*académies* d'après nature, que j'avais remportés dans une école assez bonne, mais française. Il me fit promettre de ne parler de peinture à qui que ce fût d'un an entier, et me conseilla les exercices précédents. Cet arrangement fait, quand je lui parlais des arts, il ne me répondait guère que par monosyllabes : « Il faut laisser naître vos idées. —

---

* Ainsi, ne pas lire ce qu'on ne peut pas vérifier. C'est ce qui m'empêcherait de conseiller à un jeune amateur, à Paris, la judicieuse *Histoire de la peinture*, par le jésuite Lanzi, six vol. in-8°. C'est un guide sûr.

J'aime bien cette image d'un de vos grands écrivains, qui peint un enfant semant une fève, et allant gratter la terre une heure après pour voir si elle a germé. » Je n'en obtins rien de mieux pendant plus d'un an ; et lorsque enfin il rompit le silence, il fut enchanté de me voir en état de disputer contre lui, et sur plusieurs points, d'un avis extrêmement différent. « C'est sans doute par ces précautions, me disait-il, que le sage Louis Carrache formait le Guide, et le Dominiquin, et tant de peintres de son école, tous bons, et, ce qui fait peut-être encore plus d'honneur au maître, tous différents entre eux. »

Un génie élevé se méfie de ses découvertes ; il y pense souvent. Dans une chose qui intéresse de si près son bonheur, il se fait une objection de tout.

Ainsi, un homme de génie ne peut faire qu'un certain nombre de découvertes. Il est rare qu'il ose partir de ses découvertes comme de bases inattaquables. On a vu Descartes déserter une méthode sublime, et, dès le second pas, raisonner comme un moine.

Ghirlandaio devait sans cesse trembler de se tromper dans la perspective aérienne, et d'outrer sa découverte. Au contraire, l'artiste qui naît dans une bonne école, est *averti* des effets de la nature ; il apprend à les voir, il apprend à les rendre, et n'y songe plus. La force de son esprit est employée à faire des découvertes au-delà.

Aujourd'hui l'esprit humain prend une marche contraire. Il s'éteignait faute de secours, il est étouffé par les exemples. Ce serait un avantage pour les artistes que, demain, il ne restât plus qu'un tableau de chaque grand maître.

Dès qu'ils font autre chose qu'avertir le génie qu'il y a telle beauté possible, ils nuisent. Mais ils servent au public, en produisant des plaisirs, et des plaisirs variés comme le *caractère* des lieux où ils sont répandus.

Les alliés nous ont *pris* onze cent cinquante tableaux. J'espère qu'il me sera permis de faire observer que nous avions acquis les meilleurs *par un traité*, celui de Tolentino. Je trouve dans un livre anglais, et dans un livre qui n'a pas la réputation d'être fait par des niais, ou des gens vendus à l'autorité :

« *The indulgence he showed to the Pope at Tolentino, when Rome was completely at his mercy, procured him no friends, and excited against him many enemies at home*[483]. » (*Edinburgh Review*, décembre 1816, p. 471.)

J'écris ceci à Rome, le 9 avril 1817. Plus de vingt personnes respectables m'ont confirmé ces jours-ci, qu'à Rome, l'opinion trouva le vainqueur généreux de s'être contenté de ce traité. Les alliés, au contraire, nous ont pris nos tableaux *sans traité*.

APPENDICE

TABLE CHRONOLOGIQUE

DES ARTISTES LES PLUS CÉLÈBRES

PEINTRES ET DESSINATEURS	SCULPTEURS ET GRAVEURS

IXᵉ SIÈCLE AVANT JÉSUS-CHRIST

	895. Dibutade, Grec, mort en 895.

VIIIᵉ SIÈCLE AVANT JÉSUS-CHRIST

765. Ludius, Grec.	

VIIᵉ SIÈCLE AVANT JÉSUS-CHRIST

654. Cléophante, Grec.	

VIᵉ SIÈCLE AVANT JÉSUS-CHRIST

	590. Turianus, d'Étrurie.
	568. Dipacnus, Grec.
	569. Scyllis, Grec.
	560. Mnésarque, graveur, Grec.
	598. Bupale, Grec.
	599. Antormus, Grec.

Vᵉ SIÈCLE AVANT JÉSUS-CHRIST

480. Agatharque, Grec.	487. Télépanès, Grec.
457. Panacus, Grec.	453. Sophroniscus, Grec.
439. Apollodore, Grec.	445. Phidias, Grec.
424. Damophile, Grec.	444. Alcamène, Grec.
423. Gorgasus, Grec.	430. Scopas, Grec.

PEINTRES ET DESSINATEURS	SCULPTEURS ET GRAVEURS
422. Polionote, Grec.	410. Myron, Grec.
420. Timarète, Grecque.	
420. Parrhasius, Grec.	
400. Micon, Grec.	

IVᵉ SIÈCLE AVANT JÉSUS-CHRIST

380. Zeuxis, Grec.	399. Socrate, Grec.
360. Pamphile, Grec.	355. Briaxis, Grec.
352. Pausias, Grec.	354. Timothée, Grec.
350. Timanthe, Grec.	353. Léocharès, Grec.
331. Antiphile, Grec.	352. Echion, Grec.
330. Apelle, Grec.	351. Thérimachus, Grec.
329. Melantius, Grec.	350. Lysippe, Grec.
328. Amphion, Grec.	340. Praxitèle, Grec.
327. Asclépiodore, Grec.	329. Céphisodote, Grec.
320. Photogène, Grec.	327. Lysistrate, Grec.
303. Nicias, Grec.	326. Eutycrate, Grec.
300. Aristide, Grec.	325. Pyrgotelès, Grec.

IIIᵉ SIÈCLE AVANT JÉSUS-CHRIST

269. Fabius Pictor.	289. Charès, Grec.
	232. Polyctète, Grec.

IIᵉ SIÈCLE AVANT JÉSUS-CHRIST

111. Euphranor, Grec.	176. Euphranor, Grec.

Iᵉʳ SIÈCLE AVANT JÉSUS-CHRIST

61. Timomaque, Grec.	72. Arcésïlaüs, Grec.
	70. Posis, Romain.
	57. Praxitèle, grav. et sculpt., Romain.
	28. Diogène, Grec.

Iᵉʳ SIÈCLE DEPUIS JÉSUS-CHRIST

	14. Dioscoride, graveur, Grec.
	15. Apollonide, graveur, Grec.
	17. Solon, graveur, Grec.
	18. Cronius, graveur, Grec.
	40. Archélaüs, Grec.
	66. Zénodore, Gaulois.
	76. Agésandre, Grec.
	77. Polydore, Grec.
	78. Athénodore, Grec.

IIe SIÈCLE DEPUIS JÉSUS-CHRIST

138. Maxalas, graveur, Grec.

XIIIe SIÈCLE DEPUIS JÉSUS-CHRIST

1294. Tafi (André), Italien.
1300. Cimabue, Italien.

XIVe SIÈCLE DEPUIS JÉSUS-CHRIST

1312. Gaddo Gaddi, Italien.
1340. Lorenzetti (Ambrogio), It.
1350. Gaddi (Taddeo), Italien.
1389. Pisano (André), Italien.

1360. Calendario (Phil.), Italien.
1389. Pisano (André), Italien.

XVe SIÈCLE DEPUIS JÉSUS-CHRIST

1426. Eyck (Hub. Van), Flam.
1427. Eyck (Jean Van), ou Bruges (J. de), Flamand.
1433. Antoine de Messine, Ital.
1443. Francesca (Pietro della), It.
1488. Verrocchio (André), Ital.

1466. Donato, dit le Donatello, Italien.

XVIe SIÈCLE DEPUIS JÉSUS-CHRIST

1501. Bellin (Gentil), Italien.
1511. Giorgion (le), Italien.
1512. Bellin (Jean), Italien.
1517. Mantegna (André), Italien.
1518. Vinci (Léonard de), Ital.
1518. Francia (François), Italien.
1520. Raphaël (d'Urbin), Ital.
1521. Cosimo (Pietro), Italien.
1524. Pérugin (Pierre), Italien.
1527. Maturino, Italien.
1528. Dürer (Albert), Allemand.
1529. Matsys (Quintin), (Mesius), Flamand.
1530. André del Sarto, Italien.
1533. Lucas de Leyde, Hollandais.
1534. Corrège (Le), Italien.
1540. Pordenone (J.-A. Licinio de), Italien.
1540. Parmesan (Le), Italien.
1541. Rosso (Le), maître Roux, It.
1543. Caravage (Polidore de), It.
1546. Romain (Jules), Italien.

1526. Propertia de Rossi, Italien.
1528. Rustici (Jean-Franç.), Ital.
1540. Marc-Antoine, Italien.
1546. Valerio Vincentini, Italien.
1548. Nassaro (Math. del), Ital.
1551. Caraglio (J.-J.), Italien.
1552. Anichini (Louis). Italien.
1555. Bernardi (Jean), Italien.
1570. Cellini (Benvenuto), Ital.
1572. Goujon (Jean), Français.
1574. Ponce (Paul), Italien.
1578. Cort (Corneille), Holl.
1589. Birago (Clément), Italien.
1590. Vico (Enée), Italien.
1590. Pilon (Germain), Français.
1598. Bry (Théod. de), Flamand.

PEINTRES ET DESSINATEURS	SCULPTEURS ET GRAVEURS

1547. Buonaccorsi ou Perin del Vaga, Italien.
1554. Holbein (Jean), Allemand-Suisse.
1560. Abbate (Nicoló dell'), Ital.
1561. Pordenone le jeune (Jules Licinio de), Italien.
1563. Salviati (le Rossi ou Francesco), Italien.
1564. MICHEL-ANGE BUONARROTI, Italien.
1564. Udine (Jean de), Italien.
1566. Zuccharo (Thadée), Italien.
1570. Primatice (Franc.), Italien.
1570. Floris (Franz), Flamand.
1574. Heemakerk, Hollandais.
1576. TITIEN (Le), Italien.
1582. Schiavone, Italien.
1585. Cangiasi ou Cambiasi (Lucas), Italien.
1588. VÉRONÈSE (Paul), Italien.
1589. COUSIN (Jean), Français.
1590. Vargas (Louis de), Espagnol.
1590. Muziano (Jérôme), Italien.
1592. Tibaldi (Pellegrino), Italien.
1592. Bassan (Le), Italien.
1592. Sophonisbe de Crémone, Italien.
1594. Tintoret (Le), Italien.
1594. Schwarz (Christ.), Allemand.

XVIIᵉ SIÈCLE DEPUIS JÉSUS-CHRIST

1606. Farinato (P.) Italien.	1606. Bologne (Jean de), Italien.
1607. Vermander (Ch.), Flamand.	1612. Thomassin (Phil.), Français.
1612. Baroche (Frédéric), Italien.	1629. Sadeler (Gilles), Belge.
1613. Civoli (Louis), Italien.	1630. Gonnelli (Jean), Italien.
1617. Paduanino (Francesco), Italien.	1635. Callot (Jacques), Français.
1618. CARRACHE (Annibal).	1639. Vorsterman (Lucas), Hollandais.
1619. Calvart (Denis), Flamand.	1644. Quesnoy (Fr. du), Flamand.
1619. Fréminet (Martin), Français.	1648. Villamène (François), Italien.
1622. Porbus (Fr.), Flamand.	1654. Algardi (Alexandre), Italien.
1624. Feti (Dominique), Italien.	1653. Guillain (Simon), Français.
1629. Brill (Paul), Flamand.	1660. Sarazin (Jacques), Français.
1629. Paggi (J.-B.), Italien.	1660. Bosse (Abraham), Français.
1630. Carlone (Jean), Italien.	1667. Lasne (Michel), Français.
1630. Tempesta (Antoine), Italien.	1668. Obstal (Gerard van), Hollandais.
1630. Gonnelli (Jean), Italien.	1671. Silvestre (Israël), Français.

PEINTRES ET DESSINATEURS	SCULPTEURS ET GRAVEURS
1631. Scorza-Sinibaldo, Italien.	1674. Marsy (Balthasar), Français.
1632. Valentin, Français.	1676. Chanveau (François), Français.
1634. Venius (Otto), Hollandais.	1678. Ballin (Claude), Français.
1635. Callot (Jacques), Français.	1678. Nanteuil (Rob.), Français.
1637. Rombouts (Théod.), Flamand.	1630. Bernini ou Bernin (Jean-Laurent), Italien.
1638. Blanchard (Jacq.), Français.	1631. Marsy (Gaspard), Flamand.
1640. RUBENS (Pierre-Paul), Flamand.	1686. Anguier (Michel), Français.
1640. Baur ou Bawr (Guill.), Allemand.	1690. Hongre (Étienne le), Français.
1640. Arpino (Jos.-Cès. d'), Italien.	1693. Poilly (François), Français.
1641. DOMINIQUIN (Le), Italien.	1694. Desjardins (Martin Bogaert), Flamand.
1641. VAN DYCK (Ant.), Flamand.	1699. Anguier (François), Français.
1641. Vouet (Simon), Français.	1699. Roullet (Jean-Louis), Français.
1641. GUIDE (Le), Italien.	1700. Zumbo (Gaétan Jules), Italien.
1642. Breughel (Jean), Flamand.	
1645. Toutin (Jean), peintre en émail, Français.	
1647. Lanfranc (Jean), Italien.	
1647. Bloemaert (Abraham), Hollandais.	
1647. Dobson (Guill.), Anglais.	
1650. Pierre (François du), Français.	
1654. Seghers (Gérard et Daniel), Flamands.	
1654. Poter (Paul), Hollandais.	
1655. LE SUEUR (Eustache), Français.	
1655. Pierre (Guillaume du), Français.	
1655. Testelin (Louis), Français.	
1656. Hire (Laurent de la), Français.	
1656. Espagnolet (L'), Espagnol.	
1657. Stella (Jacques), Français.	
1657. Snyders (François), Flamand.	
1658. Metzu (Gabriel), Hollandais.	
1660. Van Huden (Lucas)*, Hollandais.	
1660. Albane (L'), Italien.	
1660. Poelemburg (Corn.), Hollandais.	
1660. Michel-Ange-des-Batailles, Italien.	

PEINTRES ET DESSINATEURS	SCULPTEURS ET GRAVEURS
1660. Cavedone (Jacques), Italien.	
1660. Metelli (Augustin), Italien.	
1660. Breenbergh (Barthol.), Hollandais.	
1660. Weenix (J.-B.), Hollandais.	
1660. VELASQUEZ (Diego de), Espagnol.	
1661. Sacchi (André), Italien.	
1663. Dorigny (Michel), Français.	
1664. Miel (Jean), Flamand.	
1665. POUSSIN (Nicolas), Français.	
1665. Dufresnoy (Ch.-Alph.), Français.	
1665. Daniel de Volterre, Ital.	
1667. GUERCHIN (Le), Italien.	
1662. Wouwermans (Phil.), Hollandais.	
1670. Benedette (Benoît Castiglione le), Italien.	
1670. Veronese (Alex.), Italien.	
1671. Bourdon (Sébast.), Français.	
1673. Rosa (Salvator), Italien.	
1673. Schurmann (Anne-Marie de), Hollandaise.	
1673. Fiori (Mario di), Italien.	
1674. Boullongne (Louis), Français.	
1674. Champagne (Phil.), Flamand.	
1674. REMBRANDT (Paul), Hollandais.	
1675. Diepenbeek (Abrah.), Flamand.	
1675. Fèvre (Cl. le), Français.	
1676. Chauveau (François), Français.	
1678. Nanteuil (Rob.), Français.	
1678. Jordaens (Jacq.), Flamand.	
1678. Dujardin (Carle), Hollandais.	
1680. Grimaldi (Jean-François), surnommé le Bolognese, Italien.	
1680. Dow (Gérard), Hollandais.	
1680. Lely (Pierre), All.-Anglais.	
1681. Mieris (François), Hollandais.	
1681. Terburg (Girard), Hollandais.	
1682. Gellée (Claude), Lorrain-Français.	

PEINTRES ET DESSINATEURS	SCULPTEURS ET GRAVEURS

1683. Sandrart (Joachim), Allemand.
1683. Berghex (Nicolas), Hollandais.
1684. Coquès (Gonzalès), Espagnol.
1684. Robert (Nicolas), Français.
1685. Murillo (Barthél.), Espagnol.
1685. Van Ostade (Adrien), Allemand.
1686. Dolci (Charles), Italien.
1687. Nestcher (Casp.), Allemand.
1688. Mellan (Claude), dessinateur, Français.
1689. Ferri (Ciro), Italien.
1690. Brun (Charles le), Français.
1690. Van der Meulen (Ant.-Fr.), Flamand.
1691. Slingelandt (Jean-Pierre), Hollandais.
1691. Petitot (Jean), Genevois.
1693. Rousseau (Jacq.), Français.
1694. Teniers (David), Flamand.
1695. Félibien (And.), écrivain, Français.
1695. Mignard (Pierre), Français.
1699. Preti (Mathias), surnommé le Calabrais, Italien.

XVIIIᵉ SIÈCLE DEPUIS JÉSUS-CHRIST

1704. Parrocel (Joseph), Français.
1705. Jordans (Lucas), Italien.
1707. Coypel (Noël), Français.
1709. Piles (Roger de), écrivain, Français.
1711. Chéron (Élisabeth-Sophie), Française.
1712. Van der Heyden (Jean), Hollandais.
1713. Maratte (Carle), Italien.
1716. Fosse (Charles de la), Français.
1717. Jouvenet (Jean), Français.
1717. Boullongne (Bon.), Français.
1717. Merian (Marie-Sibylle), Allemand.

1703. Smith (Jean), Anglais.
1703. Audran (Gérard), Français.
1707. Edelinck (Gérard), Français.
1713. Théodon (Jean-Bapt.), Français.
1714. Clerc (Sébast. le), Français.
1715. Girardon (François), Français.
1720. Coysevox (Antoine), Français.
1721. Picart (Étienne), Hollandais.
1725. Reisen (Ch.-Christ.), Anglais.
1728. Simonneau (Charles), Français.
1733. Picart (Bernard), Français.
1733. Coustou (Nicol.), Français.
1733. Cleve (Joseph van), Français.
1737. Sirlet (Flavius), Français.

PEINTRES ET DESSINATEURS	SCULPTEURS ET GRAVEURS
1717. Santerre (J.-B.), Français.	1739. Drevet (Pierre fils), Français.
1721. Watteau (Ant.), Français.	1741. Thomassin (Henri-Simon), Français.
1722. Coypel (Ant.), Français.	1743. Lorrain (Robert le), Français.
1723. Kneller (Godefroy), allemand.	1743. Becker (Philippe-Christophe), Allemand.
1724. Luti (Benedetto), Italien.	1744. Pautre (Pierre le), Français.
1730. Troy (Franc. de), Français.	1744. Fremin (René-Franc.), Espagnol.
1733. Boullongne (Louis), Français.	1754. Vinache (Jean-Joseph), Français.
1733. Picart (Bernard), dessinateur, Français.	1754. Cochin (Ch.-Nicolas père), Français.
1734. Raoux (Jean), François.	1755. Lépicié (Bernard), Français.
1734. Thornhill (Jacq.), Anglais.	1757. Duchange (Gaspard), Français.
1735. Rivalz (Ant.), Français.	1759. Dassier (J.-Ant.), Genevois.
1735. Vivien (Joseph), Français.	1759. Adam (Lambert-Sigisbert), Français.
1735. Rano (Jean), Français.	1761. Duvivier (Jean), Français.
1736. Hallé (Cl.-Guy), Français.	1763. Slodtz (René-Michel), Français.
1737. Moine (Franç. le), Français.	1764. Dassier (Jean), Français.
1739. Bianchi (Pierre), Italien.	1765. Balechou (Jean-Jacq.), Français.
1743. Arlaud (Jacq.-Ant.), Genevois.	1769. François (Jean-Ch.), Français.
1743. Rigaud (Hyacinthe), Français.	1775. Schmidt (Georges-Frédéric), Prussien.
1743. Desportes (François), Français.	1777. Coustou (Guill.), Français.
1745. Vanloo (Jean-Baptiste), Français.	1778. Piranesi (Jean-Bapt.), Italien.
1746. Largillière (Nic.), Français.	1794. Lépicié (Nic.-Bernard), Français.
1747. Crespi (Jos.-Mar.), Italien.	1785. Pigalle (Jean-Bapt.), Français.
1749. Subleyras (Pierre), Français.	1790. Cochin (Charles-Nicolas fils), Français.
1749. Vanhuysum (Jean), Hollandais.	
1752. Troy (Jean-Franç. de), Français.	
1752. Parrocel (Charles), Français.	
1754. Cazes (P.-Jacq.), Français.	
1754. Piazzetta (J.-Bapt.), Italien.	
1755. Oudry (J.-Bapt.), Français.	
1757. Carriera (Rosa-Alba), Italien.	
1760. Silvestre (Louis), Français.	
1761. Galloche (Louis), Français.	
1761. Hogarth (Guill.), Anglais.	
1763. Verdussen (J.-Pierre), Français.	

PEINTRES ET DESSINATEURS	SCULPTEURS ET GRAVEURS
1765. Vanloo (Carle), Français.	
1766. Servandoni (J.-J.), Italien.	
1766. Nattier (Jean-Marc), Français.	
1767. Massé (J.-B.), Français.	
1768. Restout (Jean), Français.	
1770. Boucher (François), Français.	
1771. Vanloo (Louis-Michel), Français.	
1779. Mengs (Ant.-Raphaël), Allemand.	
1786. Watelet (Cl-Henri), Français.	
1789. Vernet (Joseph), Français.	
1792. Reynolds (Josué), Anglais.	

XIXᵉ SIÈCLE DEPUIS JÉSUS-CHRIST

1805. Greuze (J.-B), Français.	1809. Masquelier (Nic.-Fr.-Jos.), Français.
1806. Barry (Jacques), Anglais.	1810. Chaudet, Français.
1807. Vien, Français.	
1807. Opie, Anglais.	
1816. Bossi (Giuseppe), Milanais.	

ARTISTES VIVANTS

Canova (Antonio), marquis d'Ischia, né en 1757 à Possagno, près de Trévise.

Appiani (André), peintre, né à Bosisio, dans le Milanais, vers 1750.

Morghen (Raphaël), graveur à Florence.

Longhi, graveur à Milan.

Camuccini, peintre à Rome.

Landi, *idem* à Rome.

Thorwaldsen, sculpteur danois à Rome.

Garavaglia, graveur à Milan.

Anderloni, *id.*

Raffaelli, mosaïste à Milan.

Sabatelli, peintre et dessinateur, *id.*

De Meulemeester, dessinateur et graveur à Rome.

Metz, dessinateur à Rome.

David, peintre français.

Girodet, *id.*

Guérin, *id.*

Gros, *id.*
Gérard, *id.*
Prudhon, *id.*
Isabey, peintre en miniature.
Bervic, graveur.
Ponce, *id.*
Desnoyers, *id.*
Massard.
West, peintre à Londres.
Westall, *id.*
Woollett, graveur à Londres.
Bartolozzi, graveur en Portugal.
Sanquirico, Landriani, Fuentes, Perego, peintres de décorations à
  Milan.

COMPOSITEURS CÉLÈBRES

Pergolese	né en	1704	mort en	1733
Cimarosa	—	1754	—	1801
Mozart	—	1756	—	1792
Durante	—	1693	—	1755
Leo	—	1694	—	1745
Vinci	—	1705	—	1732
Hasse	—	1705	—	1783
Hændel	—	1684	—	1759
Galuppi	—	1703	—	1785
Jomelli	—	1714	—	1774
Porpora	—	1635	—	1767
Benda	—	1714	—	1790
Piccini	—	1728	—	1800
Sacchini	—	1735	—	1786
Paisiello	—	1741	—	1816
Guglielmi	—	1727	—	1804
Aniossi	—	1736	—	1775
Sarti	—	1730	—	1802
Traetta	—	1738	—	1779
Ch. Bach	—	1735	—	1782
Haydn	—	1732	—	1809

COMPOSITEURS VIVANTS

Rossini, né à Pesaro en 1783.
Mayer, né en 1765.
Zingarelli, né en 1752.
Paër.
Beethoven.

LISTE DES GRANDS PEINTRES

Je sais ce que je perds à sortir du vague. Je prête le flanc aux critiques amères des gens qui *savent* la peinture, et aux critiques respectables des gens qui sentent autrement. Je n'écris pas pour eux ; c'est pour toi seulement, noble Wilhelmine[484]. Tu n'es plus et j'ose invoquer ton nom ! Mais peut-être ton petit appartement dans le Monastère, au milieu de la forêt, est-il échu en partage à quelque âme semblable à la tienne. Combien tu étais inconnue ! que de jours j'ai passés près de toi ! Tu n'étais que la plus belle et la plus silencieuse des femmes ! Le ciel si sévère envers moi m'a privé d'une consolation à tous mes malheurs, en ne permettant pas que je pusse lire avec toi cet ouvrage entrepris pour tâcher de t'oublier. Je placerai du moins ici la liste que je t'envoyais pour guider ton attention parmi cette foule de grands artistes dont le nombre t'effrayait.

CINQ ÉCOLES

ÉCOLE DE FLORENCE

MICHEL-ANGE (1474-1563).
LÉONARD, chef de l'école lombarde (1452-1519).
2. Le FRATE.
2. André del SARTO.
3. Daniel de VOLTERRA.

4. Le Bronzino.
4. Pontormo.
4. Le Rosso.
4. Le Cigoli.
Cimabue.
Giotto.
Masaccio.   } Intérêt historique.
Ghirlandaio.
Lippi.
Vasari, écrivain.

ÉCOLE ROMAINE

Raphaël (1483-1520).
2. Jules Romain.
2. Le Poussin.
3. Le Fattore.
3. Perino del Vaga.
3. Salvator Rosa.
3. Le Lorrain.
3. Gaspard Poussin.
3. Polydore de Caravage.
3. Michel-Ange de Caravage.
3. Le Garofalo.
3. Frédéric Zuccari.
3. Pierre Pérugin.
5. Raffaellino da Reggio.
5. Le cavalier d'Arpin.
2. Le Baroche.
4. Andrea Sacchi.
4. Carlo Maratte.
3. Pierre de Cortone.
3. Raphaël Mengs.
6. Battoni.

ÉCOLE LOMBARDE

Léonard de Vinci.

Imitateurs de Léonard à Milan

3. Luini (Bernardino).
4. Cesare da Sesto.
4. Salaï.

3. Caudenzio FERRARI.
4. Marco d'OGGIONO; duquel les meilleures copies de la *Cène*.
5. Le MORAZZONE.
4. Le MANTÈGNE, probablement le maître du Corrège (1430-1506). Le CORRÈGE (1494-1534).
3. Le PARMIGIANINO.
4. Daniel CRESPI.
4. Camille PROCACCINI.
4. Hercule PROCACCINI.
5. Jules-Cézar PROCACCINI.
6. LOMAZZO, écrivain.

ÉCOLE VÉNITIENNE

GIORGION, mort d'amour en 1511, à trente-quatre ans. Morto da Feltre, un de ses élèves, lui avait enlevé sa maîtresse. Le TITIEN (1477-1576).
2. Paul VÉRONÈSE.
2. Le TINTORET.
2. Jacques BASSAN.
2. Paris BORDONE.
3. Sébastien Fra del PIOMBO.
4. PALMA *vecchio*.
4. PALMA *giovine*.
4. Le MORETTO.
4. Jean d'UDINE.
4. Le PADOVANINO.
5. Le LIBERI.
6. Les deux BELLIN, maîtres du Giorgion et du Titien.

ÉCOLE DE BOLOGNE

Annibal CARRACHE.
Guido RENI (1575-1642).
Le DOMINIQUIN (1586-1614).
Le GUERCHIN (1590-1666).
2. Louis CARRACHE.
2. Augustin CARRACHE.
2. L'ALBANE (1578-1660).
2. LANFRANC, le peintre de coupoles (1581-1647).
3. Simon CANTARINI, *detto il Pesarese*, mort jeune.
4. TIARINI.
4. Lionello SPADA.

4. Lorenzo Garbieri.
4. Le Cavedone.
4. Le Cignani.
5. Le Primatice.
5. Élisabeth Sirani.
5. Bagnacavallo.
5. Francia.
5. Innocenzo da Imola.
5. Melozzo.
5. Dosso Dossi.
5. Le Bonone.

Un ami me donna les listes qui précèdent, j'y mis des numéros en parcourant l'Italie et le musée de Dresde ; je n'en mis point à ces noms, dont le rang changeait à mes yeux comme les dispositions de mon âme.

NOTE POUR LA PAGE 113[485]

L'éditeur aurait mis un carton, s'il n'avait trouvé dans le *Gentleman's Magazine* d'avril 1817, page 365, la bulle que N.S.P. le pape a adressée, le 29 juin 1816, au primat de Pologne.

Les lignes suivantes sont assez remarquables :

« *Horruimus sane vaferrimum inventum, quo vel ipsa religionis fundamenta labefaciantur ; adhibitisque in consilium... vener., fratr. nostris S. R. E. Cardinalibus, quænam Pontificiæ nostræ auctoritatis remedia ad eam* pestam, *quoad fieri posset, curandam delendamque opportuniora futura sint,... cum tua jam sponte exarseris ad impias novatorum machinationes detegendas et oppugnandas ; ... experimento autem manifestum esse a Sacris Scripturis, quæ vulgari lingua edantur, plus detrimenti quam utilitatis oriri ob hominum temeritatem, etc., etc.* »

Dossier

I. MANUSCRITS

Conformément à une règle qui ne connaît pas d'exceptions, le manuscrit de l'*Histoire de la peinture* ayant servi à l'impression n'a pas été conservé, car l'auteur n'a pas jugé utile de le récupérer. La même remarque s'applique aux épreuves[1]. En ce qui concerne les brouillons, Stendhal en a gardé un certain nombre sans qu'il soit possible de déterminer les raisons qui l'ont amené à ne pas s'en séparer. Nous allons les énumérer, mais il va sans dire que seuls sont enregistrés ici les brouillons relatifs au livre publié en 1817, à l'exclusion de ceux qui ont trait à la rédaction en 1812 et 1813 et qui par conséquent font partie de ce corpus sur la peinture italienne dont la publication devrait être considérée, aujourd'hui, comme une priorité.

Tous les brouillons en question font partie du Fonds Stendhal de la Bibliothèque de Grenoble, où ils sont dispersés sans ordre dans les 28 volumes du recueil factice coté R. 5896, les 14 volumes de la série cotée R. 289, ainsi que dans quelques dossiers isolés.

Pour en faciliter la consultation, nous les avons classés en ordre chronologique.

1. R. 5896, tome VII, fol. 103-108. Cahier de 3 feuillets intitulé : « Introduction to the H[istory] of P[ainting] in I[taly]. Extraits de Robertson », et daté : « 20 août 1814, Milan ».

2. R. 5896, tome VII, fol. 109-113. Fragment du brouillon de l'Introduction corrigé le 22 août 1814 et transcrit le 28 septembre suivant.

---

1. On possède toutefois quelques épreuves de *La Chartreuse de Parme* que le romancier utilisera une quinzaine d'années plus tard comme chemises de petits dossiers.

3. R. 289, tome XIV. Notes datées du mois d'août 1814.

4. R. 292, cahier n° 23. Notes datées de janvier 1816.

5. R. 5896, tome XV, fol. 87. Fragment intitulé : « Choses à envoyer de Milan à Seyssins [Crozet] ». Sorte de mémorandum de remarques que Beyle s'était engagé à remettre à son ami Louis Crozet lors de son séjour à Grenoble au printemps de 1816.

6. R. 5896, tome XV, fol. 104-105. Fragment daté du 26 juillet 1816 du brouillon du chapitre CXXX.

7. R. 5896, tome IV, fol. 84-85. Brouillon daté du 24 septembre 1816 du chapitre CXXXVI.

8. R. 5896, tome XV, fol. 175-177. Notes intitulées : « Additions à la Vie de Léonard », datées du 2 octobre 1816.

9. R. 5896, tome IV, fol. 78-85. Brouillon des chapitres CLXXI et CLXXII (*Vie de Michel-Ange*).

10. R. 5896, tome IX, fol. 1-115. Copie de la *Vie de Michel-Ange*, datée du mois de novembre 1814, relue et corrigée par Beyle en mars 1815.

11. R. 5896, tome IX, fol. 1-134. Nouvelle copie de la *Vie de Michel-Ange*, datée du mois d'octobre 1816.

12. R. 5896, tome IV, fol. 159-161. Fragment du brouillon intitulé « Le Jugement [dernier] », daté des 16 octobre et 1er novembre 1816.

13. R. 5896, tome IV, fol. 130. Brouillon du début du chapitre CLXXXII (*Vie de Michel-Ange*).

14. R. 5896, tome XV, fol. 156-157. Brouillon du chapitre CLIII (*Vie de Michel-Ange*).

15. R. 5896, tome IV, fol. 167-168. Brouillon daté du 21 janvier 1817 du chapitre CLXVIII (*Vie de Michel-Ange*).

II. ÉDITIONS

Édition originale

Histoire de la peinture en Italie. Par M.B.A.A.
Paris, P. Didot, l'aîné, Imprimeur du Roi, MDCCCXVII.
2 vol., in-8°, LXXXVI-298 et 452.

Sur la page du titre du tome I figure l'épigraphe :

> *Les Carraches s'éloignèrent de l'affec-*
> *tation qui étoit à la mode, et parurent*
> *froids.*
>
> Tome V.

Sur celle du tome II, l'épigraphe est :

> *To the happy few.*

Le premier volume d'un petit nombre d'exemplaires portait la dédicace imprimée :

> *Au plus grand des souverains exis-*
> *tants, à l'homme juste qui eût été libéral*
> *par son cœur, quand même la politique*
> *ne lui eût pas dit que c'est aujourd'hui*
> *le seul moyen de régner.*

Ce souverain est sans aucun doute l'empereur de Russie qui jouissait alors en France du renom de libéralité et de qui Beyle espérait l'octroi d'un poste de professeur.

Un petit nombre d'exemplaires de toute évidence non destinés à la vente portaient au lieu des initiales le nom et la qualité de l'auteur en toutes lettres : « *M. Beyle Ancien Auditeur* ».

En tête de deux tomes figuraient respectivement deux feuillets (tome I) et un feuillet (tome II) d'errata.

Tous les exemplaires comportaient les cartons imposés par Didot après l'impression pour atténuer, ou supprimer, certains mots ou certaines expressions jugés, politiquement, trop vifs et dangereux. Ils sont 27 et sont signalés par un astérisque imprimé au bas de la page.

L'ouvrage fut tiré à 1 000 exemplaires et fut mis en vente le 2 août 1817 au prix de 12 francs pour le public et de 10 francs pour les libraires.

En dépit de la publicité que l'auteur essaya de donner à son livre, en le distribuant à un assez grand nombre de personnalités politiques et littéraires, l'ouvrage ne se vendit guère, à tel point qu'en 1821 il restait encore chez l'imprimeur la moitié du tirage. Cet insuccès explique qu'il ne sera jamais réimprimé du vivant de Stendhal.

Première relance

En 1825, Beyle, pour se procurer de l'argent et essayer de se défaire des invendus, s'entendit avec l'imprimeur pour les remettre sur le marché, en en modifiant la présentation.

Ces modifications ne vont pas au-delà de la couverture et de la page de titre. La couverture se présente comme suit :

Histoire de la peinture en Italie, par M. de Stendhal.
Sautelet et Cie, 1825, 2 vol., in-8°.

En ce qui concerne la page de titre, les épigraphes de deux volumes de l'édition originale sont remplacées par une citation de six vers en italien tirés de la tragédie *Galeotto Manfredi* du poète contemporain Vincenzo Monti.

Deuxième relance

La relance de 1825 dut être un fiasco car six ans plus tard Stendhal renouvela l'opération, en ayant soin, pour mieux attirer l'attention des chalands potentiels, de faire figurer sur la couverture la mention : « deuxième édition ».

La couverture porte :

Histoire de la peinture en Italie, par M. de Stendhal. Deuxième édition.
Paris, Alphonse Levasseur, éditeur au Palais Royal, MDCCCXXXI, 2 vol., in-8°.

Le changement, purement fictif, du nom de l'éditeur, est motivé non seulement par la mort de Sautelet, mais surtout par le fait que Levasseur était l'éditeur de *Rouge et Noir* qui venait de paraître, et qui avait suscité la faveur du public. Cependant cette deuxième relance n'eut pas plus de succès que la précédente. En 1840, 125 exemplaires étaient encore disponibles chez le libraire.

Éditions posthumes

Douze ans après la mort de Stendhal, une vraie deuxième édition — même si cette mention ne figure pas sur la couverture — parut dans le cadre de la collection des « Œuvres complètes de Stendhal » entreprise par Romain Colomb, cousin et exécuteur testamentaire de l'écrivain.

Histoire de la peinture en Italie, par de Stendhal (Henry Beyle).
Seule édition complète entièrement revue et corrigée.
Paris, Michel Lévy Frères, 1854, 1 vol., 432 p.

En dépit de la promesse du titre, cette édition n'a été ni « revue » ni « corrigée ». Elle se distingue de l'édition originale par une dédicace à Napoléon qui a fortement contribué à brouiller les cartes. Le tirage de 1854 sera suivi de deux autres tirages datés respectivement de 1860 et 1868, et les nombreux autres non datés, sans aucun changement. Les stendhaliens de la fin du XIXe siècle ainsi que ceux du premier quart de notre siècle n'ont lu le livre que dans cette édition stéréotype.

Il faudra attendre 1924 pour que voie le jour la première édition « moderne », c'est-à-dire établie d'après des critères qui se voulaient critiques : l'édition Champion :

Histoire de la peinture en Italie.
Texte établi et annoté avec préface et avant-propos par Paul Arbelet.
Paris, Librairie Ancienne Honoré Champion, Édouard Champion, 1924, 2 vol., CXLI, 385-343 p.

Par l'ampleur de la documentation, cette édition est encore consultée avec profit, mais il est évident que trois quarts de siècle ne se sont pas écoulés impunément. La découverte d'un grand nombre de textes inédits et les progrès de l'exégèse ont rendu caduques bien des opinions et des choix de l'éditeur, P. Arbelet, surtout préoccupé suivant la mode du temps de faire la chasse aux « plagiats » de Stendhal. On peut donc regretter que l'édition Champion ait fait l'objet d'une reproduction intégrale en 1969 dans la collection des Œuvres complètes de Stendhal en 50 volumes publiées par le Cercle du Bibliophile (Genève, vol. 26 et 27). Nous ne sommes pas sûr que les réserves et mises en garde dont nous avons fait état dans la postface de cette édition aient suffi à reconsidérer certaines orientations et à étoffer la documentation.

La deuxième — et dernière — édition intégrale a été publiée par Henri Martineau peu de temps après celle donnée par Paul Arbelet :

Histoire de la peinture en Italie.
Établissement du texte et préface par Henri Martineau.
Paris, Le Divan, 1929, 2 vol., XL-348, 435 p.

À l'instar des autres œuvres de Stendhal parue dans cette élégante collection du « Livre du Divan », elle ne comporte pas de commentaires, par conséquent on ne doit pas lui demander ce qu'elle ne promettait pas, mais elle a eu le mérite de donner aux curieux la possibilité de lire un livre devenu introuvable en librairie.

Enfin tout récemment, l'*Histoire de la peinture* a fait l'objet d'une édition qui se signale par sa singularité, car l'ouvrage a été divisé en deux volumes indépendants :

(1) *Histoire de la peinture en Italie. Autour de Léonard de Vinci*. « Les Carraches s'éloignèrent de l'affectation qui était à la mode, et parurent froids. (Tome V). » Texte intégral. Seuil, L'école des lettres, 1994, 310 p.

(2) *Histoire de la peinture en Italie. Autour de Michel-Ange*. Texte intégral. Seuil, L'école des lettres, 1994, 417 p.

Si le texte est intégral, nulle part n'est dit qu'on a reproduit celui de l'édition du Divan, avec la seule différence que l'on a supprimé la numérotation des chapitres. Péché véniel, certes, mais qui avec le sous-titre répété « Autour de... » a contribué à faire perdre au livre son identité. Ajoutons que l'éditeur anonyme chargé de procurer cette édition a pris garde d'éclairer le lecteur sur les problèmes de tous ordres que ne cesse de poser cette étrange histoire de la peinture italienne.

III. LA RÉCEPTION

Le livre n'était pas encore sorti des presses que Stendhal se préoccupait déjà de lui assurer la meilleure diffusion possible, autant par amour-propre que par souci de bien le vendre, ayant engagé dans la publication à peu près tout ce qu'il possédait. Or il ne se rendait pas compte qu'il partait perdant, non seulement parce que personne à l'époque ne s'intéressait à l'histoire de l'art, mais aussi parce que les initiales sous lesquelles se cachait l'auteur n'inspiraient guère confiance aux chalands éventuels. Adolphe de Mareste avec qui Stendhal venait de se lier se mobilisa pour obtenir, grâce à ses nombreuses connaissances parisiennes, que les journaux parlent du livre. C'est sans doute lui qui réussit à faire insérer dans *Le Moniteur* du 23 septembre 1817 un article de Louis Crozet à mi-chemin entre l'annonce, la réclame et le plaidoyer.

Le Moniteur universel, 23 septembre 1817

Peu satisfait des nombreux ouvrages que nous avons sur l'histoire des peintres, sur la peinture et les beautés de différents genres qu'elle offre à notre admiration; dégoûté des réflexions mille fois répétées des voyageurs, sur les chefs-d'œuvre des arts, l'auteur a voulu parcourir les lieux qu'ils ont illustrés, et soumettre à un nouveau examen ce qu'on avait dit et enseigné pour en fixer le mérite et la perfection.

Il s'est ouvert une carrière jusqu'ici peu connue. Laissant aux métaphysiciens à analyser la cause des plaisirs que produit en nous l'aspect du beau, il s'est attaché à connaître par quelle suite des circonstances, et en vertu de quel état de civilisation, les arts pouvaient naître chez un peuple; les arts sont-ils innés? L'homme naît-il peintre, sculpteur, musicien? L'est-il nécessairement, par quelque vicissitude de la société qui passe? En un mot, peut-on créer tout à coup un peuple pour les arts, comme on l'a dit si souvent! Suffirait-il d'arracher la Grèce au despotisme turc, pour y voir renaître le siècle de Périclès?

Telles sont les questions qui occupent principalement l'auteur; et pour les soumettre à une analyse capable d'y jeter de la lumière, il se trouve entraîné à peindre l'origine et les progrès de la société chez les peuples où les beaux-arts ont fleuri. Vu de cette hauteur, son sujet s'agrandit, il le parcourt dans toutes les directions, et termine cet intéressant examen par ce principe qui en découle : « Que les beaux-arts sont le résultat d'une certaine fermentation qui se manifeste lorsque les éléments de la civilisation se trouvent disposés de manière à la produire. »

Il faut recourir à l'ouvrage pour juger comment l'auteur tire de ce fait des conséquences applicables à son sujet; il en fait dériver avec une rare sagacité des notions simples sur le beau idéal, et les divers sens attachés à ce mot aux différentes époques de la civilisation des peuples.

Ennemi de l'imitation servile, l'auteur veut que ce soit dans son âme que l'artiste cherche l'idée du beau; il ne pense pas qu'il n'y en ait qu'une espèce; si le beau antique semble avoir obtenu seul notre admiration, c'est qu'on n'avait point su apprécier le beau moderne, dont le caractère calqué sur nos mœurs ne manque ni d'effet ni de vérité. Ce n'est point ici le lieu d'approfondir ces questions, on en trouvera le développement et les conséquences dans l'ouvrage même; nous nous bornerons aussi à énoncer simplement que, par suite des principes qu'il établit, l'auteur repousse l'idée que la logique et le raisonnement sont ennemis des arts du génie; il croit, au contraire, que les connaissances idéologiques si décriées, sont pourtant la première base des sciences et des arts, « aussi bien que de toute liberté fondées sur la pensée ».

L'*Histoire de la peinture en Italie* n'est pas une simple compilation des faits; l'auteur s'y montre éclairé dans la métaphysique des arts et d'un goût exercé dans la critique de leurs productions. Il écrit avec chaleur, sans montrer cependant l'enthousiasme d'un homme absorbé dans ses affections; il signale les défauts comme les beautés des chefs-d'œuvre des grands maîtres par des rapprochements et une judicieuse critique; lorsqu'il nous rappelle les traits intéressants de leur vie et de leurs ouvrages, il s'attache surtout à ce qui peut faire apprécier l'état de l'art de leur temps et l'image du beau inhérent à chacun d'eux.

Les deux volumes que nous annonçons sont composés de sept livres; les deux premiers contiennent l'histoire de l'art en Italie depuis sa renaissance jusqu'à l'apparition des grands maîtres. Les autres, jusqu'au sixième, sont consacrés à de nouvelles considérations sur le beau idéal antique dont l'auteur n'avait fait, dans les livres précédents, qu'ébaucher la peinture; la vie de Léonard de Vinci, celle de Michel-Ange, le peintre de la religion au seizième siècle, remplissent le sixième et septième livre.

Ils sont précédés d'une Introduction historique qui fait connaître le plan, le système de l'auteur, et les traditions relatives aux beaux-arts en Italie. Les événements publics n'en sont pas seul objet; l'écrivain y trace le tableau des mœurs italiennes et les traits caractéristiques des différentes époques qu'il parcourt; mine féconde en observations, et où l'auteur, dans un style rapide, donne carrière à son goût pour la critique et l'originalité.

Ce n'est donc point un livre parasite que l'*Histoire de la peinture en Italie*; il est riche en observations, en pensées neuves, et peut-être hasardées quelquefois; nous n'entendons pas, au reste, en décider; mais ce que nous pourrions ajouter, c'est qu'elles n'ont pas toujours le développement et l'application nécessaire pour en faire sentir le rapport avec le sujet traité; un autre défaut, qui tient au même, est celui d'enjamber par-dessus les idées intermédiaires, et de supposer au lecteur des connaissances qui souvent lui manquent; enfin, nous pourrions reprocher à M.B. les plaisanteries, les sarcasmes qui terminent plus d'une discussion, et auxquels certainement on ne s'attendait pas.

L'ouvrage offre prise également à la critique et à l'éloge; on y reconnaît un homme du monde, amateur éclairé des arts, ayant consacré à leur étude beaucoup de temps et une partie de sa fortune; en donnant au public ce fruit de ses voyages, de ses recherches et de ses méditations, il acquiert des droits à sa reconnaissance; il offre à ceux qui voudraient courir la même carrière que lui un guide sûr et éclairé; à ce titre on peut annoncer d'avance à l'auteur un succès proportionné au goût généralement répandu aujourd'hui pour les arts qui font le sujet de son livre.

D.C.

Il ne sera de nouveau question du livre dans la presse que six mois plus tard. Cette fois-ci, ce fut Joseph Lingay, un ami de Mareste, bien connu dans les milieux politiques, ayant joué un rôle important en qualité de secrétaire du duc Decazes en 1815, qui usa de son influence pour faire paraître un grand article dans le feuilleton du *Journal des débats* du 6 mars 1818. Très habilement il insista sur l'apport du livre dans le domaine de l'art en passant sous silence les attaques contre le parti réactionnaire et son organe : le *Journal des débats*!

Journal des débats, 6 mars 1818

Je désire que mes lecteurs se trouvent dans la même disposition où je me sens quelquefois doucement entraîner, celle de chercher avec complaisance et de rencontrer avec délices une distraction littéraire aux *spéculations politiques* dont je me laisse involontairement occuper, quelqu'étranger que je suis à leur objet direct. Mais je ne sais pas par quel détour la politique se reproduit dans les esprits les moins ouverts à ses insinuations : mes lectures, mes conversations, mes promenades, mes travaux, mes loisirs, tout s'y rattache, tout m'y ramène; elle se glisse, avec mon journal du matin, sous ma tasse de chocolat; à ma première sortie, je la retrouve devant un monument; au théâtre, elle ne manque pas de m'avertir de chaque allusion; dans le monde, elle domine exclusivement les entretiens; elle dicte à l'Académie le programme du concours proposé pour la poésie; la musique a des refrains pour tous les partis politiques; enfin, au salon de peinture, elle m'attend encore entre un portrait et un tableau d'histoire. Le Musée royal, je l'avoue, était, jusqu'à présent, mon refuge le plus assuré contre les entreprises de la politique sur mes pensées; mais cette année, il n'y a pas eu moyen de s'y soustraire; les plus tristes souvenirs m'ont assailli jusque dans le Musée des Arts, et pour l'honneur d'un clair-obscur, il m'a fallu subir une seconde fois la douleur du 20 mars. Heureux encore, si tous les arts, en se vouant à la politique, ne lui empruntaient, et ne retraçaient à nos yeux que des souvenirs consolateurs, et l'image des plus belles vertus et de la gloire la plus pure ! lorsqu'à la fin de l'exposition de 1817, tous les regards, tous les cœurs étaient attachés sur l'admirable tableau de M. Gérard, lorsqu'au pied de cette toile où respirait le modèle des rois dans le portrait du nôtre, toutes les opinions se confondaient dans un seul sentiment, alors je n'accusais plus la dépendance politique des arts, et je rendais grâce à cette heureuse combinaison du plus beau souvenir de l'histoire de France avec le beau talent de l'école française ! Je voyais avec transport tous les esprits se rallier dans l'admiration commune d'un grand roi et d'un beau talent, tous deux Français, et dont l'un, en retraçant avec tant de perfection l'image si chérie de l'autre, flattait doublement l'orgueil national !

Cherchons dans la patrie des arts elle-même, dans l'histoire de sa gloire et de ses grands artistes, le plaisir sans mélange d'admirer les chefs-d'œuvre pour eux, de sentir le génie par ses propres efforts ! J'ouvre l'*Histoire de la peinture en Italie*. Ce livre manquait à la littérature. Je me rappelle fort bien qu'il y a quinze ou vingt ans, à l'époque de la formation du Musée royal, désirant avoir des idées nettes sur la vie et les ouvrages de Rafaël, du Dominiquin, du Corrège, j'eus recours à la Bibliothèque du Roi. L'on m'offrit d'abord les *Entretiens sur la vie des peintres*, et je m'écriai avec Voltaire :

> Dieu nous garde du verbiage
> Du monsieur de Félibien,
> Qui noie éloquemment un rien
> Dans un fatras de beau langage.

Ce fut en vain que je recourus à M. d'Argenville, aux voyages de Cochin, de Dufaly, etc. Je trouvai que tout cela manquait d'idées. Depuis quarante ans, nous avons pris la manie de raisonner nos plaisirs : nos plaisirs y ont-ils gagné ? J'en doute ; mais à coup sûr, la raison humaine n'y a pas perdu. Charmés par l'*Apollon du Belvédère* ou par la *Communion de saint Jérôme*, nous nous demandons compte à nous-mêmes des émotions que nous venons d'éprouver. Plusieurs hommes célèbres ont cherché à nous définir le sentiment des arts : Burke, Payne, Knight [*sic*], Alison, ont donné des traités, dont le dernier surtout est fort estimé en Angleterre.

Mais ces ouvrages supposent toujours une connaissance préliminaire des faits. Ne trouvant point dans nos bibliothèques françaises une *Histoire de la peinture*, j'eus recours à l'Italie, de qui j'attendais les préceptes, comme nous en avons reçu les modèles. On me présenta les seize volumes in-8° de Vasari. Je les lus tout entiers, et cet acte de courage me donne la hardiesse de prédire que j'aurai peu d'imitateurs. Un grand nombre de livres anglais présentent aussi, mais sans ensemble, des anecdotes sur les peintres et des jugements sur les tableaux ; mais fort de ce que j'avais appris dans le prolixe Vasari, contemporain des grands peintres dont il écrit la vie, j'acquis cette conviction que la plupart des hommes qui parlent de la peinture ignorent son histoire.

Ce n'est pas une entreprise aisée que de donner cette histoire. Vasari est un homme de parti ; il sacrifie aux écoles de Florence et de Rome celle de Venise et de Bologne. Il est injuste envers Corrège. Ses injustices ont été discutées au long, je le sais, dans des centaines de volumes italiens ; mais comment se résoudre à chercher la vérité dans Malvasia, Ridolfi, Baldinucci, Lanzi, Zanetti, Condivi, Della-Valle, etc., etc. ? Cette langue si belle, mais si prolixe, le semble encore davantage sous la plume de ces lourds écrivains, dont la plupart d'ailleurs manquent de bonne foi. Je ne serais point surpris que l'ouvrage de notre auteur français leur dût un jour les honneurs d'une traduction italienne. Il est agréable de trouver dans un petit nombre de volumes in-8°, ce qu'il faudrait chercher dans quatre-vingts volumes in-4°. Au reste, ce ne serait pas la première fois qu'un Français aurait enseigné à un peuple étranger à connaître sa propre gloire.

Les deux volumes que M.A. [*sic*] livre en ce moment au public se composent d'une introduction de quatre-vingts pages, morceau plein de feu, et quelquefois d'éloquence, dans lequel est tracée largement une esquisse vive et franche des mœurs de l'Italie au XIIIe siècle [*sic*]. Après les avoir peintes par des traits généraux, l'auteur cite, à l'appui de quelques singulières conclusions, plusieurs histoires particulières. Je ne sais si l'anecdote de Bianca Capello [*sic*] est véritable, mais elle est contée avec agrément, et repose le lecteur de considérations plus sérieuses. J'en recommande la lecture à nos auteurs de mélodrames; j'ai presque dit à nos auteurs de tragédies, ce qui revient au même, grâce au goût de ce siècle. Cette introduction nous conduit à l'histoire de l'ancienne école de Florence, depuis Nicolas Pisano et Cimabue jusqu'à Léonard de Vinci.

Au mérite de quelques anecdotes curieuses, se joint celui du talent avec lequel l'auteur a tracé le caractère plein de grâces de ce plus ancien des grands peintres. La vie de cet aimable courtisan forme un heureux contraste avec celle du farouche Michel-Ange.

Mais avant d'entreprendre la tâche difficile d'apprécier les ouvrages de l'homme le plus étonnant que les arts aient peut-être jamais produit, l'auteur avait besoin d'éclaircir et de fixer les idées qu'on attache généralement au mot *beauté*.

Son traité du *Beau antique*, en dix-huit pages, ce me semble, est la partie la plus remarquable de l'ouvrage; c'est du moins la plus neuve, et j'avance que des idées, ou, si l'on veut, des formes neuves deviennent de jour en jour si rares, qu'à mes yeux, rien n'en égale le mérite, et que je me laisse facilement séduire à l'attrait du nouveau, qui n'est pas toujours la nouveauté. On voit que l'auteur est dominé par l'évidence et emporté par le plaisir d'exposer une belle découverte. C'est au sort de ce livre de dix-huit pages sur le *Beau antique* qu'est attaché celui de l'ouvrage aux yeux des savants. Mais comme les idées nouvelles, cette nouvelle explication de la beauté exige, pour être bien sentie, qu'on oublie un moment toutes les doctrines, toutes les définitions incomplètes pour se reporter aux sensations qui arrêtent les pas devant l'*Apollon du Belvédère*, ou qui font suivre, avec autant d'intérêt, la démarche d'une jolie femme. Annoncer que l'auteur a dû fonder ses espérances de succès sur l'originalité de la pensée que renferme ce traité, c'est lui prédire en même temps beaucoup de contestations, de critiques, de dégoûts même; car, dans quelle carrière l'obstination des vieilles idées n'at-elle pas réussi depuis longtemps à semer des ennuis?

Le livre cinquième est un développement agréable de l'explication principale que l'auteur prétend nous donner de la *beauté anti-que*, et de ce plaisir mêlé de respect, que nous appelons le *sublime*. Les tableaux de nos grands maîtres, les statues célèbres, les œuvres des grands poètes fournissent tour à tour à l'auteur des exemples aussi intéressants par eux-mêmes que par leur rapport avec la théorie nouvelle qu'il établit.

Le livre sixième traite du *beau idéal moderne*; l'auteur aborde cette grande question : « Les peintres modernes doivent-ils imiter en tout Raphaël, pour mériter un jour d'être cités avec lui ? Quelle est précisément la différence de nos plaisirs, lorsque nous admirons l'*Atala* de Girodet et la *Didon* de Guérin, ou lorsque nous nous arrêtons avec respect devant la *Madone* [sic] *alla Seggiola* de Raphaël ? » Je n'indiquerai point les solutions de l'auteur; je laisse à la curiosité des amis des arts le soin de les chercher dans le livre même, persuadé qu'elle aura sa récompense dans le plaisir que je leur promets au nom de celui que j'ai moi-même éprouvé.

La vie de Michel-Ange occupe les deux cent quarante dernières pages du second volume. L'auteur a cru que rien de ce qui regardait un aussi grand homme ne pouvait être indifférent, ou plutôt il a senti le besoin de céder à la tentation de parler un peu longuement de ce qu'il paraît savoir fort bien, l'histoire de l'Italie pendant le moyen âge [sic]. J'ai remarqué avec plaisir qu'il ne voit pas les choses sous le même point de vue que M. Sismondi. Ce n'est pas que je n'estime le livre de M. Sismondi; mais j'aime qu'un auteur se donne la peine de recourir aux originaux. Sous ce rapport, le principal mérite de l'*Histoire de la peinture*, c'est qu'elle est écrite en conscience. L'auteur a bien étudié les faits dans les livres; il paraît qu'il a fait ensuite plusieurs voyages en Italie, et son ouvrage contient bien peu de phrases que l'on se rappelle avoir vues ailleurs; mérite qui devient tous les jours plus rare, et d'autant plus précieux.

Cette vie de Michel-Ange, séparée de l'ouvrage même, serait lue partout avec intérêt; elle en acquiert un plus immédiat de sa liaison avec l'Histoire de l'Art en Italie, et avec le système particulier de l'auteur qui domine tout l'ensemble de son ouvrage. Nous y sommes tout à coup transportés au milieu des ouvrages singuliers du quatrième [sic] siècle. Michel-Ange quitte Florence, effrayé par l'apparition de l'ombre de Laurent le Magnifique, prédisant les malheurs qui allaient fondre sur sa maison. Il se sauve à Bologne, une loi de police obligeait alors tous les étrangers qui entraient dans Bologne à porter un cachet de cire rouge sur l'ongle du pouce de la main droite; Michel-Ange qui ne connaissait pas la loi est arrêté, conduit au palais de la commune, et condamné. Il fut sauvé par un amateur riche, le comte Aldobrandi, dont la famille cultive encore les arts à Bologne.

Ce fut peu après qu'un de ses amis de Florence lui conseilla de casser un bras à cette fameuse statue de l'*Amour enfant*, qui, enterrée par lui, et portée ensuite à Rome, fut achetée comme *antique* par le cardinal Riazio. Cette ruse, plusieurs fois employée par le talent, ne manquera jamais son effet, à quelque époque que ce soit, sur la sottise présomptueuse et les préventions contemporaines. J'aime à voir, dans l'ouvrage, la colère du cardinal, lorsqu'il eut quelque soupçon de l'injure faite à la sûreté de son goût. Il envoya un de ses gentilshommes à Florence ; et le jeune Buonarotti [*sic*] n'ayant aucun ouvrage à montrer à cet ambassadeur d'une nouvelle espèce, dessina devant lui, à la plume, cette *main* qui fait un des principaux ornements de notre Galerie d'Apollon.

L'auteur déploie successivement à nos yeux les diverses circonstances qui inspirèrent à Michel-Ange la statue colossale de David, le Christ de la Minerve à Rome, et enfin ce tombeau de Jules II, un des monuments les plus remarquables de la Rome moderne. Qui n'a pas entendu parler de la statue de Moïse ? et qui ne sait que cette statue, si différente des statues antiques, frappe cependant les voyageurs d'un souvenir aussi durable ?

Je ne suivrai point l'auteur dans ce qu'il dit des tableaux de la voûte de la chapelle Sixtine et du *Jugement dernier*. C'est le premier historien, à ma connaissance, qui ait fait nettement comprendre à son lecteur cet immense *Jugement dernier*. Il écrit successivement, et avec beaucoup de clarté, les onze groupes dont se compose ce tableau, qui a 50 pieds de haut, 40 de large, et trois cents personnages, dont la plupart ont douze pieds de proportion. C'est pour l'appréciation des beautés de ce tableau que l'auteur tire un parti admirable des recherches qu'il a faites sur le *beau idéal*. Il était impossible de placer la beauté grecque, ou l'*expression de tout ce qui peut rassurer* dans la peinture des épouvantements de la religion chrétienne. Michel-Ange avait été l'ami et le partisan de Savonarole ; et, toute sa vie, la figure hideuse du moine expirant dans les flammes, et menaçant ses concitoyens d'une damnation éternelle, fut présente à ses yeux.

En résumé, ce livre est utile aux artistes comme aux amateurs ; c'est le plus complet, et en même temps le plus concis qui ait été publié sur cette matière. Les gens du monde voudront le lire, parce qu'il fournit beaucoup de phrases pour la conversation [!]. C'est une bonne fortune de trouver, en bons termes, des jugements tout faits sur Léonard de Vinci, Michel-Ange et le *beau idéal*. Le style est vif, clair, précis ; quelquefois l'imitation de Montesquieu s'y fait trop sentir. L'auteur a beaucoup d'esprit, mais il a aussi tous les préjugés des philosophes, car ils ont bien les leurs. Je ne les combattrai point dans un article consacré aux douces idées des arts : une telle discussion serait ici déplacée.

Nous n'ignorons pas que déjà la publication des deux premières parties de l'ouvrage a excité, parmi les personnes qui s'occupent des arts, de bien contraires sentiments : c'est à peu près le sort des ouvrages originaux, d'obtenir des louanges ou des critiques extrêmes : l'auteur accepte de fort bonne grâce les unes et les autres. Les louanges sont parvenues au fond de sa retraite ; les critiques y sont arrivées elles-mêmes par le chemin le plus court, parce qu'elles sont toujours pressées. Il y a du moins quelques douceurs dans celles-ci : *On s'occupe de mon livre ; le pire serait qu'on n'en dît rien.*

Z.

Cet article serait très vraisemblablement passé inaperçu si un autre quotidien n'était venu jouer le rôle de trouble-fête. En effet, le *Journal de Paris* du 9 mars, trois jours plus tard, inséra un entrefilet où le journaliste se moquait avec une ironie mordante de la nigauderie du *Journal des débats* qui avait consenti à publier un article très bienveillant sur un livre où étaient vilipendées les valeurs politiques et morales défendues dans les colonnes du journal.

« Petite chronique », *Journal de Paris*, 9 mars 1818.

Ce que c'est que de sauter à pieds joints par-dessus les préfaces ! Vendredi dernier, le feuilleton du *Journal des débats* faisait un grand éloge de l'ouvrage intitulé *Histoire de la peinture en Italie*. À coup sûr, le rédacteur n'avait pas lu la dernière page de l'introduction où l'on dit que le *Journal des débats*, ainsi que la *Quotidienne*, *est couvert du mépris de l'Europe.*

Si pourtant il avait eu connaissance de ce doux compliment, il faut avouer qu'on ne peut pousser plus loin la générosité ; et voilà une belle occasion pour la *Quotidienne* de prêcher, en action, le pardon des injures.

La réaction du *Journal des débats* fut immédiate. Dans son édition datée du même jour, 9 mars, il dénonça en des termes indignés la supercherie dont il avait été victime et flétrit à la fois l'auteur du livre et celui de l'article incriminé.

Journal des débats, 9 mars 1818

Il s'est glissé dans ce journal (feuilleton du 6 de ce mois) un article plein de louanges sur un ouvrage plein d'extravagances, intitulé *Histoire de la peinture en Italie*. La religion du rédacteur en chef a été d'autant plus facilement surprise, qu'il ne pouvait soupçonner jusqu'à quel point une imagination délirante peut, dans un ouvrage sur la peinture, insulter aux principes de la plus saine politique, et outrager les maximes de la plus saine morale ; c'est ce que l'auteur de l'article, qui n'appartient et ne peut appartenir à aucun des rédacteurs du *Journal des débats*, s'était bien gardé d'indiquer. On pouvait entrevoir dans cet extrait que l'historien de la *Peinture en Italie* n'est pas toujours guidé par un goût sûr dans ses jugements, et que, dans ses observations, immédiatement relatives à l'art dont il traite, il s'écarte plus d'une fois des doctrines orthodoxes ; et l'auteur de l'article, qui semble partager en cela ses sentiments, a pu s'attendre à une tolérance qui n'entraîne pas de forts inconvénients, et qui ne présente pas de fort grands dangers. Il nous semble, par exemple, que les rangs dans la peinture sont aujourd'hui fixés entre nos premiers artistes par les vrais connaisseurs, de manière que cet ordre et cette espèce de hiérarchie ne sauraient plus être à la merci du caprice ; mais il a fort bien senti que la même sorte de tolérance ne pouvait s'appliquer à des idées plus graves et à des choses plus importantes ; et c'est ce qui l'a engagé à laisser totalement dans l'ombre ce que l'auteur dit de l'influence du gouvernement monarchique sur les arts, doctrine qu'il était si facile de réfuter, et ce qu'il dit aussi à l'occasion de l'*Antinoüs* (p. 123 et 124, t. II), de certains égarements honteux, dont il ose faire l'apologie avec une franchise qu'il serait aisé d'appeler d'un autre nom ; la citation de ce dernier passage, que nous rougirions de transcrire, ferait sans doute rougir aussi et l'auteur du livre et l'auteur de l'article. Nous nous bornerons à donner une idée plus complète de ce qu'avance l'historien de la *Peinture* touchant le gouvernement monarchique considéré dans ses rapports avec les arts ; il prétend d'abord (p. 81 de son Introduction) que le *gouvernement monarchique brise les âmes des artistes*, que ce gouvernement (même page) *écrase le moral des peuples* ; il ajoute ensuite que, *quelles que soient les vertus du roi, il ne peut empêcher que la nation ne prenne et ne conserve les habitudes de la monarchie* ; que *chaque classe de sujets n'ait intérêt à plaire au ministre ou sous-ministre, qui est son chef immédiat* ; ce qu'il développe de la manière suivante : « Je suppose toujours ces ministres les plus honnêtes gens du monde. Les habitudes serviles que donne la soif de leur plaire ont un caractère déplorable de petitesse, et chassent toute originalité ; car, dans la monarchie, celui qui n'est pas comme les autres, insulte les autres, qui se vengent par le ridicule. Dès lors, plus de vrais artistes, plus de Michel-Ange, plus de Guide, plus de Georgion [*sic*]. On n'a qu'à voir les mouvements d'une petite ville de France lorsqu'un prince du sang doit y passer, l'anxiété avec laquelle intrigue un malheureux jeune homme pour

être de la garde d'honneur à cheval; enfin, il est désigné, non point
par ses talents, mais par l'absence de ses talents; mais parce qu'il
n'est pas *une mauvaise tête*, mais par le crédit qu'une vieille femme
dont il fait le boston a sur le confesseur du maire de la ville. Dès
lors c'est un homme perdu. Je ne prétends pas qu'il ne soit honnête
homme, homme respectable, homme aimable, si l'on veut, mais ce
sera toujours un plat homme » (p. 82 et 83 de l'Introduction).

À la vérité, l'auteur cherche à faire entendre, quelques pages
après, que ce qu'il vient de dire n'a point trait à la *monarchie
constitutionnelle*, qui, suivant lui, *serait assez favorable* à la peinture. Nous voulons bien le croire, car nous n'essayons pas d'aller
au-delà du sens littéral de ses paroles; mais il est si facile de passer
de la haine des rois à la haine de toute espèce de gouvernement
royal, qu'après avoir lu, et le passage précédent, et ce que l'auteur
dit (p. 258, t. Ier), à l'occasion de François Ier pleurant la mort de
Léonard de Vinci, on a quelque envie de penser que son exception
en faveur de la royauté constitutionnelle n'est qu'une sorte de précaution notoire et d'artifice de rhétorique dont il se sert pour adoucir ce qu'il y a de trop cru dans l'énoncé de ses opinions. Il a en
effet si mauvaise idée des rois, qu'il s'étonne des larmes dont François Ier honora la mémoire d'un grand artiste, et qu'il s'écrie avec
un sentiment qui est même autre chose que de l'étonnement et de
la surprise : *Un roi pleurer!*, comme s'il voulait dire qu'un roi, par
cela même qu'il est roi, a nécessairement l'âme trop dure pour
donner de pareilles marques de sensibilité. Au reste, tout cela se
trouve parfaitement d'accord avec des déclamations antireli-
gieuses et les insinuations immorales qui fourmillent dans cet
ouvrage, où l'auteur va jusqu'à dire ici que *le dogme de l'immortalité de l'âme est une invention toute moderne*; et là, qu'il préfère les
Contes de la Fontaine aux sermons les plus éloquents de Rousseau,
ce qui est tout à fait digne de son plaidoyer pour *Antinoüs*.

D'après cet exposé succinct, mais fidèle dans sa brièveté, on ne
s'étonnera pas que les propriétaires et les rédacteurs de ce journal
croient devoir désavouer, d'un commun accord, l'article inséré
dans le feuilleton du 6 de ce mois; article dont l'auteur s'est rendu
coupable d'un véritable abus de confiance qu'il ne nous obligera
sûrement pas d'expliquer; car cette explication publique pourrait
avoir pour lui d'assez fâcheuses conséquences; nous l'abandon-
nons à ses regrets, et nous espérons qu'il n'essaiera pas de retomber dans une pareille faute, devenue d'ailleurs désormais impossible pour lui. Il a induit un moment le public en erreur sur un
mauvais ouvrage, après avoir trompé le rédacteur en chef de cette
feuille. C'est bien assez de tromperies; nous souhaitons que la
reconnaissance de l'histoire de *la Peinture* suffise pour le consoler

des reproches qu'il doit se faire : cette reconnaissance doit être grande, si elle est proportionnée à la mesure des absurdités de tout genre dont le rédacteur de l'article a bien voulu se faire le panage-gyriste [*sic*].

Si Stendhal avait été à Paris, il se serait réjoui de l'aventure et se serait empressé de saisir la balle au bond pour ridiculiser de son côté le *Journal des débats* au profit de son livre. Mais il était alors à Milan et n'eut connaissance que trop tardivement de ce qui s'était passé pour intervenir avec efficacité. Toujours est-il que, faute de combattants, la polémique n'alla plus loin. Le curieux est qu'il ne sera pas question de l'incident dans un nouvel article du *Journal de Paris* du 12 novembre 1818, article assez banal car il n'allait pas au-delà des généralités.

Journal de Paris, 12 novembre 1818

Montesquieu, parlant des livres qui paraissaient de son temps, dit quelque part : « L'auteur se tue à allonger ce que le lecteur se tue à abréger. » L'*Histoire de la peinture en Italie* forme une heu-reuse exception. La quantité des faits et des pensées que l'auteur présente dans les deux volumes que nous venons de lire est vrai-ment remarquable. Je ne dis pas que toutes ses réflexions soient justes, mais du moins elles ne sont pas usées, et l'on voit que M.A. [*sic*] les est allé chercher en Italie. Après avoir lu ces deux volumes, j'ai parcouru le Musée royal, et j'ai été surpris d'y trouver un inté-rêt tout nouveau. Je ne puis passer devant les tableaux les plus connus de Raphaël, de Léonard de Vinci, du Corrège, sans être tenté de les comparer avec les jugements qu'en porte l'auteur.

Les anecdotes sur Léonard de Vinci sont amusantes, mais je trouve que la vie de Michel-Ange a bien plus d'intérêt, on reconnaît toute la naïveté du génie dans ses réformes au gentilhomme de ce cardinal qui avait acheté pour antique l'*Amour endormi*, une des premières statues de ce grand artiste. Il y a de la profondeur dans l'analyse du *Jugement dernier*, tableau qui fait l'ornement de la cha-pelle Sixtine à Rome. Ce livre réussira, parce qu'il est agréable d'avoir des idées nettes et puisées à la source, sur des objets dont on parle si souvent. C'est un excellent abrégé de Vasari. Pourquoi M.A. se perd-il sans cesse dans des digressions politiques, morales et littéraires ? Son but paraît toujours de louer Shakespeare et Schiller, et de toujours blâmer Racine. L'auteur eût mieux fait d'étudier un peu plus le style de nos grands maîtres, et les *juger* un peu moins. Toutefois l'ouvrage de M.A. sort de la classe des livres futiles sur les beaux-arts que le siècle dernier a vus éclore en si grand nombre, et qui attestent le goût faux et les étranges pré-ventions de leurs auteurs. La peinture surtout a eu beaucoup à souffrir des jugements de Diderot et de la barbarie des prétendus connaisseurs de cette époque ; tout est changé maintenant ; la distance qui sépare les Doyen et les Boucher des Girodet et des Girard est immense ; l'art de la peinture paraît sommeiller dans les superbes contrées qui l'ont vu renaître, et il ne brille aujourd'hui de quelque éclat que dans notre seule patrie. M.A. ne pouvait donc publier son ouvrage dans un moment plus favorable, puisqu'il tend à répandre de plus en plus le goût des vrais modèles et des saines doctrines.

En 1819, Henri Beyle, qui séjournait toujours à Milan, dut apprendre sans plaisir que la revue *Biblioteca italiana*, paraissant dans la capitale de la Lombardie, avait publié dans le fascicule d'avril-juin un compte rendu de l'*Histoire de la peinture*. Son déplaisir était motivé par le caractère pro-autrichien de ce périodique, qui risquait de jouer un mauvais tour à « M.B.A.A. ». Heureusement le journaliste ne vit que du feu dans les propos anticonformistes de l'auteur. Il ne se posa pas non plus de questions au sujet des initiales dont le livre était signé. Mais l'alerte avait été chaude.

Biblioteca italiana, avril, mai et juin 1819

Quest'opera è distribuita in cinque volumi, dei quali due soli sono stati fin ora pubblicati, e gli altri tre si promettono fra non molto, il che ci obbliga a fare qualche cenno del programma o, come i Francesi dicono, del prospetto dell'opera, e che al tempo stesso contiene varie enunciative degne di osservazione, per parte massime degl'Italiani.

Sembra a tutta prima che l'autore medesimo sia lo scrittore del programma, e dopo di aver annunziato che le idee politiche lo perseguitano dappertutto, nelle conversazioni, nelle accademie, negli spettacoli teatrali, e fino nelle gallerie e nei musei ; dopo di avere conchiuso al fine che il ritratto del re di Francia dipinto da *Gerard* lo ha alcun poco rappattumato colla politica e coll'orgoglio nazionale ; vienne a dire che il piacere più puro è quello di aprire la *storia della pittura in Italia*, libro che ancora mancava alla letteratura. Tratta da parolajo il povero *Felibien*, e dice mancanti d'idee d'*Argenville*, *Cochin*, *Dupaty*, ecc. ; dice che gl'Inglesi hanno scritti trattati dell'arte e del sentimento dell'arte, ma non i storie ; che finalmente ebbe ricorso all'Italia, dove gli si presentò *Vasari*, che egli ebbe il coraggio di leggere, non lusingandosi però di trovare alcun imitatore ; che tuttavia nel prolisso *Vasari*, come egli dice, fece la scoperta, che la maggior parte degli scrittori che parlano della pittura ne ignorano la storia. Dice quindi che Vasari è uomo di partito ed ingiusto ; e che parziali, e per conseguenza non attendibili, sono tutti i nostri scrittori indistintamente, come *Malvasia*, *Ridolfi*, *Baldinucci*, *Lanci*, che si accontenta solo di nominare con disprezzo, *Zanetti*, che egli scrive mal a proposito *Lanetti, Condivi, Della Valle*, ecc. Questi scrittori pesanti, soggiunge egli, *ces lourds écrivains*, mancano di buona fede.

Qui il programma cangia stile; e lo scrittore, che non parla più in persona propria, dice che si lusinga che l'opera del *nostro autore francese* potrà essere un giorno onorata di una traduzione italiana; che sarebbe bello il vedere in pochi volumi in 8° compendiati ottanta in 4°, e che altronde non sarebbe la prima volta che un Francese insegnasse ad un popolo straniero a conoscere la sua gloria.

Dopo di ciò si parla della introduzione di pag. 80, piena di fuoco, nella quale l'autore dipinge al vivo i costumi d'Italia nel secolo XIII; si loda la vita di *Cimabue* per la sua simplicità elegante, quella di *Giotto* per gli aneddoti curiosi, quella di fra *Filippo* per la storia di suoi amori colla bella *Lucrezia*, che ha tutta la grazia di un romanzo; e quella degli altri pittori fino a *Leonardo da Vinci*, sul quale lo scrittore del programma si ferma a ragione a lungo. In proposito del *Verocchio*, che abbandona il pennello al vedere l'abilità sorprendente dello scolaro; si ragiona a lungo sulla mediocrità, e si loda grandemente l'incisione della Cena di *Morghen*; ma si roverscia tutta la storia della morte di *Leonardo*, e mentre si crede da tutti morto nelle braccia di *Francesco I*, si fa morire invece assai lontano da quel principe.

Si passa quindi dalla storia alla metaforia, e si dice che l'autore avendo bisogno di fissare le idee che si attaccano alla parola *bello*, ha inserito un trattato del *bello* in 18 frag., che è la parte più osservabile della sua opera, e quella alla quale è attaccata la sorte del libro agli occhi dei dotti. Per giudicarne però, si dice che conviene mettere da canto tutte le dottrine e tutte le definizioni, per non provare se non quelle sensazioni che arrestano un nono avanti all'Apollo di Belvedere, o che lo fanno seguitare con interesse i passi di una bella signora.

Nel libro V si promette lo sviluppamento dell'idea che l'autore ha attacato al *bello antico* ed al *sublime*, che si risolve in un piacer misto di rispetto : e qui si torna a dire, che le tenebre non sono più oscure delle idee dei filosofi intorno alla bellezza, da *Platone* fino a *Diderot*. Si loda l'autore per la sua franchezza, ma si accusa di aver troppo sovente attribuito alle belle arti una facoltà di rendere l'uomo felice, o come si dice nel programma, *une puissance de bonheur*. Si trova tuttavia degno di scusa, perchè, dicesi, scriveva egli la storia della pittura in mezzo alle angosce, e non si abbandonava al suo entusiasmo che sotto il bel cielo d'Italia, dove il piacere del viaggio si riflettava nel suo libro.

Il VI tratta del *bello ideale moderno*, ed è in quello che trattar si dovrebbe la questione « se i pittori moderni debbano imitare in tutto *Rafaello*, a fine di poter essere un giorno citati con esso? Quale sia precisamente la differenza del piacere, allorché si ammira l'Atala di *Girodet* e la Didone di *Guerin*, o allorché si vede con rispetto la Madonna della seggiola di *Rafaello*? » Non si sa il perchè si affetti di scrivere costantemente la *Madonna alla seggiola*.

Si accenna che tutto il secondo volume non contiene che la vita di *Michelangelo*; che l'autore ha ceduto alla tentazione di parlare a lungo della storia d'Italia nel medio evo; che l'A. non è d'accordo con *Sismondi*, ma che il merito principale della storia della pittura è quello di essere *scritta in coscienza*; merito che diventa tutti i giorni più raro. Si offre in questo luogo l'estratto di quella vita, e si accennano alcuni aneddoti o nuovi o riferiti molto diversamente da quello che lo sieno dagli scrittori italiani. Si dice quindi che questi è il primo storico che abbia dato una idea a suoi lettori della famosa pittura del giudizio universale. — Si parla del grado di generale del genio, conferito a *Michelangelo* a Firenze, allorché Gesù Cristo fu nominato a scrutinio segreto re di Firenze, senza però ottenere tutti i voti; e dell'asilo che cercar dovette *Michelangelo* per molti mesi nel campanile di S. Nicola oltre Arno, che in questo stampato vien detto *oltre Ano*. Nulla avvi, dicesi, che possa essere paragonato al racconto di questo autore intorno agli ultimi sospiri della libertà fiorentina. Si raccomanda quindi il libro agli artisti ed ai dilettanti, come il più compito e conciso che trovar si possa in questa materia, come quello che contiene il più gran numero di frasi opportune per la conversazione, ed i giudizi già belli e fatti sopra *Leonardo*, *Michelangelo* ed il *bello ideale*. Se ne loda lo stile, ma si dice che troppo vi apparisce lo studio d'imitare *Montesquieu*, e che l'autore con molto spirito ha anche tutti i pregiudizi de'filosofi.

Il terzo volume deve comprendere la storia della scuola romana, che si riduce alle vite di *Rafaello*, di *Giulio Romano*, del *Poussin*, di *Salvator Rosa*, e di *Claudio Lorenese*. Le vite del *Tiziano*, di *Giorgione*, di *Paolo Veronese* e del *Tintoretto* formano il 4° volume, e questo dicesi la storia della scuola veneta. Vi si è aggiunto uno, squarcio sull'*arte di conoscere gli uomini dalle loro fisionomie*. Il 5° ed ultimo deve comprendere la scuola bolognese, che tutta si riduce a quattro rivali, *Annibale Carracci*, il *Dominichino*, *Guido* ed il *Guercino*. L'autore, avendo soggiornato lungo tempo a Roma, ha pure soggiunto un saggio sulla vita e le opere del celebre *Canova*: e per tal modo, dicesi, sarà interamente compiuta la storia della pittura in Italia dal rinascimento delle arti fino ai nostri giorni. Per verità sembrerebbe alla lettura di questo programma, che egli

avesse scordato il *Correggio*; ed i Lombardi non saranno soddis-
fatti al veder che nel programma almeno non si fa parola di tutte le
scuole loro come si sono altresi obbliate molte altre scuole minori;
e di quelle che formano il complesso di questa storia, non si sono
accennati se non in parte i grandi maestri.

Ma è d'uopo ora di passare al libro medesimo, o sia ai due primi
volumi che noi abbiamo sott'occhio. Quella introduzione che si
dice nel programma piena di fuoco, lo è realmente. Con un aned-
dotto della storia di Danimarca si pretende di provare che gli abi-
tanti della Germania e della Russia, che verso l'anno 400 dell'era
volgare (forse un po' più tardi) vennero ad abitare la Francia e
l'Italia, erano gli uomini più liberi, più intrepidi e più feroci. Si
dice quindi, che in Francia ed in Italia si snaturarono, e che per-
duta qualunque traccia di libertà, non si videro più che tiranni e
schiavi. [...]

En revanche, Beyle, dut être fier de voir son livre faire l'objet d'une
longue analyse — cinq pages! — dans le numéro d'octobre 1819 de la
revue écossaise *Edinburgh Review* qu'il tenait en grande estime. Une
traduction, mais non intégrale, de l'article paraîtra dans la revue *Antologia*, publiée à Florence en juillet 1823.

Edinburgh Review, vol. 32, n° 64, octobre 1819

The worthy Cardinal who received Ariosto with the well known
exclamation: « *Dove diavolo, Messer Ludovico avete pigliato* » etc.
might well have repeated it upon reading these volumes, — which
certainly contain an infinite number of strange stories, and odd
remarks, delivered with little connexion, in a rambling manner
and on almost every subject. Nevertheless, they are the work of a
very acute and lively person, who knows a great deal, especially on
the principal subject of his book; and who, upon that and most
others, thinks, often paradoxically, and sometimes affectedly but
always originally, by means of his remarks on all sorts of subjects,
of anecdotes collected partly from the common gossip of Italy and
from received works on the history of the arts, and partly from
more obscure sources, he has certainly contrived to make one of
the most entertaining books that have appeared for some time; —
a book which never tires us, not with standing it be one of the
smallest; and, though it may now and they provokes us by its
conceit, and disgust us by its tone upon sacred subjects, must be
admitted to convey a good deal of instruction, as well as amuse-
ment, upon the topics to which it is more immediately devoted.

Although it appears to have been published for some time, it has not, we believe, found its way into his country; but common report desiquates, as the author, the Baron Stendhal, of whose book upon Rome, Florence and Naples, we gave an account some time ago. If this be really the case, we fear we must qualify considerably the praise of originality already given, for fear of falling into something like the mistake into which we were seduced by the strange plagiarisms of that former publication. — Having bestowed commendations upon one part of it, we were rather surprised to find, some time afterwards, that the passage so praised was a literal translation of part of an old Number of this Journal*! When a writer has recourse to such expedients, no one can be sure at any moment, that he is not reading the work of a third party; but it was our whimsical fate to be very unwittingly reading, and very innocently, and perhaps unjustly, praising our own.

The Introduction is made up of desultory observations and anecdotes respecting the state of society and the arts, from the savage state to the end of the Augustian age of modern Italy; and the greater part of it has as much connexion with politics and with painting. Why it should be called an Introduction, is not very easily perceived; for it relates almost entirely to the periods which are more particularly the subject of the history itself — from the time of Cimabue to the middle of the sixteenth century. Passing it over, we arrive at the history of the Florentine school, which fills the whole of the present publication. Indeed it might more properly be termed, Anecdotes of the two great masters, Leonardo da Vinci and Michael Angelo, and their contemporaries, than a General History of Painting; and accordingly, even the portion connected more strictly with the Arts, is pretty equally subdivided, as might be expected, between the different branches in which the latter of these great men excelled.

* As some of our readers may be curious to know the nature and extent of this plagiarism, we beg leave to inform them, that if they will turn to p. 194 of the Baron's work, they will find about ten pages on the subject of Alfieri, literally translated from our article on that writer, at vol. XV, pages 295 and 197, etc. of the Review. Again, at p. 220 of M. de Stendhal, they will find a still larger discussion on the state of French society before the Revolution, (and it is this which we praised last year without recognising it), the original of which may be seen in our review of the Letter of Mad. du Deffand, vol. XV, p. 459, etc. — At p. 254, the Baron has again borrowed a page or two on the genius of the Germans, from our review of Schlegel, vol. XXVI, p. 67; besides a variety of smaller passages and phrases which it might be too niggardly to specify. It is certainly very flattering to us to find our sentiments on the literature and manners of the Continent, adopted by a continental writer of great vivacity and high pretensions. But it would have been still more agreeable, if he had been pleased to give some little print of the source from which they were derived.

Of the revivers of painting, the author gives few anecdotes that are not pretty well known. The most ancient authenticated picture of an Italian artist, is generally said to be the Virgin of Guido da Sienna, which bears in the inscription the date of 1221. Our author, however, gives some particulars respecting the remains, still more ancient, of Giunta Pisano, who died in 1240, the year that Cimabue was born.

Although Cimabue has the fame of being the father of the Art, and though he was enthusiastically admired in his day, we may say of him, that the greatest work which proceeded from his *studio*, was his scholar Giotto — as it has been remarked of Bergman, that his grand discovery was the discovery of Sheele. In reflecting upon Cimabue's history, the most interesting circumstance certainly is the unequivocal proofs which it affords of his country being already prepared for bearing an abundant harvest of genius in that kind. The zeal with which all classes of the people regarded his excellence — the devotion with which they honoured his work — is sufficient to show, not only that the seeds of excellence in the fine arts had been sown, but that the soil had been fitted to receive them. His residence was thronged by such crowds to view his Madonna, when the visit of a sovereign obliged him to let it be seen, that the district where he lived obtained from thence the name of Borgo-Allegro; and when it was to be placed in the church where it still remains, the populace accompanied the procession with colours and bands of music, as if some national success had given rise to a triumphal pageant. Yet he was immediately, and in his own time, surpassed by his celebrated pupil, who went as much beyond him as he had gone beyond Guido; and filled Italy with his scholars, as well as the productions of his pencil. The following passage forms one chapter of the work before us, and is affectedly entitled « Ôter le piédestal »; but it tells a great truth of very general application.

« Pour être juste envers cet homme rare, il faut regarder ses pré-décesseurs. Ses défauts sautent aux yeux; son dessin est sec; il a soin de cacher toujours sous de longues draperies les extrémités de ses figures, et il a raison, car il s'en tire fort mal. Au total, ses tableaux ont l'air barbare. Il n'est pas un de nos peintres qui ne sente une immense supériorité sur le pauvre Giotto. Mais ne pou-rait-il pas leur dire : "Sans moi, qui si peu, vous seriez moins encore." Il est sûr que, quand un bourgeois de Paris prend un fiacre pour aller au spectacle, il est plus magnifique que les plus grands seigneurs de la cour de François Ier. Ceux-ci, par les pluies battantes de l'hiver, allaient à la cour à cheval, avec leurs femmes en croupe, au travers de rues non pavées, qui avaient un pied de boue, et pas de réverbères. Faut-il conclure que le connétable de Montmorency, ou l'amiral Bonnivet étaient des gens moins considérables dans l'État que le petit marchand de la rue Saint-Denis? Je conçois bien que l'on n'ait pas de plaisir à voir les œuvres de Giotto. Si l'on dit : "Que cela est laid!" on peut avoir raison; mais si l'on ajoute : "Quel peintre pitoyable!" on manque de lumières. » (I, p. 34, 35.)

The following remarks are also judicious and lively.

« Une certaine symétrie qui plaît à l'amateur éclairé, et surtout un dessin moins anguleux, et un coloris plus moelleux que chez ses rudes prédécesseurs, les distinguent facilement. Ces mains grêles, ces pieds en pointe, ces visages malheureux, ces yeux effarés, restes de la barbarie apportée de Constantinople, disparaissent peu à peu. Je trouve que ses ouvrages plaisent d'autant plus qu'ils sont de moindre dimension. Par exemple, les petites figures de la sacristie du Vatican sont des miniatures pleines de grâces; et ce qui manquait surtout aux arts avant lui, c'est la grâce. Quelque sauvages que soient les hommes, on peut leur faire peur; car ils ont éprouvé la souffrance; mais, pour qu'ils fassent attention à ce qui n'est que gracieux, il faut qu'ils connaissent le bonheur d'aimer. Giotto sut exprimer beaucoup de petites circonstances de la nature peu dignes des scènes graves où il les introduisait; mais c'était la nature. On peut dire qu'il fut l'inventeur du portrait. On lui doit entre autres ceux de Dante, son ami. Quelques peintres avaient bien cherché la ressemblance avant lui; mais le premier il réussit. Il était architecte. Le fameux clocher de la cathédrale de Florence fut élevé sur ses dessins. C'est réellement une tour très remarquable. Quoique un peu gothique, elle donne sur-le-champ l'idée de la richesse et de l'élégance. Elle est isolée de l'église, et se trouve dans l'endroit le plus passager de la ville, fortune qui manque à beaucoup de monuments admirables. » (I, p. 35-37.)

The great genius and success of Giotto, seems to have produced its usual effect of forming servile imitators, and thus keeping the art stationary, for some time. But architecture and sculpture made at his period a considerable progress; and we think it very likely, that this circumstance gave painting the next, and perhaps, greatest step that it ever made, in the invention of perspective and chiaro-oscuro; for a knowledge of perspective was the natural consequence of architectural drawing; and an attention to light and shade as naturally followed from modelling the human figure. To Paolo Ucello, but still more to Masaccio, were these grand improvements owing. The latter was unquestionably a man of first-rate genius; but we believe, the author will be allowed by connoisseurs to estimate his merits somewhat too high, when he asserts that the principal figure in the Baptism of St Peter excels any thing which appeared before Raphael; and particularly, that neither Leonardo da Vinci, nor Fra Bartolomeo, nor Andrea del Sarto, ever equalled it; (the latter being, by the way, exactly Raphael's contemporary). — Indeed, he seems aware of his partiality for this eminent master, when he says, « Je l'aime trop pour en juger ». He appears to be still more extravagant in his admiration of Luca Signorelli; a great painter unquestionably, and whose works frequently resemble those of the purest age of the art; but who, we must always recollect, though our author has forgotten it, lived in the early period of that age; in fact, he died the year after Raphael, and must have produced many of his finest pieces in the latter part of the fifteenth century*.

Since we are come to a resting-place, we may as well pause to mention the extremely offensive tone respecting every thing that concerns religion, which pervades these volumes. The author seems, from remarks everywhere interspersed, to be a follower of Buonaparte; a soldier who has passed his life, as he hints, between making war, making love; and, since the fall of his master, and the loss of his mistress, has sought consolation in the study of the Fine Arts. We have no right perhaps to blame him for having found no comfort in contemplating a higher state of existence; but he, on his part, has no right to vilify by his sneers the established faith of his country; for it is immaterial whether he belongs to one nation of Europe or another, or that he calls himself a citizen of the world. If he means the civilised world, Christianity is its religion; and he neither acts the part of a wise nor a virtuous man, who lightly obtrudes the expression of his contempt for it. How ignorant he is, and how prejudiced, on all matters connected with this subject, a very cursory perusal of his book may serve to show. He seems indeed most perversely blind to the triumphant state of religion at the present day, when, by the prodigious multiplication of Bible Societies and of new translations and edition of that sacred book,

---

* The epitaph of Masaccio, in the Carmelite Church, which he painted in fresco, has furnished, as our author observes, the hint of Sir Christopher Wren's, in St Paul's. — « *Si quaeris monumentum circum spice!* »

> Si alcun cercasse il marmo o il nome mio,
> La chiesa è il marmo,

The concluding part of it, probably suggested Cardinal Bempo's celebrated distish on Raphael in the Pantheon.

the readers of the Holy Scriptures have been multiplied, we believe, more than tenfold within these twenty years. « Aujourd'hui (he petulantly asks, as Mr. Burke, though with better reason, did of Bolingbroke), qui est-ce qui lit la Bible? » In a note, he qualifies his interrogatory, by adding, « hors de l'Angleterre ». But for the Continent, he answers his own question, most falsely, thus — « Quelque amateur peut-être, pour y voir les quinze ou vingt traits, éternels sujets des tableaux du grand siècle ». His lamentations are frequent, that the great masters should not have chosen their subjects from classical story; but he has the candour, in one place, to insert an opposite opinion, much nearer the truth, and from a quarter not easily to be suspected of bigotry, the Correspondence of Grimm and Diderot where praise is justly given to subjects from the Bible. Upon this ground, that they represent men, such as we know them to be, with all their natural feelings, and acting both in the ordinary situations of human life, and in circumstances which call forth the most exalted feelings of our nature.

But he is not more happy or more knowing in his remarks upon the history of natural religion. « La découverte de l'immortalité de l'âme est tout à fait moderne » — and therewithal he cites Cicero, « Voir Ciceron », quoth he, and adds, « non pas dans les traductions approuvées par la censure ». We certainly never should have thought that the censorship had been applied to the service of theism, in any country, as it is only to be found in Catholic States; nor do we believe that an instance can be produced, of any translation having been so altered by the Government, as to afford evidence of the immortality of the soul being known to the ancients; yet, that it was known, any one who had read the Cicero whom our author quotes might have ascertained. Such passages as the following are no interpolations of censors; and yet they have only to be turned into Scriptural language, to pass almost for portions of the New Testament. — « *Immo vero, ii vivunt, qui ex corporum vinculis, tanquam e carcere evolaverunt : — vestra vero, quæ dicitur vita, mors est.* » — « *Justitiam cole et pietatem; ea vita via est in coelum, et in hunc coelum eorum qui jam vixerint, et corpore laxati illum incolunt locum.* » — « *In vero enitere, et sic habeto non esse TE mortalem, sed corpus hoc : non enim tu is es, quem forma ista declarat : sed Mens cujusque, is est quisque; non ea figura quæ digito demonstrari potest.* » — « *Omnibus qui patriam conservarint adjuverint, auxerint, certum in coelo esse ac definitum locum, ubi beati, oevo sempiterno fruantur.* »

After the desultory introduction and preliminary history through which we have been following the author, we come to the principal subject of his volumes, the account of Leonardo da Vinci and Michael Angelo. The lives of both these great men are pretty generally known, and most ever be in the highest degree interesting, not to the artist only, but the philosopher. The work before us may not contain any particulars respecting them, which are not in the possession of those who delight in such subjects; but it relates what is to be found elsewhere, in a lively and striking manner, and abounds with observations, at once just and ingenious.

If Leonardo had not the same universality of genius in the fine arts, he excelled Michael Angelo in the vast variety of his accomplishments in almost every pursuit, from the abstract sciences, to the ordinary amusements and occupations of life.

« Dès sa plus tendre enfance on le trouve l'admiration de ses contemporains. Génie élevé et subtil, curieux d'apprendre de nouvelles choses, ardent à les tenter, on le voit porter ce caractère, non seulement dans les trois arts du dessin, mais aussi en mathématiques, en mécanique, en musique, en poésie, en idéologie, sans parler des arts d'agrément, dans lesquels il excella, l'escrime, la danse, l'équitation; et ces talents divers il les posséda de telle sorte, que, duquel qu'il fît usage pour plaire, il semblait né pour celui-là seul. » (I, p. 162.)

« On le voyait dans les rues s'arrêter tout à coup pour copier sur un petit livret de papier blanc les figures ridicules qu'il rencontrait. Nous les avons encore, ses charmantes caricatures, et ce sont les meilleures qui existent. Non seulement il cherchait les modèles du *beau* et du *laid*, mais il prétendait saisir l'expression fugitive des affections de l'âme et des idées. Les choses bizarres et altérées avaient un droit particulier à son attention. Il sentit le premier peut-être cette partie des beaux-arts qui n'est pas fondée sur la sympathie, mais sur un retour d'amour-propre. Il amenait dîner chez lui des gens de la campagne, pour les faire rire, à gorge déployée, par les récits les plus étranges et les contes les plus gais. D'autres fois on le voyait suivre les malheureux au supplice. Une rare beauté, des manières pleines de charme, faisaient trouver admirables ces idées singulières; et il paraît que, comme Raphaël, ce génie heureux fut une exception à la règle si vraie : "Aucun chemin de fleurs ne conduit à la gloire." » (I, p. 164, 165.)

It is well known, that the seventeen years of his life which he spent at Milan, were after he had attained the maturity both of his age and fame, as he did not quit Florence before he was thirty. During that long period, he certainly did not devote the greater part of his time to painting; but he completed his greatest work, and one of the greatest triumphs of the art, his Last Supper. The anecdotes and remarks, which we find in full, but not superfluous abundance, relative to this picture, are among the best parts of the work before us.

Leonardo, like all the great masters, meditated profoundly upon his subject, while forming the plan of his composition; and having prepared himself by long study, and above all, by close examination of nature, began the execution by repeated sketches, both of the whole design, and of all its individual parts. Giraldi relates some curious particulars, which he had from his father, who was Leonardos contemporary. He used to frequent the accustomed haunts of persons resembling, by their character and habits, those whom he was about to introduce in his picture; and as often as he met with any attitude, groupe or feature, which suited his purpose, he sketched it in the tablets which he carried about with him. Having nearly finished the other Apostles in this way, he had left Judas's head untouched, as for a long time he could find no physiognomy which satisfied him, or came up to the ideas he had formed of transcendent villany and treachery. The Prior of the Dominican convent, in the Refectory or Diningroom of which the painting was, grew impatient at being so long incommoded in that essential branch of monastic discipline which was carried on in this apartment, and complained to the Grand Duke; who called on the artist to explain the delay. He said he worked at it two whole hours every day. The pious head of the house renewed his representations with very honest zeal, and alleged that Leonardo had only one head to finish, and that so far from working two hours a day, he had not been near the place for almost twelfth months. Again summoned before the prince, the painter thus defended himself. « It is true I have not entered the convent for a long time; but it is no less true, that I have been employed every day, at least two hours upon the picture. The head of Judas remains to do; and in order to give it a physiognomy suitable to the excessive wickedness of the character, I have for more than a year past, been daily frequenting the Borghetto, morning and evening, where the lowest refuse of the capital live; but I have not yet found, the picture is finished in a day. » « I however », he added, « I still am unsuccessful in my search, I shall rest satisfied with the face of the Prior himself, which would suit my purpose extremely well; only that I have for a long time been hesitating about taking such a liberty with him in his own convent. » It is hardly necessary to add, that the Grand Duke was perfectly satisfied; and the artist happening soon after to meet with his Judas, finished his grand work. Our author adds a similar anecdote of Appiani, the last fresco painter that Italy has produced; who, having to represent a lion's skin, delayed a considerable time until he could find one; observing, that he had of course seen but few in his life, and never paid a very minute attention to them.

The Supper, thus completed, and the object of unbounded and universal admiration, has unhappily been, of all great pictures, by far the shortest lived. Every thing unfortunate in the materials and position, has been combined with a number of untoward accidents, and some still more fatal acts of premeditated mischief, to destroy long ago all the traces of the master-hand. The first misfortune was its being painted in oil instead of fresco, a kind of work ill suited to the slow retouching hand and most fastidious taste of Leonardo, who was glad, on this account, to take advantage of the recent inventions of body colours. A miserable fresco at the other end of the refectory, painted in the same age, still tantalizes the observer by the freshness of its tints, while the masterpiece of Leonardo, perhaps of the art, has been gone for ages. It is further said, that he used oil too much refined, and of too thin consistency. It is certain, too, that the plaster on which he worked had some defect, which made it scale off in a few years. Then the convent is situated in a damp place, and the refectory is in the lowest part of the building; so that at all times when there is an inundation in the Milanese the room is filled with water. Hence this picture retained its original beauties only for a few years. It was finished in 1498; in 1540 it is represented as half effaced; and, ten years later, the outlines only remained, the colours being entirely gone. A century after this, the venerable fathers whose lot it was to occupy the same room with it during a very interesting portion of the day, observing (with their wonted sagacity) that the straight line which joined their table and the kitchen passed through the centre of picture, and by no means through the door, and aware, from instinctive science, that the straight line between those two points was the shortest, thought proper to cut through the wall, and thus destroyed a part of the principal figure, and the two next it. With a tenderness for their sovereign, almost equal to their zeal for their own clerical duties, they next nailed a great scutcheon of the Emperor upon the middle of the walls so as to reach the heads of the groupe. But the tender mercies of those reverend personages have been still more fatal to this masterpiece, and have finished the destruction which their negligence begun. In 1726, they employed an artist who pretended to have a secret for reviving lost colours; and allowed him to work upon the Supper under awning which concealed his operations. This dauber, whose name was Belotti, painted the whole picture over again, with the exception of a portion of the sky, as seen through the window, the original colour of which remained nearly entire. It is justly remarked by our author, that connoisseurs, who were not aware of what had happened, went on pleasantly enough, lavishing their praises on the picture of Bellotti, before whose divine performance they enacted the same raptures as before he had obliterated the work of Leonardo. Finally, its destruction was completed in 1770, by one Mazza, who actually scraped off most of the few outlines which remained of the original; and had inserted heads of his own in all the figures but three, when he was stopped by a change in the convent, and a new prior succeeding. In 1796, Buonaparte, out of respect for the place, rather than that it signified much what now became of the picture, signed an order there before he had remounted his horse, prohibiting any military use being mad of the apartment : But soon after, one of his generals, whose name we wish the author had been less delicate about, broke down the doors and made a stable of it. The dragoons, as might be expected, amused themselves with throwing stones at the heads, being told they were meant to represent the Apostles. The refectory was used for some years as a magazine of forage ; and when at length permission was given to wall up the door, in order to prevent further dilapidations, so little was it attended to, that, in 1800 à flood having covered the floor a foot deep with water, it was suffered to remain until it dried by evaporation.

Such is the history, and so complete the destruction, of this celebrated picture ; and thus, entirely from tradition, and through the medium of copies and engravings, do we derive all the knowledge of its merit which we can now obtain. Happily those copies are numerous, and some of them by contemporary artists of note, who studied the original in the days of its greatest preservation. The one from which Morghen's justly famous print has been taken, is a fresco painted by Marco d'Oggione in 1514, at the refectory of a suppressed convent at Castellazo. The engraver was also assisted by some sketches of Leonardo, which still remain. There is, besides, a copy in the great hospital at Milan, painted in 1500; a small one by Oggione in 1510; a celebrated one at Lugano, by Lucini, in which he has deviated from the original in eight of the heads, including that of Judas. These are the most remarkable of the contemporary pictures. Buonaparte ordered a magnificent copy in Mosaick to be made of the same size with the original; he entrusted the execution of this great work to Raffaelli; but unfortunatly appointed Bossi to make the picture. Bossi was a learned man and a good draughtsman; but an extremely bad painter; and it is greatly to be feared that the Mosaick will be found to show the effects of his dreadful colouring. We shall close our account of this great work with some of the author's observations, which are just and striking; and in which we perceive that he has so far yielded to the force of truth, as to lay aside entirely his rooted aversion to Scripture subjects, and even to speak with enthusiasm of a Christian, as well as a connoisseur.

« Il s'agissait de représenter ce moment si tendre où Jésus, à ne le considérer que comme un jeune philosophe entouré de ses disciples la veille de sa mort, leur dit avec attendrissement : "En vérité, je vous le dis, l'un de vous doit me trahir." Une âme aussi aimante dut être profondément touchée, en songeant que parmi douze amis qu'il s'était choisis, avec lesquels il se cachait pour fuir une injuste persécution, qu'il avait voulu voir réunis ce jour-là en un repas fraternel, emblème de la réunion des cœurs et de l'amour universel qu'il voulait établir sur la terre, il se trouvait cependant un traître qui, pour une somme d'argent, allait le livrer à ses ennemis. Une douleur aussi sublime et aussi tendre demandait, pour être exprimée en peinture, la disposition la plus simple, qui permît à l'attention de se fixer tout entière sur les paroles que Jésus prononce en ce moment. Il fallait une grande beauté dans les têtes des disciples, et une rare noblesse dans leurs mouvements, pour faire sentir que ce n'était pas une vile crainte de la mort qui affligeait Jésus. S'il eût été un homme vulgaire, il n'eût pas perdu le temps en un attendrissement dangereux, il eût poignardé Judas, ou du moins pris la fuite, entouré de ses disciples fidèles. Léonard de Vinci sentit la céleste pureté et la sensibilité profonde qui font le caractère de cette action de Jésus ; déchiré par l'exécrable indignité d'une action aussi noire, et voyant les hommes si méchants, il se dégoûte de vivre, et trouve plus de douceur à se livrer à la céleste mélancolie qui remplit son âme, qu'à sauver une vie malheureuse qu'il faudrait toujours passer avec de pareils ingrats. Jésus voit son système d'amour universel renversé. "Je me suis trompé, se dit-il, j'ai jugé des hommes d'après mon cœur." Son attendrissement est tel, qu'en disant aux disciples ces tristes paroles : "L'un de vous va me trahir", il n'ose regarder aucun d'eux. Il est assis à une table longue, dont le côté qui est contre la fenêtre et vers le spectateur est resté vide. Saint Jean, celui de tous les disciples qu'il aima avec le plus de tendresse, est à sa droite ; à côté de saint Jean est saint Pierre ; après lui vient le cruel Judas. Au moyen du grand côté de la table qui est restée libre, le spectateur aperçoit pleinement tous les personnages. Le moment est celui où Jésus achève de prononcer les paroles cruelles, et le premier mouvement d'indignation se peint sur toutes les figures. Saint Jean, accablé de ce qu'il vient d'entendre, prête cependant quelque attention à saint Pierre, qui lui explique vivement les soupçons qu'il a conçus sur un des apôtres assis à la droite du spectateur. Judas, à demi tourné en arrière, cherche à voir saint Pierre et à découvrir de qui il parle avec tant de feu, et cependant il assure sa physionomie, et se prépare à nier ferme tous les soupçons. Mais il est déjà découvert. Saint Jacques le Mineur, passant le bras gauche par-dessus l'épaule de saint André, avertit saint Pierre que le traître est à ses côtés. Saint André regarde Judas avec horreur. Saint Barthélemy, qui est au bout de la table, à la gauche du spectateur, s'est levé pour mieux voir le traître. À la gauche du Christ, saint Jacques proteste de son innocence par le geste naturel chez toutes les nations ; il ouvre les bras et présente la poitrine sans défense. Saint Thomas quitte sa place, s'approche vivement de Jésus, et élevant un doigt de la main droite semble dire au Sauveur : "Un de nous ?" C'est ici une des nécessités qui rappelle que la peinture est un art terrestre. Il fallait ce geste pour caractériser le moment aux yeux du vulgaire, pour lui bien faire entendre la parole qui vient d'être prononcée. Mais il n'a point cette noblesse d'âme qui devait caractériser les amis de Jésus. Qu'importe qu'il soit sur le point d'être livré par un ou par deux de ses disciples ? Il s'est trouvé une âme assez noire pour trahir un maître si aimable ; voilà l'idée qui doit accabler chacun d'eux, et bientôt après va se présenter cette seconde pensée : Je ne le verrai plus ; et cette troisième : Quels sont les moyens de le sauver ?

Saint Philippe, le plus jeune des apôtres, par un mouvement plein de naïveté et de franchise, se lève pour protester de sa fidélité. Saint Matthieu répète les paroles terribles à saint Simon, qui refuse d'y croire. Saint Thadée, qui le premier les lui a répétées, lui indique saint Matthieu, qui a entendu comme lui. Saint Simon, le dernier des apôtres à la droite du spectateur, semble s'écrier : « Comment osez-vous dire une telle horreur ! » Mais on sent que tous ceux qui entourent Jésus ne sont que des disciples, et, après la revue des personnages, l'œil revient bien vite à leur sublime maître. La douleur si noble qui l'opprime serre le cœur. L'âme est ramenée à la contemplation d'un des grands malheurs de l'humanité, la trahison dans l'amitié. On sent qu'on a besoin d'air pour respirer ; aussi le peintre a-t-il représenté ouvertes la porte et les deux croisées qui sont au fond de l'appartement. L'œil aperçoit une campagne lointaine et paisible, et cette vue soulage. Le cœur a besoin de cette tranquillité silencieuse qui régnait autour du mont Sion, et pour laquelle Jésus aimait à y rassembler ses disciples. La lumière du soir, dont les rayons mourants tombent sur le paysage, lui donne une teinte de tristesse conforme à la situation du spectateur. Il sait bien que c'est là, la dernière soirée que l'ami des hommes passera sur la terre. Le lendemain, lorsque le soleil sera parvenu à son couchant, il aura cessé d'exister. » (I, p. 180-185.)

Before leaving this subject, we shall stop to point out two errors into which two distinguished countrymen of our own have fallen respecting this great picture. Mr. Addison unaccountably calls it, in his travels, the Marriage of Cana; and adds, that one of the figures has a hand with six fingers. Mr. Roscoe seems to mistake the subject almost as widely, in his Life of Leo X. "In this piece, (says he, vol. I, p. 142), it was the intention of the painter to surpass whatever had before been executed, and to represent not merely the external form and features, but the emotions and passions of mind, from the highest degree of virtue and beneficence in the character of the Saviour, to the extreme of treachery and quilt in that of Iscariot; whilst the various sensations of affection and veneration of joy and of sorrow; of hope and of fear, displayed in the countenances and gestures of the disciples, might express their various apprehensions *of the mysterious Rite*." Now the subject is, Christ mildly and yet with a melancholy tone, telling his disciples that one of them was to betray him. The words which he is supposed to be saying are, "Verily I say unto you, that one of you shall betray me"; and he did not institute the sacrement of the Supper until after he had so spoken. But Mr. Roscoe proceeds, "In the midst sits the Great Founder, dispensing with unshaken firmness, from either hand, the emblems of his own approaching sufferings." This is all perfectly erroneous; unshaken firmness is, of all expressions that could have been chosen, perhaps the least descriptive of the Saviour's countenance in that picture; it has no want of firmness certainly; but benevolence, mildness, forgiveness, and melancholy — are much more strongly marked; and no one can suppose that firmness was in the artist's thoughts when he drew it. Nor is there any pretence of speaking of the action as that of one distributing the bread and wine; there is nothing at all in the hands, which are in the attitude of making a serious novel communication. It is almost unnecessary to add, that the attitude and expression of all the other figures differ as widely from those of persons hearing the appointment of the Sacrament. They are admirably described in the passage from the author now before us, which we have just cited. He gives indeed the common and only account of the subject; but his commentary on the composition of the piece is excellent; and must strike every one who studies the picture as perfectly just.

It is peculiarly to be lamented, that nothing remains of the Colossal Bronze statue, and hardly a trace of the Cartoon of the Battle, two other works of Leonardo. The statue, fashioned by him at Milan for Ludovico Sforza, represented a horse of the height of twenty-three feet; he had worked for sixteen years on the model and had just finished it, when the capture of Milan by the French proved its destruction. The Battle was painted by him in his famous competition with Michael Angelo, after returned to Florence; and neither of the two did more than draw the Cartoons. Leonardo's has perished; but a specimen of it was copied by Rubens, and has been engraved by Edelynck. His hydraulical works on the Adda, which he rendered navigable for two hundred miles, and the irrigation of a portion of Lombardy, continue to the present day monuments of mechanical science.

As a scientic writer, indeed, his rank is very distinguished. He was a discoverer in Optics and Mechanics; and these volumes contain some general observations of his upon the inductive method of philosophizing, almost couched in the language which rendered the name of Bacon immortal in the succeeding age. "Experiment" says he "is the interpreter of the secrets of nature; it never misleads us; though our reason may sometimes deceive itself." — "We must consult experience; and vary the circumstances in our experiments until we can draw them general rules; for it is from hence that those rules are to be derived." — Again, "I am about to treat a particular subject; but, first of all, I shall make experiments; because my plan is to appeal to experience, and from thence to demonstrate why bodies are compelled to act in a certain manner. This is the method to be pursued by such as would investigate the phenomena of nature." — A remarkable observation of his upon the operation of fire, is also given by our author; it was certainly the result of this mode of inquiry; and we cannot help agreeing with the substance of the note upon it, though its style be somewhat flippant, that the passage is somewhat superior to Bacon's account of heat. "Fire", says the Italian philosopher in 1510, "consumes without intermission the air which nourishes it; and it would make a vacuum if other air did not rush in. When the air is not in a state fit to receive flame, neither flame, nor any animal of earth or air can live in it. In general, animals cannot live where flame cannot be supported*."

The fourth and fifth books, composing about half the second volume, are made up of short discussions and desultory reflections

---

* The account of heat, the *"Form,* or true definition of it", which Bacon deduces from his Experimental Treatise, given as an exemplification of the inductive method, is far less instructive and original.

"*Calor est motus expansivus, cohibitus, et nitens per partes minores; ut expandendo in ambitum, non nihil tamen inclinet versus superiora; ut non sit omnino signis, sed incitatus et cum impetu nonnullo.*" — *Nov. Org.,* Lib. II, Aph. 20.

upon the *Beau idéal, Beau antique,* and *Beau moderne*; full of metaphysical obscurity and refinement — far-fetched notions — puerile witticisms, and absurde paradoxes. One sees everywhere the hand of a clever and lively man, who has thought and seen a great deal, but whose judgement is perverted by the desire to say new and striking things, and who has formed to himself the play of writing the *Esprit des Beaux Arts,* after the manner of Montesquieu. The introduction of the campaign and retreat of Moreau (which seems naturally enough to have left an indelible impression) is frequent, but productive of little information. Some anecdotes respecting the character of the modern Italians, are all that we can extract from this, the worst part of the book. The following traits of Neapolitain courage, we are quite convinced cannot be accused of any exaggeration :

« Campagne de Murat en 1815. Incroyable lâcheté. Le meilleur voyage à faire, plus curieux que celui du Niagara ou du golfe Persique, c'est le voyage de Calabre. Les premiers donnent sur l'homme plus ou moins sauvage des vérités générales et connues depuis cinquante ans. Du reste, à Pétersbourg, comme à Batavia, on trouve *l'honneur.* Passé le Garigliano, ce grand sentiment des modernes n'a pas pénétré. Les soldats de Murat disaient : *"Se il nemico venisse per le strade maestre, si potrebbe resistar, ma viene per i monti."* Un beau colonel, en grand uniforme, garni de plusieurs croix, arrive à Rome au moment des batailles : on lui demande ce qu'il vient faire ; il répond avec une franchise inouïe : *"Che volete ch'io faccia? Si tratta di salvarsi la vita. Vanno a battersi, io son venuto qui."* Le brave général Filangieri cherche à retenir ses soldats qui répondent à ses cris : *"Ma, signor generale, c'è il cannone!"* ; et ce sont les anciens Samnites qui font de ces sortes de réponses ! Pour pénétrer dans les Calabres, on se déguise en prêtre. Là, on voit les jeunes filles ne sortir qu'armées de fusils ; à tout instant, on entend les armes à feu. Les plus farouches des hommes en sont les plus lâches. Apparemment que leurs nerfs trop sensibles leur font de la mort et des blessures une image trop horrible, et que la colère seule peut faire disparaître. » (II, p. 199-200, note.)

The total want of good polices in most of the States, since the French left them, is a truly melancholy circumstance, and one which the advocates for legitimacy in vain turn away from, or attempt to undervalue. Far better would it serve their cause to bestir themselves in good earnest, and correct so grand a defect, that they may be able to stand a comparison with their rival dynasty in this most essential part of government.

« J'arrive dans une des villes les plus peuplées d'Italie. Une jeune femme que je reconduis le soir jusqu'à sa porte me dit : "Retournez

sur vos pas, ne passez pas au bout de la rue, c'est un lieu solitaire."
Je vais de Milan à Pavie pour voir le célèbre Scarpa. Je veux partir
à cinq heures, il y a encore deux heures de soleil. Mon voiturier
refuse froidement d'atteler. Je ne puis concevoir cet accès de folie ;
je comprends enfin qu'il ne se soucie pas d'être dévalisé. J'arrive à
Lucques. La foule arrête ma calèche, je m'informe. Au sortir de
vêpres, un homme vient d'être percé de trois coups de couteau. "Ils
sont enfin partis, ces gendarmes français !" "Il y a trois ans que je
t'avais condamné à mort", dit l'assassin à sa victime, et il s'en va le
couteau à la main. Je passe à Gênes. "C'est singulier, me dit le chef
du gouvernement, trente-deux gendarmes français maintenaient la
tranquillité ; nous en avons deux cent cinquante du pays, et les
assassinats recommencent de tous côtés." La gendarmerie française avait déjà changé le beau idéal ; l'on prisait moins la force. Je
vais à l'opéra à ***, je vois chacun prendre ses mesures pour se
retirer après le spectacle. Les jeunes gens sont armés d'un fort
bâton. Tout le monde marche au milieu de la rue, et tourne les
coins *alla larga*. On a soin de dire tout haut dans le parterre qu'on
ne porte jamais d'argent sur soi. »

« La part ridicule que les voleurs ont usurpée dans la conversation des gens du monde vient beaucoup de l'ancienneté de leurs
droits. Depuis trois cents ans, on assassine, de père en fils, dans la
montagne de Fondi, à l'entrée du royaume de Naples. J'ouvre Cellini, et je vois en combien d'occasions il se trouve bien d'être fort et
déterminé. Le Piémont est plein de paysans qui, de notoriété
publique, se sont enrichis par des assassinats. On m'a rapporté le
même fait du maître de poste de Bre ***. *Il n'en est que plus considéré*. Rien de plus simple ; et, si vous habitiez le pays, vous-même
auriez des égards pour un coquin courageux qui, cinq ou six fois
par an, a votre vie entre ses mains. Je désire observer le fait des
prairies qui donnent huit coupes dans un an. Je me suis adressé à
un fermier de Quarto à trois milles de Bologne. Je lui montre
quatre hommes couchés au bord de la route sous un bouquet de
grands arbres. "Ce sont des voleurs", me répond-il. Surpris de mon
étonnement, il m'apprend qu'il est régulièrement attaqué tous les
ans dans sa ferme. La dernière attaque a duré trois heures, pendant lesquelles la fusillade n'a pas cessé. Les voleurs désespérant
de le dépouiller, veulent au moins mettre le feu à l'écurie. Dans
cette tentative, leur chef est tué d'une balle au front, et ils
s'éloignent en annonçant leur retour. "Si je voulais périr, moi, et
jusqu'au dernier de mes enfants, continue le fermier, je n'aurais
qu'à les dénoncer. Les deux valets de ma bergamine (écurie des
vaches) sont voleurs, car ils ont vingt francs de gages par mois, et
en dépensent douze ou quinze tous les dimanches au jeu ; mais je

ne puis les congédier, j'attends quelque sujet de plainte. Hier, j'ai renvoyé un pauvre plus insolent que les autres, qui assiégeait ma porte depuis une heure. Ma femme m'a fait une scène : c'est l'espion des voleurs ; j'ai fait courir après lui, et on lui a donné une bouteille de vin et un demi-pain." » (II, p. 202-206.)

The rest of the work is devoted to Michael Angelo, whose life and works are discussed at great lenght, and in a very interesting and ingenious manner. "Michel più che mortal Angiol divino*."

One of the earliest anecdotes of this great man, is connected with another in his later years, which resembles a trait related of Sir J. Reynolds. While he was in the Studio of Ghirlandaio, to whom he served an apprenticeship, he ventured to make an alteration in one of his masters designs, which he was copying. When Vasari, sixty years after, brought this sketch to him at Rome, he was delighted with the recollection of it; said that he well remembered the alteration, and that he knew more of the matter in those days, than now. It is said that Sir Joshua being, late in life, shown one of his earliest productions, expressed himself somewhat mortified at seeing how little progres she has made; and Mr Malone (who has written his life as one of his executors, for that is the title on which he himself brings forward his claim to the office of biographer), observes, with his wonted acuteness, that this shows the modesty of the master; forgetting that when a man places his own early works on a level with his mature productions, he is returning with one hand what he takes with other.

His love of sculpture may almost be termed instinctive. It broke out on seeing some antique statues; he obtained a piece of marble and tools, and began instantly to block out the head of a fawn; and was polishing it when Lorenzo de' Medici passed and observed his work. Immediately he saw that he had found out a genius of no ordinary magnitude, persuaded his father to let him devote his life to sculpture; and gave him an apartment in the palace, where he continued studying, working, and caressed by the highly polished members of that court, as long as Lorenzo lived.

Julius II was afterwards his powerful supporter; and he admired and patronized him with all the ungovernable ardour of his impetuous character. While the artist was engaged in his service, and particularly in the grand work of his tomb, conceiving himself on one occasion to be ill used, he suddenly left Rome, and, travelling post, arrived in Tuscan territory before any means could be used to stop him, though five couriers had been despatched after him, with orders, if necessary, to employ force, which he threatened to

* Ariosto.

repell by force. Soderini, then Gonfalonieri of the Republic, received him with high satisfaction, and disregarded a brief filled with threats, which the Pope sent, to make him send back so rare and valued a treasure. But a second and a third epistle to the same effect, following each other in quick succession, made Soderini dread that some of the more material thunderbolts, in which the Vatican then dealt profusely, might be launched at him; he told the artist, that he had treated the Pope worse than the King of France would have ventured to do; that he could not afford a war on his account; and that he must prepare to depart. Michael Angelo had serious thoughts of removing to Constantinople, having received splendid offers from the Turk, who was projecting an immense bridge over the Bosphorus, but his friend used every effort to dissuade him; and, other offers, proposed to make him ambassador of the Republic at Rome, for the better projection of his person. The sequel of the story is given by our author so well, and in a manner so characteristic of all the authors, that we must extrait it.

« Sur ces entrefaites le pape, qui faisait la guerre, eut du succès. Son armée prit Bologne, il y vint lui-même, et montrait beaucoup de joie de la conquête de cette grande ville. Cette circonstance donna à Michel-Ange le courage de se présenter. Il arrive à Bologne; comme il se rendait à la cathédrale pour y entendre la messe, il est rencontré et reconnu par ces mêmes courriers du pape qu'il avait repoussés avec perte quelques mois auparavant. Ils l'abordent civilement, mais le conduisent sur-le-champ à Sa Sainteté, qui dans ce moment était à table au palais des Seize, où elle avait pris son logement. Jules II, le voyant entrer, s'écrie transporté de colère : "Tu devais venir à nous, et tu as attendu que nous vinssions te chercher!" Michel-Ange était à genoux, il demandait pardon à haute voix : "Ma faute ne vient pas de mauvais naturel, mais d'un mouvement d'indignation : je n'ai pu supporter le traitement que l'on m'a fait dans le palais de Votre Sainteté." Jules, sans répondre, restait pensif, la tête basse et l'air agité, quand un évêque, envoyé par le cardinal Soderini, frère du gonfalonier, afin de ménager le raccommodement, prit la parole pour représenter que Michel-Ange avait erré par ignorance, que les artistes tirés de leur talent étaient tous ainsi... Sur quoi le fougueux Jules l'interrompant par un coup de canne : "Tu lui dis des injures que nous ne lui disons pas nous-même, c'est toi qui es l'ignorant : ôte-toi de mes yeux"; et comme le prélat tout troublé ne se hâtait pas de sortir, les valets le mirent dehors à coups de poing. Jules, ayant exhalé sa colère, donna sa bénédiction à Michel-Ange, le fit approcher de son fauteuil, et lui recommanda de ne pas quitter Bologne sans prendre ses ordres. Peu de jours après, Jules le fit appeler : "Je te charge de faire mon portrait; il s'agit de jeter en bronze une statue colossale que tu placeras sur le portail de Saint-Pétrone." Le pape mit en même temps à sa disposition une somme de mille ducats. Michel-Ange ayant fini le modèle en terre avant le départ du pape, ce prince vint à l'atelier. Le bras droit de la statue donnait la bénédiction. Michel-Ange pria le pape de lui indiquer ce qu'il devait mettre dans la main gauche, un livre, par exemple : "Un livre! un livre! répliqua Jules II, une épée, morbleu! que pour moi je ne m'entends pas aux lettres." Puis il ajouta, en plaisantant sur le mouvement du bras droit qui était fort décidé. "Mais, dis-moi, ta statue donne-t-elle la bénédiction ou la malédiction? — Elle menace ce peuple s'il n'est pas sage", répondit l'artiste. Michel-Ange employa plus de seize mois à cette statue (1508), trois fois grande comme nature; mais le peuple menacé ne fut pas sage, car ayant chassé les partisans du pape, il prit la liberté de briser la statue (1511). La tête seule put résister à sa furie; on la montrait encore un siècle après; elle pesait six cents livres. Ce monument avait coûté cinq mille ducats d'or. » (II, p. 278-280.)

Upon the return of Michael Angelo to Rome, Julius desidered him to undertake a work of prodigious magnitude, and almost insurmountable difficulty — the painting in fresco the immense ceiling of the Sistine chapel. To Raphael, then engaged in painting the Stanzas of the Vatican, or to any other artist accustomed to the peculiar art of Frescoes, this would have been a task of extreme nicety, and almost endless labour, from the position and the magnitude of the space to be painted. But Michael Angelo had never painted a line in this style, and was unacquainted with even the first rudiments of the art. Its peculiarity and singular difficulty consists, as is well known, in this, that the colours are laid in, as well as the outlines made, while the plaster is wet; so that the artist can never alter a single touch; nor take above a very short time to perform his operations, but must begin and complete the whole of any portion of his composition, while the space which he has plastered for its reception is in state of humidity, and in the consistency that adapts it to take the tints. Indeed, Michael Angelo had never exercised himself much in any species of painting, and had done nothing of importance in that art at all. To make him at once attempt a fresco; and upon such a scale, and in such a position, seemed regniring more than human courage could undertake. He remonstrated; but his representations were vain; the Pope was determined, were summoned by him, from Florence; and, after setting them to work that he might learn the process, he destroyed all that they had done, and began himself. Is it much less than a miracle that the *Capella Sistina* should be the result? —

that it should be the first attempt of an artist in a new branch, and the most difficult of all? Nothing, as our justly remarks, was over seen like this passage in the history of human genius; and when we reflect what must have passed in the mind of this Great Master, so tender on every thing that related to his own glory, so severe in his judgments of himself, when, ignorant even of the mechanical parts of the difficult and delicate process, he engaged in so vast a work, we seem to lose sight of the greatness of genius in the unparalleled strength of character which the effort displayed.

We must pass over a variety of interesting anecdotes, and some very just, mingled with many fanciful remarks upon the immortal works of this master in the Vatican; as well as the full and interesting account of his other great performance in a different branch of the arts, the building of St Peter's, where he fullfilled his well known promise of lifting the domme of the Pantheon into air. As we have already enlarged sufficiently upon the contents of these volumes, to give the reader a fair specimen of them, we shall now only, before closing this article, extract a few curious particulars relating to Michael Angelo's manner of working, which the author has taken, in part at least, from a work very little if at all known in this country : *Blaise de Vigenère*.

« On trouve dans un livre du seizième siècle : "Je puis dire d'avoir vu Michel-Ange âgé de plus de soixante ans, et avec un corps maigre qui était bien loin d'annoncer la force, faire voler en un quart d'heure plus d'éclats d'un marbre très dur, que n'auraient pu faire en une heure trois jeunes sculpteurs des plus forts; chose presque incroyable à qui ne l'a pas vue. Il y allait avec tant d'impétuosité et tant de furie que je craignais, à tout moment, de voir le bloc entier tomber en pièces. Chaque coup faisait voler à terre des éclats de trois ou quatre doigts d'épaisseur, et il appliquait son ciseau si près de l'extrême contour, que si l'éclat eût avancé d'une ligne tout était perdu." Brûlé par l'image du beau qui lui apparaissait et qu'il craignait de perdre, ce grand homme avait une espèce de fureur contre le marbre qui lui cachait sa statue. L'impatience, l'impétuosité, la force avec laquelle il attaquait le marbre, ont fait peut-être qu'il a trop marqué les détails. Je ne trouve pas ce défaut dans ses fresques. Avant de peindre au plafond de la Sixtine, il devait calquer journellement, sur le *crépi*, les contours précis qu'il avait déjà tracés dans son *carton*. Voilà deux opérations qui corrigent les défauts de l'impatience. Vous vous rappelez que, pour la fresque, chaque jour le peintre fait mettre cette quantité de *crépi* qu'il croit pouvoir employer : sur cet enduit encore frais, il calque avec une pointe, dont l'effet est facile à suivre à la chapelle Pauline, les contours de son dessin. Ainsi l'on ne peut improviser à fresque, il faut toujours avoir vu l'effet de l'ensemble dans le *carton*. Pour ses statues, l'impatience de Buonarroti le porta souvent à ne faire qu'un petit modèle en cire ou en terre. Il comptait sur son génie pour les détails. »

Au mois de mai 1823 un nouvel article paraîtra à Paris. Il présente deux particularités : la première est que le périodique est de langue anglaise, mais publié à Paris sous le titre *Galignani's Magazine and Paris Monthly Review*; la deuxième particularité est qu'il est signé de l'initiale S., à savoir Stendhal. Autrement dit, l'auteur du livre, partant du principe qu'on n'est pas mieux servi que par soi-même, a rédigé lui-même le compte rendu.

Galignani's Magazine and Paris Monthly Review, mai 1823

This is a book that notwithstanding all that has been written upon painting and painters, has supplied a desideratum in that branch of literature. For although there are to be found in the innumerable tours and voyages in Italy, in French and English, many interesting anecdotes of the principal masters, and judgments upon their most remarkable works, yet they are to be sought for dipersedly, and present neither *suite* nor *ensemble*. If we recur to the writings of the Italians themselves, upon their favourite art, we shrink with affright from the magnitude of the enterprise, and the uncertainty of attaining, even if we should venture on the task, a clear and correct view of the history of the different schools, and a fair and unbiassed judgment of their merits and defects. Where is the virtuoso hardy enough to risk his eyes or his patience in toiling through the sixteen ponderous volumes of Vasari ? And who, be it said, *en passant*, has written with the partiality of a partisan, for he has sacrificed the schools of Florence and Rome to those of Venice and Bologna ! He has consequently been most unjust in many of his animadversions, and particularly in those upon Corregio. We are well aware that his mistakes or prejudices have been discussed and refuted in hundreds of Italian works; but who is there that has critical wind enough to chance throught through the prolix pages of Malvasia, Ridolfi, Baldinucci, Lanzi, Condivi, Della Valle, etc. etc. We cannot therefore but feel grateful to Mr. Beyle, hwo has not only this, but has moreover given us the result of a long and passionate study of the *chefs-d'œuvre* of the art in their native country, Italy.

The two volumes of this interesting and usefull work now before the public, have profixed to them an introduction of some eighty or ninety pages, exhibiting a spirited and striking sketch of the ferocious energy of the Northern barbarians, who conquered

France and Italy in the first centuries of our era and a masterly picture of the manners, customs, and prevailing passions of the inhabitants of Italy at the dawn of the fine arts. We dare not venture (for fear of spoiling) to abridge this introduction : the reader will be amply rewarded by recurring to it : it contains the remarkable and admirably well told anecdote of *Bianca Capello*.

After the introduction, the author enters on peculiar subject of the work, the history of painting; and commences with that ancient school of Florence, from Nicolas Pisaro and Cimabue down to Leonardo da Vinci. Even before this epoch some rude efforts had been made in the art; witness the portraits of the popes painted in *fresco* in the Church of St. Paul at Rome during the fifth century, as also some scriptural subjects to be found in the Church of St. Urban, and which bear the date of 1011. Of these rude precursors in the art, the author says.

« Mais on ne peut prendre aux artistes de ces premiers siècles qu'un intérêt historique. Pour trouver quelque plaisir devant leurs ouvrages, il faut aimer déjà depuis longtemps ceux des Corrège et des Raphaël, et pouvoir distinguer dans ces peintres gothiques les premiers pas que fit l'esprit humain vers l'art charmant que nous aimons. Nous ne pouvons tout à fait les passer sous silence; ils s'écrieraient, avec le grand poète, leur contemporain :

> Non v'accorgete voi, che noi siam vermi
> Nati a formar l'angelica farfalla ?
>
> DANTE. »

The life of Cimabue is told with elegance and simplicity; that of Giotto is rendered very interesting by being interspersed with some curious anecdotes of king Robert, of the state of Italy in the fourteenth century, of the popes of Avignon, and of the manners of Florence, that of London of the middle ages. The account of Fra. Filippo and his amours with the beautiful Lucrezia, possesses all the charm of the romance. The sketch of Masaccio exhibits him as a man of true genius. He gave a beatiful expression to the countenances of this figures, that has secured them the honour of being compared to those of Raphael; he was poisoned by his rivals at the age of 42. Ghirlandaio was the inventer of aerial perspective, with which he enriched the resources of painting. He was the immediate precursor of Leonardo da Vinci, who appears to be the idol of our author. But before entering on the remarkable and interesting life of this great man, we shall indulge in some quotations from the preceding pages. When treating of Bartolomeo, who flourished towards the middle of the 13th century, we have the following lively passage :

« [Bartolomeo] est probablement l'auteur de ce fameux tableau qu'on révère à l'église des Servites, plus connue, à cause de lui, sous le nom de la *Nunziata*. Les moines avaient chargé Bartolomeo de peindre l'Annonciation. Il se tira fort bien de la figure de l'ange ; mais, quand il en fut à la Vierge, il désespéra de trouver l'air séraphique, indispensable ici. Le bon homme s'endormit de fatigue. Dès qu'il eut les yeux fermés, les anges ne manquèrent pas de descendre du ciel, peignirent sans bruit une tête céleste de tous points, et, en s'en allant, tirèrent le peintre par la manche. Il voit son ouvrage fait, il crie au miracle. Ce cri fut répété par toute l'Italie, et valut des millions aux Servites. De nos jours, un maudit philosophe, nommé Lami, s'est avisé de discuter le miracle. Les moines voulurent l'assassiner. Il réchappa à grand'peine. Mais la Vierge, pour se venger d'une manière plus délicate, et moins usitée, s'est contentée de se rendre laide aux yeux des profanes, qui ne trouvent plus qu'une grossière figure, très digne de Bartolomeo, et un peu retouchée dans la draperie. »

We cannot resist giving the following excellent remarks upon expression in painting :

« Tous les hommes spirituels ou sots, flegmatiques ou passionnés, [voir ci-dessus p. 130-131] J'ai vu en ma vie cinq ou six grandes actions, et j'ai été frappé de l'air simple des héros. »

We should willingly give an abstract of the chapter XXX (*État des esprits vers l'an 1500*), and that on the characters of Florentine painters, but we are warned by our limits to hurry on to the account of Leonardo da Vinci and his productions. This portion of the work is by far the most interesting, and has evidently been written *con amore*. It breathes an air of almost devotional admiration for the extraordinarily gifted being whose history it developes. Leonardo da Vinci was the natural son of Messer Pietro, a notary of the Florentine republic : he was born in the year 1452. He was remarkable for the beauty of his person, and as to his other qualities, we shall hear the author.

« Dès sa plus tendre enfance on le trouve l'admiration de ses contemporains. Génie élevé et subtil, curieux d'apprendre de nouvelles choses, ardent à les tenter, on le voit porter ce caractère, non seulement dans les trois arts du dessin, mais aussi en mathématiques, en mécaniques, en musique, en poésie, en idéologie, sans parler des arts d'agrément, dans lesquelles il excella, l'escrime, la danse, l'équitation ; et ces talents divers il les posséda de telle sorte, que, duquel qu'il fît usage pour plaire, il semblait né pour celui-là seul. »

His attention, as it appears, was not exclusively devoted to painting ; he delighted to make new discoveries and try novel experiments in chemistry and machinery. From a mixture of inodorous substances, he produced a most mephitic gas, which suddenly escaping in the midst of a numerous company, forced them to a precipitate retreat. At another time, he disposed a number of empty bladders in an apartment, so that when they were blown by invisible bellows, he filled up the room and drove the guests out of doors. He invented a piece of mechanism, which, being placed under a bed, at a certain hour of the night, suddenly raised the foot of the bed, and deposited the terrified sleeper on the floor. He invented other machines, capable of piercing rocks and raising enormous weights; he had even conceived the bold idea of lifting up the immense church of St. Laurence, and placing it upon a more magnificent base. He was passionately fond of horses, and was the most graceful and intrepid horseman of his day. His muscular force was considerable; he could twist a horse shoe with the greated facility. The life of this extraordinary being may be divided into four epochs: his youth, which he spent in Florence, — his maturer age passed at the court of Ludovico the More, at Milan, — twelve or thirteen years, during which he travelled or resided in Tuscany, whither he had returned after the dead of Ludovico, — and lastly, his old age and death at the court of Francis I. His earliest known production is a cartoon representing Adam and Eve gathering the fatal apple. This was executed for the king of Portugal. But that which first showed the excellence of his talent and his accurate observation of nature, was a buckler, which he painted at his father's desire for a peasant of Vinci, who requested there might be represented upon it the head of Medusa, or that of some hideous animal. Messer Pietro had forgot the circumstances, when one day he knocked at the door of his son's *studio*; Leonardo requested him to want a moment; he then placed the buckler in a favourable light, and on the door being opened, his father started back and fled with horror, thinking that he saw before him a dreadful serpent. To the composition of this monster, Leonardo had communicated every thing that struck him as hideous and disgusting in serpents, bats, toads, lizards, etc. It appeared darting from the cleft of a rock, and ready to seize on the spectator with its envenomed fangs. Messer Pietro, on learning his mistake, embraced his son; and the buckler was purchased by Galeas, duke of Milan, for three hundred ducats. Leonardo's first appearance at the court of Milan, was as a candidate for musical fame, amongst a number of the first lyre players in Italy. Leonardo presented himself, bearing a silver lyre in the shape of a horse's head, and which had been constructed by himself on entirely new acoustic principles. He sung an *impromptu* ode, which he accompanied with his strangely formed lyre; he afterwards sustained a thesis, delivered his opinion with art and readiness upon every subject proposed to him, and in fine enchanted all those present and secured the favour of Duke Ludovico, who appointed him his master of the revels, chief engineer, sculptor, etc. By the efforts and inventions of Leonardo, the Adda was made navigable for the space of two hundreds miles.

It is a subject of deep regret, that nothing now remains of the three principal works of this great and amiable man, — the celebrated picture of the *Cena*, — the colossal statue of a horse, — and the cartoons of the battle of Anghiari. — In speaking of Leonardo's habits and manners of living, M.B. has the following passages :

« Cette âme délicate et tendre fuyait avec une horreur qui choque le vulgaire toutes les choses qui peuvent blesser par leur laideur. Il n'avait auprès de lui que des objets beaux ou gracieux. François Melzi, beau comme Salaï, s'attacha également au Vinci, et, quelques années après, le suivit à la cour de France. On raconte que Léonard se promenait souvent avec ses aimables élèves, et prenait plaisir à se laisser charmer avec eux des aspects touchants ou sublimes que la nature offre à chaque pas dans sa chère Lombardie. Tout était bonheur pour lui, "Jusqu'au sombre plaisir d'un cœur mélancolique" (La Fontaine). Un jour, par exemple, il s'approcha avec une curiosité d'enfant de certaines grandes cages où des marchands exposaient en vente de beaux oiseaux. Après les avoir considérés longtemps, et admiré avec ses amis leurs grâces et leurs couleurs, il ne put s'éloigner sans payer les plus beaux, qu'il prit lui-même dans la cage, et auxquels il rendit la liberté : âme tendre, et que la contemplation de la beauté menait à l'attendrissement ! »

We had noted many other passages for remark or extract, but we find that we have little more space left than will suffice to give the beautiful description of Leonardo's great work the Last Supper, and a very rapid sketch of the second volume. This passage of the Last Supper is equally honourable to Mr. B. as an elegant writer, and a man of taste and feeling.

« Il est impossible que vous ne connaissiez pas ce tableau ; c'est l'original de la belle gravure de Morghen. [Voir ci-dessus p. 181-184] Il aura cessé d'exister. »

Having indulged so largely ourselves, and we think we may venture to say our readers in extracts, we are now forced merely to state what contents of the second volume are, assured that even the imperfect idea we have given of the first, will induce all those who love the magic art of painting to recur both.

One half of the second volume is devoted to the life of Michael Angelo, and to remarks upon his genius and principal productions, many of which are as striking as they are original, and not a few bearing evidently the impress of very profound thought and thorough acquaintance with the subject in discussion. One of the most remarkable portions of the work, is the treatise upon *le beau idéal antique* and *le beau idéal moderne*. We would recommend a careful perusal of these to those persons who know, or pretend to know, the abstruse mysteries of such questions; they will in all probability find some thoughts that have hitherto escaped them.

In a word, we know no work on the subject, that, as far as the portion treated of in these two volumes, is at the same time so concise and so complete. We have the useful results of erudition without its dull details or pompous pedantry, and ingenious and perspicuous deductions of metaphysical inquiry into the causes and effects of the pleasure derived from the fine arts, without the abstruseness or mysticism in which these speculations are too often enveloped. To these qualities are added, a rapid, brilliant, and picturesque style, a great felicity of expression, and grace of narration.

It may be asked if this be a fair *critique*, where we have only touched upon the commendable parts of the work. It would certainly not be difficult to point out the errors and blemishes, for they lie on the surface : — it would be easy to enumerate, with critical sternness, a list of opinions put forward as dogmas, but of which the proofs are not apparent; of assertions, like Mahomet's coffin, seem to have no resting place; of prejudices, which the more shocking and blameable, as, generally speaking, the author seems to have taken for his motto, *tolérance entière*; and lastly, of startling conclusions compressed almost to death within ellipses, "the heart of whose mystery", it would puzzle Aristotle or Thomas Aquinas to pluck out. The defection of these and other blemishes we leave as a gratification to the discernment and acumen of readers of the work, and are willing to abide by their verdict, if they be of the "judicious few", as to the justness of the laudatory terms in which we have spoken. We have no hesitation in thinking that they will be of our opinion, that there is not a more delightful amusing, and instructive travelling companion for the intellectual wanderer in Italy, than l'*Histoire de la peinture en Italie*, by M. Beyle, at the same time that it will be found by those, whose peregrinations, like the vicar of Wakefield, are performed by the fire-side, the best substitute for ocular observation, it is offering a correct and masterly description of the principal chefs-d'œuvre of the fine arts, a rich and highly interesting fund of pictorial biography, and a deep insight into the Italian character.

We are happy to learn from the prospectus that the author has three other volumes of the work ready for the press. — The first contains the history of the Roman school, with the lives of Raphaël, Julio Romano, Poussin, Salvator Rosa, and Claude Lorrain, — the second will exhibit the history of the Venetian school, and give the lives of Titian, Giorgione, Paul Veronese and Tintoretto, together with an *Essai sur l'art de deviner les hommes par leur physionomie*, in which is collected all that has yet been proved in this very interesting science. The last volume is devoted to the Bolognese school, and to the four illustrious rivals in painting : Annibal Carracio, Dominiquino, Guido and Guercino. The author, who passed many years at Rome, has joined to this last volume an essay upon the life and works of the celebrated Casanova ; an essay that cannot fail deeply to interest all those who have had so lately to deplore the loss of this good man and great artist. These three volumes, with the two now before us, will complete the history of painting in Italy, from the revival of the arts to the present day.

S.

La première relance de l'*Histoire de la peinture*, celle de 1825, sera saluée par deux articles élogieux. Le premier a pris place dans les colonnes de *La Nouveauté* du 8 novembre 1825.

La Nouveauté, 8 novembre 1825

M. de Stendhal, cédant au désir des amis des arts, vient de faire réimprimer son *Histoire de la peinture en Italie*, dont la première édition était totalement épuisée. L'importance et le mérite de cet ouvrage sont bien connus ; son éloge a rempli les colonnes de tous les journaux de Paris, et, qui plus est, souvent nos critiques y ont puisé des idées et des jugements dont ils se sont approprié l'honneur. Les journaux et les ouvrages étrangers ont aussi beaucoup vanté cet excellent livre, lors de sa première apparition. *La Revue d'Édimbourg* lui consacra alors un article de vingt pages, trop court cependant (le rédacteur le dit lui-même si notre mémoire est fidèle) pour donner une analyse exacte de tout ce que M. de Stendhal révèle d'inconnu et dit de nouveau. Le meilleur journal d'Italie, l'*Antologia*, publié à Florence par une société de libéraux, a aussi porté aux nues l'*Histoire de la peinture en Italie*, et les estimables rédacteurs de cette feuille n'hésitent pas à préférer M. de Stendhal, quoique étranger, à l'abbé Lanzi, leur compatriote. Dans la *Biblioteca italiana*, journal ultra, rédigé à Milan, se trouve un éloge pompeux du traité qui présente des observations si neuves sur le *beau antique*. *L'Art de la peinture*, qui a paru à Milan, tout en blâmant le libéralisme de l'auteur, offre comme un modèle sa

manière de voir dans les arts. Enfin, dans le bel ouvrage sur la littérature italienne de M. Ugoni, l'*Histoire de la peinture* est placée
au-dessus de celle de Lanzi : M. Ugoni cite comme un morceau de
la plus touchante éloquence la description de la *Cène*, tableau de
Léonard de Vinci, qu'on voit à Milan.

Ainsi en France, en Angleterre, en Italie, les artistes et les savants
de toutes les opinions ont été d'accord pour rendre justice à M. de
Stendhal. Après d'honorables suffrages, le seul moyen d'écrire
quelque chose de nouveau sur l'*Histoire de la peinture en Italie*
serait d'en dire du mal; mais que critiquer ? L'auteur qui toujours
juge d'après lui, et non d'après les autres, a des opinions tellement
nouvelles qu'elles contredisent toutes les idées reçues, tellement
originales qu'elles paraissent d'abord étranges : mais soit qu'on
cède au charme d'une expression piquante, ou qu'on soit frappé
ensuite par la probabilité de ses aperçus, on n'ose le combattre, et
si l'on n'est persuadé, du moins on ne quitte pas son livre sans se
dire : « Cela est peut-être vrai; que de choses je n'ai pas vues ! » Tel
est l'aveu qu'il nous a souvent arraché. Combien de pareilles
impressions ne doivent-elles pas être utiles aux arts ! En lisant
l'*Histoire de la peinture*, que d'efforts s'effacent, que de doutes
s'élèvent et de là que de lumières !

Les bornes de ce journal ne nous permettent pas de donner une
idée de cet important travail. Nous renvoyons le lecteur à l'introduction pleine de chaleur, qui conduit à l'histoire de l'ancienne
école de Florence, depuis Nicolas Pisano jusqu'à Léonard de Vinci.
La vie de Cimabue et de tous les peintres célèbres qui se sont succédé jusqu'à Michel-Ange inclusivement n'est point une de ces
sèches biographies dont on nous accable aujourd'hui; on y trouve
tout l'intérêt d'un roman. À une foule d'anecdotes curieuses qui
peignent les mœurs de l'Italie au quinzième siècle, l'auteur a joint
la description raisonnée de tous les tableaux des grands maîtres, et
l'examen approfondi de leurs beautés et de leurs défauts. Sa plume
est un pinceau. Des chefs-d'œuvre admirables ont trouvé un interprète digne d'eux; ils revivent dans ces pages éloquentes, brillant
de tous leurs coloris; M. de Stendhal leur a donné la parole. Le
traité du *beau antique* suffirait à lui seul pour donner de la vogue à
l'*Histoire de la peinture*, dans un temps où les esprits font tant
d'efforts pour agrandir le domaine des arts. En ce résumé, ce livre
est utile aux artistes et aux amateurs : c'est le plus complet et le
plus concis qui ait été publié sur cette matière. Les gens du monde
voudront le lire, parce qu'il fournit beaucoup de ces phrases ingé-
nieuses, de ces heureuses saillies qui animent les causeries de
salon. C'est une bonne fortune de trouver en bons termes des jugements tout faits sur Léonard de Vinci, Michel-Ange, et le *beau*

idéal. Quant au style, il est vif, clair, précis. On peut du reste demander à M. Auger s'il est piquant et énergique.

Le deuxième article mérite d'être signalé d'une manière spéciale. En effet, il n'est pas sorti d'un quelconque plumitif, mais il a comme auteur un homme de lettres très connu dans les milieux parisiens de la Restauration et, par-dessus le marché, critique d'art, Étienne Delécluze. En outre cet article, peut-être le plus pertinent de tous, a été inséré, le 25 octobre 1826, dans le quotidien qui avait été au cœur de l'aventure de 1817 : le *Journal des débats*. Apparemment, la rédaction avait oublié ce qui s'était passé dix ans auparavant. Toujours est-il que ce dernier article que la presse a consacré, du vivant de Stendhal, à l'*Histoire de la peinture* est sans conteste le seul où le livre soit présenté aux lecteurs par un connaisseur.

Journal des débats, 25 octobre 1826

La lecture de ce livre peut être fort utile aux artistes, et dans tous les cas, personne ne pourra la faire indifféremment. Soit qu'on approuve ou qu'on rejette les idées de l'auteur, elles sont de nature et présentées dans un ordre propre à éveiller vivement l'attention. Dans cet écrit, toutes les questions de politique, de morale, de littérature et d'arts, sont présentées brusquement, traitées cavalièrement, et résolues dogmatiquement. L'auteur, susceptible de recevoir des impressions franches et vives, a la faculté de les rendre avec beaucoup d'esprit ; mais il nous semble que sa dialectique soit souvent en défaut. En un mot, M. de Stendhal fait jaillir la vérité toutes les fois qu'il rapporte simplement ses émotions, ses sensations successives ; mais dans son livre il est faible quand il raisonne, et souvent faux quand il réduit ses observations en propositions générales.

Les deux volumes que nous annonçons ne contiennent que l'histoire de l'école florentine ; voici le dessein et le but de cet ouvrage. Dans une introduction fort amusante, l'auteur donne une idée de l'état progressif de la civilisation, des mœurs et de la culture des arts, depuis le dixième siècle jusqu'à nos jours. Dans le premier et le second livres, on trouve un tableau de la renaissance des arts en Toscane, depuis le sculpteur Nicolo Pisano jusqu'au peintre Léonard de Vinci, et le troisième livre est entièrement consacré à la vie de ce dernier. Le livre quatrième porte pour titre : *Du beau idéal antique*, et traite en effet de ce sujet. Dans le cinquième livre, l'auteur, après avoir achevé l'histoire du beau antique, fait celle des tempéraments principaux qui modifient les formes extérieures de l'homme, et enfin il expose dans le sixième livre ses idées sur *le beau idéal moderne*, pour finir dans le septième par la vie de Michel-Ange.

Donner un extrait clair de l'*Histoire de la peinture en Italie*, par M. de Stendhal, serait une tâche très difficile, et il faudrait d'ailleurs plus d'espace qu'il n'en reste dans ces colonnes, pour satisfaire à la fois les lecteurs et l'auteur. Je me bornerai donc à examiner le point capital de la théorie du beau, que M. de Stendhal a établie dans son livre. C'est, si je ne me trompe, la clef de voûte de tout son édifice, et d'ailleurs la question qu'il agite est une de celles sur lesquelles les esprits s'exercent le plus volontiers aujourd'hui.

L'auteur, dans les cinquième et sixième livres, à force de présenter des idées vraies, des aperçus finement observés, et des impressions sincèrement reproduites, parvient à faire sentir en quoi consistait particulièrement *la beauté*, comme les anciens l'ont comprise. À travers tous les compartiments bizarres que M. de Stendhal a décorés du nom de chapitres, malgré la manie de l'antithèse dans la pensée et le cliquetis d'un style trop habituellement prétentieux, on peut suivre dans ces cinquième et sixième livres une idée qui y est reproduite sous toutes les formes, et qui renferme réellement toute la théorie du beau chez les anciens. M. de Stendhal prouve que la beauté antique est l'expression de *la force*, en prenant ce mot dans son acception la plus étendue, c'est-à-dire, comprenant la raison, la prudence, la pudeur, etc., etc. Cette opinion n'est pas nouvelle ; mais M. de Stendhal nous semble avoir un mérite particulier en la développant, c'est celui de l'avoir adoptée, non sur parole, mais après avoir obéi sincèrement aux émotions produites sur lui par les objets d'art et par ce que le monde offre de beau à nos yeux. La nature de la conviction de l'auteur prouve qu'il a vu et senti plus qu'il n'a lu, éloge que l'on a bien rarement l'occasion de faire lorsqu'il s'agit des auteurs qui s'occupent de la critique des arts. À cet égard, je ne saurai trop louer la disposition heureuse que M. de Stendhal a reçue en naissant, et le bon usage qu'il en fait ordinairement.

Si M. de Stendhal, n'écoutant que son instinct, se bornait à présenter les faits dans l'ordre où ils se classent, d'après les impressions qu'il reçoit, et s'il laissait à son lecteur la liberté de comparer ses idées et de conclure, tout irait assez bien. Mais malheureusement, la fureur de *ratiociner* le prend et perd tout, jusqu'au salutaire effet des observations de l'auteur. Comme nous l'avons dit plus haut, M. de Stendhal est bon observateur, mais mauvais logicien ; c'est ce que nous allons essayer de prouver.

M. de Stendhal, après avoir reconnu et prouvé que la beauté antique est l'expression de *la force*, que, par conséquent, il n'y a pas de *beauté sans force*, avoue (vol. 2, p. 156) que cette qualité, et toutes les vertus qu'elle engendre, n'ont plus, pour les nations modernes, le même degré d'importance que chez les anciens ; il ajoute que, chez ces dernières nations, la force individuelle, corporelle, était honorée, parce qu'elle était très utile, et que, depuis le moyen âge, la force collective, celle de l'intelligence, domine tout. Cela posé, il nous semble qu'il était indispensable, dans un ouvrage qui traite des arts d'imitation, de conclure que *la beauté* est non seulement indifférente aux nations modernes, mais contraire à ses préjugés, à ses habitudes et à ses goûts.

Cependant, en lisant le chapitre CXIX, on est tout étonné de voir figurer le mot *beau* avec ceux d'idéal moderne. Voici la teneur du chapitre.

DE L'IDÉAL MODERNE

« Si l'on avait à recomposer le beau idéal, on prendrait les avantages suivants :

1. Un esprit extrêmement vif.
2. Beaucoup de grâces dans les traits.
3. L'œil étincelant, non pas du feu sombre des passions, mais du feu de la saillie. L'expression la plus vive des mouvements de l'âme est dans l'œil qui échappe à la sculpture. Les yeux modernes seraient donc fort grands.
4. Beaucoup de gaieté.
5. Un fonds de sensibilité.
6. Une taille svelte, et surtout l'air agile de la jeunesse. »

Or, je ferai observer que M. de Stendhal, qui a écrit les quatrième et cinquième livres de son ouvrage pour prouver que le *beau* est l'expression de la force chez les anciens, donne six qualités exprimant la *faiblesse* pour former le type de la *beauté* chez les modernes. Il est évident que l'auteur a eu peur de nommer le *joli*, dont il a donné la *recette* dans son chapitre formé des six aphorismes cités plus haut. Il a donc eu tort d'employer le même mot pour exprimer deux qualités contraires, puisqu'en abusant d'une expression il apporte de la confusion dans les idées.

En effet, si l'on pense que l'auteur traite des arts d'imitation, on ne peut concevoir comment son *beau* idéal *moderne* s'agence dans son esprit avec les ressources limitées qu'offrent la sculpture et la peinture. Par quel singulier hasard M. de Stendhal n'a-t-il pas vu que le *beau* idéal moderne qu'il propose est précisément le type de ce gracieux efféminé, de ce *joli* qui domine dans tous les objets d'arts exécutés depuis 1721 jusqu'à 1780 ? C'était alors que dans leurs tableaux, leurs statues, les Boucher, les Watteau et les Bouchardon, joignaient à beaucoup de grâces dans les traits, l'expression vive et légère d'un regard coquet ; qu'ils faisaient *les yeux grands*, les pieds mignons, la taille pincée même, et que les traits de leurs personnages, à peine effleurés par *un peu de sensibilité*, exprimaient niaisement *beaucoup de gaieté*. Cependant, même à cette époque, où toute l'Europe était engouée de ce genre de productions, on avait la bonne foi de dire qu'elles exprimaient le *joli* et non le *beau*. L'idée étant changée, on avait substitué une autre expression, et le maréchal de Richelieu savait bien qu'il était aussi aimable qu'Alcibiade, mais il avait trop d'esprit pour se croire fort comme Hercule, sage comme Socrate, et vertueux comme Caton.

Le reproche que nous faisons à M. de Stendhal n'était donc pas de préférer le joli au beau, si, en effet, il est son goût, mais de prétendre, surtout en traitant des beaux-arts, que l'un peut remplacer l'autre. C'est ce que son *Histoire de la peinture* tend à établir en principe, et c'est ce que nous regardons comme une proposition fausse en elle-même et dangereuse dans son application.

Les personnes qui liront l'ouvrage de M. de Stendhal avec le désir de s'instruire auront donc à se défier de l'esprit brillant mais sophistiqué de l'auteur. Dans le désordre prétentieux de ses chapitres, il y a des pièges tendus à la bonne foi du lecteur candide. Tantôt, après avoir plaisanté, l'auteur parle raison pour s'emparer de sa confiance, et bientôt, à la faveur d'une raillerie aussi inattendue que bizarre, il glisse un bon sophisme que la bonne humeur ne laisse pas le loisir de combattre. D'ailleurs le style de l'historien n'est pas toujours clair, et, avec la manière dont il a haché son ouvrage en chapitres, et ses chapitres en phrases brusques, sentencieuses et obscures, il faut s'attendre à trouver des passages tout à fait inintelligibles.

Nous le répétons, cependant : les artistes surtout peuvent tirer un grand profit de ce que dit M. de Stendhal, toutes les fois qu'il transmet ses impressions et ses remarques ; mais il faut le lire avec défiance, du moment qu'il raisonne. Aucun écrivain n'a peut-être jamais mieux que lui apprécié les grandes qualités de Michel-Ange, et cependant rien n'est moins juste que la comparaison qu'il fait de l'ensemble des ouvrages de cet artiste avec ceux de l'école des anciens. Ainsi, il détermine bien la force du génie de Michel-Ange, mais il n'en juge pas sainement l'emploi ; de même que pour ce qui est gracieux, il confond le *beau* avec le *joli* ; dans le *fort*, il mêle l'énergie de cette dernière qualité avec l'exaltation convulsive.

Lorsque M. de Stendhal démontre par une foule d'observations judicieuses et spirituelles que les nations modernes ne peuvent plus goûter le *beau* et le *fort*, si bien exprimés par les statuaires grecs et que nos mœurs nous ont conduits à y substituer le *joli* et l'*exagéré*, on ne peut qu'applaudir à la justesse de ses remarques.

Mais si M. de Stendhal, se mettant sur les rangs des écrivains critiques des arts, veut établir une théorie, la connaissance juste des objets ou des sentiments naturels ne suffira plus. On exigera de lui qu'il connaisse également bien les ressources et les limites de la sculpture et de la peinture dont il parle, afin qu'il proportionne la fin avec les moyens, et qu'il n'exige pas d'un peintre, et encore moins d'un sculpteur, un développement d'expression et de passions telles qu'on les trouve dans la *Nouvelle Héloïse*, *Manon Lescaut* ou la *Marianne* de Marivaux.

La limite de chaque art est ce qui est le moins connu des artistes mêmes, qui ont tant d'intérêt à ne pas la franchir ; on ne doit donc pas s'étonner si M. de Stendhal l'a ignorée, mais il faut savoir gré à cet observateur ingénieux d'avoir réveillé des questions dont la solution est importante pour les arts, et qui, par les discussions qu'elles feront naître, doivent concourir à ramener à la vérité.

D.

La presse était encore au temps de Stendhal le seul miroir de l'opinion, ce qui explique son rôle primordial. Toutefois une autre source d'information est constituée par des documents privés tels qu'échanges épistolaires, carnets intimes, notes de lecture, etc. Si l'enquête dans la presse est relativement aisée — relativement parce que l'accès aux périodiques présente souvent des complications — l'autre enquête est bien plus complexe, car en général elle est tributaire du hasard. Ainsi, en ce qui concerne l'*Histoire de la peinture*, un chercheur anglais s'est livré à une enquête auprès d'un certain nombre de lecteurs contemporains[1]. Les opinions qu'il a réunies lui ont permis d'affirmer : « L'ensemble de ces références (...) montre qu'entre 1820 et 1833 l'*Histoire de la peinture* trouve plus de lecteurs dans les milieux artistiques que ne l'indique l'écoulement de l'édition. »

À cette deuxième catégorie de témoins appartient Alexandre Lenoir. Il est d'autant plus important que Lenoir (1762-1839) n'était pas n'importe qui. Sous la Révolution, il avait pris l'initiative de rassembler à Paris dans le couvent des Petits-Augustins tous les débris de sculptures et d'architecture qu'il avait pu récupérer après le passage des vandales. Certes, son domaine était surtout la sculpture, mais il s'intéressait aussi à la peinture. En 1810 il avait publié une *Histoire des arts en France* et se considérait comme un spécialiste en matière de beauxarts. Profondément surpris de voir un intrus, anonyme par-dessus le marché, publier un livre sur la peinture italienne, il voulut en avoir le cœur net. Il acheta l'ouvrage, le fit interfolier et entreprit de le passer au peigne fin. La plume à la main, il couvrit les marges et les feuillets intercalaires de notes et de réflexions. Il nous a semblé que son commentaire méritait d'être connu dans sa totalité. L'exemplaire,

1. C. W. Thompson, « Note sur la diffusion de l'Histoire de la peinture en Italie jusqu'en 1833 », *Stendhal Club*, n° 51, 15 avril 1971.

jusqu'alors inconnu, a passé en vente à l'Hôtel Drouot en décembre 1957. Nous l'avons découvert chez un libraire parisien qui a consenti à le céder à la Bibliothèque de Grenoble.

Mes observations sur un ouvrage intitulé « Histoire de la peinture en Italie » par M.B.A.A.

INTRODUCTION

Pages LXX/LXXI.

En général, dans l'introduction de son livre, l'auteur ne parle pas assez de la matière qu'il a dû se proposer dans son ouvrage. Il est fort peu question de peinture. Ce qui concerne les arts dépendant du dessin y est traité légèrement, tandis que la politique, l'histoire des papes aussi bien que les amours de Cosme Ier avec la belle Bianca, qui sont absolument étrangers au sujet, composent la totalité du discours.

Page LXX : « *Chez les Grecs...* [2] ». — Il y a erreur quand l'auteur dit : « *Souvent les mains des bas-reliefs antiques ont tout au plus la forme humaine...* » J'ignore de quel bas-relief il entend parler, mais j'ai toujours vu, au contraire, les extrémités parfaitement soignées **chez** les statuaires grecs. Il arrive souvent que les extrémités dont **on** parle soient mutilées ou dégradées, mais ce qui en reste montre toujours le reste des formes les plus nobles et les mieux choisies. Si le temps en [a] gâté l'ouvrage, ce n'est pas la faute du statuaire (Voyez au Musée du Roi les nombreux bas-reliefs antiques qui le décorent ; examinez surtout ceux du meilleur temps de la sculpture chez les Grecs).

Page LXXXIV. — Ce que l'auteur dit de Charles Lebrun, premier peintre de Louis XIV, qui despotisait les artistes [3] est excellent ; c'est la vérité. Il a encore raison quand il déplore la bassesse des artistes qui allaient lâchement, jusqu'à se faire une entière abnégation de leur génie, pour se traîner au char du premier peintre du roi et s'avilir, pour lui plaire, au point d'imiter sa manière de dessiner ou de peindre (J'ai développé cette idée plus au long dans mon *Histoire des Arts*).

En général, l'auteur a des principes philosophiques qui sont bons, mais qui arrivent comme des hors-d'œuvre.

---

2. *Histoire de la peinture en Italie*, ci-dessus, p. 69.
3. Tome I, p. 76.

Pages 2/3.

Page 2 : *École de Florence*[4], troisième paragraphe. — On peut comparer la conduite de saint Grégoire le Grand, qui fait brûler les manuscrits antiques et détruire les monuments des arts, à celle de calife Omar.

Page 3. — Dès le ve siècle, il y eut des peintres en Italie, dit l'auteur; on voit à Rome les portraits des papes que saint Léon fit peindre à fresque dans l'église de Saint-Paul. Il est plus que probable que les peintures dont on parle ici, si elles existent, ont été faites par des peintres grecs voyageurs qui s'adonnaient particulièrement à peindre des madones, des saints ou des sujets de la vie de Jésus-Christ qu'ils colportaient dans toute la chrétienté. La religion chrétienne étant devenue à la mode, la représentation de ses mystères devait nécessairement faire fortune auprès de ses sectaires.

Ces peintres peignaient aussi, dans le même genre, de petits médaillons de la Sainte Vierge, de Jésus et des apôtres, que l'on portait au col en forme de talismans. Enfin, les peintres grecs dont je parle couraient les foires pour y mieux vendre les images qu'ils fabriquaient.

Les peintures à fresques du xie siècle, dont l'auteur parle dans le même paragraphe, pourraient bien avoir été peintes par des peintres italiens qui auraient appris leur art des peintres grecs; car le goût, le style et le mécanisme de ces tableaux ne sont à la vérité qu'une parfaite imitation des productions grecques, ci-dessus citées. (Voyez dans mon grand ouvrage sur *le Musée des monuments français*, tome II, la gravure et la description que je donne d'une peinture du même siècle également à fresque que j'ai vue et dessinée à Cluny, dans l'intérieur de l'église. Ce monastère célèbre commencé sous le règne de Charlemagne a été terminé dans le siècle suivant). J'ai toujours considéré cette belle peinture comme étant l'ouvrage d'un artiste grec voyageur.

Page 6/7[5].

Page 6, article intitulé : *Nicolas Pisano.*

Le premier paragraphe de cet article n'est qu'une réunion de mots qui ne présente aucune idée. C'est ce qu'on peut appeler du galimatias. En général, l'auteur de cet ouvrage montre plus

4. Chap. I.
5. Chap. II.

d'ambition de mots que de précision dans ce qui fait l'objet de sa matière.

Page 8, second paragraphe. — Ce que l'auteur dit de Nicolas Pisano, qui forma son style par l'étude particulière d'un bas-relief antique ou plutôt d'un sarcophage dans lequel fut contenu le corps de Béatrix, mère de la comtesse Mathilde[6], est bon à remarquer et même à citer parce que c'est excellent en principe.

On remarquera encore que Nicolas Pisano était peintre et sculpteur, ce qui est rare parmi les artistes modernes. Cependant mon ami Boichot, membre de l'Académie et de l'Institut de France, réunissait les deux qualités de peintre et de sculpteur habile. J'ai vu de cet artiste dans la même église de Saint-Marcel près Chalon-sur-Saône un fort beau groupe d'anges de huit pieds de proportion qui supportaient une châsse, et deux tableaux de vingt-cinq pieds de long, chacun représ[entan]t des sujets de la vie de saint Marcel. Il avait également fait des projets d'architecture pour un monument public que le gouvernement avait mis au concours. Je possède de très beaux dessins de la composition de feu Boichot tout à fait dans la manière et le style de Primatice. Cet artiste est mort en janvier 1816.

Pages 12/13.

Page 13, article intitulé : *Progrès de la mosaïque*[7].

L'auteur ne dit point ce que c'est que la mosaïque. Il ne nous dit pas qu'elle était fort en usage chez les Grecs ; que les Romains en faisaient faire par des mosaïstes grecs pour orner leurs palais ; que l'on en fit dans les Gaules pendant le séjour des Romains ; que l'on en fit en France dès les premiers temps de la monarchie ; que l'on en fit aussi dans les xie et xiie siècles ; et, enfin, que cet art fut pratiqué dès la plus haute antiquité chez d'autres peuples. Il ne dit rien de tout cela et ne parle pas davantage des progrès de ce genre de décoration, si encouragé à Rome, dans les temps modernes, par les souverains pontifes.

En effet, on a fait en France des mosaïques dès les premières époques de la monarchie. La tombe de la reine Frédégonde, troisième femme de Chilpéric, faite en 600, que l'on a vue au Musée des Monuments français, est en mosaïque (Voyez tome V de mon grand ouvrage sur le Musée la description et la gravure que je donne de cette tombe curieuse).

L'abbé Suger avait fait paver une partie de l'église de Saint-Denis

6. Tome I, p. 85.
7. Chap. IV.

en mosaïque. Nous en avons encore des fragments à Saint-Denis (Voyez dans mon *Histoire des arts en France prouvée par les monuments* ce que j'ai dit sur l'art de la mosaïque). On me doit la conservation de ces fragments précieux que l'on a vus longtemps dans mon Musée.

Page 14 : article : *Premiers peintres*[8].

L'article sur les premiers peintres est bon. Ce que l'auteur dit de l'architecture est également remarquable.

Pages 20/21.

Page 19, *Suite des premiers peintres*[9].

« *La piété voulait des madones et la vanité des tombeaux.* » Excellente pensée bien rendue. En effet, ce sont les deux causes puissantes que les prêtres ont fait agir pour l'embellissement de leurs églises; en analyse, elles ont été un motif d'encouragement pour les artistes; elles ont donc été utiles aux progrès des arts.

Les miniatures dans les livres, les diptyques sculptés en ivoire, en buis ou en bois, se firent, dans l'origine, dans les couvents par des religieux artistes; je veux dire par des artistes qui se faisaient religieux pour exercer plus librement et plus tranquillement leur art (Voyez dans mon *Histoire des arts* ce que j'ai dit sur ce genre de monuments).

Pages 19 et 20 : *Suite des premiers peintres.*

Margaritone n'est pas l'inventeur du procédé d'appliquer de la toile sur le bois pour peindre plus facilement.

Les peintres grecs du Moyen Âge connaissaient ce procédé. Ils l'employaient fréquemment, mais non habituellement puisqu'ils peignaient aussi sur le cuivre comme sur le bois sans autre préparation qu'une couche de céruse finement broyée. J'ai vu plusieurs de leurs tableaux où ce procédé avait été employé, ainsi que le moyen de donner du relief aux ornements des draperies et aux couronnes dont ils ornaient la tête des personnages qu'ils peignaient.

Il y a au Musée des Monuments français un tableau grec qui montre évidemment l'emploi du procédé dont l'auteur parle dans cet article (Voyez la gravure et l'explication que je donne de ce genre de peinture dans mon *Histoire des arts en France*).

Je pense que, au lieu de plâtre, comme on le dit ici, on employait de la céruse bien broyée. Elle est plus fine et devient d'autant plus

8. Chap. V.
9. Chap. VI.

dure en séchant qu'on la mélangeait avec *du blanc et du jaune d'œuf,* ce qui forme une pâte tellement dure qu'elle devient inattaquable par l'eau.

Page 21. — L'anecdote que l'on cite ici[10] conviendrait beaucoup mieux dans la description d'un voyage à Florence que dans une histoire de la peinture.

Pages 24/25.

Pages 23 et 24, *Suite des premiers peintres.*

Les peintres Cimabue, Giotto et Masasciotto *[sic]*[11] ne sauraient être considérés comme des maîtres parfaits dans l'art de peindre, mais leur style est généralement remarquable, ainsi que leurs compositions : elles sont naïves et ne nous présentent que des attitudes et des expressions vraies. D'ailleurs ces peintres ont eu l'avantage de poser, pour ainsi dire, les premiers fondements des principales parties qui constituent un tableau.

André del Sarte *[sic]* n'est point un peintre parfait. Il se distingue des autres peintres de son temps par la grâce et la tournure spirituelle qu'il avait l'art de donner à ses figures. On pourrait lui reprocher un peu d'afféterie dans ses compositions. Ses expressions sont fines et agréables, ses draperies légères et généralement jetées avec goût. La couleur des peintures d'André del Sarte est peu empâtée, elle est claire et d'un effet doux à l'œil. La Vierge citée ici est un fort bel ouvrage qui peut servir de démonstration à tout ce que je viens de dire.

J'ignore totalement le rapport que le *magnétisme,* dont l'auteur de cet ouvrage parle dans cette circonstance, peut avoir avec André del Sarte et ses ouvrages.

Pages 26/27.

Pages 24 jusqu'à 29, *Suite des premiers peintres.*

Ce que l'on dit ici de Cimabue est parfait ; les anecdotes citées sont exactes.

L'article de la *Biographie* de Michaud dont on parle est de moi.

On dit ici que Cimabue mourut en 1300, et moi je dis en 1310 ; cette différence vient de ce que nous avons puisé nos dates dans des auteurs différents.

L'auteur de cette critique ignore probablement qu'il y avait au

10. Il s'agit de l'anecdote concernant le peintre Bartolomeo racontée au chap. VI.
11. Il s'agit, on le devine, de Masaccio.

Musée de Paris un très grand tableau de Cimabue peint en bois et dont le fond était d'or. Je l'ai vu et j'ai remarqué dans cette production rare tout ce que j'ai dit de Cimabue, relativement à l'art, dans sa biographie. D'ailleurs Cimabue fut élève d'un peintre grec; l'auteur en convient lui-même. Le style de Cimabue est sévère, son dessin peu correct, mais il a beaucoup de caractère; ses contours sont durs et ses draperies grandement jetées. En général, sa manière de peindre est acerbe ou, plutôt, âcre; elle tient singulièrement du camaïeu ou de la peinture monochrome des anciens. Voilà ce que j'ai vu ou cru apercevoir dans le tableau de Cimabue qui était au Musée (j'ignore s'il nous est resté, il venait d'Italie).

Pour bien juger un tableau, il faut être en état de le voir et d'en analyser toutes les parties. Il faut donc avoir pratiqué la peinture et avoir souvent médité ses résultats pour porter un jugement sain sur les productions des maîtres. Enfin, on ne doit voir dans les ouvrages de Cimabue que les premiers pas de l'art, et certes, si l'on considère l'époque où ce peintre a vécu, on conviendra qu'il a eu beaucoup plus de difficultés à vaincre que n'en a jamais éprouvées Raphaël, qui a eu pour maître un homme déjà supérieur dans le dessin et dans l'art de peindre. Cet homme, justement célèbre, c'est Pierre Pérugin.

Je le répète, les productions de Cimabue sont les essais de l'art et non la perfection; cependant c'est le cas de dire que : *ses coups d'essais valent des coups de maître*. Quoi qu'il en soit, ses tableaux portent un caractère noble et imposant; caractère très rare à trouver chez les premiers peintres. Je partage bien l'opinion du peuple de Florence qui rendit publiquement un grand hommage à la première production que le grand peintre fit paraître.

Je tiens donc pour bon tout ce que j'ai dit sur Cimabue dans la *Biographie de Michaud*; quant à la date et au Sénat, je n'ai imaginé ni l'une ni l'autre. L'auteur est prié de vérifier un peu plus sérieusement sa note pour la seconde édition de son livre, si elle a lieu.

Pages 30/31.

Pages 30, 31, 32 et 33, article intitulé : *Giotto* [12].

L'article sur Giotto est très bon et bien écrit. Cependant je n'entends pas ce que l'auteur veut dire, page 31, par « *plis rares* » en parlant des draperies de cet artiste. Veut-il dire que les draperies de ce peintre sont largement agencées et qu'il ne fait point abus des plis pour faire valoir les nus? C'est ce que j'ignore.

12. Chap. VIII.

Page 34, article intitulé : *Ôter le piédestal*[13].

Le titre de cet article, *Ôter le piédestal*, est archimauvais. L'auteur, après avoir couronné Giotto, semble vouloir le détrôner par ce titre ; c'est ce qu'il n'est pas en puissance de faire. Giotto est placé, par le temps, sur le trône de l'immortalité ; le temps lui-même n'a pas le pouvoir de l'en faire descendre.

En général, le jugement de l'auteur sur les personnages dont il a la prétention de juger les productions ne se soutient pas ; incertain dans sa pensée, il place des mots à côté les uns des autres et il n'établit rien pour l'instruction. Son premier jugement sur Giotto est bon ; son second, non seulement n'est pas bon, mais encore il n'a pas le sens commun.

Que fait ici la comparaison des bourgeois de Paris qui prennent des fiacres pour aller au spectacle, se croyant par cela plus grands et plus magnifiques que les grands seigneurs de la cour de François Ier ? Il conclut par dire : « *Je conçois bien que l'on n'ait pas de plaisir à voir les ouvrages de Giotto. Si l'on dit : Que cela est laid ! on peut avoir raison ; mais si l'on ajoute : Quel peintre pitoyable ! on manque de lumières.* » Étrange manière de raisonner des productions d'un maître ! Quelle impression un pareil trait d'esprit peut-il faire sur un jeune élève qui ne cherche que l'instruction ?

Son troisième article de l'auteur sur Giotto, qui n'est qu'un récit historique de la vie du peintre est meilleur que le précédent.

Pages 40/41.

Page 39, article intitulé : *la Beauté méconnue*[14].

Le premier paragraphe de cet article est assez ingénieux et promettait une bonne dissertation. Ce qui n'a pas lieu puisque le reste du discours est détestable.

Dans le second article, quoique court, l'auteur s'exprime sur le *sublime* et la *beauté* dans un style, quoique prétentieux, qui ne dit rien[15].

Si je me trouvais avec lui, je lui demanderais ce qu'il entend par le « *sublime est le ton d'une grande âme* » et par « *la beauté dans les arts est l'expression d'une société* ».

Non seulement ce qu'il rapporte sur les vases grecs peints, vulgairement appelés *vases étrusques*, est hors de place, mais encore,

13. Chap. X.
14. Chap. XII.
15. Je rappelle le texte de Stendhal auquel Lenoir fait allusion : « On a dit : "Le sublime est le son d'une grande âme" ; on peut dire avec plus de vérité : "La beauté dans les arts est l'expression des vertus d'une société." »

ce n'est pas exact. On ne peut lui en vouloir puisque ce n'est qu'une citation. La rapporter, c'est manquer de goût et de connaissances. Il faut n'avoir jamais vu de vases grecs appelés *étrusques* pour ne pas s'apercevoir que la description qu'en fait Ristoro d'Arezzo est fausse et mauvaise.

Pages 46/47.

Page 45, article intitulé : *Circonstances générales*[16].

Le paragraphe qui commence ainsi : « *On peignait alors les armoires, les tables, les lits, etc., etc.* » et qui finit par : « *peu à peu on supprima les petites colonnes* » est très bon. La description qu'il donne de la décoration des autels dans les églises est très bien faite.

Son article sur le *riche* dans les arts, pris généralement pour le *beau* par les hommes du peuple, est bien présenté, mais il aurait mieux valu définir ce que l'on doit entendre par le *beau* et par le *riche* dans les arts dépendant du dessin. Cette définition serait utile. Celle que l'on a faite ne l'est pas (Je la ferai).

Je préfère la peinture à l'encaustique, par le moyen de la cire, rendue malléable à l'aide de l'huile de *pétrole*, à celle de la peinture à l'huile d'olive apposée sur un fond de cire et fixée sur la toile à l'aide d'un réchaud chargé de charbons allumés que l'on promène devant le tableau de haut en bas et de bas en haut, moyen nouveau approuvé par l'Institut, que l'auteur rapporte, même article, pages 49 et 50.

Pages 52/53.

Les pages 51, 52, 53 et 54[17] contiennent des faits historiques intéressants. Il est bon de remarquer que l'on doit à André Orcagna le changement qui s'opéra dans l'architecture à la fin du xive siècle.

« *Il substitua des demi-cercles à la forme pointue des ogives.* » Voyez dans le *Musée des Monuments français* la belle façade de Gaillon, les tombeaux de Louis XII, de Renée d'Orléans, de Depoucher, etc.

Je possède un beau dessin d'André Orcagna. Ce dessin représente le tombeau d'un prince au-dessus duquel est peint saint Macaire exhortant trois jeunes seigneurs qui, allant à la chasse, voient les squelettes de trois rois morts assassinés. Orcagna a peint à fresque le même sujet au *Campo Santo* à Pise. Ce peintre est mort en 1389 à l'âge de soixante ans.

16. Chap. XIII.
17. Chap. XIV.

Pages 56/57.

Pages 55 jusqu'à 64, article intitulé : *Du goût français dans les arts* [18].

Cet article ne remplit en aucune façon le but que l'on s'est proposé par le titre. C'est plutôt un morceau de littérature qu'une dissertation sur ce que l'on doit entendre par *le goût français dans les arts*. Ce sujet, bien traité, serait utile, et servirait à éclairer les amateurs et même les artistes. C'est un article à refaire.

Page 60. — Michel-Ange de Caravage est fort mal accolé au Barroche *[sic]* [19]. Les productions de Michel-Ange de Caravage sont hardies dans leur conception, brusques, fortes de couleurs et très empâtées. Le dessin de Caravage est souvent incorrect, mais il est toujours énergique.

Baroche, au contraire, est doux dans ses inventions, son dessin est gracieux et rempli de goût, sa couleur est peu prononcée, quoique brillante.

Pages 64 jusqu'à 75, article intitulé : *École de Giotto* [20].

Autre morceau de littérature.

Page 74. — Sans partager l'opinion de Grimm, que l'on cite ici [21], quand le narrateur fait l'apologie de la religion chrétienne et qu'il lui donne la préférence sur la mythologie grecque pour l'exercice de la peinture. Il y a sans doute de beaux sujets à peindre dans la religion chrétienne, mais ce n'est pas la majorité, au lieu que la mythologie ancienne, dans sa totalité, est l'apanage des arts.

La mythologie grecque, considérée politiquement, est la religion des hommes en société ; considérée physiquement, elle n'offrira aux arts que des sujets riants qui parlent à l'imagination. La religion chrétienne, au contraire, considérée sous ses rapports politiques, est la religion des cénobites ; elle est toute contemplative, détache l'homme de la société, l'isole pour vivre dans l'avenir ; elle le conduit par là à l'égoïsme et au fanatisme. Sa mythologie est triste, sombre, ne fait voir que des martyrs, des morts et des bourreaux. Cependant il y a quelques sujets, morceaux, qui présentent beaucoup d'intérêt et qui prêtent singulièrement à l'expression.

18. Chap. XV.
19. Tome I, p. 114.
20. Chap. XVI.
21. Autrement dit, à la fin du chapitre précité.

Pages 76/77.

Pages 75 jusqu'à 81, article intitulé : *Esprit public à Florence*[22]. Excellent morceau de littérature.

Pages 82 et 83, article intitulé : *De la sculpture à Florence*[23]. Article bien fait, mais nul.

Pages 84 jusqu'à 88, article intitulé : *Paolo Uccello et la perspective*[24]. Article bon et curieux. Le titre parle de la perspective et l'article n'en fait pas mention.

Il faut remarquer que Masolino Panicole *[sic]*[25] paraît avoir introduit l'art du clair-obscur, qui était inconnu avant lui, en modelant en terre toutes les figures des tableaux qu'il voulait exécuter, en les plaçant sur une table selon l'ordre de sa composition, en les éclairant de haut pour les peindre ensuite.

Ce procédé a été souvent employé par nos artistes modernes. M. David, pour peindre son tableau représentant le couronnement de Napoléon, avait fait faire en bois une espèce de temple dans l'intérieur duquel on voyait les marches du chœur et l'autel de l'église Notre-Dame où la cérémonie s'est passée. Là, il avait placé toutes les figures de son tableau tel qu'il l'avait composé. Il les avait fait modeler dans la proportion de six pouces et vêtir comme elles étaient à la cérémonie ; son jour était disposé de haut et calculé comme il convenait pour la lumière et les ombres, de manière qu'il n'a eu qu'à copier. Le petit temple, que j'ai vu, offrait le plus joli spectacle que l'on pût voir.

Pages 88/89.

Pages 88 jusqu'à 92, article intitulé : *Masaccio*[26]. Ce morceau est très bon.

Ce qui est sur l'expression, page 92, est excellent jusqu'au mot : « ... *Salviati*[27] » qui finit le troisième paragraphe. Ce que l'auteur dit des draperies de Masaccio est également bon.

Page 93, article intitulé : *Suite de Masaccio*[28].

L'auteur donne ici une excellente définition du talent de *Masaccio*.

22. Chap. XVII.
23. Chap. XVIII.
24. Chap. XIX.
25. Lire : Masolino da Panicale.
26. Chap. XX.
27. Tome I, p. 130-131.
28. Chap. XXI.

Pages 101, 102 et 103, article : *De la peinture après Masaccio*[29].

Cet article n'est que descriptif. Il n'y a rien à dire. Cependant je crois que l'on ne peut pas dire : « *l'aménité d'un paysage* », parce que cette expression ne peut convenir qu'à un individu, homme ou femme.

Le *Dictionnaire de l'Académie* autorise l'emploi de ce mot ; je retire mon observation[30].

Pages 96/97.

Pages 94 jusqu'à 100, article intitulé : *Observations*[31].

Le but de cet article me paraît manqué puisque les parties qui constituent les arts dépendant du dessin n'y sont point définies.

Pour faire une définition dans les règles, il faut reprendre ou rappeler ce qui a été dit dans les discours précédents pour en faire une application générale et relative au sujet traité. Il est vrai que l'auteur ne s'étant point occupé dans son livre des parties constituantes de la peinture, il ne devait pas les définir. Je demanderai donc pourquoi un article page 94 est intitulé *Définitions*, dans un ouvrage qui doit traiter de la peinture.

Le premier paragraphe ne signifie rien, mais absolument rien.

Le mot *grandiose*, selon moi, est le même que notre mot *grand*. Ce que l'on entend par le mot *grand* dans les arts ne saurait se confondre avec le mot *long*, sur lequel l'auteur s'est permis de faire une mauvaise plaisanterie. Tout le monde sait que le mot *grand* dans les arts n'exprime pas l'immensité, la longueur d'un tableau ou la hauteur d'une statue. On dit : *grand style*, *grand effet*, *composition grandement conçue*, etc., etc.

Le mot *grand* ou *grandiose* s'entend, dans les arts, d'une conception vaste, d'un dessin noble et bien développé dans toutes ses parties, d'un style sévère et précis dans les draperies, et d'une couleur ferme, décidée et analogue au sujet traité.

Ce que j'entends par *grand* dans les arts du dessin se trouve autant dans *le Sommeil de l'Enfant Jésus* de Raphaël que dans la *Transfiguration* du même auteur. Michel-Ange est aussi *grand* dans la gravure réduite de son *Jugement dernier* que dans le tableau même. Les têtes et les figures des camées grecs sont aussi grandement conçues que la belle tête colossale d'*Antinoüs* et le *Laocoon*.

Il y a deux gravures de la *Vierge à la chaise* de Raphaël, ajoute

---

29. Chap. XXIII.
30. Aussi Lenoir a-t-il biffé la fin de la phrase précédente.
31. Chap. XXII. En fait, le titre de ce chapitre est : *Définitions*.

l'auteur de ce livre, l'une de M. Desnoyers et l'autre de Morghen. Il remarque les *styles différents* qui existent dans les deux gravures. *Style* n'est pas le mot propre dans cette circonstance. Un graveur a une *manière de faire* et non un *style* puisqu'il n'est qu'imitateur dans son travail.

Desnoyers a de la fermeté et de la correction dans sa manière de graver. Morghen plus de douceur et de moelleux dans le burin.

Ce que l'auteur propose sur Michel-Ange, sur Raphaël, sur Léonard de Vinci et sur Corrège, en supposant que ces peintres aient fait chacun un tableau représentant l'*Adoration des Rois*, est bon, mais je ne sais ce qu'il entend par *physique des styles* ainsi que par *les effets moraux d'un dessin*.

« *Tout le monde sent*, continue l'auteur, *qu'une femme qui attend son amant ou son confesseur ne prend pas le même chapeau.* » Ceci est pitoyable. Je ne pense pas qu'une solution aussi burlesque soit admissible à la fin d'un article sérieux et relatif aux arts.

La phrase qui suit celle-ci est parfaite[32].

Pourquoi, pour exprimer le moelleux et la suavité des productions du Corrège, supposer que les tableaux sont « *recouverts de crystal* » ? C'est un style ampoulé et recherché à la manière de M. Chateaubriand qui ne s'entend que de l'auteur[33], car on sait que la peinture au pastel se couvre d'une glace et non pas la peinture à l'huile.

Le paragraphe suivant[34], qui n'est qu'une caricature dirigée contre les amateurs ou les faux connaisseurs, est déplacé.

Page 98. Quoi qu'en dise l'auteur dans le premier paragraphe de cette page[35] et dans les suivantes, saurait-on même son livre par cœur, on n'en sera pas plus instruit sur ce qui constitue la véritable science de l'art du dessin et de la peinture ni sur la manière de faire des maîtres des diverses écoles qui ont paru depuis que les hommes s'occupent de l'art de peindre ou de rendre sur une surface plane les faits historiques à l'aide des couleurs. Certes, ce ne sera pas à l'*éclat des verts* seuls *de Bassan*, comme le dit l'auteur, et uniquement aux raccourcis *gracieux du Corrège* que l'on distinguera les tableaux de ces habiles peintres, qui n'ont d'autre rapport, dans la manière d'exprimer leur pensée et de rendre la

---

32. Voici cette « parfaite » : « Chaque grand peintre chercha les procédés qui pouvaient porter à l'âme cette *impression particulière* qui lui semblait le grand but de la peinture » (tome I, p. 134).

33. Il est piquant de voir que Lenoir compare le style de Stendhal à celui de Chateaubriand. Si le Grenoblois l'avait su !

34. Il s'agit du paragraphe commençant par : « Huit ou dix particularités... » (tome I, p. 135).

35. « Reconnaître la teinte particulière... » (tome I, p. 135).

nature, que dans l'art d'étendre, avec plus ou moins d'intelligence, des couleurs sur un panneau, sur une toile ou sur un mur! On ferait un livre in-folio sur chacun d'eux que l'on ne parviendrait pas à les faire connaître assez pour qu'un individu, qui n'aurait fait aucune étude préparatoire de leur manière d'opérer, et qui n'aurait pas analysé leurs tableaux, dise au premier coup d'œil : voilà un Raphaël; voilà un Bassan; voilà un Corrège, etc., etc.

Je ne sais pourquoi l'auteur dit aussi que « *les gloires de Corrège sont jaunes* ». En général, ce que l'on nomme *gloire* en peinture ne saurait être autre que jaune puisqu'elle représente la lumière du soleil. Cela est si vrai que beaucoup de peintres, ne trouvant pas les moyens que présente la couleur pour rendre ce bel effet de la nature, l'ont faite avec de l'or.

C'est ici que l'auteur s'embarrasse quand il dit, pages 99 et 100, qu'il faut étudier l'art du dessin dans Raphaël et Rembrandt.

D'abord, il aurait dû dire : dans les productions de Raphaël et de Rembrandt. Pour Raphaël, à la bonne heure; mais Rembrandt, célèbre coloriste et le plus mauvais dessinateur connu, si on en excepte Boucher! Entre la manière de peindre et de dessiner de Raphaël et de Rembrandt, la différence est aussi grande que celle qui existe entre les ouvrages de Racine et de Scarron.

Il ajoute que l'on apprendra l'art du coloris « *en étudiant les tableaux de Titien et ceux des peintres français* ». Pour Titien, oui. Titien est le peintre le plus savant dans l'art du coloris qui ait jamais paru. Il n'y a point eu de peintres coloristes en France.

On pourra démontrer que la méthode adoptée par l'école française, dès l'origine de la fondation, à commencer par Simon Vouët, est incompatible avec celle qui est propre à l'art du coloris. On démontrera également que La Fosse et Jouvenet, peintres célèbres du siècle de Louis XIV, que l'on considère comme des coloristes, n'ont acquis cette réputation qu'à l'aide d'un système faux qu'ils ont établi et qui ne ressemble en rien à ce que la nature présente.

Envoyer à l'*École de natation* les jeunes peintres qui veulent apprendre *le dessin et le coloris*, et *dans une assemblée éclairée par la lumière* d'un dôme, à l'Institut, par exemple, ceux qui veulent s'instruire dans l'art du clair-obscur, sans donner d'autre explication, est une façon de s'exprimer peu claire qui ne rend pas assez l'idée de l'auteur. Sa proposition est un vrai paradoxe.

D'ailleurs, selon moi, l'élève qui se livre à l'étude du dessin apprendra beaucoup mieux les éléments de cet art en suivant l'École du nu à l'Académie de peinture qu'à l'École de natation. À l'Académie, dans le courant de l'année, il dessinera à loisir la nature, ou plutôt le modèle, dans des attitudes variées, tandis qu'à l'École de natation, à peine fera-t-il un croquis. Et, pour se préparer à cette étude, l'élève aura soin de dessiner les bas-reliefs, les statues antiques ; il consultera les beaux tableaux de Raphaël, ceux du Pérugin, de Michel-Ange, de...

Quant au coloris, l'École de natation ne lui sera pas favorable pour cette étude. Ce n'est pas quand les baigneurs nus grelottent de froid, ce n'est pas quand le sang se retire vers le cœur, que la peau sera animée et d'une belle couleur. Pour cette partie importante de l'art, j'enverrai mon élève au Musée du Roi consulter les tableaux de Titien, de Tintoret, de Murillos *[sic]*, de Paul Véronèse, de Bassan, de Rembrandt, de Rubens, de Van Dick *[sic]*, etc., etc., et je l'inviterai à entrer dans mon atelier, à y prendre la palette et les pinceaux et à peindre d'après nature en faisant l'application de ce qu'il aura observé dans les belles productions des grands maîtres. Selon moi, c'est la seule manière d'étudier l'art du dessin et celui du coloris. On peut également s'occuper de l'art du clair-obscur dans son atelier, en ménageant son jour comme il convient et après avoir examiné les tableaux de Titien et plus particulièrement ceux de Corrège. D'ailleurs l'homme de génie trouve dans les instants de la vie, et à chaque pas qu'il fait dans le monde, des observations utiles à la profession qu'il exerce ; il en fera l'application suivant la circonstance qu'il aura fait naître lui-même, par la disposition du sujet qu'il traite. Pour cela, il ne peut être dirigé.

Le paragraphe suivant n'est pas plus clair que celui que je viens d'analyser. On y apprend que « *le ton d'un tableau est une légère fausseté ajoutée à la nature* » ; qu'il faut qu'un peintre « *pour rendre le clair-obscur, fasse des ombres plus sombres pour rendre les couleurs dont il ne peut rendre l'éclat* » ; qu'« *un peintre n'a pas le soleil sur sa palette* », et enfin, qu'il y a « *un voile d'or* » sur les tableaux de Paul Véronèse, et sur ceux du Guide « *un voile d'argent* ».

Voilà, en général, les discours et les propositions ordinaires des personnes qui n'ont aucune idée des arts, et cependant qui veulent raisonner.

Pages 110/111 [36].

Pages 109, 110 et 111, article intitulé : *l'Huile remplace la détrempe* [37].

Tout ce qui concerne cet article est bon.

Ce qui est rapporté de Jean Van Eyck, de Bruges, peintre flamand inventeur de *la peinture à l'huile*, est vrai et fort bien exposé. Je l'ai rapporté à peu près dans les mêmes termes dans mon *Histoire des arts*.

36. Feuillet relié à l'envers, c'est-à-dire le verso a été placé avant le recto.
37. C'est le chap. XXV.

Quant à l'assassinat du peintre Dominique par André Castagno *[sic]* pour lui voler son secret, je considère cela comme un de ces vieux contes qui se faisaient alors dans les villes sur les hommes célèbres auxquels elles avaient donné le jour. Il n'y avait pas de ville qui n'eût son compte *[sic]* ou son roman sur l'homme distingué dans tel genre que ce fût. À Florence, on débite encore que Michel-Ange, peignant un Christ, dans son enthousiasme poignarda son modèle pour mieux saisir l'expression d'un mourant.

Dans mon *Histoire des arts* j'ai prouvé l'absurdité de ce conte.

L'article suivant, pages 112, 113, 114, 115 et 116, *Invention de la peinture à l'huile* [38] est très bon à copier au besoin. Cet article est en rapport parfait avec ce que je cite de Théophile dans mon *Histoire des arts*.

Sur la réflexion de l'auteur, page 112 [39], j'observe que si on avait peint des portes cochères à *l'huile* à l'époque qu'il assigne, on aurait peint des tableaux parce que l'on aurait déjà éprouvé que les couleurs pouvaient se mélanger avec l'huile. Selon moi, c'était, déjà, le premier pas.

L'expérience faite chez le peintre Kaunitz est une citation parfaite à citer.

« *Cet éclat à la Corrège qui frappe, etc.* », voilà une de ces expressions qui appartiennent à un homme nullement connaisseur [40], qui emploie des mots sans en sentir la valeur et seulement pour produire de l'effet auprès des gens qui n'y entendent rien.

Ce que l'auteur dit du tableau de sainte Hélène, mère de Constantin, est très bon. Il s'exprime en excellents termes et de bon ton ; il a senti tout le ridicule d'une pareille proposition. En effet, on ne saurait trop se moquer des jongleries de ce genre-là, même du prétendu *Portrait de la Sainte Vierge* peint par saint Luc que l'on conserve à Rome, ainsi que du *Véritable portrait de Notre Seigneur Jésus-Christ* peint par le même artiste et dont on a vu tant de copies dans le monde.

Je donnerai un *merle blanc* à celui qui voudra bien me dire où saint Luc avait appris l'art de peindre, sur quelle matière il peignait et s'il employait la détrempe, la fresque, l'eau d'œuf ou l'huile...

38. Chap. XXVI.
39. Allusion au passage suivant :
« ... Les Allemands ont fait grand bruit de ce bouquin, et ont prétendu que dès le xie siècle on peignait à l'huile.
« Oui, comme on peint les portes cochères, et non comme on peint les tableaux. »
40. Phrase biffée : On ne saurait trop se moquer des jongleries de ce genre-là.

Pages 116/117.

Pages 116, 117 et suivantes, article intitulé : *Chapelle Sixtine*[41].

J'ignore comment il se fait que, en parlant des ouvrages qui décorent la fameuse chapelle Sixtine, on ne dise rien des travaux extraordinaires de Michel-Ange qui, seuls, l'ont rendu à jamais célèbre. Cette omission exceptée, l'article est bien.

Peut-être sera-t-il question de Michel-Ange plus tard ; ce sera de *la moutarde après dîner*. C'était le cas d'en parler ou jamais, puisque l'on ne connaît la chapelle Sixtine que par Michel-Ange.

L'auteur est fou quand, dans la note pages 115 et 116, il parle des savants en *us* et des idéologues. Et, dans la note de la page 117, quand il renvoie son lecteur au *Christ de Titien* pour lui donner une juste idée de la *sécheresse en peinture*. C'est comme si on s'avisait de dire que le *Lutrin* de Boileau est un poème sec et dénué de charme.

Pages 120/121.

Pages 120, 121, 122 et suivantes, article : *Perspective aérienne*[42].

Je veux bien que l'on soit redevable à Ghirlandaio de la *perspective aérienne*, mais le *brouillard d'automne* n'a que faire là, attendu que la perspective aérienne a lieu au solstice d'été et d'hiver, comme à l'équinoxe du printemps et d'automne. C'est un fruit des quatre saisons.

Il faut avoir l'esprit bien subtil et de bons yeux pour apercevoir comment Ghirlandaio a pu rendre « *des effets que le marbre ne peut rendre* ».

« *La magie des lointains, la peinture qui se rapproche de la musique et qui engage l'imagination à fixer ses tableaux ; les détails et les lointains ou les fonds prennent dans notre pensée une teinte céleste. Le Poussin, par des paysages, jette l'âme dans la rêverie ; elle se croit transportée dans ces lointains si nobles et y trouver ce bonheur qui nous fuit dans la réalité.* »

Je demande l'explication de tout ce paragraphe. J'ai cependant pris la peine de le copier pour mieux m'en rendre compte, mais je ne suis pas plus avancé.

La note est encore plus curieuse ; elle a besoin d'une double explication ; c'est comme chez Nicolet : *de plus fort en plus fort*.

41. Chap. XXVII.
42. Chap. XXVIII. Le titre complet est *Du Ghirlandaio et de la perspective aérienne*.

Son tableau représentant le *Massacre des innocents* est, dit-on, son chef-d'œuvre. Ce qu'il y a de curieux dans ce tableau, c'est que l'on y remarque des portraits qui *parlent*, et que du résultat de ce phénomène il arrive que le peintre *d'une main enchaîne l'imagination et que de l'autre il veut ravir le ciel.*

Selon moi (je ne me donne pas pour un aigle), il est assez plaisant de voir que ces portraits tout-puissants arrêtent *l'essor de l'école de Florence* et qu'ils *forcèrent* les autres peintres successeurs du peintre Ghirlandaio à *regarder quelquefois la nature.*

Pages 126/127.

Pages 126, 127 et suivantes ; article intitulé : *Prédécesseurs immédiats des grands hommes* [43].

Mon Dieu, *ne nous laissez pas succomber à la tentation*, mais *délivrez-nous* du malheur de lire le premier paragraphe de cet article ! Ainsi soit-il.

Je suis enchanté d'apprendre qu'André Del Sarte *[sic]* eut pour maître un *barbouilleur*. C'est faire en peu de mots un grand éloge d'André del Sarte.

Il est bon de savoir que les dévots murmurèrent contre Michel-Ange parce qu'il rendait trop savamment les formes humaines.

Le plus adroit de tous les peintres cités dans cet article fut Barthélemy qui eut l'esprit de faire sa cour au pape pour obtenir de Sa Sainteté *une bonne abbaye*. Que cela figure bien dans une histoire de la peinture !...

Le transport, qui se fit en 1794 du tableau à fresque représentant saint Jérôme de Clément d'Arezzo est une anecdote fort curieuse.

Le volume chargé de miniatures peintes par Attavante est une note remarquable.

Pages 130/131.

Pages 130 et suivantes, article intitulé : *État des esprits* [44].

Je ne sais pas ce que le tableau de M. Gérard représentant Psyché vient faire là et ce qu'il a de commun avec les peintures de l'an 1500.

Je ne lis que du bavardage sur le *beau idéal*, le *beau* et le *beau idéal des contours*.

Rendre l'imitation plus intelligible que la nature en supprimant les détails : tel est le moyen de l'idéal. Voilà la conclusion et l'instruction que donne l'auteur sur la chose la plus importante qu'il y ait

43. Chap. XXIX.
44. Chap. XXX.

dans l'art du dessin. Cela est court, n'explique rien et n'a rien de vrai, ni de *beau*.

Tout ce qui suit est verbeux et ne dit rien. La note est pitoyable.

Jamais Michel-Ange n'a eu d'*idées baroques*, comme le dit l'auteur. Bien au contraire, les idées, ou plutôt la pensée, dans les productions de Michel-Ange, est toujours noble, grande et souvent au-delà du naturel : effet résultant d'une trop grande et trop énergique exaltation[45].

Pages 140 et 141.

Article intitulé : *Revue*[46].

Ce n'est pas là une grande revue.

Il me paraît qu'il y a du monde dans le *désert* de l'auteur puisqu'il s'y trouve des *flots d'imitateurs*.

L'article, et principalement la note, n'est qu'un gâchis d'idées exprimées avec prétention et une singulière abondance de mots sans valeur.

Page 142.

Article intitulé : *Les cinq grandes écoles*[47].

Les cinq grandes écoles italiennes définies en dix-huit lignes est le plus bel exemple de laconisme que l'on puisse donner. Il est inutile d'envoyer l'auteur prendre des leçons à Lacédémone.

Page 143.

Article intitulé : *Épreuve sous la statue d'Isis*[48].

Que veut dire l'auteur dans les huit lignes de ce discours ? Je n'en sais rien, me répondra-t-on.

Je ne sais pourquoi la femme d'Alexandrie et la bonne déesse Isis trouvent une place ici. Je vois seulement que c'est pour *l'amour de Dieu*. Lisez l'article, et vous jugerez si j'ai tort.

Pages 144, 145 et suivantes. Article intitulé : *Un artiste*[49].

Voir la nature à sa manière n'est pas bon. Il aurait fallu dire : Chaque artiste doit rendre la nature comme il la voit ; et, pour se distinguer dans son art, et être ce que l'on appelle un *maître*, il se gardera bien de suivre la manière de faire d'un autre peintre.

---

45. Prem. vers. : par une suite d'exaltations. — Deux. vers. : par une suite d'effets résultant d'une trop grande et trop énergique exaltation.
46. Chap. XXXI.
47. Chap. XXXII.
48. Chap. XXXIII.
49. Chap. XXXIV.

Tout le reste de l'article est d'un style embarrassé. Ce que l'auteur a pensé est bon, mais il ne sait pas rendre ses idées ; ce qui me fait croire qu'il n'a par lui-même aucune connaissance et que, au fond, il n'est qu'un écouteur aux portes, sans goût et sans adresse.

Dans tout cela que font les hirondelles[50], etc., etc. ?

Cet ouvrage, en général, a si peu de suite dans sa forme et dans son style qu'il me paraît avoir été coupé à l'impression. Je veux dire que l'on a retiré du manuscrit des morceaux de tout côté et que l'on a rapproché comme on a pu les meilleures parties du discours.

Pages 149. — « *Mozart n'a pas eu l'âme de Washington.* » Voilà du nouveau. Voyez le reste : c'est du galimatias double et triple.

Pages 152/153.

Pages 152 et 153. Suite de l'article intitulé : *Un artiste.*

On peut bien avoir étudié la peinture par ennui, cela est permis, mais ce qui n'est pas permis, c'est d'ennuyer les autres pour se désennuyer soi. Voyez la note au bas de la page[51]. Elle provoque la tristesse, n'est-ce pas ?...

L'auteur continue : « Il aimera ces jouissances que les sots ne peuvent lui profaner. Oubliant le sujet ou... » Ceci est gai. Cela me fait rire ; chacun est organisé à sa manière.

Mais, Monsieur, y songez-vous ? Guerchin n'a pas plus pensé à l'art du clair-obscur dans ses tableaux que je ne pense au Coran.

Pages 154/155.

Pages 153, 154 et suivantes. Article intitulé : *Caractère des peintres de Florence*[52].

Le début de cet article n'est pas clair. L'auteur serait bien aimable s'il pouvait me faire connaître particulièrement *le style de Florence.*

J'aime à la fureur la tête de Guide, qui « gâte les Salviati, les Cigoli, les Pontorme, etc. »

Parbleu ! mon amour pour cette tête est bien placé, car elle a un pouvoir extraordinaire.

50. Allusion à la phrase : « Quoi de plus froid en apparence que cette observation que les hirondelles font leurs nids dans les lieux remarquables par la pureté de l'air ? »
51. Allusion à la note : « Car le fluide nerveux n'a, tous les jours, si je peux m'exprimer ainsi, qu'une certaine dose de sensibilité... »
52. Chap. XXXV.

Ce qui suit est assez bon.

« L'école romaine grandiose à cause du Colisée et des autres ruines ; Venise, voluptueuse ; Florence, savante ; le Corrège, tendre... »

Il y a de quoi rire à gorge déployée de tout cela.

Pages 156/157.

Pages 156, 157 et suivantes. Article intitulé : *La fresque à Florence*[53].

Je crois qu'il aurait fallu dire *Des fresques à Florence*. Depuis quand le mot *fresque*, qui n'est que l'adjectif du mot *peinture*, se trouve-t-il relaté dans le discours comme un être agissant ou plutôt comme un corps animé qui aurait une volonté ?... Ceci est par trop fort.

Puis on lit plus bas : *emporter cette difficulté d'une manière brillante*[54]... Plût à Dieu que le diable eût emporté toutes les difficultés de la peinture !

« ... les beautés de style que l'on peut mettre dans les pièces officielles... » Que cela est joli !

« Un bavardage sonore et vague n'y est point déplacé, et la céleste pureté de Virgile y serait pauvreté. » Je suis vraiment édifié de cela. Je m'arrête ; il m'est impossible d'aller plus loin. Je ferme le livre et m'endors. Cependant, j'invite le lecteur à lire la note sur le *lilas*, pages 158 et 159 ; elle est curieuse[55].

Pages 166/167.

Pages 166, 167 et suivantes, jusqu'à la page 258. Article : *Léonard de Vinci*[56].

L'auteur parle de Léonard de Vinci, je me réveille et j'écoute.

J'ai lu avec beaucoup d'attention tout ce qui est rapporté sur Léonard de Vinci. J'admire la sagesse avec laquelle l'auteur a traité tous les articles concernant le grand homme. Il raisonne juste et s'exprime en bons termes.

Ceci m'autorise à croire que l'auteur a été dirigé dans cette partie de son ouvrage par quelque vieux manuscrit italien. Il y a une différence si grande entre ces articles et ceux qui composent l'autre

53. Chap. XXXVI.
54. Stendhal a écrit : « Les églises et les palais de Florence font foi que cette difficulté a été emportée d'une manière brillante... »
55. Il s'agit de la deuxième note du chapitre suivant : « Comment, à Paris, M. G***, peignant une touffe de lilas dans le portrait de la belle duchesse de B***, n'a-t-il pas l'idée d'attacher à sa toile une branche de lilas, et de s'éloigner à dix pas ? »
56. Chap. XXXVIII et suiv.

partie de son livre que cela me paraît démontré par l'ouvrage lui-même[57].

En général, l'article mérite d'être lu.

Voyez à la page 205 *La Cène de Léonard*[58]. La barbarie des Dominicains de Milan exercée, en 1652, sur le beau tableau de *la Cène* de Léonard de Vinci devrait être rapportée et imprimée dans toutes les langues et affichée aux coins de toutes les rues des villes policées pour propager l'ignorance et la turpitude de ces messieurs-là et pour arrêter la récidive d'une telle infamie.

Pages 262/263.

Pages 261 et jusqu'à 275, dernier article[59].

La totalité de ce beau discours me paraît hors du cadre que l'auteur s'est prescrit lui-même par le titre général de son livre.

On y lit quelques comparaisons assez singulières sur les peintres anciens et modernes, et plusieurs paragraphes épigrammatiques qui ne produisent aucun effet, malgré l'énorme dépense d'esprit de l'auteur.

Page 272. — Pour Dieu, Monsieur, ne brûlez pas la belle galerie du Luxembourg où le génie de Rubens se montre avec tant d'éclat[60] !

Il me paraît, Monsieur, que vous êtes aussi despote « que le véritable artiste, au cœur énergique et essentiellement intolérant » dont vous parliez il n'y a qu'un instant.

Page 273. — Monsieur, je n'aime pas plus que vous la personne de Bossuet[61] ! J'admire son grand talent et je méprise l'homme quand il persécute Fénelon, que je considère comme le *Précepteur de son siècle* et comme un véritable *apôtre de l'Évangile*.

Bossuet faisait son métier de prédicateur quand il ravalait en chaire l'orgueil de Louis XIV et la vanité insolente des gens de sa cour. Dans ce cas-là, l'orateur chrétien n'avait qu'un tort : celui d'être entiché à l'excès du vice auquel il faisait publiquement la guerre.

---

57. Alexandre Lenoir est assez perspicace pour s'apercevoir qu'il y a des inégalités — et pour cause — dans l'histoire de la peinture qu'il est en train de lire.
58. Chap. LI.
59. Il s'agit du dernier chapitre du livre troisième, à savoir le chapitre LXVI, *Que dans ce qui plaît nous ne pouvons estimer que ce qui nous plaît.*
60. Allusion à la phrase : « Moi, qui ne suis pas artiste, si j'avais le pouvoir suprême, je ne sais pas trop si je ne ferais pas brûler la galerie du Luxembourg, qui corrompt le goût de tant de Français. »
61. Allusion à la phrase : « Un philosophe me tire par la manche : Bossuet, me dit-il, était un hypocrite plein de talent... »

TOME II

Faux-titre :

Cet ouvrage est augmenté d'un commentaire manuscrit par M. le Ch^r Alexandre Lenoir, ad[ministrateu]r des monuments de l'église royale de S[ain]t-Denis. Il espère réunir assez de gravures des ouvrages des grands maîtres italiens pour former un *Atlas* auquel il ajoutera des notes.

Fait à Paris dans le courant d'octobre 1817.

Le Ch^r Alexandre Lenoir.

Pages 2/3.

Article 1er, intitulé : *Beau idéal. Histoire du beau*[62].

Quoi! en dix lignes faire l'histoire du beau? définir son utilité dans les arts et l'application que l'on doit en faire sans parler du *beau*? J'avoue que cela est miraculeux. Cependant il n'y a point de miracle dans tout cela puisque l'auteur ne dit rien.

L'auteur est tellement vif, il est si rapide dans ses observations sur l'introduction du beau dans les arts dépendant du dessin qu'il dit qu'immédiatement *après les statues égyptiennes est venu l'Apollon du Belvédère.*

Quoi qu'il en dise, il s'est écoulé bien des siècles entre l'exécution des statues égyptiennes du premier style; je ne parle pas de celles qui ont été faites sous le règne de l'empereur Adrien, et celle de l'Apollon Pythien, connu sous le nom d'*Apollon du Belvédère.*

Il se passera encore bien des siècles avant qu'une aussi belle statue sorte de la main d'un artiste.

Ce que l'auteur nous dit si rapidement peut faire l'objet d'un volume entier.

Page 2, article intitulé : *Philosophie des Grecs*[63].

Je ne me pique pas d'être plus habile que Platon, que Socrate et qu'Aristote dans l'intelligence de la conversation philosophique que l'on nous propose ici.

---

62. Chap. LXVII.
63. Chap. LXVIII.

Pages 4/5.

Page 3, article intitulé : *Moyen simple d'imiter la nature*[64].

Quoi ! pour imiter la nature il faudra descendre dans les galeries souterraines du Hartz ? Voilà une singulière proposition. C'est, en ma qualité de bonhomme, ce que j'appellerai de la déraison plus que parfaite. D'après cela, je ne vois pas pourquoi l'auteur de l'*Histoire de la peinture* n'envoie pas les mineurs de France à Rome pour y étudier l'antique (j'entends par *antique* les statues et les monuments).

Autre proposition ridicule (même article) : Mouler le corps de l'homme pour y découvrir ce que l'on appelle dans les arts *le beau*. Il n'y a rien dans le monde qui soit plus absurde qu'une semblable proposition. Ce que produit la nature moulée est pauvre, laid, et toujours au-dessous de l'objet animé qui en a été le type.

Les statuaires grecs ont trouvé *le beau* parce qu'ils ont su réunir dans un seul cadre et cumuler sur un seul sujet les beautés éparses de la nature. Voilà le secret. On moulerait tous les hommes et toutes les femmes qui sont répandus sur la terre que cette grande opération ne ferait pas découvrir *le beau* si l'artiste n'a pas l'œil exercé et le tact assez fin pour le découvrir où il est. Pline a dit une bêtise quand, dans son livre 35, chapitre 14, il fait la même proposition. Il est vrai que Pline n'était pas artiste ; il aurait beaucoup mieux parlé sur les souterrains du Hartz.

Page 4. — *Où trouver les anciens Grecs*[65] ?

Ce paragraphe est court et fort court ; heureusement, car il n'a pas le sens commun.

Pages 6/7.

Page 5, article : *De l'opinion publique chez les sauvages*[66].

Je suis de l'avis de l'auteur quand il dit que s'il était possible que les sauvages puissent devenir tout à coup sculpteurs, la première statue de leur divinité qu'ils feraient serait l'image « *du plus fort et du plus beau des jeunes guerriers de la tribu* ».

Cela est un sentiment naturel. Il prendrait (le sculpteur), ajoute-t-il encore, *celui qui serait indiqué par les femmes*. Je suis encore de cet avis. Cependant il serait prudent de ne pas toujours se fier à leur jugement. On se rappellera, dans cette circonstance, que

64. Chap. LXIX.
65. Chap. LXX.
66. Chap. LXXI.

l'amour les égare facilement et que ce dieu malin porte un bandeau dont il couvre les yeux de ceux qui le regardent en face.

Pages 6 et 7, article intitulé : *Les sauvages, grossiers pour mille choses, raisonnent fort juste*[67].

Voilà un très bel article sur la sagacité des sauvages, qui n'a rien de commun avec l'origine du *beau* dans les arts.

Pages 7 et 8, article intitulé : *Qualité des dieux*[68].

Page 8. — Les hommes de toutes les sectes ont généralement invoqué la bienveillance des mauvais génies ou des démons, excepté, dans les temps modernes, ceux qui professent la religion chrétienne. En cela, le raisonnement des anciens est meilleur que celui des modernes. Les bons génies n'ont pas besoin d'être sollicités puisque la bonté est leur apanage.

Page 10 (voyez la note)[69].

Le courage égale la force, mais la force n'est point le synonyme du courage.

Il est encore absurde de dire qu'avoir du courage est voir juste. Cela ne sera pas plus pour les sauvages que pour les Européens.

Page 11, article : *De la règle relative à l'attention*[70].

Encore, le sauvage sculpteur qui aperçoit la figure colossale de la raison, qui lui indique du doigt la statue qu'il ébauche ?...

Toute la finesse de cet article est dans le discours que l'on fait tenir à la figure de la raison. Cette finesse est connue seulement de l'auteur. Je lui en fais mon compliment.

Pages 12/13.

Page 12, article intitulé : *Chose singulière, il ne faut pas copier exactement la nature*[71].

Il n'y a de remarquable dans cet article que le titre.

Page 13, article intitulé : *Influence des prêtres*[72].

En lisant cet article on a la preuve que les peuples civilisés sont aussi bêtes que les sauvages.

Voilà une grande vérité. Quelle vérité malheureuse ! Cependant il

---

67. Chap. LXXII.
68. Chap. LXXIII.
69. Chap. LXXIV, *Les dieux perdent l'air de la menace*. La note de ce chapitre à laquelle Lenoir renvoie est ainsi conçue : « Courage est synonyme de force, quand son absence est punie non par la honte, mais par la mort... »
70. Chap. LXXV.
71. Chap. LXXVI.
72. Chap. LXXVII.

faut espérer qu'un beau jour luira, que la raison régnera sur le monde et que l'on verra finir le jeu de cette espèce de jongleurs qui vivent aux dépens des sociétés.

Page 14, article intitulé : *Conclusion*[73].

J'avoue qu'il faut être doué d'un grand génie pour faire un chapitre et produire la conclusion d'une grande question métaphysique en deux lignes un quart. Je m'humilie devant les deux lignes un quart de l'auteur de ce livre. Je suis sauvage pour le moment.

Pages 14 et 15, article intitulé : *Dieu est-il bon ou méchant*[74] ?

Voilà une plaisante question !

Sur la bonté de Dieu, et la méchanceté des prêtres, nous savons tout ce que l'on peut savoir là-dessus. Mais je ne sais ce qui a pu autoriser l'auteur à dire de Michel-Ange ce que je vais rapporter : « *L'idée de bonté dans le dieu des chrétiens n'est jamais entrée dans la tête de Michel-Ange.* » Je ne serais pas fâché, du tout, de savoir de l'auteur lui-même où il a pris cela. J'avoue que je n'ai jamais été aussi curieux de ma vie.

Pages 16/17.

Pages 15, 16 et 17, article intitulé : *Douleur de l'artiste*[75].

Voilà encore un titre prétentieux. C'est la montagne qui accouche d'une souris.

Je commence à croire que c'est une finesse de l'auteur de mettre en scène les sauvages pour présenter sans inquiétude ce qu'il aurait pu dire sans détour. Malgré mon admiration pour les mœurs et les coutumes des sauvages, je pense qu'elles figureraient beaucoup mieux dans un autre livre que dans celui-ci.

L'auteur a raison quand il dit qu'à l'égard de la morale tout ce qui tend à effrayer les hommes, je veux dire les sots, est l'ouvrage des prêtres.

L'immortalité de l'âme, les bons et les mauvais génies, Dieu, le Diable, l'Enfer, le Paradis, etc., etc., voilà leur ouvrage. *Mais le prêtre console*[76], — pour de l'argent, s'entend, ou pour des dîmes. Pour consoler et gagner son argent, il fait de beaux discours, témoin celui qui est rapporté ici.

En vérité, ces messieurs-là sont admirables. Cependant, malgré mon admiration, je voudrais les voir tous en Paradis. *Amen.*

---

73. Chap. LXXVIII.
74. Chap. LXXIX.
75. Chap. LXXX.
76. Chap. LXXXI, *Le prêtre console*.

Pages 17 et 18, article intitulé : *Il s'éloigne de plus en plus de la nature*[77].

Quoi qu'en dise l'auteur, je crois que son sauvage aimera beaucoup plus les ridicules fétiches sans formes et sans contours de ses chers compatriotes que le beau Jupiter monté sur son aigle et armé de son foudre[78] qu'il a la prétention de lui faire voir.

N'en déplaise à l'auteur, son sauvage sera beaucoup plus surpris d'une main sculptée qui lui fera voir les plis de sa propre main comme s'il la voyait dans un miroir, que celle de l'*Apollon du Belvédère* qui n'offre aucun détail. Il sera encore plus épris d'une main moulée sur la nature que d'une main sculptée. Je me permettrai donc de dire que le raisonnement de notre auteur est faux.

Pages 20/21.

Pages 19 et 20, article intitulé : *Ce que c'est que le beau idéal*[79].

Je n'entends pas l'auteur de cet article quand il dit : « *La beauté antique est donc l'expression d'un caractère utile.* »

Je l'ai déjà dit, le beau idéal, si parfaitement senti, et si habilement exprimé par les statuaires grecs, n'est autre que le choix des belles formes éparses dans la nature, rapprochées et cumulées sur un seul sujet.

Je ne suis pas de l'avis de l'auteur quand il dit que l'on pourrait compter autant de beautés idéales qu'il y a de nations différentes sur la terre.

Il y a, à la vérité, autant d'espèces de beauté qu'il y a de nations différentes sur le globe, car la beauté du Lapon ne sera pas celle d'un Italien, mais la *beauté idéale* ne peut être qu'une, puisqu'elle est le résultat d'une grande combinaison d'idées, d'une grande recherche dans les formes et qu'elle s'entend d'une beauté parfaite qui ne se trouve dans la nature que par parties.

La beauté idéale, dans les arts dépendant du dessin, ne peut donc être l'apanage que d'une nation parfaitement civilisée, chez laquelle l'art du statuaire ou du peintre sera porté au plus haut degré de perfection.

---

77. Chap. LXXXII.
78. *Foudre* a été employé au masculin en sens figuré (Littré).
79. Chap. LXXXIII.

Pages (21 et 22, 23 et 24), article intitulé : *De la froideur de l'antique*[80].

Les douze premières lignes de cet article ne signifient rien.

« *La suppression des détails*, dit l'auteur, *fait paraître plus grandes les parties de l'antique; elle donne une apparente roideur et en même temps de la noblesse.* »

Il aurait fallu dire : On remarquera que les statuaires grecs sacrifiaient les détails dans leurs statues à la noblesse et à la beauté pour donner aux formes plus de simplicité, plus d'élégance et plus de développement.

Ce qui suit est très bon, ainsi que la citation d'un passage ancien que l'auteur rapporte.

Le reste ne vaut rien en comparaison.

Page 25, article intitulé : *Le* Torse *plus grandiose que le* Laocoon[81].

On conviendra avec moi que l'article est bien court pour résoudre, comme il convient, la question qu'il s'est proposée lui-même par son titre.

Le fragment antique vulgairement connu sous la dénomination de *Torse*, suivant Winckelmann, est le reste d'une fort belle statue qui a dû représenter Hercule au repos et filant pour Omphale.

Je ne vois pas dans le petit discours de l'auteur qu'il ait bien défini la différence qui existe entre les formes du corps de Laocoon et celles du torse d'Hercule

Il ne peut exister aucun rapport entre les formes de ces deux statues, puisque l'une représente un héros divinisé, parfaitement au repos, et l'autre, au contraire, figurée dans l'état convulsif que donne la plus grande douleur, est celle d'un homme qui n'a d'autre fonction que celle de prêtre d'Apollon.

La grâce et la divinité dont parle l'auteur ne peuvent être développées *[sic]* dans le torse d'Hercule qui n'est plus que le reste d'une statue colossale. Je m'aperçois que je vais plus loin que l'auteur; comme cela n'est pas honnête, je m'arrête.

Les quatre lignes qui suivent le beau et court discours de l'auteur sur le beau torse d'Hercule ne signifient rien, mais ce que j'appelle rien[82].

---

80. Chap. LXXXIV. Les parenthèses indiquent qu'il s'agit du carton remplaçant le texte primitif.
81. Chap. LXXXV.
82. Voici ces quatre lignes : « Si ces idées plaisent, le lecteur ne le verra-t-il pas ? Il ne faut que sentir. Un homme passionné qui se soumet à l'effet des beaux-arts trouve tout dans son cœur. »

Pages 26/27.

Pages 26, 27 et 28, article intitulé : *Défaut que n'a pas l'antique*[83].

Voilà encore un article qui n'a pas de rapport avec son titre. Je le regarde comme un bavardage insignifiant ; conséquemment, il est inutile.

L'observation que l'auteur fait sur le *nez*[84] a du bon, mais, quoi que l'on dise dans le monde : *que grand nez n'a jamais gâté visage*, il doit être proportionné au visage, et je dirai qu'un trop grand nez n'est pas plus beau qu'un nez trop court. Consultez les statues antiques et vous verrez que le nez est toujours proportionné aux autres parties qui composent la face.

Pages 28/29.

Pages 28 et 29 et suivantes, article intitulé : *Du moyen de la sculpture*[85].

On ne sait de quelle statue l'auteur veut parler quand il dit : « *Le mouvement, cette barrière éternelle des arts du dessin m'avertit que cette draperie à gros plis informes couvre une cuisse vivante.* » Je ne sais, quand on parle d'une statue, quelle draperie lourde et informe peut couvrir une cuisse vivante ; je ne sais pas davantage quelle est cette barrière éternelle des arts du dessin qui désole si fort notre auteur.

Page 29. — *Donner une physionomie aux muscles* n'est pas l'expression convenable. Il me semble que les muscles, qui ne sont que les agents de l'âme, ne prennent une forme dans un mouvement quelconque qu'en raison de l'attitude que l'artiste donne à l'individu qu'il met en action. Un muscle, dans telle position que ce soit, ne peut prendre une physionomie ; si on abuse ainsi des mots, que dira-t-on de la face et de l'attitude du corps[86] ? À la vérité, tout doit marcher au but et concourir à l'expression dans l'ensemble du sujet que l'artiste met en action dans son ouvrage ; mais il faut aussi de la modération dans l'art de décrire le sujet représenté.

La *Madeleine* sculptée par M. Canova que l'on voit chez M. Sommariva mérite, assurément, d'être citée comme un chef-d'œuvre

83. Chap. LXXXVI. Le titre exact est *Défaut que n'a jamais l'antique*.
84. Allusion à la dernière et plus longue note de ce chapitre : « ... À mesure qu'on avance en Italie, les nez augmentent... »
85. Chap. LXXXVII.
86. La fin de la phrase a été biffée : *si on abuse ainsi des mots dans un discours, pour parler des parties secondaires ?*

moderne. La tête a de l'expression, elle est mignonne et posée sur un corps agréable, mais les cuisses sont *trop fortes* et les pieds d'une forme commune[a]. Cependant l'esprit de cette statue séduit et plaît.

En général, l'exécution agréable des statues de Canova fixent *[sic]* d'abord l'attention et dissimule les incorrections dont elles fourmillent. Nos sculpteurs français font des statues moins séduisantes, à la vérité, si on n'envisage que l'exécution, et parce qu'ils les montrent au public sans charlatanisme, qu'ils ne les couvre *[sic]* pas de ce que les Italiens appellent une *patine de cire*, mais elles sont préférables pour le style et la correction. Cependant, en rendant justice au talent de M. Canova, je dirai que de tous les sculpteurs modernes de l'Europe, il est le seul qui ait su allier dans ses productions l'allure antique avec le goût de son siècle.

Les bustes de Tancrède et de Clorinde mentionnés dans cet article, l'expression des épaules de ces deux bustes dont parle l'auteur, toutes ces choses sont des propositions absurdes qui ne peuvent être admissibles.

La suite de ce discours se continue dans le même sens d'absurdité.

Le *Coriolan* de Nicolas Poussin ne peut être considéré comme un bon tableau de ce grand peintre. Ce qui est dit sur la fortune de Rome que le peintre s'est permis de figurer allégoriquement dans un coin du tableau mérite une dissertation particulière.

On peut donc classer cet article au nombre de ceux qui ne signifient rien et qui se trouvent en abondance dans ce volume[88].

Pages 36/37.

Chapitre LXXXVIII, sans titre.

Ce chapitre, malgré son importance et les belles paroles dont il se compose, n'est pas meilleur que le précédent.

Je demande l'explication de ce que l'auteur a voulu dire en écrivant ceci : « *Les différences des formes sont tellement moindres que celle des couleurs, que l'Apollon serait beau dans plusieurs parties de l'Asie, de l'Amérique et de l'Afrique, comme en Europe.* »

L'auteur continue : *La pesante architecture qui soupire lorsqu'elle voit les temples grecs transportés à Paris.* »

---

a. Si on pouvait se permettre de mettre un mouvement de l'esprit à la place de ce qu'il y a à désirer sur les pieds de cette statue, on pourrait croire que M. Canova a voulu exprimer que la célèbre pénitente dont il est question, accablée de fatigue, est censée mourir des suites d'un long et pénible voyage qu'elle aurait fait à pied[87].

87. Addition consignée sur un feuillet de plus petit format que les autres.
88. Prem. *vers : se trouvent abondamment dans cet ouvrage.*

En effet, ces soupirs-là doivent s'entendre de fort loin... Que cela est amusant !

Pages 38, 39, 40 et 41, article intitulé : *Un sculpteur*[89].

NOTA. — Il n'y a pas un article dans ce livre qui soit en rapport avec son titre. Ce n'est pas en se mouchant comme Montaigne qu'on lui ressemble. (Michel Montaigne dans son grand livre des *Essais* est dans le même cas : on y trouve beaucoup de dissertations qui ne répondent pas à leur titre.)

Je conçois une amitié toute particulière pour l'auteur que je commente, qui n'abandonne pas ses chers Grecs, parce qu'ils sont heureux[90]. J'aime cela ; c'est d'un brave égoïste.

Le climat de la Grèce, dit-il, porte à l'amour. La religion grecque, loin de glacer le cœur et de l'éloigner de l'amour, l'encourage. Si cela est vrai, je prends la poste et je pars pour la Grèce.

Lisez la suite de cet article et rendez-vous-en compte, si vous pouvez. Vous n'y voyez rien ? Pas moi. J'y vois l'auteur Pygmée qui écrit trois lignes dans l'intention d'avilir le célèbre peintre de *Léonidas* et des *Sabines*. Cet homme est vil ou ignorant. Voilà mon mot.

Page 41, article intitulé : *Difficulté de la peinture et de l'art dramatique*[91].

Après un titre aussi pompeux que celui-là, lisez, je vous en prie, l'article. Qu'y trouvez-vous ? Des mots. Rien sur la peinture ; rien sur l'art dramatique. Un pareil discours fait vomir le bon sens.

Page 43 jusqu'à 48, article intitulé : *Réfléchir l'habitude*[92].

Ah, le beau titre ! L'auteur a la manie des titres sans y répondre ; je veux dire sans les remplir.

La mouche qui vit un jour et qui croit avoir vécu l'éternité tout entière ; la rose qui a de la mémoire et qui n'a jamais vu mourir son jardinier ; la citation des vers de Voltaire ; le Nègre si noir, le Danois si blond ; le climat ou le tempérament fait la force du ressort ; le filet d'eau qui fait la richesse de tout le pays d'Hyères ; l'Angleterre qui devient le sol natal des Timoléon et des Servilius Ahala ; une montre brisée : où va le mouvement ? etc., etc. On ne présente pas la montre comme une emblème *[sic]* de l'*immortalité de l'âme*. Ce dogme est trop respectable pour être comparé à une mécanique.

89. Chap. LXXXIX.
90. Stendhal a écrit : « Je n'abandonne pas mes Grecs, parce qu'ils deviennent heureux. »
91. Chap. XC.
92. Chap. XCI.

Si l'auteur n'a pas le sens commun, du moins il a de la religion

Pages 48, 49 et 50, article intitulé : *Six classes d'hommes*[93].

L'auteur donne ici la division des tempéraments sans définition et sans en faire l'application à son sujet. Renvoyer le tout à un ouvrage de médecine jusqu'à ce que l'auteur en fasse l'application aux arts du dessin et particulièrement à l'art de peindre les passions. L'article, en général, se compose de notes qui ont très peu de rapport avec le sujet.

Page 50 (voyez la note)[94]. — L'auteur parle avec avantage d'un artiste demeurant à la Sorbonne qui a dessiné les belles fresques de Raphaël au Vatican. Cet artiste de mérite, qu'il ne nomme pas, est M. Dutertre.

M. Dutertre a fait le voyage d'Égypte avec la commission qui a suivi Bonaparte. Il a dessiné les monuments les plus curieux de cette terre antique avec autant de soin, de netteté et de précision que les belles productions de Raphaël dont j'ai parlé plus haut[a]. On peut voir chez lui les beaux ouvrages qu'il a faits à Rome et en Égypte. Personne au monde n'est plus communicatif que M. Dutertre.

Pages 52/53.

Pages 51 jusqu'à 98, article : *Des tempéraments en général*[95].

L'auteur donne ici de longs discours assez intéressants par les idées et les mots qu'ils contiennent sur les divers tempéraments de l'homme.

NOTA. — Voici un extrait de mon ouvrage intitulé *l'Histoire des arts en France prouvée par les monuments*. Je le rapporte parce qu'il peut servir de commentaire à l'article dont il s'agit ici.

Tous ceux qui ont quelques idées des arts savent que la partie morale du travail d'un artiste est le résultat de son organisation; c'est-à-dire que de la réunion des diverses causes agissantes dans les êtres animés découlera des sensations qui le conduisent dans toutes les opérations qu'ils sont dans le cas d'entreprendre pendant le cours de la vie. Le peintre, comme tous les hommes, est soumis

---

a. Sa grande vue des pyramides est un chef-d'œuvre de vérité et d'effet.

93. Chap. XCII.
94. Stendhal a écrit dans la plus longue note du chapitre précité : « Pour voir à Paris le style des fresques du Vatican, il faut monter à la Sorbonne chez un dessinateur dont j'ai oublié le nom, mais qui a rapporté de Rome trois ou quatre têtes dignes des originaux. Les personnes qui en sentiront l'angélique pureté comprendront mon idée... »
95. Les chap. XCIII-XCIX relatifs au tempérament ne portent pas ce titre collectif qui, par conséquent, appartient à Lenoir.

à cette puissance invisible qui conduit sa pensée et dirige sa main sans qu'il s'en doute.

Il résulte de cette vérité que les productions des peintres et des statuaires prennent un caractère, reçoivent une forme, une couleur quelconque, en raison du tempérament de l'artiste et de la disposition où il se trouvera au moment où il se mettra au travail.

En conséquence, je pense que l'auteur de ce livre n'a pas rempli le but qu'il s'est proposé : 1° parce qu'il traite trop légèrement une matière importante à l'étude des arts dépendant du dessin ; 2° parce qu'il ne développe pas assez les faits et les résultats qui appartiennent à chacun des tempéraments ; 3°, enfin, parce qu'il n'en fait pas l'application aux arts, ce qu'il importait de faire pour remplir les conditions de son livre.

Pages 99 jusqu'à 106, article intitulé : *Influence des climats*[96].

Cet article est traité dans le même goût que le précédent. L'auteur y tire l'horoscope des différents tempéraments, ce qui me paraît encore hors de propos.

Pages 106/107.

Page 106, article intitulé : *Comment l'emporter sur Raphaël*[97] ?

Quand dans un livre on découvre un titre semblable on croit lire une dissertation sur l'art de dessiner et de peindre. Cette idée est toute naturelle ; ici, ce n'est pas cela.

On commence par indiquer les différents tempéraments que l'on donne bénévolement à Werther, à Lovelace, au bon curé Primerose, à Lady Macbeth, à Richard III, etc., etc. Puis, à l'aide de ce commentaire, on croit pouvoir fixer le tempérament du sculpteur qui a modelé l'*Apollon du Belvédère*. L'article se termine là, sans parler de Raphaël, et, ce qu'il y a de plus curieux dans tout cela, c'est que l'article est intitulé *Comment l'emporter sur Raphaël ?*

On observera que le premier paragraphe ne s'entend pas.

Je demanderai particulièrement à l'auteur si c'est le *tempérament* ou le *beau idéal* qu'il considère dans son discours comme une *passion*.

---

96. Chap. C.
97. Chap. CI.

Pages 112 et 113.

On lit deux articles : l'un *l'Intérêt de la sympathie*[98], et l'autre intitulé *la Musique*[99].

Ces deux articles disent bien peu de chose et n'intéressent pas plus que le précédent.

Pages 114 et 115. L'auteur n'est pas plus heureux dans son article intitulé *Lequel a raison*[100] ?

On ne sait pourquoi page 115, dans le dernier paragraphe, l'auteur met en parallèle le *Pâris* de Canova et le *Moïse* de Michel-Ange. Ces deux ouvrages ne peuvent entrer en comparaison. Dans ce cas-là, la comparaison ne peut tourner qu'au désavantage de celui qui osera la proposer (Voyez la description que j'ai donnée de la statue de *Moïse* par Michel-Ange dans mon ouvrage intitulé *Histoire des arts en France* etc.).

Page 116.

L'espèce de jugement des statues de *Pâris* par Canova et de *Moïse* par Michel-Ange dont je viens de parler, que l'auteur fait porter sur ces deux morceaux, dans son article intitulé *Admiration*[101], par des hommes des différents tempéraments, dont il donne la liste, me paraît hasardé, ne mène à rien et n'instruit en aucune façon.

Pages 116 et 117, article intitulé : *L'on sait toujours ce qu'il est ridicule de ne pas savoir*[102].

Voilà encore un titre pompeux pour ne rien dire et pour ne faire qu'un article de gazette et hors de propos.

Pages 118, 119 et 120, article intitulé : *Art de voir*[103].

Ce qu'il y a de précieux dans cet ouvrage, c'est que l'auteur donne, en général, des leçons seulement dans ses titres et que ses discours sont nuls, mais absolument nuls. Son *art de voir* se réduit à un bavardage ridicule qui ne fait rien voir, mais rien voir du tout.

Dans la note 1, Barthe, l'un de nos auteurs comiques qu'il cite, montre plus d'esprit en sept lignes que lui dans son livre qui contient 452 pages.

98. Chap CII ; le vrai titre est *l'Intérêt et la Sympathie*.
99. Chap. CIII ; le titre exact est *De la musique*.
100. Chap. CIV.
101. Chap. CV.
102. Chap. CVI.
103. Chap. CVII.

Pages 122/123.

Pages 121, 122, 123 et 124, article intitulé : *Du style dans le portrait* [104].

Je ne lis dans ce livre que des dissertations qui ne répondent point à leur titre. Si cela continue, je fermerai le livre, car je ne connais rien de plus maussade.

Cet article n'est qu'un bavardage insignifiant, et un commérage d'oisifs ignorants qui se promènent nonchalamment dans notre beau Musée royal et qui parlent des arts sans les entendre.

L'accolade de François Ier et du pape Léon X avec l'empereur Adrien et son mignon Antinoüs étonne pour peu que l'on ait de moralité (voyez la note immorale page 124) [105].

Pages 125 jusqu'à 131, articles intitulés : *Que la vie active ôte la sympathie pour les arts; objection très forte* [106].

Ces articles se composent de discours misérables, d'un compliment à M. Marie Boutard, l'homme le plus ignorant dans les arts, dont la plume insolente taillée à coups de hache se permet de tracer sur le papier toutes les bêtises qui passent dans la cervelle de son brutal conducteur.

L'auteur parle de l'*Apollon du Belvédère* et du *Gladiateur* sans connaître ces deux statues. Winckelmann a prouvé dans son *Histoire de l'art* qu'il n'est pas probable que l'on ait jamais érigé une statue à un gladiateur; il pense que celle-ci représente Chabrias, général athénien au moment où, étant à la tête d'un petit détachement grec, il arrêta le choc des ennemis par une ferme contenance et par l'attitude qu'il prit. On considère aussi cette statue comme la représentation d'un *Joueur de ballon*, mais les anciens, si modérés dans l'érudition honorable des statues, n'auraient pas plus érigé une statue à un joueur de ballon qu'à un vil gladiateur. Le fait est que la véritable désignation de cette statue remarquable reste encore à donner.

L'article intitulé *Objection très forte* se compose de dix-neuf lignes, et dans ces dix-neuf lignes il n'y a pas une seule objection. En vérité, je crois que l'auteur se moque de ses lecteurs.

---

104. Chap. CVIII.
105. Allusion à la note : « Les pédants ne prononcent le nom de cet aimable enfant qu'avec une horreur très édifiante au collège... » On sait que ce passage sur Antinoüs valut à Stendhal une violente diatribe dans le *Journal des débats* du 9 mars 1818.
106. Respectivement chap. CIX et CX.

Page 132 jusqu'à 142, article intitulé : *De l'homme aimable*[107].

La beauté dans l'art du dessin n'a pas plus été trouvée en Grèce qu'elle ne le sera jamais ailleurs. La beauté n'a pas de patrie, elle appartient à toutes. Cette qualité essentielle dans les arts du dessin ne tombe pas du ciel, comme le dit notre auteur ; fille du goût, elle est le résultat de l'observation, du tact et d'une combinaison bien réglée dans l'exécution d'un tableau ou d'une statue.

La beauté dans les arts dépendant du dessin s'établit lentement et par l'étude. Si elle a été longtemps l'apanage des Grecs, c'est qu'ils ont su la fixer par des règles certaines et invariables. D'ailleurs la nature du climat, les habitudes, la manière de vivre des Grecs, les exercices publics et la beauté des formes dans les individus ; enfin, tout ce qui se présentait à la vue, à l'imagination comme à la pensée de l'artiste, était pour lui un objet à imiter ou à exprimer à l'aide des couleurs ou du marbre.

On observera encore que la beauté sera toujours subordonnée à la civilisation et relative à la nature de l'homme et de la femme suivant le point qu'ils occupent dans l'immensité du globe. La beauté d'un Kalmouk ne sera pas celle d'un Français. (NOTA. — Ceci est tiré de mon *Histoire de l'art en France*).

Je pense que cette note sur la beauté, je ne dis pas définition, en dit plus que le long bavardage insignifiant qu'on lit dans cet ouvrage.

Pages 142/143.

Pages 142, 143 et 144, article intitulé : *De la décence des mouvements chez les Grecs*[108].

Toujours de beaux titres, des discours insignifiants et qui n'ont aucun rapport avec le sujet proposé.

Je ferai une dissertation sur le sujet pour mon histoire de l'art et je traiterai *du geste*.

Pages 144, 145 jusqu'à 148, article intitulé : *De l'étourderie et de la gaieté dans Athènes*[109].

Ce morceau est un misérable bavardage rempli d'idées saugrenues. Il n'y a rien à dire à tout cela si ce n'est que c'est une pitié.

---

107. Chap. CXI, *Du beau idéal moderne*.
108. Chap. CXII.
109. Chap. CXIII.

Pages 148 et 149, article intitulé : *De la beauté des femmes* [110].

Je demande s'il y a un sujet plus intéressant que celui-là en le considérant sous le rapport de l'art de peindre ou de sculpter.

Maintenant lisez ce que l'auteur vous donne et jugez s'il fait ce qu'il dit. Pour moi, je le trouve pitoyable et hors de toute raison.

Pages 150 et 151, article intitulé... [111].

Le titre et le discours, tout est mauvais. Je prends tout le monde pour témoin de mon jugement.

Pages 152/153.

Pages 152 et 153, article intitulé : *De l'Amour* [112].

A-t-on jamais fait un article plus misérable sur l'amour ?

Que veut dire l'article qui suit celui-là : *L'antiquité n'a rien de comparable à la Marianne de Marivaux* [113] ?

Ma parole d'honneur, l'auteur est fou. Lisez son second paragraphe [114] et vous verrez si j'ai tort.

La lecture de son livre me donne des nausées abondes *[sic]*, dont je ne suis pas le maître.

Pages 155, 156 et 157, article intitulé : *Nous n'avons que faire des vertus antiques*, dit l'auteur dans son titre [115]. Je ne dis pas cela et ne partage pas son opinion à cet égard. Son discours sur cette question ne prouve rien. Sans être absolument mauvais, il est là comme un hors-d'œuvre. Je dis aussi : à refaire.

Quant à l'idéal moderne, page 158 [116], la proposition donnée n'est pas digne du sujet et ne remplit pas le cadre. Je dis encore : à refaire.

Page 159. L'article *Remarques* [117] ne vaut pas mieux que les autres. La manière dont l'auteur définit la *force* [118] n'est pas une définition convenable dans un livre qui traite de la peinture dont la base essentielle est l'art du dessin.

---

110. Chap. CXIV.
111. Lenoir a oublié de transcrire le titre : *Que la beauté antique est incompatible avec les passions modernes* (chap. CXV).
112. Chap. CXVI.
113. Chap. CXVII.
114. « L'amour moderne, cette belle plante brillant au loin, comme le mancenillier, de l'éclat de ses fruits charmants, qui si souvent cachent le plus mortel poison, croît et parvient à sa plus grande hauteur sous les lambris dorés des cours... »
115. Chap. CXVIII.
116. Chap. CXIX.
117. Chap. CXX.
118. « Dans nos mœurs, c'est l'esprit accompagné d'un degré de force très ordinaire qui est la force. »

Dans l'article sur *la beauté anglaise*[119], pages 161, 162 et 163, il y a du bon, des observations justes, mais c'est l'histoire mise en roman à la manière de Mme de Genlis. Ce genre ne vaut rien pour l'instruction ; l'auteur en conviendrait lui-même.

Pages 164/165.

Pages 163, 164, 165 et 166, article intitulé : *les Toiles successives*[120].

Je ne connais rien de plus ridicule que ce titre qui ne promet rien et qui tient parole.

Au fait, je ne connais rien d'aussi plaisant que les différents voyages de la tête de cette malheureuse mère Niobé, que l'on fait passer ici, non pas jusqu'au quatrième ciel, pour lui donner une expression plus française, mais successivement sur des toiles de peintre jusqu'au nombre de quatre.

Un semblable manège pour arriver à la perfection dans la peinture est au-delà de ma perfectibilité. J'abandonne l'intelligence de ce nouveau moyen aux femmes de la Chaussée d'Antin. Je leur abandonne également l'*Enlèvement d'Hélène*, le *Massacre des innocents* du Guide, la *Madeleine* de Canova, le jugement de l'auteur sur la physionomie de Socrate, *la douleur antique qui est plus faible que la nôtre*, les jolies femmes à vapeurs du temps du Régent, et le maréchal de Saxe qui était d'une force étonnante comme son père. *Voilà tout*, dit l'auteur... Pour moi, j'en suis bien aise.

Pages 168/169.

Pages 167 et 168, article intitulé : *le Beau antique convient aux dieux*[121].

Il y a beaucoup d'air dans cet article, *air de grandeur, air de courage, air de force, air de noblesse, air de grand courage*. Dans tout cela rien n'est défini relativement au *beau antique* qui convient aux dieux.

L'auteur travaille toujours dans le même sens. Il dit que le beau moderne aura un air de noblesse à un degré au-dessus du beau antique. Il est dans l'erreur la plus grossière. Les Grecs ont posé les bornes du Beau dans les arts du dessin.

Puis, il nous transporte à la cour de Louis XIV, à celle de Napoléon ; il revient à Apollon, au Père éternel et au *Jupiter mansuetus* qu'il adore. Enfin, il termine son discours sur le *beau antique* par

119. Chap. CXXI. Le titre exact est : *Exemple : la beauté anglaise*.
120. Chap. CXXII.
121. Chap. CXXIII.

dire que s'il avait un homme à présenter à la cour, il aimerait à lui voir la physionomie de Voltaire. On conviendra avec moi que la physionomie toute spirituelle de l'auteur de la *Henriade*, de la *Pucelle* et de *Mahomet* n'a pas plus de rapport avec le beau antique qu'avec les gens de toutes les cours du monde.

Pages 170/171.

Pages 169 et 170, suite de l'article : *le Beau antique convient aux dieux*[122].

Monsieur, vous êtes dans l'erreur. Jamais les sculpteurs et peintres modernes n'ont surpassé les anciens en noblesse dans la pose comme dans l'allure de leurs figures et en finesse dans les parties qui concernent l'exécution.

Votre Lord qui serre la main à un riche charcutier [*sic*] de Londres est vraiment un bon homme qui sera bien surpris de jouer un rôle dans votre livre, si jamais il le lit. Au fait, quel rapport un Lord de cette espèce peut-il avoir avec l'histoire des arts en Italie ?

L'opposition que vous faites d'Homère avec nos lettres modernes, de Montaigne avec des poètes picards, normands et languedociens, n'est pas heureuse du tout. En vérité, la noblesse de ces derniers, puisque vous la recherchez, me rappelle exactement celle du Bourgeois gentilhomme se pavanant avec sa robe de chambre dont les fleurs sont en bas et se croyant ainsi l'égal d'un homme de cour. Voilà de belles choses à peindre ! Demandez aux artistes.

Ce que vous dites en dernier lieu est bien fait pour décider nos peintres et nos sculpteurs à se rendre en Grèce pour y chercher des modèles d'homme et de femme afin de produire des *Vénus*, des *Apollons* auxquels ils n'entendent rien.

Pages 172/173.

Pages 170 jusqu'à 177, article intitulé : *Révolution du vingtième siècle*[123].

Que de choses contenues dans cet article ! Aucune ne correspond avec le titre.

L'auteur est, en vérité, plaisant quand il veut voir un peuple élevé sur la seule connaissance de l'*utilité* et du *nuisible*, sans Juifs, sans Grecs, sans Romains. Je ne vois pas où cela le mènerait ; d'ailleurs il n'y a rien d'*utile*, ni de *nuisible* dans tout ce qu'il dit.

Il est certain que le *Méléagre* du Musée du Roi, si on pouvait

122. Chap. CXXIV.
123. Chap. CXXV.

l'animer et le vêtir à la moderne, serait infiniment mieux tourné que les fanfarons ou les freluquets de la Chaussée d'Antin. Il est beau en lui-même; les autres n'ont que des habits.

Que veut dire : « La rêverie qui aime la peinture est plus mélangée de noblesse que celle qui s'abandonne à la musique ? »

C'est une grande erreur de croire que la musique ne peut être rivale de la peinture. Ces deux arts, au contraire, ont beaucoup de rapports entre eux. Voyez ce que j'en ai dit dans mon *Histoire des arts en France*.

Ce qui m'enchante le plus dans cet article, c'est d'y voir Mlle Mars jouer un rôle à la place des arts. Ah! Monsieur, faire paraître Mlle Mars en double : vous n'y pensez pas. À la vérité, elle est fort bien traitée dans votre article; mais, malgré mon admiration pour son talent, je dis, avec ma franchise ordinaire, que j'en suis fâché. J'aimerais beaucoup mieux la voir ailleurs et plus particulièrement encore, si la chose était possible.

On ne peut se dissimuler, Monsieur, que vous avez une manière de voir qui vous appartient exclusivement quand vous dites que la réputation de Buffon aurait été plus grande en Grèce qu'à Paris, que Virgile est le Mozart des poètes, etc. Vous concluez de tout cela que « dans la science des mouvements de l'âme, les philosophes étaient des enfants[124] ». J'avoue, Monsieur, qu'il y a dans cette phrase une perfectibilité de sens qui m'enchante comme si j'étais un homme du jour. Comme vous le voulez, je verrai de nouveau les *Caractères de Théophraste* ainsi que les traductions de Mlle de la Pommeraie, de *Jacques le fataliste*, etc.

Pages 178/179.

Pages 178 jusqu'à 182, article intitulé : *De l'amabilité antique*[125].

Dites-moi donc, Monsieur, je vous en prie, comment Méléagre a pu se présenter chez la belle Aspasie si Méléagre fut grillé au retour de la chasse célèbre de Calydon, où il tua le cruel sanglier qui ravageait cette province, après son voyage des Argonautes, c'est-à-dire longtemps avant l'époque où Aspasie tenait un bureau d'esprit à Athènes ? On dira que s'il se présenta après sa mort chez cette femme spirituelle et galante, il s'y montra, au moins, en homme galant. Voilà ce qui est agréable. Ah! Monsieur, prenez garde à ce que vous dites! Et le charmant Périclès, que dira-t-il de cette galanterie, lui qui faisait les yeux doux à la délicieuse Aspasie?

---

124. Le texte exact est : « ... les philosophes grecs restèrent-ils des enfants. »
125. Chap. CXXVI.

Quant au reste du discours, il peut donner sujet à un mélodrame propre au théâtre de Franconi ou de la Porte-Saint-Martin.

Pourquoi persifler nos militaires quand ils se battent jusqu'à la mort au lieu de se rendre ? Ceci, Monsieur, est indigne d'un Français.

Je ne vous comprends pas, Monsieur, quand vous dites : « D'ailleurs, si quelque général est emporté par un boulet, l'Académie a la mort d'Épaminondas. » Cependant je crois l'entendre cette phrase mystérieuse ; je l'expliquerais, si je voulais ; mais pour qu'un discours soit bon, il faut qu'il soit entendu de tout le monde, depuis le prince jusqu'au ramoneur.

Tout ce discours, enfin, est fort déplacé ici ; il ferait beaucoup mieux dans les ouvrages de Grimm, de Lady Morgan ou dans d'autres gazettes du même genre. Qu'est-ce que tout cela prouve ? À quoi cela mène-t-il ? À la fortune ; car on a la fureur de lire et, par conséquent, d'acheter ces gazettes littéraires, c'est bien quelque chose, j'espère.

Pages 182/183.

Pages 182, 183, 184 et 185, article intitulé : *La force en déshonneur* [126].

Quelle sottise de dire que l'*élégance*, comme nous l'entendons nous autres Français du XIXe siècle, égale le *beau idéal* des anciens !

Tout ce qui suit le premier paragraphe est si ridicule que je le passe.

Ombre de Montesquieu, pardonnez à l'auteur de ce livre de vous faire paraître dans ses discours, car il ne sait ce qu'il fait.

Pages 185 et 186, article : *Que restera-t-il donc des anciens* [127] ?

Chaque titre que je lis, je le hume avec plaisir, puis je bâille.

« Dans le cercle étroit de la perfection, d'avoir excellé dans le plus facile des beaux-arts. » Oui, je défie le plus habile théologien comme l'avocat le plus célèbre d'expliquer cette phrase. En effet, « cela est si beau que je n'y entends goutte » (Molière, dans *le Médecin malgré lui*).

Cela continue dans le même style. L'empire du beau veut que l'on soit *simple* par *simplicité*. Pour exceller en sculpture il faut avoir une bonne constitution ; notre religion défend le *nu* et la divinité n'a pas de passions généreuses : voilà pourquoi votre fille est muette. Voilà aussi pourquoi l'auteur vous endort.

126. Chap. CXXVII.
127. Chap. CXXVIII.

Pages 186/187.

Pages 186 jusqu'à 192, article intitulé : *Les salons et le forum*[128].

Selon vous, Monsieur, si nos peintres et nos sculpteurs reconnaissent le beau, c'est qu'ils ne se promènent pas assez dans nos places publiques. Si le beau est là, ils ont beau jeu, car les portes sont ouvertes à toutes heures et pour tout le monde.

Pourquoi donc, Monsieur, vous étonner de la belle tête de Léonidas de M. David ? Elle a été admirée de tout Paris. Serait-ce parce que M. David ne passe pas sa vie au *forum* et au Palais-Royal[a] ? Je l'ai vu faire cette tête à la fois sublime et admirable[b]. J'ai vu que le grand peintre des *Sabines* et des *Spartiates* l'a entièrement tirée de son cerveau parisien ; il l'a peinte devant moi, et cela sans modèle[c]. C'est que M. David a beaucoup étudié l'antique et la nature dans sa jeunesse, qu'il est pénétré du beau idéal de l'un et des belles formes que lui présentait l'autre ; il a fait de tout cela un mariage savant dont il est résulté des chefs-d'œuvre. Voilà, Monsieur, le secret de M. David. C'est un génie qui ne sera pas remplacé de nos jours[d].

Tout ce qui suit n'est qu'une gazette littéraire.

Dans un article semblable, on s'étonne de voir figurer indistinctement les noms de Méléagre, de Raphaël, du Guide, de Diane, pour ne rien présenter à l'imagination du lecteur et pour ne rien dire d'utile aux artistes ou, au moins, aux amateurs des arts. Ce qui est plus plaisant encore, c'est d'apprendre, par une note, que le grand talent de M. David est cause de la perfection de nos assignats et de nos pièces de dix centimes. On se pâme d'aise en lisant ces choses-là.

Pages 194/195.

Page 193, article intitulé : *De la retenue monarchique*[129].

Quand on lit ce titre, on s'attend à trouver un raisonnement sur la politique et sur les mœurs d'un gouvernement quelconque. Ce n'est pas cela du tout. Qu'est-ce donc ? Rien...

a. Il préférait l'*opera buffa* ; chacun a son goût.
b. Dans laquelle on lit le sort qui menace les Lacédémoniens.
c. Il avait les yeux levés vers le ciel et sa main agissait sans efforts. Savez-vous pourquoi, Monsieur, cette tête est parfaite ?
d. C'était, Monsieur, le secret des artistes grecs dont vous parlez quelquefois et pas assez souvent. Enfin, c'est ainsi que l'on arrive au *beau idéal* que vous cherchez chez nos sculpteurs modernes et que vous ne trouvez pas.

128. Chap. CXXIX.
129. Chap. CXXX.

Cependant on y trouve des choses piquantes, telles, par exemple : *le charme divin de la nouveauté qui manque presque entièrement à la beauté ; la laideur, au contraire, possède cet avantage, que l'œil en parcourt les parties avec curiosité ; l'air mutin, l'imprévu, le singulier, font la grâce ; ce que ne peut rendre la sculpture et qui échappe au Guide et au Corrège.*

Voilà donc ce qui constitue la retenue *monarchique* ! J'en suis fort aise.

L'auteur nous apprend aussi qu'il y a des pays où l'âme peut suivre le *sentier brillant de la volupté*. Il ajoute que la peinture tient de plus près à *certains plaisirs* qu'il ne nomme pas.

Tout ceci, ne vous en déplaise, Monsieur, ne ressemble guère à de la *retenue* soit particulière, soit monarchique. Je vous le dis sans façon : vous ne serez pas professeur de morale dans un pays composé de philosophes.

Pages 196/197.

Pages 195 jusqu'à 208, article intitulé : *Des dispositions des peuples pour le beau moderne* [130].

Cet article, bien fait et fort bien écrit, n'est que le récit d'un voyage de l'auteur dans une partie de l'Italie. Les faits qui y sont relatés sont fort intéressants.

D'après cela on ne sait pas pourquoi l'auteur donne à sa promenade [131] le titre si extraordinaire *Des dispositions des peuples pour le beau moderne,* puisque ce titre, qui promettait une dissertation très utile sur l'état actuel de nos arts, n'en dit pas le mot [132]. Voilà, sans doute, un grand tort. Je ne le pardonne pas.

Pages 208/209.

Pages 208 et 209, article intitulé : *Les Français d'autrefois* [133].

L'auteur ici prend un ton dogmatique qu'il ne mène pas à bien. Il aurait dû nous dire comment et pourquoi les artistes français de l'an 1811 sont plus près du *beau antique* que ceux de 1770. Il avait tant de bonnes raisons à donner qu'il aurait pu faire un très bon article. Au lieu de cela, il bat la campagne. Il nous entretient de la gaieté, de l'amabilité, du tout, de la discrétion et du savoir-vivre de 1770. Aujourd'hui, ajoute-t-il, « un jeune homme de seize ans qui sait danser et se taire, est un homme parfait ».

130. Chap. **CXXXI.** Le titre exact est : *Dispositions des peuples pour le beau moderne.*
131. Prem. vers : ce voyage.
132. Prem. vers : quelque chose de très utile et l'enseignement de la théorie des arts, n'en dit pas un mot.
133. Chap. **CXXXII.**

La belle et savante définition que voilà du *beau antique*!

Pages 210/211.

Pages 209, 210 et 211, article intitulé : *Qu'arrivera-t-il du Beau moderne ? et quand arrivera-t-il*[134] ?

Un titre comme celui-là est une facétie, malgré le ton dogmatique qu'il prend.

Il y a une contradiction dans les deux questions proposées, car l'auteur suppose par la première question que le *Beau* est connu des artistes modernes puisqu'il demande ce qu'il deviendra. Et par la seconde il manifeste le désir de savoir quand il arrivera. Voilà, je crois, une contradiction complète.

Dans tous les cas, la définition de la première question est impossible à donner. Exemple : en considérant ce qu'étaient les arts en France sous les Van Loo et les Bouchers, aurait-on pu annoncer à celui qui aurait fait une semblable question qu'il viendrait un grand génie appelé David qui restaurerait l'art au point de lui faire toucher la perfection ? Non. Il en est de même aujourd'hui. Savons-nous si l'art ira toujours croissant ou s'il dégénérera ? Non.

Pour la seconde question, je l'abandonne à qui en voudra.

Ce que l'on dit, dans la note, du talent de M. Guérin est juste et vrai. Cependant l'auteur aurait dû, à cet égard, développer ses idées pour les rendre utiles aux jeunes peintres qui ont besoin d'instruction.

À tout cela je dirai : pourquoi placer des mots sur le papier seulement pour le noircir ?

Pages 216/217.

Page 213, article intitulé : *Vie de Michel-Ange*[135].

L'auteur, avant de parler de Michel-Ange, veut persuader son lecteur que tout ce qui précède, dans ce volume, la vie de Michel-Ange était absolument nécessaire. Il a beau dire, jamais il ne me persuadera qu'il a dû faire imprimer plus de *deux cents* pages qui n'ont aucun rapport avec les arts et Michel-Ange pour servir d'introduction à la vie de ce grand peintre considéré comme un génie supérieur dans tous les arts, car il a été aussi célèbre en sculpture qu'il a été habile en architecture[136]. Il est reconnu comme le fondateur de l'école florentine.

Il y a une vie de Michel-Ange, fort bien faite, par l'abbé Hochecorne.

---

134. Chap. CXXXIII.
135. C'est le titre du livre VII.
136. Prem. vers. : habile architecte.

Premières années de Michel-Ange[137].

« Il fallait ces idées pour juger Michel-Ange, dit l'auteur ; maintenant tout va s'aplanir. »

C'est ce que je souhaite : *ainsi soit-il*. Cependant je n'ai pas encore reconnu la nécessité de tout cela[138]. Certes je n'ai pas les idées de l'auteur et je me crois en état de juger Michel-Ange aussi bien que lui ; sa proposition me rappelle parfaitement les cent lieues de moutarde qu'il faut passer à la nage avant d'arriver au pays de Konakona, séjour de bonheur et de félicité.

Enfin, nous sommes arrivés au but ; voyons ce qu'il en sera.

Page 214 : *Vie de Michel-Ange*.

Ah ! Monsieur, laissez là Mercure, Vénus et Jupiter quand il est question de Michel-Ange ; allez au fait, je vous prie.

Page 216, *idem*.

La première note au bas de la page est remarquable et bonne à copier au besoin[139].

Page 217, *idem*.

L'anecdote rapportée sur Vasari et Michel-Ange est fort curieuse[140].

Pages 217 et 218, *idem*.[141].

Ce qui est rapporté ici sur la manière de copier, ou d'imiter, de Michel-Ange dans sa jeunesse est très remarquable. On peut en tirer quelques conséquences relatives au talent qu'il a montré dans la suite.

Pages 218 et 219, *idem*.

Les premiers essais de Michel-Ange en sculpture sont rapportés avec beaucoup de soin ; ils inspirent le plus vif intérêt.

---

137. Chap. CXXXIV, intitulé simplement *Premières années*.
138. Prem. vers. : Je ne vois pas la nécessité de tout cela.
139. Allusion à la note commençant par : « On trouve la note suivante écrite de la main du vieux Buonarroti... »
140. Allusion au dernier alinéa du chap. CXXXIV.
141. Chap. CXXXV, *Il voit l'antique*.

Page 220, 221, *idem; article intitulé :* Bonheur unique de Michel-Ange[142].

L'intérêt pour le grand homme va toujours croissant.

Fort bien! Monsieur. La manière dont vous exposez les premiers faits de la vie de Michel-Ange est très agréable; le tout est parfaitement écrit. Je vous en fais mon compliment[143].

Pages 222/223[144].

Ce que l'auteur rapporte ici de Michel-Ange est narré avec infiniment de grâce; c'est du plus grand intérêt. Ce qu'il raconte sur Buonaroti *[sic]*, père de Michel-Ange, est excellent et mérite d'être lu avec attention.

Le récit de l'événement qui défigura Michel-Ange est parfaitement bien fait. Il est remarquable et bon à noter.

Page 225, *Vie de Michel-Ange.*

On lit ici une charmante description des jardins et des palais de Laurent de Médicis.

Pages 226, 227, etc., *idem.*

En général, tout ce qui est dit ici sur Laurent de Médicis est d'un bon ton, parfaitement écrit, narré à merveille et du plus grand intérêt.

Pages 228 et 229, *idem*; article intitulé : *Accidents de la monarchie*[145].

Je ne suis pas content de ce titre. Cependant l'intérêt continue dans un style fort agréable.

La statue de neige que Michel-Ange fait par ordre de Pierre de Médicis[146] est un fait assez remarquable dans la vie d'un grand sculpteur.

142. Chap. CXXXVI. Le titre exact est : *Bonheur unique de l'éducation de Michel-Ange.*
143. L'excellent Lenoir ne se doute pas qu'il couvre d'éloges des parties que l'auteur de l'*Histoire de la peinture en Italie* avait « empruntées » à Vasari, Lanzi, Condivi. Cela prouve que les historiens de l'art italien ne lui étaient pas familiers.
144. Suite du chap. CXXXVI, *Bonheur unique de l'éducation de Michel-Ange.*
145. Chap. CXXXVII.
146. Prem. vers. : Laurent de Médicis.

Pages 230 et 231, *idem*; article intitulé : *Voyage à Venise, il est arrêté à Bologne*[147].

Récit curieux et bien présenté d'un songe. Ce qui arriva à Venise à Michel-Ange est très intéressant et curieux. On remarquera particulièrement les deux statues qu'il fit, dans cette occasion, pour terminer le tombeau de Saint-Dominique qui était resté imparfait. Voilà des faits du plus grand intérêt dans la vie d'un artiste.

Pages 232/233.

Pages 233, 234, 235. *Vie de Michel-Ange*, article : *Voulut-il imiter l'antique*[148]?

Le récit que fait l'auteur sur la manière dont le cardinal Saint-Georges fut attrapé en payant 200 ducats un *Amour endormi* sculpté par Michel-Ange qu'on lui vendit pour une statue antique, est excellent, à remarquer et même à noter pour le rapporter au besoin. Le cardinal, détrompé, se fâche. Il a tort. Le premier devoir d'un amateur des arts est de se connaître aux objets qu'il veut acquérir. Au moment où il lui faut un conseiller pour diriger son goût, il est trompé et il n'est jamais servi franchement; nécessairement il devient la dupe des marchands et de leurs maquignons.

Il faut lire les suites de cette tromperie; elles sont curieuses.

La statue de Michel-Ange représentant un *Bacchus*, dont il est question ici, est une figure de mérite sans être un des meilleurs ouvrages de ce grand artiste.

Elle ne représente point Bacchus, comme on le dit, mais un jeune Bacchant dans l'ivresse douce, gaie et décente. Bacchus ne doit pas être représenté ivre; c'est un dieu de première classe; ce serait dégrader la divinité et cela n'entra jamais dans l'esprit des anciens. Michel-Ange n'a donc pas commis l'erreur dont on le charge dans cette occasion. Cette erreur a eu lieu dans beaucoup d'occasions, et l'on a nommé *Bacchus* plusieurs statues antiques qui ne sont que de jeunes Bacchants.

Le mouvement de cette statue est remarquable par son indécision; les formes en sont assez belles, mais elles sont amollies par l'ivresse. Cette expression naturelle et vraie, particulièrement rendue, fait le mérite de l'ouvrage de Michel-Ange.

147. Chap. CXXXVIII.
148. Chap. CXXXIX.

Pages 238/239.

Pages 237, 238, 239. *Vie de Michel-Ange : Il faut compter et non sympathiser avec les personnages* [149].

La première phrase de ce discours peint à merveille le caractère de Michel-Ange.

Dans cet article, l'auteur s'éloigne de la bonne manière de narrer qu'il avait prise dans le commencement de son discours sur Michel-Ange. Je ne sais ce qu'il veut dire quand il avance que « sans sa religion Michel-Ange aurait peut-être fait l'Apollon du Belvédère... ».

Mais, Monsieur, à quoi bon dissimuler avec nous sur ce que vous savez de Michel-Ange, et pourquoi ne pas dire franchement ce que vous pensez du grand homme ?

Ce qui est dit ici, comme partie descriptive, sur le *Bacchus* est faible, mais il faut lire avec attention les deux derniers paragraphes de cet article ; ils sont parfaitement bons et très bons. Ils sont à citer au besoin.

Pages 242/243.

Pages 241, 242, 243. *Vie de Michel-Ange* ; article : *Spectacle touchant* [150].

Descente de croix remarquable sculptée par Michel-Ange pour l'église Saint-Pierre de Rome. Excellent discours, et faits historiques rapportés à ce sujet, pour mieux faire sentir la force de l'expression du bel ouvrage de Michel-Ange. Tout cela est fort bien, admirable même ; mais cela n'ajoute rien à la beauté du groupe du célèbre artiste.

Page 244, *idem* ; article : *Contradiction* [151].

Cet article est on ne peut plus déplacé ici. L'auteur a eu la prétention d'analyser jusqu'aux douloureuses sensations que la mère de Jésus éprouve au moment où elle possède sur ses genoux le corps mort de son fils. À quoi cela peut-il être bon ? C'est le cas de dire que *le mieux est l'ennemi du bien*, ou, plutôt, que *l'esprit que l'on veut avoir gâte celui que l'on a*, etc.

---

149. Chap. **CXL**. Le titre exact est : *Il fait* compter et non sympathiser avec *ses* personnages.
150. Chap. CXLI.
151. Chap. CXLII.

Pages 246 et 247, article intitulé : *Explications*[152].

Dans cet article, l'auteur déraisonne complètement. Je veux dire que ce morceau placé ailleurs pourrait être bon, mais, ici, il ne vaut rien. Ceci est une nouvelle preuve de tout ce que j'ai dit dans le courant de mes observations sur cet ouvrage.

Pages 248/249.

Pages 248, 249, 250 et 251. *Vie de Michel-Ange*; article : *Qu'il n'y a point de vraie grandeur sans sacrifice*[153].

Toujours des titres ambitieux!

L'auteur continue ici ses raisonnements métaphysiques. Il s'occupe particulièrement de l'analyse des sensations, sans en faire l'application à l'art dont il a eu la prétention de faire l'histoire; ce qui ne sert à rien, mais à rien.

Tout bavardage de ce genre-là, sans application, parlerait-on comme Cicéron et aurait-on l'éloquence de Démosthène, est froid, sans intérêt et devient nul.

Pages 256/257.

Pages 252 jusqu'à 259, article intitulé : *Michel-Ange l'homme de son siècle*[154].

Le début de cet article est prétentieux et ne signifie rien.

Monsieur, si vous croyez *aux miracles que Dieu a jugés nécessaires pour l'établissement de la vraie religion*, vous croyez nécessairement aux autres. Il faut être conséquent (voyez la note)[155].

Pages 253 et 254. — Quelle insolence de prescrire à Michel-Ange les sujets qu'il aurait à traiter s'il pouvait vivre de nos jours! Et quels sujets, s'il vous plaît?... Lui supposer un tel choix, ce n'est pas connaître Michel-Ange. Moi, qui juge le grand homme autrement que vous, Monsieur, je dis qu'il ne ferait rien de tout cela et que les sujets que vous choisissez bénévolement et que vous livrez gratuitement au ciseau du plus célèbre des sculpteurs modernes, ne conviennent ni à son âme ni à ses goûts.

Le paragraphe qui suit est bon, et ce que vous dites de Michel-Ange est juste et me raccommode avec vous. Cependant je ne vous pardonne pas de dire que Michel-Ange n'était point admirateur des

152. Chap. CXLIII.
153. Chap. CXLIV.
154. Chap. CXLV.
155. Allusion à la note commençant par : « Du reste, cette *Pietà* de Michel-Ange... »

statues antiques. Vous avez donc oublié qu'il a restauré l'*Hercule
Farnèse* auquel il a fait les deux jambes ? Voyez-les. Vous devriez
savoir aussi que les jambes de ce chef-d'œuvre antique ayant été
trouvées dans le Tibre peu de temps après la restauration, qu'on
trouva celles de Michel-Ange tellement belles et si conformes à
l'antique que l'on jugea convenable de les laisser à la statue et de
ne point les changer.

Vous êtes encore dans l'erreur, Monsieur. Je vous prie, en grâce,
de ne pas déraisonner comme vous le faites. Si Michel-Ange est au-
dessus des artistes de son temps, que serait-il donc s'il vivait parmi
nous ? C'est un géant, Monsieur, avec lequel personne ne peut se
mesurer.

Ce qui est historique ici est fort bon.

Il est vrai, Michel-Ange savait parfaitement l'anatomie et se plaisait trop, en effet, à montrer cette science qu'il affectionnait dans
ses productions ; mais il n'est pas vrai que c'est par la suppression
ou l'*omission*, comme vous le dites, des muscles que l'*Apollon du
Belvédère* prend une attitude imposante et un caractère divin.
Toute la science anatomique de Michel-Ange est dans l'*Apollon*,
mais elle est cachée et couverte d'une peau jeune et divine parce
que le sujet l'exige.

Voyez le prétendu *Bacchus* de Michel-Ange : les muscles ne sont
pas plus apparents qu'il ne convient à son âge. Quand les anciens
ont représenté Jupiter, Esculape, Pluton, ou d'autres personnages
d'un âge avancé, ils ont prononcé les muscles, comme la nature
l'indique, à cet âge-là. Ce qui n'a pas lieu dans les jeunes sujets.
Voilà, Monsieur, pourquoi les muscles sont peu apparents dans les
statues antiques représentant des *Apollons*, des *Bacchus* ou des
Mercures (voyez ce que dit Winkelmann à ce sujet dans son *Histoire de l'art* ; voyez aussi ce que j'ai dit moi-même, tomes 2 et 3 de
mon ouvrage intitulé *Nouvelle explication des hiéroglyphes*, sur les
divinités du premier ordre et notamment sur Apollon).

Croyez-moi, Monsieur, Michel-Ange savait beaucoup mieux que
vous et moi ce qu'il y avait à faire pour l'exécution des tableaux
qu'il avait à prendre et des statues qu'il avait à sculpter.

Pages 259 jusqu'à 263, article intitulé : *David colossal*[156].

Tout ce que vous dites, Monsieur, dans cet article de la statue
colossale de Michel-Ange représentant un David est très bon et
parfaitement exprimé ; tous les faits historiques que vous rappor-
tez à ce sujet sont très intéressants.

---

156. Chap. CXLVI.

Pages 274/275.

Pages 274, 275 et 276. Article intitulé : *Disgrâce*[157].

Cet article intéressant et fort curieux aurait dû être intitulé :
Beau et grand caractère de Michel-Ange

Michel-Ange, dans cette circonstance, est le souverain et le pape
n'est qu'un mince pistolet.

Page 276 jusqu'à 280. Article intitulé : *Réconciliation, statue
colossale de Bologne*[158].

Cet article n'est pas moins intéressant que le précédent (...)[159].

Pages 282/283.

Page 281 jusqu'à 285. Article intitulé : *Malheur unique*[160].

Voilà encore notre auteur avec ses titres étranges ! Il n'y a point
de *malheur unique* dans tout ce que contient l'article.

Ce morceau est du plus grand intérêt en ce qu'il nous instruit sur
la cause qui, pour ainsi dire, força Michel-Ange à peindre la Chapelle Sixtine (...).

Pages 286/287.

Page 285 jusqu'à 291. Article intitulé : *Chapelle Sixtine*[161].

Ce morceau, qui n'est, sans doute, qu'une espèce d'introduction
à ce que l'auteur va nous dire sur les étonnantes peintures de
Michel-Ange que l'on admire dans la Chapelle Sixtine, est parfaitement bien fait ; son discours est vrai dans ses expressions, noblement présenté et parfaitement écrit (...).

Pages 292/293.

Pages 291 jusqu'à 295. Article intitulé : *Suite de la Chapelle Sixtine*[162].

Ici, l'auteur retombe dans ses discours ambitieux et recherchés
dans le style sans ne *[sic]* produire d'autre effet que celui de
l'ennui.

---

157. Chap. CL.
158. Chap. CLI.
159. Ici et plus loin, j'omets des passages où Alexandre Lenoir se livre à des
considérations personnelles sur Michel-Ange.
160. Chap. CLII. Le titre exact de ce chapitre est : *Intrigue, malheur unique*.
161. Chap. CLIII.
162. Chap. CLIV.

Je ne suis pas aussi content de cet article que du précédent.

Page 295 jusqu'à 303. Article intitulé : *En quoi précisément il diffère de l'antique*. Michel-Ange est sans doute sous-entendu[163].

L'auteur continue dans le même genre ; il bavarde à sa manière quand il bavarde ; il voyage et bavarde encore en voyageant ; à la vérité, cela désennuie. Ce qu'il dit ne saurait être utile aux artistes, encore moins à cette classe d'hommes riches que l'on appelle dans le monde *amateurs*. On peut considérer, généralement parlant, ces hommes-là comme les vaches à lait des brocanteurs de tableaux.

Je ne suis pas du tout de l'avis de l'auteur sur la proposition qu'il nous fait, page 297, au sujet du rôle de *Bajazet*. Je le trouve passablement fait dans Racine. Sauf meilleur avis, je ne pense pas que le caractère eût été mieux traité par Corneille.

Pages 300/301.

Page 300 jusqu'à 303. Article intitulé : *Froideur des artistes avant Michel-Ange*[164].

Il n'y a que l'auteur qui puisse bien entendre ce titre, et si je lis l'article qu'il nous donne, je suis bientôt convaincu qu'il ne l'a pas entendu lui-même.

Ce titre n'est pas bon. Les peintres, comme les sculpteurs, qui se sont montrés avec succès dans l'un ou l'autre art, ne sont pas plus froids dans leurs productions avant Michel-Ange que ceux qui lui ont succédé (...)

L'auteur me paraît furieusement malin quand il dit dans sa note, page 302 : « Talma n'a fait qu'une mauvaise chose de sa vie, c'est nos tableaux : voir *Léonidas*, les *Sabines*, *Saint-Étienne*, etc. »

Cette réflexion fait vomir le bon sens. Monsieur, il vaut mieux se taire que de dire des sottises pareilles.

Pages 304/305.

Page 303 jusqu'à 310. Article intitulé : *Suite de la Sixtine*[165]. Pourquoi pas de la *Chapelle Sixtine* ?

Voilà la première fois de ma vie que j'entends dire que Vasari et Salviati sont des peintres médiocres. Vous n'y pensez pas, Monsieur, de dire des choses de ce genre-là ! Taisez-vous : on vous prendrait pour un ignorant.

---

163. Curieuse méprise d'Alexandre Lenoir : le nom de Michel-Ange figure dans le titre du chap. CLV : *En quoi précisément Michel-Ange diffère de l'antique*.
164. Nouvelle méprise d'Alexandre Lenoir : le titre du chap. CLVI est : *Froideur des arts avant Michel-Ange*.
165. Chap. CLVII.

Ah! Ah! voilà du nouveau : « ... pour être terrible, il faut que l'artiste offense chacune des fibres pour lesquelles on ne *[sic]*[166] peut sentir les grâces charmantes, et de là passe jusqu'à mettre notre sûreté en péril. » Je ne savais pas tout cela... « *Mettre notre sûreté en péril* » est charmant ! On se pâme... « *La sûreté en péril* » vaut de l'or ! Femmes délicieuses et charmantes de la Chaussée d'Antin, accourez toutes pour entendre cette belle phrase !

Je ne veux pas du tout qu'un Français *sente* Michel-Ange. Je veux qu'un Français l'*admire*.

Je n'ai jamais vu confondre, en France, l'*air grand*, ou, plutôt, le *grand style*, dans les arts du dessin, avec l'*air grand seigneur*, ou l'*air impertinent*, car c'est synonyme pour moi. Et, certes, ce n'est pas là l'*air grand* comme on l'entend dans les arts ! Où l'auteur va-t-il prendre toutes ces gentillesses ?

La description qu'il nous donne des peintures de la Chapelle Sixtine est plus d'un homme qui se bat les flancs pour en parler que d'un homme fait pour en apprécier les beautés et, par conséquent, les analyser (...).

Pages 310/311.

Page 310 jusqu'à 312. Article intitulé : *Effet de la Chapelle Sixtine*[167].

Messieurs, je vous en prie, remarquez le *spectateur catholique* qui s'accoutume à contempler les figures terribles de Michel-Ange. Les protestants, les anabaptistes, les juifs, les mahométans, ne sont pas appelés à ce bonheur et ne s'y accoutument pas du tout, parce qu'ils n'entendent rien à la religion du pape ! Que cela est amusant ! Qu'en pensez-vous, lecteur ? (...).

Pages 312/313.

Page 312 jusqu'à 318. Article intitulé : Sous Léon X, *Michel-Ange est neuf ans sans rien faire*[168].

Ce chapitre est intéressant. Il contient des détails curieux sur Michel-Ange (...).

Je ne vois pas, comme le dit l'auteur, page 317, que l'église royale de Saint-Denis soit mesquine et gaie[169]. Le plan général de cette basilique est grand, beau et noble. La manière dont elle se dessine, dans son intérieur, est admirable. Le jeu des colonnades, du rond-

---

166. Stendhal a écrit : « on peut sentir ». Alexandre Lenoir lui fait dire le contraire.
167. Chap. CLVIII. Le titre exact est : *Effet de la Sixtine*.
168. Chap. CLIX.
169. « Saint-Denis est mesquin et gai », a écrit Stendhal.

point construit sous l'abbé Suger produit un grand effet. Cela ferait une décoration de théâtre magnifique. Voilà comme on juge des choses que l'on *[n']* entend pas !

Pages 318/319.

Page 318 jusqu'à 326. Article intitulé : *Dernier soupir de la liberté et de la grandeur florentines*[170].

[...] Cet article est du plus grand intérêt, et la conduite de Michel-Ange, pendant les malheurs qui accablèrent sa chère patrie, est admirable. Il n'y a rien à dire autre chose sinon qu'il faut lire cet article pour aimer Michel-Ange après l'avoir admiré dans ses travaux (...).

Pages 326/327.

Pages 326 jusqu'à 328. Article intitulé : *Statues de Saint-Laurent*[171].

Cet article n'est qu'une note fort curieuse à lire sur les ouvrages que Michel-Ange fit pour décorer les tombeaux des Médicis.

L'auteur de ce livre est toujours tourmenté d'un démon qui lui fait dire des sottises au milieu de ses meilleurs discours.

Y a-t-il au monde quelque chose de plus sot que d'imprimer ceci : « On est presque toujours sûr de bâiller, dès qu'on rencontre les Vertus ou les Muses » ? (...).

Page 328 jusqu'à 334. Article intitulé : *Fidélité aux principes de la Terreur*[172].

En lisant ce titre, je croyais, à la lecture de l'article, voir triompher un des suppôts de Robespierre. Heureusement, il n'en est rien. Cela me rassure.

En général, cet article n'est qu'un récit intéressant de gazette.

Il est assez piquant de lire ici que la statue de Laurent duc d'Urbin faite par Michel-Ange en 1518 « rappelle d'une manière frappante, comme le dit l'auteur, le silence du célèbre Talma ». Cette seule admiration de l'auteur, pour quiconque a de la critique, suffirait pour décider des jugements qu'il porte sur les arts en général.

Il faut voir les notes de cet article, elles sont bonnes et instructives.

170. Chap. **CLX**.
171. Chap. **CLXI**.
172. Chap. **CLXII**. En fait, le titre exact est : *Fidélité au principe de la Terreur*.

Pages 334/335.

Page 334 jusqu'à 339. Article intitulé : *Malheur des relations avec les princes*[173].

Dans tout ce que je lis dans cet article je ne vois pas qu'il soit question du malheur annoncé par le titre. Au contraire, j'aime beaucoup la conduite du pape Paul III envers Michel-Ange.

Cet article est extrêmement curieux en ce qu'il nous apprend comment fut commencé le fameux tableau du *Jugement dernier* que Michel-Ange peignit dans la Chapelle Sixtine par ordre du pape (...).

Il y a ici une note dans laquelle l'auteur se barbouille. Que font ici les gardes nationaux de Paris, quand il s'agit des statues de Michel-Ange[174].

Page 340/341.

Page 339 jusqu'à 341. Article intitulé : *Le* Moïse *à San Pietro in Vincoli*[175]. C'est-à-dire à Saint-Pierre-aux-Liens.

Lisez ce que l'auteur de ce livre dit de la statue de Moïse de Michel-Ange ; lisez la description qu'il en donne. Voyez plus haut ce que j'en ai dit ; lisez ma description, et jugez-nous !

Page 341 jusqu'à 342. Article : *Suite du* Moïse[176].

Il faut lire cet article quoiqu'il soit insignifiant. Il fait connaître deux autres statues de Michel-Ange dont il est bon de savoir l'histoire.

Pages 342/343.

Page 342 jusqu'à 345. Article intitulé : *Le* Christ *de la Minerve. La* Vittoria *de Florence*[177].

Quoi que vous en disiez, Monsieur, le *Christ* de la Minerve est une fort belle statue. Halte-là ! ne jugez pas si vite, je vous en prie, les productions de Michel-Ange (...).

Par exemple, ce que vous dites au bas de la page est bien senti, je le répète avec plaisir : « *Moïse* exprime le génie qui combine, et la *Vittoria* la force qui exécute. »

Vous parlez des belles statues de Michel-Ange, représentant

173. Chap. CLXIII.
174. Allusion à la note : « Voir l'état des gardes nationaux qui se sont fait tuer dans les événements de 1814 et 1815... »
175. Chap. CLXIV.
176. Chap. CLXV.
177. Chap. CLXVI.

deux *Esclaves,* et vous ne dites rien de celui qui les a conservées à la France! Cela n'est pas bien. Allons, Monsieur, vous n'aimez pas le Musée des monuments français! Vous avez été influencé par quelque jaloux de cet établissement, car toutes les personnes qui ont été en Italie l'admirent et m'en font compliment. La seule récompense de mes longs travaux est l'approbation des gens de goût et des connaisseurs.

Pages 346/347.

Page 346 jusqu'à 365. Puis 365 jusqu'à 373.

Ces pages contiennent trois articles sur le *Jugement dernier* peint par Michel-Ange dans la Chapelle Sixtine[178]. Ces articles sont parfaitement bien faits et très bien écrits.

L'exposé du tableau est excellent; la description parfaite et bien narrée. En général, les observations de l'auteur sur cette production étonnante et sublime sont sages, mesurées et bien motivées. Cet article est peut-être le mieux fait du livre[179].

Page 365 jusqu'à 372. Article intitulé : *Jugements des étrangers sur Michel-Ange*[180].

Cet article est nécessaire à lire pour apprendre à mépriser tous ceux qui se permettent d'attaquer publiquement les hommes de génie (...).

Pages 372/373.

Page 372 jusqu'à 377. Article intitulé : *Influence du Dante sur Michel-Ange*[181].

La comparaison de ces deux hommes justement célèbres dans les arts différents que l'on fait ici est fort bien faite et bien sentie[182]. Mais je ne pense pas que Michel-Ange ait été jamais influencé par les ouvrages du Dante pour l'exécution de ses grands travaux (...). En général, cet article est très piquant.

---

178. Chap. CLXVIII, CLXIX et CLXX.
179. Ces éloges d'Alexandre Lenoir sont d'autant plus à retenir que la description du *Jugement dernier* est sortie tout entière de la plume de Stendhal. Celui-ci s'est rendu exprès à Rome, à la fin de 1816, pour la rédiger sur place.
180. Chap. CLXXI.
181. Chap. CLXXII.
182. Alexandre Lenoir ne pouvait se douter que ce chapitre a été emprunté à la *Littérature du midi de l'Europe* de Sismondi via l'*Edinburgh Review* (V. Del Litto, *La vie intellectuelle de Stendhal,* p. 524 et suiv.).

Pages 378/379.

Page 377 jusqu'à 379. Article intitulé : *Fin du* Jugement dernier[183].

Article très intéressant sur l'accident arrivé à Michel-Ange. Sa conduite dans cette occasion sert encore à peindre son caractère.

La note rapportée sur la copie du *Jugement dernier* que fit Marcel Venusti est bonne à remarquer et même à citer au besoin.

Page 379 jusqu'à 380. Article intitulé : *Fresques de la Chapelle Pauline*[184].

Cet article est court, mais il est fort intéressant en ce qu'il prouve qu'à l'âge de soixante-quinze ans Michel-Ange n'avait rien perdu de la vigueur de son génie ni de la sûreté de son exécution.

Pages 380/381.

Page 380 jusqu'à 383. Article intitulé : *Manière de travailler*[185].

Cet article est bon à lire, il a de l'intérêt. Il n'y a rien autre à dire.

Pages 383 à 389. Article intitulé : *Tableaux de Michel-Ange*[186].

Cette nomenclature des tableaux de Michel-Ange est non seulement intéressante, mais utile.

L'auteur de cet article a oublié de dire que généralement les tableaux de chevalet de Michel-Ange sont peints à l'huile, qu'ils sont très soignés et d'un fini extrêmement précieux.

Je pense qu'il se trompe quand il dit que la plupart des tableaux attribués à Michel-Ange sont de Sébastien del Piombo, son élève (...).

Pages 390/391.

Page 389 jusqu'à 392. Article intitulé : *Michel-Ange architecte*[187].

Michel-Ange considéré comme architecte ne peut rivaliser avec Michel-Ange peintre ou sculpteur. Cependant dans le premier aperçu de ce discours il y a des choses rapportées qui sont du plus grand intérêt (...).

---

183. Chap. CLXXIII.
184. Chap. CLXXIV.
185. Chap. CLXXV.
186. Chap. CLXXVI.
187. Chap. CLXXVII.

Pages 392/393.

Page 392 jusqu'à 408. Article intitulé : *Histoire de Saint-Pierre*[188].

L'histoire des diverses constructions de l'église de Saint-Pierre de Rome a de quoi intéresser quiconque s'occupe des arts dépendant du dessin. On y lira avec plaisir la description de ce que Michel-Ange a ajouté à la métropole du monde chrétien et, par conséquent, à sa gloire.

Page 405 (Remarque).

L'auteur de cet article est bien heureux, selon moi, de trouver à la tête, bronze antique, de Junius Brutus, une physionomie touchante et noble[189]. Je ne partage point cet avis. Je lui trouve, au contraire, la physionomie d'un penseur profond, d'un homme dur et cruel (...).

Pages 408/409.

Page 408 jusqu'à 412. Article intitulé : *Caractère de Michel-Ange*[190].

Tout ce qui tient à la vie privée de Michel-Ange intéresse ; il ne faut pas un grand effort pour cela : le rapporteur n'a qu'à parler.

Ce qui est rapporté de l'amour de Michel-Ange me plaît singulièrement (...).

Page 412 jusqu'à 415. Article intitulé : *Suite du caractère de Michel-Ange*[191].

Cet article ne méritait pas un titre particulier. Il n'y a de remarquable que le portrait de Michel-Ange qui est rapporté de Condivi.

Pages 416/417.

Pages 415 jusqu'à 422. Article intitulé : *L'esprit, invention du XVIIIe siècle*[192].

L'auteur fait ici de vains efforts pour prouver que l'esprit est une invention du XVIIIe siècle.

D'abord, le mot *invention* est mal employé, parce que l'esprit est une qualité naturelle et non une *invention*.

188. Chap. CLXXVIII et CLXXIX.
189. Allusion à ce passage du chap. CLXXIX : « Michel-Ange avait copié son *Brutus* d'une corniole antique. Il ne ressemble nullement à la physionomie touchante et noble du *Brutus* que nous avions dans la salle du *Laocoon*. »
190. Chap. CLXXX.
191. Chap. CLXXXI.
192. Chap. CLXXXII.

Je ne suis point du tout de son avis et je suis intimement persuadé qu'il y avait autant d'esprit dans le xve siècle qu'il y en a eu dans le xviie, et même dans le xviiie. Les saillies de Michel-Ange qu'il rapporte en sont la preuve convaincante (...)

C'est à tort que l'auteur fait ici la critique de nos arts sous le règne de François Ier; ce fut, au contraire, la plus belle époque de l'art en France (...).

Pages 422/423.

Page 422 jusqu'à 424. Article intitulé : *Honneurs funèbres rendus à Michel-Ange*[193].

(...) La note qu'on lit au bas de la page 423 est extrêmement ridicule[194].

Je ne suis pas de l'avis du narrateur. Selon moi, tout ce qui part du cœur dans une circonstance semblable honore l'individu auquel on rend hommage (...).

Page 424 jusqu'à 432. Article intitulé : *Le goût pour Michel-Ange renaîtra*[195].

En lisant les phrases inutiles de ce discours, je m'arrête seulement au dernier paragraphe et je fais volontiers des vœux pour voir réaliser les souhaits que forme l'auteur[196] (...).

Pages 432/433.

OBSERVATIONS GÉNÉRALES

Il résulte de mes observations que je considère l'auteur de cet ouvrage comme un amateur passionné des arts qui n'a d'autre connaissance que celle qui lui est inspirée par un amour excessif des tableaux et des statues. Il paraît avoir beaucoup voyagé en Italie, beaucoup vu et beaucoup entendu parler sur la peinture, sur la sculpture comme sur l'architecture.

Il y a tout lieu de croire que cet homme instruit, suivant l'usage, a tenu un journal jour par jour de ce qu'il a pu remarquer dans ses promenades comme dans ses voyages, et il aura ajouté à ce journal des réflexions et des observations : seul moyen de s'instruire et de profiter de ses voyages.

Cela fait, et de retour en France, il a lu son travail à des amis qui

---

193. Chap. CLXXXIII. Le vrai titre est : *Honneurs rendus à la cendre de Michel-Ange.*

194. C'est la note commençant par : « Suivant moi, rien ne gâte plus la mémoire des grands hommes que les louanges des sots... »

195. Chap. CLXXXIV.

196. Sans doute allusion à l'alinéa : « La soif de l'énergie nous ramènera aux chefs-d'œuvre de Michel-Ange... »

ont cru apercevoir dans ses discours et dans ses jugements des leçons utiles à la connaissance des arts, et, enfin, il a fait imprimer ce journal avec un titre propre à piquer la curiosité. Voilà comment nous avons une nouvelle *Histoire de la peinture en Italie*.

Dans cet ouvrage, tout ce qui est description est parfaitement bien fait et intéressant. Ce qui appartient au jugement à porter sur les arts et aux idées de l'auteur est la partie la plus faible du livre; ce qui me fait croire que, dans ses voyages, l'auteur a eu la communication de quelques manuscrits italiens dont il a profité. Il a d'autant mieux fait qu'il nous en a fait part.

La vie de Léonard de Vinci et celle de Michel-Ange sont les meilleurs articles de cet ouvrage. L'histoire et la description y sont parfaitement traitées, mais les applications ainsi que les observations que l'auteur paraît vouloir rattacher aux arts du dessin sont souvent hors du sujet et au-dessous du cadre dont elles sont l'objet.

Enfin, après avoir lu avec soin les deux volumes de cet ouvrage, je dois annoncer qu'il est très intéressant, que la lecture, dans certaines parties, en est agréable, qu'il peut servir même à éclairer quelques amateurs des arts, mais qu'il ne sera jamais d'aucune utilité aux artistes. La lecture du *Cours de cinquante heures* qui termine ce grand ouvrage confirme mon opinion à cet égard, et je conclus par dire que l'auteur, au lieu du titre qu'il a donné à son livre, aurait beaucoup mieux fait de l'intituler : *Voyage en Italie suivi de quelques observations sur les arts*, ou bien : *Voyage en Italie avec des observations sur la peinture, la sculpture et l'architecture*.

Certes, Alexandre Lenoir a lu l'*Histoire de la peinture en Italie* avec des œillères, car, sur la foi de ce titre, il y a cherché ce qui ne s'y trouvait pas. Mais il a eu le mérite de l'avoir lue d'un bout à l'autre avec la plus grande attention.

Plusieurs de ses remarques doivent être retenues; elles révèlent chez le lecteur une perspicacité indéniable. Ainsi a-t-il subodoré, par exemple, l'existence, à la base de l'ouvrage, d'une source italienne que l'auteur aurait mise à contribution. D'autre part, il ne s'est pas trompé en considérant comme excellents les chapitres qui sont vraiment du cru de Stendhal.

C'est pourquoi, en dépit de ses étonnements, souvent naïvement exprimés, devant certaines digressions et certaines allusions, dont il ne s'expliquait pas la présence dans un pareil ouvrage, Alexandre Lenoir est presque un de ces « *happy few* » à qui s'adressait le mystérieux M.B.A.A.

NOTES

1. Stendhal a condensé en cette phrase lapidaire les considérations très prolixes de Lanzi dans le chapitre consacré aux Carraches au tome V de sa *Storia pittorica* (Bassano, 1809, p. 72 et suiv.).

2. Cette anecdote est tirée des *Leçons d'histoire* de Volney (1800) qui l'avait empruntée à l'*Introduction à l'histoire du Danemarc* publiée par Paul-Henri Mallet en 1755. Plus loin, au chap. CXI, p. 312, Stendhal mentionnera l'ouvrage de Volney et le qualifiera d'« excellent ».

3. Pour écrire cette partie de l'introduction Stendhal a surtout mis à contribution l'ouvrage de l'historien anglais William Robertson, *Histoire du règne de l'empereur Charles Quint* (Amsterdam, 1771).

4. C'est après son installation à Milan en 1814 que Stendhal a dû lire l'autobiographie du statuaire et orfèvre Benvenuto Cellini (1500-1571) à laquelle il ne cessera de se référer. Il voit en Cellini le type même de l'homme de la Renaissance italienne.

5. Stendhal reviendra, en la développant, sur cette allusion énigmatique dans une note du chap. XV, p. 116-117.

6. « Mon Dieu, que c'est beau ! »

7. Cf. une note analogue dans *De l'amour*, chap. L : « Voir les mœurs des îles Açores » (*Œuvres complètes*, t. IV, p. 39).

8. Exemple typique de ces phrases dont Stendhal a parsemé son livre et qu'il appelait « paratonnerres ». Elles étaient destinées à prouver aux censeurs que l'auteur ne tenait pas de propos subversifs. Plus tard, le péril disparu, il a ainsi rétabli le texte dans l'exemplaire Doucet : « Pourquoi Louis XVI n'a-t-il pas donné la constitution de 1814 ? »

9. « La faute est aux temps, non pas aux hommes. »

10. Jean de Maynier, baron d'Oppède (1495-1558), magistrat, rendu célèbre en 1545 par l'exécution des protestants vaudois.

11. Il s'agit plutôt d'une réminiscence que d'une citation. Voltaire a écrit : « De l'esprit, de la superstition, de l'athéisme, de la mascarade, des vers, des trahisons, des dévotions, des poisons, des assassinats, quelques grands hommes, un nombre infini de scélérats habiles, et cependant malheureux : voilà ce que fut l'Italie. »

12. William Roscoe (1753-1831), historien anglais dont l'ouvrage le plus connu, et que Stendhal a mis à profit, est *La Vie et le Pontificat de Léon X* (1805).

13. Le marbre *Psyché et l'Amour* se trouvait au Louvre dans la salle du *Laocoon*. Après 1814 il avait été restitué au musée du Capitole où il avait été « emprunté ». Rappelons que sous l'Empire le Louvre avait été appelé Musée Napoléon. Se servir de cette dénomination sous la Restauration faisait ressortir les opinions politiques de l'auteur du livre.

14. Stendhal a déjà raconté les amours tragiques de Stradella et d'Hortensia dans la lettre XX de la *Vie de Haydn*. Il la reprendra au chapitre XX de la *Vie de Rossini*.

15. « Pregadi » ou « Consiglio dei Pregadi » : corps législatif et judiciaire de la République de Venise créé en 1223.

16. Angelo Bronzino (1503-1573), peintre de l'école de Florence. Plusieurs musées ont possédé des portraits plus ou moins authentiques de Bianca Capello.

17. On se demande si Stendhal ne s'est pas souvenu de cette anecdote lorsque, une vingtaine d'années plus tard, il aura recours à une scène analogue de faux accouchement destinée à faire croire à Lucien Leuwen que Mme de Chasteller lui était infidèle.

18. « Blanc-manger » : gelée faite soit avec du lait, des amandes et du sucre, soit avec de la viande blanche.

19. Fra Paolo (Pietro Sarpi dit) (1552-1623), théologien et historien, auteur d'une histoire du Concile de Trente que Stendhal aura en grande estime.

20. Jean Burchard, né à Strasbourg, mort en 1505, maître des cérémonies pontificales, auteur d'un *Diarium* où est peinte avec un réalisme cru la corruption qui régnait à la cour d'Alexandre VI Borgia. On a cherché, sans la trouver, la source des passages cités en note. Mais il ne faut pas oublier que lorsque Stendhal a écrit l'Introduction de son livre il résidait à Milan et par conséquent il avait facilement accès à des ouvrages d'un genre un peu particulier. Les deux longs passages qu'il cite sont l'un en latin, l'autre en italien, deux langues qui, suivant la tradition, bravent l'honnêteté. Dix ans plus tard, Stendhal n'oubliera pas de mentionner le *Diarium* dans le long article consacré dans les *Promenades dans*

Rome à l'histoire des papes (*Voyages en Italie*, éd. V. Del Litto, Pléiade, 1973, p. 1017).

21. « Le dernier dimanche d'octobre au soir, quinze prostituées de qualité, appelées courtisanes, dînèrent avec le duc de Valentinois dans sa chambre du palais apostolique. Après le dîner, elles dansèrent avec les domestiques et d'autres qui étaient présents, d'abord habillées, puis nues. À ce moment, on prit les candélabres de la table avec des chandelles allumées, et on jeta à terre devant les candélabres des châtaignes, que les prostituées nues ramassaient à quatre pattes en passant entre les candélabres, en la présence et sous les regards du Pape, du duc, et de sa sœur Lucrèce. Puis, pour finir, on offrit des prix, manteaux de soie, souliers, bonnets et autres objets, pour qui connaîtrait charnellement lesdites prostituées le plus grand nombre de fois : à ce moment elles furent possédées charnellement en public dans la salle selon le choix des présents, et on distribua les prix aux vainqueurs.

« Le cinquième jour des fêtes [ou "La cinquième fête" ?], le onze novembre, entra dans la ville par la porte du Parc un paysan, qui conduisait deux juments chargées de bois : quand ils furent sur la place Saint-Pierre, accoururent des stipendiés du Pape qui, après avoir coupé les harnais et jeté à terre le bois et les bâts, menèrent les juments à la petite place sise à l'intérieur du palais près de la porte de ce dernier. Alors, on lâcha hors du palais quatre coursiers libérés de leurs mors et de leurs licous, qui coururent aux juments pour se les disputer à grand bruit et grand tapage en mordant et en ruant, avant de les saillir et de s'accoupler avec elles. Et pendant ce temps, le Pape à la fenêtre de sa chambre sise au-dessus de la porte du palais, et Madame Lucrèce debout auprès de lui, voyaient ce spectacle avec de grands rires et un plaisir manifeste...

« Second dimanche de l'Avent : un homme masqué a été vu dans le Borgo répandant des mots déshonnêtes contre le duc de Valentinois. Quand le duc l'a su, il a fait saisir cet homme auquel on a coupé une main et la partie antérieure de la langue, qui fut ensuite suspendue au petit doigt de la main coupée...

« Le premier février... on refusa à Antonio da Pistoia et à son compagnon d'accéder auprès du cardinal Orsini, auquel ils apportaient tous les jours nourriture et boisson, de la part de sa mère. On disait que c'était parce que le Pape avait demandé au cardinal Orsini 2 000 ducats déposés chez lui par un de ses parents Orsini (...) ainsi qu'une grosse perle que ledit cardinal avait achetée 2 000 ducats à un certain Virginio Orsini. La mère du cardinal, ayant appris cela, pour venir en aide à son fils, paya au Pape les 2 000 ducats : la concubine du cardinal avait une perle : travestie en homme, elle se présenta pour remettre ladite perle au Pape. Ce dernier, ayant eu tout cela, permit qu'on donne à manger comme avant au cardinal qui, entre-temps, selon l'opinion populaire, avait bu une coupe disposée et préparée pour lui sur ordre du Pape. »

(Jean Burchard, dans *Corpus historicum medii aevi*, a G. Eccardo, Lipsiae, 1723.)

« Messire Cosme de Gheri de Pistoia était évêque de Fano, âgé de vingt-quatre ans, mais doté d'une telle connaissance des belles lettres grecques aussi bien que latines et toscanes, et d'une telle sainteté de mœurs que c'en était presque incroyable. Ce jeune homme s'occupait donc de son évêché où, plein de zèle et de charité, il faisait tous les jours mille bonnes œuvres, quand le seigneur Pierre-Louis Farnèse qui, enivré de sa bonne fortune, et sûr, grâce à l'indulgence de son père [Paul III], de n'être ni châtié, ni même réprimandé, parcourait les terres de l'Église en ayant de honteux commerces, par amour ou par force, avec tous les jeunes gens qu'il avait l'occasion de voir et qui lui plaisaient, partit de la ville d'Ancône pour aller à Fano, où était gouverneur un moine banni de Mirandola, qui vit encore et que, suite à la misère et à la mesquinerie de sa vie de lésine, on appelait l'évêque de la faim. Ayant appris la venue de Pierre-Louis Farnèse, et voulant lui faire sa cour, celui-ci demanda à l'évêque de venir de compagnie honorer le fils du Souverain Pontife, gonfalonier de la Sainte Église, ce qu'il fit, encore que mal volontiers... La première chose sur laquelle Pierre-Louis interrogea l'évêque, ce fut — mais en termes précis et fort obscènes, selon son habitude, car il était de très mauvaises mœurs — comment il s'amusait et se donnait du bon temps avec les belles femmes de Fano. L'évêque, qui n'était pas moins fin que sage... répondit modestement, encore qu'un peu indigné, que tel n'était pas son office, et pour sortir de ce sujet, ajouta : "Votre Excellence ferait grand bien à cette Cité qui vous appartient, qui est toute divisée en factions, si, par votre prudence et votre autorité, vous la réunissiez et la pacifiiez."

« le lendemain, Pierre-Louis Farnèse, ayant pris ses dispositions pour ce qu'il entendait faire, envoya (comme s'il voulait réconcilier les habitants de Fano) appeler d'abord le gouverneur, puis l'évêque. Le gouverneur sortit de la pièce sitôt qu'il vit arriver l'évêque, et Pierre-Louis Farnèse commença, en palpant et chiffonnant ce dernier, à vouloir faire avec lui les actes les plus déshonnêtes que l'on pourrait faire avec des femmes. Comme l'évêque, bien qu'il fût de complexion très faible, se défendait vaillamment, non seulement contre Pierre-Louis, qui étant plein de mal de Naples, tenait à peine debout, mais contre ses autres satellites qui s'ingéniaient à le tenir immobile, il le fit entraver, en rochet comme il était, par les bras, les pieds et la taille. Messire Jules de

Pié di Luco, et messire Nicolas comte de Pitigliano, qui sont peut-être encore vivants [pourraient dire] combien Pierre-Louis, que soutenaient deux hommes de chaque côté, peina, après lui avoir arraché son rochet et tous ses vêtements, pour le forcer et satisfaire sa furieuse rage... Non seulement ils lui tinrent leurs poignards sous la gorge, le menaçant sans cesse de l'égorger s'il bougeait, mais encore ils le frappèrent tantôt de la pointe et tantôt du pommeau, si bien qu'il en resta la trace. Les protestations faites à Dieu et à tous les saints par l'évêque ainsi traité de façon si infâme furent telles que ces gens mêmes qui étaient présents purent dire par la suite qu'ils s'étonnèrent que, non seulement le palais, mais toute la ville de Fano, ne fussent engloutis. Il aurait encore parlé, mais ils lui enfoncèrent de force dans la bouche et dans la gorge des chiffons qui faillirent bien l'étouffer. L'évêque, tant à la suite de la violence qu'il subit en son corps de faible complexion, qu'à celle de son indignation et de sa douleur inégalable... mourut par la suite. Ce débordement si atroce, parce que son auteur non seulement n'en avait pas honte, mais s'en vantait, se divulga en un instant partout... Seul le cardinal de Carpi, que je sache, osa dire à Rome qu'on ne pouvait lui infliger un châtiment si grand qu'il n'en méritât un plus grand encore... Les luthériens [disaient] à la honte des Papes et des papistes, que c'était là nouvelle façon de martyriser les saints ; tant et si bien que le Souverain Pontife son père, ayant appris une infamie si grave et si intolérable, montra bien, en la traitant de légèreté de jeunesse, qu'il n'y attachait guère d'importance ; et même... par une très ample bulle papale, il lui donna secrètement l'absolution... de tous les châtiments et dommages qu'il pouvait... avoir encourus, de quelque manière, ou pour quelque raison que ce fût, par un effet de l'incontinence humaine. »

(Traduction que nous devons à l'obligeance de M. Gérald Luciani.)

22. Cette signature revient à plusieurs reprises dans l'ouvrage avec les variantes : Ri. C. et Ch. Ri. Il s'agit des initiales des noms de deux journalistes Rieust et Chevalier qui s'étaient signalés par la violence de leurs attaques contre le gouvernement des Bourbons. Stendhal a recours à ce procédé pour éloigner de lui le grief de se livrer à des réflexions personnelles peu conformistes. C'est là une variante des notes « paratonnerre ».

23. Cadastre.

24. « ...plus odieux » : correction dans l'exemplaire Doucet.

25. Stendhal fait erreur : Laurent le Magnifique était le fils et non le petit-fils de Pierre.

26. « ...en arrière de l'Amérique » : correction dans l'exemplaire Doucet.

27. Aujourd'hui le Quirinal.

28. Plus d'une fois Stendhal laisse entendre qu'il aurait visité Rome lors de son premier séjour en Italie (1800-1802). En fait, son premier séjour date de 1811. À ce moment-là, son cousin Martial Daru remplissait les fonctions d'intendant des biens de la Couronne dans la Ville éternelle.

29. Personnage imaginaire et qui, en réalité, est le double de Stendhal lui-même.

30. « ...qui, dans le secret de leur cœur, songeant à la reconquérir » : correction dans l'exemplaire Doucet. Stendhal la justifie ainsi : « Inversion nécessaire pour la clarté et la majesté. »

31. Le vrai nom de cette place de Gênes n'est pas « Fontane amorose », mais « Fontane Marose ». Stendhal fera état de cette place dans les *Mémoires d'un touriste* à la date du 31 mai 1837, mais curieusement il se souviendra de l'appellation inexacte (cf. *Voyages en France*, éd. V. Del Litto, Pléiade, 1992, p. 111).

32. Stendhal renvoie à son propre livre — le premier qu'il ait publié, en 1814 —, les *Vies de Haydn, de Mozart et de Métastase*. Dans la dix-huitième lettre de la *Vie de Haydn*, il a écrit : « (...) je comparais, malgré moi, la sensibilité de chacun des spectateurs qui nous entourent à votre petite bobine recouverte de fil d'or : la bobine qui est dans l'âme de chacune des personnes qui ont pris un billet, est plus ou moins garnie de fil d'or; il faut que l'enchanteur Mozart accroche, par ses sons magiques, le bout de ce fil; alors le possesseur de la bobine commence à sentir : il sent pendant que se dévide le fil d'or qui est sur sa bobine; mais aussi il n'a le sentiment que le compositeur veut mettre en lui qu'autant de temps que dure ce fil précieux : dès que le musicien peint un degré d'émotion que le spectateur n'a jamais éprouvé, crac ! il n'y a plus de fil d'or sur la bobine, et ce spectateur-là s'ennuiera bientôt » (*Œuvres complètes*, Genève, 1970, t. 41, p. 184).

33. Raphaël Morghen (1758-1833), le plus célèbre des graveurs italiens de l'époque. Sa gravure la plus connue est celle de la *Cène* de Léonard.

34. Il s'agit d'un bas-relief représentant la création d'Ève.

35. « Peu de tout cela en Amérique » : correction dans l'exemplaire Doucet.

36. Stendhal, qui s'était établi en Italie en juillet 1814, est arrivé à Florence le 23 septembre. La ville retentissait encore des réjouissances organisées quelques jours plus tôt à l'occasion du retour dans ses États du grand-duc Ferdinand III qui avait fait son entrée solennelle le 17 septembre. C'est donc de Florence qu'il est question dans cette note. L'initiale B*** est un alibi.

37. On retrouvera cet épisode au chapitre 18 de la première partie de *Rouge et Noir* où Mme de Rênal impose à son entourage la présence de Julien Sorel au nombre des jeunes gens choisis pour former la garde d'honneur du roi lors de la visite de celui-ci à Verrières.

38. Anspach est une ville allemande, en Bavière. Stendhal a pu la traverser lors de la campagne de 1809-1810. Le millésime 1795 est un alibi. Henri Beyle avait alors douze ans.

39. Jean-Baptiste Say était un économiste et non un simple voyageur. Il a publié en 1815 une brochure intitulée *De l'Angleterre et des Anglais*.

40. La Fontaine, *Fables*, livre V, fable IV, « Les oreilles du lièvre ».

41. Lire : la *Quotidienne* et les *Débats*, deux journaux ultras.

42. Le *Mercure* était le journal de l'opposition libérale. Sur la signature « Ch. Ri. », voir ci-dessus note 22.

43. « Moi, qui n'écrivais pour aucune autre raison sinon parce que les tristes temps où je vivais m'interdisaient d'agir. » Dans sa jeunesse Stendhal a éprouvé une admiration sans bornes pour le poète italien Vittorio Alfieri (1749-1803). Le pamphlet *De la tirannide* (De la tyrannie) respirait un jacobinisme exalté.

44. « Par les sujets, l'or, la forme, la beauté des tableaux, ce temple de Marc sera la parure des églises. »

45. Les Guelfes et les Gibelins, respectivement partisans du pape et de l'empereur, se sont disputé, au Moyen Âge, la maîtrise de l'Italie.

46. Le célèbre roman de Goethe *Les Souffrances du jeune Werther* a été connu en France dès 1774. Les *Mémoires* de Sophie Wilhelmine, margrave de Bareith (ou Bayruth), sœur de Frédéric II le Grand, ont paru en français en 1810. Voir une autre mention au chap. XCIV.

47. Jean-Baptiste Séroux d'Agincourt (1730-1814), auteur d'une *Histoire de l'art par les monuments, depuis sa décadence au Vᵉ siècle jusqu'à son renouvellement au XVᵉ*, Paris, 1811-1823, 6 vol. in-fol.

48. Peut-être Stendhal veut-il faire allusion à la république des Sept-Îles, nom porté de 1800 à 1807 par les îles Ioniennes.

49. Comme on s'en doute, la plupart de ces dates ont été rectifiées par les historiens de l'art modernes.

50. Les *Lettres familières sur l'Italie* du président de Brosses ont paru en 1790. Le millésime erroné est sans doute une coquille.

51. Voir ci-dessus note 29.

52. Antonio Maria Zanetti, *Della pittura veneziana...*, paru à Venise en 1771.

53. Borgo Allegri n'est pas un hameau, mais une rue de Florence.

54. « Florence à l'intérieur de ses anciens remparts... » (*Divine Comédie, Paradis*, chant XV).

55. La *Biographie universelle* par Michaud commença à paraître en 1811. Elle a été une source importante d'information pour Stendhal.

56. Vers tiré de la pièce *Ésope à la cour* (acte III, scène 10) d'Edme Boursault (1638-1701). La citation est inexacte, dans la pièce la source dit au fleuve : « Sans moi, qui ne suis rien, tu serais encore moins. »

57. Stendhal donnera le nom de Bonivet à un personnage de son premier roman *Armance* (1827).

58. Le terme « gothique » est employé dans le sens courant à l'époque de : vieux, ancien, médiéval.

59. Stendhal n'a jamais vu ce manuscrit. Il répète ce qu'en avait dit l'historien Lorenzo Pignotti, qui avait consacré tout un chapitre aux Étrusques dans sa *Storia della Toscana* (Pise, 1815, t. I, liv. I, chap. II). Ce chapitre est également la source du passage qui suit sur vases étrusques. Malgré les guillemets et la déclaration : « je vais traduire littéralement... », Stendhal paraphrase le texte à sa guise.

60. On appelait « ancona » un tableau pliant formé de deux volets pouvant se rabattre l'un sur l'autre.

61. Antonio Maria Zanetti, l'un des premiers historiens des peintres de l'école de Venise. Cf. ci-dessus note 52.

62. En clair, la chute de l'Empire, le retour de l'île d'Elbe, la deuxième Restauration.

63. Il s'agit de la célèbre galerie du Musée des Offices de Florence.

64. Humphry Davy (1778-1829), chimiste anglais, inventeur, entre autres, de la lampe de mineurs qui porte encore son nom.

65. Lac près de Rome, dans les monts Albains. Il en sera question, une vingtaine d'années plus tard, au début de la *Vie de Henry Brulard*.

66. Voir ci-dessus note 47.

67. Stendhal fait erreur car ce Flavius Arrien qu'il mentionne a été un historien grec, et dans ce passage il n'est question que de théologie.

68. Jean-Laurent de Mosheim, théologien allemand (1697-1755).

69. Hostpur est un personnage de la tragédie de Shakespeare *Le roi Henri IV*. Ce chapitre renferme déjà la substance du credo romantique de Stendhal tel qu'il l'exposera dans ses deux pamphlets *Racine et Shakespeare* en 1823 et en 1825.

70. Jean-François Laharpe (1739-1803), auteur du *Lycée ou*

Cours de littérature paru en 1799, et Julien-Louis Geoffroy (1742-1814), feuilletoniste dramatique au *Journal des débats*. Ils étaient pour Stendhal les représentants d'une littérature surannée et figée dont il fallait se débarrasser.

71. Jean-Gaspard Lavater (1761-1801), philosophe suisse, inventeur de la « physiognomonie » ou art de connaître les hommes d'après les traits de leur visage. Stendhal renvoie à l'*Essai sur la physiognomonie destiné à faire connaître l'homme et à le faire aimer* (La Haye, 1783-1803).

72. Allusion à Jean-Jacques Rousseau.

73. « L'âge ne peut la flétrir, ni l'habitude diminuer sa variété infinie » (Shakespeare, *Antoine et Cléopâtre*, acte II, scène 2).

74. Suivant toute vraisemblance, ce vers et la pièce d'où il aurait été tiré appartiennent à Stendhal lui-même. En effet, c'est en 1816, donc en pleine réaction, qu'il a songé à donner à une comédie qu'il avait en chantier depuis plusieurs années le titre significatif de *L'Éteignoir*. Cf. une autre citation analogue au chap. CIX, p. 308.

75. Autrement dit des artistes esclaves de l'académisme : le peintre allemand Chrétien Dietrich (1712-1774) et le poète Louis Mercier Dupaty (1775-1851).

76. « ... les beaux paysages des lacs de la Lombardie » : correction dans l'exemplaire Doucet.

77. Renvoi à l'ouvrage de l'historien anglais Edward Gibbon, *Décadence et chute de l'Empire romain*, paru en 1776-1787.

78. Voir ci-dessus note 68.

79. Le général Louis-François Lejeune (1775-1848), auteur d'une série de tableaux représentant des épisodes de la vie militaire dont il avait été témoin.

80. Le tableau *Didon et Énée* de Pierre-Narcisse Guérin qui avait obtenu un grand succès au Salon de 1817.

81. Note appartenant au genre « paratonnerre », pour neutraliser ce qu'il y avait de peu conformiste dans le texte. Le principal ouvrage de Joseph Lancaster, promoteur anglais de l'enseignement mutuel, avait été traduit en français en 1815 sous le titre *Système anglais d'instruction*.

82. L'enterrement de la célèbre tragédienne Raucourt avait donné lieu le 15 janvier 1815 à une véritable émeute, le curé de Saint-Roch ayant refusé de donner l'absoute dans son église.

83. Claude-Carloman de Rulhière (1735-1791), auteur d'une *Histoire de l'anarchie de Pologne et du démembrement de cette république...*, parue en 1807.

84. C'est à Milan en 1816 que Stendhal a découvert l'*Edinburgh Review* qui est aussitôt devenue pour lui une inépuisable source d'information, surtout en matière d'esthétique.

85. Le baron Muntstuart d'Elphinstone (1779-1859), homme d'État et historien anglais, avait publié en 1815 un ouvrage intitulé *An Account of the Kingdom of Caubul and its Dependencies in Persia, Tartary and India*... Stendhal ne savait de l'auteur et du livre que ce qu'il avait lu dans le compte rendu de l'*Edinburgh Review*, n° 50, daté d'octobre 1815. Ce passage éclaire une allusion insérée dans l'Introduction : « Les Italiens du treizième siècle ont un analogue vivant : la race des Afghans dans le royaume de Caubul. »

86. Edmund Burke (1728-1797), homme politique anglais et auteur d'un ouvrage qui fit date dans l'histoire des théories esthétiques, traduit en français en 1803 sous le titre *Recherche philosophique sur l'origine de nos idées du sublime et du beau*.

87. Stendhal reviendra sur cette bulle dans une note insérée à la fin de l'ouvrage. Voir p. 502.

88. Le tableau du Guerchin est présenté comme suit dans le livret du Musée Napoléon de 1811 : « 974. — Un ange soutient le courage de saint Pierre que les bourreaux lient déjà sur la croix, instrument de son supplice. »

89. Armand Berquin (1747-1791), surnommé « l'Ami des enfants » à cause du grand nombre d'ouvrage qu'il publia pour la jeunesse.

90. Il ne s'agit pas de *Falères*, mais de *Faléries*. Allusion à l'anecdote racontée par Tite-Live et par Plutarque du maître d'école qui amena comme otages à Camille les enfants de ville de Faléries, près de Rome, et que le général romain punit en le livrant à la colère de ses élèves.

91. Le consul romain Fabricius qui, ayant résisté aux offres de Pyrrhus désireux de se l'attacher, est resté comme un exemple de désintéressement. La famille patricienne des Fabius acquit une renommée d'abnégation car des 306 membres partis pour défendre la patrie aucun ne survécut.

92. *Agar et Ismaël sauvés par un ange*, l'un des plus célèbres tableaux du Guerchin conservé au musée de Brera à Milan.

93. Lire : M. de Chateaubriand.

94. Tableau de Nicolas Poussin. « 58. — Saphire ayant détourné, de concert avec Annie son époux, une partie d'un fond de terre dont la valeur devait être apportée aux apôtres, tombe morte aux pieds de saint Pierre » (Livret du Musée Napoléon).

95. Tableau de Raphaël. « 1140. — La Vierge et l'Enfant Jésus paraissent dans les airs, environnés d'une cour céleste. Ils sont invoqués par saint Jérôme, saint Jean-Baptiste et saint François d'Assise, en faveur de Sigismond Conti, camérier et premier secrétaire du pape Jules II, donateur du tableau... » (*ibid.*).

96. Stendhal adapte plus qu'il ne cite le texte de Grimm : « (...) je

suis convaincu que ce qui a engagé les génies sublimes de l'Italie à traiter si fréquemment des sujets de mythologie était l'occasion si précieuse pour un peintre de dessiner le nu (...); les sujets de la religion vous fournissent presque toujours l'occasion d'exprimer les passions et les grands mouvements de l'âme (...). La religion chrétienne vous montre toujours l'homme, c'est-à-dire l'être auquel vous vous intéressez le plus dans quelque situation intéressante. La religion païenne vous montre des intérêts dont vous n'avez point d'idée, dans une situation tranquille... » (Grimm, *Correspondance*, Paris, 1813, t. I, p. 308). — En regard, Stendhal a consigné ces considérations dans l'exemplaire Doucet : « Qu'est-ce qui est plus touchant en peinture ? Le tableau de Régulus repartant pour Carthage, ou de Capponi déchirant le honteux traité offert par Charles VII (...), ou de Napoléon s'approchant les bras croisés de la première avant-garde à Vizille, ou les tableaux du martyre de saint Laurent, de saint François-Xavier ressuscitant l'enfant du Japonais (de Tiarini) ou des noces de Cana (de Paul Véronèse) ou de Jésus allant au supplice et succombant sous le faix de sa croix (*Spasimo*, de Raphaël) ? / Je ne crois pas que l'on puisse répondre de bonne foi à cet argument, mais si l'on espère un bon *preferment*, on peut très bien faire un gros volume bien écrit et agréable à lire, et surtout beaucoup plus savant que le présent ouvrage. / Lisez et méditez la vie du docteur Beattie publiée par son meilleur ami. »

97. Allusion à l'ouvrage de John Galt, *The Life and Administration of Cardinal Wolsey*, Londres, 1812.

98. Agnolo Ambrogini connu sous le nom de Poliziano (Politien), poète italien de la Renaissance.

99. William Paley (1743-1805), théologien anglais.

100. Allusion à l'un des épisodes les plus célèbres de la *Divine Comédie* de Dante : la rencontre du poète dans son voyage à travers l'enfer avec le comte Ugolin, condamné à périr de faim avec ses enfants et assouvissant sa faim en rongeant le crâne de celui qui l'avait condamné à ce supplice (chant XXXIII).

101. Allusion à la fresque de Santa Maria del Fiore, la cathédrale de Florence, représentant le portrait équestre du condottiere John Howkwood, connu en Italie sous le nom de Giovanni Acuto.

102. *Les Pestiférés de Jaffa*, tableau d'Antoine Gros, exposé au Salon de 1804.

103. Comme nous l'avons dit dans la présentation, cette phrase est la clé de l'ouvrage.

104. « Si quelqu'un cherchait le marbre ou mon nom, l'église est le marbre, une chapelle est mon nom : je suis mort, car la nature fut jalouse de moi, de même que l'art de mon pinceau s'identifie avec le besoin et le désir. »

105. « Si tu cherches mon monument, regarde autour de toi. »

106. Christophe Wren (1632-1723), architecte anglais.

107. « Ici repose ce Raphaël, par qui la nature craignit d'être vaincue quand il vivait, et d'être frappée à mort quand il mourut. »

108. Ce « général célèbre » est, comme on le devine, Bonaparte.

109. *La Vision d'Ézéchiel*, tableau de Raphaël, actuellement au Palais Pitti de Florence. *La Cène*, tableau du Tintoret dans l'église de San Giorgio Maggiore à Venise.

110. Stendhal reviendra dans une note du chapitre CXLVIII sur le tableau du Corrège *Léda et le cygne*. Le Livret du Musée Napoléon est on ne peut plus laconique sur ce tableau : « 900. *Jupiter et Léda*. »

111. « 1206. La recherche sévère que saint Pierre, dominicain et grand inquisiteur, faisait des hérétiques de son temps, lui suscita des ennemis qui conspirèrent sa mort. Un nommé Carin, gagné par eux, l'attend dans un bois épais, entre Côme et Milan, et l'assassine; frère Dominique, son compagnon, déjà blessé à mort, se met à fuir en invoquant le secours divin. Deux anges apportent la palme du martyre à saint Pierre qui, ne pouvant achever de prononcer le *credo*, en trace les lettres avec le doigt trempé dans son sang. Il mourut en 1252 » (Livret du Musée Napoléon).

112. On appelle « gloire » l'auréole ou cercle lumineux qui entoure la tête des saints, ou encore la représentation picturale du ciel avec des anges et des saints.

113. Stendhal écrira dans *Rome, Naples et Florence* (1826) à la date du 26 décembre : « (...) C'est à Dresde que j'ai admiré (...) le *Saint Georges*... » (*Voyages en Italie*, Pléiade, p. 390).

114. C'est sans doute à la suite d'une confusion que Stendhal a écrit : « Pinello Laurenti » au lieu de « Spinello Aretino ».

115. Méprise de Stendhal qui croit que le mot « *pieve* », signifiant paroisse, église, est un nom de lieu.

116. Stendhal a visité la galerie Manfrin à Venise le 22 juillet 1815 (*Œuvres intimes*, Pléiade, t. I, p. 938).

117. Le nom d'Andrea del Castagno (1406-vers 1480) est lié au meurtre dont il se rendit coupable d'un rival dont il était jaloux. Stendhal a pu lire dans Vasari le récit de ce meurtre.

118. « Sur tout ce qui se rapporte à l'art de peindre. »

119. « Prends une graine de lin, dessèche-la dans une poche sur le feu et sans eau. »

120. « Avec cette huile frotte du vermillon ou du cinabre sur une pièce sans eau, et frotte avec un pinceau sur des portes ou des planches auxquelles tu voudras donner la couleur rouge, et laisse sécher au soleil; ensuite frotte de nouveau et laisse sécher. »

121. « Prends les couleurs dont tu voudras user en les mélan-

geant soigneusement avec de l'huile de lin sans eau, et fais des mélanges de visages et de vêtements comme tu le ferais sur l'eau, et tu diversifieras les animaux, les oiseaux ou les feuilles des arbres avec leurs couleurs à mesure qu'ils se détacheront avec leurs couleurs. »

122. « Ce qui dans les images demande du temps et est très fatigant. »

123. Stendhal semble se référer à l'ouvrage de Louis Dutens, *Recherches sur l'origine des découvertes attribuées aux modernes*, paru en 1766.

124. « (...) pourrait-il en effet y avoir un terme à l'amour ? » (Virgile, *Bucoliques*, II, 68).

125. « Oh ! faiblesse de l'homme. Oh ! notre nature mortelle ! »

126. « Où m'entraînez-vous, moi qui suis déjà las d'énumérer ? » (*La Jérusalem délivrée*, chant I, strophe 56). Le poète semble se plaindre de devoir annoncer dès le début de son poème les personnages dont il racontera plus loin les aventures.

127. Allusion à l'ordonnance par laquelle le grand-duc de Toscane Léopold II (1747-1797) avait défendu, au nom des bonnes mœurs, de jouer des pièces relevant de la « commedia dell'arte ». Cette interdiction sera rappelée dans *Rome, Naples et Florence en 1817*. (*Voyages en Italie*, Pléiade, p. 77 et note p. 1380).

128. Il est évident qu'il ne faut pas prendre au pied de la lettre cette assertion. Henri Beyle, né en 1783, s'approprie un passage de Lanzi.

129. Allusion à l'un des tableaux les plus connus du baron Gérard (1770-1837), *L'Amour embrassant Psyché*, conservé au Louvre.

130. Cette note, dont la présence s'explique mal, est, en fait, un ajout lorsque le texte était entièrement rédigé. Stendhal s'est inspiré d'un compte rendu paru dans l'*Edinburgh Review*, juillet 1812, du livre de Thomas M'Crie, *The Life of John Knox*, publié en 1811.

131. Ces pages renferment un *Extrait raisonné de la Logique, servant de table analytique*. La *logique*, troisième partie des *Éléments d'idéologie*, avait paru en 1805. On sait que Stendhal considérait ce livre de Destutt de Tracy comme sa Bible.

132. Réminiscence de La Fontaine : « Rien ne manque à Vénus, ni les lis ni les roses / (...) Ni la grâce, plus belle encor que la beauté » (*Adonis*, vers 75-76).

133. « Quelque chose de plaintif et de doux se dégageait d'elle. » Probablement réminiscence de *La Jérusalem délivrée* (chant XII, str. 66).

134. L'allégorie de ce chapitre est une sorte de pendant à celle du chap. LXVIII et à celle du début du chap. XCI.

135. Charles Pinot Duclos (1704-vers 1772), auteur d'un *Voyage en Italie*, de *Considérations sur les mœurs* et de plusieurs petits romans. Pour Stendhal, il était le représentant typique du Français, spirituel, mais dépourvu de sensibilité.

136. « Cet hôte d'été, le martinet ami des temples, montre, en faisant là son nid aimé, que l'haleine du ciel y souffle amoureusement... Là où il habite et se multiplie, j'ai observé que l'air est pur... » Dès le début de 1805, Stendhal a considéré ce passage de *Macbeth* comme « un des traits les plus divins de ce grand homme » (*Œuvres intimes*, Pléiade, t. I, p. 200).

137. Julie de Lespinasse (1731-1776), connue comme épistolière et « âme sensible », opposée au simple versificateur qu'a été Charles-Pierre Colardeau (1732-1776).

138. Le *Canzoniere* du poète italien Francesco Petrarca (1304-1374), à l'origine du mouvement poétique nommé le pétrarquisme.

139. Cette formule destinée à devenir célèbre figure sans doute ici pour la première fois : écrire pour le petit nombre de lecteurs qui appartiennent à la même famille mentale et sensible de l'auteur.

140. Allusion assez cryptique à la vie assez dissipée que mena le futur chef vendéen pendant son émigration à Coblentz en 1796.

141. Stendhal s'amuse à donner un tour personnel à la réalité : ainsi il n'a pas pratiqué les historiens « originaux » et n'a pas non plus parcouru en calèche l'Europe. Mais qu'on ne s'y trompe pas : il ne s'agit pas là de vrais mensonges.

142. « 1134. — L'Assomption de la Vierge. Les grandes occupations de Raphaël ne lui laissèrent point le temps de faire ce tableau qui lui avait été demandé par les religieuses clarisses de Monte Luce, près Pérouse. Il a été terminé après sa mort par ses héritiers Jules Romain et Jean-François Penni, dit il Fattore » (Livret du Musée Napoléon). Le chiffre 1124 au lieu de 1134 est une coquille de l'édition originale.

143. « 965. — Près d'un jeune homme coiffé d'une toque noire surmontée d'une panache blanche, un religieux bénédictin touche du clavecin, et se tourne vers un chanoine régulier qui tient un violoncelle » (Livret du Musée Napoléon).

144. Stendhal a lu dès janvier 1805 *Werther* dans la traduction de J.-L. de Sevelinges qui venait de paraître.

145. Réflexion dictée à l'auteur par son expérience : c'est pour échapper au marasme provoqué par la chute de l'Empire qu'il s'est jeté dans le travail.

146. Tout porte à croire que la lacune est volontaire. Plus tard Stendhal la complétera dans la marge de l'exemplaire Tourneux : « ... le sujet, ou ridicule, ou révoltant, il aimera... »

147. La page 57 (du tome 1) correspond à la page 112 de la présente édition, où figure une citation de Lavater.

148. Vraisemblablement le bas-relief du piédestal de la statue du condottiere Jean des Bandes Noires par Baccio Bandinelli.

149. « 1154. — Salviati (Francesco Rossi de'), né en 1510, mort en 1565. École florentine. / Jésus dit à Thomas, devant les disciples assemblés : Portez ici votre doigt ; approchez aussi votre main, et la mettez dans mon côté, et ne soyez pas incrédule, mais fidèle » (Livret du Musée Napoléon).

150. « La terre douce, gaie et plaisante produit des habitants qui lui ressemblent. »

151. Sans doute allusion au portrait de Madame B*** par Paulin Guérin exposé au Salon de 1817.

152. « Je hais le vulgaire profane » (Horace, *Odes*, III, I). C'est là une autre version de la devise stendhalienne : « *To the happy few.* »

153. Voyage imaginaire.

154. Stendhal n'a pas songé à placer ici le nom du graveur qu'il avait oublié en rédigeant.

155. La Fontaine, *Fables*, livre X, fable XIII, « Les deux aventuriers et le talisman ».

156. « 1024. — Portrait de Mona [*sic*] Lisa, célèbre par sa beauté, et femme de Francesco del Giocondo, gentilhomme florentin. François Ier acheta ce tableau 4 000 écus d'or, somme dont la valeur surpasserait aujourd'hui celle de 45 000 fr » (Livret du Musée Napoléon). La même information sera répétée p. 207.

157. Comme le nom « Mamerca » ne correspond à rien, Paul Arbelet a supposé que Stendhal entendait parler d'un buste de Julia Mamea, dont, dit-il, « les effigies sont assez communes et se retrouvent, encore aujourd'hui en plusieurs exemplaires, au Louvre et Vatican ». On retrouve la même allusion au chap. CXVI.

158. Stendhal fait référence ici à la nouvelle édition du livret publié en 1815 où il porte le n° 933, tandis que jusqu'alors il était classé sous le n° 1028. Quoi qu'il en soit, le libellé du texte est resté le même : « L'Enfant Jésus, assis et soutenu par un ange, donne sa bénédiction au jeune précurseur que la Vierge présente à son fils. »

159. Il est piquant de remarquer que Stendhal, peu de temps après avoir écrit ces lignes, comparera à l'Hérodiade de Léonard les traits de Matilde Dembowski qu'il aimera d'amour-passion.

160. Renvoi aux *Lettres familières sur l'Italie* du président de Brosses déjà citées au chapitre VI. Ici, Stendhal s'applique à personnaliser le texte.

161. Cette réflexion étant peu conformiste, Stendhal en attribue la paternité à un être imaginaire.

162. Le Livret du Musée Napoléon est très laconique sur ce tableau : « 1025. — Portrait d'une femme inconnue. »

163. « Ayant, Monseigneur très illustre, vu et considéré désormais à suffisance les preuves de tous ceux que l'on répute maîtres et fabricants d'instruments de guerre, et que les inventions et opérations desdits instruments ne sont en rien étrangères à l'utilité commune, je m'efforcerai, sans manquer à quiconque, de me faire entendre de Votre Excellence, en lui ouvrant mes secrets, et, après, de les offrir à son plaisir en temps opportun, et j'espère avec efficacité, concernant toutes les choses qui sont notées brièvement ci-dessous.

« I. J'ai le moyen de faire des ponts très légers, tels qu'il est très facile de les transporter et, avec eux, de suivre et quelquefois de fuir l'ennemi; et d'autres, sûrs et que ne peuvent endommager le feu ni la bataille; faciles et commodes à lever et à poser. Et des moyens de brûler et de démolir ceux de l'ennemi.

« II. Je sais, dans le siège d'une terre, écarter l'eau des fossés et faire des passerelles à échelons et autres instruments convenant à ladite expédition.

« III. De même, si à cause de la hauteur des remparts et de la force du site et de la position, on ne pouvait, dans le siège d'une terre, utiliser le service des bombardes, j'ai le moyen de faire s'écrouler tout rocher ou toute autre forteresse non établie sur le roc.

« IV. J'ai encore la manière de faire des bombardes très commodes et faciles à porter, et avec elles de lancer des éléments de tempête, et en causant, avec la fumée de cette tempête grande épouvante à l'ennemi, avec grand dommage et confusion.

« V. De même, j'ai le moyen, avec des excavations et des cheminements que l'on fait étroits et en zigzag, d'arriver sans aucun bruit à un point défini, faudrait-il passer sous des fossés ou sous une rivière.

« VI. De même, je fais des chars couverts, sûrs, et qui ne peuvent être endommagés, lesquels entrant à l'intérieur des lignes ennemies avec leur artillerie, il n'est si grande multitude de gens d'armes qu'ils ne brisent; et derrière eux pourra suivre l'infanterie, parfaitement à l'abri et sans aucun obstacle.

« VII. De même, en cas de besoin, je ferai des bombardes, des mortiers et des passe-volants de très belles et utiles formes, hors de l'usage commun.

« VIII. Là où fait défaut l'action des bombardes, je fabriquerai des machines, des mangonneaux, des trébuchets et autres instruments d'admirable efficacité et hors de l'usage commun; et, en somme, selon la diversité des cas, je fabriquerai diverses choses propres à l'attaque, en nombre infini.

« IX. Et s'il se trouve que l'on est sur la mer, j'ai les moyens de nombreux instruments très efficaces pour l'attaque et pour la défense, et des bateaux qui résisteront au tir de toute grosse bombarde et des poudres et des fumées.

« X. En temps de paix, j'ai les moyens de supporter le mieux du monde la comparaison avec tout autre en architecture, en composition d'édifices tant publics que privés ; et pour conduire l'eau d'un endroit à un autre.

« De même, je conduirai un ouvrage en sculpture, de marbre, de bronze et de terre ; semblablement en peinture, ce qui peut se faire en comparaison de tout autre et de qui le veut.

« On pourra encore travailler au cheval de bronze qui sera gloire immortelle et éternel honneur de l'heureuse mémoire de Monseigneur votre père et de la noble maison Sforza.

« Et si certaines des choses dites ci-dessus paraissent impossibles et infaisables, je me tiens prêt à en faire l'expérience dans votre parc ou en tel lieu qu'il plaira à Votre Excellence, à laquelle je me recommande le plus humblement, etc. »

164. « ... au public. Il aurait... » : correction dans l'exemplaire Doucet.

165. Ici comme ailleurs, le « Je » appartient au procédé de la mise en scène, souci constant de Stendhal.

166. « Francia (Francesco Raibolini), mort en 1535. École bolonaise. — 944. — Joseph d'Arimathie, saint Jean et les trois Maries, pleurant Jésus descendu de la croix et posé sur les genoux de sa mère » (Livret du Musée Napoléon).

167. On est frappé par la dimension dramatique que Stendhal donne à cet épisode.

168. « Maintenant s'efface à nos yeux le paysage faiblement éclairé. » Vers tiré de l'élégie sur un cimetière de campagne de Thomas Gray (1716-1771).

169. L'ouvrage de Giuseppe Bossi, *Del Cenacolo di Lionardo da Vinci libri IV*, a paru en 1810 et non en 1812, comme le dit Stendhal.

170. « Ils élèvent notre esprit de la terre vers le ciel » (*Canzoniere*, sonnet X).

171. « ...le livre de comptes... » : correction dans l'exemplaire Chaper.

172. « ...le style vague, l'abondance de synonymes qui étouffent cette langue, ont jeté... » : addition dans l'exemplaire Chaper.

173. La source de cette citation (?) n'a pas été découverte.

174. Giambattista Cinzio Giraldi (1504-1573), conteur de la Renaissance italienne.

175. Andrea Appiani (1754-1817), le peintre le plus réputé de Milan sous le premier Empire.

176. *Napoléon* : correction dans l'exemplaire Doucet.

177. Gian Paolo Lomazzo (1538-1600), peintre contemporain de Léonard.

178. Angelica Kauffmann (1741-1807), peintre suisse.

179. Matteo Bandello (1485-1561), conteur italien de la Renaissance, nommé évêque d'Agen où il mourut. À l'époque où il écrit, Stendhal n'avait pas encore lu ses nouvelles ; il cite ce passage d'après le livre de Bossi.

180. Allusion aux fresques du Dominiquin existant dans la chapelle de Saint-Nil du couvent de Grotta Ferrata, localité proche de Rome.

181. Référence sans doute à l'un des deux tableaux du Pérugin conservés au Louvre et représentant l'Ascension (n°s 1097 et 1098 du Livret).

182. Vraisemblablement le peintre Jean-Nicolas Cochin, dit Cochin II (1715-1790).

183. La graphie légitimiste « Buonaparte » ne doit pas surprendre. L'auteur du livre consent à faire quelques concessions au régime au pouvoir.

184. En fait, Stendhal ignorait ce nom, mais il trouve piquant de dissimuler ainsi son ignorance.

185. « ...ce ne fut que longtemps plus tard que la ville » : correction dans l'exemplaire Doucet.

186. Le prince Eugène de Beauharnais (1781-1824), beau-frère de Napoléon. Stendhal ne manque pas l'occasion de glisser que le régime napoléonien taxé de despotisme avait entrepris de grands travaux d'embellissement.

187. Autrement dit le poète Ugo Foscolo (1778-1827), auteur de la tragédie *Ajace* représentée le 9 décembre 1811, et dont l'insuccès obligea l'auteur à s'expatrier.

188. Reprise de la fiction de ce « sir W. E. » qu'on a rencontré dès l'introduction du livre.

189. On ne sait pas pourquoi Stendhal a choisi de mettre cette date en exergue de ce chapitre. D'habitude ces balises obéissent au désir toujours présent chez lui de confier à l'écrit le souvenir des principaux moments de sa vie.

190. Rappel de la mésaventure dont Stendhal avait été victime lui-même lors de son voyage en Italie de 1811. Le comte de Norvins, directeur de la police à Rome, n'avait pas omis de signaler au ministre de l'Intérieur la présence dans la Ville éternelle de l'auditeur au Conseil d'État Henri Beyle, présence que rien ne justifiait. En ce qui concerne l'ambassadeur A***, on ne sait de qui il est question.

191. Autrement dit, Henri Beyle lui-même. Dans une lettre à son

ami Louis Crozet du 2 octobre 1816, Stendhal raconte qu'il s'était donné la peine d'aller voir la copie de la *Cène* conservée à Castellazzo au prix de « trois heures » de marche.

192. Il s'agit de toute évidence de *Judas* et non de *Jésus*. La méprise est passé inaperçue.

193. François-Joseph Dussault (1769-1824), Charles Nodier (1780-1844), Aimé Martin (1786-1847), trois littérateurs dont les articles se signalaient par leur conformisme.

194. « Jésus institue le sacrement de l'eucharistie » (Livret du Musée Napoléon).

195. Stendhal ne s'est pas donné la peine de chercher la traduction de ces termes techniques : *bindelli* (galons), *magliette* (agrafes), *punta* (broderie en pointe).

196. « En Suisse, croyez-moi, il y a beaucoup moins de liberté qu'on ne l'imagine. Je vous donne ma parole que peu de pays font voir plus de despotisme que Z***. Le gouvernement de ce canton est inique à un degré incroyable. L'aristocratie de Z*** provoqua mon indignation au moment où j'y résidai. Je ne parle pas de la forme que quelques-uns ont relevée, mais de faits qui se sont passés sous mes propres yeux. » L'ouvrage de John Tweddel, *Remains of the Late John Tweddel*, a paru à Londres en 1815. — Les initiales Z*** et B*** désignent respectivement Zurich et Berne. — La mention « L. Grey's speech » demeure énigmatique.

197. « La nuit que mourut Pierre Soderini, son âme se présenta à l'entrée de l'Enfer, et Pluton lui cria : Âme stupide, que cherches-tu dans l'Enfer ? Va-t'en au Limbe des enfants. » Épigramme contre Pietro Soderini, gonfalonier de la République de Florence qui, en dépit des conseils de Machiavel, fut incapable de défendre la ville contre les troupes de Jules II et préféra s'exiler.

198. Dans le Livret du Musée Napoléon, ce numéro désigne un tableau de Bernardino Fassolo : « La Vierge assise avec l'Enfant Jésus sur ses genoux. »

199. Il a été question de ce portrait à la note 156.

200. Épisode du poème de l'Arioste, *Roland furieux*.

201. Pour Stendhal, Mme de Staël, qui s'exprimait habituellement avec emphase, s'oppose à Virgile, poète remarquable par la simplicité et le naturel.

202. Le titre exact de l'ouvrage auquel Stendhal se réfère est *Felsina pittrice*, de Cesare Malvasia, paru à Bologne en 1678.

203. La Fontaine, *Psyché*, chant II.

204. Francesco Melzi d'Eril, duc de Lodi (1753-1816), vice-président de la République Cisalpine, chancelier du Royaume d'Italie.

205. Mesure ancienne égale à la longueur d'une main depuis le poignet jusqu'à l'extrémité des doigts.

206. En italien Agnadello, localité dans la province de Milan.

207. Jean Joachim Winckelmann (1717-1768), archéologue allemand, historien de l'art néoclassique dont Henri Beyle s'est sans doute souvenu quand il a choisi, en 1817, le pseudonyme de Stendhal, nom de la ville natale de Winckelmann (en allemand : Stendal).

208. Ce tableau représente *L'Adoration des Mages*.

209. « 1033. — Luini (Bernardino) (...) La Vierge assise sur les genoux de Sainte Anne, tient dans ses bras l'Enfant Jésus qui donne sa bénédiction au jeune saint Jean, placé près de saint Pierre » (Livret du Musée Napoléon).

210. Philippe Pinel (1745-1826), médecin aliéniste, auteur du *Traité médico-philosophique sur l'aliénation mentale ou la Manie*, paru en 1796. Pierre-Jean-Georges Cabanis (1757-1808), auteur du *Traité du physique et du moral de l'homme* (1802).

211. La référence au livre de Crichton est empruntée au traité de Pinel.

212. George Zimmermann, auteur d'un *Traité de l'expérience en général et en particulier dans l'art de guérir*, dont la traduction française a paru en 1800, 3 volumes.

213. Comme Stendhal l'indique en note, le docteur Primrose est le protagoniste du roman d'Oliver Goldsmith, *Le Vicaire de Wakefield* (1766).

214. La toile de Fleury Richard fut exposée au Salon de 1802, et non de 1812.

215. « ... où un enfant nu sort de la bouche d'un serpent ». La mémoire trahit Stendhal : ce n'est pas une citation de l'Arioste, mais du poème du Tasse, *La Jérusalem délivrée*, chant Ier, str. 55 : le poète décrit le bouclier d'Othon, l'un des héros du poème.

216. Passage tiré du traité de Pinel sur la *Manie* (p. XXVIII).

217. Nom du principal et plus ancien hospice d'aliénés de Londres.

218. Texte emprunté non pas à Bacon, mais au livre de J.-B. Venturi, *Essai sur les ouvrages physico-mathématiques de Léonard de Vinci*, publié à Paris en 1797.

219. Le père Gabriel Daniel (1649-1728), le cardinal Claude Fleury (1640-1723), le père Pierre Joseph Dorléans (ou d'Orléans) (1641-1698), respectivement auteurs d'une *Histoire de France depuis l'établissement de la monarchie dans les Gaules* (1696), d'une *Histoire ecclésiastique* (1690), d'une *Histoire des révolutions d'Angleterre* (1693).

220. Il faut suivre la suggestion de Paul Arbelet pour qui « Levrault » est une méprise pour « Laurent ».

221. Mot oublié lors de l'impression du livre. Stendhal a négligé de réparer cette omission.

222. « Ses caprices furent si nombreux que raisonnant sur les choses naturelles, il s'appliqua à comprendre les propriétés des herbes, et à la suite observant le mouvement du ciel, le cours de la lune et la marche du soleil. Cela lui donna une conception tellement hérétique qu'il ne faisait sienne aucune religion, pensant qu'il valait mieux être philosophe que chrétien. »

223. Ville antique au sud de Naples, célèbre surtout par son temple de Neptune resté à peu près intact. À l'époque où il écrit son livre, Stendhal n'y était jamais allé.

224. Le nom de ce papillon ne figure dans aucune encyclopédie.

225. Stendhal voulait sans doute écrire : « *Stehen Sie ruhig, Herr Major!* » Ce qu'il a imprimé, et non corrigé, donne un aperçu de la faiblesse de ses connaissances en allemand. On a retrouvé cette anecdote dans le journal du docteur Berdot, *Un voyage à la cour de Prusse en 1775.* Mais ce texte n'a été publié qu'en 1903. La source reste donc encore à découvrir.

226. Stendhal a ajouté la précision : « à Sagan » dans la marge de l'exemplaire Doucet. Comme il se trouvait réellement à Sagan à la date indiquée, il faut en déduire que la date et le lieu étaient attachés à un souvenir précis.

227. « Qui es-tu donc qui du haut de chaire prétends juger ce qui est loin mille fois mille avec une vue aussi courte que la longueur de ta main ? » (*Paradis*, chant XIX, v. 39-81).

228. La prise de position pour ainsi dire libérale énoncée en cette page — ce qui prime est le goût individuel et non un ensemble de préceptes qu'il faut respecter — sera suivie d'une autre beaucoup plus restrictive : l'homme du XIXe siècle doit choisir entre l'ancien et le moderne, entre Racine et Shakespeare. D'où le titre des deux pamphlets romantiques publiés en 1823 et 1825, *Racine et Shakespeare.*

229. « ... venait dire à cet homme » : correction dans l'exemplaire Doucet.

230. *Mustapha et Zéangir*, tragédie de Chamfort (1776). *Essai sur l'homme*, traité de Pope (1733-1734). *Hudibras*, poème de Butler (1663).

231. Les noms qui n'ont pas été imprimés en entier sont ceux de Chateaubriand et de Schlegel. Stendhal lancera une attaque en règle contre ce dernier au chapitre XCVI.

232. *Fables*, livre VII, fable XVII. Le texte exact est : « Quand l'eau courbe un bâton, ma raison le redresse. »

233. Asymptote : « Ligne droite qui, prolongée indéfiniment, s'approche d'une courbe sans jamais la toucher » (Robert). Une des rares fois où Stendhal se souvient des cours de géométrie qu'il avait suivis à l'École centrale de Grenoble.

234. Ici se termine le texte du premier volume de l'édition originale. Il est suivi de la « Table du premier volume » et d'un « Appendice » que nous rejetons dans les annexes, p. 489.

235. « Ce qui suit est entièrement inventé par Dominique [Stendhal] en 1812. Perdu en Russie, et refait en trois jours à 1000 [Milan]. » Note sur le manuscrit Chaper.

236. Christian Gottlob Heyne (1729-1812), philologue allemand. Il sera l'objet d'une nouvelle mention au chapitre CXIII.

237. Dans la table de l'édition originale ce titre se présente sous une forme plus explicite : « Philosophie des Grecs qui ne sentaient pas que tout est *relatif* » (ce dernier mot est imprimé en italique).

238. L'allégorie est à rapprocher de celle du chapitre XXXIII. Quant à l'attribution à Voltaire suggérée dans la note, elle n'a qu'une valeur de « couverture », l'auteur ne voulant pas assumer la responsabilité d'une image aussi hardie.

239. La descente dans la mine du Harz a été évoquée par Stendhal dans la lettre à sa sœur Pauline datée du 26 mai 1808 (*Correspondance*, t. I, p. 480-483). L'image esquissée dans cette page sera reprise et affinée dans le chapitre de *De l'amour* sur la cristallisation.

240. Paul Arbelet a supposé que Stendhal entend parler de la rivière Wabash (Ohio).

241. Vers de *La Thébaïde* de Stace : « *primus in orbe deos fecit timor* » (la peur a créé d'abord les dieux sur la terre).

242. Mathieu-Antoine Bouchaud (1719-1804), jurisconsulte et économiste, auteur d'un *Commentaire sur la loi des Douze Tables* (1787).

243. Jean Frédéric Blumenbach (1752-1841), médecin et naturaliste allemand, auteur du traité *De generis humani varietate nativa*, paru en 1787, traduit en français sous le titre *De l'unité du genre humain* en 1804 par Frédéric Chardel.

244. Corneille, *Horaces*, acte II, scène 3.

245. Racine, *Phèdre*, acte V, scène 1.

246. Renvoi au livre de Jean-Marie Roland de La Platière, le mari de Mme Roland, si admirée par Stendhal, *Lettres écrites de Suisse, d'Italie, de Sicile et de Malthe*, publié en 1780.

247. *Les Mystères d'Udolphe*, un des plus célèbres romans « noirs » (1794) de la romancière anglaise Ann Radcliffe (1764-1823).

248. Réminiscence des théories de Lavater qui s'était efforcé d'établir un lien entre les traits du visage et le caractère de l'homme. Stendhal avait lu avec intérêt dans sa jeunesse son *Essai sur la physionomie destiné à faire connaître l'homme et à le faire aimer*. Voir V. Del Litto, « Stendhal adepte de la physiognomonie », *Stendhal Club*, n° 109, 15 octobre 1965.

249. Ville située à l'extrémité de la botte italienne. Stendhal n'a jamais eu l'occasion de s'y rendre.

250. Allusion à l'épisode le plus émouvant de *La Jérusalem déli-vrée* du Tasse que Stendhal a déjà évoqué au chap. XXXII : Tan-crède blessant à mort Clorinde qu'il aimait bien qu'elle fût païenne, et qu'il n'avait pas reconnue sous son armure.

251. L'architecte et sculpteur connu sous le nom du Bernin (1598-1680), l'artiste le plus célèbre de l'âge baroque, est appelé ici « hérésiarque » parce qu'il s'était écarté des canons traditionnels.

252. Paul Arbelet a fait remarquer que Stendhal ne parle que par ouï-dire de ce tableau qui se trouvait alors à la préfecture de l'Eure.

253. « Mais à l'heure où le soleil détache les chevaux de son char et se plonge au sein de la mer, elle [Herminie] parvint aux flots du beau Jourdain » (*La Jérusalem délivrée*, chant VII, str. 3).

254. Pour Stendhal le philosophe Kant est le représentant honni de l'école allemande qui se signale par l'obscurité et le vague de ses théories.

255. Jeu de cartes où celui qui fait le moins de levées et de points gagne la partie.

256. Nom fantaisiste. Stendhal pensait probablement à Schel-ling (1775-1814).

257. L'helléniste Étienne Clavier (1762-1817), traducteur de la *Description de la Grèce*, principal ouvrage de l'historien Pausanias.

258. Nom donné à l'*Apollon Sauroctone*, dont des répliques exis-taient au Louvre et aux Offices de Florence.

259. « 1014. — Saint-Joseph, la Vierge, l'Enfant Jésus et saint Jean-Baptiste. — 1015. — La Vierge, Jésus et saint Jean. — 1016. — La Vierge, saint Joseph et Jésus » (Livret du Musée Napoléon).

260. Stendhal a mentionné au chap. LXVI le prétendu séjour qu'il aurait fait à Paestum.

261. Vers empruntés au conte de Voltaire *Thélème et Macare*.

262. Allusion au tableau de David *Léonidas aux Thermopyles* (1814).

263. En fait, Musard. Personnage de la comédie de Picard, *Mon-sieur Musard* (1803), qui met en scène un bourgeois curieux qui s'amuse à regarder et à juger les passants.

264. William Herschel (1738-1822), astronome anglais qui introduisit des perfectionnements dans la construction des téle-scopes.

265. De toute évidence, souvenir personnel. La lune était pleine le 26 décembre 1814.

266. Réminiscence du livre de Maine de Biran, *Influence de l'habitude* (1802).

267. Vers tirés de la satire de Voltaire *Les Systèmes*. Une autre citation figure au chap. XCVIII.

268. John Hunter (1728-1794), chirurgien et biologiste anglais. Jean Frédéric Blumenbach, voir ci-dessus note 243. L'ouvrage auquel il est fait allusion dans cette note a paru à Paris en 1804.

269. Ouvrage précédemment cité dans une note du chap. V. On se demande si Stendhal a bien copié cette citation grecque.

270. Plutarque raconte dans la Vie de Brutus qu'un ancêtre de ce dernier, nommé Servilius Ahala, avait assassiné Spurius Maelius, le considérant comme un tyran.

271. Potosi est le nom d'une région du Mexique.

272. Jacques-Antoine-Marie de Cazalès (1758-1805), homme politique. Joseph Mounier (1758-1806), né à Grenoble, avocat et homme politique. Théophile Bordeau (1722-1776), physiologiste. Charles Pinot, dit Duclos (1704-1772), romancier, historien.

273. Le baron Frédéric-Charles de Strombeck (1771-1848), avec qui Stendhal se lia pendant son séjour à Brunswick en 1808.

274. Kari ou cari : poudre composée de plusieurs épices ; plat de volaille préparé avec cette épice.

275. Dans ce chapitre et les suivants Stendhal résume librement le traité de Cabanis *Rapports du physique et du moral de l'homme*, paru en 1802.

276. Le *Voyage en Égypte et en Syrie* de Volney avait été publié en 1787.

277. Stendhal aurait aimé enrichir son livre de gravures qui auraient été réalisées pour l'occasion par le peintre et graveur Landon. Il s'en était ouvert à son ami Louis Crozet : « Propose à M. Landon de faire graver au trait les quatre profils des tempéraments dans Lavater... » (*Correspondance*, lettre du 16 juin 1816, t. I, p. 813).

278. « Carrache (Louis) (...), 876. — La Vierge tient de la main gauche l'Enfant Jésus, et de la droite un livre » (Livret du Musée Napoléon).

279. Le 6 juin 1812 Stendhal n'était pas en Russie, mais à Paris. Il ne peut pas s'agir d'une erreur involontaire.

280. « Je vois le bien, je l'aime, et je fais le mal « (Ovide, *Métamorphoses*, VII, 21).

281. Ahriman ou Ahrimane est dans la religion de Zoroastre l'ennemi d'Ormuzd, l'un représentant le principe du mal et des ténèbres, l'autre le principe du bien et de la lumière. — Les *Éléments d'idéologie* de Destutt de Tracy ont paru en 1804. Stendhal a aussitôt fait siennes les théories qui y étaient exposées.

282. La *Théorie analytique des probabilités* de l'astronome Laplace a paru entre 1812 et 1820.

283. Allusion sans doute au général autrichien Joseph Marie Léopold Daun (1705-1766).

284. « Je m'approche d'une œuvre difficile. »

285. Le comte Chesterfield (1694-1773), homme d'État anglais, très connu par son esprit. Louis Jules Mancini Mazarini, duc de Nivernois (1716-1798), diplomate et homme de lettres. Sa *Correspondance* sera mentionnée dans une note du chap. CXI.

286. Autrement dit, un siècle plus tard.

287. Stendhal n'avait pas encore renoncé au projet ambitieux de publier la suite de son livre.

288. Général grec, le dernier héros de la liberté hellénique. Fait prisonnier, il périt empoisonné. Stendhal a pu se souvenir de sa statue par David d'Angers au Louvre.

289. Auteur d'un *Voyage en Hollande et sur la frontière occidentale de l'Allemagne...* Le même ouvrage est cité dans une note de 1814 (*Œuvres intimes*, Pléiade, t. I, p. 926).

290. *Mémoires de la Grande-Bretagne et de l'Irlande...* par John Dalrymple, traduit par J.-L. Blavet, Londres, 1775-1776.

291. Tous les noms qui sont cités dans ces notes sont empruntés à Lavater.

292. À cette époque (1816) on ne connaissait l'existence de l'autobiographie de Goethe que par un compte rendu paru dans l'*Edinburgh Review*, n° 52, de juin 1816. D'où le millésime qui figure ici. En fait, l'autobiographie en question avait été publiée en Allemagne de 1811 à 1814.

293. Quartier de Moscou où résidaient habituellement les étrangers.

294. En fait, Gjatsk, localité située entre Moscou et Smolensk.

295. Le journal apprend, à la date du 4 février 1813, que Stendhal avait consigné des notes sur les marges d'un volume, au titre non précisé, du comte de Chesterfield, « pillé par moi, ajoute-t-il, à la maison de campagne de Rostopchine » (*Œuvres intimes*, Pléiade, t. II, p. 835).

296. Le tableau de Girodet, *S.M. l'Empereur recevant les clefs de Vienne*, avait été exposé au Salon de 1805. Il a été transporté depuis au Musée de Versailles.

297. Auguste-Guillaume Iffland (1759-1814), auteur dramatique allemand.

298. Cette diatribe contre le critique allemand Wilhelm Schlegel, dont la traduction du *Cours de littérature dramatique* a paru en 1814, a été inspirée par un article de l'*Edinburgh Review*.

299. Les *Mémoires de Frédérique Sophie Wilhelmine de Prusse, margrave de Bareith*, dont une deuxième édition a été publiée en 1811.

300. Vers de la comédie de Regnard, *Les Ménechmes ou le joueur*, acte III, scène 11. Stendhal le mettra en épigraphe du deuxième chapitre de son pamphlet *Racine et Shakespeare* (1823).

301. « As-tu entendu ? — J'ai entendu. — As-tu vu ? — J'ai vu. — Ô rage ! Donc le soupçon... — Est désormais une certitude. — Et Philippe a-t-il été puni ? — Tu penses... — J'ai pensé. Suis-moi. »

302. Le mot « spinteries » est très vraisemblablement une réminiscence de la page où le président de Brosses avait écrit : « J'avais encore plus d'envie d'aller dans l'île de Caprée visiter les mânes de feu Tibère et exécuter quelques spinteries avec la Buratti... » (*Lettres familières*, II, 177). Il reste à savoir si le spirituel magistrat dijonnais connaissait le sens du mot et si Stendhal, à son tour, s'en est servi en toute innocence...

303. Voici le texte de Saint-Simon auquel Stendhal se réfère : « Il [le président de Harlay] se tenait et marchait un peu courbé, avec un faux air plus humble que modeste, et rasait toujours les murailles pour se faire faire place avec plus de bruit, et n'avancer qu'à force de révérences respectueuses et comme honteuses à droite et à gauche » (Édition de grands écrivains, t. II, p. 55).

304. « ... dans une lettre qu'il laissa sur son bureau » : correction sur l'exemplaire Doucet.

305. Reprise d'une anecdote que Stendhal avait consignée en 1811 dans une analyse des tempéraments à laquelle il s'était livré avec son camarade Louis Crozet (*Journal littéraire*, II, 34).

306. Joseph Gall (1758-1828), médecin allemand qui s'était fait connaître par sa théorie de la phrénologie, d'après laquelle il est possible de reconnaître les facultés des hommes par la palpation de leur crâne.

307. « Des faits, des faits, rien en dehors des faits. »

308. Allusion à la réplique d'Araminte : « Bon ! qu'est-ce que c'est qu'une circonstance de plus ou de moins ? » (Marivaux, *Les Fausses Confidences*, acte II, scène 9).

309. « Tourner la page ».

310. « Le moindre vent qui s'aventure / Fait rider la face des eaux » (*Fables*, livre I, fable XXII, « Le chêne et le roseau »).

311. Les exemples d'amour divin qui suivent sont tirés des *Rapports du physique et du moral de l'homme*, de Cabanis.

312. Nouvelle réminiscence de la satire *Les Systèmes* — la première figure au chap. XCI — où Voltaire a dit de « bon Thomas d'Aquin » : « Thomas le jacobin, l'ange de notre école, / Qui de cent arguments se tira toujours bien, / Et répondit à tout sans douter de rien. »

313. Anecdote empruntée à Cabanis qui la situait en Hollande.

314. « 974 (le Guerchin). — Un ange soutient le courage de saint

Pierre que des bourreaux lient déjà sur la croix, instrument de son supplice » (Livret du Musée Napoléon).

315. Napoléon avait déclaré, lors d'une séance au Conseil d'État relatée dans le *Moniteur* du 12 décembre 1812 : « C'est à l'idéologie, à cette ténébreuse métaphysique qui, en recherchant avec subtilité les causes premières, veut sur ses bases fonder la législation des peuples, au lieu d'approprier les lois à la connaissance du cœur humain et aux leçons de l'histoire, qu'il faut attribuer tous les malheurs qu'a éprouvés notre belle France. »

316. Localité en Australie où l'Angleterre avait installé un bagne.

317. Osmanlis ou Turcs d'Europe ; nom donné aux familles qui, après de nombreuses vicissitudes, fondèrent en Phrygie un petit État qui devint l'Empire ottoman.

318. Bière anglaise très forte et très amère.

319. Date fantaisiste. Stendhal n'a traversé la Bavière qu'en avril 1809.

320. Réminiscence de la lecture du livre de Dieudonné Thiébault, *Mes souvenirs de vingt ans de séjour à Berlin*, dont une troisième édition a paru à Paris en 1813.

321. Voltaire, *Épître à Catherine II*. Le texte exact est : « C'est du nord aujourd'hui que nous vient la lumière. »

322. « 993. — Jésus dit à saint Pierre en présence des disciples : Je vous donnerai les clefs du royaume des cieux » (Livret du Musée Napoléon).

323. Werther, Lovelace, Primrose, personnages respectivement des romans de Goethe, Richardson et Goldsmith. Tous les autres sont des héros de Shakespeare.

324. Allusion à l'attaque contre « le nouveau genre de littérature appelé romantique » à laquelle s'était livré Antoine Jay dans sa leçon d'ouverture à l'Athénée le 24 novembre 1814 et dont Stendhal a lu le compte rendu dans le *Journal des débats* du 26 novembre.

325. Stendhal n'était pas à Rome en 1802. En réalité il fait allusion à son ancien condisciple Louis Crozet, désigné sous le pseudonyme de Seyssins. La longue digression qui suit est la reprise d'une note rédigée le 31 mars 1811 (*Journal littéraire*, t. 34, p. 321-323).

326. « Cette pièce a beaucoup de sentiments justes, quelques dialogues naturels et quelques scènes agréables, mais qui sont obtenues au prix de nombreuses bizarreries. Remarquer la folie du sujet, l'absurdité de l'action, le mélange de noms et de manières appartenant à des époques différentes, des événements eux-mêmes, ce serait gaspiller contre des thèses inexcusables, contre des défauts trop évidents pour qu'il soit besoin de les découvrir, et trop grossiers pour qu'on puisse les exagérer. »

327. « ...était trop grand dans la retraite » : correction dans l'exemplaire Doucet.

328. Charles Dupaty, auteur de *Lettres sur l'Italie* (1788).

329. Georges Christophe Lichtenberg (1748-1799), érudit allemand.

330. William Hogarth (1697-1764), peintre et graveur anglais.

331. Anecdote tirée de la *Correspondance littéraire* de Grimm, juillet 1785.

332. Voici quelques exemples des appréciations de la *Biographie Michaud* (1811) : « ...l'odieuse passion de l'empereur pour Antinoüs... », « l'infâme passion... », « ...un vil favori... ».

333. Allusion au palais Durazzo, rue Balbi, à Gênes.

334. En fait, Lavater ne prononce pas le nom de Raphaël : « ... un Érasme de Holbein l'emporte sur tous les Van Dyck tant pour la vérité que pour la naïveté... »

335. Une des mises en scène dont Stendhal a le secret et qui donnent un ton si piquant à ses récits.

336. Le publiciste Jean-Baptiste Boutard, critique d'art du *Journal des débats*, qui publiera un article très violent contre l'*Histoire de la peinture en Italie*.

337. Allusion à la lettre que lord Wellington adressa au ministre Castlereagh le 23 septembre 1815 au sujet de la restitution des œuvres d'art enlevées en Italie par la France.

338. Une autre citation tirée de la même comédie a figuré au chap. XV. Voir ci-dessus note 73.

339. « Peu de paroles suffisent à qui sait comprendre. » La même devise figurera en tête du pamphlet *Racine et Shakespeare* (1823).

340. C'est des *Leçons d'histoire* de Volney que Stendhal a tiré l'anecdote des jeunes guerriers danois par laquelle débute l'introduction de l'*Histoire de la peinture en Italie*. Cf. Introduction, p. 37 et note 2.

341. La traduction par Levesque de l'*Histoire de la guerre du Péloponnèse* de Thucydide a paru en 1795.

342. Un renvoi au duc de Nivernois figure déjà au chap. XCIV.

343. Héros de *La Jérusalem délivrée* du Tasse.

344. « Des bagatelles légères comme l'air semblent à un jaloux des preuves aussi fortes que l'on puise dans les livres saints. » On retrouve la même citation au chap. XXXV de *De l'amour*.

345. Les *Mémoires du baron de Besenval... écrits par lui-même* (1805-1806).

346. En dépit des guillemets, ce passage n'est qu'une simple paraphrase du chap. VIII des *Considérations sur les mœurs* de Duclos.

347. Le chevalier de Grammont et Matha — graphie correcte du nom — sont deux personnages des *Mémoires du chevalier de Grammont* par Antoine Hamilton (1804).

348. On appelait terrasse des Feuillants la partie du jardin des Tuileries qui allait des Tuileries à la place de la Concorde. C'était la promenade à la mode.

349. Allusion à l'ouvrage de Salluste *Histoire de la République romaine dans le cours du* vii* siècle* traduit par le président de Brosses (Dijon, 1773, 3 vol.).

350. Note énigmatique. Paul Arbelet a retrouvé dans la comédie *Curculio* de Plaute et dans la comédie *Phormio* de Térence l'expression « *in jus ambula* » avec le sens : « va devant le juge ».

351. Allusion à un article intitulé « Le Repas chinois traduit d'un voyage inédit » paru en 1813 — et non en 1812 — dans le *Journal des débats* du 7 juin et dans la *Bibliothèque britannique*.

352. Cet auteur allemand a déjà fait l'objet d'un renvoi dans une note du chap. LXVII.

353. Les idées ébauchées ici sur le rôle social des femmes seront reprises et développées dans *De l'amour*, chap. LIV-LVI.

354. Deux chaînes de montagnes dites Bleues sont connues, l'une dans l'Amérique du Nord, l'autre en Australie.

355. Stendhal s'est sans doute souvenu de ce passage de Malthus : « Tel est le sort du malheureux sexe chez quelques tribus d'Amérique, que le mot servitude n'exprime qu'imparfaitement son abjection et sa misère. Là une femme n'est à proprement parler qu'une bête de somme... » (*Essai sur le principe de la population*, traduction de Pierre Prévost, 1809, t. I, p. 52). Stendhal avait lu attentivement ce traité en 1811 à l'époque où il avait entrepris l'étude de l'économie politique.

356. « Pendant ce temps Erminie est conduite par son cheval sous les ombrages d'une antique forêt; sa main tremblante ne dirige plus le mors, et l'on dirait presque qu'elle est entre la vie et la mort... Elle fuit toute la nuit et erra toute la journée sans conseil et sans guide... Elle parvint aux ondes limpides du beau Jourdain, descendit sur le bord du fleuve, et s'y coucha... Mais le sommeil qui donne aux mortels infortunés repos et tranquillité avec un doux oubli vint endormir ses sens et ses chagrins, et déploya sur elle ses ailes calmes et tranquilles... Elle ne se réveilla qu'en entendant chanter gaiement les oiseaux pour saluer l'aube... Elle ouvre alors les yeux languissants... Mais pendant qu'elle pleure ses gémissements sont interrompus par une douce mélodie qui parvient jusqu'à elle, qu'on dirait, et qui est réellement un chant pastoral mêlé aux accents naïfs d'une flûte bocagère. Elle se dresse et va lentement dans cette direction; elle voit un homme à la tête che-

nue qui, sous de charmants ombrages, tisse des paniers à côté de son troupeau et écoute le chant de trois enfants. En voyant surgir tout à coup ces armes insolites, ils furent saisis de panique, mais Erminie les salue et les rassure doucement, découvre ses yeux et ses beaux cheveux d'or. Continuez, leur dit-elle, gens heureux... »

357. Reprise d'une allusion qui figure au chap. XLI.

358. Bien des années plus tard Stendhal s'inspirera du roman de Marivaux *La Vie de Marianne*, dans son propre roman inachevé *Lamiel*.

359. Lire : le comte de Guibert. C'est à lui que Mlle de Lespinasse adressa des lettres où l'amour se mêlait à l'esprit. Cette correspondance fut publiée en 1809.

360. « Les baisers étaient plus nombreux que les raisonnements, les mains allaient plus souvent vers le sein que vers les livres. »

361. Réminiscence de la tragédie *Œdipe*, acte IV, scène 1. Le texte exact est : « Il fallut disputer dans cet étroit passage / Des vains honneurs du pas le frivole avantage. »

362. Hermann Boerhaave (1668-1738), médecin et philosophe hollandais.

363. C'est là une nouvelle trace du projet de Stendhal de donner une suite à son livre.

364. Allworthy, Tom Jones, Sophie : trois personnages du roman de Fielding, *Tom Jones*.

365. « Mes fils pleins de hardiesse et d'activité, mes filles belles et épanouies... cheveux châtains. » Citation du roman de Goldsmith, chap. I, auquel Stendhal a déjà fait de nombreux renvois.

366. Châteaux.

367. « 1008. — Pâris, venu en Grèce sous prétexte de sacrifier à Apollon Daphnéen, parvint à se faire aimer d'Hélène, femme de Ménélas, l'enlève et la conduit à bord de ses vaisseaux » (Livret du Musée Napoléon).

368. Ce tableau, dont Stendhal a oublié de transcrire le numéro [987], n'est suivi dans le Livret d'aucun commentaire.

369. Autrement dit : un hors-la-loi. Cartouche, chef d'une bande de voleurs, roué vif en 1721 place de Grève, sera l'un des êtres admirés par Lamiel, l'héroïne du dernier roman de Stendhal.

370. *L'Intrigante*, comédie de Charles-Guillaume Étienne (1777-1845) jouée à Saint-Cloud le 6 mars 1813, que Napoléon fit aussitôt interdire parce qu'il y avait vu une satire de la cour impériale.

371. Nous ne savons pas ce que cette date représentait pour Stendhal. En tout cas, rappelons que son premier voyage en Angleterre n'aura lieu qu'en 1817.

372. Ce chapitre, où figurent les principales idées que Stendhal développera dans ses pamphlets romantiques, a été écrit au

moment où la lecture de l'*Edinburgh Review* lui a fait entrevoir que la littérature allait connaître une « révolution ». Ces idées seront reprises dans les derniers chapitres du livre.

373. Image courante à l'époque pour faire allusion au gouvernement réactionnaire des Bourbons.

374. Jean-Baptiste Marini, dit le cavalier Marin (1569-1625), représentant de la poésie baroque. Évariste Désiré de Forges, vicomte de Parny (1758-1814), et François-Auguste Paradis de Moncrif (1687-1770), représentant de la poésie légère à la mode au XVIIIe siècle.

375. *Ultime lettere di Jacopo Ortis*, roman de Ugo Foscolo (1802), qui se situe dans le sillage du roman de Goethe *Werther*.

376. Stendhal semble avoir arrangé à sa manière cette réflexion de Montesquieu : « ...c'est presque partout indifférent pour le bonheur d'être à un maître ou à un autre, au lieu qu'autrefois une défaite ou la prise de sa ville était jointe à la destruction, il était question de perdre sa ville, sa femme et ses enfants » (*Œuvres complètes*, 1819, t. VII, p. 243).

377. Virgile, *Bucoliques*, IV, 5. Le texte exact est : *magnus ab integro saeculorum nascitur ordo* (la grande série des siècles recommence).

378. « Ne cherchez pas à prendre, avec l'appât de votre mélancolie, ce goujon des sots : l'opinion » (Shakespeare, *Le marchand de Venise*, acte I, scène 1).

379. Nous avons déjà dit qu'à cette époque Stendhal ne connaissait pas l'Angleterre.

380. Il s'agit du tableau de David *Léonidas aux Thermopyles* déjà mentionné au chap. LXXXIX.

381. Tranquille au-dehors, ému intérieurement. »

382. Quelques années plus tard Stendhal nuancera son jugement sur la musique de Rossini.

383. « Le sourire qui se grava dans son cœur, la première fois qu'il la vit, lui sembla toujours depuis se jouer autour de ses lèvres ; le regard avec lequel ses yeux rencontrèrent d'abord les siens ne s'effaça plus de sa mémoire. L'image de sa maîtresse hantait toujours son esprit ; chaque objet de la nature la lui rappelait. Même la mort fut impuissante à détruire cette délicieuse illusion, car ce qui existe dans l'imagination est seul impérissable. Quand notre sentiment se fait plus idéal, notre impression perd, il est vrai, sa première violence, mais l'effet en devient plus large et plus durable. Nous ne sentons plus que le souvenir de l'émotion qui nous a frappés d'abord, mais le contre-coup nous est fatal. » (*Biographie de l'Auteur.*) Cette note, dont le ton autobiographique est évident, résume à la fois la passion que Stendhal avait conçue pour Angela Pietragrua et la souffrance où la rupture l'avait plongé.

384. Le poète italien Giuseppe Parini (1729-1799), auteur du poème *Il Giorno*, satire de la noblesse milanaise.

385. « Si l'ennemi venait par les grandes routes, on pourrait résister, mais il vient par les montagnes. »

386. « Que voulez-vous que je fasse ? Il s'agit d'avoir la vie sauve. Ils vont se battre ; moi, je suis venu ici. »

387. « Mais, mon général, il y a des canons ! » Carlo Filangieri, originaire de Naples, avait combattu dans les rangs de l'armée française.

388. Le comte Giuseppe Prina (1766-1814), ministre des Finances à l'époque du royaume d'Italie, fut massacré par les Milanais en 1814.

389. Antonio Scarpa (1747-1832), chirurgien, directeur de la faculté de médecine de l'université de Pavie.

390. Ayant soin de se tenir loin des murs des maisons.

391. Ville du Piémont. Stendhal l'a traversée lors de son premier séjour en Italie en 1800-1801, mais n'y a pas été en garnison.

392. Stendhal choisit, dans les *Mémoires* de Benvenuto Cellini, les pages qui lui paraissent les plus représentatives de l'énergie italienne à l'époque de la Renaissance : page 171, Cellini se rend chez un client avec qui il était en désaccord armé d'un grand poignard et après avoir revêtu une cotte de maille ; page 110, Cellini dégaine son épée pour faire face à ses adversaires ; page 113, Cellini veut bien participer à une réunion de conciliation avec un groupe d'ennemis, mais il prend soin de se faire accompagner par une trentaine de gens d'armes.

393. « Bergamina », dérivé du nom de la ville de Bergamo, en Lombardie, ne désigne pas l'écurie, mais une race de vaches laitières.

394. « Quel beau plaisir de fou d'aller se faire foutre en l'air » (dialecte milanais).

395. André-Hercule de Fleury (1653-1742), cardinal et homme d'État. Précepteur de Louis XV, il inspira la politique de son règne.

396. D'après Paul Arbelet, Stendhal viserait François Roger, ardent royaliste, l'un des fondateurs de la Société des Bonnes Lettres. Quant à la ville, il s'agirait de Langres.

397. Le tableau de Guérin *Phèdre et Hippolyte* avait été exposé au Salon de 1802. Les deux autres toiles mentionnées en note, *Didon écoutant le récit d'Énée* et *Clytemnestre*, venaient d'être présentées au Salon de 1817. Remarquons au passage que la sœur de Didon s'appelle Anne et non Élise.

398. Le vaudeville d'Arnault et Désaugiers *Cadet Roussel esturgeon*, joué au théâtre des Variétés le 22 février 1813, a beaucoup amusé Stendhal qui dans *Racine et Shakespeare* le jugera : « le romantique dans le bouffon ».

399. « Et celui qui sculpte et peint, Michel, ange divin plus que mortel. » Stendhal connaissait bien le texte du poème de l'Arioste, *Roland furieux*, mais Lanzi avant lui avait déjà cité ces vers.

400. « 1488. Je rappelle aujourd'hui que moi Lodovico fils de Lionardo di Bonarrota je place mon fils Michelagnolo chez Domenico et Davide di Tommaso di Currado pendant les trois prochaines années aux conditions suivantes : ledit Michelagnolo devra rester chez les sus-nommés le temps indiqué pour apprendre à peindre et que les susnommés Domenico et Davide devront lui donner pendant ces trois années 24 florins, soit la première année 6 florins, la deuxième année 8 florins, la troisième année 10 florins, en tout la somme de 96 lires. »

401. « Le susdit Michelagnolo a reçu aujourd'hui 16 avril 2 florins d'or, et moi son père Lodovico di Lionardo de lui 12 lires en comptant. »

402. « Revenons maintenant à Piero Torrigiani qui, mon dessin à la main, me dit : "Ce Buonarroti et moi nous allions travailler lorsque nous étions encore enfants dans l'église du Carmine, et le Buonarroti avait l'habitude de se moquer de tous ceux qui dessinaient. Un jour entre autres, comme il m'ennuyait, je fus plus agacé que d'habitude et fermant la main je lui donnai un tel coup de poing sur le nez que je sentis s'écraser sous mon poing l'os et le cartilage du nez comme s'il avait été une galette, et il restera ainsi toute sa vie marqué par moi." Ces paroles provoquèrent en moi une telle haine, car je voyais les œuvres du Divin Michel-Ange, que malgré mon désir de partir avec lui pour l'Angleterre, je ne pouvais plus le voir. »

403. Douceur, velouté.

404. Jean-Pierre Mariette (1694-1774), amateur d'art et collectionneur, auteur, entre autres ouvrages, de *Lettere pittoriche* publiées à Rome en 1754-1759.

405. Allusion transparente au général Bonaparte.

406. « Je crains ta nature ; elle est trop pleine du lait de bonté humaine pour prendre le chemin le plus court. »

407. « Aimons aujourd'hui, pendant qu'il est possible, en aimant, d'être aimé » (*La Jérusalem délivrée*, chant 16, str. 16).

408. La salle de l'Apollon au Musée Napoléon contenait quatre statues de Bacchus. Stendhal entend sans doute parler de celle qui portait dans le Livret le n° 148 : « ... La douceur de son regard, la noblesse et la grâce de ses traits, ses formes délicates et arrondies, tout dans cette figure concourt à exprimer cette nouvelle et voluptueuse langueur dont les Anciens avaient fait le caractère distinctif de Bacchus... »

409. Allusion à la cruauté de l'épisode du comte Ugolin dans la *Divine Comédie* que Stendhal a mentionnée à plusieurs reprises.

410. À la date indiquée Stendhal était en France. D'ailleurs il ne visitera cette région de l'Italie centrale qu'en 1811.

411. Qu'on n'oublie pas que les initiales R.C. marquent les passages politiquement dangereux.

412. Stendhal a séjourné à Rome en 1811 et en 1816-1817, jamais au mois de juillet.

413. Note biffée dans l'exemplaire Doucet.

414. Si Stendhal entend parler de Fénelon, on ne voit pas pourquoi il n'écrit pas son nom en entier.

415. Note biffée dans l'exemplaire Doucet avec la mention : « pol [itique] ».

416. Cette note et la suivante ont été biffées dans l'exemplaire Doucet avec la mention : « pol [itique] ».

417. *L'Homme de désir*, titre de l'ouvrage publié en 1790 par Louis Claude de Saint-Martin, philosophe appartenant à la secte des Illuminés.

418. « ... la hideuse figure » : correction dans l'exemplaire Doucet.

419. Note biffée dans l'exemplaire Doucet avec la mention : « pol [itique] ».

420. Note biffée dans l'exemplaire Doucet avec la mention : « pol [itique] ». La page 118 correspond à la page 250 de l'édition originale.

421. Ciacconio est le nom italianisé de l'érudit espagnol Alonso Chacon (1540-1590), auteur d'une *Histoire des papes*.

422. « Pendant son séjour à Rome, il s'occupa de faire sculpter par Michel-Ange Bonnarrota, encore jeune, une magnifique statue de marbre de sainte Marie et de son fils mort, gisant entre ses bras, qu'il plaça dans la chapelle royale de France, dans l'église de Saint-Pierre au Vatican. »

423. « Que jamais sculpteur ou artiste, si rare soit-il, ne pense pouvoir ajouter à une pareille œuvre pour le dessin ou pour la grâce ; quels que soient ses efforts, il ne pourra l'emporter en finesse, en élégance, il n'arrivera point à creuser le marbre avec autant d'art que Michel-Ange, car on reconnaît ici tout le prix et le pouvoir de l'art. Parmi les belles choses qui s'y trouvent, outre les draperies divines, ou remarque le Christ mort ; et qu'aucun n'imagine, par la beauté des membres et le travail du corps humain, voir jamais un nu aussi parfait, dont les muscles, les veines, les nerfs, se détachent si bien sur l'ossature même, ni jamais n'est plus semblable à un mort que celui-là. C'est une expression de tête si pleine de douceur, une telle harmonie dans les attaches et dans les jointures des bras, dans celles du corps et des jambes, les pouls, les veines sont si bien travaillés qu'en vérité l'admiration s'étonne... ».

424. « Jules II, pape, à ses fils très chers, les premiers dans la liberté, et au gonfalonier de la justice du peuple de Florence ; // Très chers fils, salut et bénédiction apostolique. Le sculpteur Michel-Ange, qui nous a quitté avec légèreté et inconsidérément, craint de revenir auprès de nous, comme nous l'avons appris ; mais nous ne sommes pas irrité contre lui ; nous connaissons les esprits de cette nature. Cependant, afin qu'il abandonne tout soupçon, nous nous adressons à votre attachement, l'exhortant à bien vouloir lui promettre en notre nom que s'il revient près de nous, il ne lui sera fait aucun mal ni aucun dommage, et que nous nous garderons dans la bonté apostolique que nous lui témoignions avant son départ. // Donné à Rome, le 8 juillet 1506, en la troisième année de notre pontificat.

425. « Avec des voleurs fous, disait Michel-Ange. »

426. 1807 est sans doute une coquille au lieu de 1817. C'est dans la première quinzaine de janvier de cette année-là que Stendhal a séjourné à Rome pour travailler sur place à la description des fresques de la chapelle Sixtine.

427. On a déjà trouvé ailleurs les initiales R.C. qui signent les notes destinées à échapper à l'œil du guet. C'est pourquoi Stendhal les a biffées dans l'exemplaire Doucet avec la mention : « pol [itique] ».

428. Angelica Catalani (1780-1849), l'une des cantatrices de l'époque les plus admirées par Stendhal qui lui reprochait toutefois de ne pas mettre assez d'âme dans son chant.

429. On trouve ici un des premiers exemples du procédé auquel Stendhal aura souvent recours : la mise en scène et le dialogue entre les personnages.

430. C'est dans cette église de Parme que se trouvaient les tableaux du Corrège, le peintre le plus aimé par Stendhal.

431. « Zeuxis a donné plus aux membres du corps parce qu'il pensait que c'était plus grand et majestueux, et parce que, à ce que l'on croit, il suivait Homère, à qui paraît la beauté la plus robuste, même chez les femmes. »

432. Note biffée dans l'exemplaire Doucet avec la mention : « pol [itique] ». Il en est de même de la note suivante signée R.C.

433. La description de la cérémonie à la chapelle Sixtine le jeudi saint était devenue une sorte de lieu commun. Curieusement, Stendhal l'avait insérée dans son premier livre, les *Vies de Haydn, de Mozart et de Métastase* (1814), sans y avoir assisté !

434. Note dans la marge en regard de ce passage dans l'exemplaire Doucet : « *This seems to me sublime* [Cela me semble sublime] 23 j [anvi] er [18] 19. »

435. « Ce sont les idoles des Anciens. »

436. « Jésus-Christ élu Roi du peuple florentin par décret du Saint-Père. »

437. « Du reste, le pontife, pensant que la considération et l'affection dont il voulait être l'objet lui imposaient de veiller sur le nom qu'il s'était choisi, modéra sa vengeance et se contenta du châtiment d'un petit nombre. »

438. « Qui donc a jamais pu voir, en aucun siècle, en un art tel, statue antique ou moderne ainsi faite ? »

439. Stendhal a oublié de traduire les deux derniers mots : « et elle te parlera ».

440. « Le plus vil de cette race infâme des Médicis. »

441. Allusion à Byron que Stendhal avait rencontré en 1816 à Milan.

442. Renvoi à la suite de l'*Histoire de la peinture* qui n'a jamais été écrite.

443. « On verra le Fils de l'homme venir sur les nuées du ciel avec une grande puissance et majesté. »

444. Stendhal a renvoyé à l'historien Rulhière dans une note du chap. XV. Voir ci-dessus note 83.

445. C'est l'une des rares fois où la date correspond à la réalité : Stendhal tient à rappeler à lui-même qu'il était à Rome le 23 janvier, le jour anniversaire de sa naissance.

446. Très vraisemblablement il s'agit d'une coquille non corrigée : *dix* au lieu de : *deux*. Stendhal fait une allusion amère aux « douceurs » amenées en France par la Restauration, années marquées par la Terreur blanche.

447. « Auprès de Charles Losi. »

448. « Gris de terre », a corrigé Stendhal sur l'exemplaire Doucet.

449. Étienne-Maurice Falconet (1716-1791), statuaire et auteur de plusieurs ouvrages sur la sculpture, au nombre desquels des *Observations sur la statue de Marc-Aurèle* dont Grimm a parlé dans sa *Correspondance littéraire*.

450. L'historien d'art Jean Henri Fuessli (1744-1832) est zurichois et non bernois.

451. José Nicolas de Azara (1731-1805), diplomate et collectionneur.

452. Xavier Bichat (1771-1802), anatomiste.

453. Telle, par exemple, l'« absurdité » que voici : « (...) tandis que Raphaël et Michel-Ange ornaient de leurs productions immortelles les temples et les palais d'Italie, Léonard s'amusait à souffler des bulles (...) et attachait des ailes à des lézards... » (*Vie de Léon X*, p. 308).

454. « J'ai presque oublié le goût de la peur. Il est passé le temps

où mes sens auraient été glacés en entendant un cri dans la nuit; où mes cheveux, au récit d'une peur, se seraient dressés sur ma tête, comme si la vie eût été en eux; je suis maintenant rassasié d'horreur. La terreur, que mes pensées de meurtre m'ont rendue familière, ne peut plus rien sur moi. — Mais quels sont ces cris? »

455. « C'est là que se tient l'horrible Minos, grinçant des dents. Il examine les fautes de ceux qui entrent; il juge et ordonne la peine de chacun suivant la manière dont il la saisit. Je dis que quand l'âme infortunée arrive devant lui, elle se confesse tout entière, et ce connaisseur des péchés voit le lieu de l'enfer où elle doit descendre, enroule sa queue autour de son corps et indique celui des cercles où elle doit être précipitée. »

456. « L'infernal Caron, les yeux ardents comme de la braise, ordonne et rassemble ces âmes dans sa barque, frappant de la rame celles qui s'attardent. »

457. « Et je tombai comme tombe un corps mort » (*Enfer*, chant V, vers 142).

458. Pietro Aretino, dit l'Arétin (1492-1556), auteur de la Renaissance italienne qui se fit connaître par des pièces de théâtre, et, surtout, par des satires et des pamphlets.

459. Stendhal insinue à mots couverts que les travaux entrepris sous l'Empire pour déblayer le Forum, à Rome, ont été abandonnés après le retour des Bourbons. À noter que le nom de Joachim (Murat) couvre en fait celui de Martial Daru, cousin d'Henri Beyle, qui avait exercé les fonctions d'intendant de la Couronne à Rome de 1811 à 1814.

460. Citation empruntée, ainsi que la note, à un ouvrage contemporain intitulé *Storia della scultura dal suo risorgimento in Italia fino al secolo di Napoleone*..., publié à Venise de 1813 à 1817 par Leopoldo Cicognara. C'est cet ouvrage qui est nommé à la page suivante, mais sous un titre approximatif et sans nom d'auteur.

461. Allusion à la « gravure sur pierre » ou lithographie qui commençait à être pratiquée au début du siècle et allait remplacer la gravure sur cuivre. Les deux grands représentants de ce nouveau mode d'expression sont Raphaël Morghen (1758-1833) et Jean Gothard Müller (1764-1830).

462. Stendhal nommera le tableau de la *Transfiguration* au début de la *Vie de Henry Brulard* situé sur l'esplanade devant l'église de San Pietro in Montorio.

463. Stendhal ne voulait-il pas écrire : 1817? En effet, comme on l'a vu, avant cette date il n'avait fait qu'un court séjour à Rome en 1811.

464. « Du temps de Clément VIII, moi, Giacomo Grimaldo, j'ai fait cette note... Sous Paul V, les prêtres à qui incombait le soin de

ladite bibliothèque vendirent plusieurs livres à ceux qui fabriquent des tambourins de femmes et, entre autres, par malheur, il advint que lesdits livres de Saint-Pierre furent dénombrés, vendus, dépecés et transformés pour servir à la fabrication des tambourins et oubliés les souvenirs qui y étaient écrits, tout cela par le vice, l'ignorance et la méchanceté des prêtres. »

465. William Mitford (1744-1827), historien anglais, auteur d'une *Histoire de la Grèce* dont seul le début avait été publié en 1784. La fin ne paraîtra qu'en 1818.

466. Stendhal avait eu l'occasion de rencontrer à Milan en 1816 dans l'entourage de Byron John Cam Hobhouse, le futur lord Brougham.

467. Localité de la Lombardie, théâtre d'une rencontre assez mouvementée entre Henri Beyle et Angela Pietragrua, relatée dans le *Journal*.

468. Château du xvie siècle sur un promontoire en face de Plymouth. Stendhal le connaissait par une gravure figurant dans le *Voyage d'un Français en Angleterre* publié en 1816 par Louis Simond.

469. Le titre de cet ouvrage est *Tableau de Rome vers la fin de 1814*. Il a été publié en 1816 par Guinan Laoureins.

470. C'est le palais du Roi de Rome qui devait s'élever à Passy, à la place du Trocadéro actuel.

471. « Imperia, courtisane romaine, qui, digne d'un si grand nom, donna l'exemple d'une beauté parmi les hommes. Elle vécut vingt-six ans et douze jours ; elle mourut le 15 août 1511. »

472. « Pendant que le sculpteur extrayait du marbre l'effigie de Brutus, il se souvint de son crime et s'arrêta. »

473. « Le sculpteur exécutait son Brutus, mais la vertu prodigieuse de cet homme se présenta à sa mémoire, et il s'arrêta comme paralysé. » Cette version a été divulguée par le président de Brosses à qui appartient également « Milord Sandwick ».

474. La référence est approximative. Montesquieu ne parle pas des temples grecs dans sa *Dissertation sur la politique des Romains dans la religion*. Vraisemblablement Stendhal se souvient de ce passage de *L'Esprit des lois* : « Lorsque le culte extérieur a une grande magnificence, cela nous flatte et nous donne d'attachement pour la religion. Les richesses des temples (...) nous affectent beaucoup » (livre XXV, chap. II).

475. « Dis-moi, je te prie, amour, si mes yeux voient la vérité de la beauté que je contemple, ou si je l'ai dans mon cœur, car partout où je regarde, je vois, toujours plus beau, son visage. »

476. « Je montrerai aux méchants tes voies, et les impies viendront vers toi. »

477. S'agit-il d'une coquille ou d'une erreur volontaire? C'est en 1817 et non 1816 que Stendhal a séjourné à Rome pendant le mois de janvier.

478. La barrière des Sergents se trouvait, sous la Restauration, rue Saint-Honoré en face de la rue Croix-des-Petits-Champs.

479. Réminiscence du mot de Montesquieu sur le Français; « Laissez-lui faire les choses frivoles sérieusement et gaiement les choses sérieuses » (*L'Esprit des lois*, livre XIV, chap. V).

480. L'allusion était claire pour les contemporains : le tutoiement était de rigueur dans la Société de la Vierge. Stendhal s'en souviendra dans *Le Rouge et le Noir*, première partie.

481. Renvoi à un article sur Byron paru dans la revue écossaise *Edinburgh Review* sur le « vrai » genre romantique.

482. Giovanni Bottari a publié en 1754-1759 un recueil — en 3 volumes, et non 6 — intitulé *Raccolta di lettere sulla pittura, scultura e architettura scritte dai più celebri professori*. Le piquant est que Louis-Joseph Jay, l'ancien professeur de dessin d'Henri Beyle à l'École centrale de Grenoble, a fait paraître en 1817 — l'année de la parution de l'*Histoire de la peinture* — la traduction d'un choix de ces *Lettres*.

483. « L'indulgence qu'il montra au Pape à Tolentino, quand Rome était complètement à sa merci, ne lui procura pas d'amis, et lui fit en France beaucoup d'ennemis. »

484. Allusion à la passion que Stendhal avait conçue pour Wilhelmine de Griesheim lors de son séjour à Brunswick en 1807-1808. En quelques lignes il a esquissé ici un petit roman car la jeune Allemande ne mourra qu'en 1861.

485. « Nous avons été horrifiés par l'invention si habile grâce à laquelle les fondements mêmes de la religion sont renversés; les vénérables nos frères S.R.E. (?) les cardinaux réunis en conseil... devront porter secours à notre autorité pontificale contre cette peste afin de la détruire avec les moyens les plus opportuns... et avec votre aide seront décelées et combattues les machinations impies des novateurs... étant d'autre part manifeste que ceux qui se nourrissent des Écritures saintes en langue vulgaire causent par la témérité des hommes plus de dégâts que d'utilité. »

La source de ce texte à l'allure nettement antiprotestante n'a pas été découverte, d'autant plus que personne jusqu'ici n'a eu la chance de mettre la main sur le *Gentleman's Magazine*. Très probablement Stendhal cite de seconde main.

INDEX

ABÉLARD, Pierre (1079-1142) : 43, 322n.

ABBATE, Niccolò dell' (1509-1571), peintre : 492.

ACCIAJOLI, Nicolò (1310-1366), grand sénéchal de Naples sous la reine Jeanne Ire : 43n, 44, 141n.

ACCOLTI, Benedetto, cardinal : 73n.

ACCURSE, favori de Jules II : 410.

ADAM, Lambert-Sigisbert (1700-1759), sculpteur : 496.

ADRIEN VI, cardinal Adrien Florensz, né en 1459, pape de 1522 à 1523 : 65n, 413, 423n.

AGATHARQUE DE SAMOS (vers 470-vers 450 av. J.-C.), peintre et décorateur grec : 489.

AGÉSANDRE (Ier siècle), sculpteur et graveur grec : 490.

AGINCOURT, Jean-Baptiste Séroux d'(1730-1814), histo-rien d'art, auteur d'une *Histoire de l'art par les monuments* : 86n, 110, 388.

AGLIETTI : 144n.

AGNOLO DI VENTURA (mort en 1348), sculpteur siennois : 87.

AGOSTINO DI GIOVANNI (1310-1348), sculpteur et architecte siennois : 87.

AGRICOLA, dessinateur : 282.

AHALA, Servilius : 262.

ALARY, abbé Pierre-Joseph (1689-1770), économiste et précepteur de Louis XV : 276n.

ALBANE, Francesco Albani dit l' (1578-1660) : 232n, 331, 483n, 493, 501.

ALBERTI, Léon Baptiste (1404-1472), architecte et peintre : 457.

ALBERTINO, F., auteur de *Opusculum de mirabilis novæ et veteris Romæ* : 420n.

Table 705

Table   707

Table 709

Table 711

DU MÊME AUTEUR

Aux Éditions Gallimard

Dans la collection « Bibliothèque de la Pléiade »

ROMANS ET NOUVELLES. Édition établie par Henri Martineau.

Tome I : Armance – Le Rouge et le noir – Lucien Leuwen.

Tome II : La Chartreuse de Parme – Chroniques italiennes – Lamiel – Romans et nouvelles.

ŒUVRES INTIMES. Nouvelle édition établie par V. Del Litto.

Tome I : Journal 1801-1817 – Appendices.

Tome II : Journal reconstitué 1818-1842 – Souvenirs d'égotisme – Vie de Henry Brulard – Appendices.

CORRESPONDANCE. Édition établie par Henri Martineau et V. Del Litto.

Préfaces de V. Del Litto.

Tome I   : Correspondance 1800-1821.

Tome II : Correspondance 1821-1834.

Tome III : Correspondance 1835-1842.

VOYAGES EN ITALIE. Édition établie par V. Del Litto : Rome, Naples et Florence en 1817 – L'Italie en 1818 – Rome, Naples et Florence – Promenades dans Rome.

VOYAGES EN FRANCE. Édition établie par V. Del Litto : Mémoires d'un touriste – Voyage en France – Voyage dans le midi de la France.

Dans la collection « Folio classique »

ARMANCE. Édition d'Armand Hoog (n° 686).

LA CHARTREUSE DE PARME. Édition de Béatrice Didier, préface de Paul Morand (n° 155).

CHRONIQUES ITALIENNES. Édition de Dominique Fernandez (n° 392).

DE L'AMOUR. Édition de V. Del Litto (n° 1189).

LAMIEL. Édition d'Anne-Marie Meininger (n° 1462).

LUCIEN LEUWEN. Édition d'Henri Martineau, préface de Paul Valéry (n° 515 et 516).

ROME, NAPLES ET FLORENCE. Édition de Pierre Brunel (n° 1845).

LE ROSE ET LE VERT, MINA DE VANGHEL et autres nouvelles. Édition de V. Del Litto (n° 1381).

LE ROUGE ET LE NOIR. Édition de Béatrice Didier, préface de Claude Roy (n° 17).

SOUVENIRS D'ÉGOTISME suivi de PROJETS D'AUTOBIOGRAPHIE et de LES PRIVILÈGES. Édition de Béatrice Didier (n° 1430).

VIE DE HENRI BRULARD. Édition de Béatrice Didier (n° 447).

VIE DE ROSSINI. Édition de Pierre Brunel (n° 2433).

Composition Euronumérique
et impression Bussière Camedan Imprimeries
à Saint–Amand (Cher), le 19 août 1996
Dépôt légal : août 1996.
Numéro d'imprimeur : 1/1920.

ISBN 2-07-032807-4./Imprimé en France.